GUIDE DE L'ÉLU LOCAL

Prévention des risques de gestion

Jacques Vieilleville
Avocat au barreau de Paris
Ancien conseiller à la chambre régionale des comptes d'Île-de-France
Marc Breyton
Conseiller référendaire à la Cour des comptes
Ancien sous-préfet

GUIDE DE L'ÉLU LOCAL

Prévention des risques de gestion

Préface de Alain Gourdon
Conseiller-maître à la Cour des comptes

1995

DALLOZ

Éditions Dalloz
11 rue Soufflot, 75240 Paris cedex 05

Les auteurs tiennent à remercier tout particulièrement

Alain Berchebru de Foucaud,
Professeur à l'Université de Paris XIII,
Conseiller général de la Haute-Loire,
Avocat à la Cour de Paris

et

Jean-François Prévost,
Professeur à l'Université de Paris V,
Agrégé de droit public,
Avocat à la Cour de Paris

pour leurs précieux conseils, suggestions
et critiques dans l'élaboration de cet ouvrage.

Sommaire

D

E

F

G

I

J

L

M

O

P

R

S

T

U

V

Z

Les derniers textes pris en compte dans cet ouvrage sont de janvier 1995.

Préface

Dans un ouvrage consacré aux risques de gestion des collectivités territoriales, MM. Vieilleville et Breyton ont récemment mis en valeur les difficultés et les embûches que rencontraient les élus des régions, des départements et des communes dans l'administration quotidienne de leur domaine de compétence. Ils l'ont fait avec l'autorité qui s'attachait à leur expérience de magistrats des comptes, non sans montrer combien les risques courus se révélaient être aussi réels que nombreux, dans un pays où la complexité toujours plus grande des procédures le dispute à la diversité des partenaires en cause et à l'imbrication de moins en moins clarifiable de leurs attributions respectives.

Le présent guide juridique vient s'inscrire dans la logique de ce constat et le but qu'il s'assigne sera de fournir, à ceux qui sont en charge des différents exécutifs décentralisés, les réponses que supposent l'identification et la prévention des risques courus. Dans ces conditions, il ne s'agit pas de procéder à un traitement exhaustif des questions qui relèverait d'une encyclopédie spécialisée, mais plutôt de recenser et d'analyser les principaux risques qu'entraîne une gestion défectueuse ou fautive.

Multiples et patents, les risques à quoi les élus sont dès maintenant exposés ne feront, en effet, que croître au cours des années à venir. Certes, il serait aussi déraisonnable que vain d'intervenir dans un débat encore vif, où s'opposent partisans et adversaires de la décentralisation. Ses avantages et ses inconvénients, ses mérites et ses failles, ses lacunes et ses atouts sont en permanence le prétexte et l'occasion de joutes, d'éditoriaux et de colloques. Armés d'arguments le plus souvent valables, s'exprimant sur le ton d'une passion, qui d'ailleurs n'exclut pas la bonne foi, ne cessent de s'affronter à son sujet les hauts dignitaires de la magistrature et du corps préfectoral, les éminences de la banque et de l'université, les syndicalistes de la fonction publique territoriale et les pilotes statutaires de ces collectivités qu'on honore autant qu'on les incrimine. Mais quoi qu'il en soit de l'utilité ou de la futilité de l'exercice, il n'en reste pas moins qu'une décentralisation, que nul ne songe à mettre à bas, n'évoluera pas sans que sur elle pèsent toujours plus de contraintes, d'hypothèques et de contrôles.

La croissance des libertés locales s'est naturellement accompagnée d'une augmentation des responsabilités assumées par les titulaires des pouvoirs dévolus par les lois émancipatrices et il n'y a rien d'étonnant à ce que celle-ci s'assortisse d'une extension des risques de gestion, dont l'appréciation se fera plus compréhensive, au sens où elle sera à la fois plus complète et plus poussée. De plus, le retentissement médiatique donné à certaines « affaires » n'a pas peu contribué à ce que l'on juge bon de sonner l'alerte et l'alarme, à ce que l'on s'impose de rendre plus stricte, en même temps que plus restrictive, la simple application des législations et des réglementations existantes.

Il n'est pas du ressort d'une chambre régionale des comptes d'estimer l'opportunité des décisions des élus locaux, mais en lui conférant le droit de contrôler la régularité de l'emploi des crédits des collectivités locales, la loi du 5 janvier 1988 lui permet de mieux connaître ce qu'il en est du rendement et des moyens mis en œuvre en vue d'une fin ou d'un objectif donnés, même si elle s'interdit de les qualifier. Dès lors que, sans déboucher sur une tutelle, que la loi exclut, le contrôle de la juridiction financière aboutit à une évaluation générale de la gestion d'ensemble d'une collectivité territoriale et à un examen beaucoup plus serré du coût de ses activités au regard des dépenses engagées ou effectuées, comment le champ des risques courus ne s'en trouverait-il pas sensiblement élargi ?

Si, d'autre part, il n'est pas du pouvoir du préfet de s'arroger une tutelle qui lui a été définitivement ôtée, le législateur n'en a pas moins cru devoir énoncer des correctifs qui ne prétendent pas rogner les libertés accordées aux élus, mais qui, en jalonnant leur route, ne laissent pas de les infléchir. On fera valoir que, disposant en amont du contrôle de la légalité des décisions locales, les préfets ont souvent hésité à les déférer à une juridiction administrative, soit que les cadres supérieurs, seuls capables d'entamer la procédure, leur aient plus ou moins fait défaut, soit qu'ils aient eu scrupule à mécontenter des notables munis de mandats électifs quelque peu dissuasifs, soit qu'ils aient voulu négocier l'abandon de tel déféré contre telle participation financière à une opération conjointe qui importait particulièrement à l'État.

On observera cependant que, dans bien des cas, en renonçant à user du déféré, les préfets ont obéi à un souci d'opportunité parfaitement légitime ou ont entendu humaniser la mécanique administrative, notamment en matière de logement, de revenu minimal d'insertion ou d'emploi. Mais il n'empêche que les effets de telle omission ou de telle abstention se sont en maintes circonstances révélés pervers. La multiplication des instructions judiciaires à l'encontre des élus locaux conduit à s'interroger sur la connaissance effective que les préfets avaient en réalité de ces excès et de ces dérapages qui, peut-être, eussent été évités ou au moins limités, s'ils avaient mieux mesuré les risques pris par les responsables, et dont ceux-ci n'avaient pas toujours une conscience nette ni une appréhension suffisamment éclairée. Des moins injustifié apparaît donc le diagnostic des experts du XIe plan, aux yeux de qui le contrôle de légalité, après une décennie, offrait un bilan « décevant ». Nul doute alors qu'un changement d'attitude ne se fera pas attendre et qu'à l'avenir le recours au déféré préfectoral sera moins négligé qu'il ne l'a été dans le proche passé. N'a-t-il d'ailleurs pas été envisagé de lui donner un caractère suspensif pour tout ce qui touche aux marchés et aux délégations de services publics ?

⁂

Comment aussi ne pas remarquer qu'en raison de ses interventions fautives et parfois dolosives, l'État rend toujours plus aléatoire et moins assurée la conduite des administrations locales ? Les gouvernements successifs ont souvent obligé les collectivités locales à faire ce qu'elles ne pouvaient ou ne voulaient pas faire, en se défaussant sur celles-ci des charges qui jusque-là leur incom-

baient, qu'il s'agisse d'habitat des plus démunis, du RMI ou des cotisations de retraite. Il en résulte un obscurcissement notoire des relations financières entre l'État et les collectivités intéressées, une réduction dangereuse de la visibilité et de la lisibilité des régimes fiscaux qui se chevauchent plus souvent qu'ils ne se complètent, ce qui ne peut que porter atteinte à l'esprit de responsabilité et à la sécurité morale des élus locaux soumis à un droit trop mouvant.

En outre, s'il n'est pas question de se laisser obséder par des dérives dont le rappel insistant serait de nature à freiner, sinon paralyser les initiatives des exécutifs décentralisés, s'il demeure plus que jamais nécessaire de dynamiser les économies locales et de concourir à l'amélioration du cadre de vie, en restant proche des aspirations et des besoins des citoyens, il est des orientations qui se dessinent et sur lesquelles il serait malaisé de revenir. Dès lors que 80 % des investissements publics (hors dépenses militaires) sont désormais le fait des collectivités territoriales, de l'usage imprudent ou indélicat des deniers publics on conclura à un aménagement des précautions et des sanctions toujours mieux proportionné aux abus décelés. Ce qui ne saurait interdire un élargissement des possibilités de comparution des ordonnateurs devant la Cour de discipline budgétaire et financière. Ce qui ne saurait éliminer l'hypothèse d'une vérification des opérations et des comptes des délégataires de services publics.

⁂

Non seulement la tendance au renforcement des contrôles et, donc, à une définition plus contraignante des attributions et des devoirs se manifeste à l'échelle du territoire national, mais pour autant que l'Union européenne se constitue, dont l'État devient un auxiliaire et un relais, pour autant que l'on s'applique à tirer du principe de subsidiarité toutes ses conséquences, les élus locaux auront à prendre également en compte les nouveaux risques de gestion qu'implique leur responsabilité d'autorités administratives décentralisées. On sait qu'une loi du 3 janvier 1991 a instauré une mission interministérielle d'enquête sur les marchés publics, nommée par arrêté conjoint du Premier ministre et des ministres concernés, qui est chargée d'examiner les conditions de régularité et d'impartialité des marchés et contrats de service public ou les sociétés d'économie mixte qui en dépendent.

Comme la réglementation européenne a pour motif et pour corollaire une compétition accrue entre firmes, les marchés des collectivités territoriales auront à se conformer aux directives émises par la commission de Bruxelles. Or, étant donné que l'Union européenne ne dispose pas des instruments d'un contrôle direct, il appartiendra aux préfets de prendre l'initiative des enquêtes que la mission interministérielle se devra de mener. Les élus locaux peuvent, ainsi, s'attendre à ce que les usagers, les entreprises intéressées ou les opposants au sein des conseils jouent à plein leur rôle d'informateurs plus ou moins bénévoles des représentants de l'État, au nom d'une transparence qui viendrait en renfort de la subsidiarité d'autre part proclamée. De la sorte, sera-t-il loisible aux instances communautaires de pénaliser tous manquements à la nouvelle légalité européenne, sans que les autorités supranationales aient à s'immiscer dans les opérations d'un contrôle dont, soucieux de ses prérogatives, l'État conserve l'initiative et la maîtrise.

Les règles du jeu qui s'instituent au sommet contribuent à réduire l'autonomie des élus locaux et à accroître la part du risque dans leur gestion courante. Mais à la base, la loi du 6 février 1992 sur la démocratie locale ne pourra que favoriser une surveillance plus sourcilleuse et plus attentive qu'exerceront avec une vigueur variable les mandants sur leurs mandataires. Droit à l'information des habitants ou à la consultation sur les décisions municipales, droit pour les sections des conseils économiques et sociaux des régions d'émettre des avis, d'introduction des représentants d'associations d'usagers dans les commissions consultatives pour les services publics locaux, en régie ou délégués, consolidation du droit des élus à toute information sur les affaires de la commune qui font l'objet d'une délibération : ainsi s'ajustent les composantes d'un régime juridique qui, sans les entraîner, fixe de nouvelles bornes aux décisions à prendre par les élus locaux.

⁂

Mieux se saisir des dysfonctionnements des collectivités locales et mieux cerner les comportements à risques de leurs responsables, telle est la finalité poursuivie. Afin d'y pourvoir, la volonté d'améliorer le dialogue des électeurs et des élus comme de bénéficier des chances d'une interactivité bien conçue doit se combiner avec les exigences d'une réglementation européenne qui s'intéresse de plus près aux opérations des autorités décentralisées des quinze pays de l'Union européenne née du Traité de Maastricht. Démocratie locale ou pouvoir communautaire, tout incite à une prudence redoublée, maires ou présidents de conseil généraux et régionaux, placés en première ligne. Tout les amène à ne rien entreprendre qui puisse engager leur responsabilité de gestionnaires et de maîtres d'œuvres sans s'entourer au préalable d'un surcroît de garanties.

Si même on met entre parenthèses ce qui relève de la fraude ou de l'ingérence, de l'abus de biens sociaux ou de tout autre délit justiciable d'une juridiction quelle qu'elle soit, l'imprévoyance ou l'imprudence seront souvent à l'origine d'une infraction, dont la dimension et la portée n'ont pas été enregistrées à temps, mais qui, par les suites qu'elle comporte, peut mettre sérieusement en danger la carrière d'un élu local. L'oubli d'une règle qu'on contourne ou qu'on s'abstient de respecter entache aussi sûrement la légalité de l'acte commis ou de la décision prise que l'intention volontaire de passer outre. Telle carence ou telle négligence, telle erreur ou telle errance constitutives d'une faute de gestion ont des conséquences ou des incidences qui ne sont pas immédiatement sanctionnables, mais elles n'en apparaîtront pas moins dommageables ni moins graves quand sonnera l'heure de vérité du contrôle a posteriori *et de l'arrêt des comptes.*

⁂

C'est dans ce contexte que Jacques Vieilleville et Marc Breyton ont retenu la formule du guide juridique. Celle-ci paraît en effet mieux appropriée à la délimitation des zones de plus ou moins grand péril et à l'énumération raisonnée des risques les plus fréquents et des irrégularités les plus notables. Dans l'ouvrage ainsi présenté, chaque thème fait l'objet d'une rubrique enrichie, si nécessaire, du minimum indispensable de références législatives ou réglementaires et des considérations doctrinales qui l'explicitent. Empruntées aux observations définitives des chambres régionales des comptes et à la jurisprudence administrative ou financière, à partir d'un échantillon significatif des collectivités territoriales qui couvre l'ensemble du pays, les extraits correspondant à chacun des thèmes enregistrés ont été choisis en raison d'abord de leur valeur didactique. Ils fonctionnent aussi comme autant d'avertissements et de mises en garde.

Face à des textes innombrables, qui tiennent à la fois de la jungle et du maquis, ce guide juridique devrait permettre à tous les élus, et surtout à ceux qui se trouvent à la tête de communes petites ou moyennes, de circuler avec plus d'aisance et moins d'insécurité entre les ornières, les pièges et les chausse-trappes où il leur est conseillé de ne pas tomber. En liant information et prévention, en mettant une technique de repérage éprouvée au service de l'élaboration d'un répertoire aussi complet que possible, les auteurs n'ont pas perdu de vue qu'une critique efficace des pratiques ne se dissocie pas d'une pédagogie préalable mise au service de ceux qui gèrent et qui décident.

C'est à ce titre que cet ouvrage voudrait être un code de bonne conduite facile d'accès, un outil de travail des plus maniables, le compendium *et le* vade mecum *des élus locaux.*

Alain GOURDON

A

ABUS DE BIENS SOCIAUX (ou recel). Voir *Responsabilité pénale personnelle des élus.*

ABUSIF (soutien). Voir *Emprunts.*

ACHATS SUR FACTURE ET TRAVAUX SUR MÉMOIRE. Voir *Marchés publics.*

ACOMPTE. Voir *Marchés publics.*

ACTE D'ENGAGEMENT. Voir *Marchés publics.*

ACTION EN COMBLEMENT DE PASSIF. Voir *Responsabilité civile de la collectivité ;* voir aussi *Fautes de gestion et responsabilité des dirigeants.*

ACTIVITÉS COMMUNALES

Le classement par grandes catégories, tel qu'il est opéré par la comptabilité analytique, présente d'abord l'avantage d'offrir à l'élu une vue d'ensemble du champ de ses responsabilités ; mais ce classement en présente un autre, celui de favoriser l'appréciation d'une décision ou d'un acte par rapport à l'*« intérêt communal »* (art. 121-26 du code des communes). On distingue ainsi :

1. les activités administratives : État civil, bureau militaire, papiers officiels, élections, relations publiques et communication ;

2. les activités d'intérêt collectif : police municipale, service incendie, inhumations, protection civile, protection de l'environnement, aménagement du territoire et urbanisme, logement social, voirie et réseaux, stationnement, circulation et sécurité publique ;

3. les activités catégorielles : enseignement, œuvres scolaires, services sociaux, petite enfance, personnes âgées, loisirs, sports et culture, aide à l'emploi ;

4. les activités économiques : tourisme, gestion du domaine, établissements publics locaux à caractère industriel et commercial, gestion des zones d'activités, foires et marchés ;

5. les activités déléguées à des « satellites » (associations, SEM).

En termes de responsabilité, cet inventaire laisse, bien entendu, entrevoir un vaste champ de risques.

En ce qui concerne les risques de gestion, on peut imaginer qu'il ne va guère se trouver de secteur où la responsabilité de la collectivité et (ou) de l'élu ne puisse être, un jour, engagée au titre d'un risque quelconque, inhérent à chacun de ces secteurs.

Dans l'hypothèse d'une décision qui ne s'inscrit pas dans le cadre d'une action courante, mais implique un risque différé ou, en tout ou partie, imprévisible, les élus auront parfois tout intérêt à soumettre pour avis, préalablement à la saisine de leur assemblée délibérante, les projets de délibération, à un conseil extérieur, neutre et indépendant, afin de prévenir une mise en cause ultérieure par la juridiction financière ou une éventuelle responsabilité à l'égard des tiers. (Le fondement juridique de la proposition est-il correct ? Le projet qui doit être soumis au conseil municipal est-il suffisamment explicite et motivé ? N'est-il pas indispensable de subordonner la décision à une étude de vraisemblance ou de marché ? Quels en sont les risques implicites, juridiques, économiques et financiers ?)

S'agissant, par ailleurs, des observations que, en application de l'article 87 de la loi 82-213 du 2 mars 1982 modifiée, la chambre régionale des comptes peut adresser à l'ordonnateur de la collectivité et dont l'effet sur « l'image » de l'élu peut être dévastateur, l'expérience prouve que l'ordonnateur, négligeant les possibilités d'assistance que la loi lui offre, est souvent tenté d'y répondre seul, non seulement par souci de discrétion, mais aussi parce qu'il n'en mesure pas toujours toute la portée. Il est alors souvent tenté de justifier ses choix par « les pratiques antérieures », ou l'urgence ou le souci d'efficacité ; il peut être tenté aussi de fournir aux critiques de la juridiction une réponse « politique », opposant sa « légitimité » à la « légalité » ; il ne parvient en fait généralement qu'à aggraver la situation et desservir ses propres intérêts et ceux de la collectivité.

Même en excluant l'hypothèse la plus grave, le contentieux pouvant comporter des suites pénales (gestions de fait, par exemple), il est vivement recommandé aux élus de recourir systématiquement aux services d'un spécialiste du droit des juridictions financières, pour répondre aux observations provisoires que la chambre régionale des comptes peut être amenée à formuler sur la gestion de la collectivité dont ils ont la charge ; c'est un réflexe à acquérir, même si la collectivité est dotée de ses propres services techniques, financiers ou d'un service juridique compétents, pour répondre à ses besoins courants. La difficulté de la pratique jurisprudentielle n'est jamais à négliger.

ACTIVITÉS DÉPARTEMENTALES

Le département est une très ancienne collectivité territoriale dont la loi du 10 août 1871 relative aux conseil généraux avait défini (art. 46) une grande part des attributions (dont la liste est, pour l'essentiel, toujours valable). Aujourd'hui, la compétence des institutions départementales est définie par le Titre II chapitre Ier et III de la loi n° 82-213 de la loi du 2 mars 1982 modifiée (articles 23 à 33 et 35 à 55). La grande novation a surtout été le transfert de l'exécutif départemental, jusqu'alors exercé par le préfet, au président du conseil général (art. 25 de la loi du 2 mars 1982 modifiée). Désormais, le président du conseil général est seul chargé de l'administration du département (art. 31), sous réserve de son pouvoir de délégation.

Les activités départementales se rattachent donc aux compétences qui résultent des dispositions combinées de l'article 46, toujours en vigueur, de la loi de 1871 précitée, et de celles qui lui ont été transférées par les lois n° 83-8 du 7 janvier 1983 et 83-663 du 22 juillet 1983. Ces activités sont nombreuses et variées et recouvrent principalement et de façon schématique les domaines suivants :

1. L'aide sociale, qui comporte :

– la protection de l'enfance (PMI, aide sociale à l'enfance),

– l'aide aux personnes âgées (aide ménagère, etc.),
– l'aide aux personnes handicapées (hébergement, aide à domicile, allocation compensatrice),
– l'aide médicale,
– le revenu minimum d'insertion ;

2. *La voirie ;*
3. *L'enseignement* (collèges, transports scolaires) ;
4. *Les interventions économiques* (tourisme, logement) ;
5. *L'action culturelle* (bibliothèques centrales de prêt) ;
6. *Attributions diverses* (archives, service incendie, ports et pêche, environnement, patrimoine, transports interurbains).

L'action sanitaire et sociale constitue la plus lourde de toutes les contributions du département dont elle absorbe plus de 50 % du budget de fonctionnement. Avant 1983, les dépenses d'aide sociale étaient partagées entre l'État, les départements et les communes et donnaient lieu à des financements croisés difficiles à contrôler. Désormais une certaine clarification a été introduite :

– l'État prend en charge les actions et prestations relevant de la solidarité nationale ou de la mise en œuvre d'une politique menée au niveau national (encore que le débat ouvert sur le financement du RMI pourrait bientôt bousculer ce principe) ; il a une compétence d'attribution ;
– le département a une compétence de droit commun dans tous les domaines de l'action sanitaire et sociale qui doivent être menés localement (les participations communales obligatoires aux dépenses d'aide sociale constituent environ 85 % des ressources du département en la matière).

La voirie est aussi un poste important du budget des départements et absorbe environ 25 % de leurs ressources d'investissement (le réseau départemental représente 32 000 kilomètres de voies).

La loi de 1983 relative au transfert des compétences interdit l'exercice d'une quelconque tutelle d'une collectivité sur une autre, mais la loi prévoit que le département peut apporter, aux communes qui le demandent, son soutien dans l'exercice de leurs compétences.

ACTIVITÉS RÉGIONALES

La compétence des institution régionales est définie au Titre III de la loi n° 82-213 du 2 mars 1982 (art. 59 et s.). Les régions sont en outre soumises aux dispositions de la loi n° 72-619 du 5 juillet 1972 portant création et organisation des régions, modifiée par la loi du 6 janvier 1986.

Le conseil régional a désormais compétence pour « promouvoir le développement économique, social, culturel et scientifique de la région et l'aménagement de son territoire et pour assurer la préservation de son identité, dans le respect de l'intégrité, de l'autonomie et des attributions des départements et des communes ».

Aménagement du territoire et planification régionale constituent ainsi une responsabilité essentielle des régions.

Les activités des services régionaux se rattachent à quatre pôles d'interventions :

1. *Aux interventions économiques ;*
2. *À l'aménagement du territoire ;*
3. *À l'enseignement secondaire ;*
4. *À la préservation de l'identité de la région.*

Dans le domaine économique et social, le conseil régional peut engager des actions complémentaires de celles de l'État, des autres collectivités territoriales et des établissements publics situés dans la région, dans les domaines et les conditions qui ont été fixées par la loi 83-8 du 7 janvier 1983 relative à la répartition des compétences entre les différentes collectivités territoriales et l'État, complétée par la loi 83-663 du 22 juillet 1983.

En ce qui concerne l'aménagement du territoire, l'intervention du conseil régional est régie par les dispositions de l'article 36 de la loi n° 83-8 du 7 janvier 1983 qui prévoit que les schémas directeurs, les schémas de secteur, les plans d'occupation des sols et les documents d'urbanisme doivent être compatibles avec les prescriptions particulières concernant la région.

En matière d'enseignement et outre la charge des lycées, la compétence de la région porte principalement sur la formation professionnelle et l'apprentissage et sur l'élaboration du schéma prévisionnel des formations des collèges et des lycées.

ACTUALISATION. Voir *Marchés publics.*

ADJUDICATION. Voir *Marchés publics.*

ADMISSION EN NON-VALEUR. Voir *Créances.*

AIDE SOCIALE (action sanitaire et sociale)

Textes de référence : loi n° 83-663 du 22 juillet 1983 complétant la loi n° 83-8 du 7 janvier 1983 relative à la répartition des compétences entre l'État et les collectivités locales.

Les dépenses d'aide sociale incombent principalement aux départements dont elles représentent en moyenne plus de la moitié des dépenses de fonctionnement. Mais les départements exercent aussi des responsabilités dans le domaine de l'action sanitaire, avec la gestion d'établissements spécialisés.

Les communes n'exercent en matière d'aide sociale qu'une compétence d'appoint, à travers leur *centre communal d'action sociale (CCAS).* Mais elles sont tenues au versement d'un contingent d'aide sociale au département (décret n° 83-1123 du 23 décembre 1983 relatif à la participation des communes aux dépenses d'aide sociale et de santé des départements, pris en application de l'article 93 de la loi 83-8 du 7 janvier 1983 modifiée relative à la répartition des compétences entre l'État et les collectivités locales (*JO* du 24 déc. 1983).

Les juridictions financières constatent souvent que les différentes obligations liées au règlement départemental d'aide social et au recouvrement du contingent communal ne sont pas toujours respectées.

Observations des juridictions financières

- CRC « Haute-Normandie », 26 mars 1993, *Département de l'Eure ;* extraits :

  « La loi 83-663 du 22 juillet 1983 a prévu que chaque département devait se doter de deux instruments lui permettant de définir sa politique dans le domaine de l'action sociale et de la santé : le règlement d'aide sociale et le schéma des équipements sociaux et médico-sociaux. »

– En ce qui concerne le *règlement départemental d'aide sociale,* l'article 34 de la loi précitée dispose que :

« Dans les conditions définies par la législation et la réglementation sociales, le conseil général adopte un règlement départemental d'aide sociale définissant les règles selon lesquelles sont accordées les prestations d'aide sociale relevant du département. Il peut décider de conditions et de montants plus favorables que ceux prévus en application de l'article 32 de la loi. Le département assure la charge financière de ces décisions... »

Ces dispositions ont été complétées par l'articles 52 de la loi 86-17 du 6 janvier 1986 adaptant la législation sanitaire et sociale aux transferts de compétence en matière d'aide sociale et de santé (nouvel article 124-1 du code de la famille et de l'aide sociale) :

« L'admission à une prestation d'aide sociale est prononcée au vu des conditions d'attributions telles qu'elles résultent des dispositions législatives ou réglementaires et pour les prestations légales relevant de la compétence du département ou pour les prestations que le département crée de sa propre initiative au vu des conditions d'attribution telles qu'elles résultent des dispositions du règlement départemental d'aide sociale mentionné à l'article 34 de la loi 83-663 du 22 juillet 1983... »

Si les textes de 1983 et 1986 n'ont pas fixé de délai pour l'élaboration d'un règlement départemental d'aide sociale, il ressort clairement des dispositions législatives que celui-ci est destiné à être la référence obligatoire du département en matière de prestations d'aide sociale. Ce règlement doit permettre, non seulement d'assurer l'information des usagers sur les prestations qu'ils peuvent attendre du département, notamment lorsqu'elles vont au-delà des seuils ou plafonds fixés par la réglementation générale, mais aussi de servir de cadre d'instructions pour les services et commissions qui mettent en œuvre la politique départementale en la matière.

L'évolution préoccupante des dépenses d'aide sociale doit conduire les exécutifs locaux à la prudence.

Par ailleurs, la publication depuis 1992 de nouveaux textes législatifs ou réglementaires relatifs aux assistantes maternelles, à la protection maternelle et infantile, au RMI ou à l'aide médicale va rendre nécessaire une mise à jour complète des règles d'attribution des prestations départementales d'aide sociale.

– En ce qui concerne le *schéma départemental des équipements sociaux et médico-sociaux,* son contenu a été précisé par l'article 2 de la loi du 6 janvier 1986 :

« Un schéma précise dans chaque département :
– la nature des besoins sociaux et notamment de ceux nécessitant des interventions sous forme de créations d'établissements ou de services sociaux et médico-sociaux ou par une autre voie ;
– les perspectives de développement ou de redéploiement de ces établissements et services compte tenu des éléments précédents, des ressources disponibles et des possibilités offertes par les départements voisins ;
– les critères d'évaluation des actions conduites ;
– les modalités de la collaboration ou de la coordination susceptibles d'être établies ou recherchées avec d'autres collectivités afin de satisfaire tout ou partie des besoins recensés. »

La loi du 19 août 1986, article 5 II, ajoute :

« Le président du conseil général consulte, sur les orientations générales du projet de schéma relatives aux établissements et services sociaux et médico-sociaux

> fournissant des prestations prises en charge par le département, une commission réunie à cet effet. Il fixe la composition de cette commission qui comprend notamment des représentants des institutions sanitaires et sociales, de leurs usagers ainsi que des professions de santé et des travailleurs sociaux. Le président du conseil général peut également, sur proposition du représentant de l'État, consulter cette commission sur les orientations générales relatives à la partie du schéma arrêtée conjointement par le représentant de l'État et le président du conseil général en application de l'avant dernier alinéa du présent article. »

Par ailleurs, une remarque s'impose en ce qui concerne le rapport annuel sur le contingent communal. L'article 4 du décret 87-1146 du 31 décembre 1987 dispose :

> « Le rapport mentionné à l'article 42 de la loi du 2 mars 1982 énonce les modalités de calcul de la contribution globale des communes du département. Il fait état des dépenses qui, par application de l'alinéa 2 de l'article 34 de la loi du 22 juillet 1983, ne sont pas prises en compte pour le calcul de cette contribution. Les mêmes indications sont portées sur un document annexé à la délibération du conseil général. »

Ces dispositions ont été rappelées dans la circulaire du 26 janvier 1988 relative à la participation des communes aux dépenses d'action sociale et de santé des départements publiée au *Journal officiel* du 12 mars 1988 :

> « Chaque année, en vertu de l'article 4 du décret (du 31 décembre 1987), dans un rapport qui, conformément à l'article 42 de la loi du 2 mars 1982 modifiée, doit être adressé aux conseillers généraux douze jours au moins avant son examen par le conseil général, le président du conseil général énonce les modalités de calcul de la contribution globale des communes et donne à cet égard toutes indications utiles, en particulier sur la nature des dépenses d'action sociale et de santé du département sur lesquelles a été calculée cette contribution. Il doit en conséquence faire apparaître la ventilation entre les dépenses légales d'action sociale et de santé et les dépenses facultatives. Les mêmes indications sont annexées à la délibération du conseil général. »

Le contingent communal d'aide sociale doit donner lieu chaque année à un rapport spécifique faisant état du mode de calcul des contributions mais aussi de l'assiette de calcul. On pourra se reporter aux dispositions finales de la circulaire du 26 janvier 1988 relative à la participation des communes aux dépenses d'action sociale et de santé des départements (*JO* du 12 mars 1988) :

> « Le montant de la contribution mise à la charge de chaque commune est calculé comme la contribution commune globale en deux temps : une première évaluation est effectuée au moment de l'élaboration du budget primitif en même temps que l'évaluation de la contribution globale ; la contribution définitive mise à la charge de chaque commune est fixée en même temps que la contribution globale lorsque les comptes administratifs des départements sont arrêtés. La régularisation éventuelle par rapport à la contribution initialement mise à la charge des communes est alors effectuée. Cette régularisation a, s'agissant de la contribution de chaque commune, pour seul objet de prendre en compte les résultats définitifs des exercices servant de base au calcul du coefficient de variation de la contribution globale et de faire application de façon définitive de la règle d'écrêtement. En revanche, il ne peut à cette occasion être procédé à une modification ni de l'importance respective des deux parts de la contribution globale à répartir, ni de la liste ou de la pondération des critères, ni de l'année de référence retenue pour le calcul de ces critères lorsqu'elle doit être fixée par le conseil général. Pour un exercice donné, tous les choix doivent être faits par le conseil général pour le calcul des contributions de chaque commune au moment du vote du budget primitif. »

- CRC « Pays de la Loire », 3 août 1993, *Département de la Mayenne ;* extraits :

  « Les dispositions législatives relatives au transfert de compétences en matière d'action sanitaire et sociale ont prévu l'élaboration et l'adoption par les conseils généraux de deux documents importants :
  1. Le règlement départemental d'aide sociale – cf. art. 34 de la loi 83-663 du 22 juillet 1983 modifiée – définit les règles selon lesquelles sont accordées les prestations d'aide sociale du département.
  2. Le schéma départemental des établissements et services sociaux et médico-sociaux – cf. art. 42 de la loi 83-663 du 22 juillet 1983 modifiée et art. 2 de la loi 86-17 du 6 janvier 1986 modifiée – précise la nature des besoins sociaux, les perspectives de développement ou de redéploiement des établissements sociaux et médico-sociaux, les critères d'évaluation des actions conduites et les modalités de coordination des actions sanitaires et sociales avec les autres collectivités. Aucun de ces deux documents n'a été, à ce jour, adopté par le département de la Mayenne. »

Centre communal d'action sociale (CCAS)

Établissement public local, le CCAS prolonge l'action sociale départementale et met éventuellement en œuvre, au niveau des communes, une action complémentaire facultative en faveur des familles (crèches, halte-garderie, personnes âgées).

Observations des juridictions financières

- CRC « Aquitaine », 20 sept. 1993, *Commune de Saint-Émilion ;* extraits :

  « La chambre a constaté qu'en 1990 les recettes de fonctionnement du CCAS excédaient le seuil de 200 000 F prévu au décret n° 87-130 du 26 février 1987 et qu'il convenait donc de produire dorénavant un compte administratif autonome retraçant les opérations du CCAS. »

- CRC « Aquitaine », 13 mai 1993, *CCAS de Pau ;* extraits :

  « Il a été constaté que le fonds de roulement du CCAS était très largement excédentaire, près de 3,6 millions de francs en 1988, provenant essentiellement de la mobilisation anticipée d'emprunts contractés pour des opérations immobilières qui ont été retardées.
  Une gestion plus suivie dans ce domaine aurait permis d'éviter des frais financiers inutiles. Dans le même temps, une analyse des résultats antérieurs aurait permis d'ajuster la subvention annuelle de la ville en fonction non seulement des prévisions de dépenses du CCAS au niveau de son budget primitif mais également en raison des disponibilités effectives de cet organisme intégrant les résultats de l'exercice précédent.
  Un léger déficit structurel a été observé au niveau du budget annexe du service de l'aide ménagère. Cette situation résulte sans doute d'une diminution globale des heures facturées de l'ordre de 25 % de 1986 à 1988, alors que d'une part, les effectifs d'aides ménagères n'ont pas été réduits dans les mêmes proportions et que d'autre part, les personnels administratifs du service n'ont pas été affectés par cette baisse d'activité.
  Une baisse de l'ordre de 20 % du nombre de repas sur la période a été constatée. Par ailleurs il a été noté qu'un rattrapage avait eu lieu au niveau des prix de repas, les prix pratiqués en 1989 étant quasiment identiques à ceux agréés par la DDSS. »

• CRC « Alsace », 15 avr. 1993, *Commune de Mulhouse ;* extraits :

« Aide sociale ; Subventions sur fonds du maire. Chaque année, une enveloppe de crédits vous est réservée au chapitre 955 " Aide sociale " pour vous permettre de régler des cas sociaux exceptionnels. Or, la chambre a été amenée à relever qu'un nombre important de paiements intervenus à ce titre étaient sans rapport avec l'action sociale.

Par ailleurs, s'agissant de subventions, ces paiements sont réglementairement imputés à l'article 657. Mais, en application des dispositions du décret n° 83-16 du 13 janvier 1983 modifié portant établissement de la liste des pièces justificatives, ils auraient dû être appuyés d'une délibération spécifique définissant, pour chaque subvention accordée, l'objet, les conditions d'octroi et le montant.

La juridiction déplore que cette exigence de la comptabilité publique ait été systématiquement méconnue. Le fait qu'au budget primitif 1993, cette enveloppe vous soit réservée au sous chapitre 934-2 intitulé " Fonds personnel pour subventions accordées par le Député-Maire en cours d'exercice ", ne modifie en rien les justifications à produire. »

• CRC « Provence-Alpes-Côte-d'Azur », 30 août 1994, *Centre communal d'action sociale de Dignes, Alpes-de-Haute-Provence ;* extraits :

« 1. Sincérité des délibérations : À l'appui de mandats de subventions ont été produits au comptable, en 1988, divers extraits de délibération du conseil d'administration du CCAS datés du 18 avril 1988. Selon ces extraits, lors de cette réunion auraient été votés à la fois le budget primitif et 5 délibérations de virements de crédits, dont 3 concernaient le chapitre des subventions, passant de 140 000 F de crédits votés au BP à 510 000 F suite aux décisions modificatives. Y auraient été prises également 4 délibérations ayant toutes pour objet l'attribution d'une subvention à l'association " Midi-Phénicie " pour un montant cumulé de 280 000 F [...]. On ne peut que douter de la sincérité du compte rendu de la ou des délibérations qui auraient été prises ce 18 avril 1988, et constater que la transmission en préfecture n'a pas permis de déceler ces anomalies.

2. Le CCAS a versé à l'organisme Midi-Phénicie des subventions pour un montant global de 1 160 000 F selon le calendrier suivant : 360 000 F en 1988, 300 000 F en 1989, 300 000 F en 1990, 200 000 F en 1991. Par ailleurs, le document produit à l'appui du compte administratif 1992 pour tenir lieu de bilan du Centre culturel Gassendi, subventionné par le ville et présidé par le directeur de cabinet du maire, fait apparaître que Midi-Phénicie (dont le trésorier n'est autre que le directeur de cabinet du maire) a bénéficié de la part du Centre culturel d'une avance de 60 000 F en 1991 qui n'était pas remboursée au 31 décembre 1992.

Midi-Phénicie est une association régionale créée en 1984 ayant pour but de " promouvoir des échanges culturels et économiques entre le Liban et le midi de la France, en soutenant plus particulièrement l'action de l'État libanais pour assurer sa souveraineté ". Son siège est à Aix-en-Provence.

L'assemblée générale de l'association, en date du 25 juin 1987, décida en raison des activités conduites à Digne en faveur des jeunes libanais de nommer un trésorier adjoint (en la personne du directeur de cabinet du maire dont le domicile tenait lieu d'adresse de cette antenne. Cette antenne bénéficie d'une domiciliation bancaire à Dignes sur laquelle sont versées les subventions. Au cours de l'instruction, aucun compte rendu d'activités n'avait été produit pour la période sous revue justifiant l'attribution des subventions indiquées ni leur imputation au budget du CCAS.

Alors même que l'observation provisoire de la chambre indiquait que l'absence de renseignements sur les comptes de cette antenne ou sur ceux de l'association, sur les modalités de fonctionnement de l'antenne locale et sur les activités qu'elle mène pourrait, en l'absence de toute convention avec la commune, conduire à considérer le versement des subventions en cause comme des mandats fictifs constitutifs d'une gestion de fait, aucune réponse n'a été apportée à cette observation par l'ordonnateur ou par le trésorier adjoint de l'association Midi-Phénicie. Le président de l'association Midi-Phénicie déclarant par ailleurs n'avoir exercé aucun contrôle sur l'activité ou la gestion de cette antenne, et n'avoir reçu sur le compte de l'association aucune subvention du CCAS de Digne, la chambre se réserve le droit, dans le cadre de ses compétences, de vérifier la destination réelle des subventions en cause.

3. Le conseil municipal a approuvé le 29 avril 1986 une convention de participation aux termes de laquelle la société Sodimodis qui devait construire un hypermarché Continent sur la ZAC de Saint-Christophe, s'engageait à verser au CCAS une somme forfaitaire de 200 000 F et, à compter du troisième exercice comptable d'exploitation de l'hypermarché et pendant une durée de quinze ans, un fonds de concours non restituable de 1 millième du chiffre d'affaires. En contrepartie, la commune s'engageait à ne pas autoriser la création sur la ZAC d'une activité de même nature et de même importance. Un avenant signé le 3 décembre 1990 a défini les modalités pratiques de ces versements.
Sodimodis s'est acquitté de ces contributions pour un montant de 832 881 F. Mais ces conventions méritent deux observations :
D'une part, elles témoignent d'une confusion entre la commune et le CCAS. Ainsi, en échange d'un engagement du maire, Sodimodis s'engage à procéder à un versement au profit du CCAS. Le conseil municipal autorise la convention, le conseil d'administration du CCAS son avenant.
Surtout, sur le fond, cette participation conventionnelle, contraire aux principes énoncés à l'article 1 de la loi n° 73-1193 du 27 décembre 1973 d'orientation du commerce et de l'artisanat : “ la liberté et la volonté d'entreprendre... s'exercent dans le cadre d'une concurrence claire et loyale ”, voit la commune de Digne subordonner ses compétences en matière d'urbanisme à des compensations financières indues. »

AMÉNAGEMENT. Voir *Urbanisme.*

ANALYSE FINANCIÈRE

La plupart des observations des chambres régionales des comptes sur la gestion des collectivités locales commencent par une analyse financière de la situation de la collectivité ; il s'agit, en effet, d'établir la manière dont est réalisé l'équilibre général des comptes et de fonder les critiques de gestion sur le constat objectif des ressources et des emplois qui permettent d'atteindre cet équilibre. L'analyse financière privilégie donc l'examen des liaisons existant réellement entre les différents types de ressources et les différents types de dépenses des collectivités, de manière à déterminer si ces ressources constituent le moyen de financement le mieux adapté aux dépenses réalisées ou envisagées.

Inspirée des techniques d'analyse appliquées dans une entreprise, elle s'en écarte néanmoins car l'objectif d'une collectivité territoriale n'est pas la réalisation d'un profit mais d'un service rendu à la population, dont le niveau n'est pas toujours aisément mesurable (par exemple, quelle est la valeur du ratio : montant annuel des investissements rapporté au chiffre de la population ?). En revanche, on y retrouve le même souci d'évaluation de l'endettement réel de la collectivité, de sa capacité à y faire face à l'aide de ses seules ressources courantes et de sa capacité d'autofinancement de ses investissements. Tout ceci est replacé dans son contexte géographique, économique, social et à niveau comparable de population, afin d'apprécier l'état de solvabilité réelle de cette collectivité.

Les indicateurs habituellement utilisés, ratios de structure, (exprimés en pourcentage), ratios de population, (rapportés à l'habitant), sont-ils les mieux adaptés pour rendre compte de la capacité de remboursement d'une collectivité, de son potentiel fiscal ou de sa capacité d'autofinancement ?

- ***Pour les communes de 3 500 à 10 000 habitants,*** l'analyse financière s'effectue à l'aide des ratios suivants :

1. Dépenses réelles de fonctionnement/habitant.
2. Produit des impôts directs/ha.
3. Recettes réelles de fonctionnement/ha.
4. Dépenses d'équipement brut/ha.
5. Encours de la dette/ha.
6. Dotation globale de fonctionnement/ha.

- ***Ratios supplémentaires pour les communes de plus de 10 000 habitants :***

7. Dépenses de personnel / dépenses réelles de fonctionnement.
8. Coefficient de mobilisation du potentiel fiscal.
9. Dépenses réelles de fonctionnement / remboursement de la dette en capital / recettes réelles de fonctionnement.
10. Dépenses d'équipement brut / recettes de fonctionnement.
11. Encours de la dette / recettes réelles de fonctionnement.

Cette liste visant à permettre d'apprécier les risques de gestion encourus par les collectivités locales sous différents aspects :

- coût et financement du service rendu (ratios 1 à 3 et 6 et 7) ;
- effort d'équipement et son financement (ratios 4 et 5, 10 et 11) ;
- fiscalité et capacité d'épargne (ratios 2, 8 et 9) ;
- endettement et marge de manœuvre (ratios 5, 11 et 10).

Pour les communes de 3 500 à 10 000 habitants, l'analyse des seuls ratios de population permet d'obtenir de façon simple et efficace une appréciation sommaire et globale de la situation financière de la collectivité.

Pour les communes de plus de 10 000 habitants, le fait de retenir des ratios de structure et des ratios de population, permet d'affiner l'analyse et fournit une évaluation plus précise du risque financier.

Mais attention : équilibre n'est pas solvabilité. Le fonds de roulement, solde des opérations réalisées en fin d'exercice, peut être manipulé (factures « dans les tiroirs », différé des décaissements en fin d'année) ; le résultat net, tel qu'il ressort du compte administratif, est donc à interpréter avec précaution, compte tenu des possibilité de reports ; l'absence de consolidation réelle des engagements directs et indirects de la collectivité (en dépit de l'effort amorcé à cet égard par la loi du 6 février 1992) sont autant de facteurs de risques qu'aucune analyse financière n'appréhende à 100 %.

Observation importante

Le retraitement des données budgétaires et comptables en vue de corriger les données brutes telles qu'elles ressortent d'une première lecture des documents, en prenant en compte les caractéristiques particulières de la collectivité, voire le « style » de la gestion, s'avère le plus souvent indispensable.

Cette remarque s'adresse donc autant aux prêteurs qu'aux responsables des collectivités elles-mêmes qui souhaitent faire le point sur l'étendue de leurs engagements réels et de leur capacité à y faire face en vue de réaliser de nouveaux investissements.

(Lire dans *Les Notes Bleues* de Bercy, n° 597 de juin 1992, une approche méthodologique d'analyse financière d'une collectivité locale, présentée par Michel Klopfer, Consultant en Finances publiques ; voir par ailleurs, dans *La Revue du Trésor*, n° 8/9 d'août/septembre 1993, la thèse de J.B. Mattret sur « L'analyse financière dans le secteur public local » ; et dans le n° 7 de juillet 1994, l'article de Paul Hernu, conseiller de chambre régionale des comptes : « Analyse de la perte de solvabilité d'une commune ».)

Voir aussi sous *Chambre régionale des comptes : Méthodologie du contrôle.*

Observations des juridictions financières

● CRC « Provence-Alpes-Côte d'Azur », 28 oct. 1993, *Département du Vaucluse ;* extraits :

> « Le niveau de la dette est d'autant plus préoccupant que les risques des opérations qu'elle a servi à financer ne paraissent pas toujours correctement appréhendés. Les emprunts ont représenté, de 1986 à 1991, plus des 3/4 des recettes réelles d'investissement. Aussi, la charge de la dette aussi bien en fonctionnement (frais financiers) qu'en dépenses d'investissement (remboursement en capital), n'a cessé de croître, jusqu'à dépasser le 1/5ᵉ des recettes totales [...].
>
> Le total de la dette (au 1er janvier 1992), 2,1 milliards de francs, représente une fois et demie les recettes réelles de fonctionnement : c'est dire que les ratios prudentiels les plus bienveillants ont été très largement dépassés ; ainsi, le rapport de la dette à l'épargne brute, qui était en 1989 de 38 % en France, atteignait 63 % pour le département [...]. En 1989, l'annuité de remboursement (capital et intérêts) obérait, du reste, les ressources de fonctionnement à hauteur de 27 %.
>
> Une correcte appréciation des risques encourus du fait de l'endettement doit d'abord considérer les prêts contractés pour financer les opérations de crédit bail : au 1er janvier 1993, la créance possédée par le Vaucluse, au titre de ces interventions, s'élevait à 504,4 MF, échelonnés jusqu'en janvier 2008. Les défaillances déjà enregistrées illustrent suffisamment l'aspect conjectural de telles opérations, où la garantie de propriété, représentée par le bien immobilier lui même, n'exonère pas la collectivité du paiement des annuités des emprunts quelle a négociés pour l'acquérir.
>
> L'évaluation des risques doit aussi englober les garanties d'emprunt accordées par le département. La chambre a noté, à cet égard, que le solde des diverses dettes garanties s'élevait, au 1er janvier 1992, à près d'un milliard de francs. La plus importante garantie bénéficie au crédit immobilier de Vaucluse, pour une dette de 509 MF. Sans doute, la loi a-t-elle réservé un traitement privilégié aux opérations de construction, d'acquisition ou d'amélioration de logements, pour lesquelles les garanties des départements ne sont limitées par aucun plafond (art. 49 de la loi du 2 mars 1982).
>
> Cependant le législateur n'a pas prétendu que les dangers encourus par les finances départementales, dans ce type d'intervention, étaient pour autant, écartées, mêmes si, au cas particulier, la situation de cet organisme d'HLM paraît aujourd'hui présenter des sûretés suffisantes [...]. Quant aux garanties d'emprunt accordées aux personnes morales de droit privé – essentiellement des associations –, les risques qu'elles font peser sur le département sont certainement plus limitées en volume (83 MF au 1er janvier 1992) mais cependant bien réels [...]. Divers

exemples illustrent, s'il en était besoin, qu'une garantie d'emprunt ne constitue pas une simple formalité mais bien un engagement des finances publiques et qu'il appartient à l'assemblée délibérante d'évaluer, pour chaque espèce, l'utilité publique du risque encouru. »

• CRC « Aquitaine », 22 oct. 1993, *Commune de Villenave-d'Ornon, Gironde ;* extraits :

« L'examen du ratio de solvabilité de la commune " encours de la dette sur autofinancement brut ", amène à confirmer la profondeur de cette dégradation. En effet, pour les communes de plus de 10 000 habitants, ce ratio qui mesure le nombre d'années nécessaire à une commune pour rembourser sa dette à partir de l'autofinancement qu'elle dégage, s'établit en moyenne à huit-neuf ans. On considère généralement que lorsque ce ratio atteint quinze ans, durée de vie normale des emprunts, la commune entre dans la zone rouge d'insolvabilité. Or, pour Villenave d'Ornon, ce ratio au cours des cinq dernières années s'établit comme suit : 1989 : trente ans ; 1990 : seize ans ; 1991 : quatre-vingt ans ; 1992 : vingt-huit ans ; 1993 : soixante-neuf ans [...]. Le désendettement apparaît donc comme une priorité absolue pour la commune. Il suppose, compte tenu des limites atteintes par l'effort fiscal, que le maintien de cet effort très lourd soit soutenu autant que possible par la compression des dépenses, l'arrêt de l'investissement et le cas échéant, l'aliénation d'éléments cessibles du patrimoine communal. »

ANNUALITÉ (du budget). Voir *Finances locales.*

APPEL D'OFFRES. Voir *Marchés publics.*

ASSAINISSEMENT. Voir *Service public de l'eau et de l'assainissement.*

ASSOCIATIONS (loi de 1901)

La loi du 1er juillet 1901 et son décret d'application du 16 août 1902 laissent une grande liberté pour l'organisation et le fonctionnement des associations (notamment en ce qui concerne la tenue de la comptabilité) ; c'est ce qui en fait le danger car la tentation est grande d'en faire un *démembrement du service public* pour échapper aux contrôles, voire d'en faire un instrument de financement plus ou moins occulte de certaines activités des élus. La rédaction des statuts doit donc être effectuée avec soin ; on évitera d'y affirmer, comme cela s'est déjà vu, « que l'association a pour but de mettre en œuvre la politique de la commune » dans tel domaine et que la collectivité en assurera le financement principal et le déficit éventuel.

Il est important que les relations entre collectivité et association ne créent pas la confusion dans l'esprit des tiers ; le respect de l'indépendance de l'association et de ses organes dirigeants est essentiel. C'est sur ce terrain que le juge des comptes s'appuie le plus facilement pour établir une *« gestion de fait »* car, en l'*absence d'autonomie réelle de l'association et de ses dirigeants,* les subventions versées par la collectivité publique ne perdent pas le caractère de *fonds publics.*

Un effort de clarification était nécessaire ; il est venu de la loi n° 92-125 du 6 février 1992 (art. 13) et de son décret d'application n° 93-570 du 27 mars 1993 (art. 7) qui prévoient des modalités de contrôle particulières des associations subventionnées, dont les collectivités doivent produire la liste en annexe des documents budgétaires ;

en outre, ces associations doivent produire à la collectivité un bilan certifié si le montant des subventions qu'elles ont reçues est supérieur à 500 000 francs ou représente plus de 50 % de leur budget.

Ces dispositions sont encore renforcées par le décret 93-568 du 27 mars 1993 fixant le montant des subventions reçues à partir duquel les associations sont soumises à certaines obligations, pris en application de l'article 81 de la loi n° 93-122 du 29 janvier 1993, et qui enjoint aux associations qui reçoivent des subventions d'un montant supérieur à 1 million de francs, de nommer un *commissaire aux comptes,* à qui il revient de certifier le bilan et les comptes (dans les autre cas, le bilan est certifié par le président de l'association).

(La production, à l'appui des documents budgétaires d'une liste des concours aux associations, sous quelle que forme que ce soit, directe ou indirecte, (subventions, locaux, personnel, véhicules), ne se substitue pas à la liste des pièces qui doivent normalement être jointes aux documents budgétaires, en application des instructions comptables antérieures qui restent en vigueur ; ces deux listes n'ont pas le même champ d'application, les mesures les plus récentes visant à assurer la transparence de la gestion et à renseigner les tiers sur l'étendue des engagements indirects de la collectivité.)

Par ailleurs, les associations qui poursuivent une activité de nature économique sont assujetties à la TVA, à la taxe professionnelle et à la taxe d'apprentissage, et sont, en conséquence, obligées de tenir une comptabilité conforme aux dispositions du Plan comptable général.

L'application des règles et du *plan comptable adapté au secteur associatif* proposés par le conseil supérieur de la comptabilité publique, dans son avis du 17 juillet 1985, permet, d'une façon générale, d'améliorer la transparence des comptes des associations et d'en faciliter le contrôle. En outre, dans le cadre des dispositions de l'article 81 de la loi n° 93-122 du 29 janvier 1993 (loi Sapin) précitée, le commissaire aux comptes peut attirer l'attention des dirigeants de l'association sur tout fait de nature à compromettre la continuité de l'activité qu'il a relevé au cours de sa mission ; il peut inviter le président à faire délibérer l'organe collégial de l'association ; en cas d'inobservation de ces dispositions ou si en dépit des décisions prises, le commissaire aux comptes constate que la continuité des activités reste compromise, il établit un rapport spécial et peut demander que ce rapport soit adressé aux membres de l'association ou qu'il soit présenté à la prochaine assemblée.

Très nombreuses dans le secteur social, les associations ont aussi très souvent en charge le secteur des sports (offices municipaux des sports), celui des activités socioculturelles ainsi que la gestion des équipements culturels et sportifs correspondants, et le tourisme (offices du tourisme, syndicats d'initiative).

Il appartient aux responsables des collectivités locales de veiller à ce que ces organismes ne deviennent pas trop dépendants d'eux afin de ne pas être considérés par les juges comme des *démembrements* de la collectivité locale.

Enfin, les collectivités se doivent de surveiller les associations qu'elles subventionnent, ainsi que les dispositions combinées du *décret-loi du 30 octobre 1935* et de l'*article L 221-8 du code des communes* le prévoient, possibilité trop souvent négligée, comme le rappellent fréquemment les juridictions financières dans leur lettres d'observations définitives aux ordonnateurs.

« Toute association, œuvre ou entreprise ayant reçu une subvention peut être soumise au contrôle des délégué de la commune qui a accordé cette subvention. Tous groupements, associations, œuvres ou entreprises privés qui ont reçu dans l'année en cours une ou plusieurs subventions sont tenus de fournir à l'autorité qui a mandaté la subvention une copie certifiée de leurs budgets et de leurs

comptes de l'exercice écoulé, ainsi que tous documents faisant connaître les résultats de leur activité. » (art. L 221-8 CC)

Notons, par ailleurs, que le décret-loi du 2 mai 1938 interdit le reversement d'une subvention reçue par une association à une autre association, même en toute connaissance de cause de la collectivité qui verse initialement la subvention. Cette disposition a été étendue par la jurisprudence aux collectivités territoriales.

Au plan pratique, ce transit présente divers inconvénients, principalement parce qu'il manque de transparence et qu'il risque d'être à l'origine d'erreurs en cas de répartition en cascade de sommes à plusieurs organismes.

Les associations ont toujours fait partie de l'environnement des collectivités locales ; elle y jouent un rôle important en permettant à « la société civile » d'être le démultiplicateur de l'action communale. Rien d'étonnant à ce que la décentralisation ait vu se multiplier les associations. Mais la prolifération des associations peut masquer un risque dans la mesure où les élus et leurs proches sont souvent à l'origine de leur création : il s'agit alors d'un véritable démembrement du service public aux conséquences imprévisibles, tant l'usage qui en est fait peut s'écarter des normes.

On parle alors d'*associations administratives ou* d'*associations para-municipales ou encore d'associations transparentes.* Ces associations étant abondamment subventionnées, la jurisprudence fourmille d'exemples de *gestions de fait* révélées à l'occasion de leurs contrôles par les chambres régionales des comptes. L'emploi des fonds provenant de ces subventions a souvent révélé de véritables détournements entraînant en outre une suite judiciaire pour *abus de biens sociaux.* Le juge dispose d'un véritable droit de suite pour reconstituer le cheminement des fonds publics et en contrôler l'emploi (loi n° 82-213 du 2 mars 1982, art. 87).

Par ailleurs, l'article 81 de la loi n° 92-122 du 29 janvier 1993 précitée étend aux associations recevant de l'État ou des collectivités locales des subventions d'un certain montant (fixé par le décret n° 93-568 du 27 mars 1993) un certain nombre de dispositions appliquées aux sociétés commerciales.

« Il est inséré, après l'article 29 de la loi n° 84-148 du 1er mars 1984, relative à la prévention et au règlement amiable des difficultés des entreprises, un article 29 bis ainsi rédigé :

Toute association ayant reçu annuellement de l'État ou de ses établissements publics ou des collectivités locales une subvention dont le montant est fixé par décret doit établir chaque année un bilan, un compte de résultat et une annexe dont les modalités d'établissement sont précisées par décret.

Ces mêmes associations sont tenues de nommer au moins un commissaire aux comptes et un suppléant [...]. Le commissaire aux comptes de ces mêmes associations peut attirer l'attention des dirigeants sur tout fait de nature à compromettre la continuité de l'activité qu'il a relevé au cours de sa mission. Il peut inviter le président à faire délibérer l'organe collégial de l'association. Le commissaire aux comptes est convoqué à cette séance. En cas d'inobservation de ces dispositions ou si, en dépit des décisions prises, il constate que la continuité des activités reste compromise, le commissaire aux comptes établit un rapport spécial. Il peut demander que ce rapport soit adressé aux membres de l'association ou qu'il soit présenté à la prochaine assemblée. »

Ces difficultés n'ont pas échappé au Gouvernement qui, par circulaire du Premier ministre en date du 15 janvier 1988 (*JO* du 7 avr. 1988), a tenu à rappeler et préciser certains principes devant régir les rapports des associations bénéficiaires de financement public avec les collectivités locales, qu'on peut résumer ainsi :

1. Les principes fondamentaux du contrôle des associations bénéficiaires de financements publics

Le suivi de l'emploi des fonds dont bénéficie un organisme subventionné incombe au premier chef à l'ordonnateur qui a accordé la subvention, même si sont également compétents à cet égard, chacun pour ce qui le concerne, le comptable public de la collectivité et les magistrats de la chambre régionale des comptes.

2. La normalisation des modalités d'attribution de l'aide publique

Au-delà des textes législatifs et réglementaires, la collaboration entre les pouvoirs publics et les associations devra se concrétiser désormais dès lors que le montant de la subvention excédera le seuil prévu pour l'application des marchés publics de fournitures, par l'établissement d'une *convention* déterminant clairement les objectifs poursuivis et les obligations réciproques. Ce document comportera au minimum la définition précise de l'objectif général ou des actions dont l'association s'assigne la réalisation, l'ensemble des moyens qu'elle mettra en œuvre à cet effet, et notamment les personnels, l'indication de son budget total ou de celui de l'opération subventionnée ainsi que la désignation de tous les autres moyens publics. En contrepartie, seront indiqués le montant de la subvention ou de la rémunération correspondant à la prestation fournie, le calendrier et les modalités de son versement.

Par ailleurs, afin de permettre le suivi de l'exécution de la convention, celle-ci comportera les modalités et délais de production des comptes, ainsi que des comptes rendus d'exécution, l'organisation du contrôle et les règles de dénonciation de la convention.

3. Le problème particulier des associations para-administratives

Cette catégorie d'associations pose problème dans la mesure où elles se caractérisent par un financement majoritairement, sinon exclusivement public et où la collectivité joue un rôle souvent prépondérant au sein de ses organes dirigeants (voir *infra Associations transparentes*).

La Cour des comptes a souvent dénoncé, dans son rapport public annuel, les dangers de telles associations qui constituent de véritables démembrements du service public. Dans la mesure où le rôle joué par ces associations justifierait leur maintien, il y a lieu d'inviter les élus locaux à s'en désengager de façon à restituer aux instances dirigeantes de ces associations leur pouvoir de décision indépendant afin de permettre une clarification des relations entre ces associations et la collectivité.

Gestion d'un service public local par une association

Les communes (ou les départements) ne peuvent se décharger sur une association de la poursuite d'un objet communal (ou départemental) pour lequel la loi a prescrit un autre mode de réalisation (Conseil d'État, avis du 11 mars 1958). Mais le Conseil d'État, dans un autre avis du 7 octobre 1986, a précisé :

> *« Le caractère administratif d'un service public n'interdit pas à la collectivité territoriale compétente d'en confier l'exécution à des personnes privées, sous réserve toutefois que le service ne soit pas au nombre de ceux qui, par leur nature ou par la volonté du législateur ne pouvait être assurés que par la collectivité territoriale elle-même. »*

Ainsi, tout le travail du juge financier sera de rechercher à travers les actes de l'association, qui en a été le véritable inspirateur, afin de s'assurer que les responsables de la collectivité n'ont pas conservé le contrôle des subventions versées, ce qui serait constitutif d'une *gestion de fait* au sens de l'article 60-XI de la loi de finances 63-156 du 23 février 1963, car, alors, le principe de séparation des ordonnateurs et des comptables serait tenu en échec.

Associations transparentes

Il en est ainsi toutes les fois où une association s'analyse comme un démembrement pur et simple d'un service public relevant des missions d'une collectivité locale et ne disposant d'aucune autonomie de gestion par rapport à elle (ressources provenant essentiellement des subventions de la collectivité, dirigeants de l'association se confondant avec ceux de la collectivité). Le caractère « transparent » de l'association place ses dirigeants en situation de *« comptables de fait »,* astreints aux mêmes obligations de reddition des comptes que les comptables publics.

Dans son rapport public de 1994, la Cour rappelle que, dans un avis n° 285-065 du 5 juin 1962, le Conseil d'État indiquait qu'« aucune disposition législative n'interdit au maire d'une commune ou à un membre du conseil municipal d'adhérer à une association et d'être élu membre de son conseil d'administration ; qu'aucune disposition réglementaire ne l'a non plus interdit et ne pourrait d'ailleurs le faire ; que le maire peut même siéger dans une association ou participer à sa direction en tant que représentant de la commune dès lors que l'objet poursuivi par cette association, répondant à un intérêt communal, et l'adhésion de la commune ne violant ni ne tournant de dispositions législatives, la commune a pu également adhérer à cette association ; qu'aucune disposition n'oblige à limiter le nombre des membres d'un conseil municipal participant à son administration, mais que le fait pour une association d'être dirigée par le maire ou un membre du conseil municipal d'une commune ne saurait lui enlever le caractère d'établissement privé, même si la majeure partie de ses recettes est constituée par des subventions des pouvoirs publics, notamment de la commune dans laquelle l'association exerce son activité ; qu'il importe cependant qu'aucune confusion ne puisse être commise entre l'association en question et la commune ou un organisme municipal officiel ; qu'il importe également que soient respectées les caractéristiques essentielles des associations, telles qu'elles résultent de la loi du 1er juillet 1901, notamment présence effective de membres actifs, faculté d'adhésion, versement de cotisations, majorité des membres du conseil d'administration élus par l'assemblée générale et non désignés en raison des fonctions qu'ils exercent ».

Il résulte de ce qui précède que, si les élus locaux peuvent faire partie des instances dirigeantes d'une association, leur présence ne doit pas entraîner une confusion entre la collectivité et l'association, ni conduire les élus locaux à exercer une part prépondérante du pouvoir de direction de l'association. Dans le cas contraire, et si le financement de l'association provient essentiellement de la collectivité, les chambres régionales des comptes en tirent la conséquence qu'il y a *gestion de fait.*

Les actes de telles associations peuvent, par ailleurs, révéler une utilisation irrégulière des fonds (dépenses ne présentant pas le « caractère d'utilité publique »), voire frauduleuse (dépenses étrangères à l'objet social de l'organisme, ou dépenses personnelles de ses dirigeants étrangères à leur activité associative) ; en pareil cas, le juge administratif, voire le juge pénal, peuvent être appelés à en connaître, notamment par renvoi des chambres régionales.

Le risque est aussi, sur le fondement de la théorie de la transparence, de voir la responsabilité de la collectivité mise en cause, à travers une *action en comblement de passif* (article 180 de le loi du 25 janvier 1985), à l'occasion d'une procédure de redressement judiciaire décidée à l'encontre d'une association. (Voir *Responsabilité civile de la collectivité*).

Observations des juridictions financières

● CRC « Franche-Comté », 12 janv. 1993, *Association Franche-Comté Échanges Internationaux – FCEI ;* extraits :

> « Les remarques de la chambre portent essentiellement sur la *transparence* de l'association. L'association, dissoute en 1991, avait pour objet " la définition, la mise en œuvre de politiques régionales décentralisées, d'échanges extérieurs pour la promotion de la Franche-Comté à l'étranger, celle de sa culture et de ses produits ". Les sommes versées essentiellement par le conseil régional (mais aussi par quelques autres collectivités) de 1984 à 1990, tant en fonctionnement qu'en investissement, s'élèvent au total à 9,6 millions de francs, non compris les aides en nature et non comptabilisées (mises à disposition de personnel par la région en l'absence de toute convention).
> Ce procédé est critiquable car il nuit à la transparence des finances de la région et ne donne pas une image fidèle de la situation de la comptabilité de l'association. »
> Les liens entre l'association et la région ont été très étroits, note la chambre ; elle n'a pas fonctionné comme une association pleinement responsable de ses finances et de ses décisions.
> « Des subventions ont été versée par FCEI à d'autres associations ou organismes. Un décret-loi du 2 mai 1938 interdit à toute association ayant reçu une subvention (de l'État) d'en employer tout ou partie en subventions à d'autres associations. Ce principe a été étendu par la jurisprudence aux subventions versées par les collectivités locales [...].
> De 1984 à 1986, des factures concernant le conseil régional ont été imputées à FCEI [...]. Il s'agit notamment des frais de déplacement de responsables de la région au conseil des régions d'Europe, au Canada, à Palma ou à Milan. En 1989 les frais de voyage au Canada de divers fonctionnaires de la région, dont le directeur général des services, ont été imputés sur le budget de l'association, alors que rien ne pouvait s'opposer à ce que ces frais s'imputent sur le budget régional, si ce n'est l'absence d'autorisation de l'assemblée régionale. Les participations d'un conseiller technique du conseil régional, par ailleurs élu local, à des manifestations à l'étranger (Berlin, en 1986 ; Moscou et Nouakchott, en 1987), ont été prises en charge par FCEI, alors que l'autre partie l'était par le conseil régional au titre de ses fonctions de conseiller technique.
> L'association a, en fait, servi de relai comptable à la région et à ses partenaires pour les opérations décentralisées.
>
> 1. FCEI a d'abord servi de relai comptable pour l'encaissement du produit de la vente de la cassette " Franche-Comté de A à Z ", commercialisée par le service de la communication de la région. L'association fonctionnait comme une véritable *régie de recettes* et maniait des deniers publics sans titre légal.
>
> 2. L'opération " Mali " (1987-1990) dont le coût a été de 3,6 MF (1/4 pris en charge par l'État, au titre du contrat de plan) a permis l'achat d'un module laitier pour la commune de Mopti au Mali. Cette opération a été entièrement menée par le service de l'agriculture et de la ruralité de la région qui en a conservé la totale maîtrise : les ordres de mission pour les déplacements à l'étranger des fonctionnaires de la région étaient signés par le directeur général des services de la région

et payés par FCEI ; tous les ordres de paiement et les virements à l'étranger ont été signés par les fonctionnaires de la région. »
En définitive, la chambre constate que l'opération a été menée sans un contrôle suffisant de l'utilisation des financements en laissant à la région, dans le cadre d'une comptabilité devenue privée, la libre disposition de la subvention qu'elle avait attribuée.

3. « L'opération " Brésil " dite " de recherche et de contact, d'identification d'opportunités et d'affaires en matière d'échanges économiques " a coûté 250 000 F. Cette somme a été versée par le ministère des affaires étrangères le 29 janvier 1988 à FCEI, qui l'a reversée le 4 mars suivant, à la chambre de commerce et d'industrie du Doubs. Une fois encore, l'association n'a servi que de relai comptable, aucune pièce justificative de dépenses ni de recettes relatives à cette opération n'étant d'ailleurs en sa possession. La CCI a justifié en dépenses 159 345 F, le reste, 90 665 F, apparaît comme le coût salarial interne de l'opération. Cette situation révèle à l'évidence que le cadre de l'association offrait une souplesse d'utilisation, sans que ne soit envisagé un contrôle de l'utilisation des fonds publics qui transitaient par sa caisse. »

• CRC « Languedoc-Roussillon », 18 janv. 1993, *Association Comité des œuvres sociales de Perpignan ;* extraits :

« Le comité des œuvres sociales intervient dans des domaines aussi divers que l'attribution des primes et allocations, la restauration municipale, les achats groupés, les aides financières au personnel et les actions culturelles, d'animation ou de loisirs. L'examen de ces activités a donné lieu à diverses observations touchant à la non-budgétisation des primes, au versement d'une indemnité différentielle sur le prix des repas, au financement occulte par le comité d'un ouvrage sur la ville de Perpignan commandé par le maire, à des avances consenties à d'autres organismes municipaux, ce qui a conduit la chambre à conclure :
Il apparaît donc que le comité des œuvres sociales a servi à plusieurs reprises soit à procurer des facilités de trésorerie à des organismes tiers, soit à contourner les règles de la fonction publique territoriale en matière de rémunérations ou d'indemnités. Un tel procédé d'avances remboursées le cas échéant sur la subvention globale, qu'autorise financièrement une trésorerie surabondante, présente des risques d'irrégularités dans la mesure où ces avances échappent au contrôle du conseil municipal comme du comptable public. Ces pratiques dénotent, en outre, un abus dans l'utilisation par la collectivité d'associations subventionnées dont l'autonomie de gestion et de décision n'est nullement préservée. »

• CRC « Ile-de-France », 29 avr. 1993, *Commune de Stains, Seine-Saint-Denis ;* extraits :

« La commune de Stains est à l'origine de la création de plusieurs associations locales, qu'on peut qualifier de transparentes à l'égard de la collectivité, aux niveaux :
– juridique : Maire, Président de droit, organes dirigeants composés majoritairement d'élus ;
– financier : subventions communales représentant plus de 90 % des recettes (Jeunesse Formation Loisirs, Femmes dans la Cité) et dépenses complétant fréquemment des actions municipales directes ;
– fonctionnel : relations entre l'administration communale et le personnel des associations, gestion de ce personnel et comptabilité des associations assurées par les services municipaux.

Cette confusion d'intérêts résulte de l'absence de convention entre la ville et les associations définissant et valorisant entre autres :
– les actions dont l'exécution est confiée par la première aux secondes ;
– les conditions de mise à disposition de moyens en personnels ou matériels ;
– les justifications d'utilisation des subventions au regard de leur objet, par la présentation de comptes d'emplois précis établis conformément au plan comptable associatif.
Certaines associations paraissent n'être que le relais plus ou moins autonome pour la réalisation de missions prises en charge par la commune avec les moyens fournis par celle-ci ou contribuer à assurer des rémunérations principales ou complémentaires à des agents publics en dehors du cadre statutaire existant.
Une clarification des relations entre la commune et ses associations satellites s'impose afin d'éviter des situations susceptibles de mettre en cause la responsabilité des représentants de la collectivité et des associations au regard des règles relatives à l'utilisation des fonds publics [...]. Cette clarification doit être étendue aux pratiques relevées, telles que le financement direct par la commune de prestations au profit d'associations subventionnées [...] (et qui constituent) de façon déguisée des subventions complémentaires... »

• CRC « Franche-Comté », 4 nov. 1993, *Association régionale pour l'emploi – ARE ;* association transparente, gestion de fait ; extraits :

« Créée en 1976, l'association s'est vu confier en 1983, par le président du conseil régional, la mission de mettre en place et de développer un dispositif d'aide à l'emploi original, dit emploi vocationnel, c'est-à-dire le placement en entreprise de jeunes demandeurs d'emploi avec le statut de stagiaires de formation professionnelle. Le jeune stagiaire percevait une indemnité mensuelle dont le financement était assuré par une participation de l'entreprise dans laquelle s'effectuait le stage, les charges de sécurité sociale, congés payés et frais de fonctionnement étant pris en charge par la région. Ainsi, de 1983 à 1990, les participations des entreprises, 298 MF pour un total de dépenses de 365 MF, ont permis de payer la quasi-totalité des indemnités versées aux stagiaires, la Région ayant versé 66 MF de subventions.
L'association n'avait donc aucune autonomie financière. Cette dépendance vis-à-vis du conseil régional s'exerçait également dans la définition des actions à mettre en œuvre, puisqu'une convention précisait les modalités et les critères permettant aux demandeurs d'emploi de bénéficier des différents types de stages initiés par la région : emplois vocationnels, emplois agricoles, voie médiane, tour d'Europe des jeunes [...]. De ce fait, l'ARE apparaît comme le mandataire de la région en matière de formation professionnelle...
Les liens entre l'ARE et la Région ont été extrêmement étroits. L'association n'a jamais fonctionné comme une personne morale responsable de ses propres décisions et autonome sur le plan financier. Nombre d'indices révèlent le caractère " transparent " et l'absence d'autonomie de l'association [...]. Une certaine confusion entre l'association et la Région a d'ailleurs été observée, tant au niveau des moyens en personnel qu'au niveau du patrimoine. Aucune convention ne prend acte de ces apports, non négligeables, en personnel de la région : un directeur, un chargé de mission, un attaché et un rédacteur [...].
Dans certains cas, il y a même confusion entre les actions menées par la région et par l'ARE. Plusieurs conventions relevant du domaine de la formation professionnelle de la Région, sans aucun lien avec l'emploi vocationnel, mission assignée à l'ARE, ont été prises en charge par l'association [...]. Dans ces conditions, le financement de ces conventions par l'ARE peut être qualifié de " mandats fictifs "

car la dépense devait être normalement imputée sur le budget régional. Dans un autre domaine, le paiement par l'ARE de personnels assurant leurs fonctions au sein des services de la Région, participe à cette confusion [...]. Il en est de même de certaines dépenses relatives à des frais de déplacement d'un conseiller technique du président du conseil régional et à des frais de réception relevant normalement du budget régional relatives au GIE hélicoptère notamment.
Les missions confiées à l'ARE par le conseil régional ont pu connaître une certaine dérive ; ainsi, de manière informelle, l'association a parfois pris en charge des actions relevant de l'insertion, plus que de la formation professionnelle stricto sensu, objet de la convention régissant ses rapports avec le conseil régional. Des subventions ont notamment été accordées de 1989 à 1991, pour un montant total de 1 070 147 F à l'association Soprores, dans le cadre de la création d'une usine relais pour l'emploi des RMI [...].
Pour mener à bien ses missions l'ARE a eu recours à des organismes extérieurs, notamment d'autres associations, auxquels ont été versés des subventions [...]. »

L'exemple le plus significatif est celui de l'association « Europe-Jeunes », créée en 1988 pour soutenir l'opération « Tour d'Europe des Jeunes », les attributions de ladite association se superposant aux missions de l'ARE ; d'ailleurs des dépenses ont été payées indistinctement par Europe-Jeunes ou par ARE. Les subventions de l'ARE ont été les seules ressources de Europe-Jeunes de 1988 à 1990, soit 290 000 F.

La chambre constate que le procédé qui consiste pour ARE, financée sur fonds publics, à reverser des subventions à d'autres organismes privés, nuit à la transparence des relations financières entre l'organisme dispensateur de l'aide publique, la Région, et l'utilisateur final de ces fonds (s'agissant de subventions d'État, ce procédé est interdit par les dispositions du décret-loi du 2 mai 1938 ; il est donc indispensable que ce principe soit également observé pour les subventions des collectivités locales).

« Le financement d'études fictives :

L'ARE a financé des études, en application de deux conventions signées l'une avec une étudiante et l'autre avec une association. La première étude (40 000 F) n'a jamais été produite et correspond, en fait, à une bourse pour la préparation d'un DESS par l'intéressée, la seconde (110 000 F) n'ayant pas été réalisée a fait l'objet d'un reversement après le contrôle de la CRC.

L'ARE a donc procédé au règlement de prestations fictives qui, de surcroît, n'entraient pas dans le mandat qui lui avait été confié par la Région.

L'insuffisance des contrôles de l'activité de l'association :

La confusion des dépenses de l'ARE et de la région n'a été possible qu'en l'absence de contrôles externes de l'activité de l'association par la région. Le directeur de la formation professionnelle, représentant le président du conseil régional, ne pouvait jouer ce rôle puisqu'il était également directeur de l'ARE. Par ailleurs, les dispositions statutaires de l'association n'ont pas été respectées, M. V. cumulant à la fois les fonctions de directeur et de trésorier ; (365 MF de dépenses de 1983 à 1990 et il n'y avait pas de commissaire aux comptes).

La concentration des responsabilités confiées au directeur :

Le cumul des responsabilités de M. V., à la fois directeur et trésorier de l'ARE, directeur de la formation professionnelle de la Région, délégué du conseil régional pour les missions concernant l'Europe et la constitution d'un GIE « hélicoptères », ne pouvait manquer d'être source d'une certaine confusion quant à la prise en charge des dépenses, notamment des frais de déplacements de l'intéressé et des frais de réception sur les différents budgets. Certains voyages ont été payés par l'ARE alors qu'ils ne répondent pas à l'objet social de l'association (mission en Inde de trois personnes, dont M. V., sans rapport avec le Tour d'Europe des Jeunes, mais qui concernait un contrat de plan État-Région). »

Ces dépenses ont été qualifiées « d'extraction irrégulière de fonds publics » puisque le financement provenait de subventions de la Région (tout comme a été critiquée l'utilisation abusive de cartes de crédits pour des voyages sur la Côte-d'azur sans justification du caractère professionnel de ces voyages).

(Les responsables régionaux ont décidé le 11 octobre 1991 la dissolution de l'ARE ; mais la chambre a tiré les conséquences de ces nombreuses anomalies en déclarant une *« gestion de fait »* à raison de l'extraction irrégulière de fonds de la caisse publique, par mandats fictifs.)

- CRC « Rhône-Alpes », 21 sept. 1993, *Commune d'Échirolles ;* extraits :

> « Rapports avec les associations. Les conditions de fonctionnement de trois associations bénéficiant de concours financiers de la ville appellent d'importantes critiques.
> Ces structures ne disposent d'aucune autonomie véritable, restent des instruments à la dispositions de la municipalité, échappant aux règles de la comptabilité publique et du droit. En l'état, la transparence des comptes et les garanties attachées au contrôle par le comptable public de la collectivité ne sont pas réalisées.
> – Le " comité de coordination de la ville d'Échirolles " (CCVE) reçoit annuellement 12 à 13 MF de subventions, dont une part importante fait l'objet, par son intermédiaire, d'affectations à d'autres organismes ainsi qu'à des services municipaux qui se trouvent de la sorte dotés en crédits de manière anormale.
> Cette structure est étroitement contrôlée par la municipalité. N'y sont pas respectées les caractéristiques essentielles des associations résultant de la loi de 1901, telles que la présence de membres actifs, le versement de cotisations, une majorité de membres du conseil d'administration élus par l'assemblée générale et non désignés directement ou indirectement par la municipalité. Son personnel, dépassant la centaine d'employés, continue d'être géré par la commune. L'association est aussi privée d'autonomie en ce qui concerne les tarifs de ses services et prestations, définis selon le règlement intérieur sur la base des orientations municipales.
> L'association se substitue aux services municipaux : elle assure notamment la comptabilité et la gestion du personnel du centre médico-sportif, de l'école municipale des sports, du service de soins à domicile pour personnes âgées. Elle distribue le 13e mois et d'autres émoluments aux employés communaux. Sont ainsi rémunérés par ce biais un certain nombre d'agents qui, pour différentes raisons, n'ont pu être intégrés dans le statut de la fonction publique territoriale. L'association sert aussi de relais pour l'attribution de divers concours financiers de la ville à des organisations privées (secours populaire, croix rouge, etc.).
> Les constatations faites mettent en évidence que le CCVE n'a pas la réelle disposition des subventions qui lui sont attribuées. Il intervient, de manière irrégulière, dans le maniement de fonds qui conservent la nature de fonds publics. Le CCVE dispose en outre d'une trésorerie excédentaire autorisant des placements en SICAV alors que ces fonds devraient rester déposés au Trésor.
> Les inconvénients de cette situation sont ici patents : gérant de fonds publics, l'association ne dispose pas des garanties attachées à la séparation des fonctions d'ordonnateur et de comptable qui sont en l'espèce confondues. L'engagement et le paiement des dépenses ne font pas l'objet d'un contrôle rigoureux. L'examen de la comptabilité des stocks a par exemple révélé des anomalies. Ces inconvénients sont aggravés par d'autres entorses à la régularité.

Ainsi, d'après la loi du 1er mars 1984 et son décret d'application du 1er mars 1985, compte tenu du montant de son bilan, du montant de ses ressources et de ses effectifs, le CCVE aurait dû recourir aux services d'un commissaire aux comptes. Cette disposition réglementaire n'a pas été respectée. En outre, la collectivité n'a pas disposé jusqu'à présent, comme lui en fait obligation l'article L 221-8 du code des communes, d'un compte d'emploi retraçant l'ensemble des activités de l'association.

Enfin, il a été constaté que trois employés du CCVE étaient, par ailleurs, des élus municipaux. Or la situation d'agent salarié d'une association qualifiée de transparente ou encore de gestionnaire de fait des deniers communaux, est incompatible, aux termes de la loi électorale, avec celle d'élu local [...].

– " L'association de documentation et de formation pour le développement de la vie locale à Échirolles " (AVLE) a pour but de promouvoir le développement de la vie locale. L'instruction a révélé que la création de cette structure, entièrement dépendante de la ville pour son fonctionnement, avait en fait pour seul objet, à partir des subventions reçues de la collectivité, le versement de compléments de rémunération à des élus de la municipalité. Une telle pratique contrevient aux dispositions régissant le régime indemnitaire des élus.

– " L'association Connaissance d'Échirolles " a pour objet de mettre en œuvre tous les moyens de connaissance de la ville. Elle ne gère toutefois aucun service et n'effectue aucune prestation. Les subventions reçues de la commune, variables de 820 000 F en 1987 à 521 000 F en 1991, représentent la totalité des ressources de l'association (hors quelques produits financiers). Aucune cotisation n'est perçue. L'instruction a mis en évidence que son véritable objet était le versement de rémunérations à du personnel communal hors statut. Les personnes employées, au nombre de cinq en 1991, dont le directeur de la communication de la commune, relèvent de l'autorité municipale et sont affectées au service de l'information (journal municipal et autres actions d'information). »

Dans les trois cas, la chambre a pris acte de la régularisation des situations et de la cessation des pratiques irrégulières qui auraient pu conduire à plusieurs déclarations de gestion de fait.

Jurisprudence des juridictions financières

● CRC « Provence-Alpes-Côte-d'Azur, 2 mars et 6 avr. 1993, jugement provisoire ; et 3 févr. 1994, jugement définitif, *Association Nice-Communication ;* extraits des jugements, provisoire et définitif :

Ces jugements sont, à plusieurs titres, exemplaires :

(Extraits du jugement provisoire)

« Considérant que la Cour des comptes a arrêté à 350 208 100 francs le montant des subventions versées à l'association et à 453 866 francs le produit du placement de ces fonds ; que le montant des fonds publics irrégulièrement maniés s'établit donc à 350 661 966 francs ;

Considérant que les subventions ont été accordées sans affectation particulière, qu'aucun compte d'emploi n'était tenu ; qu'il a donc été enjoint de produire un compte de l'ensemble des opérations tant en recettes qu'en dépenses ; qu'en outre, l'association n'a bénéficié d'aucune ressource définitive autre que les fonds publics [...] ;

Considérant que la régularité d'une dépense s'apprécie par rapport à l'objet social, aux règles statutaires de l'association, à la réglementation qui lui est applicable et à l'existence de prestations ;

Considérant que l'objet social de l'association était essentiellement d'assurer, pour le compte de la ville, l'organisation de fêtes publiques et une politique de valorisation de la ville de Nice par des opérations de relations publiques et de communication ; que les autorités communales comme les dirigeants de l'association avaient une conception si large de cette mission que quelle que soit la nature, l'étendue, le montant ou le bénéficiaire de la dépense, celle-ci était susceptible d'être prise en charge si telle était leur décision ; qu'en outre, aucun contrôle interne n'existait et que le conseil municipal ne s'est pas intéressé à l'utilisation des subventions qu'il attribuait à l'association ; que, par ailleurs, aucune règle interne n'a défini en matière de relations publiques la nature, l'étendue des dépenses ou la qualité des bénéficiaires à prendre en charge ; que les frais de mission du personnel ou des dirigeants à prendre en charge n'ont jamais été précisé ; que pour ces deux types de dépenses, représentant des sommes fort importantes, les justificatifs sont plus que sommaires et qu'ils ne permettent pas d'établir un lien avec l'objet social de l'association ; que pour les dépenses les plus générales liées aux manifestations ou relevant du sponsoring, ni les bons de commande ou autres contrats, ni la preuve de la réalité de la prestation ne sont produits à l'appui des paiements ; qu'enfin certaines dépenses concernent des actions politiques du maire et de ses proches, que d'autres ont un caractère personnel ou de libéralité au bénéfice de dirigeants de l'association ou de personnes ou de sociétés privées [...] ;

Considérant que la responsabilité individuelle doit s'apprécier au regard du respect du mandat statutaire exercé par le comptable de fait dans la prise de décision ou le paiement de la dépense contestée ou encore le bénéfice personnel tiré de cette dépense ;

Considérant que le montant des dépenses qui, au terme de la procédure contradictoire, seraient confirmées comme irrégulières, devraient être reversées dans les caisses de la commune par le ou les comptables reconnus responsables. »

(Suit le prononcé de 34 injonctions de reversement).

(Extraits du jugement définitif)

« Considérant que les deux juridictions (la Cour et la CRC) se sont seulement bornées à constater qu'en raison de l'absence d'autonomie de l'association résultant des statuts et amplifiée par son fonctionnement réel, les fonds versés par la ville à Nice-Communication, sous l'appellation fallacieuse de subventions, n'ont pas perdu leur caractère de deniers publics et ont été irrégulièrement extraits de la caisse publique [...] ;

Considérant au surplus que c'est bien pour son fonctionnement, tel qu'il a été prévu par les statuts, que Nice-Communication était subventionnée par le conseil municipal ; que donc la régularité des dépenses doit également être appréciée par rapport à cette norme ;

Considérant par ailleurs que toutes dépenses, notamment celles payées sur fonds publics, doivent être soumises aux réglementations qui leur sont propres et ne peuvent être payées sans contrepartie ;

Considérant que l'objet de Nice-Communication tel que défini par ses statuts, et pour lequel il a été subventionné par le conseil municipal, consistait en l'organisation directe de fêtes, de relations publiques... et non par le biais d'autres organismes subventionnés ; que l'association Nice-Communication ne pouvait donc redistribuer les fonds municipaux reçus. »

(Suit la confirmation motivée de 29 injonctions de reversement pour différents motifs tels que : rémunérations illégales versées au personnel municipal mis à disposition de l'association ; paiement de fausses factures ; paiements effectués en l'absence de service fait ou de toute contrepartie ; versement illégal de subventions à d'autres associations ou sociétés privées ; locations d'avions privés à des fins personnelles ; voyages privés à l'étranger ; paiement de dépenses privées de certains dirigeants telles qu'impôts ou ameublement ; dépenses à caractère politique étrangères à la commune).

Information des collectivités

En ce qui concerne l'information des collectivités, l'absence d'homogénéité dans la présentation des comptes rendus annuels d'activités n'est pas un gage de clarté et ne favorise pas les contrôles ; or si l'association est subventionnée par l'État (ce qui est le cas pour les « offices de la culture », présents dans de nombreuses collectivités qui organisent des festivals annuels) deux circulaires ministérielles, n° 3300/56, du 15 janvier 1988 et 1/B n° 142, du 1er février 1988 ont prévu l'obligation d'une convention entre la collectivité et l'État lorsque le montant de la subvention est supérieur au seuil prévu par l'article 123 du code des marchés.

Il est donc indispensable que, même en l'absence d'obligation légale, toutes les collectivités qui versent une subvention à une association signent une *convention* avec l'association bénéficiaire, précisant l'objet de la subvention et les obligations de l'association liées à ce versement.

Création de filiales

La création de filiales, par une association administrative, sous forme de sociétés ou autres groupements (Société civile, Société en nom collectif, Groupement d'intérêt économique, Société à responsabilité limité, Société anonyme), est licite ; mais l'attention des fondateurs doit être attirée sur les risques financiers liés à cette opération. La loi 84-610 du 16 juillet 1984, article 11, relative à l'organisation et à la promotion des activités physiques et sportives, a d'ailleurs consacré la possibilité pour une association de constituer une société anonyme.

Ces risques qui, au minimum, seront limités au montant des apports, pourront, sous certaines conditions, être illimités, en cas d'action en comblement de passif (art. 178 et 179 de la loi 85-98 du 25 janv. 1985). On ne saurait donc trop recommander la prudence aux élus qui, derrière une association de façade, se révéleraient comme les véritables dirigeants de ces sociétés filiales.

Cumul d'emplois et de rémunérations

Les fonctionnaires territoriaux, qui collaborent aux activités d'une association subventionnée par la collectivité dont ils relèvent, ne peuvent cumuler la rémunération de leur emploi public avec une rémunération privée, conformément aux dispositions du décret-loi du 29 octobre 1936.

Par ailleurs, le décret 85-1081 du 8 octobre 1985, relatif au régime de la « mise à disposition » des fonctionnaires territoriaux stipule que, sous réserve des remboursements de frais, le fonctionnaire mis à disposition ne peut percevoir aucun complément de rémunération (art. 11) (voir aussi *Fonction publique territoriale*).

Observations des juridictions financières

● CRC « Nord-Pas-de-Calais », 15 nov. 1993, *Association Union des communes de l'agglomération Roubaix-Tourcoing ;* extraits :

« S'agissant du fonctionnement de l'association, la chambre a constaté l'existence, tout au long de la période examinée, de pratiques anormales et critiquables qu'elle

ne peut que dénoncer. Aux termes de l'article 21 des statuts, les ressources de l'association se composent notamment des subventions communales calculées au prorata de la population des diverses villes (base recensement général de population) et en fonction d'un budget voté annuellement par le conseil d'administration. Aux termes de l'article 19 des mêmes statuts, le président et le conseil d'administration sont assistés d'une structure permanente dont la composition est fixée par ce dernier.
Or, l'instruction menée par la chambre a mis en évidence que l'association rémunérait des fonctionnaires de certaines communes adhérentes au moyen de lettres de mission dont l'objet était la collaboration à temps partiel au titre de conseiller technique. De plus, le financement de ces rémunérations mensuelles et régulières était en fait assuré par les communes de rattachement des fonctionnaires sous la forme d'une subvention complémentaire à l'association, distincte de la cotisation normale calculée au prorata de la population communale.
Si l'association peut avoir recours aux compétences d'agents des communes adhérentes, cette collaboration, eu égard tant à la nature des dossiers traités qu'aux grades et emplois des fonctionnaires en cause, ne pouvait comporter de rémunération dans la mesure où elle entrait dans le champ des responsabilités normales de leur emploi. Les conditions de financement de ces compléments de rémunération sont telles, au regard de la jurisprudence, qu'il était possible de considérer que les fonds en cause avaient conservé leur caractère de deniers publics et avaient été extraits irrégulièrement de la caisse publique des communes. »

- CRC « Rhône-Alpes », 15 déc. 1993, *Département de l'Ardèche ;* extraits :

  « Les associations auxiliaires de l'action économique du département : La chambre appelle l'attention des autorités départementales sur le fait qu'elles apparaissent exercer dans des associations un pouvoir prépondérant, un pouvoir de direction, parfois même l'intégralité du pouvoir. Ainsi, certaines de ces associations exercent des attributions de la collectivité ou concourent étroitement à leur exercice, tandis qu'une part importante, voire la totalité des ressources de ces associations, provient de fonds publics. L'intervention de telles structures est susceptible de conduire à des engagements financiers pluriannuels de la collectivité susceptibles d'aller au-delà de ce qu'a pu autoriser expressément son assemblée délibérante, par exemple par des engagements pluriannuels de l'association que devrait ensuite couvrir le département, tels qu'emprunts ou embauche de personnels à durée indéterminée. De plus, cette situation nuit au contrôle par le conseil général de la politique qu'il arrête et prive cette assemblée de la garantie d'un emploi régulier des fonds publics qu'apporte, dans leur consommation, l'intervention d'un comptable public. Tel est notamment le cas du Comité départemental du Tourisme de l'Ardèche, de l'association départementale " Neige et Plein Air ", de l'association " Ardèche Promotion " et de l'Agence pour l'industrialisation et le développement de l'Ardèche. »

Associations intermédiaires

Associations sans but lucratif, crées en 1987 par Philippe Seguin, alors ministre du Travail, ces structures d'insertion prospectent auprès des entreprises (ou des particuliers) pour fournir des emplois à temps partiel aux exclus (RMIstes et chômeurs de longue durée). Ces associations bénéficient de divers avantages fiscaux. La formule a connu un certain succès attesté par le nombre de ces associations (1 000 environ au 31 décembre 1994, employant 40 000 personnes).

La mise en examen, fin 1993, de deux élus, (pour infraction aux dispositions de l'article L 125-3 du code du travail relatives au travail intérimaire) montre cependant le risque de dérive de ces associations : pourquoi, en effet, une entreprise irait-elle recruter un intérimaire payé au salaire de référence, alors qu'une association intermédiaire pourra lui offrir cet employé pour un salaire moindre ?

Le Parlement a donc, par voie d'amendement, dans le cadre d'une loi portant diverses mesures d'ordre social (DDOS), le 21 décembre 1994, introduit quelques assouplissements au code du travail destinés à régulariser ce que certains avaient qualifié « d'intérim sauvage ».

« L'association intermédiaire a pour objet d'embaucher des personnes sans emploi rencontrant des difficultés particulières d'insertion ou de réinsertion, notamment les bénéficiaires du revenu minimum d'insertion, les chômeurs âgés de plus de cinquante ans, les bénéficiaires de l'allocation de solidarité spécifique, les jeunes en difficulté, les personnes prises en charge au titre de l'aide sociale, pour les mettre, à titre onéreux, à la dispositions de personnes physiques ou morales pour des activités qui ne sont pas déjà assurées, dans les conditions économiques locales, par l'initiative privée ou par l'action des collectivités publiques ou des organismes bénéficiant de ressources publiques. »

Assurances

Aucune disposition législative ou réglementaire ne fait obligation aux collectivités locales de s'assurer pour couvrir leurs risques ou leur responsabilité ; les seules assurances obligatoires sont celles qui résultent d'obligations générales fondées sur des textes particuliers, comme la loi du 7 janvier 1958 sur l'assurance automobile, ou la loi du 18 juillet 1963 sur l'assurance des engins de remontée mécanique.

La nécessité, pour les collectivités locales, de s'assurer est pourtant évidente à l'échelle des risques encourus et de la capacité de la plupart des collectivités locales à les assumer financièrement. De quels risques s'agit-il ?

On distingue les risques découlant de l'activité de la collectivité dans le cadre de ses compétences et les risques liés aux biens dont elle est propriétaire ou dont elle a la garde ou l'usage. Si les dommages aux biens sont relativement faciles à cerner, la responsabilité générale de la collectivité vis à vis des tiers peut être engagée dans de nombreuses situations parfois difficiles à prévoir. Les transferts de compétences opérés par la décentralisation ont considérablement étendu le champ des risques et par voie de conséquence des responsabilités. Ces risques doivent donc faire l'objet d'une expertise de façon à être parfaitement identifiés.

Plusieurs types de contrat sont à la disposition des collectivités locales, qui devront veiller à l'étendue des garanties offertes et au niveau de ces garanties. Les dommages causés aux tiers « du fait de », sont, par exemple, couverts par une assurance « responsabilité générale » de la collectivité suivant deux options : énumération limitative des risques garantis, ou « tous risques, sauf », comportant une liste d'exclusions plus facile à cerner.

Quid de la responsabilité civile personnelle des représentants de la collectivité ? Deux cas sont à envisager : la responsabilité civile des élus et la responsabilité civile des fonctionnaires et préposés :

– en ce qui concerne les élus, la doctrine est que « la commune ne peut prendre à sa charge, même sans augmentation de prime, l'assurance de la responsabilité civile personnelle du maire et de ses adjoints » (circulaire interministérielle n°71-557 du 25 novembre 1957) ; seule donc est indiscutablement régulière la solution, pour un élu local, de se couvrir à l'égard des tiers par une assurance personnelle dont il doit régler personnellement les primes sur ses propres deniers ;

– en ce qui concerne les fonctionnaires, en revanche, « lorsqu'un fonctionnaire a été poursuivi par un tiers pour faute de service et que le conflit d'attribution n'a pas été élevé, la collectivité publique doit, dans la mesure où une faute personnelle détachable de l'exercice de ses fonctions n'est pas imputable à ce fonctionnaire, le couvrir des condamnations civiles prononcées contre lui. » (art. 11 de l'ordonnance 59-244 du 4 févr. 1959).

La gestion des assurances des collectivités territoriales est devenue, depuis la décentralisation, un problème sérieux dont les responsables des exécutifs locaux ne peuvent se désintéresser. La rédaction d'un cahier des charges précis est indispensable pour réussir son appel d'offres ; car il est, en effet, indispensable de mettre les assureurs en concurrence : la collectivité qui paye les primes les plus élevées n'est pas forcément la mieux assurée. Le montant des garanties est également à étudier avec soin : s'il est relativement facile d'évaluer le risque des biens matériels (valeur de remplacement, de reconstruction), le montant de la couverture de la responsabilité civile ne doit pas être plafonné trop bas en raison des sommes élevées fréquemment allouées par les tribunaux.

Un audit des risques, effectué par des professionnels de l'assurance, pourra se révéler indispensable afin d'éviter les pièges que peuvent comporter les contrats de certains assureurs peu scrupuleux. À titre d'exemple, Groupama, proche du Crédit agricole, pour les communes rurales, et la SMACL (Société mutuelle d'assurances des collectivités locales et des associations) mettent à la disposition des collectivités locales un service d'audit de leurs risques ; mais il existe aussi des cabinets privés de consultants en assurances très réputés, qui sont indépendants de toutes compagnies.

Le *Centre de documentation et d'information sur l'assurance* (2, rue de la Chaussée-d'Antin, 75009 Paris) a mis à jour à fin 1993, une brochure intitulée : « Les risques et les assurances de la commune, tableau aide-mémoire ». En face de chaque risque menaçant les personnes, les biens, ou engageant la responsabilité de la commune, est présenté le type de couverture qui y correspond.

Depuis le 1er octobre 1993, plusieurs groupes d'assurances ont créé leur propre système de médiation pour trancher les litiges entre leurs compagnies et leurs clients (Médiation Assurance, BP 53, 93171 Bagnolet).

CAS PARTICULIER DES TRANSPORTS SCOLAIRES

La responsabilité de l'organisation et du fonctionnement des transports scolaires incombe, en application de la loi n° 83-663 du 22 juillet 1983 (art. 29), au département qui peut, par convention, décider d'en confier la charge aux communes (art. 30). S'il n'assume pas lui même le transport par ses propres moyens, l'organisateur (département, commune, syndicat) peut en confier l'exploitation à une entreprise (en dehors du périmètre des transports urbains). La convention passée à cet effet fixe notamment les responsabilités de chacun en ce qui concerne la garde et la surveillance des enfants. Cependant, à coté de la responsabilité du transporteur en cas d'accident du véhicule, la responsabilité de la collectivité pourra toujours être recherchée pour défaut de surveillance. Le risque d'indemnisation de la victime par la collectivité n'est pas à exclure, il faut donc l'assurer.

L'assurance de l'organisateur doit couvrir la responsabilité civile de la collectivité pour les dommages causés aux élèves, aux accompagnateurs et autres personnes chargées de surveiller la montée et descente des élèves, et éventuellement aux tiers.

CAS DE LA MISE À DISPOSITION DES ASSOCIATIONS DE LOCAUX COMMUNAUX

Les associations font souvent appel aux collectivités locales pour obtenir la mise à disposition de locaux ou installations pour y tenir leurs réunions ou réaliser leurs manifestations. Les collectivités doivent savoir qu'elles peuvent ainsi engager leur responsabilité en cas d'accident matériel ou corporel. Il existe, en effet, une présomption de responsabilité à l'encontre de la collectivité propriétaire des bâtiments ou installations. Il faudra donc veiller à ce que la garantie « responsabilité civile propriétaire d'immeuble » couvre bien ce type de risques, et pour un montant suffisant. Sauf, bien entendu à faire signer aux usagers associatifs une « renonciation à recours ». Une prudence particulière sera observée avec les centres de vacances d'enfants confiés à des associations.

Du côté associatif, on devra se garantir par une assurance couvrant le risque « locatif » même si l'occupation est faite à titre gratuit, la responsabilité de l'occupant à titre gratuit étant similaire à celle du locataire.

Dans tous les cas, et même si la signature d'une convention n'est pas obligatoire, cette formalité apparaîtra comme une précaution élémentaire destinée à bien préciser les obligations et responsabilités respectives.

Observations des juridictions financières

- CRC « Franche-Comté », 5 juill. 1993, *Commune de Saint-Lupicin ;* extraits :

« La chambre a observé que les indemnités du sinistre versées par les compagnies d'assurances (X et Y) pour une somme globale de 2 336 598 F au titre des dommages causés au château “ Jeantet ”, propriété de la commune, à la suite de l'incendie survenu le 30 octobre 1985, n'avaient pas été calculées TVA incluse. Or, les compagnies d'assurances sont tenues de rembourser les indemnités de sinistre aux collectivités locales sur le montant TTC. Certaines compagnies d'assurances, se basant sur l'existence du Fond de compensation de la TVA, ont en effet estimé que l'indemnisation des sinistres des collectivités locales devait obéir à la règle appliquée aux assurés qui, assujettis de droit à la TVA et pouvant récupérer la TVA payée sur les travaux, connaîtraient un enrichissement sans cause dès lors que les indemnités seraient versées TVA incluse.

Cette interprétation est en contradiction avec la nature même du FCTVA. Une lettre de la direction des assurances du ministère des Finances, adressée en janvier 1982 à la Fédération française des sociétés d'assurances, a précisé le caractère de subvention globale du FCTVA. Elle conclut à l'interdiction pour lesdites sociétés de déduire la TVA des indemnités de sinistre dues aux collectivités locales. Cette position a été confirmée le 17 avril 1986 par le ministre des Finances dans une réponse à un parlementaire, publiée au *JO* des débats du Sénat, le 31 juillet 1986. Par ailleurs et après une période où l'on a pu observer quelques décisions contradictoires, la jurisprudence du Conseil d'État a également confirmé la doctrine. Dans un arrêt du 19 avril 1991 – SARL Cartigny – la Haute juridiction a jugé que l'existence du FCTVA ne faisait pas obstacle à ce que la TVA soit incluse dans le montant de l'indemnité due à une collectivité locale à la suite d'un dommage. “ On peut considérer en conséquence, conclut la chambre, que la commune a été spoliée dans cette affaire d'une somme non négligeable et que dans des cas similaires, certaines communes ont pu obtenir des compagnies d'assurance le versement de la TVA qui leur était due après émission par l'ordonnateur d'un titre de recettes à leur encontre ”. »

- CRC « Picardie », 31 août 1993, *Commune de Saleux, Somme ;* extraits :

  « Assurance responsabilité personnelle des élus. La commune a réglé diverses primes au titre de la responsabilité civile des maires et adjoints. Selon le libellé du contrat en date du 7 septembre 1989, cette assurance vise à couvrir le maire et les cinq adjoints pour leur responsabilité civile " personnelle ". Le contrat ne porte pas de cachet de la sous-préfecture et ne fait référence à aucune délibération. Le souscripteur y est désigné : " Commune de Saleux, M. D. (le maire) ". Il porte la signature de ce dernier, mais non le cachet de la mairie.

  Selon l'instruction ministérielle n° 74-90 MO du 14 juin 1974, les communes peuvent souscrire une assurance couvrant les actes des maires qui engagent la responsabilité des collectivités. De même, les maires et leurs adjoints peuvent contracter une police pour assurer leur responsabilité personnelle mais la prime reste alors à leur charge.

  Au cas présent, d'après les conditions particulières du contrat souscrit, il apparaît qu'il est question des fautes commises par un élu qui seraient, en raison de leur gravité ou de leur caractère inexcusables, considérées par les juridictions comme détachables de l'exercice de leur fonctions ainsi que des fautes commises dans le cadre des attributions d'officier d'état civil.

  La chambre a donc considéré que les dépenses correspondantes devaient être prises en charge par les élus concernés et a engagé sur ce point la responsabilité du comptable. »

ATTRIBUTIONS DES MAIRES

Le principe de libre administration des collectivités territoriales, posé par l'article 72 de la Constitution et rappelé par l'article 1er de la loi du 2 mars 1982, trouve sa traduction à travers les articles L 122-19 et suivants du code des communes.

Outre les pouvoirs, désormais affranchis de la tutelle (sous réserve de l'exercice du contrôle de légalité ; voir la rubrique *Légalité*), exercés par le maire, dans les conditions fixées aux articles L 122-19 et 20 du code des communes, celui-ci exerce, sous l'autorité administrative du préfet, un certain nombre de pouvoirs au nom de l'État, dans les conditions prévues aux articles L 122-22 et suivants du code des communes.

Pouvoirs du préfet quant aux attributions exercées par le maire au nom de l'État

Ces pouvoirs sont de deux sortes, un pouvoir « hiérarchique » et un pouvoir de « substitution ».

Le pouvoir hiérarchique du préfet sur les maires est un pouvoir de droit commun : il est chargé :

- de la publication et de l'exécution des lois et règlements ;
- de l'exécution des mesures de sûreté générale ;
- des fonctions spéciales qui lui sont attribuées par les lois.

À cet égard, le préfet, en tant que « supérieur hiérarchique », peut annuler ou réformer toute décision, prise par « l'autorité subordonnée », entrant dans le champ des compétences ainsi définies.

Le pouvoir de substitution du préfet se fonde sur les dispositions de l'article L 122-14 du code des communes qui dispose :

« Dans le cas où le maire, en tant qu'agent de l'État, refuserait ou négligerait de faire un des actes qui lui sont prescrits par la loi, le représentant de l'État dans le département peut, après l'en avoir requis, y procéder d'office par lui même ou par un délégué général. »

Dans ce cas, le maire s'expose aux sanctions prévues par l'article L 122-15 du code des communes.

(Voir aussi : *Compétence,* délégation et étendue.)

AUDIT

Aucune loi n'oblige les collectivités locales à se soumettre à des audits propres à éclairer les citoyens sur leur environnement économique et financier. Certes, les « Observations définitives » des chambres régionales des comptes sur la gestion des collectivités tiennent un peu ce rôle, tout comme le « Rapport public » annuel de la Cour des comptes, mais l'information fournie par ces institutions a une portée différente : elle s'inscrit dans une démarche juridictionnelle de jugements des comptes, dont l'examen de la gestion éclaire le contexte, permettant de porter une appréciation sur les conditions d'emploi des fonds publics.

Les collectivités locales ont, en réalité, un besoin permanent d'expertise dont elles ne peuvent se priver afin d'avoir périodiquement une « image fidèle » des engagements qu'elles assument, directement ou indirectement, à travers leurs groupements. Cette image leur est également demandée, non seulement par leurs électeurs (voir à cet égard les observations sous *Communication et relations publiques*), mais aussi par leurs partenaires, et notamment les banquiers.

Il existe plusieurs cabinets d'audit ou de consultants en finances publiques qui peuvent répondre à ce besoin ; mais les collectivités ne doivent pas négliger les possibilités qui leur sont offertes dans ce domaine par l'*article 47-I de la loi n° 92-125 du 6 février 1992,* complétant l'article 87 (alinéa 12) de la loi du 2 mars 1982 et ainsi rédigé :

> *« Elle* (la chambre régionale des comptes) *peut également assurer ces vérifications sur demande motivée soit du représentant de l'État dans la région ou le département, soit de l'autorité territoriale.*
>
> *« Les observations qu'elle présente à cette occasion sont communiquées à l'autorité territoriale concernée, aux représentants des établissements, sociétés, groupements et organismes concernés ainsi qu'au représentant de l'État.*
>
> *« Dans ce cas, il est fait application des dispositions de l'avant-dernier alinéa du présent article »* (communication de l'avis à l'assemblée délibérante).

Cette possibilité est cependant réservée à des audits dont les motivations doivent être précises et sérieuses (présomption de malversations, dérèglement important dans un domaine d'activité particulier, état financier de la collectivité après un changement de majorité consécutif à une élection, par exemple).

AUDITION

« Les arrêts, rapports et observations de la Cour des comptes sont délibérés après l'audition, à sa demande, de la personne concernée. » (art. 80-I de la loi n° 93-122 de la loi du 29 janv. 1993). Ces dispositions sont applicables aux chambres régionales des comptes.

Cette nouvelle possibilité d'audition, qui s'ajoute à celle antérieurement offerte à la juridiction de faire comparaître la personne en cause, peut avoir, notamment, pour effet de clarifier certains aspects de la gestion ou pour objectif d'informer la chambre sur des aspects qu'il n'est pas toujours aisé d'écrire. Il est ainsi arrivé d'entendre des élus appeler l'attention de la juridiction sur l'interprétation malveillante qui pourrait être faite de ses observations par l'opposition au sein de l'assemblée délibérante ou par la presse, ce qui invite à motiver sérieusement les observations et à en peser les termes.

(Sur la procédure devant les juridictions financières, voir aussi *Chambres régionales des comptes* ou *Avocat*.)

APUREMENT ADMINISTRATIF

(art. 87, al. 2, 3, 4 et 5, de la loi du 2 mars 1982, modifiée)

> *« Les comptes des communes ou groupements de communes dont la population n'excède pas 2 000 habitants et dont le montant des recettes ordinaires figurant au dernier compte administratif est inférieur à 2 000 000 de francs, ainsi que ceux de leurs établissements publics, font l'objet, sous réserve des alinéas ci-après, d'un apurement administratif par les trésoriers-payeurs généraux ou les receveurs particuliers des finances.*
>
> *Les décisions d'apurement assorties le cas échéant de toute observation pouvant entraîner la mise en débet du comptable sont transmises par le trésorier-payeur général ou le receveur particulier des finances à la chambre régionale des comptes.*
>
> *Pour les comptes soumis au régime de l'apurement administratif et qui ne font pas l'objet d'observations, sous réserve du droit d'évocation de la chambre régionale des comptes, les arrêtés des trésoriers-payeurs généraux et des receveurs particuliers des finances emportent décharge définitive du comptable.*
>
> *Le trésorier-payeur général et le receveur particulier des finances adressent à la chambre régionale des comptes tous les arrêtés de décharge qu'ils ont pris. La chambre régionale des comptes peut exercer son droit d'évocation et de réformation sur les arrêtés visés au 4e alinéa du présent article, dans le délai de six mois à dater de leur notification au comptable. »*

(Sur le contrôle des comptes des comptables publics, voir aussi *Chambres régionales des comptes*.)

AVANCES. Voir *Marchés publics*.

AVANTAGE INJUSTIFIÉ. Voir *Cour de discipline budgétaire et financière*.

AVENANT. Voir *Marchés publics*.

AVOCAT

La loi n° 82-594 du 10 juillet 1982 relative aux chambres régionales des comptes (art. 5), complétée par la loi n° 90-1259 du 31 décembre 1990 (art. 66), prévoient désormais la possibilité pour les collectivités locales de se faire assister, devant les juridictions financières, par un avocat. Les collectivités sont invitées à ne pas négliger cette possibilité en raison de la spécificité des actions relevant de ces juridictions qui requiert une connaissance précise des procédures (régularisation d'une gestion de fait, par exemple).

Cette assistance est particulièrement nécessaire, en raison de la spécificité de la procédure et de la jurisprudence des juridictions financières, pour répondre aux observations que les chambres régionales des comptes peuvent adresser aux ordonnateurs sur leur gestion et dont la publicité peut constituer une véritable sanction pour l'élu.

Aux termes de l'arrêté du 8 juin 1993 fixant la liste des mentions de spécialisation en usage dans la profession, les avocats peuvent être autorisés à se prévaloir de *spécialités* comprises dans la liste ci-après :

Droit des personnes, Droit pénal, Droit immobilier, Droit rural, Droit de l'environnement, Droit public, Droit de la propriété intellectuelle, Droit commercial, Droit des sociétés, Droit fiscal, Droit social, Droit économique, Droit communautaire, Droit des relations internationales, Droit des mesures d'exécution.

C'est le plus souvent dans la spécialité « Droit public » que les collectivités auront à rechercher leurs conseils car cette spécialité couvre les domaines suivants : « contentieux administratif, urbanisme, droit des collectivités locales (notamment droit des juridictions financières), droit public des affaires ».

B

BAIL (droit au bail)

Les communes doivent acquitter le « droit au bail » sur les locations d'immeubles qu'elles consentent à l'année, en application des dispositions des articles 677-2 et 736 du code général des impôts concernant le champ d'application du droit au bail (CRC « Rhône-Alpes », 16 mars 1993, *Commune de Coucouron*).

BAIL À CONSTRUCTION (art. L. 251-1 à 9, CCU)

Contrat par lequel un propriétaire met son terrain à la disposition d'un tiers pour y édifier un immeuble dont il conservera l'usage pendant la durée du contrat.

Il n'est pas rare, d'après les observations des juridictions financières, qu'une collectivité publique entreprenne des travaux de construction avant la délivrance du permis de construire et sur un terrain qui ne lui appartient pas encore, s'exposant ainsi à un risque lié à l'attribution du permis de construire ou au régime de la propriété du terrain. Le recours au bail à construction permettant de dissocier le droit de propriété du droit de construire ne devrait pas être négligé toutes les fois où, vu l'urgence, la collectivité est conduite à anticiper sur les procédures d'acquisition des terrains d'assiette d'une opération.

BAIL EMPHYTÉOTIQUE. Voir *Domaine public.*

BUDGET. Voir *Finances locales.*

C

CAHIER DES CHARGES. Voir *Marchés publics.*

CAISSE DES ÉCOLES. Voir *Établissements publics locaux à caractère administratif.*

CANTINES SCOLAIRES. Voir *Enseignement public.*

CAUTIONNEMENT. Voir *Marchés publics.*

CENTRE COMMUNAL D'ACTION SOCIALE (CCAS). Voir *Établissements publics à caractère administratif ;* voir aussi *Aide sociale.*

CHAMBRES RÉGIONALES DES COMPTES (CRC)

Le texte fondateur est la loi n° 82-213 relative aux droits et libertés des communes, des départements et des régions du 2 mars 1982 ; plusieurs autres textes, notamment la loi n° 82-594 relative aux chambres régionales des comptes, du 10 juillet 1982, et modifiant la loi de 1967 relative à la Cour des comptes, ont complété le dispositif.

Aux termes de l'article 87 de la loi du 2 mars 1982 :

> *« La chambre régionale des comptes juge, dans son ressort, l'ensemble des comptes des comptables publics des collectivités territoriales et de leurs établissements publics* (sous réserve des dispositions applicables aux collectivités de moins de 2 000 habitants ou dont le montant des recettes est inférieur à 2 millions de francs, introduites par l'article 23-I de la loi n° 88-13 du 5 janvier 1988), *ainsi que les comptes des personnes qu'elle a déclarées comptables de fait. La Cour des comptes statue en appel [...]. »*
>
> *« Elle peut assurer la vérification des comptes des établissements, sociétés, groupements et organismes, quel que soit leur statut juridique, auxquels les collectivités territoriales ou leurs établissements publics apportent un concours financier... »*
>
> *« Elle peut assurer la vérification des comptes des filiales [...]. »*
>
> *« La chambre régionale des comptes concourt au contrôle budgétaire des collectivités territoriales et de leurs établissements publics dans les conditions prévues aux articles 7, 8, 9, 11, 13, 51, 52 et 83 [...]. »*
>
> *« Elle examine la gestion des collectivités territoriales [...]. »*

Paradoxalement, et alors que la loi précitée proclame la suppression de la tutelle financière, le système qu'elle met en place constitue un renforcement et un perfectionnement des contrôles des finances locales, véritable contrepartie des nouvelles libertés accordées aux collectivités.

Ces contrôles comportent ainsi trois aspects :
- le contrôle budgétaire,
- le contrôle juridictionnel,
- le contrôle de la gestion.

1. Le contrôle budgétaire : suppression de la tutelle financière

« (La chambre) *concourt au contrôle budgétaire des collectivités territoriales, de leurs établissements publics ainsi que des établissements publics régionaux dans les conditions définies aux articles 7, 8, 9, 11 et 13 du titre I, 51 et 52 du titre II et 83 du titre III de la présente loi [...].* » (art. 87 de la loi du 2 mars 1982 modifiée).

Le contrôle budgétaire constitue la première mission confiée aux chambres régionales par la loi du 2 mars 1982 modifiée. Il ne s'agit pas d'un contrôle juridictionnel, puisqu'il s'opère *a priori*, mais plutôt d'un contrôle administratif. L'initiative en appartient au préfet, seul, sauf dans le cas des dépenses obligatoires où l'initiative est partagée entre le préfet, le comptable public et toute personne y ayant intérêt. La chambre régionale des comptes lui apporte un *avis* qui ne le lie pas, puisqu'il peut s'en écarter en motivant sa décision. (Notons déjà que, dans certains cas, ce contrôle peut aboutir à une véritable mise en tutelle de la collectivité, dans des conditions beaucoup plus sévères que par le passé, où l'hypothèse d'un déséquilibre était en effet plus improbable et où, surtout, les subventions d'équilibre de l'État trouvaient alors un large champ d'application.)

Les statistiques du contrôle budgétaire montrent que le nombre total d'avis rendus par les chambres a pratiquement baissé de moitié en dix ans, les avis relatifs aux dépenses obligatoires étant les plus nombreux.

Article 7 : *budget non adopté* dans les délais prévus par la loi :

« *Dans le cas où le budget de la commune n'a pas été adopté avant le 1er janvier de l'exercice auquel il s'applique, le maire est en droit, jusqu'à l'adoption de ce budget, de mettre en recouvrement les recettes et d'engager, de liquider et de mandater les dépenses de la section de fonctionnement dans la limite de celles inscrites au budget de l'année précédente.*

Il est en droit de mandater les dépenses afférentes aux remboursements en capital des annuités de la dette venant à échéance avant le vote du budget. En outre, jusqu'à l'adoption du budget ou jusqu'au 31 mars, en l'absence d'adoption du budget avant cette date, le maire peut, sur autorisation du conseil municipal, engager, liquider et mandater des dépenses d'investissement, dans la limite du quart des crédits ouverts au budget de l'exercice précédent, non compris les crédits afférents au remboursement de la dette. Les crédits correspondants sont inscrits au budget lors de son adoption. L'autorisation mentionnée au présent alinéa précise le montant et l'affectation des crédits.

Si le budget n'est pas adopté avant le 31 mars de l'exercice auquel il s'applique ou avant le 15 avril de l'année du renouvellement des conseils municipaux, le représentant de l'État dans le département saisit sans délai la chambre régionale des comptes qui, dans le mois, et par un avis public, formule des propositions pour le règlement du budget. Le représentant de l'État règle le budget et le rend exécutoire. Si le représentant de l'État dans le département s'écarte des propo-

sitions de la chambre régionale des comptes, il assortit sa décision d'une motivation explicite.
À compter de la saisine de la chambre régionale des comptes et jusqu'au règlement du budget de la commune par le représentant de l'État, le conseil municipal ne peut adopter de délibération sur le budget de l'exercice en cours [...]. »

Cet article n'appelle pas d'explications particulières ; il s'agit de doter la collectivité d'un instrument budgétaire lui permettant de faire face à ses engagements minimaux. Le retard est rarement le fait d'une négligence ; il est plutôt révélateur des difficultés existant au sein de certaines assemblées, incapables de dégager une majorité pour faire voter leur budget.

Article 8 : budget voté en *déséquilibre :*

« *Le budget de la commune est en équilibre réel lorsque la section de fonctionnement et la section d'investissement sont respectivement votées en équilibre, les recettes et les dépenses ayant été évaluées de façon sincère, et lorsque le prélèvement sur les recettes de la section de fonctionnement au profit de la section d'investissement, ajouté aux recettes propres de cette section, à l'exclusion du produit des emprunts, et éventuellement aux dotations des comptes d'amortissement et de provision, fournit des ressources suffisantes pour couvrir le remboursement en capital des annuités d'emprunt à échoir au cours de l'exercice.*
Lorsque le budget d'une commune n'est pas voté en équilibre réel, la chambre régionale des comptes, saisie par le représentant de l'État dans un délai de trente jours à compter de la transmission prévue à l'article 2, le constate et propose à la commune, dans un délai de trente jours à compter de la saisine, les mesures nécessaires au rétablissement de l'équilibre budgétaire et demande au conseil municipal une nouvelle délibération.
La nouvelle délibération du conseil municipal, rectifiant le budget initial, doit intervenir dans un délai d'un mois à partir de la communication des propositions de la chambre régionale des comptes.
Si le conseil municipal n'a pas délibéré dans le délai prescrit, ou si la délibération prise ne comporte pas de mesures de redressement jugées suffisantes par la chambre régionale des comptes, qui se prononce sur ce point dans un délai de quinze jours à partir de la transmission de la nouvelle délibération, le budget est réglé et rendu exécutoire par le représentant de l'État dans le département. Si celui-ci s'écarte des propositions formulées par la chambre régionale des comptes, il assortit sa décision d'une motivation explicite.
À compter de la saisine de la chambre régionale des comptes et jusqu'au terme de la procédure, le conseil municipal ne peut délibérer en matière budgétaire, sauf pour la délibération prévue au troisième alinéa du présent article et pour l'application de l'article 9. [...]
Toutefois, pour l'application du présent article, n'est pas considéré comme étant en déséquilibre, le budget dont la section de fonctionnement comporte ou reprend un excédent et dont la section d'investissement est en équilibre réel, après reprise pour chacune des sections des résultats apparaissant au compte administratif de l'exercice précédent. »

Cet article renforce la règle traditionnelle de l'équilibre budgétaire en introduisant la distinction implicite d'équilibre réel avec la notion d'équilibre apparent. En d'autres termes, la chambre régionale des comptes est chargée de vérifier qu'il n'y a eu ni surévaluation, ni sous évaluation des recettes et des dépenses.

La loi n° 94-504 du 22 juin 1994 portant dispositions budgétaires et comptables relatives aux collectivités locales (art. 6) vient d'introduire une nouvelle modification du dernier alinéa de l'article 8 de la loi du 2 mars 1982, destinée à prendre en compte les nouvelles obligations d'amortissements et de provisions liées, à compter du 1er janvier 1997, à l'application de la nouvelle instruction M 14 :

> *« Toutefois, pour l'application du présent article, n'est pas considéré comme étant en déséquilibre le budget dont la section de fonctionnement comporte ou reprend un excédent reporté par décision du conseil municipal ou dont la section d'investissement comporte un excédent, notamment après inscription des dotations aux amortissements et aux provisions exigées. »*

Article 9 : *déficit* constaté après exécution du budget :

> *« L'arrêté des comptes communaux est constitué par le vote du conseil municipal sur le compte administratif présenté par le maire après transmission, au plus tard le 1er juin de l'année suivant l'exercice, du compte de gestion établi par le comptable de la commune. Le vote du conseil municipal arrêtant les comptes doit intervenir avant le 30 juin de l'année suivant l'exercice.*
> *Le compte administratif est arrêté si une majorité des voix ne s'est pas dégagée contre son adoption.*
> *Lorsque l'arrêté des comptes communaux fait apparaître dans l'exécution du budget communal, après vérification de la sincérité des inscriptions de recettes et de dépenses, un déficit égal ou supérieur à 10 % des recettes de la section de fonctionnement s'il s'agit d'une commune de moins de 20 000 habitants et à 5 % dans les autres cas, la chambre régionale des comptes, saisie par le représentant de l'État, propose à la commune les mesures nécessaires au rétablissement de l'équilibre dans le délai d'un mois à compter de cette saisine [...]. »*

Lorsque le budget d'une commune a fait l'objet de mesures de redressement, la chambre régionale des comptes est appelée à vérifier si ses propositions ont été suivies ou si les mesures adoptées par la collectivité, lors du vote du budget primitif de l'exercice suivant, sont suffisantes pour résorber le déficit de l'exercice précédent, faute de quoi elle propose de nouvelles mesures au préfet pour arrêter et rendre exécutoire le budget de la collectivité. Si le préfet s'écarte des propositions de la chambre, il assortit sa décision d'une motivation explicite.

On voit qu'entre les propositions de la chambre et les pouvoirs du préfet, la marge de manœuvre de la collectivité demeure des plus réduites.

Article 11 : *dépenses obligatoires* non inscrites au budget de la collectivité :

> *« Ne sont obligatoires pour les communes que les dépenses nécessaires à l'acquittement des dettes exigibles et les dépenses pour lesquelles la loi l'a expressément décidé. »*

Il s'agit d'un cas de contrôle budgétaire plus spécifique. Si la chambre régionale des comptes « saisie, soit par le préfet, soit par le comptable, soit par toute personne y ayant intérêt, constate qu'une dépense obligatoire n'a pas été inscrite au budget communal ou l'a été pour un montant insuffisant », elle adresse une mise en demeure à la collectivité concernée, qui doit s'exécuter sous peine de voir la chambre régionale demander au préfet d'inscrire d'office cette dépense au budget de la collectivité, en proposant s'il y a lieu la création de recettes ou la diminution de dépenses propres à couvrir la dépense obligatoire.

Portée de l'article 11 : en cas d'insolvabilité de la collectivité, on a vu des chambres refuser l'inscription d'une dépense obligatoire, prenant en compte la responsabilité du prêteur pour « soutien abusif » pour justifier leur position *(*CRC « Poitou-Charentes », *Ville d'Angoulême ;* CRC « Provence-Alpes-Côte d'Azur », *Ville de Briançon).*

Article 6 de la loi du 7 juillet 1983 :

L'article 6 de la loi 83 597 du 7 juillet 1983, relative aux sociétés d'économie mixte, introduit pratiquement un cinquième cas de contrôle budgétaire en permettant au préfet de saisir la chambre régionale des comptes qui dispose d'un délai d'un mois pour formuler un avis et demander à l'assemblée délibérante de l'organisme de procéder à une deuxième lecture de la délibération contestée « lorsqu'il estime qu'une délibération est de nature à augmenter gravement la charge financière d'une ou plusieurs des collectivités ou de leurs groupements actionnaires, ou le risque encouru par la ou les collectivités ou leurs groupements qui ont apporté leur garantie à un emprunt contracté par la société ».

Le contrôle budgétaire est donc, pour la collectivité, une intervention à hauts risques puisqu'elle se trouve pratiquement privée de son autonomie de décision. Ce qui peut mener parfois à une situation plus contraignante que celle qu'instituait l'ancienne tutelle.

(Budget : voir aussi *Finances locales*.)

Avis des juridictions financières en matière de contrôle budgétaire

• CRC « Corse », 6 nov. 1991, article 7, *Sivom du NEBBIO, Haute-Corse ;* résumé de l'avis :

Les faits :

Pour le troisième exercice consécutif, la chambre est saisie par le préfet de l'absence de vote du budget de ce syndicat.

Problème juridique posé :

Les budgets des deux exercices précédents, réglés et rendus exécutoires conformément aux propositions de la juridiction, ont vu leur exécution contrariée, voire empêchée, par le refus des ordonnateurs successifs d'émettre les titres de recettes et d'ordonnancer leur recouvrement. Convenait-il dans ces conditions de réitérer, sans espoir de succès, les propositions formulées naguère et de conforter ainsi les responsables de l'organisme dans leur désinvolture ?

Solution donnée par la CRC :

La chambre a considéré que, si elle avait l'obligation d'apporter son concours au règlement du budget syndical, elle ne saurait cependant persister à proposer d'équilibrer budgétairement les dépenses présentant un caractère obligatoire par des recettes dont l'exécution s'avère incertaine, sinon impossible, dès lors que leur réalisation relève de la seule responsabilité de l'organisme en cause ou, à défaut, des communes adhérentes. Elle s'est donc limitée à proposer l'inscription des dépenses (21 MF) et des recettes certaines (160 000 F).

Commentaire :

Le budget 1991 de ce syndicat a été arrêté par le préfet qui a complété les propositions de la chambre par des contributions exceptionnelles en recettes pour présenter un budget en équilibre. Les budgets 1989 et 1990 avaient été réglés par arrêtés préfectoraux conformes aux avis de la chambre qui avaient équilibré les budgets par des contributions exceptionnelles des communes puisque les participations statutaires s'avéraient notoirement insuffisantes. Le tribunal administratif de Bastia avait été saisi par le président du Sivom, de l'arrêté préfectoral relatif au budget 1989, et a rendu en 1991 un jugement confirmant que c'est à bon droit que des contributions avaient été prévues au budget pour assurer son équilibre. La CRC de Corse a proposé une insertion au rapport public 1992 de la situation de ce syndicat.

• CRC « Languedoc-Roussillon », 6 mai 1992, article 7, *Commune de Saint-Gilles, Gard,* résumé de l'avis :

Les faits :

Par délibération du 13 avril 1992, le conseil municipal de Saint-Gilles a, par 15 voix contre 14, rejeté le projet de budget pour 1992 présenté par le maire (budget principal et budget annexe du port de plaisance). Il a également refusé de voter le taux des taxes directes et le montant de la taxe d'enlèvement des ordures ménagères. Le préfet du Gard a, en conséquence, saisi la chambre régionale des comptes.

Problème juridique posé :

Le refus de vote du budget ne résultait pas d'un mouvement de mauvaise humeur mais d'une crise municipale grave, qui ne paraissait pas devoir être résolue à très brève échéance. La chambre devait-elle limiter ses propositions à un budget minimum qui, en investissement notamment, n'aurait comporté que des dépenses obligatoires ?

Solution donnée par la CRC :

La chambre a estimé que le budget proposé devait, d'une part, permettre la continuité du service public en assurant la sécurité, la salubrité et le fonctionnement normal des services publics essentiels et, d'autre part, ne pas arrêter des chantiers et paralyser l'activité économique d'une petite ville de 12 000 habitants.

La commune disposant d'excédents suffisants pour faire face aux dépenses, la chambre a proposé que soient inscrites les dépenses d'investissements proposées par le maire consistant en :

– l'achèvement des opérations ayant fait l'objet de décisions antérieures du conseil municipal ;

– l'engagement des opérations nouvelles ayant fait l'objet de délibérations exécutoires du conseil municipal, prévoyant l'inscription des crédits au budget de 1992. En l'absence de décisions antérieures sur ce point, la chambre n'a pas retenu le financement par l'emprunt de ces opérations.

En ce qui concerne le taux des quatre taxes directes, la chambre a proposé la reconduction des taux de 1991.

Le maire avait prévu une augmentation de 60 % de la taxe d'enlèvement des ordures ménagères. La chambre, se basant sur la décision du conseil municipal ayant créé la taxe et sur les montants votés pour 1990 et 1991 qui représentaient 37 % du coût du service, a fixé, selon ce pourcentage, le montant de la taxe 1992 dont l'augmentation par rapport à 1991 s'est trouvée ramenée à 3 %.

• CRC « Bretagne », 13 janv. 1993, *Commune de Trédarzec, Côtes-d'Armor,* article 11 ; résumé de l'avis :

Les faits :

Une commune refuse de payer une contribution aux dépenses de fonctionnement des écoles publiques situées sur le territoire d'une autre commune. Le préfet ayant saisi la chambre, le premier avis est rendu le 25 novembre 1992 avec une mise en demeure d'inscrire la dépense, 85 000 F, à son budget. À la fin de l'année, la commune n'a toujours pas obtempéré.

Problème juridique posé :

Lorsqu'une CRC est saisie, dans les derniers mois de l'année, d'une demande d'inscription d'office d'une dépense obligatoire, elle se trouve souvent enfermée dans des délais qui ne permettent pas de conduire à son terme la procédure de mise en demeure et d'inscription d'office ; l'exercice budgétaire s'achève parfois avant même que la mise en demeure ne soit suivie d'effet. Quelle solution la juridiction peut-elle proposer au préfet ?

Solution donnée par la CRC :

La chambre a considéré que, d'après l'article 7 de la loi du 2 mars 1982, l'ordonnateur dispose, en janvier, sur chaque ligne budgétaire, d'autant de crédits de fonctionnement qu'il y en avait d'inscrits au budget précédent. Le préfet, qui se substitue à l'ordonnateur, peut mandater d'office en janvier alors qu'il n'avait pu le faire en décembre, faute de crédits disponibles suffisants en fin d'exercice.

• CRC « Midi-Pyrénées », 23 mars 1992, *Commune de Vénerque, Haute-Garonne,* article 11 ; résumé de l'avis :

Les faits :

La commune a concédé l'aménagement d'un lotissement communal à une société d'économie mixte. L'opération étant déficitaire, la SEM n'a plus procédé au remboursement des emprunts contractés pour l'opération.

Ayant accordé sa garantie, la commune, mise en demeure par le créancier, le Crédit local de France, a refusé de payer. Le CLF a saisi la CRC.

Problème juridique posé :

Les conventions de garanties engageaient incontestablement la commune. Fallait-il pour autant lui faire endosser le risque d'une opération concédée qui doit, au premier chef, être supportée par le concessionnaire ?

Solution adoptée par la CRC :

La chambre n'a pas admis le caractère obligatoire de la dépense résultant de la garantie. Elle s'est appuyée sur des éléments de fait faisant apparaître une contestation sérieuse du caractère certain de la créance. En effet, d'une part, la commune contestait la conduite de l'aménagement du lotissement par la SEM et avait déposé une requête auprès du tribunal administratif à cet effet et, d'autre part, l'emprunt de 500 000 F qui faisait l'objet de la garantie avait été consommé à des fins étrangères à l'objet pour lequel il avait été contracté : aucune réalisation n'avait été faite par la SEM.

Cette décision a permis de faire jouer la responsabilité du concessionnaire, alors que, trop souvent, par les conventions de concession ou de garanties, il cherche à s'en exonérer.

• CRC « Midi-Pyrenées », 22 janv. 1993, *SEM d'Équipement Toulouse Midi-Pyrénées,* article 6 de la loi 83-597 du 7 juillet 1983 ; résumé de l'avis :

Les faits :

La chambre a été saisie par le préfet, sur la base de l'article 6 de la loi sur les SEM, aux motifs qu'une délibération du conseil d'administration de la SEM avait décidé une provision pour risques d'un montant de 14,2 millions de francs, susceptible d'accroître gravement la charge financière des collectivités membres. Cette provision avait pour origine une opération de construction d'un golf, accompagnée d'un lotissement, d'un coût total de 16,370 MF et financée par des avances à court terme. Le financement définitif, qui devait être assuré par les cotisations des membres et les versements de la société exploitante, n'a pu être assuré. En outre, la SEM, en ayant passé un bail emphytéotique d'une durée trop courte, n'avait pas la parfaite maîtrise du foncier.

Problème juridique posé :

Financement à court terme hasardeux et charge financière aggravant le coût de l'opération ; mauvaise appréciation de la rentabilité économique d'un tel équipement ; conséquences financières sur les collectivités actionnaires qui doivent assumer le passif.

Solution donnée par la chambre :

Dans son avis du 22 janvier 1993, la chambre a tout d'abord fait les constats suivants :

– sur l'investissement : le financement de l'opération a été assuré dans de mauvaises conditions, puisque la totalité des travaux réalisés a été, en définitive, financée par des avances à court terme conduisant à aggraver son coût d'importantes charges financières. En effet, l'appel à des cotisations de membres, escomptées pour un montant de 8,6 MF, n'a recueilli finalement que 862 000 F. L'opération du lotissement, qui a été un échec total, a été financée dans les mêmes conditions ;

– sur l'exploitation : après la défaillance d'une première société à qui la SEM avait cédé à bail à loyer les équipements du golf, une deuxième société, dont la SEM détient 60 % des parts sociales, est également hors d'état de tenir ses engagements de verser la contre-valeur des équipements dans un délai de cinq ans. Les résultats comptables de cette dernière société sont fortement déficitaires (3,7 MF fin 1992) et un déficit prévisionnel cumulé de 5 MF est envisagé d'ici l'an 2000. La carence de la société gestionnaire a conduit la SEM à l'inscription d'une provision pour risque d'un montant de 13,3 MF. De ce fait, le résultat de la SEM, pour l'exercice 1991, est déficitaire pour un montant de 14,228 MF, déficit supérieur à ses fonds propres (4,678 MF) qui deviennent donc négatifs.

En rappelant les obligations incombant à la SEM en application des dispositions de l'article 241 de la loi du 24 juillet 1966, la chambre a donc demandé qu'une prochaine assemblée générale extraordinaire soit convoquée pour se prononcer sur la dissolution de la SEM ou sur la poursuite de l'activité, et dans cette dernière hypothèse, pour arrêter les modalités d'augmentation du capital dans le délai de deux ans.

Dans l'attente d'une recapitalisation et estimant que le financement par avances à court terme ne pouvait être prolongé, la chambre a recommandé que certains actionnaires directement concernés pallient l'insuffisance de capitaux permanents, par exemple par des apports en compte courant éventuellement incorporables au capital.

• CRC « Ile-de-France », 26 mai 1993, *Commune de Franconville,* article 11 ; résumé de l'avis :

Les faits :

La chambre a été saisie par une société, Kansallis Osake Pankki, d'une demande d'inscription obligatoire au budget de la commune, d'une somme de 2 962 215,63 F, au titre de la mise en jeu d'une garantie accordée par la collectivité à une association, pour le remboursement d'un emprunt à taux révisable d'un montant de 800 000 DM, contracté auprès d'une société, Idis France, domiciliée en Suisse. Par convention du 28 novembre 1986, la société Idis France a transféré sa créance sur l'association à une société luxembourgeoise Kansallis International Bank SA. Par une seconde convention datée du 28 octobre 1992, la société Kansallis Osake Pankki a été subrogée dans les droits de la société Kansallis International Bank SA en ce qui concerne cette créance.

L'association, en redressement judiciaire, s'est révélée incapable de rembourser l'emprunt, de sorte que la commune de Franconville a été mise en demeure d'honorer sa garantie.

Problème juridique posé et solution donnée par la CRC :

1. Compétence de la CRC « Ile-de-France ». La commune a contesté la compétence de la CRC, partant du fait que, selon la convention, la garantie d'emprunt était régie par le droit suisse, et que tout différend susceptible d'en résulter devait ressortir à la compétence des tribunaux de la République (suisse) et du canton de Genève.

Cet argument n'a pas été retenu. En effet, la chambre, dans le cadre du contrôle budgétaire, n'agit pas comme une juridiction mais comme une autorité administrative. Sa décision relative au caractère obligatoire d'une dépense ne peut être subordonnée à la décision d'une juridiction, par ailleurs non encore saisie.

2. Analyse de la principale cause d'extinction de la caution invoquée par la commune. La collectivité a soutenu que le défaut d'information du prêteur à propos du transfert de la créance, tel que prévu à l'article 13 de la convention de prêt garanti, devait être sanctionné par la résiliation de ladite convention.

La chambre n'a pas fait sien ce raisonnement. Il a été considéré qu'à l'occasion d'un simple transfert de créance, en l'absence d'une novation claire et explicite (code civil, art. 1273), l'information du prêteur ne s'impose pas comme une formalité substantielle. En l'espèce, il convient de souligner que la convention de transfert n'a en rien modifié les obligations du débiteur principal et, par conséquent, de sa caution.

3. Liquidation de la créance. La demande formulée par le créancier de la commune portait sur 797 445,46 DM au titre du capital, 77 216,54 DM au titre des intérêts moratoires et 152 000 francs français au titre des frais ; soit une somme totale de 2 962 215,63 FF selon un décompte établi au 30 avril 1993 par l'établissement prêteur, sur la base du cours du DM au 15 avril.

L'examen de cette demande imposait à la chambre de se prononcer sur deux questions :

– les effets de la mise en œuvre d'une procédure collective sur les obligations de la caution ;

– l'exigibilité des frais juridiques.

a. Sur la première question. S'agissant d'un prêt en devises adossé sur le Libor, la question n'était pas superflue. Pour ce qui concernait les intérêts conventionnels, le redressement judiciaire de l'association était sans conséquence, contrairement à l'argument invoqué par l'avocat de la commune ; si l'article 55 de la loi du 25 janvier 1985 prévoit que le jugement d'ouverture de la procédure collective arrête le cours des intérêts légaux et conventionnels, le même article précise que cette disposition ne s'applique pas aux prêts d'une durée égale ou supérieure à un an (C. cass., 21 nov.1991). En revanche, le second alinéa de l'article 51 dispose : « Lorsqu'il s'agit de créances en monnaie étrangère, la conversion en francs a lieu selon le cours du change à la date du jugement d'ouverture. »

Interprété à la lettre, cet article pourrait signifier que l'obligation mise à la charge de la caution consiste à rembourser le capital du prêt, converti en francs au jour du jugement d'ouverture, ce qui conduit à arrêter à cette date le risque de change.

Telle ne fut pas cependant le solution arrêtée par la CRC. En effet, la commune de Franconville, caution de l'association, devait se substituer au débiteur défaillant, lequel s'était engagé (art. 4 de la convention du 21 octobre 1986) à rembourser le capital et les intérêts en DM, conformément aux conditions de l'emprunt. Ainsi, la procédure susmentionnée de l'article 51 ne pouvait permettre à la caution d'échapper à ses obligations conventionnelles conformément aux dispositions de l'article 2011 du code civil ainsi libellé : « Celui qui se rend caution d'une obligation, se soumet envers le créancier à satisfaire à cette obligation, si le débiteur n'y satisfait pas lui-même. »

b. Sur la seconde question. La « requête en inscription d'office », formulée par Kansallis Osake Pankki, comprenait des « frais juridiques » pour un montant de 24 986 francs luxembourgeois, soit 152 000 francs français. Ce poste a été sommairement détaillé par le demandeur : il s'agissait des frais de dossier contentieux et de vérification comptable réalisée par une société d'audit. Or, selon l'article 2016 du code civil, l'obligation de la caution s'étend « aux frais de la première demande et à tous ceux postérieurs à la dénonciation qui en est faite à la caution ».

La doctrine (Simler, *Cautionnement et garanties autonomes*, p. 237 et 238) et la jurisprudence, peu prolixe il est vrai (Paris, 8e chambre, 1er juill. 1976), semblent estimer que les frais d'avocat n'entrent pas dans le concept de frais de justice et ne peuvent être réclamés à la caution. Par extension, il ne paraissait pas incontestable que les frais engagés au titre d'une vérification comptable devaient être mis à la charge de la caution. Au surplus, ces frais auraient pu être sérieusement contestés par la commune garante, laquelle ne devait pas supporter de charge plus importante que celle qui aurait dû être assumée par le débiteur principal.

En conséquence, la chambre n'a pas considéré les frais susmentionnés comme une créance certaine et exigible constituant une dépense obligatoire susceptible d'être inscrite d'office au budget de la commune de Franconville.

• CRC « Champagne-Ardenne », 16 sept. 1993, *Commune de Sedan ;* article 11, résumé de l'avis :

L'avocat d'une société créancière en vertu d'un jugement du tribunal administratif demande à la chambre de mettre en demeure la commune d'inscrire à son budget le crédit nécessaire à l'exécution de cette décision, par ailleurs frappée d'appel. Bien que le jugement date déjà de plusieurs mois, l'avocat ne saisit pas expressément la chambre de la question des intérêts de retard exigibles en vertu des lois du 11 juillet 1975 et du 5 juillet 1985.

Problème juridique posé :

– La chambre peut-elle calculer d'office les intérêts de retard ?

– Si oui, à quelle date arrêter la liquidation des intérêts dans l'ignorance du délai de mandatement ?

Solution donnée par la CRC :

– Oui, statuant (en contrôle budgétaire) comme autorité administrative, la chambre doit examiner l'affaire dans son intégralité au regard des règles de droit applicables, d'autant que, dans un arrêt *Ribot* du 16 janvier 1987, le Conseil d'État a érigé en principe général du droit l'allocation d'intérêts dès le prononcé du jugement, même en l'absence de demande.

– À titre prévisionnel, les intérêts sont arrêtés au 31 décembre de l'exercice ; au-delà, on ne peut les calculer pour l'année civile 1994.

La commune a déféré à la mise en demeure à l'occasion du vote du budget supplémentaire.

• CRC « Bourgogne », 1er juill. 1993, *Commune de Neuvy-Grandchamp,* article 11, résumé de l'avis :

En 1983 et 1986, la commune avait accordé sa garantie à deux emprunts souscrits auprès de la SDR Centrest par la société Neuvitex, destinés à financer la réalisation d'une usine clé en main. Cette société a été mise en liquidation judiciaire par le tribunal de commerce de Charolles le 2 février 1993. La chambre est saisie par la SDR aux fins d'inscription des échéances impayées des deux prêts garantis.

Problème juridique posé :

Les engagements de caution ont été signés par le maire alors que la délibération du conseil municipal n'était pas exécutoire. Par ailleurs, les termes des conventions relatifs à l'engagement de la commune diffèrent de ceux des délibérations ayant autorisé le maire. Enfin, le calcul du taux effectif global des prêts, effectué par la SDR, ne correspond pas aux prescriptions légales en la matière.

Solution donnée par la CRC :

– Sur le caractère certain de la créance. La chambre a considéré que le maire était incompétent pour signer les conventions alors que les délibérations l'autorisant à le faire n'étaient pas exécutoires. Elle a également constaté que les termes des conventions ne coïncidaient pas avec ceux des délibérations et que les conventions ne portaient pas mention manuscrite de l'engagement de la caution. Elle a conclu que les créances ne présentaient pas de caractère certain.

– Sur la liquidité de la créance. En raison de différences entre la nature de l'engagement prévu dans la délibération et celle résultant du contrat de prêt, d'une part, entre le taux effectif global indiqué au contrat et le taux effectif global réel, d'autre part, la chambre a considéré que la créance ne présentait pas le caractère de dette liquide exigible.

La chambre a donc rejeté la requête pour l'ensemble de ces raisons. La chambre a en effet considéré que les engagements contractuels pris par le maire devaient respecter strictement les décisions de l'assemblée délibérante. (L'avis de la chambre a été déféré devant le tribunal administratif de Dijon qui n'a pas encore statué).

• CRC « Bretagne », 23 juill. 1993, *Commune de Paimpol,* article 11, résumé de l'avis :

Le président de l'OGEC d'une *école privée* a calculé que la participation de la commune aux frais de fonctionnement de l'école privée n'était pas équivalente à ce qui était consacré pour le même objet aux écoles publiques. Il a demandé à ce que les crédits budgétaires soient complétés à hauteur de ce que prévoyait un protocole d'accord réglant les dispositions financières entre son association de gestion et la commune.

Problème juridique posé :

Le requérant pouvait-il saisir la chambre alors qu'il n'avait pas épuisé ses possibilités de recours devant la commune afin de procéder à un nouveau calcul du coût de l'élève dans une classe élémentaire ?

Solution donnée par la CRC :

Il n'y a pas lieu de mettre en demeure le maire de la commune de modifier son budget, pour effectivement égaliser les contributions aux frais de fonctionnement des écoles privées et publiques, avant qu'aient abouti les deux procédures de conciliation prévues :

– dans chaque académie, par l'article 27-8 de la loi du 25 janvier 1985 ;
– par le protocole d'accord précité lui-même.

• CRC « Picardie », 19 févr. 1991, *Commune de Longeau,* article 11, résumé de l'avis :

La banque Franco-Koweitienne a saisi la CRC afin de faire inscrire au budget de la commune les crédits correspondants à la mise en œuvre de la garantie que la commune a accordée à la société picarde intercommunale d'économie mixte défaillante, à hauteur de 80 % d'un prêt en ÉCU que cette société avait contracté auprès d'elle, le 22 juillet 1988, pour l'équivalent de 7 MF.

Problème juridique posé :

La commune refusant d'honorer ses engagements au motif que le contrat de prêt comportant la clause de garantie avait été signé par un adjoint, la chambre devait-elle accepter cet argument tiré d'une décision du Conseil d'État du 6 décembre 1989 (arrêt *Calif*), pour conclure à la nullité de la garantie et donc à la non-exigibilité de la dette ?

Solution donnée par la CRC :

La chambre a, en premier lieu, établi qu'il résultait des termes sans réserve de la délibération du conseil municipal et du contrat de prêt que la commune avait contracté une obligation pécuniaire envers la banque ; elle a ensuite considéré que l'article L 122-21 du code des communes qui fonde la motivation par laquelle le Conseil d'État a conclu à l'incompétence de l'adjoint signataire de la garantie d'emprunt pour engager la commune, ne paraissait pas concerner le domaine des garanties d'emprunt ; cet article traite, en effet, du régime des délégations consenties par le conseil municipal dans des matières limitativement énumérées, parmi lesquelles ne figurent pas les garanties d'emprunt.

Il en résulte que la délibération en cause s'analyse comme une décision de contracter de la compétence exclusive du conseil municipal, que le maire est normalement chargé d'exécuter en application de l'article L 122-19 du code des communes, tout comme un adjoint qui aurait reçu délégation à cet effet en vertu de l'article L 122-11 ou le premier adjoint, en application de l'article L 122-13 sur le régime de la suppléance.

La chambre a enfin décidé que, dans les circonstances de l'espèce, c'est le régime de la suppléance qui s'était valablement appliqué. Elle a donc mis la commune en demeure d'inscrire au budget primitif 1991 les crédits nécessaires à la couverture de la dette exigible.

Commentaire :

La chambre, suivant la position du professeur Llorens (*Les Petites Affiches*, n° 10, 23 janv. 1991), n'a pas suivi la jurisprudence *Calif*, bien qu'elle exprime le droit positif ; souhaitant porter un coup d'arrêt aux velléités de trop nombreuses communes de se soustraire à leurs engagements, elle a pris le risque d'un avis qui, au terme de la procédure (arrêté conforme du préfet), a été déféré au tribunal administratif par la commune le 19 août 1991.

2. Le contrôle juridictionnel des comptes

« *La chambre régionale des comptes juge, dans son ressort, l'ensemble des comptes des comptables publics des collectivités territoriales et de leurs établissements publics, ainsi que les comptes des personnes qu'elle a déclaré comptables de fait. La Cour des comptes statue en appel...* » (art. 87 de la loi du 2 mars 1982, 1er al.).

« *Sous réserve des dispositions du premier alinéa de l'article 87 de la loi 82 213 du 2 mars 1982, la chambre régionale des comptes statue en premier ressort, à titre provisoire et définitif, sur les comptes des comptables publics des collectivités territoriales de son ressort ou de leurs établissements publics.*

« *La chambre juge, dans les mêmes formes et sous les mêmes sanctions, les comptes que lui rendent les personnes qu'elle a déclarées comptables de fait d'une collectivité ou d'un établissement public relevant de sa compétence.*

« *La chambre régionale des comptes n'a pas juridiction sur les ordonnateurs, sauf sur ceux qu'elle a déclarés comptables de fait* » (art. 2 de la loi du 10 juillet 1982 modifiée).

Cette compétence, auparavant exercée en première instance par la Cour des comptes, était, en fait, en grande partie déléguée aux trésoriers-payeurs généraux, qui pratiquaient l'apurement administratif de ces comptes (sous réserve du droit d'évocation et de réformation de la Cour). Si on le compare à l'apurement administratif effectué par les agents des services de la trésorerie générale, sous la lointaine responsabilité de la Cour des comptes, le régime de contrôle institué par la loi du 2 mars 1982 modifiée, apparaît considérablement renforcé. Présents sur le terrain, les magistrats des chambres régionales des comptes ont d'abord une vue d'ensemble de la situation des comptes d'une collectivité : ils vérifient « sur pièce et sur place la régularité des recettes et des dépenses » ; ils s'assurent « de l'emploi régulier des crédits, fonds et valeurs », ils « examinent la gestion » de ces collectivités.

Plus encore, la chambre régionale des comptes « peut assurer la vérification des comptes des établissements, sociétés, groupements et organismes (et de leurs filiales), quel que soit leur statut juridique », dès lors que les collectivités leur apportent un certain concours financier et même si ces organismes ne sont pas assujettis aux règles de la comptabilité publique.

La chambre dispose des mêmes pouvoirs que ceux attribués à la Cour des comptes par l'article 9 de la loi 67 483 relative à la Cour des comptes.

Les conditions du jugement des comptes des comptables locaux par les chambres régionales ont été précisées par deux décrets du 27 mars 1983 et du 27 octobre 1989. Les principes en sont les mêmes que pour la Cour des comptes : procédure écrite et contradictoire donnant lieu à un double jugement, provisoire puis définitif, avec ses conséquences : injonctions de production ou de reversement, débet, quitus.

Le premier impact de cette procédure a d'abord été assez mal ressenti par les comptables locaux, premières « victimes » d'une procédure plus systématique, qui ont eu à répondre aux injonctions d'un juge des comptes et a fréquemment conduit à les mettre en débet, sur la base des dispositions de la loi du 2 mars 1982. L'article 15 de cette loi oblige, en effet, les comptables locaux à subordonner les paiements au contrôle de légalité qu'impose l'exercice de leur responsabilité personnelle et pécuniaire, telle qu'elle est définie par le décret du 29 décembre 1962 sur la comptabilité publique.

Cette sévérité des jeunes juridictions, qui avaient à affirmer leur pouvoir, a au moins eu le mérite d'amener ces comptables à plus de vigilance en ce qui concernait la régularité des opérations financières des collectivités locales, notamment en matière de pièces justificatives ou de vérification du service fait.

3. Le contrôle de la gestion

Aux termes de l'article 87 de la loi 82-213 modifiée, du 2 mars 1982 :

« *Elle* (la chambre régionale des comptes) *examine la gestion des collectivités territoriales. Les observations qu'elle présente en ce domaine ne peuvent être formulées sans un entretien préalable entre le magistrat rapporteur ou le président de la chambre et l'ordonnateur de la collectivité territoriale concernée ainsi que l'ordonnateur qui était en fonction au cours de l'exercice examiné.*
Elle examine en outre la gestion des établissements, sociétés, groupements et organismes (auxquels la collectivité apporte un concours financier). *[...].*
Lorsque des observations sont formulées, elles ne peuvent être arrêtées définitivement avant que l'ordonnateur, et celui qui était en fonctions au cours de l'exercice examiné, aient été en mesure de leur apporter une réponse écrite [...]. »

Cette dernière fonction, reprise par les chambres régionales des comptes, n'est pas, à proprement parler, un contrôle nouveau. Traditionnellement exercé par la Cour des comptes, le contrôle de gestion prolonge et approfondit le contrôle juridictionnel.

Le règlement général sur la comptabilité publique prévoit déjà qu'un contrôle s'exerce sur la gestion des ordonnateurs (décret du 29 décembre 1962, art. 58) mais les modifications successives de l'article 87 de la loi du 2 mars 1982 ont donné à ce contrôle une autre dimension, surtout depuis la publicité obligatoire donnée à la lettre d'observation définitive.

« La chambre s'assure de l'emploi régulier des crédits, fonds et valeurs. » Dans sa première rédaction, l'article 87 de la loi du 2 mars était plus explicite puisqu'il parlait du « bon emploi » des crédits : changement destiné, lors de la discussion de la loi du 5 janvier 1988, à ménager la susceptibilité des élus, plus qu'à atténuer la portée du texte. Car l'irritation de la classe politique, qui considère que l'électeur est son seul juge, tient au fait qu'avant 1982, peu de communes se trouvaient soumises à ce contrôle ; la plupart des collectivités locales, en effet, à l'exception des plus importantes qui relevaient de la compétence de la Cour des comptes et dont celle-ci se réservait le contrôle, voyaient leurs comptes soumis à un apurement administratif par le trésorier payeur général, sans commune mesure avec ce nouveau type de contrôle.

Le contrôle de la gestion découle aujourd'hui directement des dispositions de l'article 87 de la loi du 2 mars modifiée. Il a en effet été renforcé à plusieurs reprises, au gré des circonstances (loi du 5 janvier 1988, art. 23-IV, loi du 15 janvier 1990, art. 16-I, et loi du 6 février 1992, art. 47-I à III) ; dans sa rédaction de 1982, le législateur « permettait » seulement le contrôle de la gestion : « *La chambre régionale des comptes peut présenter des observations sur la gestion* »... ; dans le texte du 5 janvier 1988, le facultatif est devenu une obligation : « *La chambre régionale des comptes examine la gestion.* »

Enfin, avec la loi du 15 janvier 1990, il a renforcé la portée des observations que la chambre peut être amenée à formuler, en leur donnant la sanction de la publicité.

Ces dispositions ne doivent pas laisser penser que la chambre régionale des comptes s'immisce dans les choix « politiques » de gestion. Il s'agit uniquement d'examiner, par exemple, la réalité des études préalables à la réalisation des investissements ; ou d'apprécier le coût d'un équipement en investissement et fonctionnement, par rapport aux fonctions qu'il remplit.

Le contrôle de gestion répond à un besoin d'évaluation induit par la libération des pouvoirs de gestion des élus locaux. Il ne suffit plus de contrôler l'emploi régulier des fonds publics : il faut aussi mesurer l'« efficacité » (les objectifs d'une dépense sont-ils atteints ?), l'« économie » (à quel coût ces objectifs sont-ils atteints ?), l'« efficience » de la gestion (c'est-à-dire la pertinence des moyens).

S'estimant indirectement mis en cause, les maires et les présidents des conseils généraux et régionaux ont accueilli les vérifications occasionnées par la loi nouvelle avec des sentiments pour le moins mitigés. Peu habitués à la rigueur de telles investigations, les élus ressentirent comme une suspicion à leur égard les premiers contrôles des comptes effectués par les chambres et comme une véritable intrusion dans le domaine de l'opportunité, l'examen de leur gestion. Ils redoutaient l'utilisation politique par leurs opposants de ces investigations et des observations auxquelles elles donnent lieu.

C'est à ce mécontentement qu'il faut rattacher quelques-unes des modifications de l'article 87 de la loi du 2 mars :

– soustraction des communes de moins de 2 000 habitants au contrôle direct des chambres régionales, au profit de l'apurement administratif par les trésoriers-payeurs généraux (sous réserve du droit d'évocation) ;

– substitution de l'expression « emploi régulier » à celle de « bon emploi » des fonds ;

– obligation du secret des investigations pendant la phase d'instruction jusqu'à la publication des observations définitives.

Le champ de l'examen de la gestion englobe différents critères :

– fidélité et sincérité de la gestion telle que retracée dans les différents états de la comptabilité (générale, analytique, matière) de l'ordonnateur et du comptable ;

– qualité de la gestion financière, avec le souci d'évaluation du risque d'ensemble assumé par la collectivité, non seulement dans sa gestion directe ou déléguée, mais aussi à travers ses groupements et les garanties accordées aux organismes périphériques et éventuellement à des tiers privés ;

– régularité de la gestion, au regard des principes de la comptabilité publique ou d'autres sources du droit applicable (droit administratif, civil, commercial, de l'urbanisme...) ;

– probité de la gestion au regard des dispositions du code pénal ;

– économie, efficience et efficacité de cette gestion.

La conduite des investigations est menée à partir de tous les éléments disponibles ou communicables :

– les pièces justificatives produites chaque année par le comptable public, à l'appui de ses comptes ;

– les documents et renseignements obtenus sur place ou par questionnaire auprès du comptable ;

– les documents et renseignements obtenus sur place ou par questionnaire auprès de l'ordonnateur ou de ses services ;

– les documents et renseignements obtenus sur place ou par questionnaire auprès du représentant de l'État, des services de l'État, ou d'autres juridictions ;

– l'exercice du droit de communication directe auprès des organismes bancaires, ou des cocontractants de la collectivité.

Observations des juridictions financières

• CRC « Provence-Alpes-Côte-d'Azur », 23 nov. 1993, sur la gestion de la *commune de Briançon,* extraits :

> *« Le plan de redressement élaboré en 1992 a révélé une situation financière exceptionnellement dégradée. La chambre a été saisie en avril 1992 du BP de Briançon. Ce dernier présentait en fonctionnement un déséquilibre de 42,9 MF, pour 105 MF de recettes, et en investissement un déséquilibre de 47,6 MF pour 21,7 MF de recettes. L'analyse du compte administratif, dont la chambre se trouvait saisie en juin, mettait en évidence un déficit de 79 MF et un solde négatif de dépenses et de recettes à réaliser de 6,7 MF.*
> *Le déséquilibre global atteignait 176 MF, soit 167 % des recettes de fonctionnement et le stock de dettes, soit 502 MF, devait nécessiter en 1992 l'inscription d'une annuité de 83,7 MF (en y comprenant les provisions pour mise en cause de garanties d'emprunt) [...] ».*

Au cours du second semestre de 1991, le maire a vainement tenté de stopper l'hémorragie en proposant aux principales banques créancières un plan de redressement jugé irréaliste et qu'elles ne pouvaient accepter ; une crise municipale s'ensuivit qui aboutit à l'élection d'une nouvelle municipalité en novembre 1991.

La chambre poursuit :

> *« Après avoir expertisé en profondeur l'organisation administrative et financière de la commune de Briançon, tout en assistant, avec le préfet des Hautes-Alpes,*

le maire de Briançon dans une négociation difficile avec les différents prêteurs, la chambre a pu proposer le 6 octobre 1992 un plan de redressement qui sera accepté par la commune et les prêteurs comme base d'un protocole d'accord signé le 26 janvier 1993 et qui conditionne une aide exceptionnelle de l'État.
Ce plan de redressement impose à la commune de sévères mesures d'économie dans son fonctionnement, limite étroitement à 20 MF sa capacité d'investissement et soumet ses budgets successifs, jusqu'à rétablissement de la situation, à une transmission préalable à la chambre des comptes. En contrepartie, les prêteurs ont abandonné tous les intérêts moratoires et indemnités de retard pour les échéances impayées en 1991 et 1992. Ils ont accepté de reprofiler une dette de 502 MF, sur vingt-cinq ans, à compter de 1993, à un taux annuel de 7,6 %. Ils ont consenti, sans capitalisation, à un différé de recouvrement de 98,9 MF d'intérêts entre 1993 et 2000. L'État a consenti une dotation exceptionnelle de 10 MF par an pour les premières années de mise en œuvre du plan [...]. »

La chambre rappelle que ces difficultés trouvent leur origine dans la situation héritée de la municipalité d'avant 1983, caractérisée par des ressources fiscales faibles, des dépenses de fonctionnement incompressibles et des équipements disproportionnés. Mais elle observe que la situation s'est aggravée sous la municipalité élue en 1983 et réélue en 1989, « qui s'est laissée conduire par une dynamique de dépenses sans commune mesure avec les recettes engendrées pour équilibrer les comptes ».

« Ainsi, poursuit la chambre, *les dépenses réelles de fonctionnement évoluent rapidement comme l'enregistrent les comptes administratifs des trois derniers exercices examinés : 1989, 90 MF ; 1990, 114 MF ; 1991, 142,5 MF (compte tenu de 7,5 MF de factures impayées). Cette évolution découle de trois facteurs : le gonflement des frais de personnel ; la multiplication des services offerts au public en dessous de leur coût ; l'explosion des intérêts de la dette [...]. »*

a. Le gonflement des frais de personnel, poursuit la CRC, « est dû pour une part aux conditions de gestion du personnel : avancement accéléré systématique, promotions très rapide sur la base de simples examens internes, primes sans base légale. Mais il découle également du coût de fonctionnement du cabinet de M. (le maire). Ce coût s'élevait au 31 décembre 1990 à 1 120 000 F ». Sans se prononcer sur le bien fondé des explications fournies par l'intéressé, la chambre n'a pu que constater, dans la gestion du cabinet comme dans celle des services généraux et du CCAS « la multiplicité d'irrégularités administratives dont les exemples n'ont pas été sérieusement contesté : recrutement de contractuels sans contrat de travail ou par des conventions non exécutoires ; remboursement de frais sans justificatifs ; versement d'indemnités sans délibérations du conseil municipal ; paiement irrégulier d'heures supplémentaires ; recrutement à des postes n'existant pas dans la fonction publique.

b. La multiplication des services offerts au public en dessous de leur coût : « La municipalité de Briançon a mené une action sociale très dynamique. Non seulement les services offerts par le CCAS vont largement au-delà de l'aide sociale classique mais l'aide sociale facultative a été développée au point de toucher près de 30 % de la population briançonnaise. La ville offrait, par ailleurs, le transport totalement gratuit à toute personne retraitée qui en faisait la demande, sans critère de ressources, avec un système insolite de remboursement de tickets. Une halte garderie a été instituée pour accompagner l'investissement du Prorel ; bénéficiant majoritairement aux visiteurs extérieurs, elle a coûté, en 1991, 818 751 F aux finances communales.

Les subventions aux diverses associations connaissent une croissance rapide : 6,4 MF en 1987 ; 16,8 MF en 1991. Par rapport à la population, le ratio est supérieur de 134 % à la moyenne nationale. L'école de musique constitue l'un des postes significatifs des coûts de fonctionnement.

L'examen du compte administratif de 1991 montre qu'au cours de cet exercice, alors que la commune connaissait les difficultés que l'on sait, les dépenses ont atteint 4 923 299 F pour seulement 1 MF de recettes. Développée à grands frais et sans prendre en considération les possibilités financières de la collectivité, cette politique, d'apparence généreuse, a entretenu la population dans l'idée que l'accès quasi gratuit aux services et aux loisirs était un droit sans aucun souci du coût correspondant. »

c. L'explosion des intérêts de la dette : c'est cependant le caractère démesuré de l'endettement qui caractérise l'envolée des dépenses de fonctionnement (14,3 MF en 1987 ; 43,9 MF en 1991). « En 1991, la charge des intérêts de la dette atteint le niveau du produit des impositions directes (44,6 MF) ; elle asphyxie la commune et lui ôte toute marge de manœuvre au regard de ses recettes permanentes. »

d. Les investissements : ce sont en effet des investissements engagés sans véritable prise en considération de leurs conséquences financières et au seul prétexte du développement économique et social qui ont pour l'essentiel conduit la commune à la situation actuelle. Deux orientations particulières expliquent cette fuite en avant : une politique d'aménagement démesurée rendue plus coûteuse par le recours à la société d'économie mixte d'équipement du département des Hautes-Alpes (SEDHA) et la réalisation de l'équipement du Prorel.

– *Une politique d'aménagement démesurée avec un mandataire coûteux [...].* En 1992, cette politique se traduisait à la fois par une hausse du coût du foncier à Briançon et par l'existence de stocks de terrains viabilisés à commercialiser et dépourvus de clients. Dans toutes ces opérations, la commune de Briançon a supporté tous les risques et périls qui auraient dû l'être par la SEM concessionnaire, comme le démontre l'examen réalisé simultanément par la CRC sur les comptes de la SHEDA. Ainsi, pour la ZAC Durance, Briançon a racheté, au prix du bilan où se trouvent repris tous les coûts, les terrains aménagés qu'elle a revendu à perte aux sociétés privées chargées de construire des logements sociaux. Elle a, en outre, laissé grever les coûts, non seulement par une rémunération de la SEDHA à hauteur de 1 400 000 F mais aussi en consentant à celle-ci des frais de commercialisation à hauteur de 705 000 F. Ainsi également, la construction par la SEDHA pour le compte de la commune du centre d'accueil et de restauration a-t-elle coûté, en six ans, près de 16 MF pour un immeuble de 1 600 m^2, la SEDHA ayant perçu sur ce projet 684 000 F tandis que l'architecte percevait 701 992 F pour sa maîtrise d'œuvre. La SEDHA est actuellement en liquidation, la plupart des chantiers sont inachevés et la ville de Briançon, comme gérant de fait, court actuellement un risque financier de l'ordre de plusieurs dizaine de millions de francs susceptible de remettre en cause l'équilibre d'un plan de redressement difficilement acquis.

– *L'opération du Prorel.* Envisagée dès avant 1983, la création au Prorel d'une station directement liée d'une part à Briançon, d'autre part, au domaine skiable de Serre-Chevalier a été décidée par le conseil municipal de Briançon avec le plan de financement, le 10 mars 1987. Le projet, dont l'étude avait été confiée à la SEDHA, représentait une dépense de 182 MF financée pour 155 MF par l'emprunt et 27 MF par l'autofinancement. Or l'étude indiquait très clairement que l'équilibre de l'opération reposait sur la mise en commun, au sein d'une société d'économie mixte, de toute la gestion des domaines skiables de Serre-Chevalier (18 000 skieurs), de Saint-Chaffrey (7 000 skieurs) et du futur Prorel (5 400 skieurs), les prêteurs devenant, dans cette hypothèse, actionnaires de la SEM. Faute d'entente entre les communes de l'ensemble Serre-Chevalier-Saint-Chaffrey, Briançon s'est engagée seule dans une aventure dont l'étude de la SEDHA montrait clairement qu'elle ne pouvait la supporter financièrement. En effet, l'investissement a été réalisé à l'intérieur de l'enveloppe prévue, même s'il a fallu y ajouter pour 25 000 000 F environ de dépenses pour l'enneigement artificiel et si la municipalité s'est laissée forcer la main pour faire démarrer le téléphérique en centre ville (d'où un surcoût d'aménagement urbain de 13 MF). En revanche, l'exploitation s'est très vite révélée largement déficitaire : (20 620 655 F en quatre ans de 1989 à 1992). La quasi-totalité de cette défaillance s'est répercutée sur les finances de la ville : en trois ans, celle-ci a dépensé près de 6 millions de francs pour la promotion de la nouvelle station [...] ; en 1991-1992, la ville de Briançon a dû apporter 5,6 MF de capitaux frais à la SEM dont elle était actionnaire majoritaire [...]. Ainsi la ville, qui sur la base de l'étude de la SEDHA (mais à la condition d'une entente intercommunale) aurait du recevoir des redevances largement égales aux annuités des emprunts contractés, s'est-elle trouvée dans l'impossibilité de faire face à ses engagements et de régler ses annuités d'emprunt dès 1991. »

Les observations se poursuivent par une analyse de l'insuffisance des recettes et la critique de ce que la chambre qualifie d'« expédients » : cession de la régie d'électricité, qui pourtant dégageait des bénéfices ; affermage de l'eau, qui s'est vite traduit par une hausse du prix de l'eau pour les usagers ; contributions « douteuses » acceptées d'entrepreneurs...

Et la chambre de conclure :

« De 1988 à 1991, la ville de Briançon a donc dépensé pour son fonctionnement sans tenir compte de ses possibilités financières. Elle s'est également lancée sans prudence dans des investissements dont les risques dépassaient ses capacités et dont l'amortissement pourrait désormais handicaper son développement pour de longues années et cela d'autant plus qu'elle s'est séparée, pour tenter d'équilibrer ses comptes, de certaines des parties les plus rentables de son patrimoine.

Cette fuite en avant l'a conduite à une impasse financière dont elle n'a pu sortir, avec le concours de ses créanciers et de l'État, que par un plan de redressement qui obérera pour longtemps son autonomie de décision et de développement. »

La procédure devant la chambre

Les règles générales de procédure devant les chambres régionales des comptes sont précisées par le décret n° 83-224 du 22 mars 1983 (*JO* du 25 mars 1983). Nous en retiendrons principalement :

- *Art. 11 : « Les vérifications et l'instruction des affaires dont la chambre est saisie... sont confiées à un ou plusieurs magistrats chargés d'en faire rapport devant la chambre ou devant une section. »*
- *Art. 12 : « ... Les rapporteurs procèdent sur pièces et sur place aux vérifications et instructions qui leurs sont confiées. Celles-ci comportent, en tant que de besoin, toutes demandes de renseignements, enquêtes ou expertises... »*
- *Art. 13 : « Les ordonnateurs, les comptables, les dirigeants des organismes vérifiés et les représentants et agents de l'État dans le département ou la région sont tenus de communiquer, sur leur demande, aux rapporteurs, tous documents et de fournir tous renseignements relatifs à la gestion des services et organismes soumis au contrôle de la chambre régionale des comptes.*

Ces rapporteurs peuvent se rendre dans les services et organismes. Ceux-ci ont à prendre toutes dispositions pour leur permettre de prendre connaissance des écritures et documents tenus et, en particulier des pièces préparant et justifiant le recouvrement des recettes, l'engagement, la liquidation et le paiement des dépenses. Les rapporteurs se font délivrer copie des pièces nécessaires à leur contrôle.

Pour les gestions ou opérations faisant appel à l'informatique, le droit de communication implique l'accès à l'ensemble des données et programmes ainsi que la faculté d'en demander la transcription dans des documents directement utilisables pour les besoins du contrôle... »
Les rapporteurs ont accès à tous immeubles, locaux et propriétés dont sont propriétaires, locataires ou occupants les communes, départements et régions ou les autres personnes morales de droit public et organismes soumis au contrôle de la chambre régionale des comptes ; ils peuvent procéder à la vérification des fournitures, matériels, travaux et constructions. »
- *Art. 16 : «... Lorsqu'il a été décidé d'entendre les responsables de la collectivité ou de l'organisme vérifié, le rapport, un extrait du rapport ou un questionnaire leur sont adressés préalablement à leur audition... »*

Obstacle à l'exercice par les magistrats des chambres régionales des comptes des pouvoirs d'enquête qui leur sont conférés par la loi

Notre droit ne comportait jusqu'alors aucune disposition sanctionnant le fait, par un ordonnateur (ou ses représentants), de faire obstacle aux contrôles de la juridiction financière, en refusant de transmettre des pièces nécessaires à la conduite d'une enquête ou en ne fournissant que des éléments tronqués ; l'article 79-II de la loi 93-122 du 29 janvier 1993, complétant l'article 5 de la loi n° 82-594 du 10 juillet 1982 relative aux chambres régionales des comptes et modifiant la loi n° 67-483 du 22 juin 1967 relative à la Cour des comptes, est ainsi venu combler cette lacune :

« Le fait de faire obstacle, de quelque façon que ce soit, à l'exercice des pouvoirs attribués aux magistrats et rapporteurs de la chambre régionale des comptes par la présente loi, est puni de 100 000 francs d'amende. Le ministère public près la chambre régionale des comptes peut saisir le parquet près la juridiction compétente en vue de déclencher l'action publique. »

Portée et modalités d'exécution des contrôles des collectivités locales

Plusieurs fois modifiée depuis 1983, la procédure se déroule selon des modalités précises :

– le contrôle porte en priorité sur le compte de gestion, établi par le comptable public de la collectivité ; ce contrôle, de nature juridictionnelle, se conclut par un jugement par lequel la chambre accorde décharge au comptable pour sa gestion, après que lui ait, éventuellement, été demandé par voie d'injonctions les justifications et régularisations nécessaires ;

– parallèlement, la chambre examine la gestion de l'ordonnateur. De durée variable selon l'importance de la collectivité, l'instruction confiée à un magistrat s'étale normalement sur plusieurs mois. Elle comporte en règle générale l'envoi à l'ordonnateur d'un ou plusieurs questionnaires successifs destinés à éclairer les circonstances de la gestion ; le délai de réponse peut varier de quinze jours à deux mois.

En fin d'instruction, la procédure prévoit un entretien entre le rapporteur et l'ordonnateur (et éventuellement celui qui était en fonction pendant la période sous contrôle). Cet entretien permet d'évoquer les observations ou anomalies relevées au cours de l'instruction.

Un rapport rédigé par le rapporteur est alors présenté à la chambre qui en délibère en formation collégiale après que le commissaire du Gouvernement ait présenté ses conclusions. La chambre arrête ainsi des « observations provisoires » qui font l'objet d'une lettre confidentielle à l'ordonnateur. L'ordonnateur est invité à y répondre après, s'il le désire, avoir été entendu par la chambre, devant laquelle il peut se faire assister par toute personne de son choix ou par un avocat.

Une fois reçue la réponse de l'ordonnateur à ces observations provisoires, la chambre délibère à nouveau et arrête, en tant que de besoin, des « observations définitives » que l'ordonnateur devra, cette fois, communiquer à tous les membres de l'assemblée délibérante avant d'en faire la lecture publique devant cette assemblée.

Jusqu'à sa phase finale, la procédure est couverte par le secret de l'instruction ; mais la publicité des observations définitives est imposée par la loi (art. 87 de la loi n° 82-213 du 2 mars 1982 modifiée) ; à défaut d'y satisfaire dans un délai de deux mois, la chambre peut communiquer ces observations à toute personne qui en fait la demande conformément aux dispositions de la loi du 17 juillet 1978 relative à l'accès aux documents administratifs.

(À noter que, en application de l'article 87 de la loi du 2 mars 1982, les organismes satellites d'une collectivité, quel que soit leur statut, sont soumis aux mêmes contrôles dès lors qu'ils reçoivent une aide financière de cette collectivité.)

Méthodologie d'un contrôle

Les règles juridiques applicables restent, pour l'essentiel, les mêmes qu'il s'agisse d'une commune rurale ou d'une grande ville. Quelques dérogations instituées au profit des très grandes villes ou agglomérations (loi PLM, communautés urbaines) ou des petites communes (moins de 3 500 habitants, moins de 10 000 habitants), n'ont pas altéré l'uniformité du droit applicable. Néanmoins la complexité croissante de la gestion, souvent déléguée à des sociétés d'économie mixte, à des concessionnaires ou des fermiers, quand ça n'est pas à des associations, conduit le magistrat rapporteur à conduire ses investigations selon une démarche qui ne laisse aucune place au hazard. On peut parler d'une véritable stratégie du contrôle. L'annonce du contrôle et l'offre d'un entretien préalable avec l'ordonnateur s'inscrivent dans cette démarche. Car les enjeux sont importants et qu'il s'agit d'assurer la crédibilité des observations qui seront finalement adressées à l'ordonnateur. Ce sont elles qui permettront aux tiers (contribuables ou partenaires de la collectivité) de prendre connaissance de la conformité juridique et comptable de la gestion, de sa probité, de sa transparence, de son efficacité et de son économie.

L'instruction aura donc, d'abord, pour objectif d'identifier la structure de l'organisation de façon à déterminer la chaine des responsabilités ; ensuite, le rapporteur s'attachera à définir la sphère financière de la collectivité au moyen des techniques de l'analyse financière et c'est seulement après qu'il pourra s'attacher à l'examen des opérations en distinguant les opérations courantes et répétitives, des opérations exceptionnelles ou de grande envergure, qui devront faire l'objet d'un examen détaillé et approfondi.

En ce qui concerne l'analyse financière, il est indispensable de définir les indicateurs particuliers de la collectivité considérée, d'identifier ses sources de financement, d'observer l'évolution de leur répartition entre fiscalité, transferts, dotations, ressources propres, emprunts ; il faudra ensuite faire l'inventaire des services publics, de leur mode de gestion, de leur coût et évaluer le service rendu.

La connaissance de la collectivité et de ses contraintes est un préalable. On ne saurait faire une juste évaluation de la situation financière d'une collectivité sans mesurer sa capacité d'autofinancement et en ignorant tout ou partie de ses engagements extérieurs non consolidés.

NATURE JURIDIQUE DES OBSERVATIONS DE LA CHAMBRE RÉGIONALE DES COMPTES

« La chambre régionale des comptes examine la gestion... »

Lorsque des observations sont formulées, elles ne peuvent être arrêtées définitivement avant que l'ordonnateur concerné ait été en mesure de leur apporter une réponse écrite, dit l'article 87 de la loi du 2 mars 1982 précité. Quelle est donc la portée de ces observations ?

Adressées à l'ordonnateur, dont la gestion est ainsi soumise à « l'appréciation » de la chambre, la portée de ces observations échappe à de nombreux élus.

Au stade de la procédure contradictoire, les observations provisoires susceptibles d'être formulées sont confidentielles et couvertes par le secret de l'instruction. Pour des raisons évidentes de discrétion, l'ordonnateur en fonction, mal informé des possibilités d'assistance offertes par la loi, tentera, le plus souvent, d'y répondre seul, parfois maladroitement, tant les explications qu'il fournit tendront à se référer plus à des arguments de gestionnaire (c'est-à-dire d'efficacité ou d'opportunité) qu'à des arguments juridiques.

Au stade suivant des observations définitives, le secret est levé. Or si la chambre estime que les réponses fournies ne sont pas totalement satisfaisantes, la juridiction peut être appelée à maintenir, voire à durcir, ses critiques. L'élu se trouve alors désarmé car les observations formulées sur sa gestion ne sont pas un acte juridictionnel et, de ce fait, ne sont pas susceptibles d'appel.

Ces observations ne sont d'ailleurs, le plus souvent, assorties d'aucune sanction juridique, hormis le cas où la critique repose sur des faits susceptibles d'entraîner la mise en cause personnelle d'un élu (ou d'un fonctionnaire) et débouche sur une procédure de *gestion de fait* ou justifie un renvoi devant la Cour de discipline budgétaire et financière, voire un renvoi au pénal.

Or, rendues publiques, les observations définitives de la chambre régionale des comptes peuvent avoir un effet dévastateur pour la suite de la carrière politique de l'élu.

Comment se prémunir face à ce risque ?

Ne serait-il pas souhaitable, dans un état de droit avancé comme le nôtre, que la personne dont la gestion est ainsi mise en cause, même de façon indirecte, puisse s'opposer, au moins provisoirement, à l'expression publique d'observations qui parfois peuvent ne refléter qu'une opinion subjective (on en trouve quelques exemples) et que l'élu juge ainsi plus proche du procès d'intention que de l'avis technique et objectif attendu ?

C'est un vieux débat qui était déjà au cœur des discussions sur les pouvoirs et compétences des chambres régionales et a abouti à la réforme de la loi du 2 mars 1982 par la loi du 5 janvier 1988.

Aucun texte ne prévoit la publication des réponses fournies par l'ordonnateur aux questions posées par la chambre, en même temps que sont rendues publiques les observations définitives de la juridiction, comme c'est le cas pour le Rapport public annuel de la Cour des comptes qui reprend certaines observations des chambres régionales des comptes. Cela pourrait-il constituer une piste pour équilibrer le poids des critiques de la juridiction ? Ou bien peut-on envisager une forme de recours contre la lettre d'observations définitives ?

A priori, la nature juridique de ces lettres d'observations semble l'exclure ; saisie en appel, la Cour des comptes ne pourrait que juger la requête irrecevable ; mais on peut se demander quelle serait, en dernier ressort, la position du Conseil d'État qui prendrait en considération les griefs invoqués par le demandeur.

Le constat que des observations « faisant grief », puissent-être fondées sur de simples affirmations du rapporteur, soit insuffisamment motivées, soit entachées d'erreur matérielle, ne peut-il justifier un recours pour excès de pouvoir devant le Conseil d'État, juge de cassation de la juridiction financière, et accorder le sursis à publication de ces observations ?

À notre connaissance ni la Cour des comptes ni le Conseil d'État n'ont encore eu à se prononcer sur de telles situations ; en revanche, deux recours ont été formés devant des tribunaux administratifs, qui n'ont pas encore statué, sur des lettres d'observations définitives (voir ci-dessous).

Cela conduit à s'interroger sur la nature juridique et l'étendue du champ de ces observations qui gagneraient à être précisées.

Quoi qu'il en soit, l'attention des élus est appelée sur la nécessité de se faire assister par un avocat, ainsi que la loi le leur permet, plutôt que de se faire conseiller par un service juridique interne, comme en disposent de nombreuses collectivités, lorsqu'il leur faut répondre aux observations provisoires de la chambre régionale des comptes. Le contentieux devant les juridictions financières procède d'une philosophie de la dépense publique que de nombreuses personnes ignorent et que des professionnels indépendants sont mieux placés à apprécier.

Jurisprudence

Il n'y a pas encore de jurisprudence sur la question ; mais deux recours contre des lettres d'observations définitives ont été formés :

– l'un, devant le tribunal administratif de Marseille, contre la lettre d'observations définitives relatives à la gestion de la SEMICA, SEM de la ville de La Ciotat, en date du 24 mai 1994 ;

– l'autre, devant le tribunal administratif de La Réunion, contre l'avis formulé par la chambre régionale des comptes en application de l'article 47-I de la loi du 6 février 1992 sur « la régularité de la passation d'un marché par le département de La Réunion ».

Ces affaires ne sont pas encore jugées mais on peut retenir les arguments développés par les requérants pour illustrer le malaise que la procédure des lettres d'observations (ou des avis) sur la gestion tend à développer :

– en ce qui concerne le conseil général de la Réunion, cette collectivité fait valoir que l'avis contesté est un acte relevant des attributions administratives et non juridictionnelles de la chambre et qu'ainsi s'agissant d'actes faisant grief, ils sont susceptibles d'être annulés pour excès de pouvoir ;

– en ce qui concerne la SEMICA, la commune de La Ciotat estime que les droits de la défense n'ont pas été respectés, que les affirmations de la chambre sont totalement discrétionnaires, les termes péjoratifs, etc. toutes contestations qu'une redéfinition de la nature et de la portée des lettres d'observations définitives conduirait à clarifier.

Publicité des avis et observations de la chambre régionale des comptes

(Voir aussi *Documents administratifs (accès)*).

L'article 87 de la loi du 2 mars 1982, modifié par la loi du 29 janvier 1993, art. 75-II, prévoit :

> *« Les observations définitives formulées par la chambre régionale des comptes sur la gestion d'une collectivité territoriale ou l'un... (de ses groupements) sont communiquées par l'exécutif de la collectivité à son assemblée délibérante, dès sa plus prochaine réunion. Elles font l'objet d'une inscription à l'ordre du jour de celle-ci et sont jointes à la convocation adressée à chacun des membres de l'assemblée. »*

Dans sa rédaction de 1982, l'article 87 de la loi du 2 mars garantissait la confidentialité de l'instruction et le secret des observations. Mais le législateur s'est, peu à peu, rendu compte que, dans un souci d'efficacité, il fallait durcir ces règles ; ainsi, la loi du 15 janvier 1990 puis celle du 6 février 1992, ont-elles progressivement introduit la publicité des avis et observations des chambres régionales des comptes.

La nouvelle réforme de 1993 apporte trois compléments importants aux dispositions antérieures de l'article 87 :

– les assemblées locales sont tenues informées par leurs exécutifs respectifs, dès leur plus proche réunion, des avis budgétaires donnés par la chambre régionale des comptes et des arrêtés, pris à leur suite, par le représentant de l'État ;

– la lecture des observations formulées par la chambre régionale des comptes, dans le cadre du contrôle juridictionnel et du contrôle de gestion est, de même, inscrite à l'ordre du jour de la plus proche réunion de leur conseil et sont jointes à la convocation individuelle des membres de l'assemblée ;

– enfin, l'assemblée délibérante doit être également informée de l'avis de la chambre régionale des comptes sur les conventions relatives aux délégations de service public et aux marchés.

Faute pour le responsable de l'exécutif de satisfaire totalement à ces obligations, la lettre d'observations définitives, passé un délai de deux mois, devient communicable à toute personne en faisant la demande, selon un avis de la CADA en date du 26 avril 1990 (voir *Accès aux documents administratifs*).

Les lettres d'observations définitives sont ainsi incontestablement un document public.

CODE DES JURIDICTIONS FINANCIÈRES

La loi n° 94-1040 du 2 décembre 1994 relative à la partie législative des livres I et II du code des juridictions financières et la loi organique n° 94-1132 du 27 décembre 1994 relative à certaines dispositions législatives des livres I et II des juridictions financières ont été publiées au *Journal officiel* respectivement le 6 décembre 1994 et le 28 décembre 1994.

Ces dispositions sont immédiatement applicables pour tous les actes des juridictions financières.

Le document est distribué par la direction des *Journaux officiels*, 26, rue Desaix, 75727 Paris Cedex 15 (54 F).

Outre le texte de ces deux lois, l'ouvrage comporte :

– une table analytique générale du code ;
– une table de concordance des textes d'origine et des articles du code ;
– une table de référence des articles du code et des textes d'origine.

La codification a été effectuée pour l'essentiel à législation constante. Certaines modifications cependant sont signalées ci-après :

- en ce qui concerne la Cour des comptes :

Les articles L 131-6 à L 131-13 modifient certaines dispositions de la loi n° 54-1306 du 31 décembre 1954, relatives aux condamnations à l'amende ; notamment, un montant maximum des amendes est introduit par l'article L 131-7.

Les dispositions relatives au principe de la contradiction devant les juridictions financières posé par l'article 80 de la loi n° 93-122 du 29 janvier 1993 (dit « Amendement Dosières »), ont été abrogées et remplacées par trois dispositions distinctes :

– pour les gestions de fait, l'article L 131-2, alinéa 2 :

« Les dispositions définitives des arrêts portant sur des gestions de fait sont délibérées après l'audition, à leur demande, des personnes déclarées comptables de fait. Les arrêts statuant sur les appels formés contre les dispositions définitives des jugements des chambres régionales des comptes portant sur des gestions de fait sont délibérées après l'audition, à leur demande, des requérants. »

– pour les condamnations à l'amende, l'article L 131-13 :

« Les arrêts prononçant une condamnation définitive à l'amende ou statuant en appel sur un jugement d'une chambre régionale des comptes prononçant une telle condamnation sont délibérés après l'audition, à leur demande, des personnes concernées. »

– pour la communication des observations, l'article L 135-4 :

« Les observations qui font l'objet d'une publication par la Cour des comptes ou d'une communication au Parlement sont arrêtées après l'audition, à leur demande, des dirigeants des services ou organismes contrôlés, et de toute autre personne nominativement ou explicitement mise en cause. »

- en ce qui concerne les chambres régionales des comptes :

Les articles L 231-10 à L 231-13 établissent des dispositions concernant les condamnations à l'amende, analogues à celles de la Cour des comptes.

Les dispositions relatives au principe de la contradiction de la loi du 29 janvier 1993 sont remplacées par les articles L 231-3 (déclarations définitives de gestion de fait), L 231-12 (condamnations à l'amende), et L 241-14 (observations définitives sur la gestion).

L'article L 211-8 prévoit expressément que les chambres régionales des comptes sont compétentes pour examiner la gestion des établissements publics locaux au même titre que celle des collectivités locales et des autres organismes soumis à leur contrôle.

Le nouveau code, ne reprenant pour l'instant que le domaine législatif, sera complété ultérieurement par une partie réglementaire (décrets, arrêtés et instructions).

COMITÉ DES FINANCES LOCALES. Voir *Finances locales.*

COMMUNAUTÉ ÉCONOMIQUE EUROPÉENNE (incidence du Marché unique sur les collectivités locales)

Les deux grands principes communautaires : de libre circulation (des personnes, des marchandises, des services et des capitaux), et surtout de libre concurrence, ont conduit à une harmonisation de la législation nationale avec les directives communautaires qui n'est pas sans conséquence sur l'activité des collectivités locales, principalement en matière de marchés publics (publicité et transparence des procédures), dans le domaine de la gestion déléguée des services publics à des sociétés en position de quasi-monopole (abus de position dominante), ainsi qu'en matière d'aides aux entreprises (interventions économiques) susceptibles de fausser la concurrence.

1. Primauté du droit européen

La primauté du droit européen est consacrée par plusieurs arrêts de la Cour de justice des communautés. Mais ce principe n'a pas la même portée selon que les pratiques incriminées ont été interdites par les articles 85 ou 86 du Traité de Rome ou ont été déclarées compatibles. La Cour, en effet, n'admet l'application parallèle du droit français et du droit communautaire que dans la mesure où elle ne porte pas préjudice à l'application uniforme, à travers tous les pays de la communauté, des règles communautaires en matière d'ententes ou d'abus de position dominante (l'assemblée générale du Conseil d'État s'est rangée à cette position).

2. Répercussion de la construction européenne sur les collectivités locales en matière de libre concurrence

Trois domaines principaux sont concernés :

– *les marchés publics* où, par exemple, les clauses restrictives de nationalité pour participer à une adjudication sont sanctionnées par la Cour de justice des Communautés (arrêt du 18 juin 1987, *Steinhauser contre Ville de Biarritz* ; où encore, arrêt du 20 mars 1990 condamnant la loi italienne réservant une part de ses marchés à des entreprises implantées dans des régions italiennes en difficulté). Certes, il existe un risque de perte des marchés nationaux pour les PME ; aussi la réglementation communautaire prévoit-elle diverses mesures en leur faveur telles que l'application de seuils en deçà desquels la publicité des marchés est restreinte, la sous-traitance, la division des grands contrats en lots, la constitution de GIE européen ;

– *la gestion des services publics locaux délégués,* confiée à des concessionnaires ou des fermiers, pouvant constituer des monopoles ou des abus de position dominante ; il incombe ainsi à la société concessionnaire de prouver qu'elle exerce son monopole sans « abus de position dominante » (la Cour de cassation a sanctionné le juge français qui n'avait pas recherché, par une appréciation concrète des faits si la société concessionnaire exerçait son monopole conformément au droit communautaire) ;

– *les aides publiques locales,* directes ou indirectes, dont peuvent bénéficier des entreprises, dans le cadre de la politique d'interventions économiques des collectivités locales, sous forme de création d'usines-relais, de zones d'activités avec constructions d'immeubles en crédit-bail, par exemple (dans le cadre des dispositions de la loi du 2 mars 1982 modifiée), ou d'autres procédures (exonérations de taxes, garanties d'emprunts, abandons de créances) peuvent constituer des atteintes à la concurrence et sont, de ce fait, subordonnées aux conditions posées par l'article 92 du traité de Rome.

COMMUNICATION ET RELATIONS PUBLIQUES

Le besoin d'information des habitants et le souci légitime des élus d'entretenir ou d'améliorer leur image aux yeux des électeurs, les conduisent à mener une politique active de relations publiques et de communication. La communication recouvre ainsi deux domaines différents :

– celui, sur lequel il n'y a pas lieu de trop s'étendre, de la valorisation de l'action de l'équipe au pouvoir, à l'aide de tous les moyens que les médias proposent ;

– celui, dont la nécessité est moins bien perçue par les élus, de la « communication financière ».

De quoi s'agit-il ?

L'information économique et financière

Il s'agit de ne pas considérer la population d'une collectivité territoriale seulement comme des électeurs mais aussi, et même avant tout, comme des contribuables. Il n'est pas encore très bien entré dans la « culture » des citoyens français de demander à leurs élus ce qu'il ont fait de leur argent. Et c'est là tout l'effort que doit accomplir le responsable d'un exécutif local en anticipant sur la question que commencent à se poser, néanmoins, de plus en plus les habitants d'une commune : pourquoi nos impôts locaux sont-ils si élevés ? pourquoi continuent-ils à augmenter ?

Les obligations mises à la charge des collectivités territoriales par le jeu des transferts de compétence sont mal perçues, sinon totalement ignorées, de nombreux habitants : c'est aux élus qu'il incombe de les en informer.

Depuis le vote de la loi du 6 février 1992, la publication de certaines informations financières, à l'appui des documents budgétaires, est devenue une obligation légale ; mais il peut en être tiré meilleur parti en allant au-delà de ce que la loi de 1992 exige, en sorte que l'impression de transparence qui s'en dégage rejoigne et conforte les efforts que peut légitimement déployer un élu pour améliorer son image.

(L'interview de M. Christian Pierret, maire de Saint-Dié des Vosges, rapporteur de la loi du 6 février 1992 devant l'Assemblée nationale, dans *Le courrier des maires* du 10 juin 1994, montre comment il est possible de mettre en œuvre les principes de communication financière qui s'imposent désormais à tous les élus.)

La communication en période préélectorale : interdiction de la promotion publicitaire des réalisations de la collectivité pendant les six mois précédant le scrutin

L'article L 52-1 du code electoral prévoit que, pendant les trois mois précédant le premier jour du mois d'une élection et juqu'à la date du tour de scrutin où celle-ci est acquise, l'utilisation à des fins de propagande électorale de tout procédé de publicité commerciale par voie de presse ou par tout moyen de communication audiovisuelle est interdit.

Par ailleurs, cet article dispose qu'à compter du premier jour du sixième mois précédant le mois au cours duquel il doit être procédé à des élections générales, aucune campagne de promotion publicitaire des réalisations ou de la gestion d'une collectivité ne peut être organisée sur le territoire des collectivités intéressées par le scrutin *(CE, 28 janv. 1994, M. Bartolone, élection cantonale de Seine-Saint-Denis).* C'est un risque très important pouvant conduire à l'annulation d'une élection.

En modifiant les dispositions du code électoral, la loi 90-55 du 15 janvier 1990 entendait limiter les dépenses électorales des candidats et contribuer ainsi à la clarification du financement des activités politiques. Mais les textes ont parfois des effets pervers : au point qu'aujourd'hui, la loi du 15 janvier 1990 s'appliquant pour la première fois aux élections municipales, on se demande si les maires ne sont pas tout simplement condamnés au silence jusqu'en juin 1995. Plusieurs élus ont, dans le doute, choisi de suspendre la publication de leur bulletin municipal jusqu'aux prochaines élections afin de ne pas s'exposer inutilement à un recours contentieux. Certes, et s'agissant d'un moyen de communication permanent et ne pouvant être confondu avec une publication électorale éphémère, il ne devrait pas y avoir de risque ; mais le jugement du tribunal administratif de Grenoble, en date du 19 octobre 1994, invalidant l'élection du conseiller général de Chamonix, a jeté le trouble parmi les élus qui craignent de se voir imputer à leur prochain compte de campagne une partie du coût de leurs derniers bulletins municipaux. La prudence est donc de rigueur.

Observations des juridictions financières

- CRC « Franche-Comté », 17 août 1993, *Commune de Vesoul ;* extraits :

  « En 1983 et 1989, la ville de Vesoul a eu recours à la société Imprimerie M. B pour l'édition de deux revues municipales, " Vesoul Réalisations " en 1983 et " Vesoul, six années d'action, 1983-1989 " en 1989. Les deux revues constituent en fait le support d'une campagne de promotion publicitaire des réalisations et de la gestion de la ville de Vesoul et du district sous les mandats de M. C. Le maire a été à l'origine directe des commandes de ces prestations, autorisant la société IMB à prospecter les annonceurs et à déduire du montant des factures le montant

des recettes publicitaires. La chambre observe que cette procédure est irrégulière à plusieurs titres :
1. le principe général de l'universalité du budget, n'a pas été respecté ; l'article 18 de l'ordonnance 59-2 du 2 janvier 1959 portant loi organique et de l'article 23 du décret du 29 décembre 1962 précise en effet : il est fait recette intégrale des produits sans contraction entre les recettes et les dépenses ;
2. le comptable, qui ne disposait pas du détail des recettes venant en déduction, ne pouvait vérifier l'exactitude des calculs de liquidation ;
3. le montant réel des produits publicitaires perçu par le cocontractant n'est pas connu puisque le tarif de publication n'est pas déterminé par la collectivité.
Pour les deux opérations en cause, la chambre regrette qu'il ne soit pas possible d'apprécier et de vérifier comptablement l'économie d'ensemble du dispositif, la réalité des flux financiers correspondants et l'équilibre des intérêts entre les parties en cause. »

• CRC « Provence-Alpes-Côte-d'Azur », 21 janv. 1993, *Commune de La Ciotat ;* extraits :

« Des dépenses de relations publiques très libérales : L'ordonnateur prenait en charge des dépenses étrangères à la caisse de la commune et les imputait, sans délibération du conseil municipal, sur les " Fêtes et Cérémonies ". Les bénéficiaires des largesses de la commune n'étaient pas liés à celle-ci et les dépenses en cause peuvent être qualifiées de libéralités que seul le conseil municipal avait qualité pour accorder, après délibération transmise au représentant de l'État chargé du contrôle de légalité [...]. Enfin, pendant la période 1985-1989, le chapitre " Fêtes et Cérémonies " a supporté les frais de nombreux repas pris entre élus et fonctionnaires territoriaux [...]. Du 22 mars 1989 au 30 juin 1989, la nouvelle équipe a consacré une somme de 88 125,65 pour 36 repas de travail consacré à la zone d'entreprise [...]. »

• CRC « Bretagne », 12 févr. 1993, *Commune de Brest ;* extraits :

« La politique d'image de marque, initiée en 1983 avec la signature d'une convention entre la ville et une société spécialisée en communication, s'est poursuivie jusqu'en 1990, par le renouvellement en décembre 1987 et pour deux ans, des relations contractuelles portant sur :
– la poursuite de la campagne de notoriété et d'image ;
– la conception et la mise en œuvre d'une campagne de communication ;
– l'assistance apportée à la ville dans les opérations de promotion des nouveaux équipements brestois.
Il n'a pas été fait appel à la concurrence pour choisir l'agence de communication alors que son forfait de rémunération s'élevait à 400 000 F par campagne annuelle. La convention est rédigée de telle sorte que le cocontractant, placé dans une situation de monopole, disposait d'un véritable droit de tirage sur le budget communal pour l'engagement des dépenses de communication : plus d'un million de francs pour la campagne 1987 et 1988 et près de 750 000 F pour la campagne 1988-1989.
Une telle pratique ne permet pas à la ville d'obtenir les meilleures prestations au meilleur prix [...]. L'article 5 de la convention précise que le crédit budgétaire mis à la disposition de l'agence devait servir au paiement des espaces publicitaires et de frais techniques. Chaque facturation a inclu de tels frais sans que la ville ne dispose de leurs éléments de liquidation. Ils s'apparentent ainsi à des rémunérations complémentaires non justifiées. En octobre 1986, l'agence a facturé 15 000 F HT à la ville la conception générale de la campagne (à venir). Il s'agit en fait du

travail préparatoire à l'établissement de la convention signée en décembre 1987. L'entreprise, outre sa rémunération contractuelle, s'est ainsi fait rembourser les débours occasionnés par la confection de ses devis. Cette pratique est à rapprocher de la situation de monopole dans laquelle elle s'est trouvée placée pendant la période [...]. Au cours de la période considérée, la ville confia la régie publicitaire à la société chargée de la réalisation du bulletin (municipal). Le contrat prévoyait que tout ce qui relève du domaine de la publicité était à la charge de l'éditeur. Ainsi, la ville n'avait aucune connaissance du produit réel des insertions publicitaires et donc de la réalité de l'équilibre d'ensemble de l'opération au regard des coûts qui lui étaient facturés. Cette situation nuit au principe de transparence des comptes et de la gestion publique. L'appel d'offres réalisé pour désigner l'attributaire du marché pour les années 1987 à 1989 a vu la même entreprise que précédemment retenue, faire l'offre la moins disante. Cependant, un des autres candidats disposait de la même adresse et de la même gérante. L'introduction dans un appel à la concurrence de la même unité économique sous deux appellations différentes n'est pas faite pour améliorer la transparence des marchés publics. Si les prestations de base ont bien été réalisées par l'entreprise la moins disante, de nombreuses facturations complémentaires ont été établies par la société jumelle, en l'absence de tout marché. Les facturations supplémentaires établies principalement par la seconde société ne comportaient pas les indications nécessaires à la définition des prestations réalisées. En effet, le terme " suppléments " utilisé peut aussi bien renvoyer à la notion de numéros supplémentaires qu'à des coûts non prévus au marché. Les devis, qui n'apportaient pas de précision complémentaire, étaient parfois établis postérieurement aux dates des réalisations annoncées. »

- CRC « Centre », 11 juin 1993, *Association « Demain Vierzon » ;* extraits :

« L'association " Demain Vierzon " a été déclarée le 17 février 1989. Elle constituait à sa création un support d'expression d'une composante de la majorité municipale. À la suite des élections municipales de juin 1990, la nouvelle municipalité a chargé " Demain Vierzon " des missions auparavant dévolues à l'association " Vivre à Vierzon ", concernant notamment l'édition du bulletin d'informations municipales.
(D'après ses statuts) " Cette association se propose de promouvoir l'information dans la ville de Vierzon, recueillir l'opinion des vierzonnais pour tout ce qui concerne la vie de la cité " (les membres actifs sont cooptés par le bureau et il n'y a pas de conseil d'administration). " Ceci semble être une conséquence directe de la destination donnée par la ville à l'association qui, en tant que démembrement de la communication extérieure de la ville, n'a pas vocation à accueillir de nombreux adhérents ".
(La chambre analyse les conditions de fonctionnement de cette association qu'elle juge irrégulières. Du point de vue logistique, la chambre observe que l'association est installée dans un immeuble loué pour douze ans et qui a fait l'objet d'importants travaux (près d'un million de francs), subventionnés par la ville qui lui fournit aussi les équipements indispensables.)
Le président de l'association a indiqué que les activités de l'association se situaient dans le prolongement de l'action de la municipalité. Pour autant, aucune convention n'était venu définir, pour les exercices vérifiés, la nature des relations entre la ville et l'association, ni les missions imparties à cette dernière alors qu'il s'agit d'une véritable délégation de service public et que l'importance des subventions accordées rendait souhaitable la fixation d'un cadre contractuel précisant notamment les conditions d'utilisation de ces sommes.

" Demain Vierzon " a, en effet, reçu de la ville 250 000 F en 1989, 800 000 F en 1990, 970 000 F (dont 250 000 F de subvention exceptionnelle pour les travaux de rénovation de l'immeuble du siège social) en 1991, et 720 000 F en 1992. »

(La chambre observe qu'une convention, en date du 31 décembre 1992, normalise la situation de cette association à l'égard de la ville et que notamment les financements occultes des campagnes électorales auxquels l'association servait de support ont cessé, conformément aux dispositions de la loi n° 90-55 du 15 janvier 1990 relative à la limitation des dépenses électorales et à la clarification du financement des activités politiques.)

• CRC « Franche-Comté », 2 juill. 1991, *Région Franche-Comté ;* résumé :

Les faits :

Entre 1984 et 1987, la Région a signé avec une agence parisienne de communication et son correspondant local, diverses conventions qui permettaient aux intéressés de percevoir chacun, pour une mission d'assistance, une rémunération annuelle de 300 000 F. De surcroît, les deux conseils en communication percevaient des rémunérations supplémentaires lorsqu'ils étaient à l'origine d'une réalisation.

Peu à peu, le correspondant local a pris une part prépondérante dans la politique de communication de la Région : il établissait lui-même les bons de commande, en contrôlait l'exécution, tout en disposant, seul, de la possibilité de s'attribuer à lui même ou à l'agence parisienne, la réalisation directe de diverses prestations. Usant des larges possibilités offertes par la convention et en l'*absence de tout contrôle,* le correspondant local s'est fait verser par les artisans locaux des « honoraires de conception » pour les commandes que ces prestataires recevaient du conseil régional. Il est apparu que ces honoraires correspondaient à des *prestations partiellement ou totalement fictives* et que les fonds ainsi extraits de la caisse du conseil régional en paiement de ces prestations fictives étaient en principe destinés au *financement de la campagne électorale des élections régionales* de 1986.

Sur plainte d'un artisan, le correspondant local et l'agence de communication qui l'employait ont été inculpés de *faux, recel, contrefaçon et trafic d'influence.* Les responsables de la Région s'estiment, quant à eux, « victimes de la conduite frauduleuse d'un cocontractant ».

La rédaction laxiste d'une convention et le défaut de contrôle de l'exécution de la convention peuvent conduire à tous les abus. La chambre régionale des comptes a considéré que le paiement des mandats, émis pour le règlement de prestations totalement ou partiellement fictives, constituait une extraction irrégulière de fonds publics et a prononcé un jugement de *gestion de fait.*

• CRC « Bretagne », 3 déc. 1993, *Commune d'Hennebont ;* extraits :

« Dépenses de communication. L'examen des dépenses de communication a permis de constater que les commandes auprès d'une imprimerie d'Hennebont pour l'édition des bulletins annuels ne faisaient l'objet d'aucun contrat écrit [...]. La procédure retenue, qui a notamment consisté à regrouper l'impression d'un bulletin et l'attribution d'une régie publicitaire, soulève plusieurs problèmes. Il aurait été plus clair, et conforme aux principes comptables, que les deux montants soient enregistrés complètement et donc distinctement. »

Jurisprudence

• CAA Paris, 11 oct. 1994, *SARL Editor Tennog/Commune de Houilles ;* résumé de l'arrêt :

En 1973, la commune de Houilles avait passé un contrat avec la société Editor Tennog pour l'édition du bulletin municipal. Ce contrat avait été tacitement reconduit en 1983 et 1989. Mais le changement de majorité à ces dernières élections devait conduire, à l'initiative de la société éditrice, à la résiliation de ce contrat. Prétextant son manque à gagner et après quelques vaines tentatives d'indemnisation à l'amiable, elle avait fini par se retourner contre la collectivité devant le tribunal administratif de Versailles qui avait rejeté la demande, estimant le préjudice incertain. En effet, le contrat prévoyait que la société était rémunérée par les annonceurs effectuant de la publicité dans le bulletin. Saisie en appel, la CAA de Paris, sur la proposition du commissaire du Gouvernement, s'est attachée au problème de la validité du contrat, tacitement renouvelé en 1989, la question étant déterminante sur le sort réservé à la demande de la société si le contrat était nul. Le problème était lié au fait que les ressources publicitaires attendues dépassant le seuil de 350 000 F fixé en application de l'article 309 du code des marchés pour passer un marché négocié, le contrat était nul en raison de la violation, en l'espèce, des dispositions du CMP.

« Considérant qu'aux termes de l'article 309 du code des marchés publics, les collectivités locales et leurs établissements publics peuvent conclure des marchés négociés pour des travaux, fournitures ou services dont la valeur n'excède pas, pour le montant total de l'opération, des seuils fixés par arrêté [...] ; que le montant total de l'opération, objet du marché, au sens de ces dispositions, est égal au coût global de la prestation intégrant la rémunération du cocontractant ; que lorsque le contrat ne le fixe pas mais confie au prestataire le soin de collecter, à son profit, des ressources publicitaires, il correspond au total du montant prévisible de ces dernières et des sommes éventuellement versées par la collectivité [...] ;

« Considérant que, dans son article 3, le contrat tacitement reconduit en 1989, qui a le caractère d'un marché de prestation de services devant être passé conformément, notamment, aux dispositions des articles 279 et 309 du CMP, autorisait la SARL Tennog à recueillir, après accord du maire, des contrats de publicité conformes aux intérêts matériels et moraux de la publication ; que la commune de Houilles faisait ainsi abandon au profit de son cocontractant des recettes publicitaires que devait générer l'édition du bulletin durant les six années à venir ; que le montant desdites recettes s'est élevé, pour les trois dernières années de la précédente période d'exécution du contrat à la somme totale de 965 866,68 F, excédant ainsi le seuil de 350 000 F fixé en application des dispositions précitées du CMP ; que, dès lors, le marché qui a lié à partir de 1989, par tacite reconduction du marché précédent et donc sans avoir donné lieu à adjudication ou à appel d'offres, la commune de Houilles et la SARL Editor Tennog était nul et n'a pu faire naître d'obligation à la charge de la commune dont la responsabilité ne peut par suite être recherchée à raison de sa résiliation [...]. »

COMPÉTENCE (délégation de)

En ce qui concerne les communes : (art. L 122-20) « Le maire peut, en outre, par délégation du conseil municipal être chargé, en tout ou partie, et pour la durée de son mandat : ... » (suit l'énumération du contenu de la délégation).

En ce qui concerne le département, quelle est l'étendue des compétences que le conseil général peut déléguer à son Bureau ?

La compétence que le conseil général tire de l'article 23 de la loi du 2 mars 1982 pour approuver les marchés et contrats passés par le département et autoriser leur signature par le président du conseil général, est au nombre de celles dont l'article 24 de cette loi permet la délégation au Bureau.

En revanche, la compétence qu'il tire de l'article 46-3° de la loi du 10 août 1871 et de l'article 6 de l'ordonnance du 17 mai 1945 pour déterminer l'effectif réglementaire des services départementaux et créer les emplois correspondants est de celles visées aux articles 50, 51 et 52 de la loi du 2 mars 1982 dont l'article 24 exclut la délégation au Bureau.

Enfin, la compétence pour pourvoir aux emplois départementaux appartenant, en vertu de l'article 31 de la loi du 2 mars 1982, au seul président du conseil général, ledit conseil ne peut la déléguer.

(Dans le même sens : CE, 17 oct. 1990, *Préfet de la Guadeloupe, Conseil général de la Guadeloupe.*)

Jurisprudence

- TA Nice, 15 oct. 1991, *Préfet des Alpes-Maritimes ;* résumé du jugement :

Les faits :

Par délibération du 17 mai 1990, le bureau du conseil général des Alpes-Maritimes a autorisé son président à signer un contrat d'ingénierie financière entre le département et la société Fineva Group Ingénierie Financière.

Cette convention signée le 29 juin 1990, prévoyait le versement d'une commission de 1 779 000 F en rémunération de la prestation constituée par l'obtention de prêts au taux de 10,45 % et de 10,49 % négociés pour un montant total de 300 000 000 F auprès du Comptoir des Entrepreneurs et du Crédit Foncier.

Le préfet des Alpes-Maritimes a déféré la délibération et la convention devant le tribunal administratif de Nice en vue de leur annulation.

Le problème juridique posé :

Les pouvoirs délégués à son bureau par le conseil général, aux termes d'une délibération lui donnant délégation « pour statuer sur les dossiers d'emprunts à réaliser par le département pour financer ses programmes d'équipement » permettaient-ils au bureau d'habiliter le président du conseil général à signer la convention ?

La solution donnée par le juge :

Annulation de la délibération et de la convention.

« Considérant qu'aux termes de la délibération du conseil général des Alpes-maritimes en date du 7 octobre 1988, le bureau reçoit, en application du troisième alinéa de l'article 24 de la loi du 2 mars 1982 susvisée, délégation de compétence... " Pour statuer sur les dossiers d'emprunts à réaliser par le département pour financer ses programmes d'équipements... " ; qu'il ne ressort pas de cette délibération que ledit bureau ait été habilité à autoriser le président du conseil général à signer un marché d'ingénierie financière ; que, dans ces conditions, la délibération attaquée doit être annulée ;

« Considérant qu'en l'absence de délibération régulière du bureau du conseil général autorisant le président du conseil général à signer le marché d'ingénierie financière en cause, celui-ci est lui-même entaché d'illégalité, qu'il y a lieu par voie de conséquence, d'en prononcer l'annulation. »

Le juge a, ainsi, considéré que si le bureau du conseil général a, aux termes d'une délibération du 7 octobre 1988, reçu délégation de compétence pour statuer sur les dossiers d'emprunts à réaliser par le département pour financer ses programmes d'équipement, le bureau n'a pas été habilité à autoriser le président du conseil général à signer un marché d'ingénierie financière.

Ce jugement précise les conditions de passation d'un contrat d'ingénierie financière pour une collectivité locale comme le département, en rappelant à nouveau les règles de répartition des compétences au sein des institutions locales. Le président du conseil général ne peut signer un tel contrat que si le bureau a été habilité par une délégation du conseil général à autoriser le président à signer un marché d'ingénierie financière.

• CE, 21 oct. 1991, *Communauté urbaine de Strasbourg ;* résumé de l'arrêt :

Les faits :

Après avoir décidé de retenir un système de métro automatique de type Val pour le futur réseau de transport en commun, le conseil de la communauté urbaine de Strasbourg a, par délibération du 29 novembre 1985, fixé le taux du versement destiné au financement de ce transport en commun à 1 % à compter du 1er janvier 1986 et à 1,2 % dès que les conditions prévues à l'article L 233-61 du code des communes seraient remplies.

La chambre patronale des industries du Bas-Rhin a demandé au tribunal administratif de Strasbourg l'annulation des décisions par lesquelles le président de la communauté urbaine de Strasbourg a mis en application le taux de 1,2 % pour la contribution au transports au sein de la communauté urbaine à compter du 1er avril 1987. Le TA a prononcé cette annulation. La communauté urbaine a fait appel.

Le problème juridique posé :

Le président de la communauté urbaine était-il compétent pour relever, à sa seule initiative, le taux de la contribution transport applicable dans la communauté ?

La solution donnée par le juge :

Rejet de l'appel.

Le juge a estimé que le conseil de la communauté urbaine ayant, par délibération du 29 novembre 1985, fixé le taux du versement transport à 1 % à compter du 1er janvier 1986 et « dès que les conditions prévues à l'article L 233-61 du code des communes seront remplies », il n'appartenait qu'au seul conseil de constater par une nouvelle délibération, que les conditions étaient remplies et de porter effectivement le taux de ce versement de 1 à 1,2 %.

Le président de la communauté urbaine n'était pas compétent pour procéder lui même comme il l'a fait, par décision du 13 mars 1987, à cette constatation et décider d'augmenter le montant de la contribution transport sur la base du taux de 1,2 %.

ÉTENDUE DES COMPÉTENCES

La question se pose dans de très nombreuses circonstances de savoir quelle est l'étendue exacte des pouvoirs délégués au représentant de l'exécutif local ; à titre d'exemple :

Un maire peut-il interdire, par arrêté, l'activité des marchands ambulants dans certains secteurs de la ville ?

Ou bien encore, un maire peut-il réglementer la circulation des poids lourds sur le territoire de sa commune et imposer un itinéraire de remplacement ?

Jurisprudence

• CE, 23 sept. 1991, *M. Lemonne ;* résumé de l'arrêt :

Les faits :

Par arrêté du 24 juillet 1986, le maire de Saint-Jean-de-Luz a interdit l'activité des marchands ambulants dans le secteur touristique de la vieille ville.

Le tribunal administratif de Pau a rejeté la demande de M. X. dirigée contre cette décision. L'intéressé a fait appel.

Le problème juridique posé :

Un maire peut-il interdire, par arrêté, l'activité des marchands ambulants dans certains secteurs de la ville ?

La solution donnée par le juge :

Rejet.

Le juge a considéré, en l'espèce, que l'interdiction de l'activité de marchand ambulant dans le secteur de la vieille ville, en tant qu'il inclut les places et promenades situées à l'intérieur de ce secteur, était nécessaire pour assurer aux usagers et notamment aux touristes appelés à fréquenter la station, l'agrément, la commodité et la sécurité qu'ils étaient en droit d'attendre de ces lieux publics destinés à la villégiature et à la promenade.

Par ailleurs, cette interdiction ne portait pas atteinte au principe de la liberté du commerce et de l'industrie du fait de l'existence dans la ville d'autres secteurs également fréquentés par les touristes où les marchands ambulants pouvaient exercer leur activité.

Cet arrêt illustre, dans le cas d'une station touristique, les principes jurisprudentiels qui régissent la conciliation, dans l'exercice par le maire de ses pouvoirs de police de la voie publique, entre la liberté du commerce et de l'industrie et la nécessité d'assurer un usage conforme à leur destination des différentes dépendances de la voirie communale, cela inclut non seulement la sécurité et la commodité de la circulation des piétons et des véhicules mais également l'agrément dans des lieux destinés à la villégiature et à la promenade.

Conformément au principe selon lequel les mesures prises dans le cadre de la police municipale, et en particulier les interdictions portant atteinte à une liberté publique, doivent être strictement limitées à ce qui est nécessaire, ce qui exclut, en principe, la légalité des interdictions permanentes et générales, l'interdiction du commerce ambulant doit se justifier par l'impossibilité d'assurer par des mesures moins contraignantes, un usage adéquat des voies publiques et se restreindre à certaines dépendances du domaine public communal.

• TA Clermont-Ferrand, 19 sept. 1991, *Préfet de l'Allier et Union des transporteurs routiers, Commune de Chamblet ;* résumé du jugement :

Les faits :

Le maire de Chamblet a, par arrêté du 13 mai 1991, interdit la circulation des poids lourds de plus de 7,5 tonnes dans sa commune et fixé un itinéraire de contournement.

Le préfet de l'Allier et l'Union des transporteurs ont introduit deux requêtes en vue de l'annulation de cet arrêté.

Le problème juridique posé :

Le maire de Chamblet devait-il, eu égard aux circonstances de l'espèce, être regardé comme ayant excédé les pouvoirs de police qu'il détient des articles L 131-2 à L 131-4 du code des communes et R 225 du code de la route ?

La solution donnée par le juge :

Rejet partiel.

Aux termes des dispositions de l'article L 131-3 du code des communes, « le maire a la police de la circulation routière sur les routes nationales et les chemins départementaux, à l'intérieur de l'agglomération sous réserve des pouvoirs dévolus au représentant de l'État ».

L'article R 225 du code de la route dispose également « que les maires peuvent prescrire des mesures rigoureuses en matière de circulation routière dès lors que la sécurité ou l'intérêt de l'ordre public l'exige. Les arrêtés municipaux lorsqu'ils intéressent la police de la circulation sur les voies classées à grande circulation doivent être pris après avis du préfet ».

Le juge a considéré, en l'espèce, que sur la base de ces textes, les restrictions apportées par l'arrêté contesté à la circulation des véhicules lourds dans l'agglomération de Chamblet étaient justifiées par la gêne et le danger que provoque la circulation de tels véhicules dans cette commune, compte tenu de la densité du trafic (17 000 véhicules par jour dont près de 2 000 poids lourds) et de la largeur insuffisante de la chaussée. Le nombre et la gravité des accidents constatés sur cet axe, au cours des dernières années, prouvent qu'il était urgent de prendre de telles dispositions.

Par contre, il n'appartenait pas au maire, mais au préfet, de fixer un itinéraire de remplacement passant sur le territoire d'autres communes du département.

> *« Considérant que les restrictions apportées à la circulation [...] sont justifiées [...] ; que dans la mesure où il existe effectivement un itinéraire de substitution et où cet itinéraire utilise des voies plus larges [...] l'atteinte portée aux libertés de la circulation et du commerce ne paraît pas suffisamment grave pour justifier l'annulation des interdictions contestées qui sont strictement nécessaires au but poursuivi et qui sont suffisamment motivées. »*

Ce jugement confirme la jurisprudence selon laquelle une conciliation doit exister entre les pouvoirs de police dévolus au maire et le respect des libertés publiques et individuelles.

En outre, ce jugement précise la répartition des compétences en matière de police entre le préfet et le maire, rappelant que la compétence territoriale de ce dernier est strictement limitée au territoire de sa commune et exclut tout pouvoir, même de proposition, portant sur le reste du département.

- CE, 18 oct. 1991, *Rouquette ;* résumé de l'arrêt :

Les faits :

Le maire de Paris a, par décision du 30 avril 1982, refusé l'accès aux crèches et aux maisons de retraite du XIVe arrondissement à M. X. député, décision implicitement confirmée sur recours gracieux.

Le tribunal administratif de Paris a, par jugement du 23 novembre 1983, rejeté la requête de M. X. tendant à l'annulation de cette décision. L'intéressé a fait appel.

Le problème juridique posé :

Un parlementaire a-t-il le droit de visiter des services municipaux normalement non ouverts au public ?

La solution donnée par le juge :

Rejet.

Le juge a estimé que la décision de refuser l'accès aux crèches et aux maisons de retraite de l'arrondissement à un député ne saurait être regardée comme une atteinte à l'exercice d'une liberté publique. Par ailleurs, aucun texte constitutionnel, législatif ou réglementaire, ni aucun principe du droit n'oblige un maire à autoriser la visite des services municipaux non ouverts normalement au public, par un député qui ne détient aucun droit spécifique par rapport à l'ensemble des autres citoyens de la commune.

> *« Considérant qu'il résulte de ce qui précède que la mairie de Paris pouvait, sans commettre d'excès de pouvoir, refuser d'autoriser l'accès auxdits services à M. X. ; qu'il ne résulte pas des termes de la décision attaquée que son auteur se soit cru lié par l'usage qu'il invoque ; que la circonstance qu'une autorisation aurait été accordée à un autre parlementaire est sans influence sur la légalité des décisions attaquées ; que, dès lors M. X. n'est pas fondé à soutenir que c'est à tort que par le jugement attaqué le tribunal administratif de Paris a rejeté sa demande tendant*

à l'annulation de la décision du maire de Paris en date du 30 avril 1982 lui refusant le droit de visiter les crèches et maisons de retraite de sa circonscription, ensemble la décision implicite de rejet du recours gracieux contre cette décision. »

Les décisions par lesquelles un maire refuse à un député (en fait à tout citoyen) l'accès aux crèches et maisons de retraite de la commune, ne sauraient être regardées comme restreignant l'exercice d'une liberté publique, constituant une mesure de police subordonnant l'octroi d'une autorisation à des conditions restrictives ou imposant des sujétions et ne sont donc pas au nombre des décisions qui doivent être motivées en vertu des dispositions de l'article 1er de la loi du 11 juillet 1979.

Cet arrêt rappelle le pouvoir discrétionnaire du maire, exerçant les fonctions de chef des services municipaux, pour réglementer, dans le silence de la loi et des règlements, le fonctionnement de ces services et notamment leur accès au public, et pour accorder éventuellement des dérogations au régime qu'il a édicté.

COMPÉTENCES (transferts de). Voir *Décentralisation.*

COMPTABILITÉ PUBLIQUE (principes et règles qui en découlent)

(Décret 62-1587 du 29 déc. 1962 portant règlement général sur la comptabilité publique.)

« *Les opérations financières et comptables résultant de l'exécution des budgets ou des états de prévision de recettes et de dépenses des organismes publics incombent aux ordonnateurs et aux comptables publics.* »

Le principe de la *séparation des ordonnateurs et des comptables* est un des principes fondamentaux les plus anciens de la comptabilité publique ; on le trouve déjà énoncé dans l'ordonnance royale du 14 septembre 1822 concernant la comptabilité et la justification des dépenses publiques (art. 17) :

« *Les fonctions d'ordonnateur sont incompatibles avec celles de comptable.* »

Les ordonnateurs prescrivent l'exécution des recettes et des dépenses ; à cet effet, ils constatent les droits des organismes publics, liquident les recettes, engagent et liquident les dépenses. Les ordonnateurs sont responsables des certifications qu'ils délivrent.

Les comptables sont seuls chargés des opérations de recettes et de dépenses, du maniement et de la conservation des fonds et valeurs de la collectivité et de son patrimoine ; à ce titre, ils son tenus d'exercer un certain nombre de contrôles sur les actes des ordonnateurs.

La question s'est posée de savoir si, dans le cadre de leurs obligations, les comptables devaient exercer un premier contrôle de la légalité des décisions des ordonnateurs afin de les informer des fortes présomptions d'illégalité pesant sur leurs actes : dans un premier temps, la direction de la Comptabilité publique avait été tentée de répondre favorablement (le comptable ne doit-il pas aussi se comporter en conseiller ?) ; mais cette position a rapidement été abandonnée car elle risquait d'interférer sur l'appréciation que les services préfectoraux étaient appelés à faire dans le cadre de leur mission et qui aurait pu se révéler différente. Ainsi, la circulaire CD 4211 du 12 septembre 1990 modifiant la circulaire CD 2646 du 18 juin 1990 (instruction MO 90-78 du 10 juill. 1990) limite l'action du comptable local à une intervention unique auprès du comptable supérieur, les comptables locaux ne devant en aucun cas appeler l'attention des ordonnateurs sur les présomptions d'illégalité de leurs actes.

Le comptable public *(comptable patent)* est un fonctionnaire de l'État, indépendant, relevant de la Direction de la comptabilité publique, au ministère du Budget.

Le comptable n'est pas juge de l'opportunité des dépenses qui relève des seuls élus (mais il est juge du *caractère communal* des dépenses et, à ce titre, peut alerter le trésorier payeur général sur les présomptions d'illégalité d'une dépense, comme dit ci-dessus) ; il se borne à contrôler la régularité des dépenses ; avant de viser un mandat, il doit vérifier la qualité de l'ordonnateur, l'exacte imputation des dépenses, la disponibilité des crédits et la validité de la créance ; il est tenu d'effectuer le contrôle des *pièces justificatives* (voir cette rubrique) ; en cas de problème, il peut *suspendre* le paiement jusqu'à régularisation ; en cas d'impossibilité, l'ordonnateur peut renoncer ; mais, s'il persiste, le comptable peut s'opposer au paiement, sauf exercice du droit de *réquisition* par l'ordonnateur (voir cette rubrique).

COMPTABILITÉ COMMUNALE

Les instructions comptables en vigueur, M11 et M12, inspirées du Plan comptable général de 1957, ne sont plus adaptées au besoin d'informations des élus locaux, découlant des responsabilités nouvelles et étendues qu'ils exercent depuis les transferts de compétence liés à la décentralisation.

Le nouveau Plan comptable de 1982 appelait une réforme des comptabilités locales, qu'il convenait d'harmoniser ; c'est la raison de la nouvelle *Instruction M14,* actuellement testée sur un échantillon de collectivités et dont l'emploi devrait être généralisé, à partir du 1er janvier 1997, à toutes les communes quelle que soit leur taille.

La nouvelle nomenclature privilégie le classement par nature sur le classement par fonction ; le budget des communes de plus de 10 000 habitants est voté soit par nature soit par fonction. S'il est voté par fonction, il comporte une présentation par nature.

Le budget des communes de moins de 10 000 habitants est voté par nature. Il comporte pour les communes de plus de 3 500 habitants une présentation fonctionnelle. Ces dispositions entreront en vigueur à compter de l'exercice 1997 pour les immobilisations acquises à compter du 1er janvier 1996 : (loi n° 94-504 du 22 juin 1994, art. 1er, portant dispositions budgétaires et comptables relatives aux collectivités locales ; les modalités d'application de cet article doivent être précisées par décret en Conseil d'État). La nouvelle nomenclature ne renonce pas à maintenir une distinction entre petites et grandes collectivités : les communes de moins de 3 500 habitants bénéficiant d'un système simplifié, les plus importantes, plus de 10 000 habitants (mais progressivement les plus de 3 500 hab.) étant tenues à des développements complémentaires (art. L 211-3 modifié du code des communes).

La loi du 22 juin 1994 (art. 2) précitée modifie également l'article L 21-2 du code des communes et ajoute trois nouvelles catégories de dépenses obligatoires concernant les amortissements, les dotations aux provisions et les dotations aux provisions spéciales constituées pour toute dette financière faisant l'objet d'un différé de remboursement (un décret en Conseil d'État doit définir les modalités d'application de ces dispositions).

Dans un second temps, la réforme de la comptabilité sera étendue à celle des départements et des régions.

Dans l'esprit des concepteurs de la réforme, il s'agit de mettre en place un dispositif de transparence des finances locales par une meilleure approche patrimoniale de la collectivité : rattachement des produits et charges de l'exercice à cet exercice, amortissement obligatoire des biens renouvelables, constitution de provisions, afin de rendre compte de façon plus précise des risques encourus.

La comptabilité générale ne permet pas de déterminer les prix de revient et les coût et rendement des services ; ainsi en est-il, par exemple, de la restauration scolaire où le coût des différentes composantes n'est pas immédiatement disponible.

La comptabilité analytique, au contraire, va permettre d'agglomérer ces différentes charges (denrées alimentaires, charges de personnel, frais généraux du service, quote part des frais généraux de la collectivité, amortissements) quelle que soit leur imputation budgétaire et de faire ressortir le coût d'un repas d'une catégorie déterminée d'une façon aussi proche que possible de la réalité.

La comptabilité analytique est autonome mais se fonde sur les données de la comptabilité générale ; elle doit donc être adaptée aux caractéristiques de la collectivité et des services analysés. Cela suppose une connaissance précise du fonctionnement de chaque activité et du tableau de service du personnel communal. L'adhésion du personnel à cette mission est indispensable pour ne pas être perçue comme un moyen de contrôle de leur emploi du temps. À défaut de comptabilité analytique, l'audit de la collectivité par un intervenant extérieur favorisera assurément les choses.

COMPTABILITÉ DES BUDGETS ANNEXES

L'arrêté interministériel du 12 août 1991 (*JO* du 5 oct. 1991), a diffusé le nouveau plan comptable applicable, à compter du 1er janvier 1992, aux services publics de distribution d'eau potable et d'assainissement. Un plan comptable abrégé est prévu en faveur des communes ou de leurs groupements de moins de 10 000 habitants. La circulaire interministérielle du 10 novembre 1992 précise les conditions d'entrée en vigueur de l'*instruction M 49* applicable à ces services et les dérogations éventuelles qui peuvent être consenties et rappelle le principe général d'équilibre des services industriels et commerciaux ainsi que les exceptions autorisées par l'article L 322-5 du code des communes et les conditions de leur octroi.

Comptabilité des budgets annexes (M 49), voir aussi : « Finances publiques » ; et « Service public de l'eau et de l'assainissement ».

COMPTABLE DE FAIT

« Toute personne qui, sans avoir la qualité de comptable public ou sans agir sous contrôle et pour le compte d'un comptable public, s'ingère dans le recouvrement de recettes affectées ou destinées à un organisme public doté d'un poste comptable doit, nonobstant les poursuites qui pourraient être engagées devant les juridictions répressives, rendre compte au juge financier de l'emploi des fonds ou valeurs qu'elle a irrégulièrement détenus ou maniés. Il en est de même pour toute personne qui reçoit ou manie directement ou indirectement des fonds ou valeurs extraits irrégulièrement de la caisse d'un organisme public [...].

Les gestions irrégulières entraînent pour leurs auteurs, déclarés comptables de fait par la Cour des comptes (ou les chambres régionales des comptes), les mêmes obligations et responsabilités que les gestions patentes pour les comptables publics. Néanmoins, le juge des comptes peut, hormis le cas de mauvaise foi ou d'infidélité du comptable de fait, suppléer par des considérations d'équité à l'insuffisance des justifications produites.

Les comptables de fait pourront, dans le cas où ils n'ont pas fait l'objet de poursuites au titre du délit prévu et réprimé par l'article 258 du code pénal, être condamnés aux amendes prévues par le loi (art. 60-XI de la loi de finances 63-156 du 23 févr. 1963. »

Ces dispositions sont l'un des fondements de la *Gestion de fait* (voir cette rubrique) qui est l'un des principaux risques de gestion encouru par les collectivités locales.

Comptable public
(responsabilité trentenaire des comptables publics)

Le comptable public est le comptable « patent ». Le décret du 1er septembre 1977 fixe à trente ans la durée de la responsabilité des comptables publics. Au décès du comptable, cette responsabilité peut donc s'appliquer à ses ayants droit.

Cette responsabilité se fonde sur les dispositions des articles 2227 et 2262 du code civil. En effet, la *prescription trentenaire* est le régime de droit commun de prescription des créances publiques (la *prescription quadriennale* visant l'*action en recouvrement* et non l'extinction de la créance).

La responsabilité personnelle et pécuniaire du comptable court donc pendant trente ans mais, dans les faits, cette responsabilité se trouve dégagée par le quitus accordé par le juge des comptes ou la remise de débet effectuée par le ministre du Budget.

Observations des juridictions financières

- CRC « Centre », 9 déc. 1993, *Commune de Blois ;* extraits :

« Prise en charge de subventions et emprunts en *période complémentaire.* À la fin de 1991, le fonds de roulement de la commune s'élevait à 15,4 MF, en augmentation sensible, mais parallèlement le compte au Trésor ne représentait plus que 208 000 F, alors que la ligne de trésorerie apportait 18 MF. Ainsi, paradoxalement, tandis que le fonds de roulement a augmenté en 1991 de près de 13 MF, la trésorerie hors utilisation de la ligne de trésorerie est passée de 5,3 MF à moins 17,8 MF, soit moins 23,1 MF. Ce phénomène s'explique principalement par l'augmentation des créances à court terme (classe 4), passées de 31 MF fin 1990 à 71,9 MF fin 1991.
L'importance du montant de ce solde débiteur provient de la prise en charge en journée complémentaire de titres de recettes relatifs essentiellement à des subventions et emprunts à recevoir, et non recouvrés au 31 décembre 1991. Les titres émis en fin d'exercice concernant les subventions s'élèvent à un chiffre avoisinant les 16 MF et ceux relatifs aux emprunts atteignent 30 MF, soit 46 MF au total. Il s'avère en conséquence :
– que ces titres de recettes, certes, émis avant le 31 décembre, n'ont pu être pris en charge qu'en période complémentaire ;
– que des subventions ont été prises en compte avant leur recouvrement, ce qui est inhabituel ;
– que certains emprunts, également non encaissés, ont été pris en charge en fin d'exercice au lieu de donner lieu à report.
Une telle pratique, si elle n'est pas formellement irrégulière, est de nature à fausser les résultats avant report des restes à réaliser et donc les données de l'analyse financière ; elle tend également à transformer ce qui devrait être des restes à réaliser en restes à recouvrer.
La chambre constate que, sans ces émissions de titres de recettes sur l'exercice 1991, le résultat d'investissement se serait soldé par un déficit avant report des restes à réaliser et que si la ville n'avait pas comptabilisé ces recettes non recouvrées, le fonds de roulement apparemment positif de 15,4 MF aurait été en réalité négatif de 31 MF à la fin de 1991.
S'agissant des emprunts, la chambre observe de surcroît qu'à cette époque, les taux pratiqués sur les lignes de trésorerie n'étaient pas plus avantageux que ceux des emprunts à long terme. Elle appelle à nouveau l'attention de la ville sur le fait qu'*il n'existe pas de période complémentaire en investissement et que la procédure des restes à réaliser est la seule admise.* »

COMPTABLE DE FAIT. Voir *Comptabilité publique* et aussi *Gestion de fait.*

COMPTABLE PATENT. Voir *Comptabilité publique.*

CONCESSIONS DE SERVICE PUBLIC. Voir *Services publics délégués.*

CONCURRENCE. Voir *Marchés publics.*

CONTRÔLE BUDGÉTAIRE. Voir *Chambres régionales des comptes.*

CONTRÔLE DE GESTION

(À ne pas confondre avec le contrôle de *la* gestion des ordonnateurs prévue par l'article 87 de la loi du 2 mars 1982 ; voir la rubrique *Chambres régionales des comptes.*)

Pratique inconnue de l'administration, le contrôle de gestion est pourtant une fonction essentielle dans le management des grandes entreprises dont il stimule les différentes composantes, à la recherche de gains de productivité face à une concurrence chaque jour plus redoutable. Certes, la gestion publique ne peut pas se comparer à la gestion privée. La performance de l'entreprise est vite sanctionnée par le marché tandis que les prestations fournies par le service public ne sont guère soumises à la concurrence ; si elles ont un coût pour la collectivité, leur prix pour les usagers n'est pas un prix de marché.

Littéralement parlant, le contrôle de gestion n'est pas totalement absent des procédures de l'administration. Quand le comptable vérifie la régularité des opérations engagées par un ordonnateur, il effectue déjà une sorte de contrôle de gestion ; mais il s'agit d'un contrôle externe, c'est-à-dire d'un contrôle de régularité des opérations.

Le véritable contrôle de gestion vise tout autre chose : à partir des objectifs préalablement définis, il est là pour analyser en permanence les résultats, constater les écarts et suggérer les voies et moyens d'atteindre ces objectifs. Le contrôle de gestion est une procédure d'alerte capable de détecter, en temps réel, des dérives et de renseigner sur leur évolution. La comptabilité analytique et l'analyse financière en sont les outils privilégiés.

Le contrôle de gestion se distingue de l'audit en ce que l'un a un caractère général et permanent, tandis que l'autre est ponctuel et ne porte, à un moment donné, que sur un domaine limité de l'organisation ou de l'activité.

Mesurer en permanence le coût de la production est une nécessité absolue pour l'entreprise du secteur concurrentiel, sous peine de disparaître ; tandis que les objectifs de l'administration obéissent prioritairement à une autre logique que celle des prix, qui est celle du service public à qui échoit des missions spécifiques. Il ne faudrait pas en déduire que les responsables des services publics ne cherchent pas à optimiser leur gestion et à en réduire les coûts ; mais la finalité de leur action est ailleurs.

Alors faut-il chercher à remettre en cause le mode de fonctionnement des services publics locaux ?

En ce qui concerne les collectivités territoriales, dix années de décentralisation ont montré que la situation ne laissait pas d'être préoccupante. Outre qu'on a pu observer de nombreux exemples d'inefficacité des actions menées, voire de gaspillage des deniers publics, la nécessité d'un contrôle accru de la gestion est difficilement contournable, compte tenu des sommes en cause et de l'évolution inquiétante de la fiscalité locale.

Que peut donc attendre un maire du contrôle de gestion ? Le contrôle de gestion va lui permettre d'atteindre trois objectifs : en premier lieu, il permet à la collectivité de se doter d'un outil de pilotage de son action et d'aide à la décision, permettant de mesurer en permanence les principaux paramètres de la gestion (masse salariale, structure des coûts, service rendu, nombre d'usagers ou bénéficiaires, rapport qualité prix) ; ensuite, il va fournir un outil de communication permettant de justifier les choix budgétaires ; enfin, il va faciliter l'évaluation des résultats globaux de la gestion de la collectivité par une meilleure connaissance des performances de chacun des services ou activités.

Implanter des tableaux de bord dans les collectivités territoriales

La complexité croissante de la gestion des collectivités locales rend nécessaire l'implantation de tableaux de bord pour atteindre ces différents objectifs. C'est ainsi qu'on a pu qualifier cette méthode de véritable « boîte à outil » du contrôle de gestion.

Il existe sur le marché divers logiciels de gestion qui répondent à ces exigences (voir J.-P. Rey, *Implanter les tableaux de bord dans les collectivités territoriales,* Dalloz ; du même auteur, *Le contrôle de gestion des services publics communaux,* Dunod).

CONTRÔLE DE LÉGALITÉ. Voir *Légalité.*

CONTRÔLE JURIDICTIONNEL DES COMPTES. Voir *Chambres régionales des comptes.*

CONVENTION DE MANDAT. Voir *Marchés publics ; Maîtrise d'ouvrage public déléguée.*

COOPÉRATION INTERCOMMUNALE

Textes de référence :

– code des communes : articles L 163-1 à 18 ; L 164-1à 9 ; L 165-1 à 38 ; L 166-1 à 5 ; L 167-1 à 6 ; L 168-1 à 8 ; L 251-1 à 7 ;

– loi 92-125 du 6 février 1992, « d'orientation relative à l'administration territoriale de la République », notamment son Titre III « De la coopération locale » (*JO* du 8 févr.) ;

– loi 93-122 du 29 janvier 1993.

« L'Assemblée nationale a décrété, le 12 novembre dernier, qu'il y aura une municipalité dans chaque ville, bourg, paroisse ou communauté de campagne. Elle a arrêté ensuite des articles qu'elle a réunis dans son décret de ce jour, pour régler la formation et les fonctions de ces municipalités » (Instruction sur la formation des nouvelles Municipalités dans toute l'étendue du royaume, du 14 déc. 1789).

Hérité de la révolution, l'extrême morcellement du tissu communal français (36 749 communes au 1er janvier 1988) soit plus que l'ensemble des autres pays de l'Union européenne, a depuis longtemps rendu nécessaire la coopération intercommunale pour permettre aux plus petites d'entre elles de se doter de certains équipements qu'il leur était impossible de réaliser toutes seules ; l'eau, l'assainissement, l'électrification, par exemple, ont donc fourni le prétexte à de nombreux rapprochements. À partir de diverses dispositions législatives (ordonnances 59-29 et 59-30 du 5 janv. 1959, loi du 31 déc. 1966, loi du 16 juill. 1971) ont pu se constituer des *syndicats de communes à vocation multiple (SIVOM),* chargés de leur fournir un ensemble de services nécessaires à leur développement, des *districts* et des *communautés urbaines* ; ainsi, à la veille du vote de la loi du 6 février 1992, il était possible de dénombrer plus de 18 000 établissements publics de coopération (14 596 syndicats à vocation unique, 2 478 syndicats à vocation multiple, 214 districts, 9 communautés urbaines, 975 syndicats mixtes et 9 syndicats d'agglomération nouvelle – source DGCL).

Ces structures ne sont pas pour autant exemptes de difficultés qu'ont tenté de résoudre diverses mesures législatives à l'occasion de la loi 88-13 du 5 janvier 1988 (Titre IV) notamment son article 30-I, complétant l'article L 163-14 du code des communes, qui institue une véritable coopération à la carte : *« Une commune peut adhérer à un syndicat pour une partie seulement des compétences exercées par celui-ci » ;* puis la loi du 6 février 1992 (Titre III).

Doté de la personnalité morale, le dispositif contractuel est peu contraignant (possibilité de retrait notamment), le syndicat de communes constitue un lieu de concertation entre les élus et se révèle souvent comme la seule possibilité de créer ou maintenir certaines activités vitales en milieu rural.

La loi du 6 février 1992 a créé deux nouvelles possibilités de coopération avec les *communautés de villes* et les *communautés de communes.* La loi comporte en outre diverses incitations fiscales pour tenter de relancer la coopération entre les collectivités territoriales, notamment en matière de protection de l'environnement, de logement social, de voirie et transports urbains, de réalisation, d'exploitation et d'entretien d'équipements scolaires, culturels et sportifs.

En réponse à la question d'un parlementaire, le ministre délégué à l'Aménagement du territoire et aux Collectivités locales a précisé ainsi les caractéristiques fiscales des nouveaux organismes de coopération :

« Lors du vote de la loi d'orientation relative à l'administration territoriale de la République, le législateur a créé deux nouveaux types de groupements, les communautés de communes et les communautés de villes. Chacune de ces catégories a des caractéristiques fiscales et financières qui sont en rapport avec les compétences obligatoires qu'elles doivent exercer.

Le législateur a souhaité en effet doter ces deux nouvelles catégories d'établissements publics de compétences plus contraignantes que celles des districts et spécialisées dans les domaines de l'aménagement de l'espace et du développement économique. C'est pour inciter à la création de ces nouveaux organismes adaptés par leurs compétences et leur régime fiscal aux exigences du développement local et de l'aménagement du territoire que des avantages spécifiques leur ont été réservés, notamment en matière de remboursement de la TVA supportée sur leurs investissements.

Pour ne pas pénaliser toutefois les structures préexistantes, les régimes fiscaux de la taxe professionnelle de zone ou de la taxe professionnelle d'agglomération – réservée initialement à titre d'option aux seules communautés de communes – ont été ouverts, par voie d'amendement parlementaire, aux *communautés urbaines* et aux *districts* existant à la date de promulgation de la loi et seulement à ceux-là lorsqu'ils exercent des compétences en matière d'aménagement de l'espace et de développement économique.

La loi précitée a également prévu des dispositions spécifiques pour les communautés de communes et les communautés de villes en matière de perception de taxes liées à des compétences transférées : la taxe sur les affiches publicitaires est ouverte à ces seuls types de groupements et la taxe de balayage peut en outre être perçue par les communautés urbaines.

Enfin, lorsque le législateur a décidé, dans un souci de clarification, de soumettre à l'écrêtement des bases de taxe professionnelle au profit du fonds départemental de péréquation de la taxe professionnelle l'ensemble des groupements à fiscalité propre, il a cependant tenu à préserver l'équilibre financier des groupements existants avant la date de promulgation de la loi, sauf s'ils décidaient d'adopter un nouveau régime fiscal (taxe professionnelle d'agglomération ou taxe professionnelle de zone).

En conséquence, les districts créés avant la promulgation de la loi et qui n'ont opté pour aucun régime fiscal nouveau ne font effectivement l'objet d'aucun écrêtement au profit du fonds départemental de péréquation de la taxe professionnelle. Si la loi du 31 décembre 1993 portant réforme de la dotation globale de fonctionnement a fusionné en une seule catégorie, au regard de cette dotation, les districts et les communautés de communes, il n'est pas envisagé d'aligner le régime fiscal et les compétences des districts sur ceux des communautés de communes. » (*JO,* Débats Sénat, 24 mars 1994).

Observations des juridictions financières

- CRC « Alsace », 17 nov. 1993, *District urbain « Essor du Rhin » ;* extraits :

« Fonctionnement du district : L'examen des modalités selon lesquelles le district réalise des travaux pour le compte des communes membres avait conduit la chambre à formuler les recommandations suivantes :

a. les opérations réalisées par le district pour le compte des communes doivent être regardées comme des opérations pour compte de tiers ; à ce titre, elles devraient faire l'objet de conventions qui établissent clairement la nature et la consistance des engagements du district et des communes membres concernées, notamment : la définition et le programme de l'opération ; l'enveloppe financière prévisionnelle ; la définition des conditions administratives et techniques selon lesquelles l'ouvrage sera étudié et exécuté ; les modalités de financement de l'opération ainsi que les conditions dans lesquelles le maître de l'ouvrage fera l'avance des fonds nécessaires ou remboursera les dépenses exposées pour son compte et préalablement définies ;

b. du point de vue comptable, les opérations en cause doivent être imputées au compte 237 du budget du district et faire l'objet des écritures comptables décrites par les dispositions de l'instruction n° 87-64 M11-M12-M51 du 21 mai 1987, notamment en ce qui concerne la participation des communes et les emprunts, alors qu'il a été constaté, qu'en 1990, ces opérations ont été imputées à des comptes 232 et 233 ; il est précisé que l'imputation des travaux pour le compte des communes au compte 237 du district, n'affecte en rien leur nature de dépenses éligibles au fonds de compensation de la TVA du district, conformément aux dispositions du décret n° 89-645 du 6 septembre 1989 relatif au FCTVA et aux commentaires de la circulaire des ministres chargés des Finances et de l'Intérieur du 21 novembre 1989 ;

c. enfin, le décret n° 83-16 du 13 janvier 1983 modifié, portant établissement de la liste des pièces justificatives des paiements des communes, des départements, des régions et des établissements publics locaux, dispose qu'au premier paiement au titre des prestations effectuées par des tiers publics, doit être jointe la convention entre le district et la commune membre intéressée, faute de quoi le comptable serait fondé à suspendre le paiement en cause. »

COOPÉRATION INTERRÉGIONALE ET TRANSFRONTALIÈRE. Voir *Groupement d'intérêt public (GIP).*

CORRUPTION (prévention de)

La loi n° 93-122 du 29 janvier 1993 (dite loi « Sapin ») modifiée, relative à la prévention de la corruption et à la transparence de la vie économique et des procédures publiques constitue le texte de référence. Mais plusieurs propositions de modification et d'amélioration de ce texte, formulées par le groupe parlementaire constitué par M. Seguin ou par la commission « Rozès » (du nom de son président) nommée par le Premier Ministre, sont susceptibles de trouver prochainement une application, sous réserve de la censure du Conseil Constitutionnel à qui ces textes sont actuellement soumis après avoir été discutés et adoptés par le Parlement en décembre 1994.

Parmi ces textes sont particulièrement attendus ceux qui se rapportent aux marchés publics et aux délégations de service public.

S'exprimant sur le sujet, un éditorialiste de la presse écrite observait récemment (Nice Matin, 13 oct. 1994) :

« ... Avant les lois de 1988, 1990 et 1992, un vide juridique total régnait sur la question du financement des activités politiques et tout le monde s'accommodait d'imaginer que le dévouement, l'altruisme et les oboles militantes suffisaient à pourvoir aux besoins du métier politique. On peut alors décider de jeter un voile pudique et indulgent sur ces anciens temps où nécessité faisait loi. On peut encore se dire qu'il y a " corruption " et " corruption " et que des financements douteux sont moins condamnables s'ils couvrent des " frais professionnels " en quelque sorte, que s'ils sont source d'enrichissement personnel... »

Cette distinction entre les circonstances de la corruption relève de l'excuse de la « légitime défense » ; elle a au moins le mérite de nous annoncer que, les juges ayant de moins en moins tendance à fermer les yeux, le progrès de la conscience collective est en marche.

La décentralisation en est-elle la cause ? est-elle allée trop loin ? ou bien n'a-t-elle fourni que l'éclairage d'un contexte, jusque là en demi-teinte, en révélant cette maladie endémique de la démocratie qu'est la corruption ? Toujours est-il que révélée au grand jour par les excès de quelques-uns, il a bien fallu faire quelque chose. Sans doute n'y a-t-il peut-être pas de politique sans compromission car le sort fait aux élus leur laisse peu de choix pour assurer le financement de leurs campagnes, ou plus simplement pour assurer la vie de leur famille tout en assumant le train de vie qu'implique l'exercice d'un mandat électif, après qu'il leur ait fallu, une fois élu, renoncer le plus souvent à l'exercice d'une profession dont ils tiraient jusque là leurs moyens d'existence. Mais trop, c'est trop ! avait déjà dû penser Pierre Bérégovoy, lorsque du haut de la tribune de l'Assemblée il lâcha dans son discours de politique générale « qu'il fallait vider l'abcès ». La commission « Bouchery » (du nom du magistrat qui la présidait) fut donc chargée de recenser les activités favorisant les pratiques illicites dans l'administration, en raison de leur opacité.

Adoptée non sans une certaine hâte, sous la pression des « affaires » politico-financières qui, à l'époque, alimentaient la chronique, la loi du 29 janvier 1993 s'inscrit dans un vaste mouvement de moralisation de la vie publique, aux cotés de plusieurs autres textes importants relatifs à la transparence de la vie politique, à la limitation des dépenses électorales et au contrôle des marchés publics.

Son objectif affirmé est double : améliorer la transparence des activités économiques et renforcer la soumission des collectivités locales au principe de légalité. Pour rassurer tous ceux qui craignaient que cette loi ne soit que le prétexte d'une reprise en mains des collectivités locales, la Commission Bouchery a, dans son rapport au Premier ministre en décembre 1992, considéré comme un acquis irréversible la décentralisation et la déconcentration.

Sur le premier point, la prévention de la corruption ne saurait aboutir à réduire les pouvoirs des élus locaux par des mesures de surveillance bureaucratique ou le retour à des formes de contrôle *a priori* ou d'exercice de pouvoirs de tutelle.

Sur le second point, la commission a estimé que doivent être sauvegardées et encouragées les mesures de modernisation des services publics, de responsabilisation des agents, de globalisation des budgets, qui donnent aux gestionnaires des services plus d'autonomie et donc moins de dépendance dans leurs relations contractuelles ou d'autorité avec le secteur privé.

Consacré à la prévention de la corruption, au sens large, ce texte reste d'une actualité brûlante, et nous devons ici nous intéresser plus particulièrement aux dispositions qui concernent les collectivités locales, notamment celles relatives à la transparence des activités économiques et celles portant diverses mesures relatives aux collectivités territoriales.

Les nouvelles dispositions relatives à la transparence des activités économiques à travers les délégations de service public et les marchés publics

Jusqu'alors, les délégations de service public (concessions, affermage, gérance, régie intéressée) bénéficiaient d'une certaine liberté dans le choix du cocontractant par le responsable de la collectivité locale ; liberté qui n'allait pas sans inconvénients.

Les juridictions financières ont souvent dénoncé la durée excessive des contrats et les conditions léonines que des entreprises les plus puissantes imposaient pratiquement aux communes. C'est ce déséquilibre que la loi du 6 février 1992 avait déjà tenté de limiter en créant l'obligation de transmission au représentant de l'État de l'ensemble des pièces relatives aux conventions de délégation de service public et en ouvrant à la chambre régionale des comptes, appelée à les examiner, la possibilité de présenter des observations.

Désormais, « afin de permettre la présentation de plusieurs offres concurrentes », l'article 38 de la loi du 29 janvier 1993, instaure une obligation de publicité encore plus contraignante que celle fixée par l'article 52 de la loi du 6 février 1992. La loi nouvelle renforce aussi le contrôle exercé par l'assemblée délibérante, en rendant obligatoire (art. 42) une délibération, au vu d'un rapport détaillé, sur le principe même de toute délégation de service public.

Par ailleurs, afin d'éviter les rentes de situation, les délégations de service public doivent-être limitées dans leur durée qui « ne peut dépasser la durée normale des amortissements des installations mises en œuvre » (art. 40). Enfin, l'arsenal déjà important des règles, progressivement mises en place depuis une décennie, pour prévenir les risques de gestion dans les collectivités territoriales et leurs « satellites », s'enrichit de deux nouvelles dispositions :

1. Les principes de *publicité* et de *mise en concurrence,* prévus par le code des marchés, s'appliquent désormais aux contrats de travaux, d'études et de maîtrise d'œuvre, conclus pour l'exécution ou les besoins du service public, par les sociétés d'économie mixte et les organismes privés d'HLM (art. 48). Le législateur a ainsi voulu étendre à des organismes qui n'y étaient jusqu'alors pas soumis, les règles du code des marchés qui ont pour objet de garantir la liberté d'accès et l'égalité des candidats dans les marchés publics ;

2. Il est créé une « *mission interministérielle d'enquête* sur les marchés et les conventions de délégations de service public, chargée de procéder à des enquêtes portant sur les conditions de régularité et d'impartialité dans lesquelles sont préparés, passés, ou exécutés les marchés et conventions de délégations de service public [...], des

collectivités territoriales, des établissements publics [...] et des sociétés d'économie mixte locales » (art. 49). Cette mission dispose notamment de pouvoirs d'investigations étendus pour traquer le *favoritisme*.

Renforcer la soumission des collectivités locales au principe de légalité

La gestion directe des services publics locaux souffre des nombreux démembrements dont ils sont l'objet et qui ne sont souvent là que pour contourner la rigidité des règles qui la commandent. L'inconvénient, c'est que cette gestion de services publics par des associations ou d'autres organismes (très développée dans le domaine de l'action sociale, par exemple), comporte des risques dont le moindre n'est pas de se soustraire au contrôle de légalité.

C'est pour y remédier que la loi du 29 janvier 1993 (art. 74) propose aux élus d'exploiter directement, en régie, des services d'intérêt public à caractère administratif, pour lesquels un statut spécifique d'établissement public n'est pas imposé par la loi.

Deux possibilités sont ainsi offertes aux collectivités :

– la régie avec personnalité morale et autonomie financière ;

– ou la régie avec la seule autonomie financière.

Le choix dépendant du volume et de l'importance des opérations envisagées ; mais l'intérêt de cette disposition est double :

– dissuader les collectivités de confier à des associations la gestion des services publics, tout en bénéficiant de la souplesse de gestion nécessaire ;

– sauvegarder la transparence des opérations grâce au respect des règles de la comptabilité publique.

Reconnues comme « secteur sensible », les SEM souffrent généralement de l'absence ou de l'insuffisance des contrôles prévus par la loi du 7 juillet 1983. La loi nouvelle (art. 76) créé donc, à leur charge, une double obligation :

– la rédaction d'un rapport annuel spécial, présenté à l'assemblée délibérante de la collectivité territoriale, sur les conditions d'exercice de ses prérogatives de puissance publique ;

– la soumission à la collectivité territoriale de toute prise de participation dans le capital d'une société commerciale en vue d'obtenir un accord express.

En outre, les décisions du conseil d'administration de la SEM relevant de l'exercice des prérogatives de puissance publique, sont, désormais, soumises au contrôle du représentant de l'État.

Moraliser les activités immobilières

La loi comporte aussi deux dispositions nouvelles destinées à moraliser les activités immobilières des collectivités locales, désignées par la « commission Bouchery », comme particulièrement favorables aux opérations opaques, voire illicites. Il s'agit des articles 51 et 55.

L'article 51 relatif à la publicité des cessions à des personnes privées de terrains communaux ou de droits à construire, a été rapidement annulé par la loi n° 94-112, article 16, du 9 février 1994, dite loi « Bosson », portant diverses dispositions en matière d'urbanisme et de construction. En ce qui concerne l'article 55, il a modifié les dispositions du code de l'urbanisme relatives à la participation des constructeurs pour la réalisation des équipements publics des zones d'aménagement concerté. Désormais (art. L 311, 4-1) : « Seul le coût des équipements publics réalisés dans l'intérêt principal des usagers des constructions à édifier dans la zone d'aménagement concerté peut être mis à la charge des constructeurs. » Cette participation est soumise à publicité.

Sanctionner plus largement les fautes de gestion commises par les élus à travers deux dispositions

1. Publicité des avis et observations de la chambre régionale des comptes

Dans sa rédaction de 1982, l'article 87 de la loi du 2 mars garantissait la confidentialité de l'instruction et le secret des observations. Mais le législateur s'est, peu à peu, rendu compte que, dans un souci d'efficacité, il fallait durcir ces règles ; ainsi, la loi du 15 janvier 1990 et celle du 6 février 1992, ont-elles progressivement introduit la publicité des avis et observations des chambres régionales des comptes.

La réforme de 1993 (art. 75) apporte trois compléments importants aux dispositions antérieures de l'article 87 :

– les assemblées locales sont tenues informées par leurs exécutifs respectifs, dès leur plus proche réunion, des avis budgétaires donnés par la chambre régionale des comptes et des arrêtés, pris à leur suite, par le représentant de l'État ;

– la lecture des observations formulées par la chambre régionale des comptes, dans le cadre du contrôle juridictionnel et du contrôle de gestion est, de même, inscrite à l'ordre du jour de la plus proche réunion de leur conseil et sont jointes à la convocation individuelle des membres de l'assemblée ;

– enfin, l'assemblée délibérante doit être également informée de l'avis de la chambre régionale des comptes sur les conventions relatives aux délégations de service public et aux marchés.

2. Extension de la compétence de la Cour de discipline budgétaire et financière

Envisagé par le législateur de 1982, le principe de l'assujettissement des élus à la Cour de discipline budgétaire et financière (CDBF) n'avait pas franchi le cap des débats parlementaires, les élus ne reconnaissant que la sanction du suffrage universel. Mais la soustraction des élus à la Cour de discipline budgétaire et financière s'accordait assez mal avec les responsabilités qu'ils étaient désormais appelés à exercer.

Depuis 1993, les élus sont donc justiciables de la Cour de discipline budgétaire et financière, à raison des actes commis dans l'exercice de leurs fonctions, dans deux cas (art. 78) :

– lorsqu'ils ont enfreint les dispositions de la loi du 16 juillet 1980, relatives à l'exécution des décisions de justice, c'est-à-dire lorsqu'ils refusent d'appliquer une décision d'une juridiction ;

– lorsqu'ils ont engagé leur responsabilité propre à l'occasion d'un ordre de réquisition au comptable de la collectivité.

(Voir la rubrique *Cour de discipline budgétaire et financière*.)

« L'universelle corruption » titrait un jour, au début de l'année 1994 le journal Le Monde, commentant une actualité qui après les « affaires » françaises, mettait en avant d'autres pays : l'Espagne, l'Italie, l'Allemagne, le Brésil, le Venezuela, le Japon, etc. Cette explosion de cas traduit-elle une détérioration de la morale ou ne résulte-t-elle pas plutôt d'une transparence accrue de la vie économique ? se demandait le commentateur.

Ce qui est sûr, c'est que la règle du jeu entre « argent » et « politique », qui a longtemps bénéficié d'un accord tacite de l'opinion, est en train de changer.

L'année 1993 venait de révéler, en effet, que l'exploitation d'une position officielle pour amasser des gains personnels n'épargnait aucun pays et surtout pas la France où, en dépit des démentis selon lesquels la corruption serait le fait d'une infime minorité de la classe politique, on constate cependant qu'après chaque renforcement de la législation et durcissement des peines, il se trouve toujours au Parlement une majorité pour voter une échappatoire (atténuation de la sévérité des sanctions prises à l'encontre des comptables de fait en matière d'inéligibilité, par l'art. 41 du DDOEF du 26 juill. 1991 ; abrogation de l'art. 51 de la loi du 29 janv. 1993 dite loi « Sapin » par la loi « Bosson » du 9 févr. 1994, art. 16 (voir plus haut) ; ou encore assouplissement des dispositions relatives aux délégations de service public contenues dans la loi du 29 janv. 1993, art. 40, par l'art. 43 du DDOEF adopté le 17 juin 1994 par l'Assemblée nationale).

N'est-il pas significatif que l'Institut de la décentralisation ait cru bon d'organiser le 16 mars 1994 à l'Institut d'études politiques de Paris, un débat sur « L'argent et la décentralisation : éthique et corruption » ?

Depuis, l'actualité nous a montré que cela pouvait être bien pire avec la mise en cause de plusieurs ministres. Ce qui a sans doute autorisé le journal *Le Monde* à publier le 27 septembre 1994, sur une pleine page, la liste de 29 parlementaires ou anciens parlementaires, condamnés ou poursuivis pour corruption, ainsi que celle d'autres élus locaux, parfois de moindre envergure ; ce rappel qui oblige à une mise à jour presque quotidienne de la liste des acteurs de la compromission, conduit à se demander si on pourra encore longtemps soutenir que la décentralisation est étrangère à ce phénomène.

Certes, en la matière les apparences sont meurtrières, même si la corruption est difficile à prouver car il faut établir le lien avec la décision incriminée ou l'existence d'un pacte ; et la preuve que l'attribution d'un marché ait entraîné une contrepartie n'est jamais facile à établir mais dès qu'il y a soupçon, un nom jeté en pâture, le mal est fait. Ce qui a valu, par exemple, à un président de conseil général d'être abusivement cité dans la liste du *Monde* alors qu'il avait bénéficié d'un non-lieu.

Ainsi encore, le tribunal correctionnel de Nîmes a-t-il donné raison, le 27 septembre 1994, au maire de la ville, qui avait engagé une action en diffamation à l'encontre d'un entrepreneur de travaux publics qui avait déclaré quelques temps auparavant, avoir facturé en dessous de leur valeur des travaux effectués au domicile du maire et disait avoir été payé en compensation sur un marché de la ville.

Pour sortir de cette difficulté et éradiquer le mal, il faudra bien un jour, sous peine de tuer la démocratie, s'attaquer aux véritables causes du problème, qui se trouvent moins dans la moralité des élus, que le pouvoir corromprait, que dans l'insuffisance des moyens mis en œuvre pour prévenir ces dérives.

La solution passe nécessairement, d'abord, par l'attribution d'un véritable « statut professionnel » à l'élu, assorti de moyens financiers en rapport avec l'importance de sa charge et propre, sinon à écarter toute tentation, du moins à la rendre inexcusable ; elle passe ensuite, aussi, par l'institution d'un véritable système d'alarme qui permette à la fois d'alerter l'élu sur l'erreur qu'il s'apprête à commettre et, s'il persiste, qui permette d'alerter, en temps réel, la chambre régionale des comptes pour prévenir la réalisation de l'irrégularité.

Par ailleurs, on commence à entendre, de plus en plus, dénoncer les « féodalités » générées par la décentralisation, comme une des autres causes des dérives locales ; c'est probablement vrai, mais pouvait-il en être autrement dès lors que l'élu local devient, pratiquement et sans véritable contrepoids, le responsable politique de tous les choix et de toutes les décisions de la collectivité ? À cet égard, la prévention pourrait consister aussi à imposer une limite à cette forme de pouvoir que crée et favorise le cumul des mandats, non seulement le cumul de plusieurs mandats locaux, mais aussi le cumul entre mandats locaux et mandats nationaux.

Enfin, on peut se demander s'il ne reste pas à faire accepter le financement public intégral des campagnes électorales et à interdire simultanément toute forme de financement, direct ou indirect, de la politique par les entreprises privées ; cela suppose, bien entendu, un renforcement des règles d'attribution des marchés publics et un renforcement des contrôles des délégations de services publics, qui sont généralement la contrepartie de la « générosité » des corrupteurs. Cette question très controversée, non sans arguments de part et d'autre, a été tranchée par les toutes récentes lois des 19 janvier et 8 février 1995.

La corruption et les chambres régionales des comptes

Le Rapport public de la Cour des comptes pour 1994 (p. 211) rappelait : « Les chambres régionales des comptes ne sont pas des juridictions pénales. Elles ne sont chargées ni d'instruire, ni de qualifier, ni de sanctionner des comportements délictueux.

Cependant, aux termes de l'article 37 du décret du 22 mars 1983, *si à l'occasion de ses contrôles, une chambre régionale des comptes découvre des faits de nature à motiver l'ouverture d'une action pénale, son ministère public en informe le procureur de la République ainsi que le procureur général près la Cour des comptes, qui saisit le Garde des Sceaux, ministre de la Justice, et avise le ministre intéressé ainsi que le ministre des Finances.*

Au cours de l'année 1993, dix-sept des vingt-cinq chambres régionales, dans trente-quatre affaires au total, ont demandé à leurs commissaires du Gouvernement de porter des faits à la connaissance des procureurs de la république concernés.

Si le recours à cette procédure reste encore limité, il est en fort accroissement sur les années antérieures (16 cas en 1992, 12 cas en moyenne sur la période 1985-1991).

On peut donner un aperçu général de la nature des interventions des chambres régionales auprès de la justice pénale en indiquant que onze dossiers retracent des faits paraissant tomber sous le coup des dispositions relatives au délit d'ingérence (art. 175 de l'ancien code pénal) ou de favoritisme (art. 432-14 du nouveau code pénal).

Une seconde catégorie, forte de onze affaires, regroupe diverses opérations frauduleuses masquant des détournements de fonds susceptibles d'être qualifiées de vol, escroquerie ou abus de confiance.

Un troisième groupe rassemble sept affaires dans lesquelles sont décrites des opérations de fausses écritures portant sur des délibérations, certifications ou données comptables des collectivités et organismes concernés. En dernier lieu, dans trois cas, la qualification présumée par la chambre recouvre l'abus de biens sociaux et deux dossiers font référence à des infractions à la législation bancaire d'une part, et au code de la construction et de l'habitat, d'autre part. »

Cour des comptes

Texte de référence : loi 67-483 du 22 juin 1967, modifiée relative à la Cour des comptes.

> *« La Cour des comptes juge les comptes des comptables publics, sous réserve de la compétence que la loi n° 82-213 du 2 mars 1982, relative aux droits et libertés des communes, des départements et des régions, attribue, en premier ressort, aux chambres régionales des comptes. Elle statue sur les appels formés contre les jugements prononcés à titre définitif par les chambres régionales des comptes, à la requête du comptable de la collectivité locale ou de l'établissement public, du commissaire du Gouvernement près la chambre régionale ou du procureur général près la Cour des comptes. »*

Le *Rapport public* annuel de la Cour est, par ailleurs, pour partie consacré aux observations des chambres régionales des comptes (art. 88 de la loi du 2 mars 1982 précitée).

« La Cour des comptes consacre chaque année une partie de son rapport public à la gestion des communes, des départements et des régions, établi notamment sur la base des observations des chambres régionales des comptes. »
« La Cour des comptes informe les communes, les départements et les régions des observations relatives à leur gestion qu'elle envisage d'insérer dans ce rapport et les invite à lui faire part de leurs réponses. Celles-ci sont publiées à la suite des observations de la Cour des comptes. »

Voies de recours contre les arrêts de la Cour des comptes : la cassation (voir sous la rubrique *Juridictions administratives :* Conseil d'État).

COUR DE DISCIPLINE BUDGÉTAIRE ET FINANCIÈRE (CDBF)

Texte de référence : loi n° 48-1484 du 25 septembre 1948 modifiée, tendant à sanctionner les fautes de gestion commises à l'égard de l'État et de diverses collectivités et portant création d'une Cour de discipline budgétaire et financière.

L'institution d'une Cour de discipline budgétaire répond au souci de ne pas laisser impunies les *fautes de gestion des ordonnateurs,* alors que les fautes des comptables se trouvaient sévèrement sanctionnées à l'occasion du jugement de leurs comptes.

La loi 88-13 du 5 janvier 1988 a étendue la compétence de la CDBF aux organismes contrôlés par les chambres régionales des comptes :

« Est justiciable de la Cour de discipline budgétaire et financière (art. 1er de la loi de 1948 précitée) :
– [...] ;
– tout représentant, administrateur ou agent des organismes soumis soit au contrôle de la Cour des comptes, soit au contrôle d'une chambre régionale des comptes.
Sont également justiciables de la CDBF, tous ceux qui exercent en fait les fonctions des personnes désignées ci-dessus. »

La situation des élus, toutefois, bénéficie encore d'une certaine protection.

Aux termes de l'article 1er de la loi de 1948 précitée, en effet, ne sont pas justiciables de la CDBF, à raison des actes accomplis dans l'exercice de leurs fonctions (et sous certaines conditions), les présidents et vice-présidents des conseils régionaux et généraux, et les maires et leurs adjoints et présidents élus de groupements ou syndicats de collectivités locales.

Mais deux exceptions ont été introduites par l'article 78 de la loi n° 93-122 du 29 janvier 1993, qui a assujetti ces élus à la CDBF dans les cas suivants :

– lorsqu'ils ont engagé leur responsabilité propre à l'occasion d'un ordre de *réquisition du comptable de la collectivité ;*

– et en cas d'*inexécution d'une décision de justice* (voir ces rubriques).

Fin 1993, le Parquet de la Cour des comptes n'avait reçu aucune requête liée à un ordre de réquisition du comptable ; et deux requêtes seulement pour inexécution d'une décision de justice (toutes les deux classées en raison du règlement amiable qui a suivi l'ouverture de la procédure).

Fin 1994, aucune requête sur réquisition n'a été présentée, mais huit plaintes pour non exécution d'une décision de justice ont été enregistrées (six ont déjà été classées après règlement amiable et deux sont en suspens dans l'attente d'un règlement annoncé).

Il y a néanmoins lieu d'inviter les responsables des exécutifs locaux à la prudence.

(Sur la notion de *Faute de gestion,* voir cette rubrique.)

(Les irrégularités commises dans la passation des marchés publics sont justiciables de la CDBF sous réserve que la personne responsable du marché ne soit pas un élu ; mais un élu peut toujours être déféré au pénal par le biais du délit de *favoritisme ;* voir cette rubrique.)

LA NOTION D'AVANTAGE INJUSTIFIÉ
dans la jurisprudence de la Cour de discipline budgétaire et financière

> *« Toute personne... qui, dans l'exercice de ses fonctions ou attributions, aura, en méconnaissance de ses obligations, procuré à autrui un avantage injustifié, pécuniaire ou en nature, entraînant un préjudice pour le Trésor, la collectivité ou l'organisme intéressé, ou aura tenté de procurer un tel avantage, sera passible d'une amende dont le montant [...]. »* (art. 6 de la loi du 25 sept. 1948 précitée).

Cet article tend à atteindre la collusion d'un agent d'une collectivité territoriale ou d'un organisme public avec un tiers, sous quelle que forme que cet avantage se présente. Ce qui ouvre au juge un champ particulièrement vaste, limité par la seule obligation de chiffrer cet avantage et de montrer qu'il résulte d'une irrégularité.

- En ce qui concerne le bénéficiaire de l'avantage :

Ce doit être un tiers, personne physique ou morale, appartenant à l'organisme ou étranger à cet organisme (l'avantage à soi-même n'est pas visé par ce texte). La nature de la relation entre l'organisme et ce tiers est indifférente : elle peut être contractuelle ou de fait.

- En ce qui concerne la forme de l'avantage accordé :

Ce peut être un avantage en nature (mise à disposition de locaux, de matériel ou de personnel, par exemple), ou un avantage pécuniaire (rémunérations ou autres avantages financiers injustifiés, ne correspondant pas à un service fait, par exemple ; ou bien absence volontaire de mise en recouvrement d'une recette de l'organisme ; ou encore paiements sans contrepartie, ou délibérément majorés, ou aliénations de biens à un prix manifestement sous évalué ; etc.).

Mais cet avantage doit pouvoir être chiffré : ce qui n'est pas toujours aisé, surtout quand il s'agit de démontrer qu'un paiement est excessif ou un prix de vente insuffisant. Dans ces différentes hypothèses, le juge peut choisir ou combiner trois solutions :

– la référence au prix du marché ou au juste prix ;

– la référence à un prix de transaction antérieur ;

– la décomposition du prix et la constatation de l'existence de commissions ou autres éléments étrangers majorant le prix.

En tout état de cause, il est nécessaire d'identifier l'avantage ou le manque à gagner et d'en fixer le montant minimum soit en valeur absolue soit en pourcentage. Cette jurisprudence s'appuie sur de très nombreux arrêts.

- En ce qui concerne les limites du champ de l'infraction :

La personne en cause doit avoir agi dans l'exercice de ses fonctions et en méconnaissance de ses obligations professionnelles, ce qui écarte l'erreur de gestion et impose que la personne responsable des faits incriminés ait enfreint les règles relatives à l'exécution des recettes et des dépenses publiques, au sens de l'article 5 de la loi de 1948 précitée. En revanche, il n'est pas nécessaire qu'il y ait eu préméditation.

Jurisprudence

● CDBF, 22 janv. 1992, *MM. X. et Y., Centre de formation des personnels communaux ;* résumé de l'arrêt :

Le directeur et le secrétaire général d'un établissement public intercommunal à statut spécial, relevant du contrôle de la Cour des comptes, avaient passé des commandes excédant le seuil de passation des marchés, conclu des marchés négociés sans mise en concurrence préalable et passé des marchés de régularisation. La Cour a jugé qu'ils avaient enfreint le code des marchés publics (art. 5 de la loi de 1948) et les a condamné à des amendes.

● CDBF, Arrêt du 23 févr. 1994, *SEM A. ;* extraits publiés au *JO* en la forme anonyme :

« Sur la compétence de la cour à l'égard des personnes poursuivies en l'espèce : (Considérant) que la SEM dont le capital est majoritairement détenu par la commune, est au nombre des organismes qui... depuis le 1er janvier 1983, peuvent être vérifiés par la chambre régionale des comptes en application de l'article 87 de la loi du 2 mars 1982 modifiée ; qu'en conséquence, les représentants, administrateurs ou agents de la SEM A. sont justiciables de la CDBF ; qu'il en est ainsi, d'une part de M. Y. directeur de la SEM de décembre 1974 à février 1990, d'autre part de M. X. président du conseil d'administration de la SEM de mai 1983 à décembre 1988 ;

Considérant, toutefois, que M. X. a fait valoir que ses fonctions à la tête de la SEM constituaient l'accessoire obligé de sa fonction d'adjoint au maire et que, par suite, il n'est pas justiciable de la CDBF ;

Considérant qu'aux termes de l'article 1er de la loi du 25 septembre 1948 modifiée " ces personnes (les maires et, quand ils agissent dans le cadre des dispositions des art. L 122-11 et L 122-13 du code des communes, les adjoints et autres membres du conseil municipal) ne sont pas non plus justiciables de la CDBF lorsqu'elles auront agi dans des fonctions qui, en raison de dispositions législatives ou réglementaires, sont l'accessoires obligé de leur fonction principale " ;

Considérant que la désignation par le conseil municipal comme représentant la collectivité territoriale au sein du conseil d'administration de la SEM, de l'adjoint au maire chargé du secteur de compétence couvrant les opérations de la SEM ne résulte d'aucune disposition législative ou réglementaire ; que M. X. a été élu PDG de la SEM le 25 mai 1983 par le conseil d'administration de la société parmi les membres de ce conseil ; qu'aucune autre disposition législative ou réglementaire ni aucune disposition des statuts de la SEM ne font obligation de choisir le président parmi les membres du conseil d'administration représentant la commune ; qu'il en résulte que les fonctions à raison desquelles M. X. est poursuivi devant la cour n'étaient pas l'accessoire obligé de sa fonction d'adjoint au maire de la commune au sens des dispositions précitées et que, par suite, les conclusions déposées par M. X. et tendant à faire valoir qu'il n'est pas justiciable de la cour doivent être rejetées ;

Sur l'amnistie :

Considérant que les amendes qui peuvent être infligées aux auteurs des infractions définies aux articles 2 à 8 de la loi du 25 septembre 1948 susvisée sont assimilées par l'article 29 de la même loi aux amendes prononcées par la Cour des comptes en cas de gestion de fait ; que ces amendes ne sont pas des sanctions disciplinaires ou professionnelles, au sens de la loi du 20 juillet 1988 portant amnistie ; que celle-ci est, par suite, sans effet sur le renvoi de MM. X. et Y. devant la cour ;

Sur les faits :
En ce qui concerne les paiements sans justifications [...] ;
Considérant qu'à défaut d'avoir donné lieu à des justifications suffisantes, le règlement des factures en cause constitue une violation des règles d'exécution des dépenses de la SEM au sens de l'article 5 de la loi du 25 septembre 1948 modifiée ; qu'en outre, dans la mesure où ces paiements ont procuré à la société B. un avantage injustifié au détriment de la SEM, ils tombent sous le coup de l'article 6 de ladite loi ;
En ce qui concerne les négligences dans la tenue de la comptabilité :
Considérant qu'en comptabilité publique comme privée, les pièces justificatives sont inséparables de l'enregistrement comptable des opérations ; que le plan comptable général de 1982 dispose notamment en son titre III sous section B " tenue des comptes " que, " chaque écriture s'appuie, sauf exception valable, sur une pièce justificative datée et susceptible d'être présentée à toute demande " [...] ;
Sur les responsabilités encourues par chacun [...].
(MM. X. et Y. sont condamnés à l'amende). »

COÛT D'OBJECTIF. Voir *Marchés publics.*

CRÉANCES (déchéance de l'action en recouvrement)

L'action en recouvrement est enfermée dans des délais stricts qui, faute pour le comptable d'avoir exercé les diligences auxquelles il est tenu, en application du décret du 29 décembre 1962, portant règlement général sur la comptabilité publique, peut le conduire à se voir opposer la *prescription quadriennale* par un débiteur ; dans ce cas, si l'action en recouvrement est éteinte, le comptable ne peut plus compter que sur les voies de droit ordinaires à l'égard desquelles ne peut être invoquée que la *prescription trentenaire.* Il s'agit en fait d'un cas d'école car il est à craindre, face à un débiteur insolvable ou de mauvaise foi, que toutes les diligences exercées tardivement se révèlent sans effet pratique, en raison précisément de l'insolvabilité du débiteur (réelle ou organisée). Il ne restera plus au comptable qu'à obtenir l'admission des créances les plus anciennes et réputées irrécouvrables, en *non-valeur,* sous le contrôle de la juridiction financière.

À noter que la conservation de créances anciennes et irrecouvrables dans les états de restes à recouvrer pendant une durée excessive affecte la sincérité des résultats des exercices.

ADMISSION EN NON-VALEUR

Même pour une créance admise en non-valeur, les juridictions financières se reconnaissent le droit de vérifier les diligences exercées par le comptable, qui peut toujours voir sa responsabilité engagée et être mis en *débet* à raison du non-recouvrement de créances, même après leur admission en non-valeur ; c'est d'ailleurs une situation assez fréquente.

S'agissant de créances détenues sur une collectivité territoriale, la procédure de recouvrement forcé ne peut être mise en œuvre. En revanche, il appartient au comptable ou au représentant de l'organisme créancier d'engager les procédures visées aux articles 11 et 12 de la loi du 2 mars 1982.

CRÉDIT-BAIL

Voir aussi *Interventions économiques* et *Urbanisme.*

Le crédit-bail est une technique de financement d'une immobilisation par laquelle une banque ou une société financière acquiert un bien meuble ou immeuble pour le louer à une entreprise, cette dernière ayant la possibilité de racheter le bien loué pour une valeur résiduelle, généralement assez faible, en fin de contrat.

Le crédit-bail s'analyse comme un contrat de louage de chose (art. 1709 du code civil) ; les opérations de crédit-bail sont régies par la loi n° 66-455 du 2 juillet 1966.

Le crédit-bail se distingue de la *location-vente* en ce que, dans ce dernier cas, le preneur s'engage à acheter l'immeuble en fin de bail, alors que le contrat de crédit-bail ne comporte pas cette obligation.

Le crédit-bail n'est pas, non plus, une vente à tempérament car l'utilisateur n'est pas propriétaire du bien qu'il utilise.

Une commune peut-elle construire un bâtiment en vue de le louer avec promesse de vente, pour permettre à une personne privée d'y exercer une activité artisanale ou industrielle, et de devenir au terme du bail, si elle le désire, propriétaire des locaux pour un prix fixé à l'avance ?

Le recours des collectivités locales au crédit-bail est possible ; c'est d'ailleurs une pratique assez souvent relevée par les chambres régionales des comptes dans leurs observations définitives, à la suite du contrôle des *interventions économiques* réalisées par ces collectivités dans le cadre des dispositions de la loi du 2 mars 1982 modifiée.

Mais le recours des collectivités territoriales au crédit-bail doit être exceptionnel ; l'article 2 de la loi du 2 juillet 1966 réservant, en effet, aux entreprises commerciales la pratique, à titre habituel, du crédit-bail.

En outre, le crédit-bail tombe sous le coup des dispositions de la loi bancaire et demande quand le montage financier n'est pas assuré par un établissement de crédit à conserver un caractère non habituel. Loi n° 84-46 du 24 janvier 1984 relative à l'activité et au contrôle des établissements de crédit :

- *Art. 3 : [...] « Sont assimilées à des opérations de crédits le crédit-bail, et, de manière générale, toute opération de location assortie d'une option d'achat. »*
- *Art. 10 : « Il est interdit à toute personne autre qu'un établissement de crédit d'effectuer des opérations de banque à titre habituel. »*

Les avantages du crédit-bail peuvent se résumer ainsi :
- grande souplesse d'utilisation ;
- pas d'autofinancement ;
- pas de garanties réelles ;
- pas d'immobilisation au bilan ;
- loyers passés en frais généraux.

Cette procédure favorise incontestablement l'implantation ou le maintien d'activités économiques dans une commune, d'autant, qu'inscrites dans un programme d'interventions économiques, les opérations de ce type sont susceptible de bénéficier de l'aide d'autres collectivités, départementales ou régionales. Le loyer de l'entreprise pourra ainsi être fixé à un niveau assez bas, juste suffisant pour couvrir le montant de l'annuité d'emprunt du projet.

Les inconvénients du crédit-bail :
- coût élevé ;
- les biens financés ne peuvent être donnés en garantie ;
- nécessité d'amortir le bien acquis en fin de contrat.

Quel est le risque pour la commune ? En principe, aucun ; puisque la collectivité publique reste propriétaire jusqu'à réalisation de l'option facultative d'achat. Mais dans la pratique, ce n'est pas toujours aussi simple ; il faut donc se prémunir contre le risque de défaillance prématurée du partenaire ; car en début d'opération, le niveau global d'endettement de la collectivité peut affecter l'équilibre des résultats de l'exercice dès la première perte de revenu. Il est donc conseillé, avant tout engagement, de s'assurer de la santé financière du preneur, ou, pour le moins, de la fiabilité de son projet industriel. Enfin, les collectivités tentées par ce type de contrats ont, par ailleurs, tout intérêt à s'entourer d'un conseil juridique pour la rédaction de leurs actes ; tout comme elles ne devront pas négliger de faire prendre en compte dans le contrat d'assurance qui accompagne les contrats d'emprunts, le risque d'impayé des loyers.

Situation par rapport à la TVA

Les opérations de crédit-bail (ou de location-vente), ne peuvent donner lieu à une restitution de la TVA par le biais du fonds de compensation de la TVA (FCTVA). En effet, ces opérations comportent deux opérations successives : un contrat de location, pour lequel le preneur verse un loyer au bailleur ; au terme du contrat, une acquisition éventuelle du bien loué. Les loyers perçus sont imputables à un compte de capitaux et ne constituent pas de ce fait, des dépenses éligibles au FCTVA ; au terme du contrat, le transfert de propriété du bien, consécutif à la vente, nécessite l'intégration de celui-ci au bilan de la collectivité, sans constituer pour autant une dépense imputable à un compte d'immobilisation, qui seul peut ouvrir droit au bénéfice du FCTVA.

Cette règle est fréquemment ignorée des collectivités locales ; et nombreuses sont les observations des chambres régionales qui font état de telles erreurs, qui conduisent à obtenir des remboursements indus de TVA qu'il faut ensuite reverser.

Observations des juridictions financières

- CRC « Franche-Comté », 27 avr. 1993, *Commune d'Audincourt ;* extraits :

  « La ville d'Audincourt a entrepris, en 1984, la construction d'un bâtiment industriel, sur un terrain lui appartenant, en vue de le louer à la société A. Le coût définitif de l'opération, tel qu'il est arrêté dans la délibération du conseil municipal du 19 novembre 1985, ressort à 6 222 964 F dont 3 302 337 F de frais financiers. Ce bâtiment a été loué avec option d'achat, à la société A. moyennant un loyer annuel de 414 864 F. Toutefois l'entreprise ayant connu des difficultés, qui l'ont d'ailleurs conduite au dépôt de bilan, aucun loyer n'a pu être recouvré par la collectivité. L'activité de la société A. a été reprise par la SA N. F. et la commune a alors abandonné la formule de location avec option d'achat, pour la remplacer par une vente avec paiement échelonné du prix. La vente de ces biens, avec d'autres terrains, s'est faite le 15 novembre 1989, moyennant un prix TTC de : 1 782 954 F, dont 1 385 737 F, HT, pour les locaux précédemment occupés par la société A. Le prix était stipulé payable à concurrence de 400 333 F à la signature de l'acte, et le surplus à raison de 355 mensualités de 12 160 F, ces dernières incluant un intérêt de 10 %. La chambre ne peut que constater que cette transaction, dans laquelle la commune s'est dessaisie d'une partie de son patrimoine, n'a pas été conclue aux meilleures conditions économiques et financières pour cette dernière. En effet, la perte pour la collectivité s'est élevée à 1 534 900 F, si l'on rapproche le prix de vente au prix de revient (2 920 627) des locaux en cause, et à 1 903 048 F, si on inclut les frais financiers sur emprunt et les produits financiers versés par la société SA N. F. Dans cette hypothèse, en effet, le coût total se situe à 6 222 964 F et les produits à 4 319 916 F. »

• CRC « Provence-Alpes-Côte-d'Azur », 28 oct. 1993, *Département du Vaucluse ;* extraits :

> « Par ailleurs, les opérations de crédit-bail, soumises aux dispositions de la loi 66-455 du 2 juillet 1966, ont été assimilées à des opérations de crédit par l'article 3 de la loi 84-46 du 24 janvier 1984, relative à l'activité et au contrôle des établissements de crédit. Elles ne peuvent donc, en principe, être réalisées que par des établissements bancaires. Il a été cependant reconnu que les collectivités territoriales pouvaient y recourir, à titre occasionnel. On a, en effet, fait valoir que dans ce régime juridique de location-vente, la collectivité restait propriétaire de l'immeuble cédé jusqu'au complet paiement de sa valeur, ce qui constituerait une garantie efficace pour les deniers publics ainsi utilisés. Néanmoins, la chambre a voulu faire remarquer que le recours à ce mode d'intervention paraît devoir conserver un caractère exceptionnel, comme le souligne, du reste, une circulaire du ministère de l'Intérieur datée du 13 juillet 1989 : "Il est clair que cette activité ne doit, en aucun cas, revêtir un caractère habituel et doit donc rester, pour les collectivités locales, un moyen occasionnel de remédier à la défaillance ou à l'absence de l'initiative privée ". Il semblerait que ces limites aient été perdues de vue par le conseil général de Vaucluse : au 1er janvier 1993, en effet, le département " gère " plus de trente opérations de crédit-bail, représentant un total de créances sur quinze ans de 504,4 MF. Ces opérations ont été financées par des ressources d'emprunt à hauteur de 230 MF [...]. »
>
> « La chambre observe que, s'il est vrai que la collectivité reste jusqu'au bout du contrat, propriétaire des biens immobiliers cédés en location-vente, leur valeur vénale, en cas de défaillance du preneur, dépend des conditions du marché et des opportunités qui s'y présentent – et ce d'autant plus que les équipements réalisés sont spécifiques à un type d'activité – alors que la charge de la dette demeure, pour le département, une obligation catégorique [...]. Par acte du 25 juillet 1991, le département a conclu avec la société " Les transporteurs réunis par la Flèche Cavaillonnaise " un contrat de crédit-bail d'un type particulier : le *lease-back ;* la Flèche Cavaillonnaise a transféré au département la propriété d'un bien pour le recouvrer ensuite en quinze annuités, avec promesse de s'en voir de nouveau céder la propriété à l'issue du paiement [...]. Cette transaction a appelé de la part de la chambre les observations suivantes : il apparaît d'abord que le " lease-back " s'analyse comme une authentique opération de banque, visée en conséquence par les dispositions de l'article 10 de la loi 84-46 du 24 janvier 1984 qui précisent "qu'il est interdit à toute personne autre qu'un établissement de crédit d'effectuer des opérations de banque à titre habituel ". D'autre part, cette opération a eu pour effet d'apporter une masse importante de capitaux à une entreprise privée du secteur concurrentiel, et ainsi, en améliorant sensiblement son bilan, de la favoriser. Or, si l'article 48 de la loi 82-213 du 2 mars 1982 reconnaît au département un droit d'intervention en matière économique, il est précisé qu'il doit s'exercer dans le respect de la liberté du commerce et de l'industrie et du principe de l'égalité des citoyens devant la loi. L'aide départementale apportée à la Flèche Cavaillonnaise, apparaît donc, d'une manière beaucoup plus manifeste qu'un crédit-bail, de nature à remettre en cause, et les principes fondamentaux rappelés ci-dessus, et les diverses dispositions législatives ou réglementaires visant plus spécifiquement les aides publiques à certaines entreprises. En outre, dans cette affaire, la chambre s'est demandée si le département disposait de toutes les compétences nécessaires pour mener, avec l'argent public, de telles opérations, qui exigent une bonne connaissance du marché et une certaine maîtrise dans l'analyse économique. »

- CRC « Franche-Comté », 3 juin 1993, *Commune de Besançon ;* extraits :

  « La construction d'un parc de stationnement. Afin de faire face aux problèmes de stationnement au centre ville, il a été décidé de réaliser un parc de stationnement souterrain de 600 places dans la cour de la mairie. La ville a choisi de financer cet ouvrage par crédit-bail. Pour cela, elle a conclu, en décembre 1991, un contrat avec la SA Flobail, aux termes duquel cette société finance les travaux et donne le parking en location à la collectivité. Celle-ci s'est engagée à verser des loyers progressifs pendant vingt ans, à hauteur de 3 millions en 1992, 4 millions en 1994, 4,42 millions en 1995 et plus 2,5 % les années suivantes.

  Le choix du crédit-bail, au lieu d'un emprunt traditionnel, a été notamment justifié par une meilleure adéquation entre les recettes générées par l'équipement et les charges financières : la progressivité des loyers étant couverte par celle des recettes d'exploitation. Autre justification avancée, le budget d'investissement n'est pas alourdi du poids de l'opération.

  Or, la chambre constate, au vu des premiers résultats (1,3 million de recettes en 1992), et des recettes potentielles que peut générer l'ouvrage, qu'il convient d'atténuer cet optimisme. En effet, même si on obtient une augmentation sensible de la fréquentation du parking dans les prochaines années, les recettes escomptées couvriront difficilement les charges d'exploitation (environ 1,4 MF) et le remboursement du crédit-bail (4,4 MF) en 1995, en raison notamment d'un montant de loyer plus important que celui initialement prévu. La prise en compte de l'excédent dégagé par le stationnement de surface ne viendra couvrir qu'en partie ce déficit. »

CUMUL (d'emplois ou de rémunérations). Voir *Associations* et *Fonction publique territoriale.*

CUMUL DES MANDATS

Deux lois du 30 décembre 1985, l'une organique (n° 85-1405, *JO* du 31 déc. 1985), pour les sénateurs et les députés, l'autre ordinaire (n° 85-1406 du 30 déc. 1985, *JO* du 31 déc.) pour les élus au parlement européen et les élus locaux, ont organisé une limitation du cumul des mandats électoraux en instituant de nouvelles règles d'incompatibilité. Le principe posé par ces textes est l'interdiction de cumuler plus de deux mandats dont la liste est fixée. Ainsi un élu ne peut cumuler trois mandats que si le troisième ne figure pas sur cette liste (et ceci indépendamment des nombreuses autres possibilités de cumul existant et non sanctionnées, dès lors qu'il s'agit de présidences d'organismes satellites des collectivités locales).

Tout élu qui conserve par réélection un mandat et en acquiert un autre et se trouverait ainsi placé dans un des cas d'incompatibilité, dispose d'un délai de quinze jours à compter de la dernière élection pour démissionner du mandat de son choix (en cas de contestation du résultat d'une élection, le délai de quinze jours ne court qu'à compter de la date du jugement le confirmant).

(Voir aussi les rubriques *Élus locaux* et *Risques de gestion : les risques subjectifs.*)

D

DÉBET. Voir *Comptabilité publique.*

DÉCENTRALISATION

Loi 82-213 du 2 mars 1982, modifiée, relative aux droits et libertés des communes, des départements et des régions (*JO* du 3 et 6 mars 1982) :

> *« Les communes, les départements et les régions s'administrent librement par des conseils élus. » (art. 1er)*

Et la loi 83-8 du 7 janvier 1983 (art. 1er) de préciser :

> *« Les communes, les départements et les régions constituent le cadre institutionnel de la participation des citoyens à la vie locale et garantissent l'expression de sa diversité. »*

La loi 82-213 du 2 mars 1982 a été modifiée et complétée par de nombreuses dispositions postérieures qui témoignent de la lente construction de l'édifice juridique de la décentralisation :

– en 1982 (lois 82-594 du 10 juill., 82-623 du 22 juill., 82-659 du 30 juill., 82-1126 du 29 déc. et 82-1169 du 31 déc.) ;
– en 1983 (lois 83-8 du 7 janv., 83-663 du 22 juill. et 83-1186 du 29 déc.) ;
– en 1984 (loi 84-53 du 26 janv.) ;
– en 1985 (lois 85-30 du 9 janv., 85-97 du 25 janv., 85-595 du 11 juin et 85-1046 du 30 déc.) ;
– en 1986 (lois 86-16 du 6 janv., 86-29 du 9 janv. et 86-972 du 19 août) ;
– en 1987 (loi 87-529 du 13 juill. et 87-565 du 22 juill.) ;
– en 1988 (loi 88-13 du 5 janv.) ;
– en 1990 (lois 90-55 du 15 janv., 90-449 du 31 mai et 90-1103 du 11 déc.) ;
– en 1991 (loi 91-662 du 13 juill.) ;
– en 1992 (lois 92-125 du 6 févr. et 92-651 du 13 juill.) ;
– en 1993 (loi 93-122 du 29 janv.) ;
– en 1994 (loi 94-44 du 18 janv. et 94-504 du 22 juin).

Les transferts de compétence prévus par les lois du 7 janvier et 22 juillet 1983 ne peuvent autoriser une des collectivités territoriales concernées à établir ou exercer, sous quelque forme que ce soit, une tutelle de l'une sur l'autre. Ce qui n'interdit pas les actions de coopération.

Voir aussi : *Légalité (contrôle de la) :* Suppression de la tutelle administrative ; et *Chambres régionales des comptes :* Suppression de la tutelle financière.

TRANSFERTS DE COMPÉTENCE

Loi n° 83-8 du 7 janvier 1983 (*JO* du 9 janv. 1983 et 6 mars 1983), complétée par la loi n° 83-663 du 22 juillet 1983 (*JO* du 23 juill. 1983).

Aux termes de l'article 1er de la loi du 7 janvier 1983 :

> « *Les communes, les départements et les régions règlent par leurs délibérations les affaires de leurs compétences. Ils concourent avec l'État à l'administration et à l'aménagement du territoire, au développement économique, social, sanitaire, culturel et scientifique, ainsi qu'à la protection de l'environnement et à l'amélioration du cadre de vie [...].* »

Le principe de « libre administration » (« dans les conditions prévues par la loi », précise la Constitution de 1958, art. 72) est constamment pris en compte, pour apprécier la validité des actes des collectivités locales, sous réserve de l'appréciation par le juge des comptes de *l'intérêt communal* (ou *départemental*) de la décision, c'est-à-dire du champ de compétence reconnu par la loi à chaque niveau de collectivité.

DÉCISIONS DE JUSTICE (exécution des)

Textes de référence :

– loi n° 80-539 du 16 juillet 1980, modifiée (l'article 1er de cette loi a été complété d'un paragraphe IV par la loi n° 94-504, art. 9 du 22 juin 1994) ;

– décret n° 81-501 du 12 mai 1981 pris pour son application ;

– loi n° 93-122 du 29 janvier 1993, article 78.

L'inexécution d'une décision de justice, au mépris de l'autorité de la chose jugée, est une situation choquante, surtout quand elle est le fait d'une collectivité publique. La loi n° 80-539 du 16 juillet 1980 modifiée, relative aux astreintes prononcées en matière administrative et à l'exécution des jugements par les personnes morales de droit public, a donc institué diverses procédures destinées à faire exécuter les décisions de justice par les administrations publiques : l'une fait intervenir la menace d'astreinte, l'autre, la menace de déféré en Cour de discipline budgétaire et financière.

S'agissant des collectivités locales, la loi n° 93-122 du 29 janvier 1993 (art. 78) a étendu l'assujettissement des élus locaux à la Cour de discipline budgétaire et financière (CDBF) dans le cas, notamment, où ils ont enfreint les dispositions de la loi du 16 juillet 1980 précitée (et lorsqu'ils ont engagé leur responsabilité propre à l'occasion d'un ordre de réquisition du comptable de la collectivité ; voir aussi : « Paiement, suspension et réquisition »).

Circulaire NOR/INT/B/87/00162/C du 23 juin 1987 relative à l'exécution des décisions de justice par les collectivités locales (Extraits)

> *I. Les obligations de la collectivité.*
>
> Les personnes morales de droit public sont tenues d'exécuter les jugements rendus par les juridictions administratives ou judiciaires. Deux effets s'attachent à ces jugements :
>
> – le jugement est exécutoire, ce qui a pour conséquence d'obliger la collectivité locale à en assurer l'exécution ;
>
> – il a l'autorité de la chose jugée et cette autorité doit être respectée au même titre que les autres éléments de la légalité.
>
> Le législateur a entendu renforcer les contraintes pesant sur les personnes publiques en matière d'exécution des décisions de justice.

L'article 1er-II de la loi du 16 juillet 1980 relative aux astreintes prononcées en matière administrative et à l'exécution des jugements par les personnes morales de droit public dispose que « lorsqu'une décision juridictionnelle passée en force de chose jugée a condamné une collectivité locale ou un établissement public au paiement d'une somme d'argent dont le montant est fixé par la décision elle-même, cette somme doit être mandatée ou ordonnancée dans un délai de quatre mois à compter de la notification de la décision de justice (ce délai est impératif et s'applique à toutes les décisions des juridictions de l'ordre administratif ou judiciaire) ».
S'agissant des décisions rendues par les juridictions de l'ordre judiciaire, l'article 500 du nouveau code de procédure civile dispose « qu'a force de chose jugée le jugement qui n'est susceptible d'aucun recours suspensif d'exécution » [...].
S'agissant des décisions rendues par les juridictions administratives, sont passées en force de chose jugée les décisions définitives qui ne sont plus susceptibles de recours [...].

II. L'intervention du représentant de l'État en cas de non-respect de ces obligations.
Vous disposez (pour assurer le respect des lois) d'une mission de surveillance et de conseil, assortie de moyens d'action d'office.

1. Contrôle de la légalité : lors de l'examen des actes transmis par les collectivités locales, il importe de vérifier que ces actes ne s'opposent pas à l'exécution des décisions juridictionnelles. Si tel était le cas, il vous reviendrait de les déférer au tribunal administratif, conformément aux dispositions des articles 3, 46 et 69 de la loi du 2 mars 1982.

2. Demandes d'éclaircissements : lorsqu'il vous apparaît que les obstacles à l'exécution d'une décision (d'une juridiction administrative) proviennent effectivement des difficultés d'interprétation de la décision elle-même ou lorsque vous estimez qu'une autorité locale invoque de réelles difficultés, je vous demande de m'en informer sans délai de manière que le Conseil d'État, qui ne peut être saisi que par mes soins, puisse apporter rapidement les éclaircissements nécessaires.

3. Recours à la section du rapport et des études du Conseil d'État : les articles 59 et 23 ter (des décrets 63-766 du 30 juill. 1963 et 53-1169 du 28 nov. 1953) ouvrent aux requérants qui rencontrent des difficultés pour obtenir l'exécution, notamment par les collectivités locales, des décisions de justice rendues en leur faveur, la faculté de signaler à la section du rapport et des études ces difficultés et d'obtenir son assistance.

4. Mandatement d'office : l'article 1er-II de la loi du 16 juillet 1980 [...] prévoit « qu'à défaut de mandatement ou d'ordonnancement (dans le délai de 4 mois), l'autorité de tutelle procède au mandatement d'office [...] ». Ces procédures particulières échappent aux dispositions des articles 11, 12, 52, 53 et 83 de la loi du 2 mars 1982, en application de l'article 98-I de cette loi. Il vous appartient, en conséquence, d'engager les procédures sans consultation de la Chambre régionale des comptes [...]. Toutefois, dans le cas d'une décision juridictionnelle impliquant pour la collectivité l'obligation de verser une somme d'argent dont le montant n'a pas été fixé par la décision juridictionnelle elle-même, l'inscription d'office de la dépense en cause au budget de la collectivité condamnée intervient dans le cadre de la procédure de l'article 11 de la loi du 2 mars 1982 [...].

III. Les astreintes auxquelles peut être condamnée la collectivité locale.
En matière civile, l'article 5 de la loi 72-626 du 5 juillet 1972 dispose que les tribunaux peuvent, même d'office, ordonner une astreinte pour l'exécution de leurs décisions. L'article 2 de la loi du 16 juillet 1980 dispose « que, en cas d'inexécution

d'une décision rendue par une juridiction administrative, le Conseil d'État peut, même d'office, prononcer une astreinte contre les personnes morales de droit public pour assurer l'exécution de cette décision » (le Conseil d'État a ainsi sanctionné des collectivités locales à raison de leur refus manifeste et prolongé d'exécuter des décisions juridictionnelles dont la mise en œuvre n'était pas de nature à créer de trouble particulier pour l'ordre public : CE, 17 mai 1985, Mme Menneret ; ou encore CE, 14 janv. 1987, Mlle Laucoin). Il y a lieu de noter par ailleurs que les astreintes ainsi prononcées ne se substituent en aucune manière aux intérêts moratoires dus pour paiement tardif et ne peuvent dispenser de s'acquitter de ces intérêts de retard. Elles sont également indépendantes des dommages-intérêts qui pourraient éventuellement être alloués en réparation du préjudice causé par l'exécution tardive du jugement.

IV. Les sanctions qui peuvent frapper les responsables de l'inexécution des jugements.
(Outre les peines déjà prévues par la loi du 16 juill. 1980 à l'encontre des agents des collectivités locales : Cour de discipline budgétaire et amendes, la loi du 29 janv. 1993 a, dans ce cas, étendu aux élus l'assujettissement à la CDBF ; voir cette rubrique.)

L'efficacité de cette procédure est loin d'être illusoire : M. Christian Descheemaker, Premier Avocat général à la Cour des comptes, cite (*Le courrier juridique des Finances* n° 24, mai 1992) le cas particulièrement révélateur de la commune d'Eaubonne (Val-d'Oise) rapporté par la Cour des comptes dans son rapport public de 1988 (p. 121) : l'arrêt de la cour d'appel de Versailles condamnant cette commune à payer une somme de 19,9 millions de francs, majorée des intérêts, avait été rendu le 10 juillet 1984 ; le Parquet de la Cour de discipline budgétaire et financière avait été saisi en janvier 1985 ; la procédure de mandatement d'office menée avec quelques hésitations par deux préfets successifs a mis plus de dix-huit mois à aboutir et la commune a finalement payé plus de 40 millions de francs.

L'affaire, il est vrai, était particulièrement lourde pour une commune de 22 000 habitants ; mais son dénouement montre que pour avoir retardé le règlement par toutes sortes de recours dilatoires devant les juridictions administratives et financières, justifiant même l'intervention du Tribunal des conflits, le refus d'exécuter spontanément une décision de justice n'a fait qu'alourdir la dette de la collectivité.

Jurisprudence

- CE, 7 oct. 1994, *Requête Lopez ;* résumé :

Les faits :

Les époux Lopez demandaient au Conseil d'État de prononcer une astreinte à l'encontre de la commune de Moulins, Allier, afin d'assurer l'exécution d'une décision du tribunal administratif de Clermont-Ferrand en date du 29 octobre 1987, annulant la délibération du Conseil municipal de la commune de Moulins en date du 14 novembre 1986, autorisant le maire à céder une propriété appartenant au domaine communal privé.

> « Considérant que par une délibération en date du 14 novembre 1986, le conseil municipal de la commune de Moulins a autorisé le maire à céder à M. Joseph Henriques, employé municipal, une propriété appartenant au domaine privé de la commune ; que sur demande des époux Lopez, locataires de cette propriété, dont les propositions d'acquisition n'avaient pas été portées par le maire à la connaissance du conseil municipal, le tribunal administratif de Clermont-Ferrand a, par jugement en date du 29 octobre 1987 devenu définitif, annulé la délibération

précitée du conseil municipal comme étant entachée de détournement de pouvoir ; que ce jugement a privé de base légale la décision d'aliénation de cette propriété prise par le maire de la commune ; qu'il appartient, dès lors, au conseil municipal, faute d'y être parvenu par d'autres voies, de saisir le juge du contrat en vue d'obtenir le retour dans le domaine privé de la commune de la propriété aliénée, sans autorisation légale, au profit de la mère de M. Joseph Henriques, afin de statuer à nouveau sur le principe et les conditions d'une cession éventuelle de ladite propriété ;
Considérant que, à la date de la présente décision, la commune de Moulins n'a pas pris les mesures propres à assurer, dans les conditions sus-indiquées, l'exécution du jugement précité du 29 octobre 1987 ; qu'il y a lieu, compte tenu de toutes les circonstances de l'affaire, de prononcer contre cette commune, à défaut pour elle de justifier de ces mesures dans le délai de deux mois à compter de la notification de la présente décision, une astreinte de 5 000 F par jour jusqu'à la date à laquelle ces mesures auront été prises. »

DÉCONCENTRATION

Loi 92-125 du 6 février 1992, Titre Ier (*JO* du 8 févr.) et décret 92-604 du 1er juillet 1992, portant charte de la déconcentration (*JO* du 4 juill.).

« L'administration territoriale de la République est assurée par les collectivités territoriales et par les services déconcentrés de l'État. Elle est organisée, dans le respect du principe de libre administration des collectivités territoriales, de manière à mettre en œuvre l'aménagement du territoire, à garantir la démocratie locale et à favoriser la modernisation du service public. »

L'article 1er de la loi du 6 février 1992 précitée, définit à la fois l'objectif et la limite de la déconcentration. Le décret du 1er juillet précise les modalités des transferts d'attributions des administrations centrales aux services déconcentrés ainsi que les principes d'organisation de ces services. Aux termes de l'article 1er du décret précité, « la déconcentration est la règle générale de répartition des attributions et des moyens entre les différents échelons des administrations civiles de l'État ».

Les administrations centrales, quant à elles, « assurent au niveau national un rôle de conception, d'animation, d'orientation, d'évaluation et de contrôle » (art. 2 du décret). La circonscription régionale est l'échelon territorial de programmation et de répartition des crédits d'investissement de l'État ainsi que de contractualisation des programmes pluriannuels entre l'État et les collectivités locales. La circonscription départementale est l'échelon territorial de mise en œuvre des politiques nationales et communautaires. L'arrondissement est le cadre territorial de l'animation du développement local et de l'action administrative locale de l'État.

DÉFAUT DE SURVEILLANCE. Voir *Responsabilité civile.*

DÉLÉGATIONS DE SERVICES PUBLICS (contrats types de). Voir *Services publics industriels et commerciaux.*

DÉLITS. Voir *Responsabilité pénale personnelle des élus locaux.*

DÉPENSES (pièces justificatives)

« Les opérations (de recettes et de dépenses) doivent être appuyées des pièces justificatives prévues dans des nomenclatures établies par le ministre des Finances avec, le cas échéant, l'accord du ministre intéressé » (art. 47 du décret 62-1587 du 29 déc. 1962, portant règlement général sur la comptabilité publique).

Les pièces justificatives des opérations sont produites à la chambre régionale des comptes. La liste des pièces justificatives des paiements des communes, des départements, des régions et des établissements publics locaux a été fixée par le décret 83-16 du 13 janvier 1983, modifié par le décret 88-74 du 21 janvier 1988, et par le décret 92-1123 du 2 octobre 1992.

DÉPENSES DE PERSONNEL. Voir *Fonction publique territoriale.*

DÉPENSES OBLIGATOIRES. Voir *Chambres régionales des comptes, contrôle budgétaire ;* voir aussi *Finances locales.*

DOCUMENTS ADMINISTRATIFS (accès aux)

La communication des documents administratifs s'inscrit dans la volonté du législateur d'améliorer l'information des citoyens. Les conditions d'accès aux documents administratifs sont allées en s'élargissant depuis la loi du 17 juillet 1978 qui, sous certaines conditions, en avait facilité l'accès ; dans le cadre de cette loi, en effet, il appartient au juge administratif de requérir des administrations concernées la production de tous les documents qui ne sont pas couverts par un secret protégé par la loi.

Références législatives et réglementaires

Loi n° 78-753 du 17 juillet 1978 (modifiée par la loi 79-587 du 11 juill. 1979) et décret n° 88-465 du 28 avril 1988, portant diverses mesures d'amélioration des relations entre l'administration et le public :

« Le droit de toute personne à l'information est garanti en ce qui concerne la liberté d'accès aux documents administratifs de caractère non nominatif » (art. 1er) ;

« Sous réserve des dispositions de l'article 6 (qui permettent de refuser de laisser consulter ou de communiquer un document couvert par le secret) les documents administratifs sont communicables de plein droit, aux personnes qui en font la demande... » (art. 2) ;

« L'accès aux documents administratifs s'exerce : par consultation gratuite sur place, sauf si la préservation du document ne le permet pas ou n'en permet pas la reproduction ; sous réserve que la reproduction du document ne nuise pas à sa conservation, par délivrance de copie en un seul exemplaire, aux frais de la personne qui le sollicite... » (art. 4) ;

« Une commission d'accès aux documents administratifs (CADA), *est chargée de veiller au respect de la liberté d'accès... dans les conditions prévues (par la loi), notamment en émettant des avis lorsqu'elle est saisie par une personne qui rencontre des difficultés pour obtenir la communication d'un document administratif, en conseillant les autorités compétentes... » (art. 5) ;*

« Le refus de communication est notifié au demandeur sous forme de décision écrite et motivée. Lorsqu'il est saisi d'un recours contentieux contre un refus de

communication d'un document administratif, le juge administratif doit statuer dans le délai de six mois... » (art. 7) ;
« Le silence gardé pendant plus d'un mois par l'autorité compétente saisie d'une demande de communication de documents en application de la loi du 17 juillet 1978, vaut décision de refus » (art. 2 du décret du 28 avr. 1988).

L'intéressé dispose alors d'un délai de deux mois pour saisir la commission d'accès aux documents administratifs prévue à l'article 5 de la loi du 17 juillet 1978 ; la saisine de la commission est obligatoire préalablement à tout recours contentieux. La commission et l'autorité compétente disposent chacune d'un délai d'un mois pour traiter le problème, faute de quoi l'intéressé pourra, après un délai de deux mois, engager un recours contentieux devant la juridiction administrative.

PUBLICITÉ DES ACTES

Décret 79-834 du 22 décembre 1979 portant application de l'article 9 de la loi du 17 juillet 1978, en ce qui concerne la liberté d'accès aux documents administratifs ; se trouve aujourd'hui complété par le décret 93-1121 du 20 septembre 1993, pris en application de l'article 18 de la loi 92-125 du 6 février 1992, relative à l'administration territoriale de la République, qui prescrit la publication dans un recueil des actes administratifs des actes à caractère réglementaire émanant des autorités territoriales ; la même obligation étant étendue, sous certaines conditions, aux établissements publics de coopération.

Une circulaire n° NOR/INT/B/94/00096/C précise, à toutes fins utiles, les principes généraux applicables à la publicité des actes administratifs et la portée des nouvelles mesures de publication prévue par la loi et le décret précités.

La décentralisation a, en outre, conduit le législateur à élargir le champ des documents communicables afin d'accroître la transparence des actes des collectivités locales (loi du 15 janv. 1990, art. 16-II ; loi du 29 janv. 1993, art. 75-II).

Publicité des observations définitives sur la gestion des collectivités locales formulées par les chambres régionales des comptes

Initialement couvertes par le secret (art. 23-IV et VII de la loi du 5 janv. 1988), les observations définitives des chambres régionales des comptes sur la gestion des ordonnateurs sont désormais au nombre des documents communicables (art. 75-II de la loi du 29 janv. 1993, modifiant l'art. 87 de la loi du 2 mars 1982).

Au cas où le responsable de l'exécutif de la collectivité ne satisferait pas totalement aux obligations fixées par la loi, la communication de ces observations aux personnes qui en feraient la demande, sera de plein droit, à l'expiration d'un délai de deux mois, conformément aux dispositions de la loi 78-753 du 17 juillet 1978.

Une jurisprudence du Conseil d'État (arrêt du 30 juin 1989, *Ministre des Finances c/ David*) avait déjà reconnu le caractère communicable (sous certaines conditions) des rapports particuliers de la Cour des comptes ; aujourd'hui, un *avis de la CADA en date du 26 avril 1990* est venu confirmer cette jurisprudence en ce qui concerne les observations définitives des chambres régionales des comptes (voir aussi nos commentaires sous « CRC » Contrôle de la gestion des ordonnateurs).

Commission d'accès aux documents administratifs
(Source : VIIe Rapport d'activités)

« Conseil au président du Syndicat d'agglomération nouvelle de Marne–la-Vallée : 26 avril 1990.

« La commission d'accès aux documents administratifs a examiné dans sa séance du 26 avril 1990 votre demande de conseil relative à la communication des observations définitives formulées par la chambre régionale des comptes sur la gestion du syndicat d'agglomération nouvelle de Marne-la-Vallée-Maubuée.

« L'application de la loi n° 90-55 du 15 janvier 1990 en tant qu'elle modifie l'article 87 de la loi n° 82-213 du 2 mars 1982, ouvre un droit d'accès à certains documents émanant des chambres régionales des comptes. La commission a toutefois rappelé que les documents juridictionnels, y compris les jugements définitifs, demeuraient soustraits à l'application de la loi du 17 juillet 1978.

« En outre, l'article 14 de la loi du 15 janvier 1990 dispose expressément que " les propositions, les rapports et les travaux d'instruction... sont couverts par le secret professionnel ". Or, la commission considère que le secret professionnel ainsi affirmé, figure au nombre des " secrets protégés par la loi " mentionnés à l'article 6 de la loi du 17 juillet 1978. Ces documents administratifs ne sont donc pas communicables.

En revanche, deviennent communicables les avis émis dans le cadre d'une procédure de contrôle budgétaire, et les observations adressées à l'exécutif local dès lors qu'elles ont acquis un caractère définitif. Toutefois, la commission considère que l'accès aux observations définitives ne saurait avoir lieu avant communication de ces observations dans les formes particulières prévues à l'article 16-II de la loi du 15 janvier 1990. »

Jurisprudence

- CE, 29 juin 1990, *Commune de Guitrancourt, M. X. et autres ;* résumé de l'arrêt :

Les faits :

Le maire de la commune de Guitrancourt avait refusé, par décision du 27 septembre 1984, de communiquer aux conseillers appartenant à la minorité du conseil municipal des documents préparatoires aux délibérations du conseil. Ceux-ci ont saisi le tribunal administratif de Versailles qui a annulé la décision précitée, par jugement du 1er mars 1985. La commune a fait appel.

Le problème juridique posé :

Un maire peut-il légalement se borner à mettre à la disposition des conseillers municipaux au début de la séance au cours de laquelle ils doivent être examinés, les projets des décisions soumis au conseil et les documents préparatoires les accompagnant ?

La solution donnée par le juge :

Rejet de l'appel.

« Considérant que si les membres du conseil municipal peuvent se prévaloir des dispositions de la loi du 17 juillet 1978 qui garantit la liberté d'accès aux documents administratifs et ont, d'autre part, le droit d'obtenir communication des documents énumérés par l'article L 121-19 du code des communes, ils tiennent en outre, de leur qualité de membres de l'assemblée municipale appelés à délibérer sur les affaires de la commune, le droit d'être informés de tout ce qui touche à ces affaires dans des conditions leur permettant de remplir normalement leur

mandat ; qu'en se bornant à mettre à la disposition de l'ensemble des conseillers municipaux les projets de décisions et les documents préparatoires qui les accompagnent au début des séances au cours desquelles ces projets doivent être soumis au vote du conseil municipal et en refusant de les communiquer aux conseillers municipaux qui en font la demande avant la réunion du conseil, le maire de Guiltrancourt a porté atteinte aux droits et prérogatives que M. X. et MM. X. tiennent de leur qualité de membres du conseil municipal. »

Le Conseil d'État a considéré qu'outre la faculté d'accès aux documents administratifs de la commune que tirent les conseillers municipaux de la loi du 17 juillet 1978 et de l'article L 121-19 du code des communes, ils tiennent de leur qualité de membres de l'assemblée délibérante le droit d'être informés de tout ce qui touche aux affaires soumises à cette assemblée, dans des conditions leur permettant de remplir normalement leur mandat, ce que ne permet pas la communication tardive, en début de séance seulement, des documents soumis à la délibération, sans que puisse avoir d'incidence sur ce droit le refus de participer à certaines commissions municipales.

L'apport de cet arrêt est important ; il rappelle le fondement et l'étendue du droit des conseillers municipaux à disposer des documents nécessaires à l'exercice de leur mandat.

L'article 28-I de la loi du 6 février 1992 consacre désormais expressément ce droit qui ne saurait être subordonné à la participation à des commissions municipales et suppose que les documents préparatoires aux délibérations municipales soient mis à disposition des membres élus du conseil un temps suffisant avant la séance à laquelle ils se rapportent.

DOMMAGES ET INTÉRÊTS. Voir *Responsabilité civile de la collectivité.*

DOMAINE (public et privé des collectivités locales)

Les biens du domaine public des collectivités territoriales, de leurs établissements publics et de leurs groupements sont inaliénables et imprescriptibles.

L'occupation ou l'utilisation par des personnes privées des dépendances immobilières de ce domaine ne leur confère pas de droits réels, sous réserve des dispositions de l'article 13-II et III de la loi 88-13 du 5 janvier 1988. La loi dispose en effet, « qu'un bien immobilier appartenant à une collectivité territoriale, peut faire l'objet en faveur d'une personne privée, d'un *bail emphytéotique* prévu à l'article L 451-1 du code rural, en vue de l'accomplissement, pour le compte de la collectivité territoriale, d'une mission de service public ou en vue de la réalisation d'une opération d'intérêt général relevant de sa compétence. Un tel bail peut être conclu même si le bien sur lequel il porte [...] constitue une dépendance du domaine public [...] ».

Les baux passés en application de ces dispositions sont soumis à des conditions particulières relatives à la cession de ce bail et aux hypothèques susceptibles d'être prises sur le bien en garantie des emprunts contractés en vue de financer la réalisation ou l'amélioration des ouvrages situés sur le bien loué.

Jurisprudence

- CE, 25 févr. 1994, *SA SOFAP-Marignan Immobilier et autres ;* requêtes 144-641 et 145-406 :

Le Conseil d'État a rejeté le recours formé contre la délibération du conseil municipal de Lille, autorisant le maire à conclure un bail emphytéotique. À cette occasion, la section du contentieux a rappelé que les dispositions de l'article 3 de la loi du 5 janvier 1988 permettent à une collectivité territoriale de consentir un tel bail sur son domaine public ou privé ; elles n'excluent pas qu'un tel bail soit utilisé en vue de la réalisation d'un ouvrage mis à la disposition de la collectivité elle-même ; l'insertion dans la convention d'une clause exorbitante du droit commun, autorisant dans certaines hypothèses une résiliation unilatérale par le bailleur, ne fait pas perdre au contrat son caractère de bail emphytéotique ; compte tenu de l'objet qui lui est assigné par la loi, un tel bail peut valablement imposer au preneur des obligations tenant à l'utilisation qu'il fera du bien mis à sa disposition.

Par ailleurs, même si une partie des ouvrages prévus répond aux besoins de la ville qui accepte également que le bâtiment construit abrite, pour partie, des bureaux privés, il n'en demeure pas moins que la ville ne jouera le rôle de maître d'ouvrage ni pendant la réalisation des travaux ni avant le terme du bail. L'opération en cause ne présente donc pas le caractère d'une opération de travaux publics qui n'aurait pu être réalisée sur le fondement de l'article 3 de la loi du 5 janvier 1988.

Modalités de mise à disposition des tiers (personne physique ou association) des bâtiments communaux

Pour appartenir au domaine communal, les biens dont la commune est propriétaire doivent être affectés soit à un service public, soit à l'usage du public, critère de l'affectation auquel s'ajoute, dans la plupart des cas, la nécessité d'un aménagement spécial.

Lorsqu'un bâtiment communal mis à disposition d'une association répond à ces critères, il y a lieu de considérer qu'il appartient au domaine public communal (CE 4 avr. 1990, *Association Pétanque ermitage*). Dans le cas contraire, il relève du domaine privé de la commune.

Les modalités de mise à disposition des associations de bâtiments communaux diffèrent selon la domanialité de ces biens. Si ceux-ci relèvent du domaine privé de la commune, ce sont les règles du droit privé qui s'appliquent. Ainsi, peuvent notamment être conclus des baux et des conventions entre les deux parties, commune et association. Si les bâtiments appartiennent par contre au domaine public communal, les associations ne peuvent en disposer qu'au titre d'une autorisation ou d'une convention d'occupation du domaine, par nature précaire et révocable (Réponse ministérielle, *JO AN*, questions écrites, 30 mai 1994).

Le Conseil constitutionnel vient de valider (21 juill. 1994) l'essentiel de la loi relative à la constitution de droits réels sur le domaine public ; ce texte qui concerne notamment les zones portuaires et aéroportuaires, vise à faciliter le développement d'activités économiques sur l'emprise du domaine public ; il avait été déféré au conseil par un groupe de 60 députés estimant que l'autorisation d'occupation du domaine public et l'attribution des droits du propriétaire pour une durée supérieure à soixante-dix ans, contrevenait au principe d'inaliénabilité du domaine public.

À cette occasion, le Conseil constitutionnel a apporté les précisions suivantes : « l'autorisation d'occupation du domaine public ne peut concerner que des activités compatibles avec l'affectation du domaine public concerné » ; le Conseil souligne la supériorité du principe de la continuité des services publics, auxquels le domaine public peut être affecté, sur le droit privé, en matière de transmission des droits, dans le cas du décès ou de la défaillance du titulaire des droits. Le Conseil précise, en outre, que la réalisation d'ouvrages, de constructions ou d'installations pouvant donner lieu à la conclusion de contrats de crédit-bail par le titulaire du droit d'occupation du domaine, ne peut s'appliquer à ceux qui sont affectés à un service public.

L'autorité compétente ne peut, à l'issue de la période de soixante-dix ans, accorder un nouveau titre constitutif de droits réels, y compris sur les immeubles existants, sous réserve d'une décision expresse motivée par des travaux réhabilitant ou modifiant ces immeubles. Le Conseil considère que cette reconduction qui pourrait être réitérée indéfiniment et automatiquement, est de nature à porter atteinte à la protection due à la propriété publique.

AUTORISATIONS D'OCCUPATION DU DOMAINE PUBLIC ET REDEVANCE

Les communes sont fondées à recouvrer, au titre de l'occupation privative du domaine public, une redevance calculée en fonction de la surface occupée ou de la nature de l'activité et du caractère occasionnel ou permanent de cette occupation. Dès lors, la redevance peut comporter des catégories différentes de tarifs, sans pour autant que cette différenciation ait un caractère discriminatoire.

DOMAINE PUBLIC ET COPROPRIÉTÉ PRIVÉE

Quel est le statut des locaux acquis par une collectivité publique (ou par l'État) dans un immeuble privé en copropriété ? La question ne semble pas avoir été tranchée avant l'arrêt du Conseil d'État *(11 févr. 1994, Compagnie d'assurances Préservatrice Foncière),* statuant en cassation après l'arrêt de la Cour administrative d'appel de Paris qui s'était déclarée incompétente pour statuer sur la responsabilité de l'État à l'occasion d'un incendie déclaré dans les locaux utilisés par un service public, en tant que ces locaux étaient soumis à un régime de copropriété, ce qui ressortait de la compétence du juge judiciaire. Ainsi que l'a souligné le commissaire du gouvernement, l'occupation de locaux dans un immeuble privé, par un service public, ne peut avoir pour effet de faire disparaître les règle de la copropriété telles qu'elles résultent de la loi du 10 juillet 1965. Il en découle que, dès lors qu'une administration territoriale prend le risque de s'installer dans un immeuble en copropriété, elle doit en assumer le risque dans les mêmes conditions qu'un copropriétaire privé et se couvrir par une assurance, sans que la compagnie d'assurance puisse se retourner contre la collectivité publique sur le fondement d'un autre risque, car les locaux en cause relèvent des dispositions de la loi de 1965 et n'appartiennent pas au domaine public.

Observations des juridictions financières

- CRC « Aquitaine », 8 janv. 1993, *SEM de la piscine, Commune d'Andernos ;* extraits :

  « Non-respect de la procédure domaniale. La participation de la commune au capital de la SEM a été réalisée sous forme d'apport du terrain de 4 748 m^2 qui supportait l'ancien bâtiment de la piscine municipale, ses locaux techniques et annexes, un logement de fonction, deux courts de tennis et des espaces verts ouverts au public. Or ce terrain, dont la propriété communale n'est pas contestée, appartenait très probablement, sous réserve de l'appréciation souveraine du juge administratif, au domaine public de la commune du fait de l'affectation à l'usage du public des aménagements spéciaux construits sur lui (tennis, ancienne piscine). Dès lors, le principe d'inaliénabilité du domaine public imposait de procéder au déclassement préalable de ces biens afin de les incorporer au domaine privé de la commune, par une délibération formelle du conseil municipal, avant d'en faire apport à la SEM. Le domaine public étant inaliénable et imprescriptible, on peut donc craindre que la SEM ne détienne en fait aucun droit réel concernant le terrain, voire même les bâtiments qui ont été construits dessus. De même, le département de la Gironde qui a racheté la partie résidence hôtelière de l'ensemble immobilier construit sur le terrain concerné pourrait voir sa propriété contestée. Enfin, la validité des inscriptions hypothécaires grevant le complexe hôtelier pourrait être remise en cause, la règle de l'inaliénabilité interdisant les démembrements de la propriété du domaine public. »

DOMAINES (service des Domaines)

Décret n° 86-455 du 14 mars 1986 (*JO* du 16 mars 1986) portant suppression des commissions des opérations immobilières et de l'architecture et fixant les modalités de consultation du service des Domaines :

- *Art. 4 : « L'avis du service des domaines doit être demandé avant toute entente amiable pour les projets d'opérations immobilières définis aux articles 5 et 6 quand ils sont poursuivis par les régions, les départements et les communes, leurs établissements publics, leurs concessionnaires, les sociétés dans lesquelles ces collectivités et établissements détiennent ensemble ou séparément la majorité du capital, ainsi que les organismes de toute nature recevant le concours financier de ces collectivités ou organismes ou qui se trouvent placés, en droit ou en fait sous leur contrôle. »*

Le rabais sur le prix de vente d'un bâtiment industriel réalisé par une collectivité locale dans le cadre de ses *interventions économiques* (voir cette rubrique), est limité par le décret du 22 septembre 1982, à 25 % de sa valeur vénale (estimation par le service des Domaines) (CRC « Bretagne », 17 août 1992, *Commune de Plouhinec ;* observations au maire).

E

EAU (Service des eaux). Voir *Service public de l'eau et de l'assainissement.*

ÉCOLES. Voir *Enseignement public.*

ÉGALITÉ (principe de l'égalité d'accès des usagers aux services publics locaux). Voir *Services publics.*

ÉLUS LOCAUX

En transférant à des assemblées élues le soin de décider et de gérer librement les affaires d'une commune, d'un département ou d'une région, la fonction d'élu local a été profondément transformée par la décentralisation. Très vite décriée, à la faveur de quelques scandales que la presse et l'opinion publique ont eu tendance à généraliser, la fonction d'élu se devait donc d'être dotée d'un statut, propre à leur offrir non seulement la formation, les moyens matériels, les garanties nécessaires à l'exercice efficace de leur mandat mais aussi dans le but d'offrir à tous les citoyens les meilleures conditions d'accès aux mandats locaux.

S'il est juste d'indemniser les élus pour le temps qu'ils consacrent à l'exercice de leur mandat au détriment, le plus souvent, de leur activité professionnelle, encore fallait-il en assurer la transparence et limiter les excès. C'est à ce prix que les élus peuvent espérer conserver la considération des électeurs.

Deux lois n° 85-1405 et 85-1406 du 30 décembre 1985 ont d'abord organisé une *limitation du cumul des mandats,* en instituant de nouvelles règles d'incompatibilité.

Le principe est qu'il est interdit de cumuler plus de deux mandats électoraux compris dans une liste, établie par les deux lois précitées, et qui vise les députés et sénateurs, d'une part, et les parlementaires européens, les conseillers régionaux, les conseillers généraux, les conseillers de Paris, les maires d'une commune de 20 000 habitants ou plus, autre que Paris, et les adjoints au maire d'une commune de 100 000 habitants ou plus, autre que Paris, d'autre part.

Le mandat de président du conseil régional et de président du conseil général sont, par ailleurs, incompatibles.

Il apparaît ainsi que nul ne peut détenir plus de deux mandats, sauf si le troisième n'entre pas dans la liste ci-dessus ; par exemple, on peut cumuler un mandat de parlementaire, de président du conseil régional ou général et de conseiller municipal, voire de maire d'une commune de moins de 20 000 habitants.

Tout élu qui acquiert ou conserve un nouveau mandat et se trouve, de ce fait, placé dans un des cas d'incompatibilité prévu par les lois précitées, dispose d'un délai de quinze jours à compter de cette dernière élection, ou s'il y a contestation, à compter du jugement la confirmant, pour démissionner du mandat de son choix. À défaut d'option dans le délai imparti, le mandat acquis en dernier prend fin de plein droit. S'il s'agit d'une élection législative ou sénatoriale, le nouveau député ou sénateur qui se trouve par le fait de cette élection dans un cas d'incompatibilité est, faute d'option, déclaré démissionnaire par le Conseil constitutionnel.

Par ailleurs, deux lois n° 88-226 et 88-227 du 11 mars 1988, relatives à la transparence financière de la vie politique, ont notamment prévu que les membres du parlement et les titulaires de certaines fonctions électives devaient, à cet effet, faire une *déclaration de patrimoine* à leur entrée en fonction et en fin de mandat ; elles ont aussi fixé les règles et les limites au financement des campagnes électorales.

Conditions d'exercice des mandats locaux

La loi 92-108 du 3 février 1992 (*JO* du 5 févr.) relative aux conditions d'exercice des mandats locaux accorde une double série de garanties aux membres des conseils municipaux (ou généraux), d'une part, dans l'exercice de leur mandat, d'autre part, dans l'exercice de leur activité professionnelle (autorisations d'absence, crédit d'heures, compensation des pertes de revenus, renforcement des protections, garantie de réinsertion). Cette loi affirme ensuite le droit des élus locaux à la formation, dont le coût constitue une dépense obligatoire pour la commune ; elle ouvre en outre droit, le cas échéant, au remboursement des frais de déplacement et de séjour et à la compensation des pertes de revenu par la commune ; mais ces dispositions ne sont pas applicables aux *voyages d'études* (art. L 121-49 du code des communes), dont l'objet doit avoir un lien direct avec l'*intérêt communal.*

Crédit d'heures pour l'exercice des mandats locaux

Le régime du crédit d'heures dont peuvent bénéficier les titulaires de mandats locaux qui exercent par ailleurs une activité professionnelle, est déterminé par l'article L 21-38 du code des communes. Les modalités d'exercice de ce droit sont précisées par le décret n° 92-1205 du 16 novembre 1992. Ce crédit d'heures, forfaitaire et trimestriel, non reportable, non payé par l'employeur, permet aux élus locaux de disposer du temps nécessaire à l'administration de la collectivité ou de l'organisme auprès duquel ils représentent cette collectivité.

Indemnités de fonction des titulaires de mandats locaux (art. L 123-4 et suivants du code des communes)

Les dispositions susvisées ont pour objet d'assurer la transparence des modalités d'indemnisation des élus, en instituant un barème indemnitaire applicable à tous les élus municipaux, fixé en pourcentage du traitement afférent à l'indice brut terminal (1 015) de l'échelle indiciaire de la fonction publique (un barème indemnitaire est également institué pour les conseillers généraux et régionaux, en remplacement d'un dispositif antérieur très critiquable, car diversement interprété, de remboursement de frais de déplacement et de séjour). Enfin, une dernière mesure interdit le cumul des indemnités :

> *« L'élu municipal titulaire d'autres mandats électoraux ou qui siège à ce titre au conseil d'administration d'un établissement public local du centre national de la fonction publique territoriale, au conseil d'administration ou au conseil de surveillance d'une société d'économie mixte locale ou qui préside une telle société ne peut percevoir, pour l'ensemble de ses fonctions, un montant total de rémunérations et d'indemnités de fonction supérieur à une fois et demie le montant de l'indemnité parlementaire telle qu'elle est définie à l'article 1er de l'ordonnance n° 58-1210 du 13 décembre 1958. »*

Régime fiscal

L'article 47 de la loi de finances rectificative pour 1992, loi n° 92-1476 du 31 décembre 1992 (*JO* du 5 janv. 1993), a institué l'imposition, à partir du 1er janvier 1993, au titre de l'impôt sur le revenu des indemnités de fonction des élus locaux, par voie de retenue à la source (pour la mise en place d'une retenue à la source, voir la circulaire du 14 mai 1993, *JO* du 28 mai 1993, et l'instruction de la direction de la comptabilité publique n° 93-66 MO du 9 juin 1993).

Sur les problèmes que pose la fiscalisation des indemnités de fonction des élus, le ministre d'État, ministre de l'Intérieur et de l'Aménagement du territoire, a précisé (réponse à une question parlementaire, *JO,* Débats Sénat, 24 mars 1994) :

« L'article 36 de la loi de finances pour 1994 permet désormais à tout élu local d'opter pour l'imposition de ses indemnités de fonction à l'impôt sur le revenu suivant les règles applicables aux traitements et salaires. Ce système d'option offre deux possibilités. Une solution *ex ante,* qui est exclusive de l'application du régime de la retenue à la source. Dans ce cas, l'élu local opte, avant le 1er janvier d'une année, pour l'imposition à l'impôt sur le revenu des indemnités de fonction qu'il percevra à compter de cette date. Cette option, qui est ouverte pour l'imposition des indemnités de fonction perçues à compter du 1er janvier 1994, s'applique tant que l'élu ne la dénonce pas expressément. Une option *ex post,* qui permet de déclarer à l'impôt sur le revenu, lors du dépôt de la déclaration d'ensemble des revenus, les indemnités de fonction perçues au titre de l'année précédente qui ont été soumises à la retenue à la source prévue à l'article 204-0 bis du code général des impôts. Dans cette situation, la retenue à la source s'impute sur l'impôt sur le revenu ; l'excédent éventuel est remboursé. Cette option peut être exercée pour l'imposition des indemnités de fonction perçues en 1993. Les condition d'exercice de ces deux options pour la première année d'application ont été précisées dans une note d'information diffusée aux élus locaux par l'intermédiaire des préfets. »

Protection sociale et retraite des élus locaux

La loi n° 92-108 du 3 février 1992 précitée, institue, enfin, un régime d'affiliation au régime général de la sécurité sociale (branche maladie) pour les élus qui choisiraient de n'exercer aucune activité professionnelle pour se consacrer à leur mandat à temps plein ; en outre, en ce qui concerne leur retraite (art. L 123-10, 11, 12, et suivants du code des communes), la loi offre aux élus plusieurs possibilités : d'abord, elle ouvre désormais à tous les élus locaux, sous réserve qu'ils aient cessé d'exercer une activité professionnelle et n'acquièrent aucun droit à pension au titre d'un régime obligatoire d'assurance vieillesse, la possibilité de s'affilier au régime vieillesse du régime général de la sécurité sociale ; ensuite (loi n° 72-1201 du 23 déc. 1972, décret n° 73-197 du 27 févr. 1973 et circulaire Intérieur n° 73-180 du 26 mars 1973), tous ceux qui perçoivent une indemnité peuvent s'affilier à l'IRCANTEC (Institution de retraite complémentaire des agents non titulaires de l'État et des collectivités publiques) ; enfin, les élus autres que ceux qui ont cessé d'exercer une activité professionnelle, peuvent se constituer une retraite par rente, dont la charge incombe pour moitié à l'élu lui-même et pour l'autre à la collectivité (pour la mise en œuvre des disposition relatives à la retraite par rente des élus locaux, voir le décret n° 93-825 du 25 mai 1993 et l'instruction CP n° 94-035 MO, du 24 mars 1994).

(La loi du 3 févr. 1992 n'a prévu aucune disposition de rétroactivité en matière de cotisation à tout régime de retraite. Voir réponse ministérielle, *JO,* Débats Sénat, 16 juin 1994.)

Cumul de mandats : voir cette rubrique.

Démission d'office (art. L 121-23 du code des communes)

> *« Tout membre d'un conseil municipal qui, sans excuse valable, a refusé de remplir une des fonctions qui lui sont dévolues par les lois, est déclaré démissionnaire par le tribunal administratif.*
> *Le refus résulte, soit d'une déclaration expresse adressée à qui de droit ou rendue publique par son auteur, soit de l'abstention persistante après avertissement de l'autorité chargée de la convocation.*
> *Le membre ainsi démissionnaire ne peut être réélu avant le délai d'un an. »*

• TA « Nancy », 13 sept. 1990, *Préfet de la Meuse, Commune de Foucaucourt-sur-Thabas ;* résumé du jugement :

Les faits :

Le conseil municipal de la commune a déclaré M. X démissionnaire d'office par une délibération du 9 avril 1986. Le préfet de la Meuse a demandé l'annulation de cette délibération au tribunal administratif de Nancy.

Problème juridique posé :

Un conseil municipal peut-il déclarer démissionnaire d'office un de ses membres ?

Solution donnée par le juge :

Annulation.

« Considérant qu'aux termes de l'article L 121-23 du code des communes, " tout membre d'un conseil municipal qui, sans excuse valable, a refusé de remplir une des fonctions qui lui sont dévolues par les lois, est déclaré démissionnaire par le tribunal administratif " ; qu'il résulte de ces dispositions que, seul, le tribunal administratif peut prononcer la démission d'office d'un conseiller municipal, sur saisine du maire dans les conditions prévues à l'article R 121-14 du code des communes ; que dès lors le préfet de la Meuse est fondé à demander l'annulation de la délibération du conseil municipal de la commune de Foucaucourt-sur-Thabas en date du 9 avril 1986 prononçant la démission d'office de M. X. pour absentéisme répété. »

Ce jugement ne fait que rappeler les dispositions du code des communes dont le conseil municipal de la commune avait méconnu les dispositions.

Inéligibilités : voir *Gestion de fait (sanctions)* et aussi *Responsabilité pénale personnelle (sanctions).*

Observations des juridictions financières

• CRC « Pays de Loire », 3 août 1993, *Département de la Mayenne ;* extraits :

« [...] Par délibération en date du 25 juin 1990, le conseil général a été informé de l'organisation par (une agence) d'un voyage d'information et d'études en Italie, du 13 au 21 septembre 1990. Cette même délibération autorisait le président du conseil général à régler par anticipation toutes dépenses inhérentes au voyage sans préciser le coût exact de celui-ci. Ce coût ressort en fait à 373 983 F sur la base de 26 forfaits à 13 750 F, la différence (soit 16 483 F) s'expliquant par quelques prestations supplémentaires par rapport au devis initial.
Par délibération en date du 26 juin 1990, le conseil général décidait de verser une subvention exceptionnelle de 450 000 F à l'Amicale des conseillers généraux, étant précisé que l'amicale reversera au département la somme qui ne sera pas utilisée après facturation définitive du voyage d'études du conseil général.

La majeure partie de la subvention a été utilisée pour régler le déplacement des invités, à savoir les anciens conseiller généraux et les conjoints, ces derniers participant cependant aux frais pour un montant de 5 000 F par personne. Après règlement de l'ensemble des dépenses et déduction des participations des conjoints, il restait un reliquat de crédits de 137 381 F qui aurait dû être reversé au budget départemental conformément à la délibération du conseil général du 26 juin 1990 précitée. Cependant, ce reliquat est resté au compte de l'Amicale dans la perspective d'un voyage ultérieur.

La chambre formule à propos de cette affaire les trois observations suivantes :

1. En dépit de la remarque formulée par la juridiction lors du précédent contrôle, le conseil général a continué à financer sur fonds publics (l'Amicale est financée presqu'exclusivement par le département) des dépenses dont l'intérêt départemental est loin d'être évident, s'agissant de la participation des conseillers généraux honoraires ou conjoints des conseillers généraux à des voyages d'études. Il convient de préciser à ce propos que l'article 11 de la loi n° 92-108 du 3 février 1992 relative aux conditions d'exercice des mandats locaux, prévoit que les délibérations relatives aux voyages d'études des conseils généraux précisent leur objet, qui doit avoir un lien direct avec l'intérêt départemental, ainsi que leur coût prévisionnel.

2. La procédure utilisée en l'espèce par le département, à savoir le recours à une association subventionnée afin d'effectuer des dépenses irrégulières au regard des règles de la comptabilité publique, est tout à fait critiquable. Il convient de mettre un terme à de telles pratiques qui pourraient exposer le département à des suites juridictionnelles.

3. Enfin, la chambre prend acte de votre engagement de faire reverser dans la caisse du département le reliquat de la subvention exceptionnelle de 450 000 F versée en 1990 et souhaite savoir si ce reversement a été effectué. »

- CRC « Bretagne », 12 févr. 1993, *Commune de Brest ;* extraits :

« Indemnités versées aux adjoints spéciaux : Depuis 1970, le conseil municipal désigne en son sein quatre adjoints spéciaux, en application de l'article L 122-3 du code des communes. Ces adjoints ne reçoivent pas de délégation du maire. En conséquence, les indemnités de fonction qui leur sont versées, comme s'il s'agissait d'adjoints " normaux "..., ne paraissent pas fondées en droit. De telles indemnités aux adjoints spéciaux ne sont prévues par aucun texte. La jurisprudence administrative l'a confirmé.

Le ministre de l'Intérieur a rappelé dans la circulaire du 15 avril 1992 que les fonctions exercées par des adjoints spéciaux ne suffisent pas en elles mêmes à justifier le versement d'indemnités [...]. La loi du 3 février 1992 relative aux conditions d'exercice des mandats locaux autorise désormais le versement d'une indemnité aux conseillers dans les communes de plus de 100 000 habitants. Son montant ne peut dépasser 6 % de l'indice brut terminal de l'échelle indiciaire de la fonction publique. Les conseillers municipaux auxquels le maire délègue une partie de ses fonctions peuvent percevoir une indemnité supplémentaire. Ces dernières indemnités doivent rentrer dans les crédits pouvant être ouverts au titre des indemnités de fonction des maires et des adjoints. »

- CRC « Haute-Normandie », 26 mars 1993, *Département de l'Eure ;* extraits :

« Les indemnités aux conseillers généraux : [...] Les indemnités versées aux conseillers généraux de 1983 à 1988 se composent, d'une part, d'indemnités journalières, d'autre part, d'indemnités forfaitaires. Cette dernière indemnité est irrégulière. Comme l'a rappelé à plusieurs reprises le ministre de l'Intérieur, l'indemnité forfaitaire fait double emploi avec l'indemnité journalière dont le montant était fixé librement par le conseil général. La loi du 3 février 1993 relative aux conditions d'exercice des mandats locaux a aujourd'hui fixé de nouvelles règles [...]. »

Déclaration de patrimoine des élus locaux

La loi n° 88-227 du 11 mars 1988 (art. 2), relative à la transparence financière de la vie politique, comporte un certain nombre de dispositions relatives à la déclaration de patrimoine de certains élus locaux : président de conseil régional, président de l'assemblée de Corse, président élu d'un exécutif de territoire d'outre-mer, président de conseil général, maire d'une commune de plus de 30 000 habitants.

Cette obligation limitée à l'entrée en fonction et à la sortie est destinée à mesurer l'enrichissement éventuel réalisé à l'occasion de l'exercice d'une fonction publique d'un certain niveau.

Ces dispositions sont jugées insuffisantes par nombre de commentateurs qui estiment que, dans l'intérêt même des élus, cette déclaration devrait être annuelle et même publiable.

C'est ainsi que le Sénat a adopté le 23 décembre 1994 la proposition de loi relative à la déclaration de patrimoine des membres du gouvernement et des titulaires de certaines fonctions qui modifie notamment l'article 2 de la loi n° 88-227 du 11 mars 1988 en étendant à de nouvelles catégories d'élus (principalement les conseillers régionaux ou généraux et les maires de communes de plus de 30 000 habitants) l'obligation d'établir une déclaration de patrimoine (loi 95-126 du 8 févr. 1995, *JO* du 9 févr.).

Limitation des dépenses électorales et Comptes de campagne

La loi n° 90-55 du 15 janvier 1990, relative à la limitation des dépenses électorales et à la clarification du financement des activités politiques, institue un plafond de financement, sous certaines conditions, des campagnes électorales de chaque type d'élection et fixe les conditions dans lesquelles les candidats doivent en rendre compte.

Les conditions dans lesquelles certaines entreprises, partenaires habituels des collectivités territoriales, participent au financement des campagnes électorales, fait l'objet d'un débat très controversé, en raison des risques de confusion que cette situation fait encourir aux élus.

Rien d'étonnant à ce que la loi n° 95-65 du 19 janvier 1995 (*JO* du 21 janv. 1995) ait modifié ce dispositif. On se reportera notamment aux articles 4-I et 16-I de la loi nouvelle dont les dispositions sont immédiatement applicables.

- *Art. 4-I : « Les dons consentis par une personne physique dûment identifiée pour le financement de la campagne d'un ou plusieurs candidats lors des mêmes élections ne peuvent excéder 30 000 F.*
Les personnes morales, à l'exception des partis ou groupements politiques, ne peuvent participer au financement de la campagne électorale d'un candidat, ni en lui consentant des dons sous quelque forme que ce soit, ni en lui fournissant des biens, services ou autres avantages directs ou indirects à des prix inférieurs à ceux qui sont habituellement pratiqués. »
- *Art. 16-I : « Les dons consentis par des personnes physiques dûment identifiées à une ou plusieurs associations agréées en qualité d'association de financement ou à un ou plusieurs mandataires financiers d'un même parti politique ne peuvent annuellement excéder 50 000 F.*
Les personnes morales, à l'exception des partis ou groupements politiques, ne peuvent contribuer au financement des partis ou groupements politiques, ni en

consentant des dons, sous quelque forme que ce soit, à leurs associations de financement ou à leurs mandataires financiers, ni en leur fournissant des biens, services ou autres avantages directs ou indirects à des prix inférieurs à ceux qui sont habituellement pratiqués. »

EMPRUNTS

Voir subsidiairement la rubrique *Garanties d'emprunts.*

En l'absence de marge d'autofinancement suffisante, les collectivités locales financent l'essentiel de leurs investissements par *l'emprunt à moyen ou long terme ;* ce qui présente l'avantage de pouvoir *de facto* étaler la charge financière des remboursements sur plusieurs exercices ; car il ne serait pas normal, en effet, de faire systématiquement supporter à une seule génération le financement d'équipements dont la durée de vie est souvent beaucoup plus longue. Les banques jouent ainsi un rôle important dans la vie locale ; mais la décennie écoulée a été marquée par de profondes transformations des rapports entre les collectivités et leurs banquiers, caractérisés par le passage d'un régime encadré à un régime de liberté et de concurrence. Les collectivités, qui se sont considérablement endettées pendant cette même période, ont pris conscience du coût des emprunts qui ne sont plus « adossés » aux subventions de l'État. Plus de libertés donc, mais plus de risques et de responsabilités ; ce dont, après quelques difficultés retentissantes dont certaines collectivités ont été victimes, les élus locaux ont aujourd'hui pris conscience. Une collectivité se gère désormais comme une entreprise dont l'un des principaux soucis est « la gestion de la dette ».

Aux termes de l'article L 231-12 du code des communes (de l'art. 59 de la loi du 10 août 1871 pour les départements et de l'art. 20 de la loi n° 72-619 du 5 juill. 1972 pour les régions), les ressources d'emprunt sont inscrites en recettes budgétaires à la section d'investissement et sont affectées, concurremment avec les ressources budgétaires définitives de cette section (subventions, FCTVA, autofinancement), à la couverture des autorisations de dépenses inscrites à cette section du budget (ces dispositions excluent tout financement des dépenses de la section de fonctionnement par l'emprunt).

Les collectivités locales avaient traditionnellement recours à une formule classique, les emprunts à taux fixes et à annuités constantes. La banalisation du crédit, vers le milieu des années 80, a conduit à l'apparition d'une certaine concurrence entre les banques et à l'apparition de nouveaux produits. Les emprunts à taux variables, le plus souvent à taux révisable préfixé, parfois à taux variable post fixé ainsi que les emprunts en devises, généralement en écu, ont ainsi diversifié le dette des collectivités locales.

Les emprunts à court terme sont bien entendu aussi autorisés, sous réserve d'avoir une contrepartie budgétaire dans un projet d'investissement et d'être mobilisables et remboursables sur plusieurs exercices budgétaires différents (un emprunt encaissé et remboursé sur un même exercice serait considéré comme un crédit de trésorerie ; voir plus loin).

Les taux (loi du 28 déc. 1966)

Les collectivités locales sont libres de la négociation du taux de leurs emprunts, dans la limite inférieure au taux de l'usure ; mais elles doivent être attentives à la valeur du taux global réel de leurs emprunts, dont le taux apparent doit être corrigé par l'addition des frais et autres commissions que pratiquent les banques et autres intermédiaires. L'article 4 de la loi du 28 décembre 1966 dispose que le *taux effectif global* (TEG) doit être mentionné dans tout écrit constatant un contrat de prêt ; ce qui, selon certaines chambres régionales des comptes, n'est pas toujours le cas (CRC « Centre », 25 mai 1993, *Commune de Checy, Loiret*).

Petit lexique des principaux termes bancaires et indices de taux d'intérêt de référence du marché monétaire ou obligataire

TEG : taux effectif global.

TMP : taux moyen pondéré du jour le jour.

T4M ou TMM : taux moyen mensuel du marché interbancaire au jour le jour.

TIOP (ou PIBOR) : taux interbancaire offert à Paris (trois mois, six mois, un an) : taux plurimensuel.

TAM : taux annuel monétaire.

TME : taux moyen mensuel des emprunts d'État à long terme.

TMO : taux moyen annuel du marché obligataire.

LIBOR (indice européen) taux interbancaire offert à Londres sur les dépôts en eurodevises.

SWAP de taux : accord d'échange de taux d'intérêt.

Les collectivités ont le choix entre des formules très diversifiée d'emprunt : emprunts à taux fixes, à taux variables, à taux révisables ; emprunts référencés sur des taux d'intérêt du marché monétaire (TAM, T4M, TIOP), du marché obligataire (TME, TMO), voire des marchés internationaux (LIBOR).

Elles sont soumises aux règles de droit commun qui s'imposent à tout emprunteur ; elles peuvent ainsi négocier librement les taux d'intérêt et les conditions financières de leur dette, avec le prêteur de leur choix. Chaque collectivité souscrit des engagements caractérisés par des conditions de taux et d'échéances qui la mettent en situation de risque vis-à-vis de l'évolution ultérieure des taux d'intérêts (n'a-t-on pas connu un marché avec des taux autour de 16 % au milieu des années quatre-vingt ?). De ce fait, les collectivités se doivent de négocier avec leur prêteur, soit dès la conclusion du contrat de prêt, soit par avenant au cours de la période, lorsque le contrat le permet, la possibilité, de changer le taux à des dates convenues.

Une collectivité qui s'endette à taux fixe se garantit contre une hausse future éventuelle mais ne pourra pas bénéficier des baisses éventuelles ; une collectivité qui emprunte à taux variable souhaite bénéficier des baisses mais s'expose toujours à une nouvelle hausse.

Comment se prémunir contre les fluctuations de taux d'intérêt

La forte volatilité des taux d'intérêt a conduit les collectivités à chercher une plus grande maîtrise de la charge financière pesant sur leur budget de fonctionnement et par voie de conséquence sur la fiscalité locale. Outre cette possibilité de renégocier avec son banquier, les collectivités peuvent encore souscrire des contrats de couverture de risque de taux d'intérêt (la légalité des contrats de couverture du risque de taux d'intérêt a été expressément tranchée par l'art. 8 de la loi 85-695 du 11 juill. 1985 portant diverses mesures d'ordre économique et financier).

Deux possibilités sont ainsi offertes aux collectivités :

– négocier, dans le contrat de prêt lui-même, une clause de révision ou d'option de taux ou de remboursement anticipé de l'emprunt avec souscription d'un nouvel emprunt à meilleur taux (dans les conditions prévues par les circulaires NOR/INY/B/87/00120/C du 28 avr. 1987 et NOR/INT/B/87/341/C du 26 nov. 1987) ;

– recourir à un contrat séparé de couverture de risque de taux d'intérêt (dans les conditions prévues par l'instruction CP/D3/92-137 MO du 27 oct. 1992).

Bien entendu, ces opérations ont un coût : majoration des marges bancaires en fonction de la souplesse des conditions consenties par la banque ou pénalités de remboursement anticipé ; coût du contrat de couverture ; en sorte que le coût global d'un emprunt ne s'apprécie qu'à la lumière de tous ces frais « annexes », souvent négligés par les élus et dont les délibérations rassurantes ne rendent pas compte.

Mécanisme du SWAP appliqué aux emprunts d'une collectivité territoriale

Une collectivité a contracté un emprunt à taux fixe qu'elle juge trop élevé et croit à une baisse probable des taux au cours des prochains mois dont elle entend profiter ; l'emprunt à taux fixe n'étant pas renégociable, aux termes du contrat, ou assorti d'une pénalité élevée en cas de remboursement anticipé, la collectivité décide de transformer cet emprunt à taux fixe en emprunt à taux variable, par un contrat d'échange de taux conclu avec une autre banque.

Aux termes de ce contrat, la banque « contrepartie » versera à la collectivité à chaque date anniversaire, un taux convenu à l'avance ; en échange, la collectivité versera à la même date, à cette banque un intérêt variable. Pour faciliter le règlement des échanges et limiter les risques d'inexécution des obligations croisées résultant de cet échange, il est convenu que seule la différence entre les montants (différentiel de taux) fera l'objet d'un versement par ou à la « contrepartie ».

L'opération peut jouer en sens inverse dans l'hypothèse d'une collectivité endettée à taux variable, momentanément assez bas et qui craint une prochaine hausse significative des taux dont elle serait victime. Par un contrat de « Swap », elle transforme son emprunt à taux variable en emprunt à taux fixe auprès d'une autre banque.

Ces opérations ont, non seulement, un coût mais supposent un suivi et des compétences humaines qui ne sont pas à la portée de toutes les collectivités. La plus grande prudence est donc de mise et en tout état de cause aucune opération de ce type ne devrait être réalisée sans le concours de consultants financiers indépendants.

Emprunts en devises

À la suite de la libération des changes, une circulaire du 21 mai 1987 du ministère de Finances a abrogé toutes les mesures de restriction antérieures : désormais, les collectivités locales peuvent librement contracter des emprunts à l'étranger (en devises ou en écu), avec tous les risques de change que cela comporte.

Le risque de change est le risque de variation du taux d'une devise par rapport à une autre. Le risque de change se rattache ainsi au risque de taux.

Remboursement anticipé (circulaire NOR/INT/B/92/00212/C du 6 août 1992)

La loi n° 82-213 du 2 mars 1982 modifiée a supprimé tout régime d'approbation préalable et tout contrôle *a priori* sur les emprunts des collectivités locales. Les délibérations relatives à un emprunt et la mise en œuvre de ces décisions sont exécutoires de plein droit dès leur publication et leur transmission au représentant de l'État. En conséquence, les conventions d'emprunt des collectivités territoriales ne sont assujetties qu'aux seules règles du droit commun qui s'imposent à tout emprunteur.

Les contrats d'emprunt sont des contrats de droit privé relevant de l'article 1134 du code civil qui dispose que « les conventions légalement formées tiennent lieu de loi à ceux qui les ont faites. Elles ne peuvent être révoquées que de leur consentement mutuel ou pour des causes que la loi autorise. Elles doivent être exécutées de bonne foi ».

En ce qui concerne les contrats de prêt, l'article 1902 du code civil précise que « l'emprunteur est tenu de rendre les choses prêtées en même quantité et qualité, et au terme convenu ».

Il est donc clair qu'une collectivité ne peut procéder unilatéralement au remboursement anticipé d'un emprunt. Seul l'accord des parties résultant d'une clause du contrat initial ou d'un avenant permet le remboursement anticipé d'un emprunt.

Il résulte plus précisément des dispositions de l'article 1187 du code civil que la collectivité emprunteuse ne peut pas rembourser un emprunt par anticipation si aucune clause du contrat ne le prévoit. Toute délibération ou décision de remboursement anticipé n'ayant pas donné lieu à un accord préalable du prêteur serait, par ailleurs, illégale au regard des dispositions de l'article 1134 du code civil.

La circulaire précitée comporte des directives à l'attention du comptable, pour la réalisation de cette opération selon qu'elle s'accompagne d'un décaissement effectif ou qu'elle ne donne pas lieu à décaissement par suite de la souscription d'un nouvel emprunt.

Il est rappelé, par ailleurs, que les procédures budgétaires et comptables relatives aux remboursements anticipés d'emprunts convenus entre les parties contractantes ont été définies par les circulaires interministérielles Intérieur/Finances n° 87-00120/C du 28 avril 1987 et NOR/INT/B/87/00341/C du 26 novembre 1987.

Bien que les contrats d'emprunt offrent désormais de larges possibilités de remboursement anticipé, avec ou sans pénalité, les collectivités locales conservent dans leur encours un certain nombre de dettes non renégociables, soit parce qu'elles ne comportent pas de clauses de remboursement anticipé ou comportent des pénalités dissuasives, soit en raison de la dispersion des souscripteurs dans le cas des emprunts obligataires. Les collectivités se voient donc proposer par les établissements financiers des techniques d'ingénierie financière inspirées des pratiques des sociétés privées qui procurent un résultat équivalent.

Il s'agit notamment des *contrats de désendettement de fait* dont le principe repose sur le fait que le remboursement de la dette, en capital et intérêts, est gagé sur la détention par la banque gestionnaire d'un portefeuille de valeurs mobilières constitué et transféré par la collectivité débitrice et dont les échéances en principal et intérêts sont telles que les flux de trésorerie dégagés permettent de couvrir parfaitement le service de la dette.

L'introduction de ce type d'opération dans le secteur public local est à proscrire impérativement. En définitive, *le désendettement de fait s'analyse comme un placement irrégulier et comme une opération présumée constitutive d'une gestion de fait.* (Voir cette rubrique.)

Renégociation de la dette

Une opération parfois nécessaire mais souvent maladroitement conduite par les collectivités en l'absence de compétences financières spécialisées. *L'erreur fondamentale des collectivités est de faire un raisonnement « budgétaire » quand il faut faire un calcul actuariel.* Le recours à un conseil extérieur, indépendant de tout organisme bancaire, est vivement recommandé ; mais attention aux intermédiaires douteux !

Exemple concret destiné à visualiser l'incidence des taux et du coût total d'un emprunt

Hypothèse : emprunt de 1 million de francs à taux fixe, remboursements mensuels, amortissement in fine sans différé :

Variation de temps et de taux	Durée 10 ans	Durée 15 ans	Conséquences de l'allongement de durée
Taux 10 % Coût total	13 215 F 1 585 808 F	10 746 F 1 934 289 F	*moins* 2 469 F *plus* 348 481 F
Taux 9 % Coût total	12 667 F 1 520 109 F	10 142 F 1 825 580 F	*moins* 2 525 F *plus* 305 471 F
Gain induit par la baisse	65 699 F	108 709 F	
Rapport au coût initial	moins 4,1 %	moins 5,6 %	

Il apparaît donc qu'une baisse des taux de 1 % serait complètement annulée par une augmentation simultanée de la durée de dix à quinze ans.

Tout allongement de la durée d'un emprunt se traduit par une augmentation de son coût total qui n'est pas compensée par la diminution des remboursements mensuels. Il faut vraiment que les taux baissent beaucoup pour justifier une renégociation, compte tenu des frais et pénalités dont s'accompagne, en outre, toujours cette opération.

Observations des juridictions financières

- CRC « Aquitaine », 5 août 1993, *Commune de Nérac, Lot-et-Garonne ;* extraits :

  « Les taux effectifs globaux annoncés par la CAECL pour l'emprunt de 5,135 MF en 1987 sont trompeurs ; en effet, aux termes de la loi n° 66-1010 du 28 décembre 1966 relative aux prêts en argent... " Dans tous les cas, pour la détermination du *taux effectif global*, sont ajoutés aux intérêts les frais, commissions ou rémunérations de toute nature, directs ou indirects ". Il résulte de ces dispositions applicables à tout prêt en argent que ce taux doit s'entendre " tous frais compris " et donc doit comprendre l'indemnité de refinancement.

  La commune, sur ces emprunts, a obtenu un gain annuel de remboursement de 176 000 F pendant six ans (de 1988 à 1994), soit 1,1 million de francs au total ; toutefois, en contrepartie, elle doit rembourser un montant supplémentaire de 3,2 MF entre 1988 et 2003, dont une indemnité de refinancement de 688 000 F qui s'ajoute au capital emprunté au lieu d'y être inclue [...]. » La *charge supplémentaire finale* pour la commune de Nérac s'élève en réalité à 2,182 millions de francs.

Observations dans le même sens, CRC « Centre », 23 juin 1993, *Commune de Chartres.*

Les cas de surendettement

L'insuffisance du contrôle budgétaire (carences du contrôle de légalité et insuffisance de la coordination préfecture/trésorerie générale ; intervention tardive des chambres régionales des comptes) n'est pas étranger aux cas de surendettement qui ont défrayé la chronique au cours de la décennie passée (Angoulème, Briançon, Modane, le département du Vaucluse, par exemple) ; mais on ne peut ignorer que la responsabilité de ces situations est d'abord directement imputable aux responsables de ces collectivités, au style de leur gestion et à l'insuffisance d'implication et de participation des assemblées délibérantes aux décisions prises par leur exécutif et aux engagements souscrits en leur nom.

C'est un vrai problème de démocratie, que les mesures législatives les plus récentes (loi du 6 févr. 1992, loi du 29 janv. 1993, réforme du code des marchés publics, notamment) s'efforcent de résoudre (voir aussi la rubrique *Chambres régionales des comptes,* art. 9, les plans de redressement).

L'endettement déguisé

Les opérations de crédit-bail ; les marchés d'entreprise de travaux publics ; les concessions de service publics ; les garanties d'emprunt (y compris les engagements de caution et aval) constituent autant de formes d'engagements déguisés (voir ces rubriques).

Soutien abusif

La fin des années quatre-vingt a été marquée par un certain laxisme dans l'attitude des prêteurs qui n'ont pas tout de suite intégré les nouvelles données de la décentralisation et tardé à découvrir la notion de risques chez cet emprunteur particulier que sont les collectivités locales, au secours desquelles, pensaient-ils, l'État était toujours prêt à voler. L'exemple d'Angoulème, entre autres, a montré les limites de la portée de l'article 11 de la loi du 2 mars 1982 sur l'inscription des dépenses obligatoires ; il a, en outre, permis de découvrir une notion jusque-là réservée au droit commercial, celle du soutien abusif ayant contribué à aggraver la situation de l'emprunteur. L'insuffisance de l'analyse financière de la situation de la collectivité est alors apparue et a favorisé l'émergence d'une tentative de *notation* du risque des collectivités locales sur le modèle de l'évaluation du risque de l'entreprise. Les situations sont-elles comparables et les méthodes transposables ? Non, hélas ! La spécificité des collectivités territoriales avec leurs inégalités démographiques, économiques, leurs options politiques et le style de gestion imprimé par leurs élus rend le risque imprévisible par les méthodes traditionnelles de l'analyse financière et, par suite, toute notation de la solvabilité d'une collectivité territoriale illusoire.

CONCOURS FINANCIERS À COURT TERME OFFERTS AUX COLLECTIVITÉS LOCALES ET À LEURS ÉTABLISSEMENTS PUBLICS (Circulaire NOR/INT/B/89/00071/C du 22 févr. 1989)

La suppression, à partir de 1986, des prêts bonifiés aux collectivités locales a conduit à l'apparition, dans le courant de l'année 1987, à l'initiative de la CAECL, de nouveaux produits financiers à court terme, les avances de trésorerie et l'ouverture de lignes de crédit.

• *L'avance de trésorerie* est un prêt à court terme destiné à faire face à un besoin ponctuel et certain de disponibilités. De ce fait, l'avance est mobilisable et remboursable en une fois pour le montant et à l'échéance déterminés par un contrat.

• *L'ouverture d'une ligne de crédit :* la possibilité d'ouverture d'une ligne de crédit de trésorerie est destinée à faire face à un besoin ponctuel et éventuel de disponibilités. Elle équivaut à faire face à un droit de tirage permanent auprès d'un établissement de crédit, dans la limite d'un plafond fixé par contrat. Elle permet aux collectivités de réduire, sans risque, le montant de leur encours de trésorerie (lettre de la direction de la comptabilité publique, bureau E2, aux TPG, en date du 13 août 1987). Elle fait l'objet d'une convention ouvrant à la collectivité la possibilité de tirer, quand elle le souhaite, des fonds, en une ou plusieurs fois, dans les limites du plafond fixé, pour une durée d'un an, renouvelable.

L'ouverture de crédit permet de faire face à tout risque de rupture de paiement dans des délais très courts. De plus, la collectivité peut rembourser à son gré les fonds qui lui sont prêtés, dans le délai d'un an. Le coût de ce mode de financement se décompose en une commission de réservation qui ne devrait pas excéder 0,30 % du montant maximal de l'ouverture de crédit et des intérêts au taux mensuel moyen du marché monétaire (T4M), majoré de 0,40 % (maximum), sur le montant des fonds effectivement utilisés.

La circulaire Finances/Intérieur du 22 février 1989 précitée, précise que les crédits de trésorerie n'ont pas vocation à financer des investissements budgétaires mais à permettre de faire face à un besoin ponctuel et éventuel de disponibilités dans le cadre d'une gestion fine de la trésorerie. De plus, ces produits exigent une capacité de gestion sophistiquée pour négocier les dates de valeur, la commission de réservation du banquier et le droit de tirage total ainsi que pour ajuster à tout moment les tirages effectués aux stricts besoins de la collectivité. Une ligne de crédit durablement saturée ou très peu utilisée, comme cela se rencontre souvent, d'après les observations des juridictions financières, témoignent des difficultés de nombreuses collectivités locales à bien gérer leur trésorerie et leur dette. Enfin, du fait du phénomène temporaire d'inversion des taux, le taux des emprunts à long terme, référencé sur le marché obligataire, est plus avantageux que le taux des crédits de trésorerie, référencé sur le marché monétaire. Ainsi, outre que la réglementation l'impose, il est plus avantageux, en termes financiers, d'emprunter dès le départ sur le long terme que de souscrire une ligne de trésorerie appelée à être consolidée.

Du point de vue juridique, toute conclusion ou reconduction d'un contrat avec un organisme financier ou bancaire portant sur l'ouverture d'un crédit de trésorerie nécessite une délibération spécifique de l'assemblée délibérante (ou du bureau, en cas de délégation), acceptant les clauses du projet de contrat et autorisant l'ordonnateur à le signer. Le maire, en particulier, ne peut, en l'espèce, agir en vertu de la délégation générale qu'il peut détenir en vertu des articles L 122-19 et L 122-20 du code des communes et qui n'est valable que pour les emprunts destinés au financement des investissements prévus par le budget. En revanche, les opérations de gestion des crédits ainsi ouverts (tirage ou remboursement) ne relèvent que de la responsabilité de l'ordonnateur.

C'est au préfet qu'il appartient de vérifier :

– que l'exécutif de la collectivité a bien reçu autorisation par l'organe délibérant de contracter une ouverture de crédit avec l'établissement de crédit ;

– que la délibération autorisant ce recours, ainsi que le contrat y afférent, mentionnent l'affectation en trésorerie (hors budget) des ressources procurées par ce prêt ;

– que cette opération vise bien à pallier une insuffisance temporaire de liquidités pour assurer le règlement des dépenses de fonctionnement et, en aucun cas, à financer des investissements.

Sur le plan comptable, ces prêts constituent des concours bancaires que le plan comptable général définit comme des dettes contractées auprès des banques en raison de besoins de trésorerie et dont les mouvements sont constatés en classe 5 « comptes financiers », et non au compte 16 « emprunts et dettes assimilées ».

Par ailleurs, toute clause prévoyant l'ouverture d'un compte au nom de la collectivité dans les écritures de l'établissement de crédit, même si les mouvements de fonds sont diligentés par le comptable de la collectivité, est proscrite comme faisant échec à la règle du dépôt des fonds au Trésor.

Observations des juridictions financières

- CRC « Lorraine », 16 juill. 1993, *Département des Vosges ;* extraits :

  « Gestion de la trésorerie et de la dette : sur les années 1984-1989, le département a pu dégager de sa gestion un autofinancement important et en constante progression (de 101 MF en 1984 à 208 MF en 1989). Parallèlement, il a été fait appel à un volume d'emprunt croissant jusqu'en 1988 (de 58 MF à 108 MF). Malgré l'accroissement des dépenses d'investissement (de 142 MF à 372 MF en 1989), les recettes ont été régulièrement excédentaires et le fonds de roulement a sensiblement augmenté pour culminer à 289,5 MF en 1988. Il représentait alors cinq mois de fonctionnement contre cinquante jours en moyenne pour les départements français. Une programmation budgétaire des besoins en crédits d'investissement plus exacte et mieux échelonnée aurait sans doute permis de limiter le recours à l'emprunt, qui s'est encore élevé à près de 100 MF en 1987 et 1988.
  La renégociation de la dette a permis de rendre cette trésorerie plus active et de récupérer une partie des frais financiers engagés [...]. Le contrat de " restructuration de la dette passé le 29 mai 1990 entre le département et la Société Nancéienne Varin-Bernier, s'il a permis au département d'échanger un taux fixe de 9,45 % contre un taux variable plus avantageux de 5,77 %, comportait le versement d'une

soulte de 50 MF par la collectivité destinée à équilibrer l'opération, les sommes représentatives du différentiel de taux restitué à échéance par la SNVB apparaissant comme la contrepartie de ce versement initial ".
Or, si les collectivités ont légalement la faculté de recourir à des opérations de *SWAP,* c'est-à-dire à des contrats d'échange de conditions d'intérêt, ces derniers doivent être soigneusement distingués des opérations de crédit ou de prêt comportant le versement effectif d'un capital.
À ces principes, s'ajoutent pour les collectivités l'obligation de dépôt de leurs fonds au Trésor. C'est finalement parce qu'elle a pu réaliser une forme de placement de sa trésorerie excédentaire, en faisant abstraction de cette règle, que la collectivité a pu tirer un avantage de cette opération.
La limitation à hauteur de 50 MF de ses emprunts antérieurs lui aurait procuré un avantage au moins comparable, sans présenter les mêmes inconvénients. »

- CRC « Midi-Pyrénées », en date du 1er avr. 1993, *Commune d'Auch ;* extraits :

« Entre le 5 mai 1989 et le 30 juin, la ville d'Auch a disposé d'une ligne de trésorerie de 10 MF auprès du Crédit local de France. L'utilisation de cette ligne de trésorerie a représenté, pour la ville, un coût de 166 784,67 F (30 000 F de droits de réservation et 136 784,67 F d'intérêts). Cette utilisation ne s'est pourtant pas traduite par une réduction significative du solde mensuel moyen de la ville au compte 568, qui est passé de 10 553 000 F à 10 174 000 F. Par ailleurs, les quatre ordres passés pendant l'exécution de la convention ont été exécutés par la banque avec un délai de huit jours, ce qui a abouti à priver la ligne de trésorerie de son efficacité, sinon de sa raison d'être. Enfin, les conditions consenties par la banque ne correspondaient pas aux meilleures offres du secteur financier. La chambre a pris acte du fait que la ville d'Auch a mis en concurrence 16 établissements financiers avant de contracter, en juillet 1992, une nouvelle ligne de trésorerie auprès de la Caisse d'Épargne. La juridiction attire cependant votre attention sur la nécessité de n'avoir qu'un recours exceptionnel aux découverts de trésorerie, car ces facilités à très court terme sont particulièrement coûteuses et sensibles aux effets des mouvements monétaires à travers leurs incidences sur le taux de référence (T4M). »

- CRC « Provence-Alpes-Côte-d'Azur », 21 janv. 1993, *Commune de La Ciotat ;* extraits :

« La dette communale telle qu'elle apparaît au 1er janvier 1991 au budget primitif 1991 s'élève pour le capital à 244 359 099 F avec une annuité de 10 132 404,78 en capital et de 17 902 875 F en intérêts [...]. Les emprunts garantis s'élèvent en capital à 169 004 159 F avec une annuité de 14 324 135 F [...]. Sur la base du seul compte de gestion de 1990 de la commune, le stock de dette représentait une somme de 8 779 F par habitant. Cette situation a été aggravée par un nouveau recours à l'emprunt en 1992 pour 38 MF.
Par ailleurs, l'cxistence de lignes de trésorerie extra-budgétaire qui ne servent pas à faire de la trésorerie zéro mais, en fait, financent les besoins permanents de la commune devrait être prise en compte pour apprécier le stock de dettes. Cette ligne de trésorerie ouverte auprès du Crédit local de France en février 1991 avec un droit de tirage de 20 MF a permis de faire face aux ruptures de paiement de la commune. Le renouvellement en 1992 de cette ligne de trésorerie, dont 7,5 MF ont été remboursés, constitue un recours abusif à des facilités de crédit non budgétaire.
La chambre rappelle qu'une ligne de trésorerie ne constitue pas un moyen de financement mais seulement une modalité de gestion de la trésorerie permettant de faciliter l'exécution du budget en couvrant une insuffisance temporaire de

liquidité. La chambre note que, si cette ligne de trésorerie a fonctionné de manière normale, la municipalité a jugé indispensable d'ouvrir une deuxième ligne de trésorerie de 7,5 MF. “ [...] Par délibération du 10 avril 1989, le maire de La Ciotat, s'est vu déléguer le soin de procéder, dans les limites fixées par le conseil municipal, à la réalisation des emprunts destinés au financement des investissements prévus par le budget et de passer, à cet effet, les actes nécessaires ”.
Sur la base de cette délégation générale et sans que le conseil municipal ait eu à se prononcer sur les conditions particulières, le maire a pris la décision d'emprunter auprès de la Caisse régionale de crédit agricole une somme de 36 MF au taux de 9,15 % l'an sur quinze ans et avec un différé d'amortissement au 15 avril 1991. Le conseil municipal aurait dû se prononcer sur les conditions de réalisation et les clauses financières de l'opération. Le maire a toutefois donné à sa décision, prise dans le cadre des articles L 122-20 et L 122-21, un caractère exécutoire en la transmettant au contrôle de légalité qui l'a visé le 4 décembre 1989.
Or, la convention de prêt – non exécutoire – comporte, en contradiction avec la décision du maire, une commission de crédit de 2 %, soit 720 000 F pour la caisse régionale de crédit agricole. Ce montant est très élevé et ne correspond pas aux commissions prélevées habituellement par les organismes bancaires. Par ailleurs cette commission qui aurait dû être prélevée directement sur le montant des fonds mis à disposition (art. 116 de la convention) n'est pas intégrée dans les frais figurant sur le tableau d'amortissement et, partant, le taux de 9,1500 porté sur ledit tableau ne correspond pas au taux effectif global [...]. Il a paru étonnant que le crédit agricole ait demandé à un client de longue date une commission aussi importante [...] (l'enquête menée par la chambre régionale des comptes a révélé qu'il s'agissait de la commission d'un intermédiaire dont le rôle et la réalité de l'intervention reste à démontrer). »

- CRC « Rhône-Alpes », 21 oct. 1993, *Commune de Bellegarde ;* extraits :

« L'utilisation d'une ligne de trésorerie : Bien que la commune ait contracté en 1988 un emprunt en Écu de 23 471 803 F avec différé d'amortissement total, sa trésorerie nette a été négative de mars 1989 à juin 1990. Une ligne de trésorerie (encours moyen de 8,5 MF sur la période), a donc été utilisée, notamment pour financer des opérations définitives. La chambre après avoir noté un redressement à partir de juin 1990 (les tirages sur la ligne de trésorerie ayant été limités à 2,7 MF en 1992 et inexistants en 1993, à ce jour) souhaite que votre attention soit appelée sur les dangers de l'utilisation d'une ligne de trésorerie pour pallier une insuffisance de ressources à long terme ; cette pratique est d'ailleurs proscrite par la réglementation.
Renégociation de l'encours de la dette : la ville de Bellegarde a procédé au réaménagement de la dette en 1988. L'opération s'est déroulée en deux étapes : en 1988, la commune a remboursé, par anticipation, 21 800 630 F d'emprunts contractés à des taux élevés de 1974 à 1985 auprès du groupe CDC et Caisse d'épargne de Bourg-en-Bresse. Ce remboursement a été financé par un emprunt en Écu de 23 471 803 F, avec un différé d'amortissement total en capital. Puis, en 1990, ce dernier a été remboursé et refinancé par un emprunt de 23 423 092 F à taux variable et à durée ajustable. Cette renégociation est intervenue en période de baisse des taux. Mais le coût financier de l'opération a entraîné une progression de 20,63 % des frais financiers. Il est vrai que ce calcul reste théorique car le prêt contracté en 1990 est à taux variable et à durée ajustable. Toutefois, pour que l'opération soit équilibrée, voire positive pour la commune, il faudrait que le taux d'intérêt annuel monétaire (TAM) soit en permanence inférieur à 9,20 %. L'aménagement de l'encours de la dette par un réétalement constitue souvent une solution

onéreuse. De plus, dans le cas particulier de Bellegarde, il serait sans doute plus efficient de diversifier les risques et d'utiliser des produits dont on maîtrise le taux d'intérêt et la durée d'amortissement et qui facilitent donc les prévisions à long terme. »

- CRC « Franche-Comté », 3 juin 1993, *Commune de Besançon ;* extraits :

« Lorsque en 1986, les responsables municipaux prirent la décision de renégocier les emprunts contractés à des taux élevés, la ville disposait d'une trésorerie constamment supérieure à 20 MF, avec des pointes à 40 MF. À titre indicatif, le montant des fonds déposés au compte 565 " Crédit local de France " qui correspond aux emprunts inemployés, était de 26,36 MF au 1er janvier 1986, 17,05 durant toute l'année 1987 et encore de 6,05 MF jusqu'au 31 décembre 1989 ; ces fonds sont restés en attente sur ce compte durant des périodes dépassant une année. Sur la période 1986/1989, la commune a ainsi perdu 3,4 MF si l'on considère qu'une trésorerie improductive coûte en moyenne 10 % par an et que son placement à la CAECL ne rapporte que 1 %.
Il est surprenant, dans ces conditions, que la ville ait, en 1986 et 1987, lors du réaménagement de sa dette, financé les indemnités demandées par le CLF, en mobilisant immédiatement de nouveaux emprunts au lieu de chercher à utiliser, en priorité, sa trésorerie. En 1986, par exemple, une indemnité de 16,844 MF a été intégralement refinancée sur vingt ans au taux de 9,5 %, une autre de 3,028 MF l'a été sur quinze ans à 8,9 %, alors que la situation de trésorerie de la ville permettait d'y prélever le montant desdites indemnités et donc de décaler pendant plusieurs mois l'encaissement des emprunts correspondants.
Certes, en 1986, la ville ne négociait pas en situation de force avec le prêteur ; il est donc permis de se demander s'il était bien urgent de réaménager une dette qui s'élevait alors à 228,13 MF. En effet, à cette époque, les techniques financières de renégociation en étaient au stade de la réflexion, les nouveaux outils de gestion de trésorerie n'étaient pas encore apparus sur le marché bancaire. Ils ont permis, précisément, dans les années qui ont suivi, de raisonner non plus en encours global de dette mais en besoin de crédits à certaines périodes particulières de l'exécution budgétaire. Dans ce contexte, la chambre s'étonne qu'une ville de l'importance de Besançon, dont la situation financière n'était pas véritablement critique en 1986-1987 ait pu faire le choix de rallonger systématiquement ses durées d'emprunt pour obtenir une diminution des annuités. À titre d'exemple, des emprunts dont la durée résiduelle était en 1986 de 16 et 14,75 années ont été transformés en emprunts à vingt ans. En 1987, des emprunts sont passés de 10,9 à 13,2 années. Dans une opération de cette nature, le gain ne s'apprécie pas au niveau du taux, puisque le différentiel de taux doit, en tout état de cause, être payé par l'emprunteur, l'avantage ne peut résulter que de l'allongement des durées, qui implique nécessairement l'augmentation du coût final de l'emprunt. À titre d'exemple, pour faire l'économie immédiate en annuité de 3,570 MF dès 1986, la ville aura finalement consenti, lors de la renégociation, un surcoût de 42 MF sur vingt ans y compris les pénalités et les effets de l'allongement de la durée de remboursement. »

- CRC « Midi-Pyrénées », 21 déc. 1993, *Commune de Rodez ;* extraits :

« Mobilisation des emprunts et gestion de la trésorerie : la ville de Rodez a conclu le 30 mai 1991 une convention d'ouverture de crédit avec la caisse d'épargne de l'Aveyron, valable pour une période de deux ans. La philosophie développée par la ville en la matière consiste à négocier un volume de prêts annuels, accompagné d'une ligne de trésorerie équivalente. Les demandes ou remboursements quotidiens de tirage sur la ligne de trésorerie sont effectués pour conserver, en moyenne pondérée une trésorerie égale à une journée de mandatement coûtant et reporter ainsi, aussi longtemps que possible, la mobilisation des crédits de consolidation. La convention passée avec la caisse d'épargne de l'Aveyron prévoit l'ouverture d'une ligne de trésorerie, de 55 MF, que la ville a la possibilité de consolider à tout moment par la souscription d'emprunts à long terme, dans la limite d'un plafond de 55 MF, tout remboursement de trésorerie réouvrant l'encours pour le même montant. Cette convention ouvre donc, sur deux ans, une possibilité d'emprunt de 110 MF à la ville de Rodez. Pour l'année 1991, le solde de la ligne de trésorerie au 31 décembre était de 12 950 000 F. Pour l'année 1992, le solde de trésorerie en fin d'exercice ressort à 26 600 000 F.

La consolidation de la ligne de trésorerie pour l'année 1992 a participé de cette logique :

– report sur 1993 des 30 MF d'emprunt qui auraient dû être mobilisés en 1992, le marché des prêts à long terme étant défavorable ;

– souscription au 1er avril 1993 d'un premier emprunt de 15 millions de francs amortissable sur cinq ans, ayant pour index le TAM, mais encadré par une borne haute au taux de 9,35 % et une borne basse de 8 % ;

– souscription à la même date d'un deuxième emprunt de 15 MF à très court terme (deux ans maximum), sur PIBOR trois mois, afin de profiter au cours de ces deux années d'une éventuelle baisse des taux à long terme, les taux garantis étant cette fois de 8,36 % sur 1993 et 7,39 sur 1994.

Il est difficile d'apprécier sur le long terme les gains effectifs obtenus grâce à cette formule de gestion. Quoiqu'il en soit, et même si cette procédure devait permettre à la collectivité de réaliser, à certains moments particulièrement favorables sur le marché financier, des économies de gestion, son aspect aléatoire et le manque de lisibilité qu'elle entraîne sur la gestion financière de la collectivité, en font un instrument incompatible avec les règles prescrites par la comptabilité publique. Aussi la chambre croit-elle devoir rappeler les règles qui doivent présider à l'utilisation par les collectivités des concours financiers à court terme :

– en premier lieu, l'ouverture d'une ligne de crédit est destinée à faire face à des besoins ponctuels de disponibilités pour éviter tout risque de rupture de paiement. Elle doit donc conserver un caractère exceptionnel et être utilisée sur des périodes très courtes, d'autant que le coût financier qu'elle entraîne n'est pas négligeable ;

– par ailleurs, les crédits de trésorerie n'ont pas vocation à financer l'investissement qui doit faire l'objet de l'inscription d'une ressource budgétaire autorisée ;

– enfin, la ligne de trésorerie étant utilisée hors budget, il convient impérativement de la solder avant la fin de l'exercice comptable, le compte administratif de l'exercice et le budget de l'exercice suivant devant être considérés comme " insincères " à défaut d'une inscription budgétaire. »

- CRC « Centre », 11 juin 1993, *Commune d'Amboise ;* extraits :

  « La renégociation de la dette : par délibération du 26 novembre 1990, la ville a décidé de renégocier neuf emprunts :

  – Les quatre premiers emprunts, d'une durée résiduelle de sept, huit et dix ans, aux taux fixes de 11,75 %, 12 % et 13,95 %, représentant un capital restant dû de 1 994 118,61 francs, ont fait l'objet d'un remboursement anticipé moyennant le paiement d'une indemnité de 227 562,39 F.

  La dépense a été financée par un emprunt nouveau d'une durée de quinze ans, d'un montant de 2 221 681 F souscrit à taux variable (index TAM + 0,20 %), les annuités de remboursement, en principe constantes, étant calculées au départ sur un taux plancher théorique de 9,20 %.

Si l'on admet que, sur toute la durée du contrat, le taux d'intérêt moyen correspondra au taux initial théorique, il en résultera pour la collectivité, par rapport aux annuités des emprunts remboursés, un gain de 85 000 F pour chacune des années 1991 à 1997 et de 5 000 F pour 1998 et 1999 et une perte de 183 000 F en l'an 2000 et de 278 000 F de 2001 à 2005.

En définitive, la renégociation se traduira au départ par un allégement de l'annuité à payer, mais l'allongement des durées de remboursement acceptées, la charge des commissions et indemnités à payer, des intérêts dus sur ces frais financés par le nouvel emprunt, vont entraîner, au minimum, un versement supplémentaire de 972 000 F pour la collectivité par rapport à ce qu'elle aurait payé ainsi sans renégociation. La charge risque d'ailleurs d'être beaucoup plus élevée si l'on considère que dès le départ, le taux d'intérêt effectif à retenir (10,46 % en juillet 1990), excédait le taux de 9,20 %, compte tenu de l'évolution défavorable de l'index TAM. Dans cette situation, le contrat prévoit que :

– si le taux d'intérêt à retenir donne un montant inférieur à l'annuité totale précédente (ou à l'indemnité plancher pour la première année), les intérêts dus sont intégralement payés et la part du capital remboursé est réduite à due concurrence de façon à garder une annuité constante ;

– si l'index TAM + 0,20 % donne un montant d'intérêt supérieur à l'annuité totale précédente, l'annuité à payer, constituée uniquement d'intérêts, restera d'un montant égal à celle de l'année précédente majorée du taux d'inflation et le solde des intérêts dus, non payés, est capitalisé et porte intérêt à son tour.

À la première échéance (septembre 1991), le taux à retenir était de 10,4 % (TAM 10,21 + 0,20 %). En conséquence, l'annuité prévue de 278 881,62 F a été composée d'une part d'intérêts majorée de 231 276,99 F (au lieu des 204 393,65 F prévus), et d'un remboursement de capital minoré de 47 604,63 F (au lieu de 74 486,97 F).

Pour la deuxième échéance (1992), le taux retenu a été de 10,54 % (TAM 10,34 + 0,20 %). L'annuité de 278 881,62 F a été constituée d'un paiement d'intérêts pour 229 147,65 F (au lieu de 197 541,85 F) et d'un remboursement de capital de 49 733,97 F seulement (au lieu de 81 339,77 F).

Si l'évolution continue ainsi, très vite les annuités à payer seront entièrement composées du remboursement d'intérêts, le remboursement du capital restant dû, majoré des intérêts capitalisés étant reporté en fin de contrat, ce qui majorera d'autant les frais financiers.

– Les cinq autres emprunts, d'une durée résiduelle de deux à quatorze ans et d'un taux de 11,75 %, pour quatre d'entre eux et de 12,25 % pour le dernier, ont vu, par avenant, leur durée résiduelle portée à quinze ans pour trois d'entre eux, à dix ans pour le quatrième et cinq ans pour le dernier. Le taux fixe a été abaissé à 10,50 % pour les trois premiers et à 11,50 % pour les deux autres.

L'indemnité réclamée par l'établissement bancaire pour le réaménagement de ces cinq emprunts, soit 256 399,08 F, a été financée par un emprunt d'une durée de quinze ans à taux variable basé sur l'index TAM + 0,20 %. Une commission de 8 900 F a été également payée. L'opération réalisée se traduit par un gain sur l'annuité de remboursement pendant les premières années (229 600 F en 1991 et 1992, 128 100 F de 1993 à 1995 et 174 900 F en 1996 et 1997) et par une perte ensuite (de 116 400 F en 1998, 362 600 F en 1999 et 2000, 339 000 F de 2001 à 2004 et 581 500 F en 2005).

Ainsi, il apparaît que le gain initial sur l'annuité d'emprunt pendant les premières années se trouvera compensé par l'allongement des durées de remboursement acceptées, par le paiement d'une commission et d'une indemnité, ainsi que par les intérêts à payer sur l'emprunt finançant ces frais de renégociation (la charge

de ces intérêts risquant d'être plus lourde que prévu en cas de maintien de l'évolution actuellement défavorable de l'index TAM).
En définitive, pour les 9 emprunts, la renégociation de 1990 aboutira à faire supporter à la commune une charge supplémentaire de 2 823 500 F, en supposant – ce qui est loin d'être acquis – que globalement, pendant toute la durée du remboursement, pour certains emprunts souscrits, le taux d'intérêt n'excédera pas 9,20 %. »

Les prêts entre collectivités locales

Répondant à une question parlementaire de M. Jacques Barrot, sur la régularité des prêts entre collectivités locales, eu égard au principe constitutionnel de libre administration des collectivités, le ministre d'État, ministre de l'Intérieur a rappelé que l'article 15 de l'ordonnance n° 59-2 du 2 janvier 1959 dispose que, sauf dérogation, les collectivités locales et établissements publics sont tenus de déposer au Trésor toutes leurs disponibilités. Elles ne peuvent donc en disposer pour consentir des prêts à des tiers publics ou privés ; l'*intérêt communal* d'une telle opération n'apparaîtrait d'ailleurs pas suffisamment justifié.

La loi n° 84-46 du 24 janvier 1984 relative à l'activité et au contrôle des établissements de crédit interdit à toute personne autre qu'un établissement de crédit habilité d'effectuer des opérations de banque à titre habituel. Les collectivités locales ne pourraient donc pas, sans enfreindre la loi bancaire, se consentir entre elles des prêts à titre habituel, la jurisprudence considérant en outre que le caractère habituel est constaté par la réalisation de deux opérations successives par le même intervenant et la loi incluant les opérations de crédit au sein des opérations de banque (AN, 16 mai 1994).

Enquêtes publiques. Voir *Urbanisme*.

Enseignement privé (aide aux établissements)

Deux millions d'élèves (à 95 % dans l'enseignement catholique) fréquentent les établissements de l'enseignement privé (face à dix millions environ dans l'enseignement public). C'est dire l'importance de la question dans la vie politique française et, en particulier, dans celle des collectivités locales. Un ensemble de règles s'est ainsi peu à peu forgé, après d'âpres batailles, qui conditionne aujourd'hui la vie de ces établissements et l'aide que l'État et les collectivités locales peuvent leur apporter.

Le régime des aides accordées à l'enseignement privé fait l'objet d'un certain nombre de textes qu'il convient de rappeler :

– loi Falloux du 15 mars 1850 modifiée, sur l'enseignement secondaire (liberté encadrée) ;

– loi Goblet du 30 octobre 1886 sur l'enseignement primaire (interdiction absolue) ;

– loi Astier du 25 juillet 1919 sur l'enseignement technique (liberté totale) ;

– loi n° 59-1557 du 31 décembre 1959, dite loi Debré, modifiée par la loi n° 71-400 du 1er juin 1971, dite loi Barangé ;

– loi n° 77-1285 du 25 novembre 1977, dite loi Guermeur, complémentaire à la loi du 31 décembre 1959 modifiée ;

– loi de finances rectificative pour 1964 ;

– loi Rocard de 1984 sur l'enseignement agricole (liberté totale) ;

– loi de finances rectificative pour 1985, article 119 ;

– loi n° 94-51 du 21 janvier 1994 (*JO* du 22 janv.) relative aux conditions d'aide aux investissements des établissements d'enseignement privé par les collectivités territoriales.

Cette abondance de textes témoigne de la passion des débats. La loi du 15 mars 1850, dite loi Falloux, avait établi la liberté de l'enseignement secondaire ; mais son article 69 limitait néanmoins la faculté des collectivités locales de subventionner les établissements « libres », à hauteur de 10 % de leurs dépenses d'investissement. Cependant, depuis la loi « Debré » du 31 décembre 1959, leurs dépenses de fonctionnement peuvent, sous certaines conditions, être supportées par les collectivités locales. En particulier, ces établissements ont le choix entre le contrat simple (pour la prise en charge des seules dépenses de personnel) et le contrat d'association (pour la prise en charge des dépenses de personnel et de matériel).

D'autres dispositions ont modifié ou complété certains de ces textes. En effet, outre la loi du 31 décembre 1959, qui a partiellement levé l'interdiction de 1886 en rendant obligatoire pour les communes, la prise en charge des dépenses de fonctionnement matériel des écoles signataires d'un contrat d'association avec l'État, la loi 86-972 du 19 août 1986, article 19, portant diverses dispositions en faveur des collectivités locales, autorise les communes à accorder, sous certaines conditions, leur garantie aux emprunts contractés par les associations gestionnaires d'écoles privées, en vue de financer la construction, l'acquisition ou l'aménagement de locaux.

Les conditions dans lesquelles les collectivités territoriales peuvent accorder un concours sous forme d'aide à l'investissement aux établissements d'enseignement privé, varient en fonction du niveau d'enseignement dispensé (primaire ou secondaire), de la nature de cet enseignement (général, technique, agricole) et de la nature de la collectivité qui fournit cette aide (commune, département ou région). La difficulté se trouve accrue lorsque l'aide, directe ou indirecte, est fournie à un établissement qui intègre plusieurs niveaux d'enseignement et plusieurs spécialités.

Ainsi, si les dépenses de fonctionnement des établissements privés du premier degré, sous contrat, constituent une dépense obligatoire pour les communes, il leur est, en revanche, interdit toute subvention ou mise à disposition de locaux ; la seule aide à l'investissement autorisée est dans la possibilité de garantir leurs emprunts (loi du 19 août 1986 précitée).

Les dispositions de la loi Goblet, qui n'ont jamais été abrogées, sont méconnues par de nombreuses communes qui mettent souvent des locaux à la disposition des établissements privés et, parfois, à titre gratuit, ou leur offrent des équipements, du matériel ou la réparation de leurs installations.

Quant aux départements et aux régions (régime de la loi Falloux), ils subventionnent en fait assez largement les établissements privés au-delà des pourcentages autorisés, ou leur accordent des garanties d'emprunts et parfois même leur construisent des locaux neufs, qui sont ensuite mis à la disposition des établissements.

L'intégration dans les établissements privés de plusieurs niveaux d'enseignement, soumis à des régimes juridiques différents, rend difficile le contrôle de ces aides par les juridictions, aides dont les retombées profitent nécessairement à toute la structure scolaire.

Jurisprudence

• CE, 18 nov. 1992, *Comité de liaison d'Antibes de la Fédération des conseils de parents d'élèves, Commune d'Antibes ;* extraits de l'arrêt :

> « Considérant que, par la délibération attaquée, en date du 22 décembre 1980, le conseil municipal d'Antibes a autorisé la maire à passer avec l'association La Tramontane, gestionnaire d'un établissement privé, une convention par laquelle la

commune d'Antibes s'est engagée à réaliser gratuitement un certain nombre d'équipements sportifs comprenant une aire de lancer, quatre terrains de sports, deux sautoirs et deux pistes sur un terrain de 9 240 m^2 mis à sa disposition par l'association pour une durée de quatre-vingt-dix-neuf ans moyennant un loyer annuel d'un franc symbolique ; qu'aux termes du bail dont la délibération autorise la passation, les équipements sportifs réalisés par la commune feront retour en fin de bail à l'association La Tramontane, celle-ci devant verser à la commune, au cas où le bail n'irait pas à son terme, une somme calculée en fonction du tableau d'amortissement de l'emprunt passé par la ville pour la réalisation des équipements et forfaitairement limitée à 10 000 francs, valeur 1980, à l'issue d'une période de quinze années ; que la délibération attaquée autorise également à passer avec l'association une convention d'utilisation des installations qui, tout en reconnaissant la priorité d'utilisation pendant la période scolaire par les élèves de l'établissement géré par l'association La tramontane, prévoit une possibilité d'utilisation par les élèves d'autres établissements scolaires et de mise à la disposition des clubs sportifs de la ville en dehors des heures de classe et pendant les vacances scolaires.
Considérant que le coût des équipements que la commune s'engageait à réaliser était estimé en 1980 à 990 000 francs ; que la possibilité donnée à l'association, en cas de résiliation du bail après quinze années, de devenir propriétaire pour une somme de 10 000 francs d'équipements sportifs aussi importants et qui seraient, eu égard à leur nature, encore utilisables, donne à l'opération autorisée par la délibération attaquée le caractère d'une subvention d'investissement consentie par la ville à un établissement d'enseignement privé ; que la possibilité d'une utilisation, à titre subsidiaire, de ces installations par les élèves d'autres établissements scolaires et clubs sportifs, telle qu'elle est prévue, n'est pas de nature à enlever à la réalisation des installations par la ville le caractère de subvention susindiqué.
Considérant qu'il ressort du dossier que l'établissement privé géré par l'association La Tramontane, comprend des classes d'enseignement primaire et des classes d'enseignement secondaire ; qu'en ce qui concerne les établissements d'enseignement primaire privés, l'article 4 de la loi 59-1557 du 31 décembre 1959, qui apporte une dérogation de caractère limitatif à l'interdiction édictée par la loi du 30 octobre 1886, qui demeure en vigueur, d'utiliser des fonds publics au bénéfice des écoles primaires privées ne prévoit la prise en charge par les collectivités publiques que des dépenses de fonctionnement des classes sous contrat ; que ni les termes de la délibération attaquée, ni les pièces du dossier ne permettent de distinguer, au sein des installations que la ville s'engageait à réaliser, des installations qui auraient été exclusivement réservées à l'usage des classes secondaires ; que, dans ces conditions, et sans qu'il soit besoin de rechercher dans quelle mesure l'article 69 de la loi du 15 mars 1850 pourrait donner un fondement légal à une telle subvention en ce qui concerne les classes secondaires, il résulte de ce qui a été dit ci-dessus que la délibération attaquée a été prise en méconnaissance de l'interdiction édictée par la loi du 30 octobre 1886 et est entachée d'excès de pouvoir [...]. »

L'annulation de la délibération attaquée s'inscrit dans une jurisprudence constante selon laquelle toute aide à l'investissement apportée par une collectivité locale à un établissement primaire privé est interdite. En l'espèce, le bail organisait au profit de l'association une véritable accession à la propriété, qui a conduit le Conseil d'État à requalifier l'opération en subvention d'investissement.

Voir aussi sous CRC, Contrôle budgétaire, article 11, avis *Commune de Paimpol*.

Observations des juridictions financières

• CRC « Ile-de-France », 2 déc. 1993, *Département du Val-d'Oise, Centre polytechnique privé « Saint-Louis » – CPSL ;* extraits :

> « La décision préalable d'investissement. Né au milieu des années quatre-vingt, de la volonté du président du Conseil général de développer le pôle universitaire de Cergy-Pontoise, le projet d'un " Centre universitaire technique privé ", rattaché à l'Institut catholique de Paris, paraissait pouvoir répondre à la triple exigence d'intervenir sur des créneaux d'activités opérationnels, d'offrir des débouchés réels aux étudiants et d'obtenir le soutien des milieux professionnels.
> Pour le département, il s'agissait de renforcer le pôle universitaire de Cergy-Pontoise et du Val-d'Oise qui compte 401 000 jeunes de moins de vingt-cinq ans pour une population totale de plus d'un million d'habitants.
> Pour l'Institut catholique de Paris, il s'agissait de réaliser une délocalisation nécessaire de certaines de ses écoles au coût le plus intéressant.
> S'appuyant, pour le montage de cette opération, sur les compétences du premier doyen des professeurs de l'ESSEC, le président du Conseil général avait fait adopter par ses collègues du Conseil général le lancement des études nécessaires à la définition technique et financière de ce projet, dès décembre 1986. Dans le rapport préalable à cette délibération du 12 décembre 1986, les principales orientations étaient tracées :
> – le département mettrait, à titre gracieux, à la disposition du CPSL les bâtiments construits, aux termes d'un bail emphytéotique ;
> – l'association s'engagerait à assurer les charges du locataire ;
> – la possibilité était retenue, aux termes du bail, que les bâtiments deviennent propriété de l'association ;
> – cette dernière contribuerait pour moitié hors taxes au financement de cette opération, les travaux devant s'engager au fur et à mesure des versements de ce concours ;
> – le département apporterait à l'association en dotation de capital les sommes recouvrées au titre du FCTVA ;
> – des conventions seraient signées pour définir les obligations réciproques des deux parties et l'échéancier des versements du fonds de concours [...].
>
> Sur le plan juridique, la réalisation par le département du Centre polytechnique Saint-Louis, regroupant plusieurs établissements d'enseignement supérieur privé, est demeurée incertaine. En effet, le Conseil d'État a bien admis, dans un arrêt du 1er juin 1956 – Canivez – que des collectivités locales pouvaient verser des subventions à des établissements privés d'enseignement supérieur, dès lors qu'aucun texte, et en particulier, ni la loi du 12 juillet 1875, ni celle du 18 mars 1880 définissant le statut de tels établissements, n'y faisaient expressément obstacle. Mais, en l'espèce, il ne s'est pas agi d'une aide à un établissement d'enseignement supérieur privé déterminé sous la forme d'une subvention ponctuelle : dans ce projet, la collectivité publique s'est substituée aux écoles privées en construisant pour leur compte [...]. »

(Commentaire : il s'agit d'un précédent juridiquement discutable.)

ENSEIGNEMENT PUBLIC
(obligations des collectivités locales)

Loi 83-663 du 22 juillet 1983, *JO* du 23 juillet 1983 :

Article 13 :

I. « Le conseil municipal décide de la création et de l'implantation des écoles et des classes élémentaires et maternelles après avis du représentant de l'État ;

II. « Le conseil régional établit et propose au représentant de l'État, après accord des collectivités concernées et compte tenu des orientations fixées par le plan, le schéma prévisionnel des formations des collèges, des lycées et des établissements d'éducation spéciale ;

III. « Le conseil général établit, après accord de chacune des communes concernées ou, le cas échéant, de chacun des groupements de communes concernés par des projets situés sur leur territoire, le programme prévisionnel des investissements relatifs aux collèges qui résulte du schéma prévisionnel mentionné au paragraphe II du présent article.

À ce titre, le conseil général définit la localisation des établissements, leur capacité d'accueil et le mode d'hébergement des élèves.

Le conseil régional établit, après accord de chacune des collectivités concernées par les projets situés sur leur territoire, le programme prévisionnel des investissements relatifs aux lycées et aux établissements d'éducation spéciale qui résulte du schéma prévisionnel mentionné au paragraphe II du présent article.

À ce titre, le conseil régional définit la localisation des établissements, leur capacité d'accueil et le mode d'hébergement des élèves [...]. »

Article 14 :

I. « La commune a la charge des écoles. Elle est propriétaire des locaux et en assure la construction, l'équipement, l'entretien et le fonctionnement. L'État a la charge de la rémunération du personnel enseignant sous réserve des dispositions de l'article26 (concernant les activités éducatives, sportives et culturelles complémentaires, facultatives, assurées aux frais de la collectivité).

II. « Le département a la charge des collèges [...].

III. « La région a la charge des lycées et des établissements d'éducation spéciale [...].

....

VII. [...] « À la demande de la commune intéressée ou d'un groupement de communes comprenant celle-ci, la responsabilité de la construction, de l'équipement et du fonctionnement d'un collège, d'un lycée ou d'un établissement d'éducation spéciale, lui est confiée de droit par la collectivité compétente pour une durée qui ne peut être inférieure à six ans. Une convention entre la commune ou le groupement de communes et le département ou la région fixe les modalités notamment financières, de ce transfert. »

ÉCOLES

Les communes ont ainsi la charge matérielle de la construction et de l'entretien des établissements d'enseignement du 1er degré. Ces dépenses ont le caractère de dépenses obligatoires. À ces dépenses se rattachent les dépenses de logement des instituteurs.

Les dépenses de construction et entretien des collèges et lycées ne sont pas à la charge des communes ; c'est donc à tort, comme le signalent fréquemment les chambres régionales des comptes, que des communes participent au financement de la construction de ce type d'établissements (sous réserve du recours à une convention, conformément aux dispositions du paragraphe VII précité de la loi du 22 juill. 1983, art. 14).

Participation des communes de résidence, aux frais de scolarité des élèves admis dans les écoles des communes d'accueil

Ces dernières, en effet, réclament le plus souvent aux communes de résidence, une participation aux frais de scolarisation des élèves qu'elles accueillent, sans avoir sollicité l'accord des maires de ces communes qui, dans bien des cas, sont à même d'assurer directement ou indirectement la restauration et la garde des enfants à un coût moindre.

À la question d'un parlementaire, le ministre délégué à l'Aménagement du territoire et aux collectivités locales a répondu (*JO,* Débats AN, 22 nov. 1993) :

« La loi n° 83-663 du 22 juillet 1983, et notamment son article 23, ainsi que le décret n° 86-425 du 12 mars 1986, ont institué un dispositif de répartition intercommunale des charges des écoles publiques en cas de scolarisation d'enfants hors de leur commune de résidence.

La loi a posé le principe du libre accord entre la commune d'accueil et la commune de résidence. Ce n'est qu'en cas de difficulté à atteindre cet accord qu'il peut être fait appel à une procédure de conciliation. La loi et le décret ont précisé les règles applicables dans ce cas : lorsqu'une commune a la capacité d'accueillir dans ses écoles tous les enfants résidant sur son territoire, elle n'est tenue de participer aux charges d'écoles situées sur le territoire d'une autre commune, que si le maire a donné son accord préalable à la scolarisation hors de la commune.

Deux exceptions ont été apportées à ce principe d'accord préalable :

– les cas dérogatoires : pères et mères ou tuteurs légaux de l'enfant exerçant une activité professionnelle lorsqu'ils résident dans une commune qui n'assure pas directement ou indirectement la restauration et la garde des enfants, ou l'une seulement de ces prestations ; état de santé de l'enfant nécessitant, d'après un médecin de santé scolaire ou assermenté, une hospitalisation fréquente ou des soins réguliers et prolongés, assurés dans la commune d'accueil et ne pouvant l'être dans la commune de résidence ; frère ou sœur de l'enfant inscrit la même année scolaire dans une école de la commune d'accueil, lorsque l'inscription du frère ou de la sœur dans cette commune est justifiée par l'absence de capacité d'accueil, par un des deux autres cas dérogatoires ou par la non-remise en cause d'un cycle scolaire ;

– la non-remise en cause d'un cycle scolaire (préélémentaire ou élémentaire).

En dehors de ces exceptions, l'accord préalable du maire de la commune de résidence constitue une condition impérative à la mise en œuvre du système de répartition intercommunale des charges. Lorsqu'une commune d'accueil a omis de solliciter cet accord, la commune de résidence peut refuser de participer aux frais de scolarisation. Dans cette hypothèse, la commune d'accueil assume seule le financement de la scolarisation en cours jusqu'au terme du cycle scolaire engagé.

Les communes de résidence ne sont donc liées que dans des cas exceptionnels et limités aux décisions prises unilatéralement par les communes d'accueil. Le dispositif prévu par l'article 23 répond, au contraire, au souci de préserver les communes et notamment les petites communes rurales, en subordonnant, dans la majorité des cas, leur participation financière à un accord préalable. »

Utilisation des locaux scolaires par des tiers : voir *infra* Observations CRC Aquitaine, *Commune de Lège-Cap-Ferret.*

Jurisprudence

● TA Clermont-Ferrand, 19 oct. 1990, *Préfet de la Région Auvergne, Commune d'Augerolles ;* résumé du jugement :

Les faits :

Le conseil municipal de la commune d'Augerolles a décidé, par délibération du 2 août 1989, de réglementer l'inscription des élèves de la commune dans les écoles des communes voisines. Le préfet du Puy-de-Dôme a présenté le 28 février 1990 une requête devant le tribunal administratif de Clermont-Ferrand tendant à l'annulation de la délibération, en tant qu'elle appliquerait de façon restrictive le décret du 12 mars 1986.

Le problème juridique posé :

Est-ce qu'une commune peut appliquer de façon restrictive les dispositions d'un décret réglementant l'inscription des élèves de la commune dans les écoles des communes voisines ?

La solution donnée par le juge :

Le décret du 12 mars 1986 dispose, dans son article 1er, que la commune de résidence est tenue de participer financièrement à la scolarisation d'enfants dans une autre commune dans les cas suivants :

1. les parents résidant dans une commune qui n'assure pas la restauration et la garde des enfants ;
2. l'état de santé de l'enfant nécessitant des soins réguliers et prolongés ne pouvant l'être dans la commune de résidence ;
3. frère ou sœur inscrit dans une école maternelle ou élémentaire de la commune d'accueil lorsque l'inscription dans cette commune est justifiée.

Le juge a estimé que le conseil municipal a fixé de façon restrictive les conditions de dérogations pour l'inscription des enfants de la commune dans une école d'une autre commune, par rapport au décret précité, en méconnaissant, notamment, les dispositions des paragraphes 1 et 3.

La délibération du conseil municipal a donc été annulée.

Commentaire :

Ce jugement précise qu'un conseil municipal ne saurait interpréter les dispositions d'un décret réglementant les conditions d'inscription des élèves d'une commune dans les écoles des communes voisines. S'il est, en effet, possible dans certaines conditions de prendre des mesures d'application plus restrictives d'un texte dont l'objet même est de portée restrictive, il n'en va pas de même lorsque ce texte a, au contraire, pour objet d'ouvrir des droits aux administrés.

Observations des juridictions financières

● CRC « Centre », 29 avr. 1993, *Commune de Saint-Jean-de-Braye ;* extraits :

> « L'adhésion de la collectivité d'implantation au " Fonds des grands travaux régionaux " (FGTR), apparaît comme un préalable à la réalisation d'un lycée relevant de la compétence de la région Centre. Depuis le 1er janvier 1986, la région a reçu compétence pour réaliser les investissements dans les lycées. Le conseil régional définit la localisation des établissements, leur capacité d'accueil et le mode d'hébergement des élèves, après accord de chacune des collectivités concernées par les projets situés sur leur territoire.
>
> S'agissant des financements des lycées dont la compétence a été attribuée par la loi 83-8 du 7 janvier 1983 modifiée, relative à la répartition de compétences entre

l'État, les communes, les départements et les régions, et complétée par la loi 83-663 du 22 juillet 1983 modifiée, il appartient à la région d'en assurer la charge, la région bénéficiant à cette fin de la dotation régionale d'équipement scolaire (DRES). Cependant, la région Centre a mis en place un " Fonds des grands travaux régionaux " (FGTR). Le règlement du FGTR dispose en son article 6-1 concernant les travaux dans les lycées :
" La région étant maître d'ouvrage, une convention particulière définit en tant que de besoin les points nécessitant un accord avec les collectivités concernées et notamment le calendrier prévisionnel de réalisation des opérations, les modalités des mouvements financiers extra régionaux pouvant intervenir dans la réalisation de cette opération, et l'acceptation du terrain d'assiette. Les dépenses d'équipement et les travaux concernant les aménagements sportifs peuvent donner lieu à évaluation conjointe et être réparties entre les parties prenantes. "
Il apparaît que la région a demandé à la commune d'accueil la prise en charge de certaines dépenses. Par délibération des 19 décembre 1986, 29 janvier 1988 et 1er avril 1988, la commune de Saint-Jean-de-Braye a pris les engagements suivants :
1. apport d'un terrain viabilisé à la région à titre gratuit ;
2. participation financière à la construction du lycée ;
3. mise à la disposition du lycée, des équipements sportifs existant et construction des équipements supplémentaires nécessaires à un lycée de 1 200 élèves.
À cet égard, il est rappelé que le législateur, afin de concilier d'une part, le souci d'éviter un transfert de charges non compensé entre les collectivités (la DRES est attribuée uniquement à la région) et d'autre part de constituer des blocs exhaustifs de compétences (la région a la charge des lycées – art. 14-3 de la loi du 22 juill. 1983) a supprimé la participation financière des communes aux dépenses de fonctionnement et d'investissement.
La région a décidé, par ailleurs, de prendre en charge des ouvrages réalisés en dehors de l'emprise du lycée, tels que : la réalisation d'une passerelle aérienne [...] ; l'intervention sur l'emprise du terrain de football [...] (pour y réaliser d'autres installations ou équipements) ; aménagement d'une esplanade [...].
En conséquence, il apparaît que les modalités de financement des lycées par la région Centre et notamment celui de Saint-Jean-de-Braye représentent un recul par rapport à la volonté du législateur de supprimer les financements croisés et de répartir les compétences des collectivités par blocs homogènes [...].
L'adhésion au FGTR entraîne ainsi une charge substantielle pour la commune d'accueil (estimée à 16 MF, soit 13,6 MF pour le terrain de 28 000 m^2 viabilisé plus une participation financière directe à hauteur de 2,5 % du coût d'objectif, soit 2 411 223 F). »

- CRC « Aquitaine », 3 mai 1993, *Commune de Lège-Cap-Ferret ;* extraits :

« Les pouvoirs dont dispose le maire de la commune en vertu de l'article 25 de la loi n° 83-663 du 22 juillet 1983, pour autoriser *l'utilisation par des tiers des locaux scolaires* implantés dans sa commune ne le dispensaient pas de recueillir l'avis de la collectivité propriétaire de l'établissement et de sa collectivité de rattachement. Cette obligation a été méconnue, tant à l'égard du Syndicat intercommunal du Collège qu'à l'égard du Département de la Gironde, lors de la mise à disposition des locaux du collège de Lège-Cap-Ferret à l'association des Girondins de Bordeaux pour l'organisation de stages de football sous le nom de Caps Girondins. »

ENVIRONNEMENT (protection de l'). Voir *Urbanisme.*

ÉTABLISSEMENTS PUBLICS (à caractère industriel et commercial). Voir *Services publics locaux.*

ÉTABLISSEMENTS PUBLICS LOCAUX (à caractère administratif)

La loi permet la création d'établissements publics à caractère administratif pour faciliter la gestion de certains services ; c'est le cas, notamment de la « Caisse des écoles » et du « Centre communal d'action sociale » (CCAS).

La Caisse des écoles gère des services tels que les cantines scolaires et les colonies de vacances ; le recours à ce mode de gestion tend, dans de nombreuses communes, de plus en plus à tomber en désuétude, au profit d'une gestion directe par la collectivité.

Le Centre communal d'action sociale (CCAS) gère l'action sociale au bénéfice des familles (crèches, haltes-garderies, secours divers) et l'action sociale au bénéfice des personnes âgées (aides-ménagère, foyers-résidences) ; l'activité des CCAS, au contraire de l'exemple précédent, n'a cessé de se développer (voir *Centre communal d'action sociale*).

Voir aussi *Services publics à caractère administratif.*

ÉVALUATION (des politiques publiques)

Le besoin de renouveau du service public est assez largement ressenti ; mais tous ne donnent pas le même contenu à la réforme de l'administration et de ses méthodes. C'est pour éclairer la démarche que le gouvernement en a précisé le sens à partir de deux circulaires du Premier Ministre du 23 février 1989 et du 25 janvier 1990 dont on trouvera ici quelques extraits :

> « *L'évaluation des politiques publiques n'a pas encore véritablement trouvé sa place en France, malgré les réflexions déjà menées et en dépit de l'existence de nombreux mécanismes de contrôle* », peut-on lire dans la circulaire de 1989.
> « *Dès à présent... on peut dégager quelques principes qui devraient guider toute démarche d'évaluation :*
> – *l'indépendance des instances d'évaluation par rapport aux administrations gestionnaires ;*
> – *la compétence des acteurs de l'évaluation, puisque les résultats ont vocation à alimenter des débats importants ;*
> – *la transparence du processus... ;*
> – *la pluralité des dispositifs, puisqu'aucun organisme ne saurait exercer de monopole.*
> *Il faut mobiliser tout le potentiel disponible et susciter l'éclosion d'instances nouvelles [...]. Il faut évaluer l'efficacité du service grâce à l'emploi d'instruments de gestion modernes (contrôle de gestion, comptabilité analytique) [...]. Il convient également de mieux utiliser les organismes dont l'évaluation est la vocation même, et qui pourraient constituer des instances permanentes, le cas échéant au prix d'un redéploiement de leurs activités...* »

La proposition de création d'une structure « d'expertise publique » (formulée dans un précédent ouvrage – *Les risques de gestion des collectivités territoriales* – aux Éditions Dalloz) et chargée de conseiller les élus, et non de les sanctionner, est plus que jamais d'actualité. Il s'agit, en effet, de répondre à un besoin d'évaluation induit par la libération des pouvoirs de gestion des élus locaux. Il ne suffit plus de contrôler l'emploi régulier des fonds publics : il faut aussi mesurer *l'« efficacité »* (les objectifs d'une dépense sont-ils atteints ?), *l'« économie »* (à quel coût ces objectifs sont-ils atteints ?), *l'« efficience »* de la gestion (c'est-à-dire la pertinence des moyens).

La comptabilité analytique, le contrôle de gestion en seront les instruments privilégiés. L'application généralisée de la nouvelle instruction comptable M 14 en favorisera la réalisation.

EXÉCUTOIRE
(caractère exécutoire des actes des collectivités locales)

« Les actes pris par les autorités communales sont exécutoires de plein droit dès qu'il a été procédé à leur publication ou à leur notification aux intéressés ainsi qu'à leur transmission au représentant de l'État dans le département ou à son délégué dans l'arrondissement. Le maire certifie, sous sa responsabilité, le caractère exécutoire de ces actes [...]. » (Loi du 2 mars 1982 modifiée, art. 2).

La loi 82-623 du 22 juillet 1983 a utilement introduit la distinction entre :

– les actes des autorités locales qui ne sont exécutoires qu'à la double condition d'avoir été transmis au représentant de l'État et d'avoir été publiés ou notifiés : il s'agit, bien entendu des actes les plus importants par leurs conséquences ;

– et les actes qui sont exécutoires dès leur publication ou leur notification : il s'agit des actes les moins importants, dans leurs effets, mais les plus nombreux.

La loi donne une énumération précise et limitative des actes soumis à l'obligation de transmission ; il s'agit :

– des délibérations des assemblées locales, quel que soit le domaine d'attribution en cause ou la nature réglementaire ou individuelle de la délibération ;

– des décisions prises par délégation des assemblées délibérantes ;

– des décisions réglementaires ou individuelles prises par le maire dans l'exercice de son pouvoir de police ;

– des actes à caractère réglementaire pris par les autorités communales, départementales ou régionales, dans tous les domaines qui relèvent de leur compétence en application de la loi et qui se définissent par trois caractéristiques : ce sont des actes généraux, impersonnels et permanents ;

– des conventions relatives aux marchés, emprunts, délégations de services publics.

Les actes non soumis à l'obligation de transmission sont, bien entendu, tous les autres, et dont on peut citer :

– les actes de gestion courante des services ou du domaine public de la collectivité ;

– les actes d'administration interne, notamment les actes de gestion des personnels, à l'exception des actes individuels relatifs à la nomination, à l'avancement de grade, aux sanctions soumises à l'avis du conseil de discipline et aux licenciements d'agents ;

– les conventions de droit public autres que celles mentionnées précédemment ;

– enfin, les multiples actes d'administration quotidienne et notamment les correspondances entre élus et administrés.

Pour être exécutoires, les actes soumis à l'obligation de transmission doivent donc d'une part, être transmis au représentant de l'État, d'autre part, être publiés ou notifiés.

Or, les observations des chambres régionales des comptes révèlent que de nombreux actes non transmis (ou transmis tardivement) et dénués de caractère exécutoire, n'en sont pas moins exécutés. La chambre est ainsi amenée à rejeter les paiements effectués dans de telles conditions et à mettre en cause la responsabilité du comptable pour n'avoir pas exercé les contrôles auxquels il est normalement tenu en vertu de l'article 13 du règlement général sur la comptabilité publique.

Jurisprudence

● CE, 4 févr. 1991, *Ville de Caen ;* résumé de l'arrêt :

Les faits :

La ville de Caen a, par une lettre de commande du 1er août 1984, chargé une société d'une étude préalable comportant diverses prestations intellectuelles « échelonnées du 20 septembre au 10 décembre 1984 », dans la perspective de la réalisation d'un musée ; cette lettre stipule au profit de la société une avance à déduire du marché négocié à soumettre ultérieurement au conseil municipal.

Ce marché, dont un article faisait de cette avance, un acompte versé au titre du marché, a été signé le 18 décembre 1984 en vertu d'une habilitation du conseil municipal donnée par délibération de la veille et transmis au représentant de l'État dans le département. Celui-ci l'a déféré au tribunal administratif, avec la délibération du 17 décembre 1984.

La ville de Caen a relevé appel du jugement annulant le contrat et la délibération.

Le problème juridique posé :

1. La délibération et le marché déféré pouvaient-ils être considérés comme réguliers tant au regard de l'article 250-3 du code des marchés publics qui dispose que « les marchés doivent être conclus avant tout commencement d'exécution », qu'au regard de l'article 2-I de la loi n° 82-213 du 2 mars 1982 qui subordonne le caractère exécutoire des conventions relatives aux marchés à leur transmission au représentant de l'État dans le département.

2. Dans la négative, quelles conséquences convenait-il d'en tirer du point de vue de l'effet dans le temps du marché irrégulier ?

La solution donnée par le juge :

Rejet de l'appel.

Le Conseil d'État a considéré que ces dispositions avaient été méconnues en l'espèce par la mise à exécution du marché dès la lettre de commande du 1er août 1984, qui n'était pas détachable compte tenu de leurs liens, du marché signé le 15 décembre 1984. Par suite, il convenait de prononcer l'annulation de ce marché et de la délibération en ayant autorisé la signature.

> *« Considérant que si la ville de Caen soutient que ces prestations correspondaient à une étude préalable distincte ayant fait l'objet d'une lettre de commande du 1er août 1984, il résulte tant du texte de cette lettre de commande, qui concernait une avance à déduire du contrat à soumettre ultérieurement au conseil municipal, que de l'article 7 du marché signé le 18 décembre 1984, qui confère à la somme faisant l'objet de la lettre de commande du 1er août le caractère d'un acompte versé au titre du marché, que l'étude en cause n'était pas distincte dudit marché ; qu'ainsi, la date du commencement de l'exécution du marché signé le 18 décembre 1984, a été fixée, en méconnaissance des textes précités, à une date antérieure tant à la conclusion de celui-ci qu'à celle de sa transmission au représentant de l'État dans le département à laquelle il a été procédé le 19 décembre 1984 ; que la ville de Caen n'est pas fondée à soutenir que c'est à tort que par le jugement*

attaqué, le tribunal administratif de Caen a annulé le marché négocié signé le 18 décembre 1984 et la délibération du conseil municipal de Caen du 17 décembre 1984 autorisant le maire à signer ce marché. »

Cet arrêt précise les conséquences juridiques de la mise à exécution prématurée d'un marché : le Conseil d'État avait auparavant jugé qu'un acte unilatéral soumis à l'obligation de transmission édictée par l'article 2 de la loi du 2 mars 1982, devait être annulé en tant qu'il prenait effet antérieurement à sa date de transmission. Dans le cas d'un marché, sa mise à exécution non seulement avant sa transmission au représentant de l'État mais avant la délibération autorisant sa signature, entraîne non seulement l'annulation de cette délibération mais aussi celle du marché lui-même (voir « notification » dans la rubrique *Marchés publics*).

EXPROPRIATION (pour cause d'utilité publique). Voir *Urbanisme.*

F

FAUTES (de gestion) ET RESPONSABILITÉ DES DIRIGEANTS

La Cour de discipline budgétaire et financière (voir cette rubrique) a pour objet de sanctionner les fautes de gestion : mais cette notion n'est pas définie par la loi du 25 septembre 1948 et semble englober l'ensemble des infractions punissables, sans référence aux cas d'incrimination (Arrêt de principe du 11 déc. 1980, « Caisse Centrale de Crédit Coopératif »). Nous devons donc en faire l'inventaire pour comprendre son rôle dans la jurisprudence de la Cour.

La faute de gestion est une notion de droit commercial. Les composantes en sont les mêmes que celles retenues en matière de responsabilité civile, sur la base de l'article 1382 du code civil :

- une faute de gestion ;
- un préjudice, en l'espèce l'insuffisance d'actif ;
- un lien de cause à effet entre la faute et ce préjudice.

Ainsi, nous trouvons d'abord la faute de comportement personnel telle que la dissimulation ou la non-infirmation d'une information par un dirigeant ; puis la faute dans l'exercice des fonctions telle que le non-accomplissement d'actes obligatoires (l'inventaire annuel, par exemple), la tolérance d'actes irréguliers (manquement à des textes ou à des principes généraux), ou bien l'absence de vigilance, l'ignorance des obligations de la fonction, la non-utilisation de pouvoirs, la mauvaise organisation du service ; enfin, il y a les actes contraires aux intérêts de l'organisme.

La faute de gestion peut aussi être considérée comme une circonstance aggravante, sinon comme la cause de l'infraction.

Par ailleurs, la faute de gestion est imputable au dirigeant lorsqu'elle est assez diffuse pour ne pas savoir à qui l'imputer dans le service.

La notion de responsabilité des dirigeants pour faute de gestion se fonde sur les dispositions de l'article 99 de la loi de 1967 relative aux procédures collectives. Mais comment caractériser la faute ?

Au début, le juge s'appuyait sur une présomption de lien de causalité entre une faute de gestion et le préjudice subi par les créanciers de l'entreprise, sauf aux dirigeants, ainsi mis en cause, à apporter la preuve qu'ils avaient apporté à l'exercice de leurs responsabilités toutes les diligences attendues eu égard à leurs fonctions de direction, c'est à dire à prouver qu'ils n'avaient pas commis de faute. Ce renversement de la charge de la preuve s'est heurté aux réticences des juges jusqu'à l'évolution consacrée par la loi n° 85-98 du 25 janvier 1985 modifiée, relative au redressement et à la liquidation judiciaire des entreprises.

1. La notion de faute de gestion (entendue comme faute stratégique de gestion ou comme irrégularités et abus graves et non comme simple erreur dans la gestion

courante) se dégage de la jurisprudence faisant application, en matière d'*action en comblement de passif* (voir cette rubrique), des dispositions de l'article 180 de la loi du 25 janvier 1985 précitée. Ainsi, l'étude insuffisante des conditions de financement d'une entreprise (moyens de financement ruineux, par exemple) constitue une faute de gestion susceptible d'engager la responsabilité personnelle des dirigeants. Ainsi en est-il, de même, du défaut de surveillance des administrateurs, ou du laxisme dans la conduite des affaires sociales.

Cette jurisprudence dite de la faute de gestion, s'applique au mandataire d'une personne morale à caractère administratif ou au dirigeant d'une association.

2. La responsabilité du dirigeant en cas de redressement ou de liquidation judiciaire est nécessairement posée ; cette responsabilité est à la mesure des pouvoirs que la loi lui confère ; elle ne peut être limitée à l'égard des tiers, même si des clauses internes limitent ces pouvoirs vis-à-vis des associés.

Cette sévérité sanctionne d'abord les manquements professionnels du dirigeant maladroit ou négligent ; elle sanctionne ensuite la confusion des intérêts commise par le dirigeant qui n'a pas respecté la règle de séparation des patrimoines (patrimoine personnel et patrimoine de la société) et coupable d'*abus de biens sociaux*. L'action en comblement de passif en est la sanction.

L'article 182 de la loi du 25 janvier 1985 précitée fournit, en outre, d'utiles précisions sur le comportement d'un dirigeant de sociétés susceptible de constituer une faute de gestion :

– « *Avoir disposé de biens de la personne morale comme des siens propres ;*
– « *Sous le couvert de la personne morale masquant ses agissements, avoir fait des actes de commerce dans un intérêt personnel ;*
– « *Avoir fait des biens ou du crédit de la personne morale un usage contraire à l'intérêt de celle-ci à des fins personnelles ou pour favoriser une autre personne morale ou entreprise dans laquelle il était intéressé directement ou indirectement ;*
– « *Avoir poursuivi abusivement, dans un intérêt personnel, une exploitation déficitaire qui ne pouvait conduire qu'à la cessation des paiements de la personne morale ;*
– « *Avoir tenu une comptabilité fictive ou fait disparaître des documents comptables de la personne morale ou s'être abstenus de tenir toute comptabilité conforme aux règles légales ;*
– « *Avoir détourné ou dissimulé tout ou partie de l'actif ou frauduleusement augmenté le passif de la personne morale.* »

Cette énumération devrait inciter à la prudence tous les élus tentés de créer des démembrements de la collectivité publique sous forme de sociétés anonymes ou associations.

Certes, les collectivités publiques ne peuvent faire l'objet d'une procédure de liquidation judiciaire ; mais l'état de faillite où peuvent se trouver certains organismes dépendant d'une collectivité locale a mis en évidence l'insuffisance des solutions tirées des dispositions de l'article 9 de la loi du 2 mars 1982 modifiée ; ce qui a conduit les tribunaux à mettre en cause une collectivité publique, considérée comme *dirigeant de fait* d'une société privée (SEM ou Association) à raison de sa responsabilité pour faute de gestion ayant contribué à l'insuffisance d'actif de son satellite (C. Cass., 16 févr. 1993, *Commune de Montargis*).

Cela sans exclure l'éventualité d'une mise en cause personnelle sanctionnée par une *action en comblement de passif* à l'égard de la personne physique de l'élu.

Jurisprudence

Au terme d'une procédure en comblement de passif, engagée par le syndic liquidateur à l'encontre de l'Office régional pour la culture et l'éducation permanente (ORCEP), de la région Nord-Pas-de-Calais, qui avait été mis en liquidation judiciaire en décembre 1992, la première chambre civile du tribunal de grande instance de Lille a, le 29 septembre 1994, condamné son président à *rembourser sur ses deniers personnels,* 40 % du passif (évalué à 40 MF), ainsi que plusieurs autres dirigeants, chacun dans des proportions variables. Cette condamnation fait suite à une instruction au pénal à l'issue de laquelle une dizaine de personnes ont été mises en examen pour *abus de biens sociaux.*

Appel a été interjeté, mais cet appel, en application des dispositions de la loi du 25 janvier 1985 sur les faillites des associations type loi de 1901, n'est pas suspensif.

Parmi les motifs retenus, la juridiction cite l'absence de réunion de bureau, de conseils d'administration et d'assemblées générales, de 1987 à 1991, ou encore la non-tenue des registres réglementaires. Une situation caractéristique *d'association transparente,* qui a permis à l'ORCEP de se soustraire aux règles de la comptabilité publique, s'engageant indûment dans la prise en charge de rémunérations ou de passifs, dans l'octroi de prêts ou de dons, dans l'utilisation à des fins frauduleuses de l'emprunt. Le moindre examen des comptes, insiste le jugement, aurait permis de constater le montant exorbitant de certaines dépenses, comme les frais postaux et de téléphone, les frais de déplacements ou les cadeaux.

FAUX (en écritures publiques ou privées, usage de faux). Voir *Responsabilité pénale personnelle.*

FAVORITISME. Voir *Marchés publics* et aussi *Responsabilité pénale.*

FCTVA (FONDS DE COMPENSATION DE LA TVA). Voir *Finances locales,* Concours financiers de l'État aux collectivités locales ; et aussi *Taxe à la valeur ajoutée,* FCTVA.

FINANCES LOCALES : BUDGETS ET COMPTES

Trois principes essentiels : *annualité, unité et universalité.*

Annualité

Le budget couvre la période d'une année ; toutefois (loi du 5 janv. 1988), par dérogation au principe d'annualité, les assemblées locales peuvent, au-delà du 31 décembre et pendant un délai de vingt et un jours, apporter deux séries de modifications au budget voté, d'une part pour ajuster les crédits ouverts en section de fonctionnement au montant nécessaire au règlement des dépenses engagées avant le 31 décembre, d'autre part pour inscrire les crédits nécessaires aux opérations d'ordre. Par ailleurs, la section d'investissement est régie par un principe de pluriannualité permettant d'engager les crédits ouverts au titre d'un exercice, au moment nécessaire, sans attendre l'inscription des reports.

Unité et universalité

L'unité budgétaire requiert l'établissement d'un document budgétaire unique ; l'universalité requiert la présence de toutes les recettes et de toutes les dépenses dans le même document budgétaire (dispositions combinées de l'art. 18 de l'ord. 59-2 du 2 janv. 1959 et de l'art. 23 du décret du 29 déc. 1962 portant règlement général sur la comptabilité publique). Ces principes comportent toutefois, quelques exceptions, notamment avec les *Budgets annexes* (voir plus loin).

Budget principal

Le budget d'une collectivité locale se présente en deux sections, la section de fonctionnement et la section d'investissements :

La section de fonctionnement décrit l'activité courante des services ; elle comprend, en recettes, les ressources propres, produits de l'exploitation et du domaine, les transferts et dotations reçus, les recettes fiscales ; en dépenses, les dépenses de fonctionnement des services et les frais de personnel ainsi que les frais financiers.

La section d'investissement correspond aux opérations affectant le patrimoine ; elle comprend, en recettes, l'excédent des recettes de fonctionnement sur les dépenses de fonctionnement (constituant l'épargne brute), le produit des emprunts, les subventions d'équipement, les ressources propres (FCTVA, cessions d'actifs) ; en dépenses, le remboursement du capital de la dette et les dépenses d'investissement direct de la collectivité. La deuxième section du budget retrace donc les opérations d'investissement et leur mode de financement.

En cas de réalisation échelonnée d'un même équipement, la technique des autorisations de programme et des crédits de paiement permet de concilier deux impératifs : le respect du coût prévisionnel global d'une opération et le respect des tranches annuelles de travaux. Cette technique, rendue possible par l'article L 211-2 du code des communes, qui préconise une évaluation globale des programmes d'investissement à réaliser assortie d'un échéancier indicatif des paiements, est désormais reconnue par la loi du 6 février 1992, qui a ajouté un article L 211-4 au code des communes.

L'équilibre de la section d'investissement ne s'apprécie que par rapport aux crédits de paiement. Ce type de gestion, complétée par une comptabilité des engagements, permet d'assurer une exécution plus précise des prévisions de dépenses et d'approcher d'un taux de 100 % de réalisation.

L'article 4 du décret 62-1587 du 29 décembre 1962 portant règlement général sur la comptabilité publique définit le budget comme « l'acte par lequel sont prévues et autorisées les recettes et les dépenses des organismes publics ». *Le budget présente donc deux caractéristiques : c'est un acte de prévision et un acte d'autorisation :*

– *prévision :* dans un premier temps les services municipaux procèdent au recensement et à l'actualisation des informations permanentes qui, sous réserve de faits nouveaux, détermineront une réinscription budgétaire automatique. Ensuite, c'est aux élus qu'il appartient de déterminer les objectifs de l'année à venir. La loi 92-125 du 6 février 1992, article 11, prévoit que « dans les communes de 3 500 habitants et plus, un débat a lieu au conseil municipal sur les orientations générales du budget, dans un délai de deux mois précédant l'examen de celui-ci et dans les conditions fixées par le règlement intérieur prévu à l'article L 121-10-1 du code des communes. Le débat peut porter sur le maintien des dépenses antérieures et sur les priorités de dépenses nouvelles, comme sur les moyens d'y faire face. Les objectifs étant arrêtés, il importe d'en mesurer l'incidence à partir de simulations, sans omettre les dépenses nouvelles de fonctionnement induites par les choix d'investissements.

Le budget doit être présenté en équilibre réel (par sections), c'est-à-dire sincère, sans omission, surévaluation ou sous-estimation des recettes et des dépenses. Le contrôle de l'équilibre réel du budget est garanti par la loi dans le cadre de la procédure prévue par l'article 8 (et éventuellement 11) de la loi du 2 mars 1982 précitée (voir la rubrique : *Chambres régionales des comptes, Contrôle budgétaire*) ;

– *autorisation :* le budget voté vaut autorisation de percevoir les recettes et d'engager les dépenses. C'est le vote du conseil municipal qui conditionne cette autorisation. Mais les crédits sont spécialisés : ce qui signifie qu'ils sont non seulement limités dans leur montant, mais aussi dans leur objet : il n'est donc pas possible d'utiliser des crédits ouverts pour un objet particulier, à des dépenses d'un objet différent ; à cet égard, les possibilités de transferts de crédits sont encadrées. Rappelons enfin que, selon leur nature, les crédits sont évaluatifs ou limitatifs.

Le *budget primitif (BP)* doit être adopté dans des délais fixés par la loi (art. 7 de la loi du 2 mars 1982). Il fixe, pour l'essentiel, la limite des dépenses et des recettes prévisibles pour l'année ; le montant des impôts locaux, le montant des dépenses obligatoires (le budget supplémentaire est en principe adopté en même temps que le compte administratif dont il reporte les résultats).

Le budget primitif ainsi adopté pourra faire l'objet, en cours d'exercice, de divers correctifs destinés à redresser des erreurs d'évaluation ou des oublis, à l'aide de *décisions modificatives (DM)* et d'un *budget supplémentaire (BS)* (loi du 2 mars 1982, art. 8-1).

En attendant le vote du budget primitif, le maire ne peut engager les dépenses de fonctionnement que dans les conditions fixées par les articles 7, 1er alinéa et 9-III de la loi du 2 mars 1982 modifiée.

Art. 7, 1er al. :

« Dans le cas où le budget de la commune n'a pas été adopté avant le 1er janvier de l'exercice auquel il s'applique, le maire est en droit, jusqu'à l'adoption de ce budget, de mettre en recouvrement les recettes et d'engager, de liquider et de mandater les dépenses de la section de fonctionnement dans la limite de celles inscrites au budget de l'année précédente.

Il est en droit de mandater les dépenses afférentes aux remboursements en capital des annuités de la dette venant à échéance avant le vote du budget. En outre, jusqu'à l'adoption du budget ou jusqu'au 31 mars, en l'absence d'adoption du budget avant cette date, le maire peut, sur autorisation du conseil municipal engager, liquider et mandater des dépenses d'investissement, dans la limite du quart des crédits ouverts au budget de l'exercice précédent, non compris les crédits afférents au remboursement de la dette [...]. »

Art. 9-III :

« La transmission du budget de la commune à la chambre régionale des comptes au titre des articles 8 et 9 a pour effet de suspendre l'exécution de ce budget jusqu'au terme de la procédure. Toutefois sont applicables à compter de cette transmission les dispositions du premier alinéa de l'article 7 ci-dessus. En outre, les dépenses de la section d'investissement de ce budget peuvent être engagées, liquidées et mandatées dans la limite de la moitié des crédits inscrits à ce titre. »

Par ailleurs, aux termes de l'article 8-1 de la loi du 2 mars 1982 :

« Sous réserve des dispositions des articles 7, 8 et 9-III (de ladite loi), des modifications peuvent être apportées au budget de la commune par le conseil municipal, jusqu'au terme de l'exercice auquel elles s'appliquent.

Dans le délai de vingt et un jours suivant la fin de l'exercice budgétaire, le conseil

municipal peut, en outre, apporter au budget les modifications permettant d'ajuster les crédits de la section de fonctionnement pour régler les dépenses engagées avant le 31 décembre et inscrire les crédits nécessaires à la réalisation des opérations d'ordre de chacune des deux sections du budget ou entre les deux sections.
Les délibérations relatives aux modifications budgétaires prévues à l'alinéa précédent doivent être transmises au représentant de l'État au plus tard cinq jours après le délai fixé pour leur adoption. Les mandatements découlant des modifications budgétaires ainsi décidées doivent être achevées au plus tard le 31 janvier suivant l'exercice auquel ils se rapportent. »

Observations des juridictions financières

- CRC « Aquitaine », 3 mai 1993, *Commune de Lège-Cap-Ferret ;* extraits :

« Autorisations budgétaires illégales sur l'exercice 1988 : le certificat administratif du maire en date du 30 janvier 1989 sur la base duquel il a été procédé à différents virements de crédits afin de régulariser des dépassements de crédits est entaché de plusieurs irrégularités de nature à vicier les paiements auxquels a procédé le comptable pour un montant de 627 443,44 F et qu'il était censé couvrir :
– absence de consultation du conseil municipal pour des virements entre chapitres (en violation de l'article L 212-2 du code des communes) ;
– régularisation d'ouvertures de crédits postérieures aux dates limites fixées par la loi, le 21 janvier de l'exercice suivant pour les dépenses de fonctionnement et le 31 décembre de l'exercice pour les dépenses d'investissement (violation de la loi du 5 janvier 1988 dite d'amélioration de la décentralisation) ;
– absence de transmission au représentant de l'État de l'acte (le certificat administratif), ayant procédé aux régularisation d'ouverture de crédits, ce qui le prive de tout caractère exécutoire.
L'attention des gestionnaires est appelée sur le fait que seule la section de fonctionnement comporte une " journée complémentaire ". En section d'investissement, la procédure des restes à réaliser est la seule possible ; la prise en charge après le 31 décembre, de titres de recettes d'investissement (emprunts ou subventions), même émis avant le 31 décembre, n'est donc pas possible, une telle pratique faussant les résultats de l'analyse financière en transformant en restes à recouvrer ce qui est en réalité des restes à réaliser. »

Documents budgétaires annexes

Dans les communes de plus de 3 500 habitants, les documents budgétaires, sans préjudice des dispositions de l'article L 241-6 du code des communes, doivent-être assortis des documents annexes suivants (art. 13 de la loi 92-125 du 6 févr. 1992) :

– données synthétiques sur la situation financière de la commune ;

– liste des concours attribués par la commune aux associations (en nature ou subventions) ;

– présentation consolidée des résultats afférents au dernier exercice connu du budget principal et des budgets annexes ;

– tableau de synthèse des comptes administratifs afférents au dernier exercice connu des organismes de coopération intercommunale dont la commune est membre ;

– bilan certifié conforme du dernier exercice connu des organismes dans lesquels la commune détient une part de capital ou au bénéfice desquels la commune a garanti un emprunt ou versé une subvention supérieure à 500 000 francs ou représentant plus de 50 % du budget de l'organisme ;

– tableau retraçant l'encours des emprunts garantis par la commune ainsi que l'échéancier de leur amortissement.

Le décret du 27 mars 1993, pris pour l'application de cet article, apporte d'importantes précisions sur la nature et la consistance des informations obligatoires annexées aux budgets mis à la disposition du public dont certaines appellent quelques explications :

1. En ce qui concerne les données synthétiques

A. Pour les communes de 3 500 à 10 000 habitants

Les données synthétiques sont constituées de différents ratios dont la liste ci-après vise à permettre d'apprécier les risques de gestion encourus par les collectivités locales sous différents aspects :

– coût et financement du service rendu (ratios 1 à 3 et 6 et 7) ;
– effort d'équipement et son financement (ratios 4 et 5, 10 et 11) ;
– fiscalité et capacité d'épargne (ratios 2, 8 et 9) ;
– endettement et marge de manœuvre (ratios 5, 11 et 10).

1. Dépenses réelles de fonctionnement/habitant.
2. Produit des impôts directs/habitant.
3. Recettes réelles de fonctionnement/habitant.
4. Dépenses d'équipement brut/habitant.
5. Encours de la dette/habitant.
6. Dotation globale de fonctionnement/habitant.

B. Ratios supplémentaires obligatoires pour les communes de plus de 10 000 habitants

7. Dépenses de personnel / dépenses réelles de fonctionnement.
8. Coefficient de mobilisation du potentiel fiscal.
9. Dépenses réelles de fonctionnement / remboursement de la dette en capital / recettes réelles de fonctionnement.
10. Dépenses d'équipement brut / recettes de fonctionnement.
11. Encours de la dette / recettes réelles de fonctionnement.

Pour les communes de 3 500 à 10 000 habitants, l'analyse des seuls ratios de population permet d'obtenir, de façon simple et efficace, une appréciation sommaire et globale de la situation financière de la collectivité.

Pour les communes de plus de 10 000 habitants, le fait de retenir des ratios de structure et des ratios de population permet d'affiner l'analyse et fournit une évaluation plus précise du risque financier.

La circulaire du ministère de l'Intérieur NOR/INT/B/93/00119/C du 3 mai 1993, a apporté d'intéressantes *précisions complémentaires* relatives aux annexes à joindre aux documents budgétaires qu'il n'est pas inutile de rappeler :

• Pour les communes de 3 500 à 9 999 habitants, les ratios 1 à 5 sont obligatoires :

– le ratio 1 : ce ratio correspond aux dépenses totales de fonctionnement moins les mouvements d'ordre (dépenses des comptes 68, 83, et les recettes des comptes 782-783) moins le déficit de fonctionnement reporté (compte 820) (pour les communes de moins de 10 000 habitants, on déduit également les opérations indirectes entre chapitres de fonctionnement) ;

– le ratio 2 correspond aux recettes du compte 777 ;

– le ratio 3 correspond aux recettes totales de fonctionnement, moins les travaux d'investissement en régie (recettes du compte 78), moins l'excédent ordinaire reporté (recettes du compte 820) (comme en dépenses, déduction des opérations indirectes entre chapitres de fonctionnement, si la commune a moins de 10 000 habitants) ;

– le ratio 4 : il s'agit des dépenses des comptes 21 et 23 ;

– le ratio 5 : l'encours de la dette est apprécié au 1er janvier de l'exercice ou au 31 décembre, selon que le ratio est joint au budget primitif ou au compte administratif ;

– pour le calcul du ratio 6 (DGF), le chiffre à retenir est celui des recettes du compte 74, à l'exception des comptes 745 « DSI », 7461 « Fonds de solidarité Région-Ile-de-France » et 749 « DGD ».

● Pour les communes de 10 000 et plus, deux séries de ratios doivent être produites : les ratios de population prévus pour les moins de 10 000 habitants (voir ci-dessus) et les cinq ratios supplémentaires 7 à 11 :

– le ratio 7 : il s'agit des dépenses du compte 61 ; les dépenses réelles de fonctionnement sont calculées après déduction des dépenses indirectes ;

– le ratio 8 : coefficient de mobilisation du potentiel fiscal. Ce ratio est un indicateur général de pression fiscale. Lorsqu'il est produit au compte administratif, il est calculé à partir du produit des impositions directes figurant au compte 777 de l'exercice considéré, rapporté au potentiel fiscal utilisé pour la répartition de la DGF de l'année suivante. Le potentiel fiscal est calculé dans les conditions fixées par l'article L 234-6 du code des communes. Lorsque le coefficient de mobilisation du potentiel fiscal est produit à l'appui du budget primitif, il convient de reporter le ratio afférent au dernier compte administratif connu ;

– le ratio 9 : le remboursement annuel de la dette en capital correspond aux dépenses des comptes 16 et 18, hors réaménagement.

● Par ailleurs, l'ensemble des communes peuvent produire, à titre facultatif, des ratios ne figurant pas dans la liste du décret du 27 mars 1993. Ainsi les communes de moins de 10 000 peuvent toujours joindre les ratios 7 à 11 qui ne sont obligatoires que pour les seules communes de plus de 10 000 habitants, ou certains d'entre eux.

S'agissant de données destinées à l'information des citoyens, il est souhaitable que les ratios fournis à titre facultatif correspondent à des éléments statistiques significatifs, comme ceux qui sont repris dans le guide des ratios de la DGCL, pour lesquels existe une moyenne nationale et régionale par strate de population.

Cas des communes touristiques :

Afin de corriger l'effet défavorable que pourrait provoquer la lecture de certains ratios de population, les communes à fortes variations saisonnières doivent mentionner, dans les informations générales, le nombre et la nature des résidences secondaires.

Cas des établissements publics de coopération intercommunale :

Les syndicats mixtes mentionnés à l'article L 166-5 du code des communes sont concernés par la production des ratios dès l'instant où ils comprennent au moins une commune de 3 500 habitants ou plus (voir l'art. R 212-9, 2e al., du code des communes).

Cas des départements et régions :

Ces collectivités produisent les mêmes 11 ratios que les communes de plus de 10 000 habitants.

2. En ce qui concerne la liste des concours aux associations

La loi du 6 février 1992 prévoit la production, à l'appui des documents budgétaires, d'une liste des concours aux associations sous forme de prestations en nature et de subventions, sans distinguer selon leur importance. Cette obligation ne concerne que les seules associations, à l'exclusion de tout autre organisme ; elle détaille les prestations en nature et les subventions versées. Par prestations en nature, il faut entendre les prestations effectuées par la collectivité au profit de l'association et présentant, pour cette dernière, un intérêt manifeste du point de vue économique ou financier, soit que la prestation ait un caractère permanent, soit que sa prise en charge par la collectivité représente pour l'association une économie d'un montant significatif par rapport à ses dépenses. La loi ne prévoit pas la valorisation des prestations en nature mais seulement l'indication de leur existence (les prestations en nature les plus fréquemment relevées par les juridictions financières prennent la forme de mise à disposition permanente de locaux, de personnels, de véhicules).

Le versement de subventions, par contre, est valorisé par bénéficiaire. Cette liste ne se substitue pas à celle qui doit déjà être jointe aux documents budgétaires en application des instructions comptables antérieures et qui n'ont pas le même objet. Le détail des subventions versées, joint à l'appui du budget, constitue la justification du vote spécialisé de l'assemblée délibérante sur cette partie du budget, tandis que la liste prévue par la loi du 6 février 1992 a pour objet d'informer l'assemblée délibérante et les citoyens des engagements et des liens éventuels de la collectivité à l'égard des associations.

3. En ce qui concerne la présentation consolidée des résultats du budget principal et des budgets annexes de la collectivité, il est précisé qu'il ne s'agit pas d'une véritable consolidation, mais d'une simple agrégation des résultats. La loi vise les seuls « budgets annexes », à l'exclusion des budgets d'entités distinctes, comme le CCAS, ou la Caisse des écoles, qui peuvent être rattachés au budget principal dans les conditions du décret 87-130 du 28 février 1987 relatif à la comptabilité de ces établissements publics.

4. En ce qui concerne les tableaux de synthèse des comptes administratifs afférents au dernier exercice connu des organismes de coopération dont la commune est membre : il s'agit de faire apparaître le mode de financement par la commune et le pourcentage de participation. À cet effet, doivent être joints au compte administratif de la commune membre, la copie de la balance générale du compte administratif de chacun des organismes de coopération ainsi que les données synthétiques afférentes au compte administratif de chacun des organismes de coopération dont la commune est membre.

5. En ce qui concerne le bilan certifié du dernier exercice connu des organismes dans lesquels la commune détient une part de capital ou au bénéfice desquels la commune a garanti un emprunt ou versé une subvention supérieure à 500 000 F ou représentant plus de 50 % du budget de l'organisme : il s'agit essentiellement de SEM ou des associations dont la collectivité doit exercer la surveillance et s'attacher à la production des justifications de leur solvabilité. Par bilan, il faut entendre, au sens comptable, l'état de l'actif et du passif, faisant apparaître leur différence qui correspond aux capitaux propres.

En vertu des dispositions de l'article L 122-19 du code des communes, le maire a seul la responsabilité de l'exécution du budget. Le président de l'assemblée locale (maire, président du Conseil général, président du Conseil régional) est en pratique le vrai dirigeant de la collectivité ; le rôle du Conseil se limite le plus souvent à l'approbation de cette gestion. Ainsi, bien que les pouvoirs budgétaires s'exercent de façon conjointe par l'assemblée et son président, la prééminence de l'exécutif local n'est niée par personne ; car c'est lui qui prépare, propose et exécute le budget. La qualité de l'information fournie aux Conseils est évidemment fondamentale (et la loi du 6 février 1992 a tenté de lui assurer un contenu minimum) ; d'elle dépend la qualité de la participation des élus aux choix et aux contrôles de l'exécutif. Quant aux administrés, ils sont, par la force des choses, tenus à l'écart de la gestion et des choix (d'où l'importance des groupes de pression associatifs, de plus en plus actifs).

BUDGET ANNEXE

Document prévisionnel des dépenses sur ressources affectées, établi en dérogation au principe de l'unité et de l'universalité des recettes et des dépenses (art. 18, al. 2 de l'ord. 59-2 du 2 janv. 1959). Voir l'arrêté interministériel du 12 août 1991 (*JO* du 5 oct. 1991) et les circulaires NOR/INT/B/92/00303 du 10 novembre 1992 et NOR/INT/B/94/00101/C du 18 mars 1994, relatives à l'application de la règle de l'équilibre des services publics industriels et commerciaux et à la mise en place de l'instruction M 49. L'instruction M 49 vise à faciliter la connaissance du coût de revient d'un service public industriel et commercial (SPIC) conformément aux dispositions de l'article 332-5 du code des communes selon lesquelles l'activité d'un SPIC est financée par l'usager du service. Ce principe peut comporter des dérogations (voir aussi la rubrique *Service public de l'eau et de l'assainissement*).

Observations des juridictions financières

- CRC « Aquitaine », 3 mai 1993, *Commune de Lège-Cap-Ferret ;* extraits :

« Absence de budgets annexes :

1. Pour le service de l'eau. Alors que, sur la période contrôlée, le compte 727 (produits des services concédés ou affermés) constatait des recettes en provenance du fermier du service de l'eau, aucun budget annexe ne permettait de mettre ces ressources en relation avec les charges de la commune concernant ledit service, notamment avec la charge de la dette afférente aux travaux d'adduction d'eau, et ainsi de porter une appréciation sur la capacité de la surtaxe reversée par le fermier à financer l'amortissement financier du réseau. Des transferts de charges entre usagers et contribuables pouvaient s'en trouver masqués, en violation du principe d'équilibre des services publics industriels et commerciaux posé par l'article L 322-5 du code des communes.
Une telle lacune contrevient de plus à la réglementation applicable aux services d'eau et d'assainissement, confirmée par l'instruction M 49, rendue applicable au 1er janvier 1992 par arrêté interministériel du 12 août 1991, et qui rappelle, dans son titre I au paragraphe 112-2, l'obligation de tenir un budget annexe : " pour les services affermés, les opérations de recettes et de dépenses effectuées par la collectivité doivent être décrites dans un budget annexe afin de permettre d'établir l'équilibre financier du service... Le budget annexe retrace donc les opérations patrimoniales ainsi que les opérations financières effectuées avec le fermier ".

2. Pour les campings. Les quatre campings municipaux qui génèrent des ressources annuelles considérables pour la commune (plus de 8 millions de francs) lui occasionnent également diverses dépenses qui devraient être rapprochées desdites recettes à travers leur comptabilisation commune dans un budget annexe, afin que puisse être apprécié l'équilibre financier de ces organismes à caractère commercial ainsi que la pertinence du prix facturé à leurs utilisateurs et de la TVA reversée aux services fiscaux (art. 5 du décret 75-611 du 9 juill. 1975 fixant les conditions d'assujettissement à la TVA des collectivités locales au titre des opérations relatives à certains de leurs services). »

- CRC « Aquitaine », 1er mars 1993, *Commune de Pauillac, Gironde ;* extraits :

« Budget annexe du Port de plaisance : la chambre a constaté, en 1988, une discordance entre le compte administratif de la commune et le compte de gestion du budget annexe d'un montant de 297 472 F. Cette différence peut s'expliquer par la volonté communale d'assurer au port de plaisance des résultats de gestion

équilibrés. Toutefois, s'agissant d'un service à caractère industriel et commercial, la somme en cause, égale à la différence constatée sur le compte, s'analyse comme une subvention de la commune au port de plaisance de Pauillac.
Compte tenu de la nature de ce dernier, une telle subvention ne peut être autorisée que dans un cadre strictement limité ; en effet, il est rappelé que le principe applicable est celui de l'article L 322-5 du code des communes relatif à l'équilibre en recettes et en dépenses des budgets des services publics à caractère industriel et commercial. Même si la loi du 5 janvier 1988 a apporté trois assouplissements liés :
– à une contrainte particulière de fonctionnement imposée par la collectivité ;
– à la réalisation d'investissements qui, en raison de leur importance et eu égard au nombre d'usagers, ne peuvent être financés sans une augmentation excessive des tarifs ;
– à la sortie de la période de réglementation des prix.
Dans l'hypothèse où une de ces conditions était remplie, le conseil municipal par une décision motivée, pouvait prendre la mesure financière qui lui semblait la plus appropriée. Tel n'a pas été le cas, en l'occurrence. »

- CRC « Lorraine », 7 avr. 1993, *Commune de Guenange ;* extraits :

  « Le service de l'assainissement fait l'objet d'un budget annexe et reçoit régulièrement des subventions provenant du budget général [...]. Cette pratique est contraire aux dispositions de l'article L 322-5 du code des communes modifié par la loi du 5 janvier 1988 dite " d'amélioration de la décentralisation " qui, d'une part, mentionne l'obligation de l'équilibre en recettes et en dépenses des budgets des services publics à caractère industriel et commercial exploités en régie et, d'autre part, interdit aux communes de prendre en charge dans leur budget propre des dépenses au titre de ces services publics. »

COMITÉ DES FINANCES LOCALES

Créé par la loi du 3 janvier 1979 instituant la DGF (dotation générale de fonctionnement), il comprend actuellement 42 membres (31 élus et 11 représentants de l'État). Son rôle est important et n'a cessé de se renforcer : c'est ainsi, par exemple, que la loi du 29 novembre 1985, article 25, prévoit que le comité des finances locales peut être consulté par le gouvernement sur tout projet de loi à caractère financier concernant les collectivités locales et que la loi du 7 janvier 1983, article 98, prévoit que le comité est, chaque année, informé des conditions d'application de la DGD (dotation générale de décentralisation) et qu'il est consulté sur la répartition de la DGE (dotation générale d'équipement) des communes et des départements (art. 103 et 106). Ce comité constitue ainsi, par son pouvoir de décision et de contrôle, tant en matière législative que réglementaire, un point de passage obligé de tous les flux financiers en direction des collectivités locales.

COMPTE ADMINISTRATIF

« L'arrêté des comptes communaux est constitué par le vote du conseil municipal sur le compte administratif présenté par le maire après transmission, au plus tard le 1er juin de l'année suivant l'exercice, du compte de gestion établi par le comptable de la commune. Le vote du conseil municipal arrêtant les comptes doit intervenir avant le 30 juin de l'année suivant l'exercice [...]. »

Le compte administratif retrace l'exécution du budget ; il décrit toutes les opérations de recettes et de dépenses de l'exercice. La loi fixe les conditions d'adoption du compte administratif. En cas de déséquilibre (art. 9 de la loi du 2 mars 1982 précitée), la CRC saisie par le représentant de l'État, détermine les conditions du retour à l'équilibre, à travers un *plan de redressement.*

Le compte administratif fournit une image finale de la gestion de l'année précédente ; il permet de vérifier l'exactitude des prévisions budgétaires et renseigne sur la santé financière réelle de la collectivité.

LES CONCOURS FINANCIERS DE L'ÉTAT AUX COLLECTIVITÉS LOCALES

Le montant total des ressources versées par l'État, en 1993, aux collectivités locales s'est élevé à 252,7 milliards de francs (à comparer au montant total du budget de l'État pour la même année : 1 431 milliards).

Pour les collectivités locales, ces concours constituent la plus importante source de financement après les recettes fiscales.

Ces concours se décomposent, par grandes masses, en :
- dotations et subventions de fonctionnement : 105 milliards ;
- dotations et subventions d'équipement : 33 milliards ;
- dotations de décentralisation : 21 milliards ;
- compensation des exonérations fiscales et dégrèvements : 55,6 milliards.

1. Les dotations et subventions de fonctionnement

Avec ses 96,2 milliards de francs, la dotation générale de fonctionnement (DGF) représente 91 % du total, dont 80 milliards pour les communes et leurs groupements et 16 milliards pour les départements (sur lesquels est prélevée une DGF au profit de la seule région Ile-de-France). Réformée une première fois en 1985, la DGF a été à nouveau modifiée en 1994 afin de mieux prendre en compte l'objectif de péréquation.

2. Les dotations et subventions d'équipement

Il s'agit principalement du *Fonds de compensation de la TVA* (21,1 milliards de francs en 1993) et de la dotation générale d'équipement (DGE) – 5,9 milliards de francs, dont 3,5 pour les communes et 2,4 pour les départements. Créé en 1978, le *FCTVA* a pour objet de permettre le remboursement de la TVA acquittée par les collectivités locales sur leurs investissements. Ce fonds, doté par prélèvement sur les recettes fiscales de l'État, assure aux collectivités bénéficiaires l'essentiel des concours de l'État à l'investissement des collectivités. Le mécanisme en est simple : il est appliqué aux dépenses d'investissement un taux de compensation égal au rapport entre le taux de la TVA (18,6 %) et le coût de l'investissement TTC (118,6 %).

3. Les compensations financières des transferts de compétences

Les lois du 2 mars 1982 et du 7 janvier 1983 ont posé trois principes :

– la simultanéité du transfert de compétence et du transfert des ressources ;

– l'intégralité de la compensation à la date du transfert, compte tenu des dépenses effectuées par l'État ;

– la complémentarité entre transferts de ressources fiscales et transferts de ressources budgétaires, sous forme de dotation générale de décentralisation (DGD).

LES FINANCES DU SECTEUR PUBLIC LOCAL EN 1993
(Source : *Les notes bleues de Bercy*)

Les dépenses du secteur public local en 1993 s'élevaient à 1 343,32 millions de francs, dont 1 001,12 pour les collectivités locales proprement dites : 74,89 MdF pour les régions, 267,27 pour les départements, 481,49 pour les communes et 177,48 pour les organismes de regroupement ; le reste concerne les OPHLM et les OPAC (62,83 MdF) et les hôpitaux (279,37 MdF).

Les ressources du secteur public local se sont élevées à 1 345,76 MdF, dont 1 002,82 pour les collectivités locales : 75,58 MdF pour les régions, 267,13 MdF pour les départements, 481,16 pour les communes et 178,95 pour les organismes de regroupement ; le reste concernant les OPHLM et OPAC (62,73 MdF) et hôpitaux (280,21 MdF).

Les principales ressources des collectivités locales sont constituées par les recettes fiscales directes et indirectes (294,288 MdF) ; les dotations de l'État (DGD et DGF : 156,621 MdF ; les subventions d'équipement 111,872 MdF) ; les emprunts (50,904 MdF).

FCTVA. Voir *Taxe à la valeur ajoutée.*

FISCALITÉ LOCALE (directe et indirecte)

La fiscalité locale est essentiellement constituée par la fiscalité directe, dont elle assure près de 60 % des ressources communales ; la fiscalité indirecte comporte de multiples taxes dont la plupart ont un rendement très incertain.

1. La fiscalité locale directe

Depuis 1981, en application de la réforme introduite par la loi 80-10 du 10 janvier 1980, les assemblées locales délibérantes fixent elles-mêmes les taux des quatre taxes directes locales : la taxe d'habitation (TH), la taxe sur le foncier bâti (FB), la taxe sur le foncier non bâti (FNB) et la taxe professionnelle (TP). Ce faisant, elles décident de la répartition de la charge fiscale (dans les limites fixées par la loi) entre les différentes catégories de contribuables ; la loi de 1980 laisse, en effet, aux collectivités locales le choix de maintenir entre les quatre taxes la hiérarchie des taux de l'année précédente (variation proportionnelle des taux), ou de modifier cette hiérarchie (variation différenciée des taux). Mais dans les deux cas, la loi de 1980 dispose qu'aucun des quatre taux voté par le conseil ne pourra dépasser un taux plafond. Les dispositions de la loi de 1980 restent, pour l'essentiel, valables sous réserve de quelques modifications apportées ultérieurement qui ont modifié ou complété le dispositif.

L'évolution de la fiscalité directe locale depuis la mise en œuvre de la décentralisation se caractérise par une forte hausse annuelle des taux, aggravée par la revalorisation des bases. Le produit voté par habitant est un bon indicateur du niveau de pression fiscale de chaque collectivité dont il reflète bien le comportement vis-à-vis de chacune des taxes. Le système peut-il perdurer ? La crise de l'emploi devrait permettre d'observer une pause dans l'aggravation de la fiscalité des entreprises ; aussi faut-il s'attendre à une aggravation de la pression fiscale sur les ménages. Ce qui relance le problème déjà ancien de la réforme de la fiscalité locale.

Les critiques adressées à la taxe professionnelle, la plus critiquée, se regroupent sur deux thèmes :

1. La taxe professionnelle est un frein à l'emploi et à l'investissement : assise sur les salaires et la valeur locative des équipements de l'entreprise, elle tend à renchérir les coûts de l'embauche et, plus encore, des achats de biens d'équipement.

2. La taxe professionnelle frappe inégalement les entreprises selon leur situation, les communes ayant, malgré les règles encadrant l'évolution des taux, la possibilité de créer des disparités pour tenter d'attirer les entreprises sur leur territoire.

(La discussion devant le Parlement (décembre 1994) du projet de loi sur l'aménagement du territoire a offert aux élus, une fois encore, l'occasion d'évoquer la nécessité d'une péréquation des ressources entre les différentes collectivités territoriales.)

Produit des impôts directs locaux perçus par les collectivités locales
(en millions de francs)

Années	Impositions primitives Ensemble des 4 taxes	Compensation au titre des exonérations	Montant perçu par les collectivités
1988	173 429	22 919	196 348
1989	185 827	23 416	209 242
1990	204 332	25 129	229 461
1991	223 863	27 130	250 993
1992	237 413	31 105	268 518

Les bases d'imposition des quatre taxes (taxe d'habitation, foncier bâti, foncier non bâti et taxe professionnelle), évoluent comme leurs différentes composantes, en fonction des changements de législation.

Évolution des bases nettes communales des quatre taxes directes locales
(en milliards de francs)

Années	TH	FB	FNB	TP
1988	241,8	189,6	11,9	373,0
1989	252,8	198,6	11,9	399,9
1990	263,7	208,6	12,1	440,0
1991	289,3	230,7	12,6	496,2
1992	267,7	245,2	12,6	535,6

L'incidence des changements de législation est forte en 1992, en matière de taxe d'habitation et de taxe foncière.

Ainsi, par exemple, la transformation en exonération des dégrèvements d'office totaux de taxe d'habitation au profit des personnes de condition modeste a pour effet une diminution des bases de 7,5 %, alors qu'à législation constante elles progresseraient de 3,3 %. Les bases du foncier non bâti n'évoluent pratiquement pas en raison de la non revalorisation. Les bases brutes de TP, en revanche, évoluent en fonction des données comptables des entreprises (valeur locative des immeubles, valeur locative des matériels et outillages, part des salaires, part des recettes).

Évolution des taux moyens d'imposition (en %)

Années	TH	FB	FNB	TP
1988	17,85	26,75	81,94	21,85
1989	18,25	27,31	81,37	22,14
1990	18,91	28,27	80,90	22,90
1991	18,74	28,10	79,48	22,64
1992	19,21	28,88	80,51	23,11

Comparaison des taux par nature de collectivités
(taux moyens en niveau pour 1992)

Communes et groupements				Départements				Régions et taxe spéciale d'équipement			
TH	FB	FNB	TP	TH	FB	FNB	TP	TH	FB	FNB	TP
12,02	15,11	38,09	13,41	5,01	6,89	20,33	5,84	1,134	1,398	4,66	1,395

2. La fiscalité locale indirecte

(Source : DGCL, *Guide statistique de la fiscalité locale,* 1993). La fiscalité indirecte locale a produit en 1992, 61,6 milliards de francs. Cinq taxes ont rapporté à elles seules 86 % de ce total ; ce sont :

– la taxe départementale de publicité foncière et droit départemental d'enregistrement ;

– la vignette automobile ;

– la taxe sur l'électricité ;

– la taxe additionnelle aux droits de mutation ;

– et la taxe sur les cartes grises.

Deux autres taxes ont encore un rendement significatif, quoique plus faible : la taxe locale d'équipement et le versement pour dépassement du plafond légal de densité.

Observations des juridictions financières

• CRC « Pays de Loire », 2 août 1993, *Commune de Saint-Jean-de-Monts ;* extraits :

> « La taxe de séjour : les services de la commune sont chargés de son assiette et de son recouvrement ; son montant annuel est supérieur au million de francs pendant la période examinée. L'évolution du produit de la taxe n'apparaît pas résulter de la variation du nombre des touristes assujettis. De 1,17 MF en 1986, le montant recueilli chute à 1,06 MF en 1987. Il faudra attendre 1990 et une modification des tarifs pour que les sommes recouvrées dépassent le niveau atteint en 1986. Le changement d'organisation du service a été avancé comme cause de ces variations. L'équité fiscale et le montant des produits en cause justifient une grande vigilance dans le recensement et le recouvrement de cette taxe que la commune a choisi d'instituer. »

Exonérations fiscales accordées à certains bâtiments communaux

L'article 1382 du code général des impôts exonère de manière permanente de la taxe foncière sur les propriétés bâties, les immeubles des collectivités publiques locales lorsque ces derniers sont affectés à un service public ou d'utilité générale et non productifs de revenus. Il s'avère que, dans de nombreux cas, les collectivités ne font pas valoir ce droit. Les collectivités ont donc intérêt à se rapprocher des services fiscaux à cet effet.

Observations des juridictions financières

• CRC « Nord-Pas-de-Calais », 19 févr. 1993, *Commune de Courcelles-les-Lens ;* extraits :

> « La chambre a relevé que la commune supportait des impositions foncières pour des propriétés pouvant bénéficier des exonérations prévues par l'article 1382 du code général des impôts... »

(*Observation dans le même sens :* CRC « Languedoc-Roussillon », 16 avr. 1993, *Commune de Bédarieux.*)

Fonction publique territoriale

Loi 84-53 du 26 janvier 1984, modifiée, portant dispositions statutaires relatives à la fonction publique territoriale (*JO* du 27 janv. 1984) ; Circulaire du 23 mars 1984 (*JO* du 19 avr. 1984) relative aux mesures d'application immédiate de la loi du 26 janvier 1984.

Les collectivités territoriales employaient au 1er janvier 1993, hors contrats emploi-solidarité 1 371 000 personnes dont 51 000 dans les quatre départements d'outre-mer (source Insee). La part des personnels communaux et des organismes de coopération est prépondérante et représente 77 % de l'ensemble ; départements et régions représentant seulement 14 %. La différence se répartit entre divers organismes privés dépendant des collectivités locales (5 %) et les offices d'HLM ou d'aménagement (4 %). Plus de 100 000 personnes sont des salariés à temps partiel ; le nombre de salariés à temps complet étant de 1 268 000. La fonction publique territoriale représente ainsi le quart des effectifs de la fonction publique d'État.

Liste des emplois communaux

L'inobservation des règles de recrutement, d'avancement et de rémunération du personnel est fréquente et fait l'objet d'une attention particulière des préfets, soucieux de maintenir l'équilibre, voulu par le législateur, entre fonction publique territoriale et fonction publique d'État.

Rappelons tout d'abord que la liste des emplois communaux et les qualifications correspondantes sont fixés par l'arrêté ministériel du 3 novembre 1958 modifié, pris en application des articles L 413-8 et L 413-9 du code des communes et que les divers emplois correspondent à des catégories de rémunérations différentes. Il n'est donc pas possible, par simple suppression et création d'emplois, de procéder à un changement de catégorie et au reclassement indiciaire correspondant, dès lors que cette modification ne correspond à aucun changement de fonctions pour les intéressés (Conseil d'État, 6 mai 1985, *COREP du Puy-de Dôme, Commune d'Issoire*). Cet arrêt fait application de la jurisprudence sur le détournement de procédure.

La création dans une commune de certains emplois figurant sur la liste de 1958 précitée, est parfois subordonnée à l'existence d'un chiffre de population minimal. Ainsi le tribunal administratif de Lyon (*COREP du Rhône, Commune de Tournay,* 18 oct. 1983) a-t-il annulé la délibération du conseil municipal de la commune, d'une population inférieure à 10 000 habitants, qui prévoyait la création d'un emploi d'attaché communal.

Les dispositions du tableau indicatif des emplois communaux doivent être strictement respectées. Aucun impératif particulier tiré des mérites professionnels de la personne titulaire du poste créé ou des besoins propres de la commune ne permet légalement de déroger à ces dispositions qui ont un caractère obligatoire.

Ainsi le Conseil d'État a-t-il confirmé le jugement du tribunal administratif de Strasbourg (CE, 12 mars 1986), annulant la délibération du conseil municipal de Saint-Avold, commune de moins de 20 000 habitants, qui prévoyait la création d'un emploi de secrétaire général adjoint, poste qui ne peut être créé que dans les communes de plus de 20 000 habitants.

Emplois spécifiques

Certaines collectivités, se fondant sur la possibilité offerte par l'article L 413-10 du code des communes, tentent donc de tourner la loi en créant des emplois spécifiques. Or une telle création n'est possible que si dans la nomenclature des emplois de 1958, reprise par la loi 84-53 du 26 janvier 1984 (*JO* du 27 janv. 1984, rectificatif au *JO* du 18 avr. 1984), modifiée, portant statut de la fonction publique territoriale, il n'existe pas d'emplois permettant de répondre à des besoins spécifiques invoqués par la collectivité. Elle ne peut en aucun cas permettre la promotion d'agents en fonction (TA Toulouse, 27 janv. 1984, *COREP de la Haute-Garonne, Commune de Toulouse*). La création de l'emploi spécifique contesté (chef d'atelier coordonnateur) correspondant, en effet, dans le tableau type de 1958 à l'emploi de contremaître principal.

La création d'un emploi spécifique ne peut donc avoir pour but que de répondre à des besoins en personnel particuliers et exceptionnels que la nomenclature des emplois de la fonction publique territoriale ne permet pas de satisfaire.

La spécificité ne saurait pas davantage résulter du cumul d'attributions correspondant à deux emplois différents normalement prévus à la nomenclature et susceptibles d'être pourvus par le jeu normal du recrutement (TA Paris, 28 mars 1984, *COREP des Hauts-de-Seine, Commune de Vanves*).

Emplois de cabinet

Textes de référence : article 110 de la loi du 26 janvier 1984 et décret n° 87-100 du 16 décembre 1987. L'article 3 du décret du 15 janvier 1988 prévoit de faire figurer sur le contrat l'article du statut de la fonction publique en vertu duquel le recrutement est effectué. L'article 9 du décret de 1987 énonce que l'exercice des fonctions de collaborateur de cabinet ne donne droit à la perception d'aucune rémunération accessoire à l'exception des frais de déplacement. L'article 6 du décret de 1987 stipule en outre que « les fonctions de collaborateur de cabinet prennent fin au plus tard en même temps que le mandat de l'autorité qui l'a recruté ».

Emplois spécifiques et emplois de cabinet sont souvent utilisés pour permettre, en cas de changement de majorité politique, aux nouveaux élus de s'entourer de collaborateurs de leur choix, car dans ce cas, la dissociation « grade/emploi » permet au titulaire de la fonction de conserver son poste pendant six mois après le changement de majorité politique.

Rémunérations

Les conditions de rémunération des personnels des collectivités territoriales sont fixées par les articles L 413-1 et L 413-6 et 7 du code des communes. Une collectivité ne peut, en application de ces dispositions, instituer au profit de ses agents titulaires des *primes* autres que celles prévues par les textes législatifs ou réglementaires.

En revanche, la « prime de responsabilité » attribuée à un chef de service administratif contractuel à titre de supplément de rémunération est légale dans la mesure où la rémunération totale de l'agent n'excède pas la rémunération allouée à un agent titulaire de l'État exerçant des fonctions identiques (CE, 20 janv. 1984, *Commune de Cholet*).

GVT (glissement vieillesse technicité)

Le glissement vieillesse technicité est la moyenne des taux d'avancement individuels (en termes de rémunération) pour les fonctionnaires présents deux années de suite dans l'administration. En fait, à effectifs et masse salariale constants, le départ à la retraite de fonctionnaires en haut de l'échelle, remplacés en nombre égal par des fonctionnaires débutants, autrement dit « l'effet de noria », dégage les moyens de financer les avancements de grade des plus jeunes. Le GVT positif est la moyenne de ces avancements.

Le contentieux de la fonction publique territoriale est également abondant, en ce qui concerne les rémunérations.

Il résulte des dispositions combinées des articles L 422-1 et L 413-7 du code des communes que les collectivités locales ne peuvent allouer à leurs agents (qu'ils soient titulaires ou contractuels) des rémunérations dépassant celles que l'État attribue à ses fonctionnaires remplissant des fonctions équivalentes (TA de Versailles, 12 janv. 1984, *COREP du Val-d'Oise, Commune de Gonesse*). En l'espèce, le bénéficiaire de la délibération contestée, qui occupait des fonctions équivalentes à celles d'un adjoint technique, ne pouvait bénéficier d'une rémunération calculée sur la base de l'indice brut 550, supérieure à celle d'un adjoint technique dont l'échelle indiciaire est dotée des indices brut maxima 474 et exceptionnellement 533.

L'arrêt du Conseil d'État confirme le jugement du tribunal administratif de Nantes (5 juill. 1982) qui avait annulé la délibération contestée « en tant qu'elle concerne les agents titulaires », comme étant contraire aux dispositions de l'article L 413-6 du code des communes, mais avait ainsi implicitement reconnue légale la prime allouée à l'un des chefs de service contractuel dès lors que la rémunération totale de cet agent n'excédait pas celle d'un agent titulaire exerçant des fonctions identiques.

Le souci de maintenir *l'équilibre entre la fonction publique territoriale et la fonction publique d'État,* se manifeste à travers plusieurs types de jugements ou arrêts de la jurisprudence administrative. Ainsi en est-il de ceux qui se réfèrent à l'application de l'article 111 de la loi du 26 janvier 1984 sur la fonction publique territoriale. La revalorisation des primes versées au personnel des collectivités locales en vertu des *avantages acquis* doit se rapporter aux dispositions applicables à l'évolution des rémunérations des fonctionnaires de l'État et agents publics (TA de Rennes, 2 oct. 1986, *COREP d'Ile-et-Vilaine, Commune de Saint-Jouan-les-Guérets*).

Toute augmentation de la « prime de fin d'année » dans des proportions supérieures au taux d'augmentation des rémunérations de la fonction publique d'État est illégale sauf si les modalités de cette augmentation avaient été fixées avant l'entrée en vigueur de l'article 111 de la loi du 26 janvier 1984 et si elles constituent par elles mêmes un avantage acquis (CE, 12 avr. 1991, *Préfet du Val-d'Oise, Commune de Louvres*).

INDEMNITÉS

(Instruction 92-71 MO du 23 juin 1992, complétée par l'instruction 93-146 MO du 22 déc. 1993.) La loi 90-1067 du 28 novembre 1990, article 13, a modifié l'alinéa 1er de l'article 88 de la loi 84-53 du 26 janvier 1984 ; désormais, l'assemblée délibérante de chaque collectivité territoriale ou conseil d'administration d'un établissement public local, fixe les régimes indemnitaires de leurs agents dans la limite de ceux dont bénéficient les différents services de référence de l'État.

Le décret 91-875 du 6 septembre 1991, article 1, alinéa 1 (*JO* du 7 sept. et 12 oct. 1991), précise que le régime indemnitaire fixé pour les différentes catégories de fonctionnaires territoriaux ne doit pas être plus favorable que celui dont bénéficient les fonctionnaires de l'État exerçant des fonctions équivalentes.

Dans un arrêt du 27 novembre 1992, le Conseil d'État a jugé : « Considérant qu'aux termes de l'article 111 (de la loi du 26 janv. 1984), les agents titulaires d'un emploi d'une collectivité territoriale... conservent les avantages ayant le caractère de complément de rémunération qu'ils ont collectivement acquis au sein de leur collectivité par l'intermédiaire d'un organisme à vocation sociale » ; « que ces dispositions ne dispensent pas les collectivités territoriales, lors de la fixation des régimes indemnitaires de leurs fonctionnaires, de respecter la limite fixée par le législateur au premier alinéa de l'article 88 modifié de la même loi ».

Logements de fonction et avantages accessoires

L'article 21 de la loi 90-1067 du 28 novembre 1990, relative à la fonction publique territoriale, dispose que « les organes délibérants des collectivités territoriales et de leurs établissements publics fixent la liste des emplois pour lesquels un logement de fonction peut être attribué gratuitement ou moyennant une redevance, par la collectivité ou l'établissement concerné, en raison notamment des contraintes liées à l'exercice de ces emplois. La délibération précise les avantages accessoires liés à l'usage du logement ».

En réponse à une question écrite d'un député (*JO* des débats AN du 21 févr. 1994), le ministre de l'Intérieur et de l'Aménagement du Territoire fait observer :

« La formulation de l'article 21 retenue par le législateur fait clairement apparaître que celui-ci a entendu maintenir les définitions qui existaient antérieurement à la loi du 28 novembre 1990 précitée entre les concessions gratuites et les concessions moyennant redevance, la notion de “ contraintes liées à l'exercice des fonctions ” recouvrant les notions de “ nécessité absolue de service ” et “ d'utilité de service ”, tels que définies à l'article R 94 du code du domaine de l'État concernant les concessions de logement par l'État aux personnels civils des administrations publiques. »

La réglementation concernant les logements de fonction ne permet à une collectivité locale, par référence aux règles applicables aux agents de l'État en matière de complément de rémunération, d'accorder certains avantages (électricité, chauffage, téléphone) qu'à ceux de ses agents qu'elle loge par nécessité absolue de service. Les avantages ainsi octroyés ne constituent que des accessoires à la concession de logement qui demeure l'acte principal.

Les avantages ne peuvent, en conséquence, être accordés seuls, en l'absence de concession initiale.

Il convient de rappeler qu'il y a nécessité absolue de service lorsque le titulaire d'un emploi ne peut accomplir normalement son service sans être logé par la collectivité et que cet avantage constitue pour l'intéressé le seul moyen d'assurer la continuité du service ou de répondre à des besoins d'urgence liés à l'exercice de ses fonctions. Cette définition implique nettement qu'il doit y avoir un lien direct entre le logement occupé par l'agent concerné et ses conditions de travail.

Un secrétaire général de mairie n'a pas vocation à être logé gratuitement, par nécessité absolue de service, mais seulement par utilité de service moyennant le paiement d'une redevance (CE n° 61217, 11 juill. 1988, *Commune de Fréjus*).

Observations des juridictions financières

- CRC « Midi-Pyrénées », 2 sept. 1993, *Commune de Saint-Gaudens ;* extraits :

  « L'instruction ayant révélé que sept agents communaux disposaient d'un *logement de fonction* mais que seulement trois d'entre eux bénéficiaient d'un arrêté de concession, la juridiction vous invite à régulariser la situation et a souhaité vous rappeler la procédure d'attribution d'un logement communal. Conformément à l'article 21 de la loi du 28 novembre 1990, le conseil municipal fixe la liste des emplois pour lesquels un logement de fonction peut être attribué gratuitement ou moyennant une redevance, en raison notamment des contraintes liées à l'exercice de ces emplois. La délibération précise les avantages accessoires liés à l'usage du logement. »

- CRC « Auvergne », 14 déc. 1993, *Commune de Thiers ;* extraits :

  « La chambre souhaite appeler votre attention sur la nécessité de produire les délibérations prévues par les textes (arrêté du 14 déc. 1954) en matière de concession de logement et notamment la délibération du conseil municipal qui " précise les avantages accessoires liés à l'usage du logement " (art. 21 de la loi du 28 nov. 1990) ainsi que les délibérations individuelles prises en application de cette délibération. »

- CRC « Lorraine », 16 juin 1993, *Commune de Behren ;* extraits :

  « Un *complément de rémunération* est versé au personnel communal par l'intermédiaire de l'*amicale du personnel,* subventionnée à cet effet.
  La subvention ainsi allouée s'élevait en 1983 à 306 000 F, pour atteindre 577 000 F en 1990, soit un quasi-doublement. Si le principe du maintien des avantages acquis collectivement en matière de complément de rémunération a été reconnu par l'article 111 de la loi du 26 janvier 1984, la chambre a toutefois souhaité attirer votre attention sur le fait qu'une *imputation budgétaire* au chapitre des rémunérations serait plus conforme à la nature de la dépense, ainsi que le recommandait la circulaire interministérielle n° 84-146 du 16 mai 1984 relative à l'application de la loi n° 84-53 du 26 janvier 1984. »

- CRC « Franche-Comté », 17 août 1993, *Commune de Vesoul ;* extraits :

  « Une subvention est versée chaque année à l'amicale des personnels, qui permet, notamment, de servir aux personnels une gratification annuelle [...].
  La chambre avait souhaité rappeler les termes de la réponse du ministre de l'Intérieur parue au *JO* des débats du Sénat du 22 janvier 1987 :
  " La budgétisation directe de ces compléments de rémunération apparaît tout à fait souhaitable dans la mesure où elle permet de clarifier la finalité des dépenses des collectivités territoriales, en intégrant au poste ' rémunérations du personnel ' des sommes indûment versées au chapitre des subventions. "
  Elle ne saurait en conséquence trop recommander la budgétisation de ces compléments de rémunération et l'application des directives ministérielles (*JO,* Débats AN, 25 mars 1985) qui plafonnent l'augmentation de ces avantages à l'augmentation du coût de la vie dans les limites de l'évolution des salaires de la fonction publique. »

- CRC « Bretagne », 12 févr. 1993, *Commune de Brest ;* extraits :

  « *Cumul d'heures supplémentaires et d'un logement gratuit :* la réglementation stipule qu'aucune indemnité pour travaux supplémentaires ne peut être attribuée aux agents logés gratuitement par nécessité de service, sauf lorsqu'il s'agit d'agents du personnel ouvrier susceptibles de se déplacer hors de leur domicile pour y accomplir des travaux supplémentaires exceptionnels et dont l'exécution ne souffre aucun retard – arrêté du 1er août 1951, article 3. »

● CRC « Nord-Pas-de-Calais », 19 févr. 1993, *Commune de Courcelles-les-Lens ;* extraits :

« Les compléments de rémunération prévus par délibérations du 14 octobre 1985 et 3 mars 1992, ne constituent pas un avantage acquis au sens de l'article 111 de la loi n° 84-53 du 26 janvier 1984 et contreviennent, en outre, aux nouvelles dispositions du décret n° 91-875 du 6 septembre 1991. Elles sont également en contradiction avec les principes posés par l'ordonnance n° 59-246 du 4 février 1959 dont l'article 14 interdit toute *indexation* sur le niveau général des prix ou sur le niveau général des salaires. »

● CRC « Alsace », 15 avr. 1994, *Commune de Mulhouse ;* extraits :

« Mutuelle de l'Est : lors du précédent jugement, il avait été enjoint au comptable d'apporter la preuve du reversement, dans la caisse communale, de la somme de 3 720 070 F indûment payée à la Mutuelle de l'Est. Dans sa réponse du 5 septembre 1988, le maire de l'époque avait affirmé que " la Mutuelle de l'Est a été invitée à reverser la somme de 3 720 070 F indûment payée. Le titre de recette correspondant a été établi ". Et le trésorier municipal avait signalé à la juridiction que le montant litigieux a été remboursé le 19 octobre 1988.
Mais en procédant à l'examen des comptes 1988, la chambre constate avec étonnement que, dès le 23 août 1988, les services municipaux avaient procédé à l'émission, au profit de la Mutuelle de l'Est, d'un mandat de 4 700 000 F dont 3 720 070 au titre de " régularisation chambre régionale des comptes ". Ce mandat a été effectivement payé le 30 septembre 1988. Bien plus, un autre mandat d'un montant de 1 200 020 F a été payé au même titre et au même destinataire le 31 décembre 1988.
Ainsi, contrairement aux affirmations écrites, la Mutuelle de l'Est n'a jamais supporté effectivement, sur ses deniers propres, le reversement litigieux. Le règlement auquel elle a procédé est intervenu trois semaines après que la somme indue lui ait été payée une deuxième fois. La municipalité d'alors a poussé la prévenance jusqu'à avancer à la société mutualiste un montant dont le remboursement n'a jamais été exigé par le juge des comptes.
La chambre s'élève contre cet *usage abusif des deniers publics* et dénonce avec une vigueur extrême un procédé qui confine à l'outrage à juridiction. Elle désapprouve enfin l'ambiguïté de la délibération prise le 27 juin 1988 par le conseil municipal concernant les versements futurs à la Mutuelle de l'Est. Par une confusion savamment entretenue, entre les notions de participation et de subvention, le maire a été autorisé à verser " une subvention globale " à cet organisme par une imputation à l'article 640-9 " participations diverses ". Grâce à cette imputation erronée, l'aide globalisée devait être soustraite au contrôle du comptable municipal et à la vérification de la chambre des comptes. La chambre prend acte de ce qu'à l'avenir la subvention allouée à la Mutuelle de l'Est sera imputée à l'article 657. Elle rappelle toutefois qu'aux termes de l'article 88 de la loi 84-53 du 26 janvier 1984 et du décret n° 91-875 du 6 septembre 1991 pris pour son application, les collectivités locales sont libres de décider de l'octroi du nouveau régime indemnitaire prévu pour leurs agents à condition toutefois de respecter la parité avec celui consenti aux agents de l'État, à grade, fonctions et situations équivalentes (CE, 27 nov. 1992, *CFDT interco. et autres*).

La juridiction estime que si, dans le cadre de ces dispositions, un nouveau régime indemnitaire était accordé à vos agents, la ville devrait prendre l'initiative de revenir, en se mettant en conformité avec les textes, sur les avantages irrégulièrement consentis aux agents pour ce qui concerne les cotisations versées à la Mutuelle de l'Est. »

- CRC « Franche-Comté », 3 juin 1993, *Commune de Besançon ;* extraits :

« Une politique indemnitaire très généreuse : aux termes de deux délibérations du 17 février et du 28 septembre 1992, le conseil municipal a prévu que les avantages acquis par le personnel en matière de rémunération se cumuleront à partir de 1995 avec les indemnités maxima prévues par la loi du 28 novembre 1990 et son décret d'application du 6 septembre 1991. Pourtant, la loi (du 28 nov. 1990 et son décret d'application du 6 sept. 1991) précisait que les agents des collectivités locales ne pouvaient recevoir des indemnités supérieures à celle des agents de l'État, à grade et fonction équivalents.

Force est de constater que le personnel de la ville de Besançon se trouve actuellement en situation de cumul non prévue par la loi, bien qu'admise par le Secrétaire d'État aux collectivités locales, dans sa réponse écrite parue au *JO* du 20 novembre 1991. Toutefois, dans un arrêt récent (28 nov. 1992, *fédération interco. CFDT*), le Conseil d'État a rappelé qu'aux termes de l'article 111 de la loi du 26 janvier 1984, les agents de la fonction publique territoriale conservent les avantages qu'ils ont individuellement acquis en matière de rémunération et de retraite et qu'ils conservent, en outre, les avantages collectifs acquis au sein de leur collectivité par l'intermédiaire d'organisme à vocation sociale ; mais que " ces dispositions ne dispensent pas les collectivités territoriales et établissements publics locaux, lors de la fixation des régimes indemnitaires de leurs fonctionnaires, de respecter la limite fixée par le législateur ".

À la lumière de cette jurisprudence, il apparaît que les délibérations précitées [...] ne sont pas conformes à la loi. »

- CRC « Centre », 11 juin 1993, *Commune d'Amboise ;* extraits :

« Subvention à l'amicale du personnel : l'association, présidée par le maire et dont le conseil d'administration est composé pour moitié de conseillers municipaux, reçoit tous les ans de la commune des subventions importantes, qu'elle redistribue au personnel communal à titre de complément de rémunération.

Une telle pratique appelle les observations suivantes :

– Les fonds versés à l'association n'ont pas le caractère de véritables subventions, lequel implique pour l'organisme qui les reçoit le droit d'en disposer librement. Ces fonds sont restés à la disposition du service public pour être utilisés à des dépenses d'intérêt communal. Le procédé d'emploi a été utilisé pour tourner les règles d'exécution et de contrôle des dépenses publiques.

La chambre considère que la commune devrait, conformément aux directives d'une circulaire interministérielle du 16 mai 1984, effectuer désormais la budgétisation directe des compléments de rémunération. Il résulterait une clarification de la finalité des dépenses de la collectivité de la réintégration au poste " rémunération du personnel " de sommes indûment prévues au chapitre " subventions ".

– La *revalorisation des primes* versées au personnel communal a excédé le plafond légal autorisé.

Conformément au principe du maintien des avantages acquis énoncé par l'article 111-3 de la loi n° 84-53 du 26 janvier 1984 modifiée, portant dispositions statutaires relatives à la fonction publique territoriale, les collectivités ont la

possibilité de maintenir à leur personnel les avantages de rémunération qu'ils servaient antérieurement à la publication de la loi par l'intermédiaire d'œuvres sociales du personnel subventionnées à cet effet.
Mais le montant global de ce complément de rémunération ne peut être revalorisé que dans la limite de l'augmentation du personnel en nombre et, pour tenir compte du coût de la vie, de l'*évolution du point d'indice* de la fonction publique. Comme le nombre de bénéficiaires n'a que très peu varié (206 en 1984, 209 en 1991) et que l'indice fonction publique n'a augmenté que de 2,4 % en moyenne sur la période en cause, les augmentations du montant des primes allouées au personnel municipal d'Amboise paraissent illégales.
– Les avantages servis n'ont pas donné lieu à *cotisation de sécurité sociale* (pour le personnel non titulaire ou pour les agents titulaires à temps non complet non affilié à la CNRACL) ni versement du 1 % solidarité (pour les titulaires concernés).
– Enfin, *ces avantages ne sont pas déclarés au fisc.* »

- CRC « Limousin », 18 mai 1993, *Service départemental d'incendie et de secours, SDIS, de la Creuse ;* extraits :

« Les primes et le logement du directeur. Il a été relevé que le directeur du SDIS bénéficiait d'une double prime de qualification, en tant qu'officier et en tant que directeur, soit une majoration de 22 % de son salaire. Or, la réglementation en vigueur si elle prévoit une telle indemnité pour les officiers et pour les inspecteurs départementaux des SDIS, dénommés Directeurs départementaux à compter de 1983, n'autorise pas, en revanche, le versement d'une double indemnité à ces derniers. L'argument tiré de la spécificité des fonctions et de la précarité de l'emploi, ajouté à celui d'une mesure appliquée dans d'autres départements, ne saurait justifier un tel avantage.
Par ailleurs, s'agissant du logement du directeur, il est apparu que, contrairement à ce qu'autorisaient les textes en vigueur de 1987 à 1989 et, notamment, l'article R 353-29 du code des communes abrogé par le décret n° 850 du 25 septembre 1990 (logement en caserne avec gratuité du chauffage et de l'électricité ou indemnité égale à 10 % du traitement, augmenté de l'indemnité de résidence avec un maximum fixé au double de l'indemnité maximum d'un sapeur de 2e classe, 1er échelon), celui-ci bénéficiait d'un logement à l'extérieur de la caserne dont le loyer et les charges (eau, électricité, gaz, taxes diverses) étaient supportées par le SDIS. Cette prise en charge apparaissait donc injustifiée.
Certes, le décret de 1990 précité reprend, en son article 5, les dispositions de l'article R 353-29 du code des communes et ajoute que " les sapeurs pompiers professionnels peuvent également être logés à l'extérieur des casernements par nécessité absolue de service ". Toutefois, ces dispositions n'étaient pas applicables avant la date de publication au *JO* du décret, soit le 26 septembre 1990. De plus, le logement par nécessité absolue de service s'il s'accompagne de la prise en charge des prestations, ces prestations doivent expressément être prévues par l'arrêté de concession et ne peuvent comporter la prise en charge des taxes afférentes au logement. »

- CRC « Rhône-Alpes », 20 août 1993, *Commune d'Ugine ;* extraits :

« Indemnités forfaitaires pour travaux supplémentaires. Les arrêtés ministériels des 27 février 1962, 5 janvier 1987 et 6 mai 1988 précisent les modalités d'attribution et les montants des IFTS [...]. Ces dispositions ont été perdues de vue à Ugine où un attaché et un rédacteur chef ont perçu, jusqu'en 1992, les IFTS au taux maximum. »

• CRC « Centre », 25 mai 1993, *Commune de Gien ;* extraits :

« La prise en charge des dépenses téléphoniques. Il est certes prévu qu'une commune peut supporter les frais d'installation et d'abonnement des postes téléphoniques au domicile de ses agents, à la double condition qu'ils soient absolument nécessaires au bon fonctionnement du service et que l'indice brut de rémunération des agents soit inférieur à 515 (ce qui exclut, par exemple, le secrétaire général). Le coût des communications reste en tout état de cause à la charge des intéressés (circulaire n° 453 du ministre de l'Intérieur du 29 août 1964 ; Instruction CP n° 65-17 MO du 18 févr. 1965). »

FRAIS DE MISSION ET DE REPRÉSENTATION

1. Frais de déplacement

Article L 123-2 du code des communes :

« Les fonctions de maire, d'adjoint, de conseiller municipal, de président et membre de délégation spéciale, donnent droit au remboursement des frais que nécessite l'exécution des mandats spéciaux.
Les frais ainsi exposés peuvent être remboursés forfaitairement dans la limite du montant des indemnités journalières allouées à cet effet aux fonctionnaires de l'État appartenant au groupe I.
Les dépenses de transport effectuées dans l'accomplissement de ces missions sont remboursées sur présentation d'un état de frais. »

Décret 91-573 du 19 juin 1991, *JO* du 21 juin ; instruction 91-92 MO du 23 juill. 1992 :

« Les personnes autres que celles qui reçoivent d'une collectivité ou d'un de ses établissements publics à caractère administratif une rémunération au titre de leur activité principale ne peuvent être réglées de leurs frais de déplacement que sur décision de l'autorité territoriale ou du fonctionnaire ayant reçu délégation à cet effet [...]. » (art. 2).

En ce qui concerne les élus, les frais de déplacements qui leur sont remboursés doivent être justifiés par la production de la décision fixant les conditions générales de remboursement lorsque le régime de remboursement n'est pas fixé par un texte général ou lorsque la collectivité arrête un régime de remboursement différent de celui des fonctionnaires de l'État du groupe I.

Jurisprudence des juridictions financières

• Cour des comptes, 5 nov. 1992, 4e chambre, *Appel des comptables de la commune de Nice ;* résumé :

Une commune avait pris en charge les frais de déplacement de diverses personnes qui n'étaient pas agents municipaux, mais dont les activités contribuaient à la promotion touristique de la ville. La chambre régionale des comptes « Provence-Alpes-Côte-d'Azur », considérant qu'à défaut de lien de droit entre les bénéficiaires et la commune, celle-ci avait supporté une charge qui ne lui incombait pas, avait constitué les comptables successifs en débet de ces dépenses.

Sur appel de ces comptables, la Cour a jugé que la prise en charge de ces frais ayant été autorisée par des délibérations exécutoires du conseil municipal ou des décisions du maire qui n'avaient pas été déférées au juge administratif, et les dépenses ayant été imputées non sur le chapitre des frais de déplacement du personnel communal, mais sur le chapitre des relations publiques, le paiement ne pouvait être refusé par le comptable. En conséquence, la Cour a infirmé le jugement de la CRC.

2. Frais de représentation

Article L 123-3 du code des communes :

« Les conseils municipaux peuvent voter, sur les ressources ordinaires, des indemnités aux maires pour frais de représentation. »

Observations des juridictions financières

- CRC « Haute-Normandie », 26 mars 1993, *Département de l'Eure ;* extraits :

« Frais de représentation du président du conseil général : le président du conseil général est amené à recevoir chez lui des élus et des personnalités pour le compte du département. Les frais de réception ainsi supportés sont remboursés sur des bases forfaitaires et mandatés au chapitre [...] des " Fêtes et cérémonies " (ces frais ont représenté entre 1983 et 1991 en montant cumulé une dépense de 2 438 779 F, passant de 109 678 F en 1983 à 425 000 F au cours de l'année 1991).

Vous avez formulé deux remarques à ce sujet : la délibération du bureau du 15 mars 1986 n'a fait l'objet d'aucune observation de la part des services de la préfecture au titre du contrôle de légalité ; la procédure en matière de pièces justificatives des mandats a été rigoureusement identique à celle utilisée par l'exécutif préfectoral avant 1982 et qui a, d'ailleurs, continué à être appliquée par le corps préfectoral jusqu'à la convention financière de partition " État/Département " en 1985.

La chambre note que la délibération du bureau du 15 mars 1986 est irrégulière tant sur la forme que sur le fond, et le fait qu'elle n'ait pas fait l'objet d'un recours en annulation devant le tribunal administratif n'empêche pas qu'elle reste viciée. Quant au parallèle fait avec l'exécutif préfectoral, il ne paraît pas, pour la chambre, convaincant.

En ce qui concerne le principe du remboursement des frais de réception, il semble que le département de l'Eure se soit aligné sur le dispositif mis en place par le ministre de l'Intérieur et le ministre des Finances en faveur des membres du corps préfectoral et précisé notamment par les circulaires n° 1876 du 21 mai 1957, n° 74-345 du 26 juin 1974, 76-388 du 10 août 1976 et 78-103 du 23 février 1978.

Au demeurant, le tarif appliqué aux frais du président depuis 1986 est bien plus favorable que celui qui est en vigueur pour les membres du corps préfectoral, même après le nouveau barème arrêté par circulaire interministérielle du 17 janvier 1989.

Quoi qu'il en soit, aucun texte législatif ou réglementaire n'avait alors prévu expressément le remboursement des frais de réception des élus sauf en faveur des maires, ce qui suppose que ces frais doivent être supportés directement sur le budget de la collectivité comme n'importe quelle prestation de service ou n'importe quel achat de fournitures et ceci sur production des factures correspondantes.

La nomenclature des pièces justificatives des paiements établie par le décret 83-16 du 13 janvier 1983, dans son paragraphe consacré aux dépenses liées à l'exercice de fonctions élective des élus départementaux et régionaux ne traite que des indemnités journalières, des frais de déplacement, des frais de mission, des cotisations de retraite et des primes d'assurance. La nouvelle nomenclature établie par le décret 88-74 du 21 janvier 1988, a supprimé la distinction existant dans la nomenclature précédente entre élus municipaux et élus départementaux et régio-

naux, et a prévu le cas de versement d'indemnités pour frais de représentation sur la base d'une décision fixant le régime d'attribution. Encore faut-il que cette décision soit elle-même régulière.
Tel n'est pas le cas de la délibération du 15 mai 1986 fixant les taux de remboursement des frais de représentation dans la mesure notamment où le bureau n'a pas de compétence pour statuer sur ce sujet, eu égard aux dispositions de l'article 24 de la loi 82-213 du 2 mars 1982 modifiée, 3e alinéa. Au demeurant en 1986, le bureau n'avait reçu aucune délégation du conseil général pour délibérer en la matière.
Le caractère exécutoire de cette délibération n'empêche pas que les mandats de paiement des frais de représentation ont continué d'être irréguliers. De fait, le mandatement pouvait être annulé par le juge administratif par le jeu de l'exception d'illégalité.
Si la délibération du bureau du 15 mai 1986 est irrégulière dans la forme, elle l'est également quant au fond.
Les manifestations sont réalisées par le président pour le compte du département qu'il représente. Le président agit donc en réalité en tant que mandataire du département et le remboursement de ses frais s'analyse en remboursement de débours, lesquels doivent être justifiés, notamment par des factures.
Les versements ainsi effectués sont, au surplus, incompatibles avec toute idée de complément d'indemnités de fonctions proprement dites. Une indemnité pour frais de représentation est, par définition, destinée à couvrir de tels frais, à condition donc qu'ils soient réels. Si une assemblée délibérante de collectivité prévoit le remboursement de son représentant ayant fait l'avance de ces frais, sur la base d'un forfait par unité, cela n'exclut pas pour autant tout contrôle. Le nombre d'unités à prendre en compte pour la liquidation du remboursement doit être déclaré par le bénéficiaire, puis vérifié par les services de l'ordonnateur qui certifie le service fait, et enfin examiné par le comptable public qui devra suspendre le paiement s'il peut établir, au vu des documents en sa possession, que la certification du service fait est inexacte, voire fausse [...]. »

G

GARANTIES D'EMPRUNT

Textes de référence : dispositions combinées de la loi 82-213 du 2 mars 1982 (art. 6 et 49-I), modifiée par la loi 88-13 du 5 janvier 1988 (art. 10) et du décret 88-366 du 18 avril 1988 (et loi 94-504 du 22 juin 1994, art. 5, complétant l'art. 6-I de la loi du 2 mars 1982, pour prendre effet au 1er janv. 1997).

« Une commune ne peut accorder à une personne de droit privé une garantie d'emprunt ou son cautionnement que dans les conditions fixées au présent paragraphe.

« Le montant total des annuités d'emprunts déjà garanties ou cautionnées à échoir au cours de l'exercice, majoré du montant de la première annuité entière du nouveau concours garanti et du montant des annuités de la dette communale, ne peut excéder un pourcentage, défini par décret, des recettes réelles de la section de fonctionnement du budget communal ; le montant des provisions spécifiques constituées par la commune pour couvrir les garanties et cautions accordées, affecté d'un coefficient multiplicateur fixé par décret, vient en déduction du montant total défini au présent alinéa.

« Le montant des annuités garanties ou cautionnées au profit d'un même débiteur, exigible au titre d'un exercice, ne doit pas dépasser un pourcentage défini par décret, du montant des annuités susceptibles d'être garanties ou cautionnées en application de l'alinéa précédent.

« La quotité garantie ou cautionnée par une ou plusieurs collectivités territoriales sur un même emprunt ne peut excéder un pourcentage fixé par décret.

« Les dispositions de l'alinéa précédent ne sont pas applicables aux garanties d'emprunts ou cautionnements accordés par une commune aux organismes d'intérêt général visés à l'article 238 bis du code général des impôts.

« Aucune stipulation ne peut faire obstacle à ce que la mise en jeu des garanties ou cautions accordées par une commune porte, au choix de celle-ci, soit sur la totalité du concours, soit sur les annuités déterminées par l'échéancier contractuel.

« Les dispositions des alinéas précédents ne sont pas applicables aux garanties d'emprunts ou aux cautionnements accordées par une commune :

– pour les opérations de construction, d'acquisition ou d'amélioration de logements réalisés par les organismes d'HLM ou les SEM ;

– pour les opérations de construction, d'acquisition ou d'amélioration de logements bénéficiant d'une subvention de l'État ou réalisés avec le bénéficiaire des prêts aidés par l'État ou adossés en tout ou partie à des ressources défiscalisées ;

– en application du plan départemental prévu à l'article 2 de la loi 90-449 du 31 mai 1990 visant à la mise en œuvre du droit au logement […]. »

Dispositions complémentaires apportées par la loi du 22 juin 1994, article 5, précitée (prenant effet en 1997 pour les garanties d'emprunt accordées à compter du 1er janv. 1996) ; le I de l'article 6 de la loi du 2 mars 1982 est complété par trois alinéas ainsi rédigés :

– « *Une commune de 3 500 habitants et plus, qui ne fait pas application des dispositions du II de l'article 6 de la loi du 2 mars 1982 précitée et qui accorde une garantie d'emprunt ou son cautionnement à des organismes autres que ceux visés aux 5o et 8o à 10o alinéas du présent article, doit obtenir un cautionnement à cet effet.*

– « *Une commune n'est pas tenue à cette obligation dès lors qu'elle constitue une provision assise sur les annuités d'emprunts garantis ou cautionnés par ses soins.*

– « *Un décret en Conseil d'État fixe les modalités d'application de cette disposition.* »

En réponse à une question écrite d'un parlementaire qui s'inquiétait du caractère quelque peu contradictoire des différents textes applicables (à l'issue d'une série de modifications ou additifs) et de la circulaire du 14 octobre 1988, le ministre de l'Intérieur et de l'Aménagement du Territoire a fourni la réponse suivante :

« Les communes peuvent apporter leur garantie ou leur cautionnement aux emprunts souscrits par des personnes de droit privé, dans les conditions prévues par l'article 6-I de la loi 82-213 du 2 mars 1982, modifiée par la loi 88-13 du 5 janvier 1988.

Afin de limiter les risques encourus par les collectivités locales en cas de défaillance du débiteur, le législateur a soumis l'octroi de ces garanties ou cautionnements au respect de trois ratios prudentiels. La loi exige en particulier que le montant total des annuités d'emprunt déjà garanties ou cautionnées, à échoir au cours de l'exercice, majoré du montant de la première annuité entière du nouveau concours garanti, et du montant de la dette communale, ne puisse excéder un pourcentage des recettes réelles de la section de fonctionnement du budget.

Le décret 88-366 du 18 avril 1988, relatif aux modalités d'octroi par les régions, départements et communes de leur garantie ou de leur caution pour les emprunts contractés par des personnes de droit privé, fixe à 50 % ce pourcentage et précise que le montant des annuités des emprunts garantis ou cautionnés est égal au montant des annuités des garanties ou cautions déjà accordées à des emprunts contractés par des personnes de droit privé ou public.

Il résulte de ces dispositions que si les garanties accordées aux emprunts souscrits par des personnes de droit public n'entrent pas dans le champ d'application de l'article 6-I de la loi du 2 mars 1982 modifiée, elles sont néanmoins prises en compte pour la détermination du plafond général opposable aux emprunts contractés par des personnes privées.

La circulaire interministérielle du 14 octobre 1988 ne fait que préciser les modalités d'application et de calcul des différents ratios auxquels sont soumises les garanties d'emprunt des collectivités territoriales. Elle ne comporte, en conséquence, aucune disposition qui contredise ou dénature les termes de la loi [...]. » (*JO* Débats AN 31 janv. 1994).

Rémunération des garanties d'emprunts consenties par les collectivités locales

L'attention des responsables des exécutifs locaux est appelée sur les dispositions de l'instruction no 94-105-MO du 18 octobre 1994 (publiée au *BOCP*) relative à la rémunération des garanties d'emprunts consenties par les collectivités locales et qui a fait l'objet de la circulaire interministérielle n° CD/557/NOR/INT/B/94/00069/C du 24 février 1994.

« Plusieurs collectivités locales ont récemment conditionné l'octroi de garanties d'emprunts au versement d'une rémunération par le bénéficiaire, qu'il s'agisse d'une personne publique ou privée.

Le développement de cette pratique conduit à en préciser les limites et à rappeler les principales dispositions en vigueur. »

1. La rémunération des garanties d'emprunts accordées par les collectivités locales aux personnes privées

A. Les garanties accordées directement

Ce sont les articles 6-I, 49-I de la loi n° 82-213 du 2 mars 1982 modifiée relative aux droits et libertés des communes, des départements et des régions et 4-1-I de la loi n° 72-619 du 5 juillet 1972 modifiée, portant création et organisation des régions qui ont ouvert la faculté, pour les collectivités locales, d'accorder leurs garanties à des personnes de droit privé. Ces dispositions ont précisé les restrictions auxquelles sont soumises les garanties d'emprunt (ratio établi par rapport aux recettes réelles de la section de fonctionnement, ratio de division du risque, ratio de partage du risque) sans faire mention de la possibilité pour les collectivités locales de faire rémunérer cette garantie.

En l'absence de précision sur cette question dans la loi du 2 mars 1982, il convient de se reporter aux dispositions de la loi n° 84-46 du 24 janvier 1984 modifiée relative à l'activité et au contrôle des établissements de crédit.

En effet, le premier alinéa de l'article 1er de la loi du 24 janvier 1984 précitée range les opérations de crédit parmi les opérations de banque et l'article 3 dispose que « constitue une opération de crédit, pour l'application de la présente loi, tout acte par lequel une personne agissant à titre onéreux met ou promet de mettre à la disposition d'une autre ou prend, dans l'intérêt de celle-ci, un engagement par signature d'un tel aval, un cautionnement ou une garantie ». Par ailleurs, l'article 10 dispose « qu'il est interdit à toute personne autre qu'un établissement de crédit d'effectuer des opérations de banque à titre habituel ».

La notion d'opérations effectuées à titre habituel doit être appréciée de façon très restrictive. Le Conseil d'État, dans un arrêt du 13 mars 1970, *Société de défense familiale et commerciale*, a ainsi estimé que des opérations financières « pratiquement peu nombreuses ou peu importantes » peuvent néanmoins être considérées comme des opérations de crédit effectuées à titre habituel. Pour sa part, la Cour de cassation estime que l'habitude est suffisamment caractérisée par « l'accomplissement de deux faits successifs ».

En conséquence, les collectivités locales ne peuvent consentir une garantie d'emprunt assortie d'une rémunération que de façon exceptionnelle.

A fortiori, elles ne peuvent instituer, en dehors du cadre évoqué au paragraphe B ci-dessous, un mécanisme général d'octroi de garanties rémunérées adossé à un fonds individualisé dans leurs comptes ou par établissement d'un règlement général fixant les critères et les conditions financières de telles garanties, puisque le caractère habituel des opérations serait alors manifeste.

B. Les garanties accordées par l'intermédiaire de sociétés anonymes de garantie

Cette analyse ne s'applique pas aux garanties d'emprunt accordées par les sociétés anonymes ayant pour objet exclusif de garantir des concours financiers, au capital desquels les communes, les départements et les régions peuvent participer librement en application des articles 6-II, 49-II de la loi du 2 mars 1982 et 4-1-II de la loi du 5 juillet 1972.

Il s'agit en effet de sociétés financières soumises de plein droit à la réglementation bancaire instituée par la loi du 24 janvier 1984 et dont les garanties peuvent, de ce fait, être rémunérées.

Il convient de souligner que ces établissements ne peuvent apporter leur garantie qu'à des personnes de droit privé.

Par conséquent, doit être considérée comme illégale toute garantie accordée à titre onéreux hors de ce cadre spécifique, et au-delà d'une opération ponctuelle.

Au cas d'espèce, la circulaire d'application n° NOR/MCL/B/88-00-183/C du 10 mai 1988 a bien précisé que « l'article 2 du décret n° 88-491 du 2 mai 1988 pose le principe d'une rémunération calculée en fonction du risque assuré. En toute hypothèse, la garantie ne peut être légalement accordée à titre gratuit ».

Il s'agit là, bien entendu, à la fois des garanties accordées sur fonds propres de l'établissement et des garanties accordées sur fonds de garantie, constitués par les versements de dotation d'un ou plusieurs actionnaires.

2. La rémunération des garanties d'emprunts accordées par les collectivités locales à des personnes de droit public

Dans sa rédaction antérieure aux lois de décentralisation, l'alinéa 29 de l'article 46 de la loi du 10 août 1871 relative aux conseils généraux reconnaissait le caractère exécutoire des délibérations des assemblées départementales accordant une garantie pour le service d'emprunts contractés par les communes, par les établissements publics intercommunaux ou interdépartementaux à caractère administratif ou par les organismes d'habitations à loyer modéré.

La loi du 2 mars 1982, en supprimant toute distinction entre les délibérations exécutoires de plein droit et celles qui étaient soumises à la tutelle de l'État, n'a pas entendu remettre en cause la possibilité offerte aux départements d'apporter de telles garanties. Un département peut toujours apporter une garantie d'emprunt à une commune ou à un établissement public local, sous réserve que l'opération financée présente un *intérêt départemental* au regard des compétences reconnues au conseil général et, naturellement, compte tenu de la localisation de l'équipement concerné.

Par construction symétrique, une commune ou un établissement de coopération intercommunal compétent en matière de logement peut accorder une garantie d'emprunt à un office public d'habitation à loyer modéré ou à un office public d'aménagement et de construction, sous réserve que cette opération présente un caractère d'intérêt local manifeste.

Les garanties d'emprunt entre collectivités locales constituent un mode d'intervention publique, au même titre que les subventions d'investissement. Cependant, comme les garanties accordées à des personnes privées, elles prendraient le caractère d'opérations de crédit si elles étaient rémunérées et seraient dès lors illégales si elles étaient accordées à titre habituel.

De façon générale, l'octroi de garanties d'emprunts relève de la compétence de l'assemblée délibérante. Les délibérations qui apparaîtraient contraires aux dispositions de la loi bancaire du 24 janvier 1984 ou à celles de la loi du 2 mars 1982, rappelées dans la présente circulaire, devront être déférées devant le juge administratif.

Dans le cas où des garanties rémunérées auraient déjà été accordées par certaines collectivités locales, il conviendra d'attirer leur attention sur le caractère illégal de ces opérations et de rappeler la possibilité de constituer une société anonyme de garantie telle que prévue aux articles 6-II, 49-II de la loi n° 82-213 du 2 mars 1982 et 4-1-II de la loi n° 72-619 du 5 juillet 1972, modifiée par les articles 10, 11 et 12 de la loi n° 88-13 du 5 janvier 1988.

Observations des juridictions financières

• CRC « Languedoc-Roussillon », 15 avr. 1994, *Commune de Marguerittes ;* extraits :

« ZAC Trahusse-Caldéron ; cette ZAC [...] exploitée à l'origine en régie directe par la collectivité, a été concédée par contrat du 26 septembre 1990 [...] à la société d'économie mixte SEGARD. La chambre a relevé que ce contrat (art. 18) prévoit que la commune est tenue d'accorder sa garantie aux avances et emprunts reçus par le concessionnaire conformément aux dispositions du décret 88-366 du 18 avril 1988.

La référence à ce texte réglementaire ne peut signifier qu'il en résulterait une obligation légale pour la collectivité d'accorder sa caution mais seulement qu'une décision spécifique doit intervenir pour chaque garantie, ne serait-ce que pour permettre aux responsables communaux et au représentant de l'État d'apprécier le respect des ratios prudentiels édictés par ce texte. »

• CRC « Alsace », 10 mai 1993, *Commune de Mundolsheim ;* extraits :

« La chambre a observé que les règles fixées par le décret 88-366 du 18 avril 1988 en matière de garanties d'emprunt n'étaient pas parfaitement respectées par la commune.

Ainsi, dans le cadre de l'opération de lotissement « Haldenbourg », donnée en concession à la société d'économie mixte de la région de Strasbourg (SERS), deux règles ont été méconnues :

1. en matière de partage du risque, la commune ne pouvait garantir les emprunts contractés par la SERS qu'à hauteur de 80 % ;

2. en ce qui concerne la division du risque, le montant maximum des annuités garanties au profit d'un même débiteur ne pouvait excéder 10 % de la moitié des recettes réelles de fonctionnement de l'exercice N-1. Dans le cadre de l'opération précitée, ce seuil a été largement dépassé. »

• CRC « Rhône-Alpes », 2 juin 1993, *Commune de Saint-Étienne ;* extraits :

« La chambre a procédé à l'examen de plusieurs dossiers de garanties d'emprunts, dans lesquels la garantie financière a été mise en œuvre, qui la conduisent à présenter diverses remarques portant principalement sur l'instruction des demandes de garantie, le suivi des comptes des sociétés bénéficiaires et les paiements à la suite de la mise en jeu de la garantie. »

Et la chambre de démontrer, exemples à l'appui, que les demandes de garanties ne donnent lieu à aucune étude de solvabilité permettant une appréciation préalable du risque, que les nantissements ou hypothèques prévus ne sont pas inscrits, que les comptes annuels du bénéficiaire de la garantie ne sont pas produits ni réclamés, qu'en cas de mise en jeu de la garantie, la ville se contente de payer les échéances alors que la convention prévoit la résiliation de plein droit de la convention de garantie, ce qui a eu pour effet, dans plusieurs cas, d'obliger la ville à payer la totalité du prêt après la mise en liquidation judiciaire de la société et la déchéance du prêt par les banques.

• CRC « Bretagne », 3 déc. 1993, *Commune de Hennebont ;* extraits :

« Par délibération du 29 janvier 1988, le conseil municipal vous a autorisé à signer une convention de garantie, dans la limite de 80 % d'un emprunt de 16 millions

de francs à souscrire par la SCI Cap-Hennebont pour la construction d'un hôtel restaurant de 60 chambres et 80 couverts.
La convention signée le 1er septembre 1988 entre la ville et la société Cap-Hennebont d'une part et une société financière suisse d'autre part, était entachée d'illégalité ; toutes les précautions nécessaires pour s'assurer de l'équilibre économique et financier du projet des promoteurs n'ont pas été prises et l'utilisation d'une partie des fonds de l'emprunt garanti pose question ; la ville a déjà dû engager d'importants frais d'avocats dans le cadre de la procédure judiciaire en cours ; aucune provision n'a été constituée pour faire face, le cas échéant, au risque de devoir rembourser l'emprunt.

1. La décision d'accorder la garantie communale apparaît entachée d'illégalité pour plusieurs motifs :
– les différentes règles de plafonnement des garanties fixées par le décret du 18 avril 1988, pris en application de la loi du 5 janvier 1988, n'ont pas été respectées.
La quotité d'emprunt ne pouvait pas, en effet, excéder 50 % puisque l'emprunt n'avait pas pour objet la création d'une zone d'aménagement (le taux de 80 % prévu par la délibération et la convention a, de plus, été dépassé dans les faits pour atteindre 100 %).
Les limites relatives d'une part, à la capacité de garantie au profit d'un même débiteur (10 % de la capacité de garantie de la commune) et d'autre part, à la capacité de garantie elle-même (les annuités garanties ajoutées aux annuités propres de la dette communale ne pouvant excéder 50 % des recettes réelles de fonctionnement) ont été enfreintes [...] ;
– la convention signée par le maire, le 1er septembre 1988, n'est pas concordante avec la délibération du conseil municipal du 29 janvier 1988 sur plusieurs points (durée du prêt ; intérêts applicables ; qualité du prêteur ; for et droit applicables ; conditions de mise en œuvre de la garantie ; forme juridique de la société Cap-Hennebont).
En application de l'article L 122-19 du code des communes, la convention devait être conforme aux décisions du conseil municipal ;
– dans la mesure où il n'est pas démontré que l'initiative privée était insuffisante ou totalement défaillante, la garantie accordée est susceptible de porter atteinte au principe de la liberté du commerce et de l'industrie, en créant des conditions favorables au promoteur, au détriment des autres professionnels de la commune ou qui souhaiteraient s'y installer (cf. en ce sens : TA Grenoble, 27 janv. 1988, *Ruphy et autres contre Commune de La Clusaz*).

2. La décision d'octroi (de la garantie) n'a pas été entourée de toutes les précautions souhaitables.
L'analyse du projet présenté par les promoteurs n'a pas fait l'objet, sous son aspect économique et financier, d'une analyse suffisante. Les prévisions particulièrement optimistes en ce qui concerne l'activité et incohérentes sur certains éléments de coût d'exploitation, l'absence d'apport en fonds propres et la demande d'une garantie d'emprunt de 12 millions de francs par une SARL au capital de 50 000 F auraient dû conduire à davantage de circonspection. La seule clause de sûreté au profit de la commune, en contrepartie de sa garantie, a été constituée par l'hypothèque de premier rang sur l'immeuble construit. Le nantissement du fonds de commerce n'a pas été retenu ni même, semble-t-il, envisagé.
La convention de garantie précisait que “ les situations de paiement ” réglées par la société Cap-Hennebont à partir des fonds d'emprunt garanti, “ seront visés par un représentant désigné par la commune qui sera destinataire d'un exemplaire du marché de travaux ”. Cette disposition n'a pas été mise en œuvre.

En examinant l'utilisation des fonds, provenant exclusivement d'emprunts et pour l'essentiel garantis par la ville, mis à disposition de la société Cap-Hennebont pour la réalisation de l'hôtel restaurant, la Chambre s'est interrogée à plusieurs reprises sur la réalité, ou le niveau de leur prix, de certaines prestations facturées par des sociétés appartenant ou non au groupe promoteur de l'opération.

3. Par jugement du 10 janvier 1991, la société Cap-Hennebont a finalement été déclarée en cessation de paiement à partir du 26 décembre 1990 et placée en redressement judiciaire ; puis, par jugement du 17 octobre 1991, elle a été mise en liquidation judiciaire. Avant d'avoir commencé à rembourser le capital de l'emprunt objet de la garantie, l'entreprise était en déconfiture.

La mise en jeu de ladite garantie par le prêteur (une banque luxembourgeoise) a été contestée par la ville qui a refusé de s'exécuter. Dans le cadre de la procédure judiciaire en cours, la ville a déjà dû engager d'importants frais d'avocats. Au début de 1993, la ville avait réglé à ses conseils une somme de 223 052 F.

Il est à noter à cet égard que le conseil municipal n'avait pas été conduit à se prononcer sur le montant de ces honoraires d'avocats et qu'il ne vous avait pas donné délégation pour les fixer et les régler (art. L 122-20, 11° du code des communes).

Par ailleurs, le 13 juin 1988, une convention avait été conclue avec la société Captain-Groupe (à l'origine du projet présenté par Cap-Hennebont) aux termes de laquelle elle s'engageait " à verser à la ville d'Hennebont la somme forfaitaire de 800 000 F TTC représentative de la taxe locale d'équipement et des participations spécifiques énumérées à l'article 72-1-2° à 4° de la loi n° 67-1253 du 30 décembre 1967 modifiée ". Le règlement devait s'opérer, selon les termes de la convention, en trois fois (30 % avant l'ouverture du chantier de hôtel, 50 % à la réception par la ville du réseau d'eaux usées, 20 % avant l'ouverture de hôtel). Seul le premier versement a été effectué, aucun titre n'a été établi, aucune diligence n'a été entreprise par la ville et son comptable pour obtenir le règlement de la somme de 560 000 F restant à intervenir et qui ne pourra plus être effectué par la société débitrice en liquidation judiciaire.

4. Le principal risque financier pour la ville est celui de devoir rembourser l'emprunt garanti (1 830 000 ECU, soit environ 12 millions de francs, en capital, auxquels s'ajoutent les intérêts courus depuis le 28 sept. 1990) que la cession amiable de l'immeuble, hypothéqué au profit de la commune, pour un prix de 4,5 millions de francs, ne permettra de couvrir que très partiellement.

Si, à ce jour, le tribunal de Genève n'a pas encore statué sur la validité de la convention de garantie, il demeure néanmoins que le risque subsiste. En vertu du seul principe comptable de prudence, il devrait faire l'objet d'une provision. »

Jurisprudence

- TA Montpellier, 13 août 1991, *Préfet du Gard c/ Commune de Nîmes ;* résumé du jugement :

Les faits :

La ville de Nîmes a, par délibération du 30 octobre 1991, accordé sa garantie à la société à objet sportif « Nîmes Olympique » pour un emprunt de 4 500 000 F à hauteur de 100 % de la somme.

Le préfet du Gard a saisi le tribunal administratif en vue de l'annulation de cette délibération.

Le problème juridique posé :

Une commune peut-elle accorder sa garantie, à hauteur de 100 %, à un emprunt effectué par une société à objet sportif ?

La solution donnée par le juge :

Annulation de la délibération.

« Considérant qu'il ressort des pièces du dossier et qu'il n'est d'ailleurs pas sérieusement contesté que la société Nîmes Olympique est un club sportif non exclusivement composé d'amateurs mais aussi de professionnels du football ; que dès lors, elle ne saurait être considérée comme un organisme présentant un intérêt général au sens de l'article 238 bis précité ; qu'ainsi, la condition posée par l'article 6 de la loi du 2 mars 1982 pour qu'une collectivité territoriale puisse s'écarter de la règle du respect d'un pourcentage maximal en cas d'octroi de sa garantie à un emprunt privé n'est pas remplie en l'espèce ; que, par suite, le préfet du Gard est fondé à soutenir que la ville de Nîmes a commis une erreur de droit en octroyant à hauteur de 100 % sa garantie à l'emprunt consenti à la société Nîmes Olympique ; qu'en conséquence, il y a lieu d'annuler la délibération du 30 octobre 1990 susvisée. »

Le juge a estimé que la société sportive Nîmes Olympique, composée de professionnels du football ne saurait être considérée comme un organisme présentant un intérêt général au sens de l'article 238 bis du code général des impôts. Ainsi, la condition posée par l'article 6 de la loi du 2 mars 1982 pour qu'une collectivité territoriale puisse s'écarter de la règle du respect du pourcentage maximal de 50 % au-delà duquel un emprunt ne peut être garanti, n'est pas remplie en l'espèce.

Ce jugement précise les conditions d'octroi d'une garantie d'emprunt par une commune à une personne de droit privé.

La quotité garantie sur un emprunt ne peut excéder 50 %. Ces dispositions ne sont pas applicables aux garanties accordées par une commune aux organismes d'intérêt général visés à l'article 238 *bis* du code général des impôts. Si une telle dérogation peut, par exemple, viser des associations de type culturel ou sportif, elle ne saurait cependant s'appliquer à une entité telle qu'une société sportive dont l'activité n'est pas totalement désintéressée.

GARANTIES D'EMPRUNTS AUX ASSOCIATIONS OU SOCIÉTÉS SPORTIVES INTERDICTION

La loi n° 96-652 du 13 juillet 1992 (art. 15), insérant un article 19-2 à la loi n° 84-610 du 16 juillet 1984 relative à l'organisation et à la promotion des activités physiques et sportives, interdit désormais aux collectivités locales d'accorder des garanties d'emprunt ou leur cautionnement aux associations sportives ainsi qu'aux sociétés à objet sportif ou aux SEML sportives.

GESTION DE FAIT

Comment devient-on gestionnaire de fait ?

« Toute personne, autre que le receveur municipal qui, sans autorisation légale, s'ingère dans le maniement des deniers de la commune, est, par ce seul fait, constituée comptable. » (L. 242-6 du code des communes.)

La multiplicité des situations pouvant conduire à une gestion de fait ne permet pas d'en dresser une liste exhaustive et définitive ; la jurisprudence et les observations définitives sur la gestion des juridictions financières fournissent des exemples (limités ici aux collectivités territoriales et à leurs démembrements) qui nous ont paru constituer une illustration de situations de gestion de fait. Nous en évoquerons un certain nombre.

1. Situations

(Source : recueils de jurisprudence de la Cour et des chambres régionales des comptes)

1. Une commune avait créé une association du personnel communal dont le maire était président. L'association avait perçu diverses recettes destinées à la commune, notamment le produit d'une redevance pour l'utilisation d'une piscine communale et les loyers d'appartements dont la ville était propriétaire. Les fonds ainsi recueillis avaient servi principalement à payer des frais de nourriture et d'hébergement et des frais de déplacement, à verser des avances et des gratifications au personnel de la commune et de l'office du tourisme, et à payer les loyers d'un appartement mis gratuitement à la disposition de particuliers. Le maire, président de l'association, ayant participé à l'encaissement de recettes communales, a été déclaré personnellement comptable de fait, conjointement et solidairement avec l'association (Commune de Val-d'Isère, 23 mai 1985).

2. Une commune avait attribué à une association de ses élus, présidée par le maire, des subventions qui avaient été employées à verser diverses indemnités à des conseillers municipaux. Le maire ordonnateur et utilisateur de ces subventions, ayant ainsi disposé de deniers communaux, a été déclaré comptable de fait (Commune de Mâcon, 20 juin 1985).

3. Des mandats fictifs à raison de leur objet, appuyés de fausses certifications, avaient été émis pour permettre le remboursement de frais d'essence et de réparations afférents aux véhicules personnels d'agents communaux. Le maire, le secrétaire général de mairie et le garagiste qui avait établi les factures avaient été déclarés comptables de fait (Commune de Saint-James, Manche, 24 oct. 1985).

4. Dans une ville nouvelle de région parisienne, une association avait encaissé des participations dues par les promoteurs pour l'animation des locaux collectifs résidentiels, alors que les actes de vente passés entre ces promoteurs et l'établissement public d'aménagement désignaient celui-ci comme destinataire de ces participations.

L'association prise en la personne de son président et un agent de l'établissement public qui avait invité les promoteurs à s'acquitter auprès de cette association dont il était en même temps le trésorier, ont été déclarés comptables de fait (Association de Noisy-le-Grand, 3 déc. 1985).

5. Un maire, président du conseil d'administration de l'office du tourisme, et le vice-président de cet office avaient décidé de remplacer cet établissement public par une association et fait ouvrir un compte bancaire au nom de l'association pour encaisser les recettes destinées à l'établissement. Ils ont été tous les deux déclarés comptables de fait (Commune de Tignes, 21 mai 1986).

6. Un maire a été déclaré comptable de fait pour avoir encaissé des recettes destinées à la commune. La juridiction a refusé de reconnaître les dépenses alléguées, effectuées avec cet argent après que le conseil municipal ait refusé de reconnaître le caractère d'utilité communale de ces dépenses (Commune de Monsaguel, Dordogne, 25 sept. 1986).

7. Un ancien maire, un conseiller municipal et deux agents communaux avaient été déclarés comptables de fait pour avoir encaissé directement les recettes d'utilisation

de courts de tennis et utilisé l'argent à l'entretien de ces courts (Commune de Caromb, Vaucluse, 1er mars 1990).

8. Une association avait été habilitée par une délibération du conseil municipal à exploiter les aires de stationnement et les installations de tennis, édifiées sur des terrains appartenant à la commune. À cet effet, elle s'était substituée une société, sans y être autorisée. Par ailleurs, cette même association avait été chargée de la gestion des cantines scolaires par une convention conclue avec le district, dont la commune était membre. Mais elle avait manié des fonds provenant de la gestion des cantines bien avant la signature de la convention et, par suite, s'était dépouillée de son titre légal en ne rendant pas compte au district dans les conditions prévues par le contrat de gestion et en utilisant à d'autres fins des fonds non reversés dans la caisse du comptable public.

L'association et la société ont été déclarées comptables de fait (Association pour la gestion des équipements des collectivités ; SA Compagnie fermière des services publics, District du Petit-Caux, Seine-Maritime, 22 mars 1990).

9. Une association avait payé des dépenses pour le compte d'une commune au moyen de fonds provenant des aides communales. L'ancien maire, l'ancien secrétaire général et deux responsables de l'association ont été déclarés comptables de fait (Commune de Salon-de-Provence, 26 mars 1992).

10. Associations versant, sur instruction des autorités mandatant la subvention, des indemnités à des élus, des salaires ou des compléments de rémunération à des fonctionnaires locaux, non couverts par les dispositions de l'article 111 de la loi du 26 janvier 1984 (nombreux jugements).

2. Études de cas

(Source : Alain Doyelle, président de section à la CRC « Nord-Pas-de-Calais »)

Cas n° 1 :

Une commune a créé une bibliothèque (ou une médiathèque) pour laquelle le conseil municipal a fixé des droits d'inscription ou des tarifs de prêts. Les sommes ainsi perçues par le responsable de l'établissement lui servent à racheter de nouveaux livres (ou de nouveaux disques ou films).

Analyse de la situation :

Les recettes de la bibliothèque sont des deniers publics qui ne peuvent être maniés que par une personne habilitée. Par ailleurs, il ne peut être procédé, par réemploi sur place des recettes à de nouvelles dépenses, à la contraction des recettes et des dépenses de la commune. Il y aura donc matière à déclaration de gestion de fait, même s'il est établi qu'il n'y a eu aucune dépense étrangère aux besoins de l'établissement.

Moyen d'y remédier :

La constitution d'une régie de recettes s'impose, qui n'appelle en cas de versements en espèces qu'à la délivrance d'un reçu, extrait d'un carnet à souche, au moment de l'encaissement des droits.

(Il est rappelé que la création d'une régie de recettes est subordonnée à une délibération du conseil municipal, après avis du comptable.)

Cas n° 2 :

Une commune effectue des coupes de bois dans ses forêts, qui sont vendues à des habitants de la commune. Les sommes ainsi perçues sont remises à un élu ou à un employé communal, et servent à payer diverses dépenses au comptant (achat de petit matériel, repas aux anciens...).

Analyse de la situation :

Les recettes tirées de l'exploitation du domaine sont des deniers publics qui ne peuvent être perçues que par le comptable de la collectivité ou une personne habilitée (régisseur). Déclaration de gestion de fait.

Moyen d'y remédier :

S'il s'agit d'une commune disposant d'un domaine exploitable et appelée à effectuer de manière habituelle de telles opérations, la création d'une régie de recettes est pratiquement inévitable. (Il est rappelé que le régisseur n'est autorisé à encaisser que les sommes énumérées dans l'acte constitutif de la régie ; tout encaissement par lui de sommes étrangères, serait lui-même constitutif de gestion de fait.)

S'il s'agit d'opérations occasionnelles, imprévisibles ou non répétitives, il y a lieu de faire verser les sommes en cause directement dans la caisse du comptable, qui les tiendra en recettes à classer, en attendant l'émission du titre de recettes correspondant par l'ordonnateur.

Cas n° 3 :

Un secrétaire de mairie perçoit diverses recettes de la commune (loyers, locations de salles...) et les reverse (avec un retard parfois très important) dans la caisse du comptable public.

Analyse de la situation :

Une gestion de fait existe dès le moment où le fonctionnaire municipal perçoit des sommes, à quel que titre que ce soit, (locations...), s'il n'a pas un titre légal de régisseur. La circonstance qu'il s'écoule plusieurs mois avant que les sommes ainsi illégalement reçues soient reversées l'expose, par ailleurs, à une amende pénale au moment du jugement de la gestion de fait car elle laisse présumer la mauvaise foi et le détournement d'une partie des sommes en cause.

Enfin, en cas de disparition des sommes ainsi conservées dans une « caisse noire », son auteur s'expose à devoir les reverser de ses propres deniers, pour autant que la preuve de leur encaissement puisse en être apportée.

Moyens d'y remédier :

– les baux, contrats et tous documents constitutifs de créances à recouvrer doivent être transmis au comptable public afin qu'il exerce un contrôle sur la réalisation d'opérations attendues ;

– le montant des loyers dus à la commune doit être encaissé directement par le comptable ou un régisseur régulièrement constitué.

Cas n° 4 :

Une entreprise accorde des rabais ou remises en fonction des achats réalisés par une collectivité publique. L'association du personnel perçoit pour son propre compte, avec l'accord de la collectivité, les sommes correspondantes.

Analyse de la situation :

Seul le comptable public peut recevoir de telles sommes. Le président de l'association et les autre agents qui auront maniés ces fonds pourront être déclarés gestionnaires de fait.

Moyen d'y remédier :

– exiger des entrepreneurs et fournisseurs qu'ils mentionnent le rabais ou la remise sur leurs document de facturation ;

– ou établissent un « avoir » au nom de la collectivité afin de pouvoir incorporer ces opérations dans la comptabilité communale.

Cas n° 5 :

Le président d'un *centre communal d'action sociale* ouvre à la caisse d'épargne un livret A sur lequel il verse certaines sommes recueillies à l'occasion des quêtes ou dons divers effectués lors de cérémonies, au profit du CCAS. Il paye sur ces fonds diverses dépenses, notamment des repas ou des déplacements pour les vieux.

Analyse de la situation :

Ces fonds sont des fonds publics en raison de l'intention de leurs donateurs. L'utilisation directe qui en est faite, même sans intention frauduleuse, est constitutive de gestion de fait.

Moyen d'y remédier :

Le président du CCAS doit verser les sommes recueillies, sans délai, au comptable, dont la comptabilité doit retracer l'ensemble des opérations de l'établissement public communal.

Cas n° 6 :

Une commune veut ériger un monument pour commémorer un événement ou célébrer la gloire d'une personnalité. À cet effet, elle fait appel à la générosité publique par le moyen d'une souscription lancée par tract ou affiche à l'en-tête de la mairie.

Analyse de la situation :

L'argent ainsi recueilli constitue des deniers publics car il ne fait pas de doute que les donateurs ont répondu à l'appel de la commune qu'ils considèrent comme le destinataire de ces fonds et le garant de l'opération. Il y aurait donc gestion de fait si les dons, au lieu d'être encaissés par le comptable, étaient remis à une personne non habilitée, notamment un élu, ou un employé municipal, ou encore une association para municipale non désignée dans la souscription.

Moyens d'y remédier :

Les dons doivent être libellés à l'ordre du comptable de la collectivité et adressés directement au poste comptable qui les imputera au compte « produit des quêtes et contributions volontaires » ou à un compte de recettes à classer en attendant l'émission d'un titre de recettes global à l'appui d'un bordereau descriptif des encaissements réalisés.

Le conseil municipal devra prendre une délibération autorisant l'emploi de ces sommes à l'objet annoncé.

Si la souscription a été lancée par une association para municipale, mais dont l'indépendance des dirigeants par rapport à la collectivité est établie, deux possibilités sont ouvertes : soit l'association reverse globalement le montant de la souscription à la commune qui sera responsable de l'exécution du projet ; soit l'association réalise elle-même le projet et, à son achèvement, fait don de l'œuvre à la collectivité.

Cas n° 7 :

Une commune achète une propriété dont le prix n'est pas versé par la commune et revend, peu après, le bien à un prix supérieur. Le notaire, se conformant aux instructions données par le maire, verse au vendeur initial le montant qui lui était dû par la commune et prélevé sur le montant de la revente, la commune recevant du notaire le solde qui lui revient, déduction faite des frais d'acte.

Analyse de la situation :

La contraction opérée par le notaire et rendue possible par la brièveté des délais entre l'achat et la revente est irrégulière. L'opération à laquelle le notaire s'est prêté le rend coupable de gestion de fait au même titre que le maire de la commune.

Moyen d'y remédier :

Le produit de l'opération constituant des deniers publics, la collectivité se devait d'effectuer distinctement le paiement initial de son achat, pour son montant, et l'encaissement du nouveau montant à la revente de son bien.

Cas n° 8 :

Une association syndicale reçoit une subvention d'un organisme d'État (la DATAR), d'une collectivité ou d'un autre établissement public local et fait ouvrir à cet effet un compte bancaire à son nom. Ce compte est ensuite utilisé pour payer certaines dépenses de l'association.

Analyse de la situation :

La subvention ayant le caractère de deniers publics compte tenu de l'objet de l'association, une déclaration de gestion de fait visera non seulement le président de cette association mais aussi son banquier. Les dépenses effectuées sur ce compte devront être réintégrées dans les comptes de l'association syndicale chez le comptable public communal, sous la condition toutefois que l'assemblée délibérante en reconnaisse « l'utilité publique ». Le banquier pourra également faire l'objet d'une condamnation à l'amende.

Moyen d'y remédier :

La subvention ne peut être encaissée que par le comptable public ; aucun compte bancaire privé ne peut être ouvert par un association syndicale ayant le caractère d'établissement public.

Cas n° 9 :

Une commune crée une association présidée de droit par un élu responsable des affaires culturelles, afin de gérer le théâtre municipal et d'organiser diverses manifestations. L'association utilise gratuitement les bâtiments communaux et bénéficie du concours du personnel municipal. Les frais de gestion (électricité, téléphone, etc.) sont supportés par la commune. Aucune convention n'est signée entre la commune et cette association. Les opérations de recettes et dépenses réalisées directement par l'association ne sont pas intégrées dans les comptes du comptable de la commune.

Analyse de la situation :

En l'absence de convention entre la commune et l'association, toutes les opérations réalisées par l'association sont réputées l'être par la commune. (Un arrêt d'appel de la Cour des comptes, 4 mai 1993, 4e chambre, énonce : « Si le contrat d'association ne recouvre aucune autre réalité qu'un simple prolongement des services communaux, les fonds conservent le caractère de deniers publics ».)

Les recettes et les dépenses auraient donc dû être prises en charge par la collectivité publique, dans les comptes du comptable ou d'un régisseur. Les responsables de l'association qui ont manié des deniers publics mais aussi le maire de la commune qui a, en toute connaissance de cause, laissé faire, doivent être déclarés gestionnaires de fait.

Moyen d'y remédier :

Demander au conseil municipal de se prononcer sur le caractère d'utilité publique des dépenses de façon à pouvoir apurer la gestion de fait. Pour l'avenir, si ce mode de gestion est maintenu, signer une convention commune/association pour une durée déterminée, éventuellement renouvelable et prévoyant notamment les conditions de mise à disposition des bâtiments communaux et du personnel, les obligations réciproques, les tarifs applicables, le mode de réalisation de l'équilibre des comptes.

Enfin, il sera indispensable de dissocier les responsabilités des élus de celles des dirigeants effectifs de l'association.

Cas n° 10 :

Une commune crée un centre aéré qui utilise des locaux et installations communaux ; tout ou partie du personnel est pris en charge par la commune. Une délibération du conseil municipal décide de confier la gestion de ce centre à une association.

Le centre perçoit des droits d'entrée ; il prend à sa charge certaines dépenses, notamment de nourriture et transports, mais aucune convention n'est signée entre l'association et la commune pour constater cette délégation de service public.

Analyse de la situation :

En l'absence de convention, le centre aéré municipal est resté un service communal dont les recettes et les dépenses doivent être décrites dans la comptabilité communale. La situation conduit à constater une gestion de fait dont la régularisation passe par une reddition des comptes par l'association qui devra justifier de toutes ses recettes et de toutes ses dépenses avant de reverser le solde des opérations dans la caisse du comptable.

Moyen d'y remédier :

Si la commune entend conserver un centre aéré sous son contrôle, elle peut soit en assurer elle-même la gestion et instituer, le cas échéant, une régie de recettes et de dépenses à cet effet ; soit en confier, par convention, la gestion à une association indépendante, dans le cadre d'un contrat précis, spécifiant les obligations réciproques, les moyens de financement (tarifs, subventions, mises à disposition de personnel et matériel).

Cas n° 11 :

Une commune met gratuitement des locaux à la disposition d'une association sportive et culturelle. Cette association loue certaines salles à d'autres personnes (particuliers ou autres associations).

Analyse de la situation :

Les recettes retirées de ces locations d'immeubles communaux sont des deniers publics. La personne qui perçoit ces sommes doit être habilitée (comptable de la collectivité ou régisseur), ou disposer d'une convention avec la collectivité définissant les obligations réciproques. À défaut de satisfaire à l'une de ces conditions, il y a gestion de fait.

Moyen d'y remédier :

Prévoir dans la convention de mise à disposition la possibilité de louer des salles à d'autres utilisateurs ; mais le produit de ces locations ne peut être acquis à l'association occupant les locaux à titre gratuit ; les sommes encaissées par un régisseur devront être reversées au comptable public.

Cas n° 12 :

Une commune entreprend la construction d'un parc sportif et de loisirs dont la gestion est assurée par une SEM dont la commune est actionnaire majoritaire. C'est elle qui fixe les tarifs. Une convention ne sera signée entre la commune et la SEM que plusieurs mois après l'ouverture du parc.

Analyse de la situation :

Avant la signature de la convention, la gestion de fait est évidente puisqu'il y a encaissement de recettes communales par la SEM, sans titre légal. Le maire de la commune et le directeur de la SEM sont tous les deux comptables de fait.

Après la signature de la convention, et faute de prévoir l'intégration annuelle des opérations de la SEM dans les comptes communaux, la gestion de fait subsiste.

Moyen d'y remédier :

Signature d'une convention de gestion des équipements communaux entre la commune et la SEM dans les conditions prévues à l'article 5 I de la loi n° 83-597 relative aux SEM. Dans un tel cas, il peut s'agir soit d'une convention de mandat : les opérations étant reprises chaque année dans les comptes de la commune ; soit d'une convention d'affermage dans la mesure où un parc de loisirs peut être considéré comme une société commerciale.

Cas n° 13 :

Un syndicat intercommunal verse une subvention à une association afin que celle-ci reverse des indemnités aux membres du comité syndical dans les conditions fixées par le président de ce syndicat.

Analyse de la situation :

Le juge des comptes considère que le comité syndical a conservé la maîtrise des fonds versés à l'association et qui, de ce seul fait, n'ont pas perdu leur caractère de deniers publics.

Les représentants du syndicat et de l'association sont déclarés comptables de fait.

Moyen d'y remédier :

Versement direct des indemnités, dans la limite des montants autorisés, par le syndicat.

Cette longue énumération n'a rien d'une série d'hypothèses d'école : soucieux d'efficacité et de rapidité, élus ou fonctionnaires territoriaux sont souvent tentés de « brûler » les étapes et en oublient les procédures. C'est, en effet, souvent en toute bonne foi que l'on devient « gestionnaire de fait ». L'expérience prouve que c'est toujours dangereux.

3. La doctrine

A. Les textes de référence

Le fondement juridique de la gestion de fait se trouve, en premier lieu, dans le décret 62 1587 du 29 décembre 1962 portant règlement général sur la comptabilité publique.

> *« Les opérations financières et comptables résultant de l'exécution des budgets ou des états de prévision de recettes et de dépenses des organismes publics incombent aux ordonnateurs et aux comptables publics »* (art. 3).

Le principe de la *séparation des ordonnateurs et des comptables* est un des principes fondamentaux les plus anciens de la comptabilité publique ; on le trouve déjà énoncé dans l'ordonnance royale du 14 septembre 1822 concernant la comptabilité et la justification des dépenses publiques (art. 17) :

> *« Les fonctions d'ordonnateur sont incompatibles avec celles de comptable. »*

Disposition constamment réaffirmée, notamment par la loi du 18 juillet 1837 sur l'administration municipale (art. 64) et par le décret impérial du 31 mai 1862 portant règlement général sur la comptabilité publique (art. 25), elle est aujourd'hui reprise, pratiquement dans les mêmes termes, dans le décret de 1962 susvisé (art. 20) :

> *« Les fonctions d'ordonnateur et celles de comptable public sont incompatibles. »*

Les ordonnateurs prescrivent l'exécution des recettes et des dépenses ; à cet effet, ils constatent les droits des organismes publics, liquident les recettes, engagent et liquident les dépenses. Les ordonnateurs sont responsables des certifications qu'ils délivrent (art. 5).

Les comptables publics sont seuls chargés des opérations de recettes et de dépenses, du maniement et de la conservation des fonds et valeurs de la collectivité et de son patrimoine ; à ce titre, ils sont tenus d'exercer un certain nombre de contrôles sur les actes des ordonnateurs (art. 11 et 12).

En second lieu, nous trouvons une succession de textes dont les dispositions combinées servent aussi de fondement à la gestion de fait et dont nous rappellerons les principaux :

1. La loi n° 48-1484 du 25 septembre 1948, modifiée, tendant à sanctionner les fautes de gestion commises à l'égard de l'État et de diverses collectivités et portant création d'une *Cour de discipline budgétaire et financière* (art. 1 et 5).

2. La loi n° 54-1306 du 31 décembre 1954, article 9 (*JO* du 1er janv. 1955).

3. La loi de finances pour 1963 n° 63-156 du 23 février 1963, article 60, alinéa XI (*JO* du 24 févr. 1963), modifié par l'article 27 de la loi n° 82-594 du 10 juillet 1982 :

> « *Toute personne qui, sans avoir la qualité de comptable public ou sans agir sous contrôle et pour le compte d'un comptable public, s'ingère dans le recouvrement de recettes affectées ou destinées à un organisme public doté d'un poste comptable ou dépendant d'un tel poste doit, nonobstant les poursuites qui pourraient être engagées devant les juridictions répressives, rendre compte au juge financier de l'emploi des fonds et valeurs qu'elle a irrégulièrement détenus ou maniés.*
> « *Il en est de même de toute personne qui reçoit ou manie, directement ou indirectement, des fonds ou valeurs extraits irrégulièrement de la caisse d'un organisme public et pour toute personne qui, sans avoir la qualité de comptable public, procède à des opérations portant sur des fonds ou valeurs n'appartenant pas à des organismes publics mais que les comptables publics sont exclusivement chargés d'exécuter, en vertu de la réglementation en vigueur.*
> « *Les gestions de fait sont soumises aux mêmes juridictions et entraînent les mêmes obligations que les gestions régulières. Néanmoins, le juge des comptes peut, hors le cas de mauvaise foi ou d'infidélité, suppléer par des considérations d'équité à l'insuffisance des justifications produites.*
> « *Les comptables de fait pourront, dans le cas où ils n'ont pas fait l'objet de poursuites au titre de délits prévus et réprimés par l'article 258 du code pénal, être condamnés aux amendes prévues par la loi.* »

4. L'article 258 de l'ancien Code pénal :

> « *Quiconque, sans titre, se sera immiscé dans des fonctions publiques, civiles ou militaires, ou aura fait les actes d'une de ces fonctions, sera puni d'un emprisonnement de deux à cinq ans, sans préjudice de la peine de faux, si l'acte porte le caractère d'un crime.* »

Ces dispositions ont été reprises, dans des termes très proches, dans l'article 433-12 du nouveau code pénal :

> « *Est puni de trois ans d'emprisonnement et de 300 000 F d'amende le fait, par toute personne agissant sans titre, de s'immiscer dans l'exercice d'une fonction publique en accomplissant l'un des actes réservés au titulaire de cette fonction.* »

5. Ces diverses dispositions ont, enfin, été transposées dans le code des communes dans les articles L 242-6 et L 242-7 :

> – L 242-6 : « *Sans préjudice des dispositions de l'article 9 de la loi n° 54-1306 du 31 décembre 1954 (qui prévoit des amendes pour gestion de fait), toute*

personne, autre que le receveur municipal qui, sans autorisation légale, s'ingère dans le maniement des deniers de la commune, est, par ce seul fait, constituée comptable. Elle peut, en outre, être poursuivie, en vertu du code pénal, comme s'étant immiscée sans titre dans les fonctions publiques. »

– L 242-7 : *« Les comptables de fait sont soumis aux obligations et responsabilités prévues par le XI de l'article 60 de la loi n° 63-156 du 23 février 1963. »*

Jusque-là assez rares, les procédures de gestion de fait ont connu, avec la décentralisation, un essor nouveau, les associations para-municipales en fournissant le plus souvent le cadre privilégié. Est-ce à dire que la décentralisation aurait favorisée le développement des irrégularités ?

La question est très controversée et il faut se garder des positions extrêmes ; pour le moins elle a permis de les révéler, car les contrôles des comptes et de la gestion effectués par les chambres régionales sont bien loin de l'apurement administratif effectué antérieurement par les trésoriers payeurs généraux ou du contrôle lointain effectué par la Cour sur les comptes des collectivités dont elle se réservait le jugement.

Aujourd'hui l'intervention des chambres régionales est plus systématique et plus approfondie, non seulement en raison de la présence des magistrats sur le terrain, mais aussi en raison de l'examen de la gestion des ordonnateurs prévu par l'article 87 de la loi du 2 mars 1982 et qui n'a cessé de se renforcer depuis la loi du 5 janvier 1988, notamment.

De facultatif, d'après la rédaction initiale du texte *(« elle peut examiner la gestion »)*, le contrôle de la gestion est devenu obligatoire : *« elle examine la gestion » ;* ce qui n'était qu'une faculté est devenu une obligation. Ainsi, le champ du contrôle s'est-il trouvé singulièrement élargi.

Par ailleurs, et par rapport à la situation antérieure à 1983, le contrôle des juridictions financières a été étendu aux satellites, quel que soit leur statut, dès lors qu'ils reçoivent un concours financier de la collectivité.

Les magistrats ne se sont donc pas privés d'étendre leurs contrôles, d'autant que dans le même temps on assistait à la multiplication des démembrements et que se développait un climat « d'affaires » propice à toutes les investigations.

Le moyen terme de la controverse nous paraît devoir être de reconnaître que la décentralisation n'a pas créé la corruption mais qu'elle a été un puissant révélateur de pratiques qui ont, sans doute, toujours existé, à des degrés variables, mais dont elle a accéléré le développement.

Rien d'étonnant dans ces conditions à ce que les chambres régionales découvrent plusieurs centaines de cas de gestion de fait par an.

De construction jurisprudentielle, entérinée par le Conseil d'État et par la loi, la gestion de fait est devenue un des risques les plus redoutables encourus par les élus locaux.

L'expérience prouve qu'un très grand nombre de gestions de fait trouvent, en effet, leur origine dans le secteur associatif soit parce que les associations sont souvent appelées à se substituer à la collectivité pour gérer divers services publics et recouvrer à ce titre divers produits (loyers, redevances ou autres droits d'entrée) sans y être habilitées par une convention, soit parce que les subventions dont elles bénéficient sont détournées de leur objet.

L'existence d'une convention ne met pas pour autant élus ou responsables associatifs à l'abri du risque de gestion de fait ; encore faut-il que cette convention obéisse à des conditions précises car les recettes d'exploitation d'un service public par une association ne perdent pas le caractère de fonds publics. À cet égard, une convention de mandat obligeant l'association à justifier annuellement de toutes les opérations effectuées pour le compte de la collectivité, auprès du comptable public, afin qu'il puisse les rattacher à ses propres comptes, est préférable à une simple convention de gestion rédigée en termes vagues ne permettant pas d'isoler les opérations de service public des activités privées de l'association.

Avant la signature de toute convention, il sera donc prudent de veiller à ce qu'une délibération exécutoire, préalable à la signature de la convention, précise la nature des activités déléguées à l'association, le type d'opérations, en recettes et en dépenses, qu'elle est autorisée à effectuer pour le compte de la collectivité, et les modalités des comptes qu'elle doit rendre pour en permettre le rattachement aux comptes de la collectivité.

B. Le principe

La législation ne fait que codifier le principe fondamental de la comptabilité publique énoncé dans le règlement général du 29 décembre 1962 précité, selon lequel toutes les opérations de maniement de fonds ou valeurs d'un organisme public ne peuvent être effectuées que par un comptable public, tenu au respect de règles strictes, sous la contrainte d'un statut sévère, et qui est obligé de rendre des comptes périodiquement.

Or, ce principe est tenu en échec quand ces opérations sont effectuées par une personne n'ayant pas la qualité de comptable public. La déclaration de gestion de fait a donc pour but de permettre la régularisation des opérations ainsi effectuées.

Ce principe vise toutes personnes, élus ou fonctionnaire, de toutes les catégories de collectivités ou de leurs groupements ainsi que tout tiers partenaire de ces organismes impliqués dans des opérations de gestion de fait.

L'examen de la jurisprudence et plus encore des observations des chambres régionales des comptes montrent que les juridictions financières ont tendance à donner une interprétation de plus en plus extensive des principes posés par les textes précités. Cette évolution s'observe à travers toutes les phases de la procédure et se traduit par un double élargissement du champ des situations critiquées et du champ des personnes mises en cause.

C. Éléments constitutifs de la gestion de fait

Pour qu'il y ait déclaration de gestion de fait, il faut que les conditions constitutives de gestion de fait soient réunies, car la gestion de fait ne se présume pas, elle doit être démontrée par le juge.

Il peut s'agir, aux termes de la loi du 23 février 1963 :

– *d'opérations de recettes,* de toutes natures, encaissées et conservées (même sans utilisation ultérieure) en dehors de l'intervention du comptable (par exemple, des loyers d'immeubles, de la vente de produits domaniaux ou de déchets, du produit de dons, etc.) ;

– *d'opérations de dépenses,* effectuées à partir de fonds extraits ou distraits de la caisse d'un organisme public (ainsi en est-il des mandats fictifs émis en contrepartie de fausses factures, sur de fausses certifications, soit pour alimenter une caisse noire, soit pour régler des dépenses étrangères au service, ou encore dans le seul but d'avantager un tiers ; il peut aussi s'agir du versement de fausses subventions dans le seul but de permettre à la partie versante de se constituer une réserve d'argent destinées à payer des dépenses personnelles ou s'il s'agit de dépenses du service, de payer des dépenses autres que celles pour lesquelles les crédits ont été ouverts au budget ou encore des dépenses étrangères à l'objet social de l'organisme bénéficiaire de la subvention) ;

– *d'opérations portant sur des « fonds et valeurs »,* telles que les deniers privés réglementés, les placements de trésorerie effectués par les collectivités en contravention à la règle de dépôt des fonds au Trésor, ou encore les opérations liées à des contrats de désendettement de fait qui consistent à faire disparaître du bilan du débiteur des dettes dont l'existence juridique subsiste, mais dont le service est confié à un organisme tiers, à qui des titres ou valeurs sont transférés irrévocablement à cet effet ; cette technique de désendettement, différente de la cession de dette (qui se traduit bien par une extinction juridique de la dette du débiteur initial), s'analyse en définitive comme une opération présumée constitutive d'une gestion de fait.

Si l'on veut bien considérer les cas de malhonnêteté comme exceptionnels, le vrai risque encouru par les collectivités se situe donc bien dans le champ que tracent ces comportements. Car la tentation est forte de faire effectuer par des satellites subventionnés à cet effet toutes sortes d'opérations occultes, par simple souci d'urgence ou d'efficacité.

D. Les personnes en cause

Toute personne, physique ou morale, qui a, sans titre légal, encaissé et conservé des fonds publics, même sans en faire ultérieurement usage, peut être déclarée comptable de fait, à seule fin de lui faire restituer ces fonds et, le cas échéant, de faire rendre compte de leur emploi.

Ainsi se trouveront normalement mises en cause, non seulement les personnes physiques auteurs ou complices des irrégularités mais aussi les personnes morales qui ont pu servir de cadre ou de relais aux faits incriminés, le juge s'attachant à rechercher l'élément intentionnel.

(Mais il faut cependant faire observer que toute personne, autre que le comptable ou ses régisseurs, ayant participé à la gestion, n'est pas pour autant, obligatoirement, dépourvue de titre légal : le développement récent des modes de gestion déléguée des services publics peut conduire une personne n'ayant pas la qualité de comptable ou de régisseur, à manier des fonds publics. C'est, par exemple, le cas d' une association ou d'une personne physique privée qui se voit confier, par convention, la gestion d'un service public donnant lieu à encaissement de recettes et au paiement de dépenses ; la juridiction financière se réservant le droit d'apprécier la validité de la convention.)

Par ailleurs, la participation aux opérations irrégulières peut revêtir des degrés : la juridiction distingue le *« maniement de brève main »,* c'est-à-dire l'encaissement, la détention, le décaissement des fonds, et le *« maniement de longue main »,* imputable à la personne (souvent l'ordonnateur de la collectivité) qui, sans toucher elle-même à l'argent, a pris l'initiative de le faire encaisser et a décidé de son emploi éventuel.

(La jurisprudence, en fonction de la bonne foi des acteurs, exonère souvent le seul exécutant qui n'a fait qu'obéir aux ordres de son supérieur hiérarchique, pour ne mettre en cause que ce dernier. D'une façon générale, si la régularisation intervient pendant l'instruction, par des acteurs de bonne foi, les chambres ont tendance à déclarer le non lieu, la poursuite de la procédure se trouvant sans effet pratique.)

Sont ainsi considérés comme ayant participé à la gestion de fait toutes personnes qui, par leur action, ou simplement par leur approbation, fut-elle tacite, ont permis la distraction ou l'extraction irrégulière des fonds de la caisse du comptable.

E. Instruction et jugement des gestions de fait

La procédure est contradictoire et comporte plusieurs phases.

Lorsqu'elle connaît d'une gestion de fait (d'office, à l'occasion du jugement des comptes et du contrôle de la gestion, ou par réquisition du ministère public, informé par une autorité officielle ou par tout autre voie), la chambre régionale des comptes, après s'être assurée que, au cours de l'instruction, les personnes concernées ont bien été appelées à fournir des explications sur la situation qui leur est reprochée, doit, dans un premier temps, aux termes d'un jugement provisoire, déclarer à titre provisoire des personnes qui n'ont pas la qualité de comptable public, comptables de fait.

Ces personnes bénéficient, dès lors, du droit d'être entendues, si elles le désirent, par la juridiction afin de présenter des observations. Elles ont dès ce moment accès aux pièces justificatives de l'accusation ainsi qu'aux « constatations extraites du rapport d'instruction ». Elles peuvent se faire assister par tout défenseur de leur choix. Et si plusieurs personnes se trouvent impliquées dans une même affaire, chacune d'entre elles a le droit de recevoir communication des mémoires et documents produits par les autres.

On voit que, à ce stade, le jugement provisoire a d'abord pour but de permettre à la personne mise en cause de répondre aux éléments de l'accusation, soit en y satisfaisant, soit en les discutant, si elle s'y croit fondée.

F. Suites données à la procédure

La déclaration de gestion de fait doit être sérieusement motivée : une gestion de fait ne se présume pas ; aussi dès lors que les éléments constitutifs de la gestion de fait n'apparaissent pas, en définitive, réunis, le juge prononcera un non-lieu à déclaration de gestion de fait.

Néanmoins, elle peut se fonder sur des constatations et éléments troublants formant, à défaut d'aveu ou de commencement de preuve écrite, un faisceau de présomptions graves et concordantes. Dès ce stade, il est enjoint au comptable de fait « s'il n'entend contester sa qualité de comptable de fait » de produire un compte des opérations litigieuses appuyé des pièces justificatives et de se « vider les mains ».

Une condamnation provisoire à l'*amende* peut être prononcée (art. 60-XI, dernier al., de la loi du 23 févr. 1963 : « les comptables de fait peuvent, dans le cas où ils n'ont pas fait l'objet de poursuites au titre des délits prévus et réprimés par l'art. 258 du code pénal, être condamnés aux amendes prévues par la loi »).

Les tendances de la jurisprudence peuvent se résumer à travers les cas suivants :

Premier cas :

Non-lieu à déclaration de gestion de fait :

– soit parce qu'à l'issue de l'instruction, il est constaté que *les éléments constitutifs d'une gestion de fait ne sont, en définitive, pas réunis ;*

– soit pour *absence d'intérêt pratique de la procédure* et quand bien même les éléments constitutifs d'une gestion de fait seraient réunis, parce que la régularisation est intervenue pendant l'instruction.

(Il s'agit, généralement du cas où, les personnes mises en cause ayant été alertées par le questionnaire du magistrat instructeur, la régularisation par des acteurs de bonne foi est intervenue, avec l'accord du comptable patent, pendant la phase pré contentieuse de l'instruction.

Mais il peut aussi s'agir du cas où le reversement des fonds détournés est intervenu dans le cadre de poursuites pénales.)

Deuxième cas :

Si, après la déclaration provisoire de gestion de fait, les comptes qui sont rendus sont corrects, la chambre le constate et, dans un nouveau jugement, donne *quitus* de sa gestion au comptable de fait ; la procédure s'arrête là et, en principe, sauf cas de mauvaise foi, la chambre peut estimer qu'il n'y a pas lieu à condamnation définitive à l'amende.

Troisième cas :

Si le comptable de fait répond, sans convaincre de sa bonne foi, à la déclaration provisoire de gestion de fait et conteste les faits allégués, la juridiction va poursuivre la procédure et le déclarer, dans un second jugement, *comptable de fait à titre définitif*. Dans ce cas, elle poursuit la procédure en renouvelant les injonctions de rendre compte et de reversement.

L'amende provisoire peut être transformée en *amende définitive* « dont le montant ne pourra dépasser le total des sommes indûment détenues ou maniées » (art. 9 de la loi n° 54-1306 du 31 déc. 1954).

Synthèse des principales tendances de la jurisprudence :

Tous les degrés de gravité se rencontrent et les sanctions les reflètent :

– depuis la simple infraction aux règles d'exécution des recettes et des dépenses de la collectivité dont les fonds ont été irrégulièrement maniés ;

– jusqu'aux cas les plus graves d'usurpation de fonction et de détournement de fonds.

Outre la simple détention irrégulière de deniers d'une collectivité locale, la jurisprudence distingue :

– l'encaissement irrégulier de deniers destinés à la collectivité (c'est la gestion de fait côté recettes) ;

– de l'extraction irrégulière de fonds (c'est la gestion de fait côté dépenses).

La jurisprudence s'attache ainsi à trois aspects de la gestion de fait :

– les conditions de l'extraction irrégulière des fonds par l'intermédiaire des associations para administratives soit à l'aide de mandats fictifs, soit à l'aide de subventions détournées de leur objet ;

– la distinction entre la personne morale au sein de laquelle les opérations irrégulières se déroulent et les personnes physiques auteurs ou complices des faits incriminés ;

– enfin, la distinction entre l'instigateur ou l'auteur principal des opérations irrégulières et les co-auteurs des irrégularités.

Dans le premier cas, la jurisprudence s'attache au mécanisme de l'extraction : le procédé le plus grossier consistant à émettre des mandats « fictifs » :

– soit pour payer une dépense qui n'est pas due (sur la base d'une fausse facture ou d'une fausse certification) à seule fin de favoriser un tiers ou de se constituer auprès de ce complice une réserve d'argent ;

– soit pour payer une dépense autre que celle pour laquelle les fonds ont été ouverts au budget.

Mais le procédé peut aussi consister à verser une subvention « fictive » à une association placée dans la dépendance de la collectivité, dont les dirigeants n'ont aucune autonomie de décision quand ce ne sont pas les responsables de la collectivité elle-même.

Il s'agit ainsi d'utiliser, en dehors de tout contrôle de l'assemblée délibérante et du comptable public, des fonds qui n'ont pas perdu leur caractère de fonds publics et servent à des fins personnelles ou au seul profit de quelques-uns.

C'est bien entendu au juge d'apporter la preuve de la « transparence » de l'association et de prouver qu'elle n'est qu'un relai de la collectivité.

Selon le cas, la procédure visera la personne morale seule ou ses dirigeants à titre personnel ou les deux à la fois :

– si les dirigeants sont le maire et des élus, leur mise en cause est relativement facile ; il suffit de démontrer que l'activité de l'association ne se distingue pas de l'activité de la collectivité, dont elle n'est que le relais, pour considérer que les fonds maniés n'ont pas perdu leur caractère de fonds publics ;

– s'il s'agit de fonctionnaires locaux ou de tiers, le juge s'attachera à déterminer leur état de dépendance par rapport à la collectivité et s'ils ont agi dans le respect des obligations statutaires de l'association.

La jurisprudence, enfin, en fonction de la bonne foi des acteurs, exonère souvent le seul exécutant qui n'a fait qu'obéir aux ordres de son supérieur hiérarchique, pour ne mettre en cause que ce dernier.

En ce qui concerne l'amende pour immixtion sans titre dans les fonctions de comptable public :

● Extraits du jugement de la CRC « Provence-Alpes-Côte-d'Azur », en date des 14 déc. 1993 et 3 févr. 1994, sur la gestion de fait de l'association « Nice-Communication » :

> « Attendu qu'en vertu des dispositions combinées de l'article 60-XI de la loi du 23 février 1963 et de l'article 9 de la loi du 31 décembre 1954, les comptables de fait peuvent, dans le cas où ils n'ont pas fait l'objet de poursuites au titre du délit prévu et réprimé par l'article 258 du code pénal, être condamnés à une amende calculée suivant l'importance et la durée de la gestion de fait et dont le montant ne peut dépasser le total des sommes indûment détenues ou maniées ;
> Attendu qu'aux termes de l'article 3, 3e alinéa de la loi 82-594 du 10 juillet 1982, les chambres régionales des comptes sont compétentes pour prononcer de telles amendes pour immixtion sans titre dans les fonctions de comptable public ;
> Attendu qu'aucune personne, déclarée à titre définitif comptable de fait, ne fait l'objet de poursuites au titre de l'article 258 du code pénal ;
> Attendu que les fonds versés à l'association, par la ville de Nice, sous l'appellation de subventions, n'ont pas perdu leur caractère de fonds publics ; que, compte tenu des produits financiers résultant de leurs placement, ces fonds s'élèvent à 350 661 966 francs ; que ce montant constitue le plafond légal des amendes éventuelles ;
> Attendu que l'amende a un caractère personnel ; qu'elle n'est donc pas concernée par l'obligation *in solidum* instituée entre les comptables de fait ; que pour déterminer son montant, il convient d'apprécier, pour chaque comptable de fait, l'étendue de sa responsabilité dans la mise en place du mécanisme d'extraction des fonds publics et de leur maniement ainsi que l'importance des fonds maniés de brève ou de longue main...
> (Suit l'énoncé des amendes prononcées à l'égard des trois principaux responsables de la gestion de fait et fixées respectivement à 5 000 000, 500 000, et 100 000 francs ; deux autres comptables de fait n'étant pas condamnés à l'amende). »

En cas d'inertie du comptable de fait, un *commis d'office* pourra être désigné, aux frais du comptable de fait. Mais l'*inscription hypothécaire* ne pourra être prise qu'après la reddition des comptes car il faudra attendre de connaître le montant exact du débet.

Par ailleurs, l'article 51 du décret n° 85-199 du 11 février 1985, relatif à la Cour des comptes, permet à la juridiction de faire donner une *suite pénale* aux faits incriminés, s'ils font apparaître des faux en écritures ou des abus de biens sociaux :

> *« Si à l'occasion de ses contrôles, la cour découvre des faits de nature à motiver l'ouverture d'une action pénale, elle en informe le procureur général près la Cour des comptes qui saisit le Garde des Sceaux, ministre de la Justice... »* (le commissaire du gouvernement près la chambre régionale des comptes pouvant, quant à lui, saisir directement le procureur de la République).

De même, l'article 40, 2e alinéa, du code de procédure pénale (loi n° 85-1407 du 30 déc. 1985, art. 1 et 94) dispose :

« *Toute autorité constituée, tout officier public ou fonctionnaire qui, dans l'exercice de ses fonctions, acquiert la connaissance d'un crime ou d'un délit est tenu d'en donner avis sans délai au procureur de la République et de transmettre à ce magistrat tous les renseignements, procès-verbaux et actes qui y sont relatifs.* »

Enfin, outre les peines frappant le faux et la concussion, l'article 258 du code pénal punit d'amende et d'emprisonnement le délit *d'immixtion sans titre dans des fonctions publiques.*

G. L'apurement de la gestion de fait

Sont applicables à l'apurement de la gestion de fait, les règles de procédure déterminées par l'article 6 du décret n° 69-366 du 11 avril 1969, complété par l'article 1er du décret n° 74-156 du 21 février 1974 (art. R 242-8 du code des communes).

Il ne peut y avoir d'apurement de la gestion de fait sans reddition d'un compte présenté par le comptable de fait ou à défaut par le commis d'office.

À noter qu'aux termes de l'article 60-XI de la loi de finances pour 1963, « le juge des comptes peut, hors le cas de mauvaise foi ou d'infidélité du comptable de fait, suppléer par des considérations d'équité à l'insuffisance des justifications produites » ; mais que, s'il n'y a pas lieu de mettre en cause la bonne foi, le juge ne peut pas suppléer à l'absence complète de pièces justificatives des dépenses. (À noter qu'un mémoire explicatif ne peut tenir lieu de compte.)

Enfin, dans le cadre du jugement des comptes rendus par le comptable de fait, la chambre se réserve le droit d'allouer ou de rejeter les dépenses en fonction du caractère « d'utilité publique » qu'elles comportent.

En cas de non production d'un compte dans les délais requis, le comptable de fait s'expose à la même amende que le comptable patent pour retard ou non production de compte.

Le compte doit être unique pour l'ensemble de la période où les irrégularités se sont produites. Toutefois, il y a lieu pour la même personne, comptable de fait de plusieurs collectivités ou organismes, de présenter autant de comptes qu'il y a d'organismes en cause.

Le compte doit retracer les encaissements et les décaissements, non les droits constatés. Les restes à recouvrer et les dettes du comptable de fait ne peuvent figurer dans le compte.

Enfin, le compte doit être signé par le (ou les, en cas de solidarité) comptable de fait ou ses héritiers.

À partir du compte produit, la chambre va fixer la ligne de compte sous la forme :
- recettes admises ;
- dépenses allouées ;
- excédent (ou insuffisance) des recettes sur les dépenses.

Le juge des comptes ne peut statuer avant que l'organe délibérant de la collectivité ou de l'organisme concerné n'ait reconnu *l'utilité publique* des dépenses contestées. En cas d'absence de cette délibération, le comptable de fait se verra rejeter ses dépenses et mis en *débet.*

L'*amende* ne peut être infligée que si aucune poursuite pénale n'est engagée ou si la cour de discipline budgétaire n'est pas saisie. Normalement, l'amende ne devrait être prononcée qu'au stade du jugement définitif ; mais on la rencontre parfois dès le jugement provisoire comme moyen de pression sur le comptable de fait.

Le *quitus* met fin à la procédure et constate l'apurement des débet et le paiement de l'amende. Ce constat résulte soit du versement des sommes en cause, soit de la remise gracieuse accordée au débiteur.

La date du quitus est importante puisque c'est elle qui permet d'apprécier l'éventuelle inéligibilité du comptable de fait.

H. Les voies de recours

L'appel du jugement devant la Cour des comptes :

La Cour des comptes est le juge d'appel des jugements des chambres régionales des comptes (loi du 2 mars 1982, art. 87 1er al.). M. Christian Descheemaeker, Premier avocat général à la Cour des comptes, s'interroge dans le Bulletin d'information des chambres régionales (n° 2, oct. 1993) sur l'étendue de cet appel qui pourrait être interprété de deux façons :

> « – Dans une conception inspirée du droit commun, on considérera, écrit-il, qu'elle doit s'en tenir aux conclusions des requérants et confirmer ou infirmer à leur égard, et à leur égard seulement, la déclaration de gestion de fait prononcée en premier ressort par une chambre régionale des comptes ;
> – Dans une conception plus large, on admettra qu'elle est en droit de réexaminer le périmètre de la gestion de fait, qu'il s'agisse des personnes déclarées comptables de fait ou des opérations constitutives de gestion de fait. »

Puis d'expliquer que les règles de procédure civile et de procédure pénale ne peuvent être transposées à la Cour statuant en appel sans recevoir des adaptations à la spécificité du droit financier.

« La gestion de fait concerne souvent plusieurs personnes, unies par les liens de la solidarité, en raison de l'indivisibilité des opérations irrégulières ». La détermination des personnes comptables de fait et la délimitation des opérations constitutives de gestion de fait étant étroitement liées, leur connexité impose que leur examen soit confié à un même juge. Le Parquet général de la Cour considère que la solidarité entre comptables de fait, lorsqu'elle existe, doit conduire la Cour, quand elle est saisie de l'existence d'une gestion de fait par un des co-auteurs des irrégularités, à statuer sur la qualité de comptable de fait des différentes personnes impliquées dans le premier jugement, qu'elles aient été mises en cause à titre définitif ou non. Que le caractère d'ordre public de l'obligation de rendre compte du maniement des deniers publics plaide dans le même sens et qu'on ne peut imaginer que des décisions partielles puissent être prises en fonction du nombre d'appelants. C'est cette interprétation large que la Cour a retenu dans l'arrêt cité infra de l'affaire « Nice-Communication ». La Cour peut donc toujours redéfinir la gestion de fait, tant à l'égard des personnes mises en cause en première instance qu'à l'égard du périmètre des opérations incriminées.

Le recours en cassation devant le Conseil d'État :

Les exemples de recours en cassation des décisions juridictionnelles des juridictions financières sont, d'une façon générale, rares. Un arrêt récent (16 déc. 1994) de la Haute juridiction mérite cependant d'être signalé. L'affaire se rattache à la déclaration de gestion de fait de l'association « Nice-Communication » visant principalement le maire et plusieurs conseillers municipaux. Mais, en l'espèce, l'arrêt du Conseil ne vise pas un élu mais le secrétaire général de la ville déclaré comptable de fait conjointement et solidairement avec les autres personnes incriminées, eu égard à sa seule responsabilité hiérarchique.

> *En ce qui concerne l'extension de la déclaration de gestion de fait décidée par la Cour des comptes :*

« Considérant que M. G. a saisi la Cour des comptes d'un appel tendant à l'annulation du jugement définitif en date du 24 avril 1991 par lequel la chambre régionale des comptes de Provence-Côte-d'Azur l'a déclaré comptable de fait des deniers attribués par la ville de Nice à l'association Nice-Communication pour la seule opération, d'un montant de un million de francs, à laquelle il avait participé ; que, par l'arrêt attaqué, la Cour des comptes a déclaré M. G. comptable de fait pour l'ensemble des opérations réalisées par l'association Nice-Communication entre le 28 janvier 1985 et le 8 novembre 1990 ; que M. G. est fondé à soutenir qu'en étendant la gestion de fait en ce qui le concerne et en aggravant ainsi sa situation en l'absence de tout appel du ministère public, la Cour des comptes a méconnu les règles qui s'imposent à tout juge d'appel ; que, dès lors, M. G. est fondé à demander l'annulation de la décision attaquée en tant qu'elle l'a déclaré comptable de fait pour des opérations autres que celles qui avaient été retenues par le jugement de la chambre régionale des comptes du 24 avril 1991 ;

Sur la régularité de la procédure : [...].

Sur la qualification des faits :

« Considérant que l'arrêt attaqué relève que M. G., secrétaire général de la ville de Nice, s'il n'a exercé aucune fonction au sein de l'association, a participé à de multiples réunions et a eu à connaître de nombreux documents relatifs au fonctionnement de services municipaux placés sous la responsabilité nominale de l'association Nice-Communication et que, n'ayant rien entrepris pour faire cesser une situation aussi manifestement irrégulière, il a manqué aux obligations d'un fonctionnaire de son rang ; qu'en déduisant des ces appréciations, qui ne reposent sur aucune dénaturation des pièces du dossier qui lui était soumis, que M. G. devait être déclaré comptable de fait, la Cour des comptes n'a pas fait une inexacte application des dispositions de l'article 60 de la loi du 23 février 1963 ;

Considérant qu'il résulte de tout ce qui précède que M. G. n'est pas fondé à demander l'annulation de l'arrêt attaqué en tant qu'il l'a déclaré comptable de fait de la ville de Nice, pour la seule opération dont il a eu directement à connaître, lors de la réunion qui s'est tenue en mairie de Nice le 27 février 1989.

Décide :

L'arrêt de la Cour des comptes en date du 26 février 1992 est annulé en tant qu'il a étendu la déclaration de gestion de fait de M. G. au-delà de la seule opération retenue par le jugement du 24 avril 1991 de la chambre régionale des comptes de la région Provence-Côte-d'Azur. »

Autre arrêt du Conseil d'État statuant en cassation : 16 déc. 1994, *M. Oltra c/ Association Nice-Communication.*

I. Les inéligibilités

Les comptables de fait sont assimilés aux comptables patents ; l'article L 242 7 du code des communes dispose : « Les comptables de fait sont soumis aux obligations, responsabilités et sanctions définies par l'article 60-XI de la loi n° 63 156 du 23 février 1963 ».

Ces dispositions ont donc des conséquences graves en matière électorale où les articles L 231 et L 236, L 195 et L 205, L 340 et L 341 du code électoral relatifs aux conseillers municipaux, aux conseillers généraux et aux conseillers régionaux, sont applicables aux comptables de fait. En outre si la personne déclarée « comptable de fait » à titre définitif, est un élu municipal, la mention de la « formule exécutoire » sur le jugement permet au préfet de déclarer l'intéressé *« démissionnaire d'office »*.

« Tout conseiller municipal qui, pour une cause survenue postérieurement à son élection, se trouve dans un des cas d'inéligibilité prévu par les articles... L 231... est immédiatement déclaré démissionnaire par le préfet, sauf réclamation au tribunal administratif dans les dix jours de la notification, et sauf recours au Conseil d'État, conformément aux articles L 249 et L 250 » (art. L 236 du code électoral).

« Tout conseiller général, qui pour une cause survenue postérieurement à son élection, se trouve dans un cas d'inéligibilité prévu par les articles L 195... est déclaré démissionnaire par le conseil général soit d'office, soit sur réclamation de tout électeur » (art. L 205 du code électoral).

« Tout conseiller régional qui, pour une cause survenue postérieurement à son élection, se trouve dans un cas d'inéligibilité prévu à l'article précédent... est déclaré démissionnaire d'office par arrêté du représentant de l'État dans la région » (art. L 341 du code électoral).

Ces trois articles ont été complétés d'un second alinéa par l'article 41 de la loi du 26 juillet 1991 ainsi rédigé :

« Toutefois, la procédure prévue à l'alinéa précédent n'est mise en œuvre à l'égard du conseiller municipal (général ou régional) déclaré comptable de fait par un jugement du juge des comptes statuant définitivement que si quitus ne lui a pas été délivré de sa gestion dans les six mois de l'expiration du délai de production des comptes imparti par ledit jugement. »

Il n'existe à ce jour, semble-t-il, qu'un seul exemple d'application de cette sanction.

Suite au jugement définitif de gestion de fait dans l'affaire de l'association « Nice-Communication » (CRC PACA, 14 déc. 1993 et 3 févr. 1994), le préfet des Alpes-Maritimes a, le 15 juillet 1993, déclaré le sieur F. conseiller municipal de la ville de Nice, démissionnaire d'office, en application de l'article 236 du code électoral.

La requête de l'intéressé tendant à l'annulation de l'arrêté préfectoral ayant été rejetée par le tribunal administratif de Nice, le 28 septembre 1993, le sieur F. a fait appel devant le Conseil d'État. L'appel étant suspensif, l'intéressé a, ainsi, pu continuer à siéger au sein du conseil municipal de la ville de Nice. Dans son arrêt du 16 décembre 1994, le Conseil d'État ayant confirmé le jugement du tribunal administratif de Nice, l'intéressé se trouve ainsi révoqué de tous ses mandats municipaux.

« Considérant qu'aux termes de l'art. L 231 du code électoral : " Ne peuvent être élus conseillers municipaux dans les communes où ils exercent ou ont exercé leurs fonctions depuis moins de six mois : 6°) Les comptables de deniers communaux " ; que sont visés de ce chef aussi bien les comptables publics que les comptables de fait ; que, selon l'article L 236 est immédiatement déclaré démissionnaire d'office par le préfet, sauf réclamation au tribunal administratif dans les dix jours de la notification, et sauf recours au Conseil d'État, conformément aux articles L 249 et L 250. Toutefois, la procédure prévue à l'alinéa précédent n'est mise en œuvre à l'égard d'un conseiller municipal déclaré comptable de fait par un jugement du juge des comptes statuant définitivement, que si quitus ne lui a pas été délivré de sa gestion dans les six mois de l'expiration du délai de production des comptes imparti par ledit jugement ; que, pour prendre l'arrêté prévu dans l'hypothèse définie par le deuxième alinéa de l'article L 236 du code électoral, issu de la loi n° 91-716 du 26 juillet 1991, le préfet doit se borner à tirer les conséquences en matière électorale de la situation résultant, d'une part de la reconnaissance de la qualité de comptable de fait d'un conseiller municipal par un jugement du juge des comptes statuant définitivement, d'autre part de l'absence de quitus de gestion

délivré par le juge financier dans le délai de six mois suivant l'expiration du délai de production des comptes ;
Considérant qu'en vertu du premier alinéa de l'article 6 du décret du 11 avril 1969 fixant diverses mesures de procédure relatives à l'apurement des comptes publics : " Les arrêts de la Cour des comptes concernant les personnes déclarées comptables de fait sont adressés par le secrétaire général au trésorier payeur général du département dans lequel les faits ont été constatés. Ils sont notifiés par le trésorier payeur général aux intéressés dans les quinze jours de la réception des expéditions, par lettre recommandée avec avis de réception " ; que l'arrêt susvisé de la Cour des comptes en date du 26 mai 1992 a été régulièrement notifié au requérant ; que, si aux termes de l'article 28 du décret du 11 février 1985 relatif à la Cour des comptes, " Les arrêts de la Cour des comptes sont revêtus, s'il y a lieu, de la formule exécutoire ", cette formalité est destinée à permettre l'exécution forcée et n'est pas nécessaire s'agissant d'un arrêt portant déclaration de comptable de fait ; que les conditions auxquelles la loi subordonne la démission d'office d'un conseiller municipal déclaré comptable de fait par un jugement définitif du juge des comptes à une date postérieure à son élection étaient réunies à la date où l'autorité compétente a pris sa décision ; qu'en effet, le délai de production des comptes imparti par le jugement de la chambre régionale des comptes statuant définitivement commençant à courir le 22 juillet 1992, date de la notification de l'arrêt précité de la Cour des comptes, étant expiré le 22 octobre 1992, et le délai de six mois prévu par le deuxième alinéa de l'article L 236 étant expiré le 22 avril 1993, le préfet était tenu de prendre l'arrêté attaqué ;
Considérant que le requérant ne saurait se prévaloir, à l'encontre d'une part, de l'arrêté attaqué, qui n'est pas une décision juridictionnelle, et d'autre part, du jugement attaqué, qui ne statue pas en matière pénale et ne tranche pas des constatations sur des droits et obligations de caractère civil, d'une méconnaissance des dispositions de l'article 6 de la convention européenne de sauvegarde des droits de l'homme et des libertés fondamentales aux termes duquel toute personne a droit que sa cause soit entendue équitablement par un tribunal qui décidera soit des contestations sur ses droits et obligations à caractère civil, soit du bien fondé de toute accusation en matière pénale dirigée contre elle ;
Considérant, enfin, que les moyens tirés de ce que le préfet aurait mentionné un fait matériellement inexact dans un courrier accompagnant son arrêté, de l'existence de procédures engagées par le requérant devant le juge pénal, de la circonstance alléguée qu'un jugement du tribunal administratif de Nice du 28 septembre 1993 ferait disparaître le fondement juridique de la déclaration de gestion de fait opposée à M. F. et enfin de l'erreur de droit dont serait entaché l'arrêt en date du 3 février 1994 de la chambre régionale des comptes de la région Provence-Alpes-Côte-d'Azur refusant de donner quitus au requérant, sont inopérants ;
Considérant qu'il résulte de tout ce qui précède, et sans qu'il y ait lieu de faire droit à sa demande de sursis à statuer, que M. F. n'est pas fondé à soutenir que c'est à tort que, par le jugement attaqué, le tribunal administratif de Nice a rejeté sa demande tendant à l'annulation de l'arrêté susvisé. »
Rejet.

Il reste au Conseil d'État à statuer sur le déféré préfectoral formé après le refus implicite de l'assemblée départementale de se prononcer sur le sort de l'intéressé, qui était en même temps conseiller général, en attendant la décision qui serait prise par le Conseil d'État dans la première affaire.

Bibliographie :

– Jean-Louis Chartier et Alain Doyelle, « Les gestions de fait dans les collectivités et établissements publics locaux », *AJDA*, n° 5, mars 1990 (J.-L. Chartier est président de la CRC « Ile de France » ; A. Doyelle est président de section à la CRC « Nord-Pas-de-Calais »).

– Christian Descheemaker, Premier avocat général à la Cour des comptes, « Comment devient-on comptable de fait ? » dans *Pouvoirs locaux,* mars 1991. Du même auteur : *Gestion de fait,* Éditions Techniques-Juris-Classeurs, 1993.

4. Observations des juridictions financières

- CRC « Bretagne », 5 nov. 1993, *Commune de Quiberon ;* extraits :

« Gestion de la base nautique du Porigo à Port Haliguen : À la suite de l'incendie qui a détruit en 1988 les locaux privés occupés par le Cercle nautique de Port Haliguen, la ville a mis à la disposition de cette association le site de Porigo. La convention du 26 mai 1989 et celles qui ont suivi prévoyaient le reversement à la ville, par le Cercle, d'une fraction des recettes correspondant au dépôt d'engins sur le terrain (50 %) et à la location de bâtiments (90 %), étant précisé que les tarifs de ces prestations devaient être fixés par le conseil municipal. Ces clauses n'ont pas été parfaitement respectées. Tout d'abord, ce n'est qu'à compter de la saison 1991 que les tarifs ont été fixés dans les conditions prévues par la convention. En second lieu, la convention relative à la saison 1992 n'a été conclue qu'en 1993, de telle sorte que le Cercle nautique, encaissant sans titre des produits communaux, s'est trouvé pendant un an *gestionnaire de fait* de deniers de la ville de Quiberon. »

- CRC « Alsace », 22 nov. 1993, *Association départementale du Tourisme de Haute-Alsace ;* extraits :

« L'activité de l'association en tant que relais du Conseil général dans l'octroi des bonifications d'intérêt aux établissements hôteliers et des subventions : La chambre a estimé que la procédure suivie était contraire aux dispositions des articles 11, 12 et 35 du décret n° 62-1587 du 29 décembre 1962, en ce qu'elle confiait à des personnes qui n'y étaient pas habilitées, le soin de manier des deniers publics. Cette position avait été portée à la connaissance du Conseil général dans le cadre des observations provisoires... Il avait été alors demandé de modifier les modalités de paiement des subventions destinées à l'hôtellerie. Constatant que cela n'avait pas été fait, la chambre a décidé de déclarer “ gestionnaires de fait ” l'association et ses dirigeants. Cette décision, qui ne mettait en cause ni l'honnêteté des personnes ni la politique suivie par le conseil général en matière d'aide au secteur hôtelier, visait seulement à mettre fin à une pratique contraire au droit. La situation a été régularisée depuis, ce qui a permis à la chambre de clore la procédure par un jugement d'apurement de la gestion de fait. »

- CRC « Nord-Pas-de-Calais », 23 déc. 1993, *Commune de Lompret, Nord ;* extraits :

« Gestion des centres de loisirs communaux : La chambre (dans le cadre des observations provisoires) avait souhaité obtenir une délibération du conseil municipal statuant sur *l'utilité publique* des dépenses effectuées par le comité des fêtes de la commune, qui est une association loi de 1901, en contrepartie des recettes que ce comité avait indûment perçues de 1987 à 1989. Il s'était immiscé pendant ces trois années dans le recouvrement de recettes municipales, à savoir les participation financières aux centres de loisirs communaux versées par le comité d'établissement de la délégation de la région Nord de l'UAP, chiffrée à 8 175 F en 1987, 62 140 F en 1988 et 48 370 F en 1989, et avait en même temps assuré quelques dépenses de ces centres. Ces opérations étaient indéniablement constitutives de *gestion de fait*, sur le fondement de l'article 60-XI de la loi de finances n° 63-156 du 23 février 1963.

La chambre a donc examiné avec attention la délibération du conseil municipal du 12 octobre 1993 que vous lui avez adressée et qui " approuve à l'unanimité les dépenses engagées par le comité des fêtes de 1987 à 1989 en contrepartie des recettes perçues aux lieu et place de la commune ". Cette approbation, qui a nécessairement provoqué l'information du conseil municipal sur les opérations en cause, emporte son acceptation de ces opérations et agit comme une réintégration de celles-ci dans les comptes communaux. La chambre a considéré que cette délibération devrait ainsi mettre un point final à la situation irrégulière qui était celle du comité des fêtes de Lompret. »

- CRC « Rhône-Alpes », 15 déc. 1993, *Département de l'Ardèche ;* extraits :

« Les associations auxiliaires de l'action économique du département : cas de l'Agence pour le développement et l'industrialisation de l'Ardèche. Fondée en 1980, elle a pour but d'aider au maintien ou à la création d'emplois par la recherche de partenaires industriels ou d'activités de reconversion, ainsi que par l'aide à l'implantation d'entreprises nouvelles, afin de concourir au développement économique de l'Ardèche. Les conseillers généraux du département sont membres adhérents de cette association et, à ce titre, ont seuls voix délibérative. Les autres membres ne sont que membres associés. Le bureau élu par l'assemblée générale ne comprend que des membres adhérents. Les comptes des exercices 1983 à 1985 ont été vérifiés par la chambre qui a constaté que les pouvoirs propres de l'AIDA apparaissent limités à l'étude des dossiers et identiques à ceux d'un service administratif du département. On peut également observer que la somme des subventions du département et des produits financiers représente, en 1985, 96,31 % des recettes de l'Agence, en 1986, 87,14 %, en 1987, 85,13 %, en 1988, 89,65 %, en 1989, 98,37 %, en 1990, 99,35 %. Certes une convention a été signée, le 12 novembre 1993, entre le département et l'AIDA pour préciser leurs relations financières. Cette précaution élémentaire, quoique tardive, ne saurait toutefois faire disparaître, à elle seule, les *éléments constitutifs d'une gestion de fait* caractérisée, tant que l'association n'aura pas fait la preuve de son autonomie véritable et d'un réel partenariat avec les autres partis intéressés au développement économique du département. »

- CRC « Bourgogne », 17 févr. 1993, *Département de l'Yonne ;* extraits :

« Les interventions économiques du département : l'Association " Yonne-Développement ". Lors de la session budgétaire de 1989, le conseil général a décidé la création de cette association. Dès cet exercice, il a versé à cette association une subvention de 4,5 millions de francs qui est passée à 10 MF en 1990 et à 11 MF en 1991. Ces crédits, prélevés sur le chapitre 961, constituaient 49 % des crédits inscrits en 1989, puis 70 % en 1990 et 1991, au titre des interventions économiques. Yonne-Développement, chargée de la promotion du développement économique et de l'emploi dans l'Yonne, a notamment pour objet d'accorder des aides directes (subventions et avances remboursables partiellement convertibles en subventions) à des entreprises désireuses de créer des emplois ou de venir s'installer dans le département.

Cette organisation a été conçue dans l'objectif de contourner l'obstacle constitué par la loi du 5 janvier 1988 (art. 4 et 5), qui spécifie bien que l'attribution d'aides directes pour le développement économique relève de la compétence de la Région qui a l'initiative de la mise en place du régime d'aides, le département n'intervenant qu'à titre complémentaire. Ce régime n'existant pas en Région Bourgogne, les départements ne peuvent agir en ce domaine.

Le dispositif institué par le conseil général pose néanmoins problème du fait de la personnalité de l'association ainsi créée. En effet, la chambre a constaté que bien que n'étant pas majoritaire au sein du conseil d'administration et de l'assemblée générale, le conseil général y exerçait un rôle prépondérant. Ainsi, le président et le vice-président délégué de Yonne-Développement sont respectivement président et Vice président du conseil général ; le conseil d'administration qui compte 26 membres, comporte 13 élus parmi lesquels 10 conseillers généraux, sachant qu'en cas de partage des voix celle du président est prépondérante ; enfin, sur les 42 membres de l'assemblée générale, 26 sont des élus locaux dont 20 conseillers généraux.

Le rôle prépondérant du conseil général s'apprécie au regard de l'origine des ressources de l'association. Les ressources statutaires proviennent : des cotisations de ses membres, de subventions et de participations, des emprunts, de la vente des biens ou de leur revenus, du produit des études réalisées. Dans les faits, si l'on examine les deux premières années d'existence de l'association, on constate que le conseil général a subventionné, à hauteur de 98 %, le fonds d'aide aux entreprises, et que les produits de fonctionnement sont constitués pour plus des trois quarts par sa contribution, le quart restant provenant pour l'essentiel des cotisations des collectivités locales.

La réforme des statuts, adoptée le 15 juin 1992, qui a supprimé la présidence de droit du président du conseil général et la fonction de vice président délégué, a certes atténué le caractère de dépendance que présentaient les instances dirigeantes de l'association à l'égard de la collectivité, mais elle ne change rien à la situation financière de l'association marquée par une absence totale d'autonomie.

Par bien des aspects, cette association présente les caractéristiques que la jurisprudence administrative reconnaît aux " associations transparentes ". Qui plus est, ainsi que le conseil d'État l'a récemment rappelé, un département ne peut déléguer une partie de son pouvoir de décision à une personne morale de droit privé distincte de ses organes de fonctionnement (arrêt du 26 janv. 1990 ; conseil général de l'Oise).

Compte tenu de ce qui précède, il semble à la chambre que plusieurs éléments constitutifs de la gestion de fait soient d'ores et déjà réunis. »

5. Jurisprudence des juridictions financières

• Cour des comptes, 4e chambre, appel d'un jugement de la CRC « Provence-Alpes-Cote-d'Azur », 26 mars 1992, *Association « Bureau économique salonnais », Salon de Provence ;* résumé de l'arrêt :

Les faits :

Un jugement du 26 septembre 1989 vient mettre en cause la libre utilisation par le « Bureau économique salonnais », des subventions communales reçues ; celles-ci restent à la disposition des responsables de la ville et de surcroît couvrent des dépenses souvent étrangères à l'objet social de l'organisme.

Ainsi, les sommes provenant de ces subventions n'ont pas perdu leur caractère de « fonds publics ». La déclaration provisoire de gestion de fait implique six personnes (le maire M. F., le secrétaire général de la mairie M. M., les présidents successifs de l'association et deux adjoints au maire), pour un montant de 5,4 MF.

Un second jugement du 16 avril 1991, rendu après production d'un compte de gestion et d'une délibération du conseil municipal reconnaissant le caractère « d'utilité communale » des dépenses retracées, à l'exception d'une somme de 140 000 F, prélevée personnellement par M. F. déclare, à titre définitif, comptables de fait quatre personnes (dont MM. F. et M.).

MM. F. et M. ont fait appel de ce jugement.

Problème juridique posé :

– le juge serait-il lié par la délibération du conseil municipal reconnaissant le caractère « d'utilité publique » des dépenses (moyen exposé par M. F.) ?

– l'association disposait-elle librement des subventions ou, au contraire, ces dernières étaient-elles « fictives » dans la mesure où l'association, grâce à elles, a acquitté des dépenses sans titre légal, sur ordre et pour le compte de la commune ? (M. M., en particulier, contestait avoir été mêlé à la gestion de l'association).

Solution donnée par la Cour des comptes :

La Cour a considéré :

– que la reconnaissance d'utilité publique des dépenses n'a que le caractère d'une « régularisation budgétaire » permettant au juge d'allouer éventuellement lesdites dépenses, si celles ci ont été convenablement justifiées ;

– que M. M. avait influé sur le règlement de certaines dépenses par l'association ; qu'il avait, en outre, obtenu de cette dernière des remboursements de frais de déplacement et de séjour ; qu'il s'était donc effectivement ingéré dans le fonctionnement de l'association.

La Cour a rejeté les deux appels.

- CRC « Corse », 29 juill. 1993, *Commune de Figari ;* résumé du jugement :

  « Fonctionnement de services mis en place par la municipalité : Durant l'année 1989, la nouvelle municipalité a mis en place un certain nombre de services :
  – restauration pour personnes âgées ;
  – photocopies ;
  – restaurant scolaire ;
  – bibliothèque.

  L'examen du fonctionnement de ces différents services a permis de constater que des fonds avaient été reçus, détenus ou maniés par un agent de la commune.

  Ces fonds, qui peuvent être qualifiés de " recettes destinées à un organisme public doté d'un poste comptable " au sens de la loi du 23 février 1963 modifiée, ont un caractère de deniers publics.

  En conséquence, il est avéré que la personne désignée pour s'assurer du bon fonctionnement ou du contrôle de ces services, s'est ingérée dans le recouvrement de deniers publics, qu'elle a procédé à leur encaissement et manipulé lesdits deniers sans titre légal, dans la méconnaissance totale des règles de la comptabilité publique.

  La chambre, considérant qu'il a été mis fin à l'ensemble de ces opérations irrégulières, a jugé que la déclaration de gestion de fait était dès lors privée d'intérêt pratique.

  Cependant, la chambre a tenu à ce que soit souligné votre responsabilité en tant qu'ordonnateur pour avoir connu et toléré ces irrégularités.

  De plus, compte tenu de la multiplicité des gestions de fait potentielles relevées sur votre commune, la juridiction appelle particulièrement votre attention sur le fait que le renouvellement de tels errements pourrait conduire la chambre à déclarer la ou les personnes concernées, y compris le maire qui couvrirait de telles opérations de son autorité, " gestionnaires de fait ".

  Dans cette hypothèse, la juridiction peut infliger une amende dont le montant peut être égal à celui des sommes indûment détenues ou maniées. »

• CRC « Corse », 24 mars 1993, *Commune d'Asco, Haute-Corse ;* résumé du jugement :

Les faits :

Par délibération en date du 15 février 1988, le conseil municipal de la commune d'Asco a autorisé le maire à passer un appel d'offres pour la réalisation d'une micro centrale dont le coût est estimé à 30 000 000 F. La société « Énergies France », moins disante, a été déclarée adjudicataire le 17 juin 1988. Pour couvrir le financement de l'opération, la commune a signé le 24 novembre 1988 un contrat de prêt avec la société « Calypso Énergies », après accord du conseil municipal (délibération du 21 nov. 1988).

L'exploitation de la centrale a été confiée à la société « Énergies Asco » après signature d'une convention d'affermage le 24 novembre 1988 approuvée par le conseil municipal (délibération du 21 nov. 1988).

Lors de l'examen des pièces produites à l'appui du compte de gestion de l'exercice 1988, le trésorier payeur général a relevé qu'une somme de 12 456 261 F représentant la première situation de travaux établie par Énergie France a donné lieu pour ce montant à imputation budgétaire en recettes (emprunts) et en dépenses (travaux), sans mouvement de trésorerie. Suite à une seconde situation de travaux de 15 083 739 F, c'est un montant total de 27 540 000 F qui a fait l'objet d'une comptabilité irrégulière.

La commune d'Asco, maître d'ouvrage, n'a donc pas participé au financement des travaux en dépit du marché conclu avec Énergies France et du contrat de prêt passé avec Calypso Énergies. Les transactions ont été opérées directement entre les trois sociétés ayant le même siège social à Paris : Énergies France, constructeur ; Calypso Énergies, prêteur ; Énergies Asco, exploitant fermier.

La société Calypso Énergies a réglé directement au constructeur Énergie France le montant des travaux qui ont ainsi été menés à leur terme sans que les comptes de trésorerie de la commune dans les écritures du receveur municipal aient été mouvementés. L'ensemble des opérations budgétaires en dépenses et en recettes liées à la constructions de la micro centrale n'a été finalement intégré dans la comptabilité communale que suite à l'émission des mandats et titres de recettes par le maire d'Asco correspondant à la dernière situation de travaux.

Problème juridique posé :

Existence d'une situation de gestion de fait conjointe et solidaire.

Solution donnée par la chambre régionale des comptes :

La chambre a considéré que les conditions prévues par la loi du 22 février 1963 étaient réunies pour constater l'existence d'une gestion de fait :

– perception, sans habilitation, d'une recette publique et maniement de fonds ayant le caractère de deniers publics ;

– défaut de titre de comptable.

Dans un jugement du 7 mai 1992, elle a déclaré les sociétés Calypso Énergies, Énergies France et Énergies Asco (qui a assuré directement le service de la dette) conjointement et solidairement comptables de fait, ainsi que le maire de la commune d'Asco qui avait connaissance de ces irrégularités et les avait tolérées. Ces sociétés et le maire, n'ayant pas contesté leur qualité de comptables de fait ont, par un second jugement du 30 septembre 1992, été enjointes de produire leurs comptes.

Par jugement définitif du 24 mars 1993, la chambre a considéré qu'il avait été satisfait à cette injonction et qu'il n'y avait pas lieu à condamnation à l'amende (art. 9 de la loi du 31 déc. 1954 et art. 3 de la loi du 10 juill. 1982). En effet, seule la méconnaissance des règles de la comptabilité publique était à l'origine des irrégularités constatées et l'examen de la gestion de fait n'avait révélé aucun préjudice pour la commune. La société Énergies Asco a assuré le service de la dette en lieu et place de la commune d'Asco sur la base d'une « délégation par substitution de débiteur », procédure régulière et fréquente en droit privé, mais qui n'est pas compatible avec les règles de la comptabilité publique.

• Cour des comptes, 4e ch., appel, 9 juill. 1992, *Commune de Nice ;* résumé de l'arrêt :

Dans un jugement du 12 juillet 1990, la CRC « Provence-Alpes-Côte-d'Azur » a relevé que le remboursement par anticipation des emprunts contractés auprès du groupe Caisse des dépôts et consignations par la ville de Nice, n'avait appelé, à aucun titre, le concours de la société AREFIC. Ce concours n'ayant pas été effectif, le service prévu par la convention passée le 3 juillet 1986 entre la commune de Nice et la société n'avait pas été rendu et, par suite, la facturation d'honoraires par AREFIC et le versement de ceux-ci par la ville étaient injustifiés.

En conséquence, l'ordonnateur en certifiant ou en laissant certifier sous son autorité un service qu'il savait inexistant avait, au moyen de *mandats fictifs*, extrait irrégulièrement des fonds de la caisse du comptable public pour accorder une libéralité au profit de la société AREFIC au détriment de la ville de Nice.

Par jugement des 24 juin et 10 septembre 1991, la juridiction a déclaré définitivement « comptables de fait », conjoints et solidaires, le maire de Nice et la SA AREFIC du chef de l'extraction ou de maniement irrégulier de fonds publics à concurrence de 5 767 923,75 F.

À l'appui de l'appel interjeté contre cette décision, la société a invoqué la nécessité de son intervention pour chacun des emprunts, avec un examen de la formule de rachat ou de renégociation la plus avantageuse pour les finances communales et l'ordonnateur a fait valoir que les honoraires d'AREFIC étaient dus en application de la convention au fur et à mesure des opérations de restructuration de la dette communale, la vérification du service fait se bornant à la constatation de la renégociation de cette dette et de la conclusion de nouveaux emprunts.

Par arrêt du 9 juillet 1992, la Cour a décidé qu'il y avait lieu d'enjoindre aux requérants d'apporter la preuve de l'assistance technique fournie par la société AREFIC à la ville de Nice et ordonné qu'il soit sursis à l'exécution du jugement attaqué.

L'arrêt d'appel examine l'affaire au fond, après réponse des requérants à ces injonctions.

Problème juridique posé :

1. Régularité du jugement attaqué : respect des règles de procédure (caractère secret, contradictoire, non discriminatoire de l'instruction), compétence de la CRC, impartialité, etc.

2. Qualification des faits : limites de la vérification du service fait ; utilité de l'intervention d'AREFIC ; charge de la preuve ; utilisation de pièces provenant du dossier pénal.

3. Responsabilités : détermination des personnes déclarées « comptables de fait » et délimitation des opérations constitutives de la gestion de fait ; solidarité entre comptables de fait ; caractère d'ordre public de l'obligation de rendre compte et mise en cause des co-auteurs des irrégularités par le juge d'appel.

Solution donnée par la Cour :

1. Régularité du jugement attaqué.

Il n'est pas établi que la CRC ait violé le secret de l'instruction ; en particulier, les commentaires faits par la presse sont postérieurs à la notification du jugement définitif. Il n'est pas établi non plus que le caractère contradictoire de la procédure n'ait pas été respecté. En adressant, après le jugement provisoire, aux personnes déclarées comptables de fait un questionnaire destiné à préciser certains points de leur réponses, le rapporteur n'a fait qu'accomplir un acte d'instruction complémentaire, sans enfreindre les dispositions du décret n° 83-224 du 22 mars 1983.

Les parties ont bien été entendues au cours de l'instruction. On ne saurait inférer des données retenues par la CRC que l'instruction a été incomplète et partiale. Le caractère discriminatoire de l'instruction et du jugement n'est en rien prouvé par la non inclusion de certaines personnes dans la gestion de fait.

Les moyens présentés à l'encontre du jugement provisoire du 12 juillet 1990 ne sont pas recevables, seules des dispositions à caractère définitif étant susceptibles d'être discutées en appel. Par ailleurs, le dispositif du jugement attaqué ne repose pas sur une appréciation d'opportunité, mais sur celle de la nécessité de l'intervention d'AREFIC et sur la réalité des prestations de cette société. Enfin, il n'est pas exact que le jugement définitif comporte des motivations nouvelles, absentes du jugement provisoire et non discutées contradictoirement.

2. Qualification des faits.

La vérification par le juge des comptes des justifications du service fait ne se limite pas à la constatation de la mobilisation de nouveaux prêts ou de la restructuration de prêts anciens. Le juge apprécie la régularité des pièces qui lui sont transmises, à l'aide de tous les éléments d'information en sa possession. Or, dans sa réponse à l'arrêt susvisé du 9 juillet 1992, la société AREFIC n'a pas apporté la preuve du service rendu par elle dans la renégociation des prêts du groupe caisse des dépôts.

Il ressort de déclarations faites aux officiers de police judiciaire, agissant dans le cadre de l'enquête préalable prescrite par le procureur de la République de Nice, que la personne bénéficiaire de la plus importante partie des commissions versées par la ville de Nice à la société AREFIC, Mlle A. n'a joué aucun rôle dans l'analyse et la renégociation de la dette communale. Les versements d'honoraires dont elle a bénéficié reposent sur de fausses facturations.

Il ressort en outre de l'enquête de la police judiciaire que ces mêmes versements résultent d'une connexion visant à l'extraction irrégulière de deniers communaux. Il y a lieu dès lors, de considérer qu'il y a eu maniement de fonds irrégulièrement extraits de la caisse communale, au sens de l'article 60-XI, 2e alinéa, de la loi du 23 février 1963.

3. Responsabilités.

En vertu de l'article 60-XI de la loi du 23 février 1963, toute personne qui reçoit ou manie directement ou indirectement les fonds ou valeurs extraits irrégulièrement d'une caisse publique doit rendre compte au juge financier de leur emploi.

La détermination des personnes déclarées comptables de fait et la délimitation des opérations constitutives de gestion de fait sont étroitement liées et leur connexité rend nécessaire leur examen par un même juge.

La solidarité entre comptables de fait, lorsqu'elle existe, doit conduire la Cour des comptes, saisie en appel par un des co-auteurs des irrégularités, à statuer sur la qualité de comptable de fait des différents auteurs.

De même, eu égard au caractère d'ordre public de l'obligation de rendre compte du maniement de deniers publics, le juge d'appel est tenu de soulever d'office le moyen d'un des co-auteurs des irrégularités.

En l'espèce, l'obligation de reddition de compte incombe au premier chef à la société AREFIC sous le couvert de laquelle ont été effectués, directement ou indirectement, les paiements incriminés en faveur d'une personne physique ; les conditions dans lesquelles est intervenu, en août 1986, le paiement direct d'une somme de 3 356 380 francs conduisent de surcroît à penser que le directeur d'AREFIC ne pouvait ignorer le caractère fallacieux de la facture qui lui était présentée.

Doivent, par suite, également rendre compte de ces opérations, toutes les personnes déjà mises en cause au cours de la première instance, qui ont participé indivisément aux opérations irrégulières. En raison de l'indivisibilité des opérations irrégulières, il convient d'instituer les liens de l'*obligation « in solidum »* entre les comptables de fait.

Cette solidarité n'empêche pas le prononcé d'un débet propre à l'un des comptables de fait, si la suite de la procédure démontre qu'il y a lieu d'attribuer à tel d'entre eux la responsabilité exclusive d'une opération déterminée et ne s'étend pas aux amendes susceptibles de leur être infligées pour leur immixtion dans les fonctions de comptable public.

En application de ces principes, la Cour a réformé le jugement de la CRC en procédant à une substitution de motifs et en mettant en cause d'autres personnes.

Aussi a-t-elle déclaré, à titre provisoire, la société AREFIC, M. J. M. et M. T. P., la SARL Deltana et Mlle A. *conjointement et solidairement comptables de fait* de la commune de Nice, au titre des honoraires payés au cours de l'exercice 1986 à la société AREFIC et reversés directement ou indirectement par celle ci à Mlle A. pour un montant de 5 372 580 F.

Constatant qu'aucune des personnes en cause n'a présenté d'observations dans le délai imparti de 3 mois à compter de la notification du jugement provisoire, ni demandé à être entendue alors que ce droit lui a été rappelé, la Cour, statuant définitivement, a déclaré les personnes concernées, conjointement et solidairement, comptables de fait de la commune de Nice au titre des honoraires litigieux.

• Cour des comptes, 4e chambre, Appel, *Commune de Draguignan ;* résumé de l'arrêt :

Par jugement du 17 août 1988, la Chambre régionale des comptes « Provence-Alpes-Côte-d'Azur » déclarait, à titre provisoire, et sur réquisitoire du commissaire du Gouvernement, plusieurs administrateurs et le directeur de l'association « Draguignan-Promotion » comptables de fait des deniers de la ville de Draguignan.

Par jugement du 12 septembre 1989, la CRC limitait cependant la déclaration définitive de gestion de fait au président de l'association et à son directeur et leur enjoignait, notamment, de produire le compte de leurs opérations. Appel des intéressés.

(L'arrêt analysé est celui formé par le directeur de l'association : demande de sursis à statuer et de sursis à exécution en raison de l'existence d'une action pénale en cours, sans distinction entre dispositions définitives et dispositions provisoires du jugement attaqué.)

Problème juridique posé :

– Les dispositions provisoires d'un jugement peuvent-elles être frappées d'appel ?

– Dans quelle mesure une instruction pénale peut-elle justifier une décision de sursis à statuer ou de sursis à exécuter ?

Solution donnée par la Cour :

– Seules les dispositions définitives d'un jugement peuvent être frappées d'appel (art. 29 du décret du 11 févr. 1985).

– Une procédure pénale parvenue à son terme ne saurait justifier le prononcé du sursis à statuer par le juge financier intervenant en appel (recueil de jurisprudence de la Cour des comptes, 1985 à 1987, 13 mars 1986, p. 187 et 1er juill. 1986, p. 227). Le sursis à exécuter ne saurait implicitement s'appliquer à la déclaration de gestion de fait (recueil p. 308, 27 nov. 1987, commune de Bischwiller).

• CRC « Champagne-Ardenne », 3 déc. 1991, *Association « La Schapska » ;* résumé du jugement :

Une association a convaincu deux communes de lui confier par convention, en 1985 et 1988, pour l'une la gestion de la section d'histoire militaire du musée municipal, pour l'autre, la création et la gestion d'un mémorial de la bataille de Valmy.

La première de ces deux communes s'est plainte à la CRC, fin 1990, de ne pouvoir obtenir de l'association (en cessation de paiement) le compte d'emploi des subventions et emprunts garantis. Début 1991, la CRC a engagé le contrôle de l'organisme et s'est heurtée à la mauvaise volonté du président de l'association et à une absence totale de réaction de l'association à la demande de la chambre de production des pièces justificatives et des comptes. L'examen des termes des deux conventions a conduit la chambre à s'interroger sur l'existence d'une gestion de fait. Parallèlement une procédure de redressement, puis de liquidation judiciaires était ouverte à l'encontre de l'association sur action de l'URSSAF.

Problème juridique posé :

– Nature exacte des conventions conclues entre les communes et l'association (rédaction imprécise), et conséquences juridiques qui en découlent à l'égard des opérations et de leurs auteurs.

– Incidence de la procédure de liquidation en cours sur l'action de la juridiction financière.

Solution donnée par la CRC :

L'examen des deux conventions (très semblables) a été déterminant puisque la chambre a relevé que ces contrats, qui ne stipulaient ni concession ni affermage, emportaient néanmoins convention de mandat à l'égard de l'association, et comme tels l'obligeaient à rendre compte à la commune et à lui reverser le reliquat de sa gestion une fois l'an. S'abstenant de le faire, l'association s'est dépouillée de son titre légal et s'est en conséquence constituée comptable de fait. La chambre a donc déclaré la gestion de fait conjointement et solidairement à l'encontre de l'association et de son président.

Le jugement d'ouverture d'une procédure de liquidation judiciaire de l'association est lui même sans effet sur l'existence juridique de cette personne morale. La chambre a fait sienne l'observation suivante : « lorsque deux ordres de juridictions à qui sont imparties des missions, certes différentes mais également essentielles, se trouvent en concours sur un même dossier, chacune des juridictions saisies doit être en mesure de mener à bien ce dossier, sans entraver, par ses investigations, le bon déroulement de la procédure par ailleurs en cours » (circulaire du Garde des Sceaux, Crim. 90-1-E-2/3, 3 janv. 1990).

La chambre a renouvelé, par le second jugement, son injonction de produire le compte des opérations, appuyé des pièces justificatives réglementaires, mais en raison de leur résistance manifeste, a ordonné aux comptables patents une prise d'*hypothèque sur les immeubles des comptables de fait* (art. 2123 du code civil) et mentionné au jugement que, faute par eux de le faire dans le délai imparti, application serait ordonnée des dispositions relatives aux amendes pour retard dans la production des comptes, sans préjudice de la mise en œuvre des dispositions réglementaires relatives à la nomination, aux frais des comptables de fait, d'un commis d'office.

• CRC « La Réunion », 15 mars 1988, *Collectivité territoriale de Mayotte ;* résumé du jugement :

Un agent « Billeteur » de la collectivité de Mayotte avait détourné, à son profit, les sommes qu'il aurait dû reverser en espèces au profit de salariés journaliers ou d'indigents.

Problème juridique posé :

L'intéressé avait été condamné par le tribunal correctionnel, à la prison et au remboursement des sommes détournées, la collectivité s'étant portée partie civile. Cependant, il n'avait pas été poursuivi sur le fondement de l'article 258 du code pénal, et le juge judiciaire n'avait pu prescrire le reversement de l'intégralité des sommes détournées, du fait de la prescription triennale en matière de délits.

Solution donnée par la CRC :

La déclaration de gestion de fait provisoire, puis définitive, est apparue, sur le réquisitoire du commissaire du gouvernement, présenter un réel intérêt. Le débet de 490 000 F prononcé (en même temps que la fixation de la ligne de compte) ne se confondait que pour 442 283 F avec la condamnation à restitution prononcée par le juge pénal. L'amende définitive pour immixtion dans les fonctions de comptable public a été fixée à 10 000 F.

(Illustration d'un cas d'articulation entre les actions du juge pénal et du juge financier en cas de détournement de deniers publics : la solution adoptée équivaut à une confusion de débet entre la condamnation prononcée par le juge judiciaire et l'amende.)

• Cour des comptes, 4e chambre, Appel d'un jugement de la CRC « Bourgogne » ; résumé :

Par jugement provisoire du 7 mai 1986, la CRC « Bourgogne » a déclaré conjointement et solidairement *comptables de fait* de la commune de Beaune, Côte-d'Or, le maire, le maire-adjoint, et le Directeur de l'*office du Tourisme*, pour avoir, à l'occasion du fonctionnement dudit office, lui même dépourvu de personnalité juridique, encaissé des recettes et réglé des dépenses communales sans titre. Elle a prononcé différentes injonctions de production de comptes et de pièces, dont la *déclaration d'utilité communale* par le conseil municipal et a enjoint aux intéressés « de se vider les mains ». La chambre a émis une réserve générale et a précisé qu'il était sursis à statuer sur l'amende.

Le 15 janvier 1987, la juridiction a déclaré les intéressés définitivement comptables de fait et les a condamnés, à titre provisoire, à une amende de 4 000 F chacun pour leur ingérence dans les opérations comptables de la commune de Beaune.

Par jugement définitif du 3 juin 1987, La CRC « Bourgogne » a confirmé la *condamnation à l'amende*, pour le même montant.

Les trois intéressés ont interjeté appel pour contester cette condamnation.

Problème juridique posé :

La Cour des comptes a examiné les motifs communs invoqués par les requérants, a savoir :

– qu'en raison du principe de personnalité qui régit ce type de peine, une décision distincte doit être prise pour chacun des comptables de fait solidaires et que, dans l'espèce, il n'y aurait pas eu de motivation spécifique justifiant le quantum de l'amende infligée à chaque requérant ;

– que le principe même de l'amende présente un caractère vexatoire, la gestion s'étant révélée fidèle et de bonne foi et ayant eu pour objet de servir les intérêts de la ville de Beaune ; ainsi que le motif particulier avancé par le maire selon lequel sa responsabilité est recherchée en sa qualité de maire, alors qu'aucun élément du dossier ne permet d'affirmer qu'il a couvert ces opérations de son autorité.

Solution donnée par la Cour.

Elle a confirmé les décisions de la chambre régionale en faisant observer que :

– dans son jugement du 15 janvier 1987, la CRC a clairement motivé sa décision en ce qui concerne la condamnation à l'amende, en soulignant le désordre avec lequel était tenue la comptabilité des opérations irrégulières et en précisant que MM. les comptables de fait ont partagé la responsabilité de cette situation et qu'il serait fait, dès lors, une exacte appréciation des circonstances de l'espèce en les condamnant, chacun à une amende de 4 000 F ;

– dans son jugement du 3 juin 1987, la même juridiction a estimé que, si les trois comptables de fait mis en cause faisaient valoir qu'ils avaient agi en toute bonne foi et pour le bien de la commune de Beaune, ces éléments n'étaient pas de nature à écarter l'application de l'amende pour ingérence dans des opérations publiques et a justement rappelé que ladite amende ne constituait aucunement une appréciation négative du comportement général de ceux qui en sont frappés ; pour ce qui concerne, par ailleurs, le motif allégué par le maire seul, celui-ci n'a pas contesté, par la voie de l'appel, le jugement du 15 janvier 1987 le déclarant comptable de fait et qu'il a, par la même, reconnu sa participation à la gestion de fait.

• CRC « Aquitaine », 12 juill. 1990, *Association « Comité d'organisation du festival international de musique, de danse et d'art dramatique de Bordeaux », dite « Mai musical de Bordeaux » ;* résumé du jugement :

L'accomplissement de ses missions par l'association, mise en place par la ville de Bordeaux pour l'organisation annuelle du « Mai musical », s'est très vite accompagné d'une mise en sommeil des instances statutaires de l'association au profit de l'intervention des autorités municipales qui ont exercé le pouvoir effectif au sein de l'association, notamment en la personne du maire, président de l'association.

La confusion des moyens d'action de l'association avec ceux de la ville (locaux, personnels), la part prépondérante des financements municipaux dans les ressources de l'association, ont conduits la CRC à s'interroger sur l'autonomie réelle de l'organisme et donc sur *sa transparence.* De surcroît, il a été mis en évidence que les régisseurs du théâtre et du musée municipal procédaient à l'encaissement matériel des recettes des diverses manifestations du « Mai musical » avant d'en remettre le produit à l'association. À l'occasion de ces encaissements, une confusion des recettes du « Mai musical » avec d'autres fonds municipaux a été constatée.

Problème juridique posé :

Tant par sa nature que par les conditions de son organisation, le festival du « Mai musical » ne constitue-t-il pas en fait un véritable service public municipal ? Dans ce cas :

– l'association chargée de la gestion de ce service doit elle être déclarée, à travers ses représentants et leurs agents, comptable de fait des deniers de la ville de Bordeaux du fait de sa transparence ?

– le reversement des recettes du « Mai musical » à l'association par les régisseurs municipaux constitue-t-il une extraction irrégulière de fonds publics, également constitutive d'une gestion de fait de la part desdits régisseurs et engageant la responsabilité pécuniaire et personnelle du comptable public chargé du contrôle des opérations ?

Solution donnée par la CRC :

L'association s'est ingérée sans titre dans le recouvrement et le maniement de fonds publics qui, sous le couvert d'un organisme privé dépourvu de toute autonomie, relevaient en fait de l'activité d'un service étroitement dépendant d'une collectivité publique locale.

Afin de rendre compte de l'emploi des fonds irrégulièrement détenus, l'association, prise en la personne de son président (maire de Bordeaux), du commissaire général du festival (directeur du théâtre municipal) et de ses préposés habilités à mouvementer ses comptes bancaires, est déclarée comptable de fait conjointement et solidairement avec les régisseurs de recettes municipaux ayant participé à l'extraction irrégulière des deniers publics.

Le comptable municipal s'est prêté à cette gestion occulte soit en n'exerçant pas les contrôles qui lui incombaient sur les comptes des régisseurs, soit en omettant de dénoncer les faits mis en évidence par ces contrôles contrairement à l'obligation qui lui en est faite par l'article 60-III de la loi du 23 février 1963. Il est donc responsable des opérations de la gestion de fait qu'il s'est ainsi appropriées.

Les comptes de l'association du « Mai musical » ont été produits accompagnés de la délibération du conseil municipal reconnaissant leur « utilité publique ».

Le juge des comptes après avoir rejeté les dépenses qui n'étaient pas appuyées par des pièces justificatives probantes (pour un montant de 156 702,64 F), a admis les recettes (68 673 516,01 F) et alloué les dépenses (66 871 693,95 F) de la gestion de fait. Le solde ayant été intégralement reversé par les gestionnaires de fait dans la caisse du receveur et les opérations irrégulières ayant cessé, les comptables de fait ont été déchargés et déclarés quittes de leur gestion, le comptable patent étant pour sa part déchargé des obligations nées de l'engagement de sa responsabilité.

La chambre n'a pas jugé utile de prononcer l'amende prévue par les loi du 31 décembre 1954 et du 23 février 1963 à l'encontre des comptables de fait.

La procédure n'a pas fait l'objet d'appel et s'est soldée par la dissolution de l'association et la reprise en gestion directe par la commune des activités concernées. (La décision de la chambre, dans cette affaire, a fait l'objet d'une réponse du ministre de l'Intérieur à une question parlementaire (*JO* Sénat Q. du 18 nov. 1990 ; et R. du 11 juill. 1991).)

• CRC « Aquitaine », 25 août 1988, *Commune de Haut-Maugo, Landes ;* résumé du jugement :

Les produits de la location d'immeubles municipaux étaient perçus directement par des conseillers municipaux sur instruction du maire. Les recettes et les dépenses réalisées avec ces produits étaient enregistrées sommairement sur des cahiers depuis 1978. Les pièces fournies en cours d'instruction ne suffisaient pas à justifier la totalité des dépenses.

Problème juridique posé :

Le maire et les conseillers municipaux ayant participé à ces opérations étaient dépourvus de titre légal les autorisant à recouvrer (et ne pouvaient en détenir en tant qu'ordonnateur) et à utiliser directement ou par personne interposée des recettes destinées à la commune ; ils se sont donc ingérés dans les fonctions de comptable des deniers communaux.

Solution donnée par la CRC :

Le maire et les quatre adjoints concernés ont été déclarés comptables de fait et il leur a été enjoint de produire un compte retraçant l'intégralité des recettes et des dépenses de la gestion irrégulière depuis 1978, d'apporter la preuve du reversement dans les caisses de la commune du reliquat de cette gestion et de produire une délibération du conseil municipal statuant sur l'utilité publique des dépenses alléguées.

L'amende fixée primitivement à 1 800 F pour le maire et trois des adjoints concernés a été maintenue seulement pour le maire en raison de son rôle particulièrement actif dans l'affaire. Une somme de 2 008,31 F n'ayant pas été reversée dans les délais fixés par le jugement, la chambre a déclaré les intéressés débiteurs solidairement et conjointement de cette somme par un nouveau jugement. Le débet a finalement été payé.

La requête en révision du jugement de l'une des personnes déclarées comptable de fait tendant à dégager sa responsabilité au motif qu'elle n'avait fait que transférer les fonds à la perception n'a pas été retenue par la CRC qui a considéré qu'il ne s'agissait pas d'une requête formulée selon les règles prescrites par l'article 21 du décret n° 83-224 du 22 mars 1983.

- CRC « Nord-Pas-de-Calais », 12 sept. 1989, *Commune de Condette ;* résumé du jugement :

M. L., secrétaire général de la commune, s'est immiscé dans le fonctions de comptable public en encaissant diverses recettes destinées à la collectivité (libéralités consenties par une société prestataire de services de la commune ; recettes pour la location d'un terrain de camping communal ; remboursements effectués par des compagnies d'assurances à raison de dommages occasionnés à la commune par des particuliers ; produits de concessions de cimetière ; recettes de cantine scolaire ; redevances d'utilisation de la salle des fêtes communale), sans qu'aucune régie n'ait été constituée à cet effet.

Problème juridique posé :

L'intéressé reconnaissait une partie de la gestion de fait mais l'instruction a révélé que les opérations frauduleuses étaient d'un montant beaucoup plus élevé. Il fallait donc « forcer » le compte en recettes à hauteur de ce qui était retenu par la chambre comme recettes publiques, alors que l'intéressé soutenait que certaines recettes avaient un caractère privé de libéralité. Il soutenait de plus, que les sommes reçues n'avaient fait que transiter sur son compte et avaient ensuite été utilisées pour payer des dépenses d'intérêt communal (déplacements des élus, voyages d'enfants, etc.).

Solution donnée par la chambre :

Toutes les recettes maniées ont été considérées comme fonds publics, y compris les libéralités versées par des entreprises ; mais seules ont été incluses les recettes dont le maniement a été prouvé par l'encaissement sur un compte bancaire. L'encaissement des recettes en espèces qui n'ont pu être prouvées a été écarté faute de preuves.

Les dépenses invoquées par le gestionnaire de fait n'étaient appuyées d'aucune pièce justificative.

En outre, le conseil municipal a refusé par deux fois de reconnaître l'utilité publique des dépenses. Ainsi, aucune dépense n'est venue diminuer le montant des recettes prises en compte et le montant du débet a été fixé à 45 499,10 F.

Prenant en considération le caractère frauduleux de la gestion de fait et compte tenu que toutes les recettes détournées n'avaient pu être retenues, faute de preuve, la Chambre a fixé l'amende à son niveau maximum, soit à 45 000 F.

La décision définitive a été déférée en appel. Le gestionnaire de fait contestant le montant des opérations, alléguait que la plus grande partie des recettes avait servi à alimenter une caisse noire.

La Cour a retenu cet argument mais justifié ainsi, de ce seul fait, que les recettes aient été incluses dans la gestion de fait. La Cour retient aussi l'intention de la partie versante pour justifier le caractère de fonds publics des sommes en cause et a confirmé le jugement de la CRC, sans toutefois se prononcer sur l'amende qui n'était pas expressément contestée.

• CRC « Haute-Normandie », 11 janv. 1989, *Commune de Fresnoy-Folny ;* résumé du jugement :

Une caisse noire, révélée par le trésorier payeur général, fonctionnait depuis douze ans à travers la succession des élus est caractérisée par :
– l'encaissement de recettes diverses, cantines scolaires, locations de salles, produit de la vente de matériaux ;
– paiements de travaux divers ; achats de denrées et fournitures.
La chambre a déclaré deux gestions de fait, au titre de la commune et au titre du BAS.

Problèmes juridiques posés :
– Caisse noire unique concernant deux entités administratives, la commune et le BAS.
– Peut-on inscrire au compte des recettes alléguées par le conseil municipal, mais dont la preuve n'est pas apportée ?
– Comment retracer au compte le produit des matériaux de démolition dont une partie a été vendue, l'autre partie récupérée par les gestionnaires de fait ?
– Dépenses inscrites au compte de gestion du CCAS rejeté par la commission administrative du CCAS, considérant qu'il s'agit d'une dépense communale. Mode de rectification des deux comptes.
– Illégalité des délibérations prises par les deux assemblées. (Les comptables de fait ont assisté à la séance et pris part au vote.)
– Destruction alléguée des justifications pour la période la plus ancienne. Non production d'un compte pour cette période mais seulement reversement d'un reliquat.
– Mode de rectification d'un compte dont la chambre a la preuve qu'il est inexact.

Solutions données par la CRC :
– Nécessité de produire deux comptes de gestion afin de rattacher les opérations irrégulières à deux organismes publics autonomes (Commune et CCAS) ; nécessité notamment de deux délibérations distinctes sur l'utilité publique des dépenses.
– Référence aux dispositions du code civil en matière de preuve (art. 1315). La chambre ne peut se contenter d'une évaluation. C'est le juge financier qui est compétent pour arrêter le compte. L'assemblée délibérante est consultée seulement sur l'utilité publique des dépenses figurant au compte et ne peut se substituer au juge pour modifier le compte.
– Inscription au compte du produit de la vente de matériaux. Non inscription des matériaux récupérés : le compte de gestion ne retrace que les opérations en numéraire, non les opérations matières.
– Rectification d'office des deux comptes par le juge ; délibération spéciale du conseil municipal sur l'utilité publique de la dépense transférée.
– Compte arrêté pour cette période au montant du solde. Amende plus importante au comptable de fait qui n'a pas présenté de compte de ses opérations et a détruit les pièces qui auraient permis de le reconstituer.
– Forcement du compte à concurrence des recettes omises.

6. Commentaire final

Ces différents exemples, extraits d'une abondante jurisprudence, montrent que le risque de gestion de fait est très présent, que la « qualité » de comptable de fait ne s'acquiert pas seulement par fraude ou par négligence, mais dans un grand nombre de cas, en toute bonne foi, alors que la décision est inspirée par les meilleures intentions.

Résumons les circonstances les plus courantes :

– encaissement direct de recettes, sans reçu, et (ou) règlement de dépenses sans passer par un régisseur ou le comptable public de la collectivité ;

– encaissement par un agent communal ou un élu de « remises » versées par un entrepreneur ou fournisseur ;

– détention sans titre, de recettes, même sans réutilisation corrélative des fonds, etc. ;

– recours à une association « transparente » ;

– émission de « mandats fictifs », en règlement de fausses factures ;

– versement de subventions fictives, dont la partie versante garde le contrôle ;

– versements d'avantages indus à des élus, des fonctionnaires locaux, ou des tiers.

L'absence d'intérêt personnel, fréquemment reconnu par le juge des comptes, la reconnaissance de « l'utilité publique » des dépenses incriminées, expliquent la marge d'appréciation reconnue au juge pour statuer sur la réintégration des opérations dans la caisse du comptable public et l'énoncé d'une sanction.

GROUPEMENT D'INTÉRÊT PUBLIC (GIP)

La loi 92-125 du 6 février 1992 (art. 133) institue deux nouvelles catégories de groupements d'intérêt public. Il s'agit, d'une part, du GIP ayant pour vocation le développement social et urbain et, d'autre part, le GIP de développement inter régional et transfrontalier.

L'article 133 autorise la participation des collectivités territoriales étrangères à condition qu'elles appartiennent à des états membres de la communauté européenne.

La loi vise d'une part la coopération transfrontalière, d'autre part la coopération interrégionale. La coopération transfrontalière implique une action de proximité entre des collectivités voisines de part et d'autre de la frontière ; la coopération interrégionale fait référence à la coopération entre régions françaises et étrangères de pays voisins sans qu'elles soient nécessairement limitrophes.

Le GIP peut être de caractère industriel, commercial ou professionnel ; sa gestion doit être désintéressée.

La participation des membres aux charges du groupement doit être évaluée de façon très précise dans la convention constitutive et préciser la participation financière et la mise à disposition de personnel ou de locaux et de matériel, par exemple.

L'instruction n° 94-093/MO du 8 août 1994 présente les dispositions de la circulaire interministérielle n° CD/1550 du 16 juin 1994 relative aux GIP de coopération interrégionale et transfrontalière (publiée au BOCP).

I

INÉLIGIBILITÉ. Voir *Gestion de fait, sanctions ;* ou encore *Responsabilité pénale personnelle, peines complémentaires.*

INDEMNITÉS. Voir *Fonction publique territoriale.*

INGÉRENCE (ou « prise illégale d'intérêt »). Voir *Responsabilité pénale personnelle des élus.*

INTÉRÊTS (taux). Voir *Emprunts.*

INTÉRÊT COMMUNAL (ou utilité publique de la dépense)

« Le conseil municipal règle par ses délibérations les affaires de la commune » (art. 121-26 du code des communes).

La notion d'intérêt communal (ou départemental) a pris un relief particulier depuis la décentralisation qui a vu nombre d'élus engager toutes sortes de dépenses somptuaires ou inutiles, parfois à des fins purement personnelles confondant la caisse publique avec leurs propres intérêts.

La sanction de l'illégalité de telles dépenses ne s'est pas faite attendre, les juridictions administratives dégageant la notion d'intérêt communal (ou d'utilité publique), par référence aux dispositions de l'article 121-26 du code des communes précité, comme équivalent à l'objet social d'un organisme (association ou société) privé, permettant de dégager une responsabilité pour *abus de biens sociaux.*

La jurisprudence des juridictions administratives ou financières, autant que les observations des chambres régionales des comptes nous en offrent d'innombrables exemples : ainsi, est-il conforme à « l'objet social » d'un Centre communal d'action sociale (CCAS) d'acheter un véhicule 205 GTI équipé d'un toit ouvrant, pneus thermogomme, peinture métallisée, d'un coût supérieur à 100 000 F ? (obs. CRC Nord-Pas-de-Calais, 21 sept. 1993, *Commune d'Outreau*).

Jurisprudence

• CE, 12 oct. 1990, *CCAS de Villeneuve-le-Roi, Commune de Villeneuve-le-Roi ;* résumé de l'arrêt :

Les faits :

Par délibération du 16 janvier 1987, le CCAS de Villeneuve-le-Roi a décidé d'accorder une aide financière d'urgence de 50 000 F au comité de solidarité et d'entraide des travailleurs en lutte. Par délibération du 30 janvier, le conseil municipal de Villeneuve-le-Roi a accordé une subvention de 50 000 F au CCAS de la ville, en vue de son versement au comité de solidarité et d'entraide des travailleurs en lutte.

Par deux jugements en date du 29 mai 1987, le tribunal administratif de Paris a annulé, sur déféré du préfet, les deux délibérations précitées. Le CCAS et la commune de Villeneuve-le-Roi ont fait appel.

Le problème juridique posé :

Le versement d'une aide financière à un organisme lié à l'une des parties impliquées dans un conflit social présente-t-il un « objet d'intérêt social », au sens des dispositions de l'article L 121-26 du code des communes ?

La solution donné par le Conseil d'État :

Le juge a rejeté la demande de ces collectivités. Il a considéré qu'il n'appartient ni au CCAS, ni à la commune d'intervenir dans un conflit du travail en apportant leur soutien financier aux grévistes, par le moyen d'une subvention à un organisme lié à cette partie :

> *« Considérant qu'il n'appartient ni au CCAS, chargé selon le code de la famille et de l'aide sociale d'animer une action générale de prévention et de développement social dans la commune, ni au conseil municipal chargé en vertu de l'article L 121-26 du code des communes de régler par ses délibérations les affaires de la commune, d'intervenir dans un conflit collectif de travail en apportant leur soutien financier à l'une des parties en litige par le moyen d'une subvention accordée à un organisme lié à cette partie ; qu'eu égard notamment aux termes des délibérations litigieuses et au fait que l'aide financière accordée n'était pas directement attribuée par le CCAS à des personnes se trouvant " dans le besoin ", lesdites délibérations ne sauraient être regardées comme répondant exclusivement à des préoccupations d'ordre social. »*

Cet arrêt ne fait que confirmer une jurisprudence bien établie en matière d'aide locale aux grévistes et à leur famille.

• CE, 12 oct. 1990, *Département du Val-de-Marne ;* résumé de l'arrêt :

Les faits :

Par délibération du 26 janvier 1987, le conseil général du Val-de-Marne a décidé, en premier lieu, d'attribuer aux cheminots grévistes pendant le conflit des mois de décembre 1986 et janvier 1987, un secours financier modulé selon la situation de famille de chacun des grévistes et la durée pendant laquelle il avait fait grève, en deuxième lieu, d'assurer aux familles des grévistes la gratuité des crèches départementales pendant la période de grève, en troisième lieu, de rembourser, dans la proportion de 20 %, les dépenses engagées par les communes du département au titre de la solidarité en faveur des cheminots grévistes, en quatrième lieu, de rembourser les collèges d'enseignement secondaire ayant accordé la gratuité des cantines aux enfants des grévistes.

Par jugement du 29 mai 1987, le tribunal administratif de Paris a, sur déféré du préfet, annulé cette délibération.

Le problème juridique posé :

Un département peut-il légalement :

– accorder une aide directe ou indirecte à des grévistes résidant dans le département, consistant à la fois en un secours financier versé à ceux-ci, en la gratuité temporaire des crèches départementales, et en remboursement aux familles des frais de cantine ?

– décider le remboursement aux communes d'un pourcentage de leurs dépenses « au titre de la solidarité aux grévistes », globalement entendues ?

La solution donnée par le juge :

Confirmation partielle du jugement du tribunal administratif.

Le soutien matériel apporté à des grévistes par une commune ou un département, n'est légal que s'il répond à un objet d'utilité communale ou départementale à caractère social et ne constitue pas une immixtion dans un conflit social du travail.

Respectent ce principe ainsi que celui d'égalité des citoyens, les aides consistant en un secours financier directement versé aux grévistes et la prise en charge de leurs frais de cantine ou de crèche durant la grève.

En revanche, en décidant le remboursement d'un pourcentage des dépenses engagées par les communes en faveur des grévistes, sans exclure celles qui constitueraient en fait une immixtion dans un conflit du travail et seraient par suite illégales, le département entache sa décision d'illégalité.

Cet arrêt complète la jurisprudence sur le respect par les collectivités locales du principe de spécialité dans les aides diverses qu'elles consentent à certaines catégories de personnes.

• CE, 12 oct. 1990, *CCAS d'Ivry-sur-Seine et Commune d'Ivry ;* résumé de l'arrêt :

Les faits :

Par délibération du 6 avril 1987, le CCAS d'Ivry a accordé aux familles touchées par les conflits sociaux des allocations pour un montant de 107 380 F. Par délibération du 30 avril, le conseil municipal d'Ivry a décidé de verser une subvention au CCAS en vue du versement d'une aide aux familles des grévistes.

Par deux jugements des 17 septembre et 22 octobre 1987, le tribunal administratif de Paris a annulé, à la demande du préfet, les deux délibérations précitées. CCAS et commune ont fait appel.

Le problème juridique posé :

L'allocation d'une aide financière à des familles de grévistes par un CCAS et une commune présente-t-elle un objet d'intérêt social et communal ?

La solution donnée par le juge :

Annulation des deux jugements du tribunal administratif de Paris.

Le juge a, en effet, estimé qu'en l'espèce, la commune d'Ivry et le CCAS en décidant de verser des secours financiers « aux familles touchées par les récents conflits sociaux en vue d'alléger leurs difficultés » ne se sont pas immiscés dans des conflits collectifs du travail mais ont entrepris, à des fins sociales, des actions présentant un objet d'utilité sociale et communale.

Cet arrêt n'est nullement en contradiction avec les précédents mais, au contraire, confirme une jurisprudence bien établie en matière d'aide aux grévistes et à leurs familles. L'aide aux grévistes par une commune ou un CCAS, n'est possible que si elle a une finalité sociale et revêt la forme d'une aide aux personnes accordée directement par la commune, le CCAS ou d'autres services publics communaux (crèches, cantines).

(Sur la question de l'utilité publique d'une dépense, on pourra se reporter à d'autres cas cités sous la rubrique *Gestion de fait* ainsi que sous la rubrique *Subventions* où on a pu voir, par exemple, la CRC « Rhône-Alpes » déclarer « gestionnaires de fait » tous les élus bénéficiaires des versements effectués par les différentes collectivités publiques aux différents groupes politiques représentés au sein des assemblées locales, après que le tribunal administratif de Lyon ait déclaré ces versements illégaux, en tant qu'ils étaient dépourvus de tout « intérêt communal ».

Seul le remboursement intégral des sommes litigieuses a permis à la chambre de lever la déclaration de gestion de fait, qui menaçait de frapper d'inéligibilité toute la classe politique de la région.)

INTÉRÊT LÉGAL

Le taux de l'intérêt légal est, en principe, égal au taux d'escompte de la Banque de France au 15 décembre de l'année précédente.

INTÉRÊTS DE RETARD

Les intérêts de retard sont des dommages-intérêts dus à raison du retard dans l'exécution d'une obligation de paiement d'une somme d'argent ; les intérêts de retard courent du jour où le débiteur a été mis en demeure d'acquitter sa dette ; les intérêts de retard se distinguent des *intérêts moratoires* qui sont une majoration des sommes dues a raison de l'exécution d'un marché, en cas de paiement tardif.

INTÉRÊTS MORATOIRES

Les intérêts moratoires sont constitués d'une majoration en pourcentage des sommes dues au titulaire d'un marché en cas de paiement tardif ; le délai de mandatement étant fixé à quarante-cinq jours, les intérêts sont immédiatement dus, sans qu'il soit besoin d'une demande du fournisseur ou de l'entrepreneur ; le préfet peut, si c'est nécessaire, mettre en demeure l'ordonnateur de la collectivité de mandater les intérêts dus ; à défaut, il procède d'office à ce mandatement ; une instruction ministérielle du 18 janvier 1988, adressée aux préfets, précise que les procédures « doivent impérativement être mises en œuvre lorsque sont réunies les conditions légales de leur application ».

Le taux et les modalités de calcul des intérêts moratoires sont fixés par arrêté du ministre de l'Économie. Le décret du 15 décembre 1992 relatif à la simplification du code des marchés a supprimé la référence au taux d'intérêt des obligations cautionnées (tel que prévu à l'ancien art. 181 du code des marchés – art. 182 nouveau).

L'article 182 fixe donc de nouvelles modalités de calcul du taux des intérêts moratoires. Un arrêté du 17 décembre 1993 du ministre de l'Économie et du ministre du Budget (*JO* du 23 déc. 1993), indique que le taux applicable est le taux de l'intérêt légal majoré de deux points. Les modalités de calcul demeurant inchangées, notamment les dispositions de l'arrêté du 17 janvier 1991.

S'agissant des intérêts moratoires applicables à des factures ou mémoires hors marché, la date d'application à retenir est la date d'entrée en vigueur de l'arrêté du 17 décembre 1993, soit le 24 décembre 1993. Les intérêts qui ont commencé à courir à compter de cette date seront calculés sur le taux de 12,40 (soit 10,40 taux de l'intérêt légal pour 1993 plus deux points). Les intérêts moratoires qui ont commencé à courir depuis le 1er janvier 1994 seront calculés sur le taux de 10,40 (soit 8,40 taux, de l'intérêt légal pour 1994, plus deux points).

(Si des ordonnateurs ont liquidé et mandaté des intérêts moratoires au taux de 12,40 en 1994, au lieu de 10,40, il n'y a pas lieu de faire procéder à régularisation par les comptables compte tenu de la date tardive de parution du décret fixant le nouveau taux de l'intérêt légal pour 1994 (Décret du 23 févr. 1994, *JO* du 23 févr.).)

Les juridictions financières observent que cette réglementation est, dans ses divers aspects, très mal appliquée ; souvent par la faute des entrepreneurs ou fournisseurs qui hésitent à réclamer les intérêts moratoires qui leur sont dus, par crainte d'être écartés de nouveaux marchés ; aussi la loi n° 94-679 du 8 août 1994 portant diverses dispositions d'ordre économique et financier (DDOEF) (*JO* du 10 août), a-t-elle prévue (art. 67), qu'à compter de la publication de la loi, les titulaires de marchés publics ne pourront plus renoncer à percevoir les intérêts moratoires qui leur sont dus lorsqu'une collectivité publique ne les paye pas dans les délais réglementaires.

Cette disposition est d'ordre public ; il ne peut y être dérogé contractuellement.

Observations des juridictions financières

- CRC « Midi-Pyrénées », 5 août 1993, *Département de la Haute-Garonne ;* extraits :

  « Sur les délais de paiement : les remarques sur les délais de mandatement que la chambre avait formulées à propos de la gestion du département de 1983 à 1985, restent justifiées en ce qui concerne les exercices 1986 à 1990. S'agissant de la voirie, les retards de mandatement (souvent imputables à l'intervention des subdivisions de l'Équipement et à l'absence d'interconnexion informatique entre ces unités et le conseil général) restaient très fréquents en 1990.
  À titre d'exemple, au premier trimestre 1990, pour le chapitre 901-10233 " voirie proprement dite ", 124 mandats ont été émis au total, mais 98 seulement dans le délai de quarante-cinq jours ; 26 mandats, soit 21 % de l'ensemble, ont été émis dans un délai allant de cinquante à cent quatorze jours. Les intérêts moratoires, obligatoires dans tous les cas, n'ont été liquidés et payés que sur 9 mandats tardifs.
  Des retards ont été relevés dans d'autres domaines, où la responsabilité des services extérieurs de l'État n'intervient pas. Ainsi, pour prendre un exemple parmi d'autres, l'insertion dans le journal *Le Monde* du 13 décembre 1989 de la publicité sur le concours d'architecte pour le nouvel Hôtel du Département, n'a-t-elle été payée que le 21 mars 1990 ? Elle a occasionné le versement de 596,46 F d'intérêts moratoires [...]. Trop souvent, la date de réception des factures ne figure nulle part, ce qui rend impossible le décompte du retard de mandatement. »

INTERVENTIONS ÉCONOMIQUES

Les interventions économiques des collectivités locales trouvent leur justification dans les dispositions combinées de l'article 4 de la loi n° 82-6 du 7 janvier 1982, des articles 5 (communes) et 48 (départements) de la loi n° 82-213 du 2 mars 1982 modifiée et de la loi 88-13 du 5 janvier 1988 (art. 9-I).

L'État a la responsabilité de la conduite de la politique économique et sociale, ainsi que de la défense de l'emploi. Néanmoins, sous réserve du respect de la liberté du commerce et de l'industrie, du principe de l'égalité des citoyens devant la loi ainsi que des règles de l'aménagement du territoire définies par la loi approuvant le Plan, la commune (ou le département) peut intervenir en matière économique et sociale, lorsque son intervention a pour objet de favoriser le développement économique local ou lorsque son intervention a pour but d'assurer le maintien des services nécessaires à la satisfaction des besoins de la population en milieu rural et que l'initiative privée est défaillante ou absente, ou encore lorsque la protection des intérêts économiques et sociaux de la population l'exige.

À cet effet, la collectivité peut accorder des aides directes ou indirectes à des personnes privées, sous réserve de la conclusion d'une convention avec le bénéficiaire de l'aide fixant les obligations de ce dernier ; elle peut aussi accorder, dans les mêmes conditions, les mêmes aides à des entreprises en difficulté, pour la mise en œuvre des mesures de redressement prévues.

La collectivité peut verser directement une aide économique à une entreprise du secteur privé ou utiliser un intermédiaire, qui la reversera à une entreprise. L'aide peut transiter par une autre collectivité locale ou par un organisme relais (chambre de commerce et d'industrie, par exemple). Elle peut prendre des formes diverses, par exemple : prêts et avances, bonifications d'intérêts, achat de bâtiments et de terrains aux entreprises en difficultés dans l'intention de les leur revendre ou de les leur donner en location ou location-vente, lorsque leur situation se sera redressée, garanties d'emprunts et cautionnements, fonds de garantie.

Sont toutefois exclues, sauf autorisation exceptionnelle donnée par décret ou dérogation accordée dans les conditions prévues par l'article 10 de la loi 88-13 du 5 anvier 1988, toutes participations dans le capital d'une société commerciale ou de tout autre organisme à but lucratif n'ayant pas pour objet d'exploiter les services communaux ou des activités d'intérêt général, dans les conditions prévues à l'article L 381-1 du code des communes.

Complémentaire de celle de l'État, l'action économique locale ne s'inscrit pas dans le cadre des transferts de compétence. Facultative, elle est financée par la collectivité sur ses ressources et à ses risques et périls. Les élus n'en ont pas toujours perçu immédiatement le danger. Soucieux de favoriser le développement économique de leur territoire ou d'assurer la protection des intérêts de la population, par la sauvegarde de l'emploi dans les entreprises locales en difficultés, ils ont profité de la possibilité qui leur était offerte par la loi pour se lancer, parfois imprudemment, dans une politique mal maîtrisée d'interventions de toutes natures, qui ont souvent mis en péril les finances locales et ne sont pas étrangères aux difficultés que certaines collectivités connaissent, ainsi que le montrent de nombreuses observations des juridictions financières.

USINES-RELAIS

Le décret n° 82-809 du 22 septembre 1982 a apporté d'utiles précisions sur les aides à l'achat ou à la location de bâtiments, accordées par les collectivités territoriales, leurs groupements ou les régions :

- *Art. 1er : « Les collectivités territoriales, leurs groupements ou les régions peuvent, seuls ou conjointement, acquérir des immeubles industriels existants et, afin d'en favoriser la réutilisation, les rétrocéder ou les louer, après rénovation, en accordant à l'entreprise acquéreur ou locataire un* rabais, *les collectivités prenant en charge au maximum la différence entre le prix de revient après rénovation et le prix correspondant aux conditions du marché. »*
- *Art. 2 : « En sus de l'aide accordée en vertu de l'article précédent, dans les zones énumérées à l'annexe I du décret du 6 mai 1982, et afin de favoriser la création ou l'extension d'activités économiques, les collectivités territoriales, leurs groupements ou les régions peuvent, seuls ou conjointement, accorder des rabais sur le prix de vente ou de location des immeubles qu'elles cèdent ou louent aux entreprises, dans la limite de 25 % de la valeur vénale des bâtiments ou des loyers correspondants à cette valeur évaluée aux conditions du marché. »*

Recensement annuel

Les aides des collectivités locales en matière économique font chaque année l'objet d'un recensement de la part de la Direction de la comptabilité publique qui répondent aux critères suivants :

– être versées par une commune de plus de 5 000 habitants, un département, une région ou un groupement de ces collectivités ;

– être destinées en dernier ressort à des entreprises du secteur privé ;

– avoir une finalité économique ;

– être effectivement réalisées, ce qui exclut les rabais sur les prix de ventes de terrains ou bâtiments réalisés en dessous du prix du marché ou de leur prix de revient.

Sur ces bases, le dernier recensement connu (Interventions économiques de l'année 1992) fait ressortir une diminution globale des interventions économiques des collectivités locales de 3,1 % par rapport à 1991. Ces aides s'élèvent à 13,3 milliards de francs pour 1992, contre 13,7 en 1991. Le secteur « Industrie-Commerce-Artisannat » (47,4 %) et « Tourisme » (7,6 %) sont les principaux bénéficiaires de ces aides qui affichent une croissance constante ; tandis que les aides au « logement » (moins 21,4 %) et au « BTP » (moins 33 %) s'inscrivent en régression, tout comme les aides à l'agriculture (moins 4,5 %).

Les aides directes représentent 76 % de ces interventions. Les garanties d'emprunt et cautionnements accordés en 1992 (23,2 milliards de francs) sont en nette croissance et concernent principalement le logement.

Logement social

Jusqu'ici domaine de compétence nationale, le logement social devient un domaine de compétence partagée avec les collectivités territoriales. La loi du 6 février 1992, dite « D'orientation relative à l'administration territoriale de la république » (art. 71 et 72), permet aux communautés de communes et aux communautés de villes d'exercer des compétences relevant de la « politique du logement et cadre de vie », d'une part, et de la « politique du logement et actions de réhabilitation », d'autre part.

Ces collectivités disposent à cet effet de moyens d'action importants : garantie des prêts sans limitation en faveur « des opérations de construction, d'acquisition ou d'amélioration de logements bénéficiant d'une subvention de l'État ou réalisés avec le bénéfice des prêts aidés par l'État » (loi du 5 janv. 1988, art. 10, modifiant l'art. 6 de la loi du 2 mars 1982) ; avantages fonciers (cessions gratuites de terrains, bail emphytéotique, bail à construction) ; subventions d'investissement en complément des financements traditionnels du logement locatif social (PLA, PALULOS) ; subventions de fonctionnement au fond de solidarité pour le logement destiné à compenser les impayés de loyer ou de mensualités d'accession à la propriété des ménages en difficulté ; avances de trésorerie gratuites ou à bas taux aux offices d'HLM en difficulté ; aides fiscales sous forme d'exonération de taxes ; etc.

L'encours des garanties au 31 décembre 1992 (256,3 milliards de francs), accordées à ce secteur, se répartit entre les communes (46 %) et les départements (54 %).

Sociétés de développement régional (SDR)
(décret du 30 juin 1955)

Les SDR sont des établissements de crédit au sens de la loi n° 84-86 du 24 janvier 1984, dite loi bancaire ; l'activité de ces sociétés est essentiellement orientée vers les PME ; elles peuvent cependant aussi participer à des opérations de financement des activités des SEM locales pour soutenir le développement économique et social régional ; ainsi, les SDR sont appelées à jouer un certain rôle dans l'aménagement du territoire.

Mais, aujourd'hui, toutes les SDR connaissent des difficultés qui conduisent les banques actionnaires à renforcer leurs participations au capital au détriment de la participation des actionnaires publics (les régions) et privés (voir sous-rubrique *Sociétés d'économie mixte*, l'observation de la CRC « Aquitaine » en date du 8 janvier 1993, *SEM de la piscine d'Andernos*).

(Pour les interventions économiques, voir aussi, sous *Sociétés d'économie mixte locales,* l'arrêt du Conseil d'État du 17 janv. 1994, *Commune d'Allos,* ainsi que la circulaire du ministre de l'Intérieur du 7 mars 1994, justifiée par cet arrêt.)

Observations des juridictions financières

• CRC « Provence-Alpes-Côte d'Azur », 19 oct. 1993, *Commune de Tarascon ;* extraits :

Interventions économiques :

« Le 6 août 1986, le conseil municipal décida d'accorder une avance de 3 MF à la société GCI, sise à Paris, dirigée par M. B. Celui-ci souhaitait en effet compléter son activité d'importation de matériels destinés à la réception d'émissions télévisées par satellites, par une activité de fabrication qu'il envisageait d'installer à Tarascon. Cette avance, remboursable en douze ans avec un différé de quatre ans, fit l'objet d'un premier mandat le 8 août 1986 d'un montant de 1 MF et d'un deuxième de 2 MF le 6 octobre 1986. Le 26 janvier 1987, le conseil municipal approuvait la convention liant GCI à la commune.

Cette convention prévoyait que la commune prenait une " inscription de privilège conservatoire afin de préserver l'intérêt public en cas de cession du fonds de commerce ". En fait, la garantie apportée à la commune de Tarascon allait se matérialiser par une convention de nantissement d'un fonds de commerce exploité à Nogent-sur-Seine par M. B. ainsi que la caution solidaire d'une (autre) société : GCII (Nogent), appartenant également à M. B. Le 18 avril 1988, un huissier constatait à la requête de sept salariés de GCI que les locaux de l'entreprise étaient totalement vides. L'ensemble des machines et du mobilier avaient été déménagés dans la nuit. Selon la mairie, M. B. se serait enfui de France avec l'argent de la société.

Cette opération appelle, aux yeux de la chambre, les remarques suivantes :

1. Le versement de la subvention a été quelque peu précipité puisque le premier mandat a été émis deux jours seulement après la délibération du conseil municipal. En outre, le versement du solde est intervenu avant même la signature de la convention et la matérialisation des garanties [...]. La chambre note (quelles que soient les explications fournies par le maire) que la légèreté de la commune dans cette affaire s'est poursuivie après la constatation des agissements de M. B., en dehors donc du contexte d'urgence, puisque la ville n'a pas porté plainte à l'encontre de M. B. et n'a pas produit auprès du syndic de la société ayant bénéficié de l'avance.

2. Le plan de financement tel qu'il ressort d'un dossier instruit par l'ANVAR prévoyait, outre l'avance de la commune, un prêt du Crédit agricole, une aide de l'ANVAR et des apports successifs en fonds propres de la part de l'actionnaire (1,5 MF en compte courant, par an, de 1986 à 1989, soit 6 MF au total). Il est donc pour le moins surprenant que la commune n'ait pas subordonné son inter-

vention à la confirmation des autres financements et singulièrement à celle d'un premier apport en fonds propres.

3. Le nantissement du fonds de commerce offert en garantie a été demandé par la ville sans prendre la précaution de vérifier sa valeur qui se révélera nulle. »

- CRC « Ile-de-France », 30 déc. 1993, *Commune de Champcueil, Essonne ;* extraits :

« Le centre médical : la commune a construit un bâtiment à usage de centre médical qui a ensuite fait l'objet d'une convention de *location-vente* passée avec une société civile immobilière composée de deux médecins.

1. La construction du centre médical : Les travaux ont débuté en 1988 et le gros œuvre était terminé en mars 1989, comme l'attestent (le maire et diverses factures). Le permis de construire a été demandé le 5 juillet 1989, soit la veille de la demande d'ouverture de chantier et de la déclaration concomitante d'achèvement des travaux. L'édification du centre médical a donc été entreprise sans l'obtention préalable du permis de construire imposée par l'article L 421-1 du code de l'urbanisme. La méconnaissance de cette obligation constitue un délit en application de l'article L 480-4 du même code. Le terrain sur lequel a été essentiellement construit le bâtiment, appartenait aux copropriétaires de l'ensemble immobilier réalisé par la société anonyme d'HLM " La propriété familiale de l'Ile-de-France – La maison pour tous ". Le syndicat des copropriétaires, réuni le 19 avril 1988 en assemblée générale, a voté le principe de la vente de ce terrain au prix symbolique de un franc. Le transfert de propriété a été réalisé par acte notarié en date du 22 janvier 1992.
Ainsi, la commune a construit le centre médical sur un terrain dont elle n'est devenue propriétaire que plus d'un an après l'achèvement des travaux [...].

2. La *location-vente* du centre médical : la volonté première de la municipalité, exposée par le maire dans sa réponse à la chambre, était de construire le centre médical en fonction des besoins des utilisateurs puis de le leur vendre. Mais en fonction des errements de la municipalité évoqués ci-dessus, les praticiens intéressés " refuseront d'investir de l'argent dans cette construction et préféreront louer les locaux... ". C'est pour cette raison que, par une délibération du 29 mars 1990, le conseil municipal a autorisé le maire à passer avec la SCI " KLG Immobilière médicale " une convention de location du centre médical avec promesse unilatérale de vente. Cette convention a été signée le 13 avril 1990.
Par cette convention, prise en application de la loi n° 66-455 du 2 juillet 1966 sur le *crédit-bail,* la commune s'est engagée unilatéralement à vendre à la SCI (susnommée) le centre médical au prix de un franc symbolique à l'issue de quinze années de location. Mais à partir de la deuxième année de location, la SCI peut lever par anticipation la promesse de vente. Elle peut inversement, après cinq années, mettre fin à la location et renoncer à l'achat de l'immeuble moyennant une indemnité à payer au bailleur.
La chambre constate que cette convention contient deux risques potentiels pour la commune : le non-paiement des loyers et la résiliation du contrat par le locataire. En effet, dans ce dernier cas, après avoir construit un bâtiment adapté aux besoins spécifiques des occupants, la commune aurait alors à supporter, pendant une durée pouvant aller jusqu'à dix ans, les annuités restant dues de l'emprunt contracté pour financer la construction, avec pour seule contrepartie directe, la perception d'une indemnité au plus égale à deux années de loyer.
La chambre relève, enfin, que la délibération précitée du 29 mars 1990, à laquelle a participé M. K., maire adjoint et cogérant de la SCI KLIM, aurait pu faire l'objet d'un recours devant la juridiction administrative, puisque l'article L 121-35 du

code des communes dispose que sont illégales les délibérations auxquelles ont pris part des membres du conseil municipal intéressés à l'affaire qui en a fait l'objet. »

- CRC « Pays de Loire », 2 août 1993, *Commune de Saint-Jean-de-Monts ;* extraits :

« Intervention de la commune en faveur d'une entreprise de thalassothérapie située sur son territoire : la réglementation n'autorisait pas en l'espèce la commune ni le conseil général, prêt à favoriser cette activité, à verser une aide directe aux entreprises intéressées. Un montage juridique a été cependant mis en place. La commune a sollicité et obtenu du département de la Vendée un prêt de 2 millions de francs destiné à " ses installations " de thalassothérapie.
La commune ne possédant pas d'installations de l'espèce, il a été décidé de faire comme si une partie de la construction, effectuée par un groupement d'intérêts privés, le GIE des plages de Monts, était en fait une réalisation communale. Un protocole a qualifié la commune de maître d'ouvrage pour la construction d'une piscine dans l'ensemble immobilier en construction visant à étendre les capacités du centre de thalassothérapie. Cet ouvrage, pris en charge par la commune, d'un coût exact de 2 millions de francs, a été ensuite rétrocédé à l'utilisateur, moyennant une somme égale aux remboursements dus au conseil général du chef de l'emprunt de 2 millions consenti à la commune.
Ce montage appelle plusieurs critiques : la collectivité ne pouvait prétendre à la qualité de maître d'ouvrage. Elle n'est pas propriétaire des terrains, les installations qui lui sont théoriquement confiées sont indissociables d'un ensemble de thalassothérapie dont elle n'a défini le programme, ni vérifié le projet, ni contrôlé l'exécution. Ainsi, aucune des prérogatives du maître d'ouvrage n'a été exercée en fait.
Ensuite, le prêt a été consenti au taux de 1 % par le département pour les installations de thalassothérapie de Saint-Jean-de-Monts. Or, la commune ne possède pas d'installations de l'espèce et elle ne pouvait réglementairement rétrocéder le prêt à un tiers.
L'avantage pour le bénéficiaire, par rapport au taux moyen du marché financier, pourra être estimé en francs courants à 2 millions de francs au terme des quinze années de l'emprunt. »

- CRC « Ile-de-France », 2 déc. 1993, *Département du Val-d'Oise c/ Construction du Centre d'enseignement supérieur privé Saint-Louis ;* extraits :

« Dans le protocole d'accord conclu en 1990, le département s'était engagé à conférer la jouissance des bâtiments construits à l'association du Centre polytechnique Saint-Louis, à titre gratuit, sous forme de *prêt à usage* [...].
Une promesse de prêt à usage, conformément aux articles 1875 et suivants du code civil, a donc été conclue le 27 septembre 1991, entre le département et l'association... la mise à disposition des bâtiments devant être suivie d'une réitération de ce prêt par acte authentique [...]. L'association bénéficie donc, sans charge de location, d'un équipement coûteux et de grande qualité. »

- CRC « Alsace », 27 mai 1993, *Commune de Marmoutier ;* extraits :

« Les ateliers-relais : il a déjà été mentionné que si le remboursement des prêts contractés par la commune pour les ateliers-relais est logiquement couvert, à due concurrence, par le produit des loyers perçus, il n'en va pas toujours ainsi dans les faits.
L'entreprise Alcar, qui occupait le premier atelier-relais, construit en janvier 1989, a ainsi dû déposer son bilan à la fin de l'année 1991, sans avoir honoré une dette

de loyer de 355 000 F HT. La société Alcar-Industrie, qui a repris, dans une conjoncture difficile, la même activité de carrosserie, dans les mêmes locaux, reste devoir à la commune une somme totale de 453 000 F HT, relative à plus d'un an de location.
Le second atelier-relais, qui vient d'être reloué depuis février 1993, était vacant depuis août 1992. Dans la période antérieure et malgré des modalités, on le verra, peu satisfaisantes sur le plan juridique, les loyers ont été perçus. Quant au troisième atelier-relais, édifié en 1992, il donne bien lieu au bénéfice de la commune à paiement d'un loyer, mais d'un montant insuffisant au regard des emprunts contractés.
Globalement toutefois et au regard des emploi créés (plus d'une centaine), la situation apparaît, au moins provisoirement stabilisée, du point de vue du risque financier encouru par la commune. Il importe de conforter cette situation par une meilleure maîtrise sur le plan juridique des dossiers. »

Jurisprudence

- CE, 11 juill. 1991, *Préfet de la Haute-Saône ;* résumé de l'arrêt :

Les faits :

Le conseil général de la Haute-Saône a, par délibération du 1er octobre 1984, décidé d'accorder une prime et une bonification d'intérêt pour l'aménagement d'un complexe hôtelier au château de la commune de Pin.

Par jugement du 15 mai 1985, le tribunal administratif de Besançon a rejeté le déféré du préfet, tendant à l'annulation de cette délibération. Le préfet a fait appel.

Le problème juridique posé :

Les aides consenties par le département étaient-elles légales, alors même qu'elles ne venaient pas en complément d'une aide régionale ?

La solution donnée par le juge :

Rejet de l'appel.

Le Conseil d'État a admis, comme l'avait fait le premier juge, la légalité des aides accordées par la délibération litigieuse, considérant qu'elles rentraient bien dans le cadre de l'aide à l'équipement rural régie par les articles 31 et 107 de la loi du 7 janvier 1983, aide qui reste distincte de l'aide au développement économique pour laquelle, en vertu des dispositions combinées des articles 48 de la loi du 2 mars 1982 et 4 et 5 de la loi du 7 janvier 1983, les départements ne peuvent avoir qu'un rôle complémentaire de celui de la région.

Le Conseil d'État a jugé, en outre, que l'octroi des aides à l'équipement rural n'était pas subordonné à l'élaboration préalable du programme que prévoit l'article 31 de la loi du 7 janvier 1983 :

> *« Considérant qu'il résulte néanmoins de l'article 31 de la loi du 7 janvier 1983 relative à la répartition des compétences entre les communes, les départements, les régions et l'État qu'il appartient au département d'établir un programme d'aide à l'équipement rural au vu notamment des propositions des communes intéressées ; qu'en outre l'article 107 de la même loi du 7 janvier 1983, modifiée par celle du 24 décembre 1983 prévoit que les attributions reçues au titre de la seconde part de la dotation globale d'équipement instituée par l'article 103 de la loi du 2 mars 1982, " sont utilisées par le département soit pour réaliser des travaux d'équipement rural et d'aménagement foncier, soit pour subventionner les différents maîtres d'ouvrage qui réalisent des opérations de même nature " ; qu'il résulte de ce qui précède que les aides accordées dans le cadre des dispo-*

sitions de l'article 31 de la loi du 7 janvier 1983 n'ont pas à intervenir en complément d'aides régionales ni à respecter les règles fixées notamment par le décret du 22 septembre 1982 pris pour l'application de la loi du 2 mars 1982 ;
« Considérant qu'il résulte des dispositions du décret du 16 février 1984 relatif à la dotation globale d'équipement des départements et portant répartition de cette dotation pour l'année 1984, qu'au nombre des travaux d'équipement rural doivent être comptés les travaux de création et de modernisation d'hôtels dans les communes rurales ; que, par suite, et alors que le caractère rural de la commune de Pin n'est pas contesté, le préfet, commissaire de la République du département de Haute-Saône, n'est pas fondé à soutenir que le département ne pouvait légalement financer les travaux de réalisation d'un complexe hôtelier dans la commune de Pin dans le cadre des dispositions de l'article 31 de la loi du 7 janvier 1983. »

Cet arrêt rappelle la coexistence du régime de droit commun des aides directes au développement économique dans lequel la région a un rôle de pilote et du régime de l'aide à l'équipement rural dans lequel c'est, au contraire, le département qui est la collectivité chargée tant de la conception d'ensemble, à partir des propositions des communes, du programme d'aide, que de son financement sur la deuxième partie de la dotation globale d'équipement.

Cet arrêt précise, en outre, que l'existence de ce programme n'est pas une condition préalable à l'octroi des aides, dès lors que celles-ci sont destinées à des opérations au nombre de celles que prévoit le décret du 16 février 1984 relatif à l'emploi de la dotation globale d'équipement.

• CE, 18 nov. 1991, *Département des Alpes-Maritimes c/ Association « Agriculture 06 » ;* résumé de l'arrêt :

Les faits :

Le conseil général des Alpes-Maritimes a, par deux délibérations en date du 3 juin 1983 et 6 décembre 1985, attribué une subvention de 2 700 000 F et ouvert un crédit de 4 425 300 F à l'association « Agriculture 06 » pour la mise en œuvre d'un plan pluriannuel d'orientation de l'agriculture locale, devant contribuer à la valorisation et à l'accroissement de certaines activités d'élevage et de culture maraîchère et horticole par des actions de formation, d'information et d'assistance technique et financière des entreprises du secteur.

Le tribunal administratif de Nice a, par deux jugements du 11 septembre 1985 et du 9 décembre 1986, annulé les délibérations litigieuses. Le conseil général a fait appel.

Le problème juridique posé :

Les aides accordées respectaient-elles le cadre légal qui régit les interventions économiques des collectivités locales ?

La solution donnée par le juge :

Rejet de l'appel.

Le Conseil d'État a jugé que les aides litigieuses constituaient, compte tenu des objectifs du programme auquel elles correspondaient, des actions de politique agricole au sens du dernier alinéa de l'article 4 de la loi du 7 janvier 1982 approuvant le plan intérimaire 1982/1983, auquel renvoie l'article 48-I de la loi du 2 mars 1982. Par suite, elles ne pouvaient être accordées que dans le cadre d'une convention conclue préalablement entre l'État et le Département, en fixant les modalités comme le prévoit l'article 4 de cette loi :

« Considérant que par sa délibération du 3 juin 1993 et par celle du 6 décembre 1985, le Conseil général du département des Alpes-Maritimes a voté divers crédits pour permettre l'exécution par cette collectivité d'un plan d'orientation de l'agri-

culture locale, qui devait contribuer, en conformité avec les objectifs de la politique agricole nationale, à la valorisation et à l'accroissement de la compétitivité des activités d'élevage en montagne, et des activités de culture maraîchère et horticole dans les secteurs du littoral, par la mise en œuvre d'actions de formation, d'information et d'assistance technique et financière en faveur des entreprises des secteurs agricoles concernés ; que ce programme d'orientation défini pour une période de plusieurs années doit, compte tenu de ses objectifs, s'analyser en actions de politique agricole d'intérêt local, au sens des dispositions du dernier alinéa de l'article 4 ci-dessus rappelées de la loi du 7 janvier 1982 qui n'auraient pu, en vertu des mêmes dispositions être entreprises que dans le cadre d'une convention que le département devait conclure avec l'État pour fixer les modalités des aides qu'il pouvait consentir ; que faute d'avoir été précédées d'une telle convention, les délibération susmentionnées du 3 juin 1983 et du 6 décembre 1985 sont entachées d'illégalité et que, dès lors, le département des Alpes-Maritimes n'est pas fondé à soutenir que c'est à tort que, par les jugements attaqués, le tribunal administratif de Nice a annulé ces deux délibérations. »

Cet arrêt rappelle que l'intervention économique des collectivités locales est très strictement encadrée, tant pour ses objectifs que pour les modalités de son exercice. Il fournit, en outre, des éléments de définition de la notion d'action de politique agricole au sens de la loi du 7 janvier 1982.

INVESTISSEMENTS. Voir *Finances locales.*

J

JURIDICTIONS ADMINISTRATIVES

Le contentieux administratif relève des juridictions administratives, sous réserve du contentieux de la *voie de fait* (voir cette rubrique) qui relève du juge judiciaire. La juridiction administrative comporte trois niveaux, constitués par les tribunaux administratifs, les cours administratives d'appel et le Conseil d'État.

TRIBUNAL ADMINISTRATIF

Les tribunaux administratifs (au nombre de 34) sont, en premier ressort et sous réserve d'appel, juges de droit commun du contentieux administratif.

Sauf en matière de travaux publics, le tribunal administratif ne peut être saisi que par voie de recours formé contre une décision, et ce, dans le délai de deux mois à partir de la notification ou de la publication de la décision attaquée.

COUR ADMINISTRATIVE D'APPEL

Créées par la loi n° 87-1127 du 31 décembre 1987 les cinq cours administratives d'appel (Paris, Lyon, Bordeaux, Nancy et Nantes) sont compétentes pour statuer sur les appels formés contre les jugements des tribunaux administratifs, à l'exception de ceux portant sur les recours en appréciation de légalité, sur les litiges relatifs aux élections municipales et cantonales et sur les recours pour excès de pouvoir formés contre les actes réglementaires.

La cour administrative d'appel territorialement compétente pour connaître d'un appel formé contre un jugement d'un tribunal administratif est celle dans le ressort de laquelle a son siège ce tribunal.

Les arrêts rendus par les cours administratives d'appel peuvent être déférés au Conseil d'État par voie de recours en cassation.

CONSEIL D'ÉTAT

Statuant au contentieux, le Conseil d'État est juge de droit commun en matière administrative ; il statue souverainement sur les recours en annulation pour excès de pouvoir formés contre les actes des différentes autorités administratives ; il est juge d'appel des décisions rendues par les juridictions administratives de premier ressort ; il connaît des recours en cassation dirigés contre des décisions des juridictions administratives rendues en dernier ressort.

Le Conseil d'État est également juge de cassation des décisions juridictionnelles de la Cour des comptes.

D'une façon générale les recours en cassation sur les actes juridictionnels de la Cour des comptes ne posent pas de problèmes et sont, d'ailleurs, rares. En revanche, la Haute Assemblée exerce aussi un contrôle (d'ailleurs très contesté), sur les actes relevant de la compétence administrative de la Cour des comptes (CE 12 févr. 1993, *Affaire FR3-Mme Gaillard ;* extraits) :

> « *Considérant que la presse quotidienne des 28 et 29 mai 1986 a publié des informations présentées comme provenant d'un rapport provisoire de la Cour des comptes relatif à la gestion de la société FR3 mettant en cause Mme Anne Gaillard ; que celle-ci a demandé à la Cour des comptes de recevoir ses observations, de les annexer au rapport litigieux et de supprimer dans ce rapport un passage qu'elle jugeait injurieux, outrageant et diffamatoire ; qu'elle sollicite l'annulation de la décision implicite de rejet résultant du silence gardé sur sa demande ;*
>
> *Considérant qu'en vertu des dispositions de l'article 6 bis de la loi du 22 juin 1967 susvisée " la Cour des comptes assure la vérification des comptes et de la gestion des établissements publics de l'État à caractère industriel et commercial, des entreprises nationales, des sociétés d'économie mixte ou des société anonymes dans lesquelles l'État possède la majorité du capital " ; que l'avant dernier alinéa de l'article 9 et le deuxième alinéa de l'article 12 de ladite loi prévoient que " la Cour des comptes prend toutes dispositions pour garantir le secret de ses investigations ", et qu'à la suite du contrôle d'une entreprise publique " la Cour des comptes adresse aux ministres intéressés un rapport particulier dans lequel elle expose ses observations sur les comptes, l'activité, la gestion et les résultats de l'entreprise. Elle y exprime notamment son avis sur la qualité de la gestion de celle-ci, ainsi que sur la régularité et la sincérité des comptes et propose, le cas échéant, les redressements qu'elle estime devoir leur être apportés " ;*
>
> *qu'enfin l'article 37 du décret du 11 février 1985 susvisé dispose : " Les constatations relevées par la Cour lors de ses contrôles sont portées, dans le respect des dispositions du dernier alinéa de l'article 9 de la loi du 22 juin 1967 susvisée, à la connaissance des dirigeants de l'organisme et des ministres de tutelle, ainsi que, le cas échéant, du chef de la mission de contrôle ou du contrôleur d'État afin qu'ils puissent faire connaître, dans le délai d'un mois qui suit cette communication, leurs observations écrites. La Cour peut procéder à des auditions soit de sa propre initiative, soit à la demande des ministres de tutelle ou des dirigeants de l'organisme. Les représentants des autorités de tutelle sont entendus par la Cour lorsque l'action de ces autorités est mise en cause par les dirigeants de l'organisme dans leurs réponses écrites ou lors de leur audition.*
>
> *À l'expiration du délai précité d'un mois et après avoir éventuellement procédé aux auditions, la Cour statue définitivement. Les conclusions arrêtées par la Cour sont consignées dans le rapport particulier prévu par le deuxième alinéa de l'article 12 de la loi du 22 juin 1967 susvisée sous réserve des dispositions législatives et réglementaires applicables en matière de secret " ;*
>
> *Considérant qu'il appartient à la Cour des comptes, dans l'exercice des pouvoirs que la loi lui confère pour la vérification des comptes et de la gestion des entreprises publiques, de se faire communiquer tous documents de quelque nature que ce soit, et toutes informations utiles, et d'établir des rapports provisoires ou intermédiaires qui, avant qu'ils soient soumis à un examen contradictoire et arrêtés en vue de leur transmission aux ministres et aux autorités administratives compétentes, ont le caractère de documents d'ordre interne ne pouvant faire l'objet d'autres commu-*

nications que celles qui sont prévues par les textes précités ; que cependant la divulgation de tout ou partie de ces rapports rend tout intéressé recevable à demander à connaître les mentions le mettant en cause, à en contester l'exactitude et à en demander, le cas échéant, la suppression ;
Considérant que le ministre de l'Economie et des Finances, auquel la requête a été communiquée, s'est abstenu d'y répondre en dépit des mises en demeure qui lui ont été adressées ; qu'il y a lieu, dès lors, de regarder comme établies les allégations de la requête relatives à l'existence et au contenu des passages mettant en cause Mme Anne Gaillard dans le rapport provisoire de la Cour des comptes relatif à la gestion de FR3 ; que ces informations ayant été divulguées, Mme Anne Gaillard était fondée à demander à la Cour des comptes de recevoir ses observations en vue de les joindre audit rapport provisoire ; que, par suite, la décision implicite de rejet opposée à sa demande doit, dans cette mesure, être annulée ;
Considérant en revanche que, eu égard à la teneur des parties divulguées du rapport provisoire et à la faculté qui est reconnue à la requérante par la présente décision de faire valoir ses observations devant la Cour des comptes, Mme Gaillard n'est pas fondée à demander l'annulation de la décision attaquée en tant qu'elle refuse la suppression d'un passage dans ledit rapport provisoire. »

Cet arrêt est intéressant en ce qu'il peut être relié à la question posée par ailleurs, relative à la possibilité d'exercer un recours contre les lettres d'observations définitives des chambres régionales des comptes, en tant que celles-ci peuvent faire grief (voir la rubrique *Chambres régionales des comptes,* Nature juridique des LOD).

Une personne mise en cause par une juridiction financière, en dehors d'un acte juridictionnel, est-elle fondée à demander au Conseil d'État que ses observations soient jointes au rapport de la juridiction la mettant en cause, soit, même, la suppression ou au moins la rectification des parties jugées diffamatoires et, en cas de refus de la juridiction, l'annulation du rapport incriminé ?

Le Conseil d'État, dans l'arrêt cité, apporte un commencement de réponse et en fournit les limites : il faut que les informations faisant grief, contenues dans des documents intermédiaires, non destinés à être rendus publics, aient été divulguées par la presse et que l'intéressé se soit vu opposer un refus (même implicite) d'y répondre.
Cette jurisprudence ne serait-elle pas applicable aux observations provisoires des chambres régionales des comptes ?

Procédure devant le juge administratif

La requête ne peut porter que sur une décision dont la légalité est contestée ou faisant grief. Il ne peut y avoir de recours contre des documents non opposables.
– S'il n'y a pas de décision, il faut la provoquer : il est nécessaire alors de faire une demande préalable précise auprès de l'administration concernée (demande d'annulation d'une mesure, demande d'indemnisation chiffrée, etc.).
– Si l'administration rejette la demande de façon expresse, c'est la décision de rejet qui doit être attaquée.
– Si l'administration ne répond pas, son silence observé pendant quatre mois, constitue une décision implicite de rejet que l'on peut déférer au juge.
Les intéressés disposent, pour se pourvoir contre cette décision implicite, d'un délai de deux mois à compter du jour de l'expiration de la période de quatre mois susmentionnée. Néanmoins, lorsqu'une décision explicite de rejet intervient dans ce délai de deux mois, elle fait à nouveau courir le délai du pourvoi.

Il existe aussi des délais particuliers dits « de distance » si l'on est dans un département ou territoire d'outre-mer (trois mois), ou à l'étranger (quatre mois). Mais en matière électorale, par contre, les délais sont plus courts (cinq jours pour contester une élection municipale ou cantonale).

On peut aussi faire valoir une situation d'urgence ; deux procédures existent à cet effet pour obtenir une décision rapide :

– la procédure de référé consiste à demander au président du tribunal administratif la désignation d'un expert ou le versement d'une provision sur des sommes dues ou la prise de mesures conservatoires ;

– la procédure du sursis à exécution tendant à obtenir la suspension de l'application d'une mesure administrative lorsque certaines conditions sont satisfaites.

Ces deux actions obéissent à des conditions d'instruction particulières, caractérisées notamment par des délais très courts. Ces actions font l'objet de requêtes distinctes de l'action principale qui, elle, suit la procédure normale. Ces actions sont soumises à un délai d'appel réduit (quinze jours).

JURIDICTIONS FINANCIÈRES

CHAMBRES RÉGIONALES DES COMPTES. Voir cette rubrique.

CODE DES JURIDICTIONS FINANCIÈRES. Voir sous *Chambres régionales des comptes*.

COUR DE DISCIPLINE BUDGÉTAIRE ET FINANCIÈRE. Voir cette rubrique.

COUR DES COMPTES. Voir cette rubrique.

L

LEASING

Définition : le terme anglais de *leasing,* entré dans le langage commun, désigne le contrat par lequel le bailleur reste propriétaire du bien qui fait l'objet du contrat, pendant toute sa durée, le preneur en ayant la jouissance et la pleine responsabilité, comme s'il en était propriétaire ; ce contrat comporte en outre une option d'achat au terme du contrat.

Le leasing se distingue de la « location-vente » en ce que, dans ce dernier contrat, le transfert de la propriété du bien est immédiat.

Aucune disposition législative ou réglementaire n'interdit aux collectivités locales d'acquérir en leasing un bien mobilier ou immobilier ; mais l'intérêt de cette solution est à étudier de près, compte tenu de son coût réel. En revanche, elle est souvent choisie parce qu'elle permet de ne pas faire figurer à l'inventaire les biens loués, ce qui peut servir une certaine volonté de dissimulation, surtout lorsqu'il s'agit de véhicules automobiles, pour la possession desquels ce mode de financement est assez souvent retenu par nombre de collectivités.

Tout recours à ce procédé attire immanquablement l'attention des magistrats au cours de leurs contrôles.

LEASE-BACK

Le lease-back est une technique de crédit par laquelle l'emprunteur transfère au prêteur, dès le départ, la propriété d'un bien que l'utilisateur rachète progressivement suivant une formule de location assortie d'une promesse de vente.

Le lease-back permet à une entreprise industrielle de trouver des capitaux en liquidifiant ses immobilisations.

(Cette opération ne peut avoir lieu en matière de fonds de commerce ou d'entreprise artisanale.)

LÉGALITÉ (contrôle de la) : SUPPRESSION DE LA TUTELLE ADMINISTRATIVE

Jusqu'à l'intervention de la loi du 2 mars 1982, le contrôle des actes des collectivités territoriales s'exerçait *a priori.* Ces actes n'étaient exécutoires qu'après avoir fait l'objet d'une approbation (expresse ou tacite) de la part de l'autorité préfectorale. Alors que l'ancien contrôle était, le plus souvent, autant un contrôle de légalité que d'opportunité, le nouveau contrôle exclut toute considération d'opportunité et ne porte que sur la légalité des actes considérés.

Désormais (art. 2, al. 1, de la loi du 2 mars 1982 modifiée), « les actes pris par les autorités communales sont exécutoires de plein droit, dès qu'il a été procédé à leur publication ou à leur notification aux intéressés, ainsi qu'à leur transmission au représentant de l'État dans le département ou à son délégué dans l'arrondissement ».

Après examen de l'acte, le représentant de l'État n'a que deux attitudes possibles :

– ou bien il estime que l'acte n'est pas illégal et cette constatation arrête la procédure de contrôle ;

– ou bien l'examen révèle que l'acte pourrait être entaché d'illégalité et il lui appartient de le déférer au tribunal administratif pour en connaître.

1. Le champ d'application du contrôle

Les personnes morales concernées sont les communes, les départements, les régions et leurs établissements publics. Se trouvent toutefois exclues du contrôle de légalité, les sociétés d'économie mixte et les associations municipales, qui ne sont ni des collectivités locales ni des établissements publics.

Les actes concernés sont les actes pris par les autorités locales agissant au nom de la commune ou d'un de ses établissements et limitativement énumérés par la loi (art. 2-II).

Échappent, en revanche, au contrôle (art. 2-IV) les actes pris par les autorités communales au nom de l'état ainsi que les actes relevant du droit privé.

2. Le caractère exécutoire des actes

Le caractère exécutoire des actes des autorités locales est subordonné à la double condition de publicité (ou notification) et de transmission au représentant de l'État. Dès qu'elle a pris une décision, l'autorité administrative doit la porter à la connaissance des administrés intéressés, sous peine d'être inopposable. Le point de départ de l'entrée en vigueur d'une décision est la date de sa publication et de sa transmission à l'autorité préfectorale.

L'obligation de transmission n'est pas considérée comme remplie si l'acte n'est pas accompagné de l'ensemble des documents nécessaires pour en apprécier la portée.

Jurisprudence

• TA Paris, 14 déc. 1990, *Préfet de Seine-Saint-Denis c/ Conseil général du département de Seine-Saint-Denis* ; extrait :

> *« Considérant qu'il résulte de ce qui précède que le caractère laconique de la délibération du bureau du conseil général justifiait la demande du préfet tendant à obtenir le rapport sur le fondement duquel elle est intervenue ; que la réponse du président du conseil général doit être regardée comme une fin de non recevoir ; qu'ainsi, le déféré... »*

(Sur la notion de pièces indispensables : voir aussi *in fine :* TA Nantes, 20 déc. 1990, *Préfet de Loire-Atlantique c/ OPHLM de Nantes.*)

L'absence de transmission, par contre, n'entraîne pas nécessairement la nullité de l'acte, dès lors qu'il a été publié, car tous les actes ne sont pas soumis à l'obligation de transmission. L'article 2-II de la loi du 2 mars 1982 limite, en effet, cette obligation, aux actes les plus importants que sont : les délibérations du conseil municipal, quelle que soit leur portée, réglementaire ou non réglementaire ; les décisions prises par le maire, par délégation du conseil municipal ou dans l'exercice de son pouvoir de police ; les actes à caractère réglementaire pris par les autorités communales dans tous les domaines relevant de leur compétence ; les conventions et leurs avenants relatives aux marchés et aux emprunts ainsi que les conventions de concession ou d'affermage des services publics locaux à caractère industriel et commercial ; les décisions individuelles prises par le maire en matière de gestion des personnels communaux ; les actes relatifs aux autorisations d'utilisation des sols : plans d'occupation des sols, certificats d'urbanisme, permis de construire, etc.

3. L'examen de la légalité par le représentant de l'État

L'examen de la légalité par le représentant de l'État s'effectue, en principe, dans un délai de deux mois, à compter de la réception de l'acte en préfecture ou sous préfecture. Cette intervention comporte deux étapes :

– une appréciation générale de la légalité de l'acte. Cet examen consiste à vérifier que l'ensemble des règles de droit applicables à un acte ont bien, en l'espèce, été respectées ;

– la saisine éventuelle de la juridiction administrative qui, si elle partage l'opinion du représentant de l'État, a seule compétence pour annuler l'acte présumé illégal.

Concrètement et sauf, bien entendu, si l'urgence l'interdit, le déféré au tribunal administratif doit être précédé d'une information de l'autorité locale sur l'illégalité dont son acte paraît entaché, ce qui permet à cette autorité soit d'y remédier, soit d'y renoncer (auquel cas le préfet pourra se désister de son action), soit de passer outre à l'avis du préfet et de laisser la procédure suivre son cours devant la juridiction administrative.

L'exercice d'appréciation de la légalité d'un acte par l'autorité préfectorale constitue un exercice subtil qui revient à anticiper la démarche du juge. Les conditions de la légalité d'un acte sont doubles : certaines se rapportent à la légalité externe, d'autres à la légalité interne ; elles sont autant de garanties offertes aux administrés. On peut les résumer ainsi :

Contrôle de la légalité externe, c'est-à-dire contrôle de la compétence de l'auteur de l'acte et contrôle du respect des règles de forme :

– *la compétence :* un acte administratif ne peut émaner que d'une autorité investie à cet effet. Le texte attribuant cette compétence dans l'espace et dans le temps doit être explicite ; la violation des règles de compétence peut résulter d'un empiétement de fonctions ou de l'ingérence d'un particulier dans des fonctions administratives (fin de validité d'une délégation par exemple) ou encore de l'intervention d'une autorité privée de délégation de signature ;

– *les formes :* lorsqu'une autorité administrative compétente élabore un acte, elle a l'obligation de respecter les formes et procédures prévues par la loi, le plus souvent dans l'intérêt des administrés. Ces formes sont parfois nombreuses ; citons les plus importantes : la motivation de la décision, par exemple, ou la procédure de consultation préalable.

Contrôle de la légalité interne. Au sein d'un État de droit, l'activité administrative trouve sa justification et ses limites dans le respect des normes juridiques positives en vigueur au moment considéré. Les sources de ce droit positif sont nombreuses et variées, de la Constitution à la jurisprudence, mais forment un ensemble cohérent.

Le respect de la loi concerne donc d'abord la conformité des actes administratifs à cet ensemble. Ensuite, il suppose la coïncidence des décisions prises avec les intérêts de la collectivité concernée (art. L 121.26 du code des communes).

Une délibération qui ne présente pas un *caractère d'intérêt communal* serait, de ce fait, illégale. La méconnaissance par les collectivités territoriales de dispositions réglementaires, de portée générale et impersonnelle, constitue également un motif d'annulation. Enfin, serait illégale une décision prise sur le fondement d'une décision annulée, c'est-à-dire en méconnaissance de l'autorité de la chose jugée.

Le contrôle de légalité couvre à la fois les motifs, les mobiles et les circonstances :

– *le contrôle des motifs* de l'acte : si le juge administratif se refuse à contrôler l'opportunité des décisions administratives, il contrôle par contre l'existence matérielle des faits retenus pour motiver l'acte, la qualification juridique de ces faits et les erreurs manifestes commises dans les appréciations ;

– *le contrôle des mobiles* de l'acte : l'administration ne peut agir que dans l'intérêt général : toute autre considération vaut détournement de pouvoirs ;

– *le contrôle des circonstances* de l'acte : en cas de circonstances exceptionnelles, les règles habituelles peuvent se révéler inadaptées et justifier, dans l'intérêt général, des mesures prises en violation de certaines règles de droit. La jurisprudence admet ce type de situation mais le soumet au contrôle permanent du juge.

Si le représentant de l'État, à l'issue de l'examen d'un acte ou d'un contrat, estime que celui-ci est juridiquement correct, ce constat met fin au contrôle de légalité, sans préjudice du recours direct dont dispose toute personne physique ou morale lésée.

Dans le cas contraire, il lui appartient de saisir le juge d'une demande d'annulation de la disposition contestée.

4. L'information préalable de la collectivité

Il est souhaitable, chaque fois que l'urgence le permet, que le représentant de l'État informe l'autorité locale des illégalités relevées et des moyens éventuels d'y remédier ; tel est le sens d'une circulaire ministérielle du 22 juillet 1982.

Plusieurs choix s'offrent alors à cette autorité : maintenir sa décision si elle n'est pas d'accord avec l'illégalité invoquée ; retirer ou abroger purement et simplement son acte ; en corriger le contenu. Dans le premier cas, le préfet saisit le tribunal administratif et en informe la collectivité ; dans les deux autres cas, les effets d'un acte nés avant sa réformation ou son retrait doivent être attaqués par les personnes lésées, dans le délai des voies de recours.

5. La saisine du tribunal administratif

> *« Le représentant de l'État dans le département défère au tribunal administratif les actes [...] qu'il estime contraires à la légalité dans le délai de deux mois suivant leur transmission »* (art. 3 de la loi du 2 mars 1982 modifiée).

Le préfet n'a donc pas, contrairement à un particulier, à justifier de son « intérêt » à agir. Le représentant de l'État peut assortir son recours d'une demande de sursis à exécution. Le tribunal administratif fait droit à cette demande si l'un des moyens invoqués paraît « en l'état de l'instruction, sérieux et de nature à justifier l'annulation de l'acte attaqué ». Mieux même, si l'acte attaqué est de nature à compromettre l'exercice d'une liberté publique ou individuelle, le président du tribunal administratif prononce le sursis dans les quarante-huit heures.

« Les actes des autorités locales qu'il estime contraires à la légalité » : cette formulation conduit à se demander si le préfet peut déférer au tribunal administratif tous les actes des autorités locales ou seulement les « actes faisant grief », comme en matière de recours pour excès de pouvoir.

Dans le cadre du contrôle de légalité, la jurisprudence des tribunaux administratifs n'est pas très restrictive mais elle est loin d'être uniforme : la question reste donc à la diligence des préfets. La seule limitation à la recevabilité d'un déféré proviendrait de l'existence d'un recours parallèle, autrement dit. d'une voie de droit concurrente qui permettrait d'obtenir un résultat identique à celui qui résulterait de l'annulation demandée.

La requête introductive d'instance doit être motivée, c'est-à-dire comporter :

– *l'exposé des faits :* l'objet de l'acte et les circonstances dans lesquelles il a été pris ;

– *l'identité des parties ;*

– *les conclusions,* c'est-à-dire ce qu'on demande au juge ;

– *les moyens,* c'est-à-dire les arguments juridiques tirés des conditions de légalité externe (incompétence, vice de forme) ou interne (violation de la loi, détournement de pouvoir, excès de pouvoir).

La requête doit, bien entendu, être accompagnée de toutes les pièces justificatives nécessaires et documents pouvant favoriser l'instruction.

Enfin, en matière de contrôle de légalité, le Conseil d'État (ou la Cour administrative d'appel) est compétent pour connaître de tous les appels formés contre les jugements des tribunaux administratifs. L'appel peut être interjeté soit par le préfet, lorsque le tribunal administratif n'a pas fait droit à sa demande, soit par l'autorité locale dont l'acte a été annulé ou a fait l'objet d'un sursis.

Observations des juridictions financières

● CRC « Haute-Normandie », 26 mars 1993, *Département de l'Eure ;* extraits :

> « Vous m'avez fait part de vos interrogations dans la mesure où certaines observations de la chambre vous paraissent remettre en question l'exercice du contrôle de légalité. Vous estimez que, dès lors qu'une décision soumise à ce contrôle n'a fait l'objet d'aucune contestation de la part du préfet, la collectivité est fondée à considérer qu'elle se trouve en situation de sécurité juridique. On ne saurait cependant se satisfaire de l'existence d'actes irréguliers même exécutoires.
>
> La chambre attire votre attention sur les risques de contentieux qui subsistent par le biais de l'exception d'illégalité et l'application de la théorie dite des opérations administratives complexes. Comme l'a précisé le Conseil d'État dans son arrêt “ Brice et autres ” du 2 décembre 1983, les mandats de paiement constituent des actes administratifs dont la légalité peut être contestée devant le juge administratif.
>
> Si le délai du recours en annulation contre les délibérations sur la base desquelles des mandats ont été établis est expiré, le préfet a toujours la possibilité d'invoquer l'exception d'illégalité à l'encontre des actes pris sur le fondement de ces délibérations.
>
> Une jurisprudence a commencé à se développer dans ce sens (par exemple : TA Rennes, 2 oct. 1986, *Corep d'Ille-et-Vilaine, Commune de Saint-Jouan-les-Guérets ;* CE, 9 déc. 1988, *Préfet/département du Tarn-et-Garonne*).
>
> Une instruction de la direction de la comptabilité publique du 23 juin 1992 n° 92-71/MO, a d'ailleurs rappelé ces possibilités de recours contentieux par le biais de l'exception d'illégalité. Si ce type de recours est pour le moment encore exceptionnel, il importe néanmoins de savoir qu'un risque de contentieux existe. Au demeurant, par circulaire du 12 septembre 1990, le ministre délégué chargé du Budget a demandé aux comptables publics d'alerter leurs supérieurs sur les actes présentant de fortes présomption d'illégalité. Le comptable supérieur peut à son tour alerter le préfet chargé du contrôle de légalité. »

Extraits de la circulaire INT/B/93/00170/C aux préfets relative à l'exercice du contrôle de légalité

« La loi de décentralisation du 2 mars 1982 [...] a changé durablement et en profondeur la nature des relations entre l'État et les collectivités locales [...]. À un régime d'approbation préalable assorti du pouvoir d'annulation et parfois relié à des considérations d'opportunité a succédé un contrôle *a posteriori,* fondé uniquement sur l'examen de la légalité dont il revient désormais au seul juge administratif de sanctionner le non respect [...]. Complément indispensable des responsabilités nouvelles qui leur ont été confiées, ce contrôle n'a évidemment de sens que s'il est exercé sans faille et de manière systématique dès qu'est en cause le respect de la légalité [...]. »

I. Une impulsion nouvelle à donner au contrôle de légalité :
« La complexité croissante des données juridiques dans nombre de domaines (urbanisme, marchés publics, fonction publique territoriale) exige une adaptation permanente des services de l'État en charge du contrôle, à l'évolution du droit et de sa pratique. Par ailleurs, une demande légitime de droit se manifeste de la part du citoyen et il convient naturellement de la satisfaire. Conformément à l'esprit qui anime la politique de déconcentration, et en cohérence avec la jurisprudence intervenue sur ce point, il vous appartient en propre d'apprécier si l'examen d'un acte émis par une collectivité locale justifie ou non la saisine par vos soins du juge administratif [...].
Dans un État de droit, et plus spécialement dans notre pays où traditionnellement la construction jurisprudentielle est une source importante de la légalité, il est normal et sain que des litiges de droit soient, le cas échéant, dénoués par le juge. C'est la raison pour laquelle je considère qu'il est de votre devoir de déférer un acte dès qu'il existe un doute sérieux sur sa légalité et ce pour autant, bien sûr, que la collectivité n'ait pas reconsidéré sa position. Il vous sera d'ailleurs toujours possible de vous désister de l'instance engagée si, entre temps, la collectivité finit par se ranger aux observations que vous avez formulées [...]. »

II. Les mesures d'application :
1. L'organisation du contrôle de légalité : « Il vous appartient d'assurer d'une part, la cohérence du contrôle entre les différents arrondissements de votre département, d'autre part la mobilisation des services déconcentrés qui peuvent apporter leur contribution au contrôle de légalité. Je ne verrais, à cet égard, que des avantages à ce que vous décidiez la constitution d'un pôle de compétence au sens du décret 92 604 du 1er juillet 1992 portant charte de la déconcentration, qui devra permettre, dans une perspective d'harmonisation et d'efficacité, tant des échanges d'information, qu'une réflexion sur la détermination d'objectifs adaptés à la situation du département.
L'efficacité du contrôle de légalité suppose en effet que vous fixiez des priorités qui, naturellement, devront évoluer en fonction des orientations et du contexte local [...]. C'est ainsi, par exemple, qu'en matière financière, des contacts personnels réguliers à votre niveau avec le trésorier payeur général et le président de la Chambre régionale des comptes me paraissent devoir être encouragés afin de traiter des problèmes spécifiques ou d'identifier des types de " risques " qui pourront orienter votre action. Vous veillerez par ailleurs à faire porter l'effort de contrôle le plus en amont possible.
En ce qui concerne les marchés publics, il est, par exemple, essentiel que le directeur départemental de la concurrence... assure une priorité à la participation effective de ses services aux réunions de commissions d'ouverture des plis les plus importants. Vous donnerez les instructions nécessaires pour qu'en toute

matière concernant le contrôle de légalité, toute suspicion de pratique non conforme à la réglementation soit signalée afin que le traitement le plus adapté pour prévenir ou réprimer cette pratique puisse être mis en œuvre sans délais : contact de " dissuasion " avec le responsable de la collectivité concernée, enquête administrative complémentaire, contentieux à envisager [...].
Enfin si le problème auquel vous êtes confronté vous paraît ne pas pouvoir être traité par la seule mobilisation des compétences de services placés sous votre autorité ou la consultation de l'administration centrale, vous pourrez recourir à un expert indépendant [...]. »
2. La formation des personnels :
« Une formation juridique solide et régulièrement actualisée des agents qui ont en charge l'instruction des dossiers est la condition nécessaire d'un exercice efficace du contrôle de légalité. C'est plus particulièrement vrai dans les domaines déjà cités : marchés publics, urbanisme, fonction publique territoriale [...]. »
3. De nouvelles dispositions : (La circulaire se poursuit par le rappel de diverses dispositions notamment celles des lois du 6 févr. 1992 et du 29 janv. 1993 qui concourent à l'information des citoyens, à la transparence et à la prévention de la corruption et rejoignent ainsi les préoccupations du contrôle de légalité).

Jurisprudence

• TA Nantes 20 déc. 1990, *Préfet de Loire-Atlantique c/ OPHLM de Nantes ;* résumé du jugement :

Les faits :

Par plusieurs délibérations des 24 janvier et 21 février 1989, l'OPHLM de Nantes a procédé au lancement d'un concours pour la réalisation des différents programmes de construction de l'opération immobilière dite de Sully. Ces délibérations ont été reçues en préfecture les 26 janvier et 24 février 1989.

Par lettre du 9 mars 1989, le préfet demandait au président de l'office de lui transmettre : l'avis d'appel à la concurrence, le règlement du concours ainsi que la composition et le procès verbal des réunions du jury.

Le 21 mars 1989, le président de l'OPHLM transmettait le règlement de la consultation, donnait des précisions sur la composition du jury et faisait parvenir au préfet les procès verbaux de réunions de ce jury ; mais rien sur l'avis d'appel à la concurrence.

À la suite d'une nouvelle demande du préfet en date du 24 avril, le président de l'office a fait savoir qu'il n'y avait pas eu d'appel public à la concurrence et que les marchés avaient été passés avec les entreprises en fonction de leurs références.

Le problème juridique posé :

La demande de communication d'un avis d'appel à la concurrence proroge-t-il le délai en tant que ce document constitue une pièce indispensable à l'appréciation de la légalité des marchés ?

La solution donnée par la juridiction administrative :

Rejet, le délai de recours étant expiré.

Le juge a estimé qu'au vu des documents adressés le 21 mars 1989 au préfet, celui-ci disposait d'éléments suffisants pour apprécier la légalité de la procédure de passation du marché litigieux, notamment en ce qui concernait l'appel à la concurrence. Dans ces conditions, la demande de transmission d'un avis d'appel à la concurrence n'avait pas pour effet de différer, jusqu'à la lettre de l'office faisant savoir que le document n'existait pas, le point de départ du délai imparti au préfet pou déférer lesdites délibérations au tribunal administratif.

Ce jugement est intéressant en ce qu'il apporte d'utiles indications sur ce qu'il faut entendre par « pièces complémentaires indispensables » à l'appréciation de la légalité d'une délibération. Un avis d'appel à la concurrence n'étant pas une pièce indispensable ne peut avoir pour effet de reporter le délai de recours.

- TA Clermont-Ferrand, 23 mars 1990, *Préfet de l'Allier c/ Commune de Saint-Victor-la-Rivière ;* résumé du jugement :

Les faits :

Le maire de la commune de Saint-Victor-la-Rivière ayant autorisé les exploitants de commerces de meubles situés dans cette commune à ouvrir leur magasin le dimanche, le préfet de l'Allier a déféré la décision au tribunal administratif.

Le problème juridique posé :

Le préfet peut-il déférer devant le juge administratif un arrêté municipal pris sur la base de l'article L 221-19 du code du travail ?

La solution donnée par le juge :

Rejet.

Le juge a considéré que lorsqu'il prend un arrêté sur le fondement de l'article L 221-19-1° du code du travail, le maire agit au nom de l'État, sous le contrôle administratif du préfet.

Ainsi, si celui-ci estime illégal un tel acte, il lui appartient d'user de son pouvoir hiérarchique pour le réformer ou annuler l'acte en cause.

Ce jugement rappelle que les actes pris par le maire au nom de l'État ne sont pas soumis aux dispositions de la loi du 2 mars 1982 relatives au contrôle de légalité, puisque le préfet a la possibilité d'exercer son pouvoir hiérarchique sur de tels actes.

LOCATION-VENTE. Voir *Crédit-bail.*

LOGEMENTS DE FONCTION. Voir *Fonction publique territoriale.*

LOGEMENT SOCIAL. Voir *Interventions économiques.*

M

MANDAT (convention de). Voir *Marchés publics, Maîtrise d'ouvrage public.*

MARCHÉS PUBLICS

Ce sont des contrats passés par une collectivité publique, dans les conditions prévues au *Code des marchés publics,* en vue de la réalisation de travaux, prestations de service ou fournitures. Les conditions que doivent respecter les contrats passés par les collectivités publiques, en vue de la réalisation de travaux, fournitures ou services, se rattachent à plusieurs préoccupations dictées par le souci d'éviter que les acheteurs publics méconnaissent les principes fondamentaux d'égalité des citoyens et de la liberté du commerce, afin d'assurer la concurrence et l'égalité des chances des candidats.

C'est une matière d'une grande complexité ; de plus, il faut bien l'avouer, le droit des marchés publics a, depuis quelques années, été particulièrement bouleversé, au point que les praticiens les plus avertis ont parfois du mal à en suivre l'évolution. La montée des problèmes de corruption a accéléré cette mutation en raison du poids économique de ce secteur (700 milliards de francs, environ, tous secteurs confondus, État et collectivités publiques) et des pratiques condamnables qu'il peut favoriser. Enfin, l'harmonisation des législations européennes a parachevé cette accélération. Il faut donc, en la matière, si l'on n'est pas un familier des procédures, s'entourer d'un maximum de précautions car c'est un secteur particulièrement surveillé par le juge des comptes.

TEXTES DE RÉFÉRENCE

Code des marchés publics. L'instruction du 29 décembre 1972 modifiée pour l'application du code des marchés constitue un outil indispensable. Les dispositions du Livre III du code des marchés (art. 249 et suivants), applicables aux collectivités locales et leurs établissements publics, reprennent en tant que de besoin les dispositions du Livre II applicables aux marchés de l'État. L'instruction du 10 novembre 1976 pour l'application du Livre III du code des marchés complète ainsi celle du 29 décembre 1972. (Voir les brochures n° 2000 et 2010 de la commission centrale des marchés, distribuées par les Journaux officiels.)

Décret n° 92-1310 du 15 décembre 1992 portant simplification du code des marchés (*JO* du 18 déc. 1992). Les règles essentielles de publicité, de concurrence et de transparence sont désormais simplifiées en vue de donner plus d'efficacité à la déconcentration définie par la loi du 6 février 1992 et le décret du 1er juillet 1992 portant charte de la déconcentration.

Les principales mesures de ce décret concernent la passation des marchés, leur règlement et leur financement.

Décret n° 94-334 du 27 avril 1994 modifiant le code des marchés publics (*JO* du 28 avr. 1994).

Différents types de marchés

Les marchés peuvent être classés :

– *selon leur mode d'attribution ;* les marchés par adjudication ; les marchés sur appel d'offres et les marchés négociés ;

– *selon leur forme,* les marchés à bon de commande (qui remplacent les anciens marchés à commande et les marchés de clientèle), et les marchés à tranches conditionnelles ou optionnelles (qui permettent de découper un marché en une tranche ferme, en fonction des crédits budgétaires dont on dispose, et en une ou plusieurs tranches optionnelles ou conditionnelles qui seront fonction des crédits futurs).

La différence entre ces deux catégories de marchés tient au fait que, dans les marchés à bon de commande, on connaît parfaitement le besoin à satisfaire, mais on ne connaît pas exactement l'importance de ce besoin et le montant des commandes auxquelles on devra procéder au cours de la période ; tandis que, dans les marchés à tranches, on connaît l'importance des besoins sur la période mais on ne sait pas si on en aura le financement au titre d'un exercice déterminé (cas, par exemple, de programmes de travaux financés par crédits de paiement étalés sur plusieurs exercices) ;

– *selon le mode de rémunération,* marchés à prix forfaitaire, marchés à prix unitaires, marchés sur dépenses contrôlées ;

– *selon la nature des prestations,* marchés de travaux, marchés de fournitures ou de services, marchés de prestations intellectuelles.

Glossaire des termes et procédures en matière d'achats publics

Achats sur factures et travaux sur mémoire. Prestations ne nécessitant pas la passation d'un marché : les seuils en dessous duquel les achats sur facture ou les travaux sur mémoire des collectivités locales et de leurs établissements publics sont autorisés, sont fixés par l'article 321 du code des marchés publics :

« Il peut être traité en dehors des conditions fixées par le présent titre :

1. Pour les travaux ou les services dont le montant annuel présumé, toutes taxes comprises, n'excède pas la somme de 300 000 F (seuil périodiquement révisé).

2. Pour les achats dans les conditions les plus avantageuses de denrées alimentaires périssables sur foires ou marchés, ou sur les lieux de production, sans limitation de montant.

Le règlement de ces prestations peut avoir lieu sur présentation de simples mémoires ou factures. »

La passation de telles commandes qui répond au souci de faciliter les achats de faible montant, ne dispense pas de faire jouer la concurrence ; ces achats ne doivent pas conduire la collectivité à ignorer les groupements d'achats publics ni à favoriser les fournisseurs et entrepreneurs locaux au détriment des intérêts de la collectivité. Cette faculté ne doit pas non plus conduire les acheteurs publics à fractionner artificiellement leurs travaux en tranches, pour contourner la règle du seuil : comportement, hélas ! fréquemment dénoncé par les juridictions financières.

L'Instruction n° 2000 de la Commission Centrale des Marchés fournit d'importantes explications (p. 134 à 136) sur les critères à prendre en considération pour l'appréciation du montant des travaux, fournitures ou services de nature identique ou similaire dont le montant annuel définitif est susceptible, s'il excède le seuil fixé, alors en vigueur, de mettre la collectivité en infraction avec les dispositions du code des marchés.

Pour apprécier le seuil au delà duquel il est obligatoire de procéder à un appel d'offres ou à une adjudication, il convient de calculer le montant total de l'opération en faisant masse de tous les lots, quelle que soit leur nature. C'est une situation qui donne lieu à de nombreuses fraudes, par le recours au *fractionnement* (voir cette rubrique).

ACHATS RÉALISÉS PAR L'INTERMÉDIAIRE DE L'UGAP. En réponse à la question d'un correspondant, relative à la régularité d'un achat d'un scanographe par un établissement hospitalier, par l'intermédiaire de l'UGAP, la commission centrale des marchés (CCM) fournit, dans son n° 281 d'avril-mai 1994, un réponse intéressante en ce qu'elle est généralisable à tous les achats effectués par les collectivités locales auprès de cet organisme.

« L'UGAP est un établissement public à caractère industriel et commercial dont le statut et le fonctionnement ont été fixés par le décret 85-801 du 30 juillet 1985 ; le champ de compétence de cet établissement et ses modalités de fonctionnement font l'objet d'une lettre collective n° 94 M du 17 janvier 1968. Parmi les grandes catégories de matériels fournis par l'UGAP figure notamment le matériel biomédical (annexe 1 de cette lettre) dans lequel entrent les scanographes. La lettre collective précise que ces matériels figurent : soit au catalogue de l'UGAP qui indique leur numéro et le prix de cession à l'unité ; soit sur les catalogues des fournisseurs avec lesquels l'UGAP a conclu des marchés de clientèle. Dans ce cas, le service ou l'organisme client choisit le matériel dont il a besoin en accord avec le fournisseur et bénéficie en passant sa commande à l'UGAP des rabais prévus au marché de clientèle. Il apparaît que c'est en se référant à cette deuxième hypothèse que l'établissement hospitalier a pu commander un scanographe à l'UGAP ; il est précisé que cette façon de procéder n'élude en aucun cas les règles édictées par le code des marchés publics, l'UGAP étant elle-même soumise pour tous ses achats aux règles dudit code. Cette obligation justifie le fait que les achats réalisés auprès de cet organisme puissent faire l'objet d'une simple commande quel que soit leur montant. »

ACOMPTES (art. 339 à 343). Désigne le paiement partiel d'une dette ; le versement d'un acompte suppose l'exécution partielle des prestations (travaux ou fournitures) faisant l'objet du marché. Les acomptes peuvent être réglés suivant un calendrier prévu à l'avance et l'accord peut aussi en prévoir le montant en pourcentage, articles 339 et suivants du code des marchés.

(Obligatoires pour les marchés d'État, les acomptes demeurent facultatifs pour les marchés de courte durée des collectivités locales. Toutefois, le droit de percevoir des acomptes est reconnu au titulaire du marché dont l'exécution est supérieure à trois mois.)

À la différence des avances, les acomptes sont versés pour des prestations réalisées en cours d'exécution du marché. La collectivité ne peut donc refuser d'insérer dans le marché une clause de versement d'acomptes si les conditions sont remplies.

ACTE D'ENGAGEMENT. Nom donné au document (soumission, dans les marchés par adjudication, offre, dans les marchés sur appel d'offres et dans les marchés négociés) écrit et signé par un candidat à un marché public, par lequel il s'engage à exécuter les prestations objet du marché, à un prix déterminé (art. 254 du code des marchés). Signé ensuite par la personne responsable du marché et soumis au contrôle de légalité, le marché est alors *notifié* au titulaire et prend effet de cette date.

ALLOTISSEMENT. Voir plus loin *Fractionnement.*

AVANCES (art. 336 à 338). « Une avance dite " avance forfaitaire " peut être accordée par l'autorité compétente du marché au titulaire du marché [...]. Son montant est fixé au maximum à 5 % du montant des prestations à exécuter dans les douze premiers mois après la date de l'acte qui emporte commencement d'exécution du marché. Ce montant ne peut être ni révisé ni actualisé. »

Observations des juridictions financières

- CRC « Centre », 3 juin 1993, *SEM pour l'équipement du Loiret, SEMPEL ;* extraits :

  « [...] À la suite de négociations menées avec l'entreprise, il a été décidé que le marché serait passé à prix ferme avec, pour contrepartie, le versement d'une avance forfaitaire portée à 30 % ; ce taux constitue une clause dérogatoire à l'article 336 du code des marchés publics qui fixe le montant de cette avance à 5 % maximum des prestations à exécuter [...]. La société a indiqué que le montant de l'avance avait été fixé dans le cadre des négociations et qu'il était la condition mise par l'entreprise pour accepter le prix et le délai d'exécution du marché. »

Cette situation témoigne, pour le moins, de l'insuffisance des contrôles exercés par le comptable public de la SEM, et, comme le fait d'ailleurs remarquer la juridiction financière, de l'infraction aux règles de la concurrence qu'introduisait cette dérogation, ignorée des autres concurrents, en tant qu'elle modifiait les conditions d'exécution du marché.

AVENANT. Un avenant est un écrit constatant un accord de volonté des parties à un contrat et ayant pour objet de modifier une ou plusieurs des dispositions de l'accord antérieur. Aux termes de l'annexe 3 à l'Instruction du 10 novembre 1976 modifiée :

> *« Un avenant ne saurait bouleverser l'économie du marché ou en changer fondamentalement l'objet. Un avenant ne peut régler le cas de travaux ne se rattachant pas à l'exécution des travaux prévus au marché, ni celui de travaux non liés directement à l'exécution du marché initial. »*

Les modifications peuvent résulter soit de la volonté réciproque des parties, soit de circonstances indépendantes de leur volonté, ou affecter les caractéristiques de l'un des contractant. Lorsque le montant des prestations exécutées atteint le montant prévu par le marché, la poursuite de l'exécution des prestations, par exemple, est subordonnée à la conclusion d'un avenant. Les modifications peuvent aussi viser les clauses d'obligation réciproques : définitions techniques de la prestation, volume de la prestation, délais d'exécution du marché, ou encore du lieu d 'exécution de la prestation, etc.

Les marchés revêtent en effet le caractère d'un acte synallagmatique qui ne peut être modifié que par un acte additionnel, pris dans les mêmes formes, signé des deux parties.

L'article R 314-3 du code des communes modifié en application du décret 93-1080 du 9 septembre 1993, fixant la liste des pièces relatives aux conventions de marchés des collectivités territoriales et de leurs établissements publics qui doivent être transmises au représentant de l'État, dispose que : les avenants aux marchés et les décisions de poursuivre prévus par l'article 255 *bis* du code des marchés publics sont transmis au représentant de l'État accompagnés des délibérations qui les autorisent et du rapport prévu par l'article 312 *ter* du même code.

Ces nouvelles dispositions n'ont pas pour objet d'imposer une délibération spécifique du conseil municipal pour tout avenant ou toute décision de poursuivre. Une nouvelle délibération n'est nécessaire que si l'autorisation initiale n'est pas suffisante, notamment si le montant réel du marché dépasse le montant prévisionnel autorisé par la première délibération.

L'article R 314-3 du code des communes n'a pas pour objet d'imposer des règles de fonctionnement nouvelles pour les collectivités en imposant une délibération spécifique pour tout avenant ou décision de poursuivre, dès lors que la délibération initiale s'avère suffisante, notamment au niveau de l'estimation du prix du marché.

L'article R 314-3 du code des marchés n'a pas pour objet d'alourdir la procédure mais de préciser les documents relatifs aux marchés qu'il est nécessaire de transmettre au représentant de l'État.

Enfin, rappelons que tous les avenants, qu'ils aient ou non une incidence financière, sont soumis à l'obligation de transmission dès lors qu'ils ont été pris en application d'une délibération de l'assemblée territoriale.

Cahier des charges (art. 318 CMP). Les conditions dans lesquelles les marchés sont exécutés sont déterminées par une série de documents qui fixent les clauses administratives générales *(CCAG)*, les clauses techniques générales *(CCTG)*, et les clauses administratives ou techniques particulières *(CCTP* et *CCAP)* susceptibles de déroger aux clauses générales.

Le premier alinéa de l'article 250 est remplacé par les dispositions suivantes (art. 104 du décret n° 92-1310 du 15 déc. 1992) :

> *« Sous réserve des dispositions de l'article 321, les marchés des collectivités territoriales et de leurs établissements publics sont passés sous la forme de contrats écrits dont les cahiers des charges visés à l'article 318 sont des éléments constitutifs. »*

Observations des juridictions financières

- CRC « Picardie », 15 juill. 1993, *Commune de Mesnil-en-Thelle ;* extraits :

> « Dans le cadre de l'appel d'offres lancé pour la construction d'une salle polyvalente, la chambre a remarqué (en examinant les pièces du marché) deux additifs au CCTP dont un portant sur la passation ultérieure d'un avenant pour travaux supplémentaires et ceci sur proposition de la société N. (attributaire du marché). Cette pratique semble très critiquable pour deux raisons, d'une part, la nécessité de conclure un avenant ne peut apparaître qu'en cours d'exécution, sauf à fausser délibérément et de concert avec l'entreprise le jeu de la concurrence ; d'autre part, prévoir des travaux supplémentaires dès la conclusion d'un marché peut entraîner un possible bouleversement de l'économie du marché. »

Cautionnement. La collectivité peut exiger des entrepreneurs ou fournisseurs avec lesquels elle traite des garanties propres à assurer la bonne exécution du marché (art. 125 du code des marchés) ; mais ce cautionnement est facultatif : c'est à la personne responsable du marché qu'il appartient d'apprécier si, en l'espèce, il est nécessaire d'exiger des garanties du cocontractant, en fonction de divers critères, tels que les garanties techniques et financières présentées par l'entrepreneur ou fournisseur, la durée du marché, son montant, etc.

Concurrence :

Appel à la concurrence : Les travaux, fournitures ou services au compte des collectivités territoriales et de leurs établissements publics, donnent lieu à des marchés soumis à certaines conditions, notamment de *publicité,* destinées à assurer l'appel à la concurrence (nouveaux art. 295 et suivants du code des marchés publics, résultant du décret n° 94-334 du 27 avr. 1994 modifiant le code des marchés publics). Les marchés donnent lieu à adjudication ou à appel d'offres, sauf exceptions prévues aux articles 308 (marchés négociés), 321 (travaux sur mémoire et achats sur factures) et 300 *bis* et 375 (offre non conforme ou consultation infructueuse).

On ne saurait trop rappeler les dispositions de l'*article 312 ter* du code des marchés si souvent méconnues :

« Tout marché ou avenant fait l'objet d'un rapport du représentant légal de la collectivité ou de l'établissement public, qui :
1. Définit la nature et l'étendue des besoins à satisfaire ainsi que le montant prévu de l'opération ;
2. Expose l'économie générale du marché ou de l'avenant, son déroulement prévu, ainsi que le prix envisagé ;
3. Indique les motifs du choix du mode de passation adopté et, notamment, le cas échéant, le recours au délai d'urgence ou au marché négocié, ainsi que les mesures prises pour assurer la compétition entre les candidats ;
4. Rend compte du déroulement de la procédure suivie ;
5. Expose, le cas échéant, les raisons de l'introduction de critères de sélection des candidatures ou des offres autres que ceux prévus aux articles 288, 297 bis et 300, et les motifs du choix de l'offre retenue ;
6. Indique les dérogations éventuellement apportées aux normes françaises homologuées ;
7. Précise, en matière de fournitures, si la fourniture provient d'un pays membre de la Communauté économique européenne, d'un autre pays signataire de l'accord général sur les tarifs douaniers et le commerce ou d'un autre pays.
Ce rapport est transmis en même temps que le marché au représentant de l'État.

(Le modèle de rapport proposé par l'arrêté du 6 octobre 1994 (*JO* du 27 oct. 1994) pour la présentation des marchés de l'État peut utilement être consulté par les responsables des collectivités territoriales pour la rédaction de leurs rapports.)

La portée de ces dispositions est considérable et devrait offrir une garantie totale de transparence si elles étaient respectées : mais outre que, selon les juridictions financières, ces dispositions sont souvent méconnues des collectivités territoriales, les services préfectoraux se montrent très peu exigeants à leur égard ; sinon comment expliquer les innombrables manquements au respect des procédures dénoncés par les chambres régionales des comptes ?

Règles de la concurrence dans le cadre de la Communauté économique européenne : voir sous *CEE*. Le bon fonctionnement du marché commun européen suppose l'instauration d'un régime de concurrence non faussée. Les articles 85 et 86 du traité de Rome ont ainsi pour objet de garantir le respect de la concurrence, en prohibant les ententes et abus de position dominante.

La transposition en droit interne des directives européennes a fait l'objet du projet de loi présenté au conseil des ministres le 5 octobre 1994, visant à soumettre à des règles de transparence et de publicité la passation des marchés par les organismes publics ou les personnes agissant sous leur contrôle ainsi que les entreprises exploitant des réseaux publics. Les dispositions déjà en vigueur pour les marchés de travaux sont ainsi étendues, sous certaines conditions, aux contrats de service et aux marchés de fournitures. La conclusion des contrats de service d'un montant supérieur à 1 350 000 francs est désormais subordonnée au respect de règles de publicité préalable à l'échelle communautaire.

Les lois n° 91-3 du 3 janvier 1991 (*JO* du 5 janv.) et n° 92-1282 du 11 décembre 1992 (*JO* du 12 déc.), toutes deux relatives aux procédures de passation de certains contrats, sont ainsi complétées.

La loi précitée du 3 janvier 1991 est entrée en vigueur le 1er avril 1992, date de publication du décret n° 92-311 du 31 mars 1992 pris pour son application et de l'arrêté du même jour du ministre de l'Économie, des Finances et du Budget, fixant le seuil au-delà duquel les contrats en cause sont soumis à l'obligation de publicité et de concurrence.

Textes signalés : Loi n° 92-1282 du 11 décembre 1992, modifiée par la loi 93-1416 du 29 décembre 1993, relative aux procédures de passation de certains contrats dans les secteurs de l'eau, de l'énergie, des transports et des télécommunications – *JO* du 12 décembre 1992 ; Décret d'application n° 93-990 du 3 août 1993 et arrêtés du 3 août 1993 – *JO* du 10 août.

Pratiques anticoncurrentielles (ord. 86-1243 du 1er déc. 1986, relative à la liberté des prix et de la concurrence) :

Création d'un *Conseil de la concurrence* et interdiction des pratiques anticoncurrentielles.

Par ailleurs, l'article L 22 du code des tribunaux administratifs (L 93-122 du 29 janv. 1993, art. 50) dispose :

> *« Le président du tribunal administratif, ou son délégué, peut être saisi en cas de manquement aux obligations de publicité et de mise en concurrence auxquelles est soumise la passation de marchés publics [...].*
> *Les personnes habilitées à agir sont celles qui ont un intérêt à conclure le contrat et qui sont susceptibles d'être lésées par ce manquement, ainsi que le représentant de l'État dans le département dans le cas où le contrat est conclu ou doit être conclu par une collectivité territoriale ou un établissement public local [...]. »*

Observations des juridictions financières

- CRC « Midi-Pyrénées », 1er déc. 1989, *Commune de Toulouse ;* résumé :

Les faits :

La ville de Toulouse procédait annuellement à une adjudication ouverte de travaux de voirie, en décomposant les marchés en quatre lots géographiques. Le CCAP comportait des clauses en matière d'obligation de localisation des entreprises, d'interdiction du recours à la sous traitance et de justification des capacités professionnelles dans des conditions restrictives.

Les mêmes entreprises se voyaient attribuer, au cours de la période examinée, les mêmes lots géographiques et l'examen des conditions particulières de passation des marchés, au titre d'un exercice, avait révélé le désistement suspect d'une entreprise adjudicataire, pour la première fois retenue, en raison du « malaise » créé au sein des autres entreprises par les résultats de l'adjudication.

Problème juridique posé :

– Les clauses des marchés contribuaient-elles à limiter le recours à la concurrence ?

– Les entreprises étaient-elles dans une situation d'entente de nature à conduire à des pratiques anticoncurrentielles ?

Solution de la CRC :

La chambre a estimé que les marchés en cause comportaient des clauses contraires aux règles de l'appel à la concurrence et aux stipulations du code des marchés publics, notamment en ce qui concernait l'obligation de localisation des entreprises, l'interdiction du recours à la sous traitance et les conditions restrictives de justification des capacités professionnelles. Ces dispositions protectrices avaient pu faciliter des pratiques illicites d'entente sur les prix ou de répartition de travaux.

L'ensemble de ces anomalies ont fait l'objet d'une communication à la direction régionale de la concurrence dont l'enquête a abouti à une décision du Conseil de la concurrence sanctionnant les entreprises en cause pour entente (amendes de 20 000 à 65 000 F).

Jurisprudence

• Cour d'appel de Paris, 13 mars 1991, *SA Demoy et SA Guerra Tarcy ;* résumé de l'arrêt :

La cour d'appel de Paris a confirmé le bien fondé des décisions prises par le Conseil de la concurrence, infligeant pécuniaires à des entreprises qui s'étaient frauduleusement entendues pour l'attribution à l'une d'entre elles, du marché de construction d'une maison de retraite, à un prix excédant de plus de 50 % l'estimation du maître de l'ouvrage. Cette entreprise avait réussie à se faire communiquer les plans de l'avant projet détaillé (APD) et, sur cette base, avait pu déterminer les prix de sous-traitance des lots de second œuvre. Elle les avait communiqués à l'une de ses principales concurrentes qui avait proposé des prix systématiquement majorés. Ainsi, l'entreprise déjà moins disante pour le gros œuvre, était assurée de remporter le marché.

Le Conseil de la concurrence, exerçant un contrôle complet, en avait déduit qu'il existait un faisceau d'indices concordants, graves et précis, établissant l'existence de pratiques dont l'objet était de fausser le jeu normal de la concurrence.

Dans un autre cas (cour d'appel de Paris, 5 juill. 1994), vingt et une entreprises ont été condamnées à des amendes allant de 100 000 F à 20 millions de francs, pour pratiques anticoncurrentielles dans l'attribution de marchés publics routiers.

CONDITIONS DE LA PASSATION DES MARCHÉS :

Condition de seuil : La passation d'un marché est une obligation subordonnée à une condition de seuil (nouvel article 104-I-10° du code des marchés publics) ; le seuil est déterminé par opération, contrairement au seuil des travaux sur mémoire et achats sur facture (art. 321) qui s'apprécie par nature de prestation, par fournisseur et par année civile. Par opération on entend l'ensemble des contrats nécessaires pour réaliser une opération fonctionnelle, en globalisant le nombre de marchés, quelle que soit l'année d'imputation.

Deux aspects doivent être pris en compte pour déterminer les mesures qui seront intégrées au titre d'une même opération :

– le critère de fonctionnalité, rassemble l'ensemble des éléments envisagés pour la réalisation d'un projet ;

– la programmation financière, qui fournit des indications permettant de relier des mesures différentes à un même objet, comme par exemple, les différents lots techniques relatifs à la construction d'un bâtiment.

En ce qui concerne les collectivités locales, ce seuil (périodiquement révisé) a été porté de 700 000 F à 900 000 F TTC par l'arrêté du 17 décembre 1993 (*JO* du 24 déc.). En deçà de ce montant, une collectivité locale est dispensée de procéder à un appel d'offres.

La réforme du code des marchés n'a pas affecté le seuil de 300 000 F TTC en dessous duquel une collectivité peut traiter sur mémoire ou acheter sur simple facture.

Condition de publicité : La procédure de publicité prévue par les nouveaux articles 38 et 38 *bis* du code des marchés est simplifiée ; les marchés soumis à la seule publicité nationale (en fonction de leur montant : 900 000 F aux termes de l'arrêté du 9 févr. 1994), sont précédés d'un « avis d'appel public à la concurrence » pour toutes les procédures d'appel d'offres ouverts ou restreints et les marchés négociés.

Les compléments d'information nécessaires figurent au règlement particulier d'appel d'offres qui n'est pas publié et peut comporter toutes les informations utiles.

Dans le cadre des mesures de déconcentration, la décision de déroger aux spécifications techniques passe du groupe permanent d'étude des marchés à la personne responsable des marchés ; la nomination de la commission d'appel d'offres des collectivités locales est fixée par les règles propres à chaque collectivité ; la nomination des jurys d'appel d'offres est fixée par la personne responsable du marché.

En ce qui concerne les collectivités locales, le recours aux marchés négociés tel qu'il est prévu par le nouvel article 104-I-10°, ne dispense pas de la mise en concurrence.

Attention : *Les observations définitives des juridictions financières qui illustrent les différentes rubriques de ce thème sont souvent antérieures à cette réforme dont la date d'entrée en vigueur était fixée au 18 décembre 1993, sauf pour les dispositions relatives au relèvement du seuil de dispense d'appel d'offres, d'effet immédiat.*

Mode de passation des marchés publics au nom des collectivités territoriales et de leurs établissements publics (Décret n° 92-1310 du 15 déc. 1992 portant simplification du code des marchés publics, art. 117) :

> *« Les dispositions de l'article 34 de la loi d'orientation n° 92-125 du 6 février 1992 relative à l'administration territoriale de la République, modifiant l'article 282 du code des marchés publics, sont insérées dans l'article 279 ainsi rédigé et complétées ainsi qu'il suit :*
> *" Art. 279 : Les marchés sont passés soit par adjudication, soit sur appel d'offres, soit dans les conditions prévues aux articles 103 et 104 à la suite d'une procédure négociée [...] ". »*

Adjudication : Le recours à l'adjudication (aux termes de l'art. 118 du décret du 15 déc. 1992 précité, l'ex art. 280 est remplacé par les dispositions des art. 84 à 92 du code des marchés publics), qui se caractérise par une sélection opérée, entre les soumissionnaires admis à concourir, d'après le seul critère du prix, ne peut convenir que pour des prestations simples ou d'un type courant.

Appel d'offres (art. 295 et suivants du code des marchés modifiés par le décret n° 94-334 du 27 avr. 1994) : c'est une procédure plus souple, qui doit être préférée pour toutes les prestations complexes et pour lesquelles le choix de l'entrepreneur ou du fournisseur ne s'opère pas seulement sur le critère du prix. Il est organisé dans le respect des règles traditionnelles de publicité et d'égalité des chances des candidats ; la procédure repose sur deux notions essentielles : liberté de discussion et d'attribution du marché mais obligation d'organiser, sauf exception dûment justifiée, une mise en compétition des fournisseurs et entrepreneurs.

Le décret n° 93-733 du 27 mars 1993 (*JO* du 30 mars) modifie les articles 302 et 303 relatifs aux procédures d'*appel d'offres avec concours* et aux procédures d'*appel d'offres sur performances.*

En ce qui concerne les concours d'architecture, pour tout marché de construction dépassant un seuil d'honoraires actuellement fixé à 900 000 F, les maîtres d'ouvrage publics doivent obligatoirement mettre en compétition les architectes, maîtres d'œuvre privés, dans le cadre d'un concours d'architecture. À cet effet, le maître d'ouvrage désigne un jury, arrête la liste des candidats admis à concourir, choisit le lauréat et attribue le contrat de maîtrise d'œuvre.

La procédure est soumise à des prescriptions précises destinées, en principe, à garantir l'objectivité et la transparence de la consultation : appel public obligatoire de candidatures et proposition par le jury de la liste des concurrents retenus. Les concurrents sont invités à remettre un projet architectural du niveau de l'esquisse ou de l'avant projet sommaire sur lequel le jury formule un avis motivé après un vote sur les différentes propositions classées par ordre d'intérêt.

Mais le maître d'ouvrage reste libre du choix définitif du lauréat, ce qui est très controversé, car cela peut aller à l'encontre du principe de transparence recherchée.

- *Art. 302 : « Il est fait appel au concours lorsque des motifs d'ordre technique, esthétique ou financier justifient des recherches particulières » [...].*
- *Art. 303 : « Il est procédé à un appel d'offres sur performances lorsque la personne publique contractante définit les prestations dans un programme fonctionnel détaillé sous la forme d'exigences de résultats vérifiables à atteindre ou de besoins à satisfaire. Les moyens de parvenir à ces résultats ou de répondre à ces besoins sont proposés par chaque candidat dans son offre. Cet appel d'offres est toujours restreint.*
" L'appel d'offres sur performances peut porter à la fois sur l'établissement d'un projet et son exécution, ou sur l'exécution d'un projet préalablement établi en tout ou partie " [...]. »

Commissions d'appel d'offres *(rôle et fonctionnement) :* Voir articles 296 *ter,* 297, 297 *bis* et 298 d'une part et 299 *bis,* 300 et 300 *bis* d'autre part.

Délais : S'agissant des marchés passés par les collectivités locales, quels sont les délais laissés aux candidats pour la réception de leurs candidatures ou de leurs offres ?

En appel d'offres ouvert (art. 296), le délai de réception des offres est de trente-six jours minimum.

En appel d'offres restreint (art. 298 *bis*), le délai de réception des candidatures et, dans un second temps, le délai de réception des offres des candidats retenus, est de vingt et un jours minimum pour chaque phase de la consultation.

Ces délais peuvent, dans les deux cas, être réduits à quinze jours en cas d'urgence.

L'attention des maîtres d'ouvrage est appelée sur le fait qu'il s'agit de délais minima. Le délai effectif doit être fixé en fonction de la nature de la prestation ou de la complexité du travail demandé aux candidats pour la préparation de leur offre. Ainsi, dans le cas d'un appel d'offres avec concours ou sur performances, ou d'un marché de conception-réalisation, il est évident que les délais minima sont insuffisants pour permettre aux candidats de mener convenablement les études nécessaires à la rédaction de leur offre.

En cas d'appel d'offres restreint, la Commission Centrale des Marchés conseille les minima suivants : délai de réception des candidatures, trente-sept jours ; délai de réception des offres, soixante jours.

Formalités substantielles et rejet des offres (CE, 10 déc. 1993, *Société Lopez Entreprise*) : Parce qu'il s'agit d'une formalité substantielle, les offres doivent être expressément signées par les candidats aux marchés publics ou leurs représentants avant la date limite de dépôt des offres. Pour le Conseil d'État, saisi de la requête d'une entreprise contestant le rejet de son offre, « cette irrégularité (à laquelle il n'a pas été remédiée avant la date limite de dépôt des offres), revêtait un caractère substantiel », et la commission d'appel d'offres était ainsi tenue de rejeter l'offre dont elle se trouvait irrégulièrement saisie sans qu'aucune disposition législative ou réglementaire lui fit obligation d'inviter l'entreprise à régulariser la présentation de sa soumission. Le rejet de l'offre était donc fondé.

Ainsi, jusqu'à la date limite de dépôt des offres, celles qui n'ont pas été expressément signées par les candidats ou leurs mandataires, peuvent l'être à titre de régularisation, soit spontanément, soit à l'invitation de la collectivité, qui n'est toutefois pas obligée de solliciter le respect de cette formalité. En revanche, après la date limite fixée pour le dépôt des offres, aucune régularisation n'est possible et la commission d'appel d'offres n'ayant aucun pouvoir d'appréciation en la matière est tenue de rejeter l'offre irrégulière.

Appréciation de la conformité d'une offre : Quelle est la validité d'un acte d'engagement qui ne comporte pas un montant chiffré, mais un renvoi à des documents annexés, tels que bordereaux ou tableaux ?

Dans son numéro n° 281 d'avril-mai 1994, la commission centrale des marchés répond :

« Cette question appelle les observations suivantes : Tout d'abord, le candidat à un marché doit remplir les rubriques vierges du cadre *d'acte d'engagement* et c'est le cadre rempli et signé du candidat qui constitue l'offre dans les marchés sur appel d'offres. Ensuite, cet acte d'engagement peut comporter *une ou plusieurs annexes ;* celles-ci prennent la forme de tableaux destinés à la décomposition en lots, et de bordereaux de prix unitaires, si le cadre B du formulaire MCL/DC/4 ne peut recevoir l'indication de tous les prix. Les candidats doivent alors porter obligatoirement la mention : voir annexe n° ... et remplir l'imprimé MCL/DC/5, annexe à l'acte d'engagement, précisions financières. Cet imprimé est destiné à recevoir les propositions financières du candidat, sous forme de liste, et permet ainsi d'apporter les précisions financières nécessaires à l'exécution du marché dans la plupart des cas. Les annexes peuvent aussi être destinées à recueillir les précisions du candidat quant à la teneur de l'offre, ou encore à la mise au point du marché.

Ainsi, l'acte d'engagement correctement rempli et ses annexes auxquelles il fait référence sans ambiguïté forment un ensemble qui doit être considéré comme une offre parfaitement conforme. »

Jurisprudence

- CE, 13 oct. 1993, *Commune des Mées/Société Someco* :

  « La commission élimine les offres non conformes à l'objet du marché ; elle choisit librement l'offre qu'elle juge la plus intéressante, en tenant compte du prix des prestations, de leur coût d'utilisation, de leur valeur technique, des garanties professionnelles et financières présentées par chacun des candidats et du délai d'exécution (art. 300 du CMP). »

La commission peut décider que d'autres considérations entrent en ligne de compte si celles-ci ont été spécifiées dans l'avis d'appel d'offres.

Il est fréquent que, pour écarter un candidat, la commission se fonde sur « l'insuffisance des références présentées ». En pareil cas, le juge se réserve d'apprécier si la nature des travaux en cause présente des difficultés particulières d' exécution pour justifier cette décision, faute de quoi la décision de la commission serait entachée d'une erreur manifeste d'appréciation pouvant être sanctionnée.

Détermination de l'offre la plus intéressante : Pour choisir l'offre « la plus intéressante » et éliminer les autres (outre les offres déclarées non conformes), la commission peut se fonder sur au moins cinq critères :

- le prix des prestations ;
- leur coût de fonctionnement et entretien ;
- la valeur technique et la qualité, ainsi que les garanties post marché ;
- le délai d'exécution ;
- les garanties professionnelles et financières de l'entrepreneur.

Si le motif retenu pour justifier le rejet d'une offre révèle une erreur d'appréciation de la collectivité sur l'un quelconque de ces critères, la responsabilité de la collectivité peut être engagée à l'égard du candidat injustement évincé (CE, 13 oct. 1993, *Commune des Mées, Sté Someco*).

Concrètement, les références professionnelles et les garanties financières des candidats sont la première chose à vérifier ; ensuite, c'est incontestablement le prix qui doit faire l'objet de toutes les attentions. L'offre sous évaluée sera bien souvent à l'origine de graves difficultés pour la suite de l'exécution du contrat ; l'offre la plus chère peut en définitive se révéler la plus intéressante si son coût d'usage est moindre. Une part des motifs retenus par la commission pouvant être d'ordre subjectif, il faudra se garder de commettre ce que le juge ne manquera pas de qualifier « d'erreur manifeste » sur l'appréciation d'éléments matériels de l'offre.

Éléments de réflexion sur les « offres anormalement basses » (source : DGCCF bureau B4) :

« La notion d'offre anormalement basse est difficile à définir.

1. Elle ne peut recevoir une utilisation que si une norme a été élaborée en matière de prix. Le prix normal peut être issu :
– de l'observation du passé ; dans ce cas, un décalage trop strict par rapport à ce constat peut conduire à mésestimer les gains de productivité réalisés, les évolutions naissantes, l'apparition de nouveaux concurrents... sans compter une spéculation inévitable sur l'évolution des prix dans le secteur considéré ;
– des calculs de l'estimation des travaux ou des prix de revient faits par l'acheteur public ; malgré tout le soin apporté par les services techniques compétents, l'estimation retenue s'éloigne de manière plus ou moins importante du calcul théorique pour ne pas courir le risque de devoir déclarer l'appel d'offres infructueux.
Aucune de ces méthodes, parmi les plus courantes, n'est exempte de défauts.

2. L'écart admissible est jugé de manière très subjective par les acheteurs publics. Pour la plupart d'entre eux, même si cela n'est pas satisfaisant, des prix très bas ne sont pas critiquables dès lors qu'ils sont confirmés par l'auteur de leur proposition. Très difficile à constater, seule l'insuffisante couverture des charges variables emporterait pour les uns des effets dommageables pour la concurrence, alors que, pour d'autres, ces effets apparaîtraient dès que les charges ne sont pas globalement couvertes par les prix de vente.
Pour d'autres, encore, une marge de tolérance devrait être définie pour tenir compte à la fois des incertitudes ou erreurs sur la norme du prix et pour accepter les offres des entreprises dynamiques qui ne s'engagent pas dans des baisses de prix préjudiciables à leurs intérêts.
Dans une telle approche, chaque cas est particulier. En admettant que l'on puisse définir une norme de prix, l'élaboration d'une règle pratique est à peu près illusoire.
Ainsi, il est difficile de cerner la notion d'offre anormalement basse dans les périodes d'exacerbation de la concurrence et de baisse de volume des commandes au cours desquelles les entreprises modifient sensiblement le niveau de leurs offres de base.

3. Le niveau auquel est apprécié le caractère excessivement bas des prix peut être global ou détaillé.
Si l'acheteur public s'attache à examiner la cohérence des offres dans leurs moindres détails, il pourra remettre en cause des offres pour des insuffisances de prix sur des postes mineurs, éventuellement sans avoir pu vérifier l'existence de compensation avec des prix ménageant des marges suffisantes par ailleurs. À l'inverse, s'il refuse de rentrer dans le détail de la proposition, il risque de manquer de compréhension sur le mécanisme de formation du prix par le fournisseur. Dans la plupart des cas, l'acheteur aura une démarche couvrant partiellement ces deux approches et, sauf erreur manifeste dont l'incidence éventuelle est crainte, il placera vraisemblablement, grâce au critère de prix, le fournisseur aux prix bas dans un bon rang.

Dans ces conditions, au-delà de vérifications sommaires et souvent formelles, l'acheteur public ne va pas chercher à savoir si l'offre est anormalement basse ou non. Mais il va arbitrer entre le risque d'accepter une offre trop basse qui pourrait lui valoir des difficultés lors de l'exécution du marché ou bien à l'usage et l'avantage financier qui résulterait de l'acceptation de cette offre.

Or, l'acheteur public est souvent démuni pour réaliser cet arbitrage. Il est donc souhaitable de conseiller à l'acheteur public de prendre le temps et les précautions nécessaires avant d'accepter une offre jugée par lui anormalement basse ; une fois écartées les offres manifestement anormales au regard de critères dont l'emploi est maîtrisée par lui, le recours à des avis extérieurs s'impose en cas de doute.

En règle générale, le coût de ce conseil sera à la fois couvert par la différence de prix avec les autres candidats et, surtout, sera très inférieur à ceux qui résulteraient d'une mauvaise appréciation des risques encourus.

Ainsi, si un fournisseur potentiel, auteur d'une offre jugée anormalement basse, n'entend pas fournir des précisions à l'acheteur public, comme le rappelle le code des marchés, même par l'intermédiaire d'un expert extérieur, neutre et indépendant, astreint au secret professionnel, il y a tout lieu de penser que l'offre comporte effectivement des aspects qui justifient la suspicion et qu'il n'est donc pas de l'intérêt de l'acheteur de lui donner une suite favorable. Dans le cas contraire, l'acheteur public pourra s'engager sans méfiance dans un marché qui ne devrait léser aucune des parties contractantes. »

Attribution du marché : Avant d'attribuer, puis de notifier un marché à une entreprise, il est recommandé de vérifier sur *« Infogreffe 36 29 11 11 »* si l'entreprise n'est pas tombée en liquidation ou en redressement judiciaire.

Aucun marché ne peut être attribué à une entreprise en liquidation judiciaire. Quant aux entreprises en redressement judiciaire, on les accepte si le jugement qui les concerne les autorise à poursuivre leur activité pendant la durée prévisible d'exécution du marché.

Attribution préférentielle des marchés publics aux artisans et aux sociétés coopératives d'artisans : Le code des marchés publics contient certaines dispositions favorables aux artisans et aux coopératives d'artisans, en particulier, la possibilité d'attribution préférentielle sous certaines conditions des marchés passés au nom des collectivités locales et leurs établissements publics.

Attribution prioritaire de marchés publics à des entreprises d'insertion : Une communauté urbaine avait envisagé de confier le nettoiement manuel des rues de différents quartiers à des entreprises de réinsertion issues de ou implantées dans ces quartiers. Cette action qui viserait la réinsertion de personnes en difficulté aurait eu pour effet d'attribuer prioritairement ces marchés à ces entreprises.

La commission centrale des marchés (CCM) consultée a répondu que si les entreprises d'insertion peuvent répondre à tout avis d'appel public à la concurrence, aucune possibilité d'attribution prioritaire des marchés n'est prévue en leur faveur par les textes actuellement en vigueur. De plus, les dispositions de la directive 92/50 CEE relative aux marchés publics de service sont applicables depuis le 1er juillet 1993 à ce type de prestations, même en l'absence de texte de transposition, le seuil à prendre en considération pour une publicité au *JO* des communautés européennes est fixé en l'état actuel des textes à 200 000 écus soit 1 350 000 F. La CCM rappelle en outre que ni le code des marchés ni les textes qui instituent les entreprises d'insertion ne prévoient en leur faveur une attribution prioritaire des marchés.

Dès lors, la sélection des offres doit être effectuée conformément aux critères définis par l'article 300 du code des marchés applicable aux collectivités territoriales et leurs établissements publics (garanties professionnelles et financières, prix des prestations, coût de leur utilisation, valeur technique, délai d'exécution).

Une attribution prioritaire de marché au bénéfice de ces entreprises, dans la mesure, vraisemblable, où d'autres entreprises traditionnelles déposeraient une offre concurrente, serait susceptible d'annulation par le juge administratif, car considérée comme une mesure favorisant les entreprises locales. Par ailleurs, l'une des solutions proposées par la communauté urbaine de passer des marchés négociés avec les entreprises d'insertion sur la base soit de l'article 104-I-7 (avec mise en concurrence), soit de l'article 104-II-2° doit de même être écartée : ce type de prestation ne répondant ni au cas visé à l'article 104-I-7 (fournitures ou services qu'il importe de choisir ou faire exécuter en certains lieux en raison de leur nature particulière ou de l'emploi auquel ils sont destinés), ni au cas visé à l'article 104-II-2° (solution à envisager lorsque les besoins de la collectivité publique ne peuvent être satisfaits que par une entreprise, en raison de nécessités techniques ou d'investissements préalables importants).

Par contre, la seule possibilité pour une ville de tenter de satisfaire légalement au souhait louable d'attribution d'un tel marché à une entreprise d'insertion est d'introduire, dans ses contrats, un critère additionnel d'attribution des marchés relatifs à une action locale en faveur de l'emploi, dans les conditions et selon les modalités précisées par la circulaire interministérielle TEFP 14/33 du 29 décembre 1993, qui autorise l'introduction de tels critères dans les marchés de travaux publics et que rien n'interdit d'étendre aux marchés de services tels que ceux envisagées par la communauté urbaine.

(Dans un avis n° 94-A 01 du 5 janv. 1994, publié au *Boccrf,* le Conseil de la concurrence s'est prononcé sur les effets produits vis-à-vis des règles de la concurrence, par les entreprises d'insertion par l'économique.)

Observations des juridictions financières

- CRC « Bourgogne », 9 juin 1993, *Commune d'Auxerre ;* extraits :

  « Jeu de la concurrence dans les marchés : Les principes de base de la réglementation des marchés publics reposent sur le libre jeu de la concurrence : l'entreprise doit être choisie après appel d'offres. Si le critère du prix reste prépondérant, le choix de l'entreprise peut se faire “ au mieux disant ” ou à “ l'offre la plus intéressante ” au regard des critères cités à l'article 300 du code des marchés ou en fonction d'autres considérations spécifiées dans l'appel d'offres.

  Or la chambre a constaté que, dans certains cas, l'écart entre l'entreprise retenue et les autres soumissionnaires était important sans qu'une motivation très explicite ait justifié le choix de la commission d'appel d'offres ou se soit situé dans la logique des critères. Exemples : marché du 3 mars 1988 pour l'eau : écart de 19 % ; marché du 29 avril 1988 pour l'éclairage public : écart de 39,8 % ; marché du 27 mars 1990 pour l'assainissement : écart de 36 %. Dans ce dernier cas, le moins disant a été écarté pour “ offre anormalement basse ” (723 379 F), alors que les services (de la ville) avaient évalué les travaux à une somme moindre (717 600 F), selon la délibération du 2 février 1990.

  La chambre rappelle que les commissions doivent, comme l'ont d'ailleurs précisé des circulaires des ministres des Finances et de l'Équipement en 1991 et 1992, adopter tout au long de la procédure une démarche claire et cohérente, fondée sur la hiérarchisation des critères énumérés à l'article 300 du code des marchés ou annoncés dans le règlement particulier d'appel d'offres, sur l'information des entreprises..., enfin, sur l'examen de tous les critères annoncés dans un ordre cohérent avec les priorités affichées. »

- CRC « Bretagne », 5 oct. 1993, *SITOM de Vannes et de sa région ;* extraits :

  « La composition de la commission d'appel d'offres restreint du 18 décembre 1985 n'est pas conforme à celle préconisée par l'article 282 du code des marchés publics,

du fait de l'absence du comptable et du représentant de la Direction de la concurrence et de la consommation. Vous soulignez que les intéressés avaient été invités mais n'étaient pas présents à cette réunion. Néanmoins, les lettres de convocation qui pourraient attester de la validité de la procédure n'ont pu être transmises à la chambre. (Ces membres de droit ne figuraient d'ailleurs pas dans la commission d'appel de candidatures du 29 oct. 1985.)
La proposition de l'entreprise titulaire du marché n'était pas la moins disante ; l'écart constaté sur le forfait d'exploitation avec l'offre la mieux placée s'élève à 141 727 F TTC. La commission devait motiver son choix ainsi que le recommande l'article 300 du code des marchés publics. »

Conservation des offres. En réponse à une question parlementaire, le ministre d'État, Garde des sceaux, ministre de la Justice, interrogé sur l'obligation qui semble peser sur les collectivités locales de conserver les dossiers de candidatures et offres de prix des fournisseurs et entrepreneurs non retenus lors de la passation d'un marché public, au moins jusqu'à l'expiration du délai de prescription de l'action publique, le ministre a répondu : « qu'il estime que la durée de conservation des dossiers de candidature et offres de prix des candidats non retenus ne saurait être inférieur au délai de prescription de l'action publique en matière criminelle, soit dix ans ». En effet, certaines infractions susceptibles d'être commises à cette occasion sont de nature criminelle.

Par ailleurs, selon l'article 427 du code de procédure pénale, « hors le cas où la loi en dispose autrement, les infractions peuvent être établies par tout mode de preuve et le juge décide d'après son intime conviction ». Rien ne semble donc s'opposer, compte tenu du principe de la liberté de la preuve en droit pénal, à ce que les dossiers concernés soient sauvegardés sur disque optique. Toutefois, un tel moyen de conservation, s'il s'accompagne de la destruction des dossiers originaux, empêche la réalisation de certaines investigations quelquefois indispensables à l'aboutissement des enquêtes éventuellement ordonnées telles, par exemple, les expertises graphologiques. Dès lors, il apparaît préférable, malgré les difficultés de stockage, que les dossiers eux-mêmes soient intégralement conservés afin de ne pas entraver l'action des enquêteurs et, le cas échéant, l'engagement de poursuites pénales (*JO* Débats parlementaires, AN, 9 août 1993).

Contrôle de légalité des marchés. La transmission du dossier de marché au représentant de l'État est obligatoire ; elle doit avoir lieu avant la *notification* au titulaire du marché.

C'est une formalité substantielle qui conditionne la validité du marché. Elle doit être accomplie dans les quinze jours au plus de la signature du document par l'ordonnateur. La preuve de cette transmission est libre (accusé de réception postal ou cachet attestant le dépôt en préfecture ou sous préfecture, ou tout autre moyen – voir art. 1-21 de la circulaire du 22 juill. 1982).

La liste des pièces qui doivent être transmises au représentant de l'État (art. R 314-2 du code des communes) a été modifiée par le décret n° 93-1080 du 9 septembre 1993 (*JO* du 16 sept. 1993).

Le marché est exécutoire à la date de réception par l'autorité chargée du contrôle de légalité. Cette date doit figurer sur l'exemplaire qui sera notifié au titulaire du marché (loi n° 92-125 du 6 févr. 1992) ; cette mention engage la responsabilité de l'ordonnateur.

L'autorité de tutelle vérifie, entre autres, l'existence d'une délibération, la régularité de la composition et des actes de la commission d'appel d'offres, la qualité du signataire du marché et ses pouvoirs, l'éventualité d'une situation d'ingérence, le respect des diverses dispositions du code des marchés (seuils, publicité, procédure, justification des dérogations, fractionnement, etc.).

S'il y a doute, l'autorité préfectorale en informera l'ordonnateur afin d'obtenir les explications et justifications nécessaires et, en cas de persistance d'une présomption d'irrégularité, saisira le tribunal administratif.

L'ordonnateur doit enfin informer l'autorité préfectorale de la notification du marché dans les quinze jours où elle a eu lieu.

Coût d'objectif (Défini par l'art. 4 du décret du 28 févr. 1973), s'entend du coût prévisionnel, hors TVA, d'une opération d'investissement faisant l'objet d'une convention avec un maître d'œuvre, dans le cadre d'un marché d'ingénierie. Ce coût doit être évalué avec précision en tenant compte de toutes les dépenses prévisibles, directes ou indirectes, rattachables à l'ouvrage à réaliser (à l'exclusion des dépenses de libération d'emprise sur les terrains et des frais financiers). Ce coût d'objectif doit faire l'objet d'un engagement de la part de l'homme de l'art, sous peine d'être pénalisé en cas de dépassement (taux de tolérance plus ou moins 5 %). Cet engagement est une sécurité pour le décideur qui doit budgétiser les financements.

En l'absence d'engagement du maître d'œuvre sur le coût d'objectif, ses honoraires sont réduits de 20 % (art. 9 du décret 73-207 du 28 févr. 1973). Ce qui est souvent démenti par la pratique : de nombreuses observations définitives des chambres régionales des comptes dénoncent ce laxisme des maîtres d'ouvrage publics.

Observations des juridictions financières

- CRC « Picardie », 15 févr. 1993, *Commune de Crouy ;* extraits :

  « Le marché d'études conclu le 6 mai 1988 [...] confiait à l'architecte une mission normalisée de première catégorie conformément au décret 73-207 du 28 février 1973, comportant une clause de réfaction des honoraires en cas de dépassement du coût d'objectif proposé par le maître d'œuvre, supérieur à l'écart toléré.

  Or l'architecte, lorsqu'il a eu connaissance du montant exact des travaux résultant de l'appel d'offres et des avenants au marché, a obtenu de la commune par deux fois, la signature d'avenants à son propre contrat ajustant l'estimation prévisionnelle, le taux de rémunération et le coût d'objectif, en fonction du coût réel des travaux.

  Cette pratique [...] rend inefficace l'engagement sur un coût prévisionnel et contractuellement impossible l'application de la clause de pénalisation du concepteur pour dépassement de l'écart toléré. »

- CRC « Poitou-Charentes », 30 avr. 1993, *Sivom de La Rochelle ;* extraits :

  « S'agissant du lycée hôtelier [...] le coût d'objectif définitif devait être fixé le 30 novembre 1984 au plus tard ; or, il ressort de la délibération du comité syndical du 6 mai 1986 que la transformation du coût d'objectif provisoire en définitif n'a pu avoir lieu que le 29 juillet 1986, soit après l'ouverture des offres du 20 mars 1985.

  Une réfaction de 20 % sur la rémunération des maîtres d'œuvre d'un montant total de 6 012 363 F aurait permis d'économiser 1 119 697 F. »

- CRC « Midi-Pyrénées », 9 sept. 1993, *Commune de Villefranche-de-Rouergue ;* extraits :

  « Aux termes d'un marché d'ingénierie conclu le 29 juin 1987 [...] le maître d'œuvre s'est engagé sur le coût d'objectif des travaux de construction de la salle

des fêtes qui a été fixé à 2 979 287 F. Or, une délibération du 14 juin 1988 approuve les décomptes généraux et définitifs des marchés de travaux pour un montant de 4 032 032 F. Après déduction des travaux supplémentaires réalisés, le montant de travaux peut être estimé à 3 104 613 F, supérieur au coût d'objectif.
Le strict respect des clauses contractuelles aurait dû conduire la collectivité à appliquer un abattement sur le forfait de rémunération versé à l'architecte.
À l'inverse, une délibération du conseil municipal en date du 29 mars 1991 a décidé d'exonérer le maître d'œuvre de la pénalisation prévue au contrat [...]. »

- CRC « Champagne-Ardenne », 1er juin 1993, *Région Champagne-Ardenne ;* extraits :

  « Aménagement de l'Hôtel de région ; absence d'engagement des maîtres d'œuvre sur le coût d'objectif. Le marché conclu le 19 décembre 1985 avec l'équipe de concepteurs se référait au décret 73-207 du 28 février 1973 et son arrêté d'application du 29 juin 1973, exprimant ainsi la volonté de la Région d'obtenir les garanties fixées par cette réglementation alors que celle-ci n'est plus obligatoire pour les collectivités locales depuis 1984. Conformément aux articles 4 et 5 de ce marché, un coût d'objectif provisoire avait été fixé, le coût d'objectif définitif devant intervenir soit par avenant, soit par ordre de service avant la fin du délai fixé pour l'acceptation par le conducteur d'opération de l'APD. Ces dispositions n'ont pas été respectées et, à aucun moment, le coût d'objectif provisoire n'a été transformé en coût définitif [...]. Le rapprochement des dates des principales étapes de déroulement du marché montre que les avenants no 2 et 4 ont été conclus après que les prix des marchés de travaux aient été connus et arrêtés contractuellement.
  Dans ces conditions, la Région était en droit d'appliquer au taux de rémunération des architectes, l'abattement de 20 % prévu par l'article 9 du décret de 1973, les hommes de l'art ne s'étant pas réellement engagés sur un coût d'objectif.
  La chambre tient à rappeler que la collectivité qui choisit de façon délibérée d'appliquer la réglementation de 1973, doit en faire une application correcte et complète. »

- CRC « Rhône-Alpes », 17 juin 1993, *Commune de Publier ;* extraits :

  « Construction de l'école maternelle du Grand Pré : À l'issue du concours restreint pour la conception architecturale de l'école maternelle " Le Grand Pré ", le jury, réuni le 23 juin 1989, a retenu la candidature de MM. D. et L. L'acte d'engagement du 23 octobre 1989 fixait le coût d'objectif à 3 325 362 F HT. Par avenant du 17 décembre 1990, à l'appui duquel est joint une délibération du conseil municipal, un nouveau coût d'objectif a été arrêté à la somme de 3 693 461 F HT.
  Cet avenant est intervenu postérieurement à la date de réception des travaux (30 août 1990). Cette pratique enlève tout intérêt à l'engagement de l'architecte sur un coût d'objectif.
  L'ordonnateur était dès lors en droit de pratiquer un abattement de 20 % sur les honoraires de l'homme de l'art en application de l'article 9 du décret du 28 février 1973. »

Dévolution des marchés de travaux (réponse du ministre de l'Économie à une question parlementaire ; *JO* Débats Sénat, 10 mars 1994). « La question s'est posée de savoir si, lors d'une procédure de passation de marché, le maître de l'ouvrage peut mettre en concurrence des offres correspondant à un mode de dévolution du marché en entreprise générale ou en groupement, avec des offres correspondant à un mode de dévolution en lots séparés.

Ce problème doit nécessairement être examiné au regard des principes consacrés par le législateur et la jurisprudence en matière de marchés, notamment le principe de transparence et celui de l'égalité de traitement des candidats.

Or, la mise en concurrence simultanée d'offres correspondant à des modes de dévolution différents d'un marché comporte le risque que, même involontairement, ces principes soient transgressés, tout en compliquant le choix du maître de l'ouvrage. En effet, ces deux types d'offres ont des caractéristiques distinctes et ne peuvent, par suite, être analysés de la même manière.

Tout d'abord, aucune comparaison n'est possible sur le contenu des prix. L'entreprise générale ou le groupement d'entreprises calcule ses frais généraux et ses marges sur l'ensemble des lots, alors que l'entreprise par corps d'état séparés ne peut calculer que sur les éléments constitutifs du lot déterminé. Par ailleurs, en supplément au prix des travaux, le prix de l'offre de l'entreprise générale ou du groupement inclut une tâche de coordination que ne comprend pas le prix de l'offre présentée par un marché séparé.

De plus, dans le cas d'un marché dévolu par entreprise générale, l'entreprise a la responsabilité du remplacement éventuel de ses cocontractants ou de ses sous traitants défaillants. Au contraire, dans le cas des marchés séparés, cette responsabilité incombe au maître de l'ouvrage et peut éventuellement induire pour celui-ci certains coûts indirects tels que, par exemple, l'indemnisation de l'entreprise à remplacer. Enfin, comme le signale l'annexe à la circulaire du 9 mars 1982 relative à la dévolution des marchés de travaux de bâtiment, certaines missions de maîtrise d'œuvre couramment utilisées ne sont pas entièrement compatibles n'importe quel mode de dévolution des travaux.

C'est donc à juste titre que cette manière de procéder à la mise en concurrence pourrait engager la responsabilité des maîtres d'ouvrage. »

Enregistrement des marchés. L'enregistrement des marchés permet de faciliter les rapports entre la collectivité et son agent comptable et d'en assurer un véritable suivi. À cet effet, il est attribué annuellement un numéro d'ordre à chaque marché et aucune modification ne peut être apportée ultérieurement à ce numéro d'ordre qui doit par ailleurs figurer, avec la date de notification du marché, sur les mandats et avis de crédit émis au titre dudit marché (Instruction du 10 nov. 1976 commentant l'art. 255 du CMP, dernier alinéa).

Les avenants portent le même numéro que le marché auquel ils se rapportent et sont identifiés par le numéro d'ordre dans lequel ils sont pris.

Les marchés sont enregistrés dans l'ordre chronologique de leur passation, sur un registre spécial ouvert par la collectivité. Il n'existe pas de modèle imposé. Il est toutefois recommandé de se servir d'un registre dont les pages sont numérotées et qui complété d'un index des titulaires de marchés. Chaque inscription devra comporter toutes les informations indispensables relatives au marché.

Exécutoire (caractère exécutoire). Voir cette rubrique.

La liste des pièces relatives aux conventions de marchés des collectivités locales et de leurs établissements publics, qui doivent être transmises au représentant de l'État pour l'exercice du contrôle de légalité a été précisée par le décret n° 93-1080 du 9 septembre 1993 (*JO* du 16 sept.), modifiant l'article R 314-2 du code des communes.

Ce décret ajoute en outre deux nouveaux articles R 314-3 et R 314-4 faisant, d'une part, obligation de transmettre les avenants aux marchés et les décisions de poursuite des travaux ; permettant, d'autre part, au représentant de l'État de demander que des pièces complémentaires lui soient fournies pour l'exercice de son contrôle de légalité.

Ainsi, la transmission des pièces d'un marché est non seulement obligatoire pour qu'il soit exécutoire, mais cette transmission n'est juridiquement correcte, sous le contrôle du juge, que si elle est complète.

Favoritisme. Le favoritisme réprime les atteintes à la liberté d'accès et à l'égalité des candidats dans les marchés publics. Institué par l'article 7 de la loi 91-3 du 3 janvier

1991, relative à la transparence et à la régularité des procédures dans les marchés publics, il a été transposé dans le nouveau code pénal (art. 432-14), dans l'esprit de punir :

« Le fait (par toute personne, fonctionnaire ou élu), de procurer ou de tenter de procurer à autrui un avantage injustifié par un acte contraire aux dispositions législatives ou réglementaires ayant pour objet de garantir la liberté d'accès et l'égalité des candidats dans les marchés publics. »

Jusqu'alors, les violations du principe de la liberté du commerce et d'égalité des candidats n'étaient sanctionnées que dans le cadre des dispositions de l'ordonnance n° 86-1243 du 1er décembre 1986 créant le Conseil de la concurrence et interdisant les ententes et abus de position dominante.

La loi de 1991, consacrée par les dispositions précitées du nouveau code pénal, place désormais l'acheteur public sur le même pied d'égalité que l'entrepreneur privé.

Deux circulaires, du 4 juin 1992 et du 29 juillet 1992, prises en application de la loi du 3 janvier 1991, donnent quelques hypothèses (vérifiées par les chambres régionales des comptes) de situations constitutives du délit de favoritisme :

– la préférence locale ;
– le partage d'un marché entre plusieurs entreprises ;
– la modification d'un dossier technique en cours de consultation dont les éléments ne sont fournis qu'à une seule des entreprises en compétition ;
– la désignation d'une marque ou d'un procédé technique ;
– la sollicitation d'offres de couverture ;
– la fourniture à une entreprise d'informations qui la favorisent par rapport à ses concurrents ;
– l'introduction dans le cahier des charges de clauses techniques qui ne peuvent à l'évidence être satisfaites que par une seule entreprise ;
– la sous estimation volontaire du coût des prestations pour pouvoir déclarer l'appel d'offres infructueux et passer un marché négocié avec l'entreprise de son choix ;
– recourir directement à la procédure du marché négocié en dehors des cas prévus au code des marchés publics ;
– etc. cette liste n'étant pas limitative, à l'appréciation du juge et des circonstances.

La notion de « préférence locale » dans les marchés publics : Les principes d'égalité d'accès aux commandes publiques et de libre concurrence s'opposent au principe de préférence locale que nombre d'élus locaux tentent de défendre. Hormis le cas visé par l'article 260 et suivants en faveur des coopératives ouvrières, par exemple, une commune ne peut pas attribuer un marché sur le critère de la préférence locale sauf si la proximité est un critère déterminant de son exécution, et sous le contrôle du juge. Dès lors, ce critère doit être annoncé dans les documents de la consultation (TA de Montpellier, 18 déc. 1985, COREP/département des Pyrénées-Orientales).

Le risque, c'est bien entendu le délit de favoritisme si le juge estime qu'il y a abus de préférence locale.

(Voir aussi la rubrique *Responsabilité pénale personnelle.)*

La mission interministérielle d'enquête sur les marchés, créée par la loi du 29 janvier 1993 (art. 49) dispose de pouvoirs d'investigations étendus pour traquer le favoritisme.

Fractionnement. (Voir l'art. 9 du décret n° 93-733 du 27 mars 1993, relatif à la transparence des procédures dans les marchés publics) : L'article 273 du code des marchés publics est remplacé par les dispositions suivantes :

- *Art. 273 : « Lorsque, pour des raisons économiques, techniques ou financières le rythme ou l'étendue des besoins à satisfaire ne peuvent être entièrement définis et arrêtés par le marché, l'autorité compétente de la collectivité ou de l'établissement public peut passer un marché fractionné sous la forme d'un marché à bons de commande ou d'un marché à tranches conditionnelles ».*

Sur les marchés fractionnés : voir la circulaire NOR/ECOM 9385002/C du 5 août 1993 (*JO* des 30 et 31 août 1993, p. 12243).

Les marchés fractionnés sont des marchés qui dérogent ainsi à la règle des marchés simples, à quantité fixe, où tout est décidé dès le début de la consultation. Les marchés fractionnés sont donc soit des marchés à bon de commande, exécutés au fur et à mesure de l'émission des bons de commande et dans la limite de chaque commande, soit des marchés à tranches exécutés en fonction des possibilités de financement budgétaire.

Le fractionnement en lots **ou** ***allotissement*** (art. 77 du code des marchés) recouvre une notion différente de ce qui est rappelé ci-dessus : il s'agit d'un découpage technique du marché sur la base des différents corps d'état, par exemple. Le fractionnement est légal et est susceptible de présenter des avantages techniques ou financiers ; les travaux, fournitures ou services sont répartis en lots pouvant donner lieu chacun à un marché distinct.

L'intention de la collectivité doit être annoncée dès l'avis de consultation.

Dans ce cas, la prestation ainsi fractionnée fait l'objet de marchés distincts pour chaque lot, qui peuvent être attribués à des entreprises différentes ou à une seule entreprise.

Mais on observe une pratique perverse du fractionnement, dans un but tout autre, qui est de se soustraire à l'obligation d'appel à la concurrence. Le fractionnement des prestations est alors un procédé grossier, fréquemment dénoncé par les juridictions financières, pour tourner la règle des « seuils » et se soustraire à l'obligation de passation d'un marché (ou passer un marché négocié) avec les entrepreneurs et fournisseurs.

Observations des juridictions financières

- CRC « Champagne-Ardenne », 1er juin 1993, *Conseil régional ;* extraits :

  « L'aménagement d'un appartement dans le nouvel Hôtel de région : La Chambre a constaté que les travaux de l'appartement estimés dans un premier temps à 1 065 000 francs, hors décoration et mobilier, avaient été fractionnés en quatre phases inférieures à 350 000 francs, de manière à ne pas dépasser le seuil au-delà duquel l'adjudication ou l'appel d'offres est obligatoire.
  À l'initiative de l'architecte, l'opération réévaluée à 1 620 175 francs, a subi le découpage suivant :
  – 1re tranche : gros œuvre : 349 760 F ;
  – 2e tranche : mobilier : 344 888 F ;
  – 3e tranche : décoration 1re partie : 345 045 F ;
  – 4e tranche : décoration 2e partie : 343 191 F ;
  – 5e tranche : travaux supplémentaires hors marché : 237 291 F.
  En ce qui concerne les procédures d'attribution des marchés de travaux, plusieurs appels à la concurrence ont été lancés sous la seule responsabilité de l'architecte, lequel a procédé au choix des entreprises qu'il a ensuite fait entériner par la région.
  Or, les anomalies relevées à l'examen des différentes phases d'exécution du marché de travaux (ordre de service, devis, factures, réception des travaux) laissent supposer que les procédures de mise en compétition et de dévolution des marchés (de gré à gré) n'ont pas bénéficié de toute la transparence souhaitable en ce domaine d'autant que ce sont sensiblement les mêmes entreprises qui ont été retenues pour les quatre phases.

Les mêmes errements ont eu lieu pour l'acquisition du mobilier : un marché correspondant à la deuxième tranche a été conclu pour 344 888 francs, avec une société qui s'est vue confier une commande hors marché, sur simple facture, de 60 156 francs. »

La Chambre a rappelé à cette occasion, que la mise en concurrence des entreprises est une disposition d'ordre public du code des marchés et que sa violation est une faute de gestion d'une gravité toute particulière.

• CRC « Franche-Comté », *Département du Jura,* observations définitives en date du 23 sept. 1993 ; extraits :

> « L'examen des comptes a mis en évidence la pratique fréquente, par le service départemental de l'équipement, du scindement en plusieurs paiements, sur simples factures, de travaux ou fournitures dont le coût global justifierait l'application des procédures prévues par le code des marchés publics. Au cours des exercices 1988 et 1989, où le seuil réglementaire pour la conclusion d'un marché était de 180 000 francs, un sondage a permis de relever le règlement de 18 factures comprises entre 166 999 F et 179 979 F, souvent au profit des mêmes entreprises, sur des périodes rapprochées et au titre de la même subdivision territoriale.
> Cette pratique, qui de l'aveu du service visait à permettre aux petites entreprises locales d'avoir accès aux approvisionnements et aux travaux routiers d'entretien, a permis d'écarter toute mise en concurrence préalable, ce qui est préjudiciable aux finances du département qui se prive ainsi de la possibilité de rechercher de meilleures conditions économiques. »

INTÉRÊTS MORATOIRES. Voir cette rubrique.

MAÎTRE DE L'OUVRAGE. Personne morale (collectivité ou établissement public), pour le compte de laquelle les prestations sont exécutées. La loi 85-704 du 12 juillet 1985 (voir ci-après), en donne la définition suivante :

Le maître de l'ouvrage est la personne morale (publique) pour laquelle l'ouvrage est construit. Responsable principal de l'ouvrage, il remplit, dans ce rôle, une fonction d'intérêt général dont il ne peut se démettre. Il lui appartient, après s'être assuré de la faisabilité et de l'opportunité de l'opération envisagée, d'en déterminer la localisation, d'en définir le programme (objectifs et contraintes de l'opération), d'en arrêter l'enveloppe financière prévisionnelle, d'en assurer le financement, de choisir le processus selon lequel l'ouvrage sera réalisé et de conclure, avec les maîtres d'œuvre et entrepreneurs qu'il choisit, les contrats ayant pour objet les études et l'exécution des travaux.

Le conducteur d'opération assure, auprès du maître d'ouvrage qui l'a choisi, une mission d'assistance générale à caractère administratif, financier et technique. Cette mission est de nature différente de celle du mandataire ; la mission du mandataire, en effet, n'est pas limitée à une assistance générale et comporte l'exercice de droits propres au maître de l'ouvrage.

La mission de conduite d'opération est exclusive de toute mission de maîtrise d'œuvre portant sur le même ouvrage.

MAÎTRISE D'OUVRAGE PUBLIC ***(convention de « mandat » de maîtrise d'ouvrage public).*** Loi n° 85-704 du 12 juillet 1985, relative à la maîtrise d'ouvrage publique et à ses rapports avec la maîtrise d'œuvre privée, dite *loi MOP.*

À ne pas confondre avec les *Marchés d'entreprise de travaux publics (METP)* qui sont des contrats de nature juridique différente, proches de la concession. Voir ces deux rubriques sous *Travaux publics.*

Trois décrets, en date du 29 novembre 1993, n° 93-1268, 93-1269 et 93-1270 ; (*JO* du 1er déc. 1993), clarifient, pour l'avenir, la loi de 1985 en précisant les conditions d'application de plusieurs de ses articles.

Le mandat ne concerne que la réalisation des travaux qui, dès leur achèvement, seront réceptionnés par la collectivité pour une exploitation directe ; tandis que, dans la concession, le concessionnaire, qui va ensuite exploiter les équipements réalisés pour le compte de la collectivité publique, est le véritable maître d'ouvrage, ce qui n'est pas sans incidence sur les conditions de financement des travaux (voir à cet effet la circulaire du 4 mars 1986 du ministère de l'Urbanisme et du Logement).

La réalisation d'un ouvrage public peut présenter un degré de complexité que les services d'une collectivité publique, quelle que soit sa taille, peuvent ne pas savoir maîtriser. La délégation de maîtrise d'ouvrage apparaît alors comme la solution la plus avantageuse pour parvenir au résultat escompté, sans toutefois en écarter tous les risques.

Parus tardivement, en raison des difficultés de concertation entre partenaires concernés, la période transitoire ouverte après le vote de la loi du 2 mars 1982 jusqu'au 1er juin 1994 (date d'application de la loi nouvelle), a favorisé de nombreux errements.

La réglementation de 1973 (décret n° 73-207 du 28 févr. 1973 et arrêté du 29 juin 1973 relatifs aux missions d'ingénierie et d'architecture), avait constitué un progrès dans la mesure où elle introduisait une protection contractuelle du maître de l'ouvrage, notamment avec la clarification des rôles des différents intervenants, mais aussi par la normalisation des missions, la fixation de la rémunération des architectes et la détermination des pénalités en cas de dépassement du coût d'objectif. Néanmoins, l'insuffisance des contrôles de la collectivité maître d'ouvrage, souvent dénoncée par les juridictions financières, appelait un renforcement de la réglementation.

Rappelons que depuis le 1er mars 1984, à la suite de l'abrogation de l'article L 312-5 du code des communes, les collectivités locales n'étaient plus obligées d'appliquer la réglementation de 1973, sauf si elles avaient volontairement choisi de s'y référer.

La loi nouvelle du 12 juillet 1985 est venue combler certaines lacunes en substituant une responsabilité plus large de mandataire (au sens de la théorie du mandat, articles 1984 et suivants du code civil) à celle qui résultait auparavant d'une simple convention de délégation.

Cette loi insiste surtout (art. 2, 3 et 5) sur les conditions de délégation de la maîtrise d'ouvrage. Le maître d'ouvrage est responsable principal de l'ouvrage. Il remplit dans ce rôle une fonction d'intérêt général dont il ne peut se démettre. Il s'assure de la faisabilité de l'opération, en définit le programme, les objectifs et les contraintes, en arrête l'enveloppe financière prévisionnelle et en assure le financement ; il passe les contrats d'études et d'exécution avec les *maîtres d'œuvre* et entrepreneurs qu'il choisit ; il peut confier certaines de ses attributions à un mandataire ; enfin, les rapports entre le maître d'ouvrage et le mandataire sont fixés de façon précise, par convention, notamment en ce qui concerne le contrôle technique et financier à chaque étape de l'opération.

C'est à ce niveau que pêchent, le plus souvent, les maîtres d'ouvrage qui, une fois le contrat signé, s'en remettent au maître d'œuvre pour l'exercice des différents contrôles et n'exigent pas de leur mandataire la reddition régulière des comptes de l'opération. Tout se passe comme si la collectivité se croyait autorisée à se décharger de ses responsabilités sur le mandataire.

Les sociétés d'économie mixte locales, fréquemment retenues comme mandataires des collectivités locales, font ainsi rejaillir sur leur collectivité les difficultés financières résultant d'opérations mal conduites. En effet, on oublie trop souvent que, dans une opération de mandat, le responsable c'est le mandant, s'il n'a pas effectué les contrôles qui lui incombent ; il est notamment responsable du financement, donc des dépassements ; il est responsable des erreurs techniques, et l'ouvrage peut se révéler inadapté ;

il supporte enfin les conséquences dommageables de la défaillance du mandataire, auquel il a pu consentir des avances.

(Pour l'interprétation de la loi du 12 juill. 1985, on se reportera, en tant que de besoin, à la circulaire Urbanisme et Logement n° 86-24 du 4 mars 1986, publiée au bulletin officiel de ce ministère, n° 12 du 23 avr. 1986.)

Le décret n° 93-1268 du 29 novembre 1993 précité (*JO* du 1er déc. 1993) relatif aux missions de maîtrise d'œuvre confiées par des maîtres d'ouvrage publics à des prestataires de droit privé (dont la date d'entrée en vigueur est fixée au « premier jour du sixième mois suivant sa publication », soit le 1er juin 1994) *abroge ainsi expressément le décret n° 73-207 du 28 février 1973 précité.*

À cet égard, le ministre de l'Économie, répondant à la question d'un parlementaire relative aux difficultés d'interprétation des textes de 1973 relatifs à la rémunération du maître d'œuvre, a précisé que « le nouveau texte tend essentiellement à créer les conditions nécessaires pour une meilleure qualité des ouvrages publics de bâtiment par la classification des rôles, des missions et par une affirmation des responsabilités des différents partenaires.

Dorénavant, la rémunération du maître d'œuvre sera fixée contractuellement entre les parties. Cette rémunération sera déterminée en tenant compte de l'étendue de la mission appréciée au regard de sa durée prévisible, de sa complexité et enfin du coût prévisionnel des travaux.

Par ailleurs, le texte prévoit également, dans un souci de protéger le maître d'ouvrage contre une dérive éventuelle des coûts, d'inclure dans le contrat une clause d'engagement formel du maître d'œuvre sur le respect du coût prévisionnel des travaux. Le contrôle du respect de cet engagement pourra s'effectuer, soit au moment de l'attribution des contrats de travaux, soit après exécution de ceux-ci.

Le maître d'ouvrage aura également toujours la possibilité de demander au maître d'œuvre d'adapter ses études, sans rémunération supplémentaire, jusqu'à ce que l'ensemble des travaux nécessaires à la réalisation puisse être attribué sans dépassement du coût prévisionnel.

Enfin, le nouveau décret ouvre également la possibilité de fixer dans le contrat des pénalités allant jusqu'à un abattement de 15 % du montant de la rémunération du maître d'œuvre en cas de dépassement excédant le taux de tolérance.

L'ensemble de ces dispositions qui visent à maintenir le niveau des coûts prévisionnels repose sur la réaffirmation de la responsabilité du maître d'œuvre qui est déterminante dans la réalisation d'ouvrages de qualité à des coûts maîtrisés » (*JO,* Débats AN, 8 nov. 1993).

Observations des juridictions financières

• CRC « Centre », 3 juin 1993, *Société d'économie mixte pour l'équipement du Loiret, SEMPEL ;* extraits :

> « Par convention du 12 septembre 1987, le département du Loiret et la ville d'Orléans ont confié à la SEMPEL la maîtrise d'ouvrage de l'aménagement des terrains de la Saussaye et de la Planche en vue, notamment, de réaliser la construction de locaux industriels destinés à une entreprise étrangère.
>
> Une convention est ensuite intervenue entre la SEMPEL et le cabinet d'ingénierie, désigné à cet effet par la société dont l'implantation avait été décidée, afin de réaliser l'ensemble de cette opération, en qualité de mandataire de la SEMPEL.
>
> Le prix de l'ensemble de la réalisation a été fixé à 63 499 000 F HT, montant incluant notamment la rémunération du cabinet d'ingénierie. Or, cette rémunération

n'apparaît dans aucun document, ni au moment de la passation du contrat, ni dans la situation définitive des travaux en date du 22 avril 1988.
La chambre relève que, même si le cabinet d'ingénierie s'est engagé sur un coût ferme et définitif, son intervention en tant que mandataire de la SEMPEL a eu un coût que celle-ci ignore.
L'article 4 de la convention précitée dispose que " bien que mandataire du maître de l'ouvrage, il est expressément entendu, par dérogation aux dispositions de l'article 1993 du code civil, que le cabinet d'ingénierie ne pourra pas être contraint de justifier auprès de ce dernier, du montant des prestations confiées par lui aux entreprises et prestataires de service de son choix, le prix et la qualité étant garantis par le cabinet d'ingénierie ".
Il convient de rappeler que l'article 1993 du code civil précise que " tout mandataire est tenu de rendre compte de sa gestion et de faire raison au mandant de tout ce qu'il a reçu en vertu de sa procuration, quand même ce qu'il aurait reçu n'eût point été dû au mandant ".
La chambre relève dès lors le caractère inhabituel de l'absence de contrôle du maître d'ouvrage sur les éléments de rémunération du maître d'œuvre. La SEMPEL a estimé qu'il ne lui appartenait pas d'exercer d'autre contrôle que celui qui tendait à vérifier la bonne exécution des travaux.
La chambre constate que le dispositif juridique adopté pour réaliser cette opération, qualifiée de contrat d'usine " clés en mains ", a conduit à une absence totale d'information sur la rémunération du maître d'œuvre, contrairement aux dispositions de l'article 1993 du code civil. »

- CRC « Franche-Comté », 29 avr. 1993, *SEM SODEVIC à Vesoul ;* extraits :

« De fréquentes interférences ont été constatées entre les notions de " mandat " et de " concession ", qui obéissent pourtant à des règles juridiques et comptables distinctes. Il est, dans un tel contexte, délicat de faire une lecture claire des conditions et de connaître les liens juridiques qui unissent les collectivités et la SODEVIC, pour la conduite des différentes opérations. L'exemple de la convention de mandat signée avec la commune d'Héricourt le 13 juillet 1987 est à cet égard significatif. En effet, un avenant signé en 1991, désigne la société non plus comme mandataire mais en tant que concessionnaire, l'opération s'étant poursuivie d'ailleurs sans aucune modification au plan comptable ou dans le partage des responsabilités des intervenants.
La chambre constate que de tels procédés compliquent singulièrement le contrôle des collectivités cocontractantes ; par ailleurs, la redéfinition, en cours d'opération, de la nature des contrats est également source de confusion dans la détermination des responsabilités financières de chacun des intervenants [...].
La chambre relève une absence de transparence due à une insuffisance des documents annuels remis aux collectivités [...].
Pour les opérations en mandat, le manque de documents annuels est fortement préjudiciable, non seulement aux élus, mais aussi au trésorier de la collectivité à qui il est fait obligation de procéder aux intégrations patrimoniales en contrepartie des avances versées à la société [...].
La chambre rappelle qu'en vertu de l'article 1984 du code civil, le mandataire d'une collectivité publique est tenu de se conformer aux dispositions des lois et règlements sur la comptabilité publique. »

- CRC « Champagne-Ardenne », 1er juin 1993, *Conseil régional de Champagne-Ardenne ;* extraits :

Aménagement de l'Hôtel de Région :
« La chambre remarque, d'une part, que la loi du 12 juillet 1985 ne permet pas

une délégation totale des responsabilités de la maîtrise d'ouvrage et, d'autre part, que, lorsqu'elle donne mandat à un tiers, la collectivité doit exercer un contrôle effectif tout au long de la prestation. Il n'apparaît pas que l'ensemble de ces dispositions ait été respecté. Ainsi, le contrat ne comporte pas d'estimation prévisionnelle des travaux ; leur programme et leur montant sont arrêtés seulement après une première phase d'étude. En outre, la Région n'a pas exercé de contrôle effectif sur la réalisation des travaux, la passation des marchés et leur règlement, ou encore la réception des travaux. Elle a accepté les installations sans demander de justifications. »

Maître d'œuvre. Personne physique ou morale chargée, en raison de ses compétences techniques, de la conception des ouvrages à réaliser, puis de diriger et contrôler l'exécution des marchés et de viser les situations financières avant tout règlement.

Jusqu'au 1er juin 1994, date d'entrée en vigueur du décret n° 93-1268 du 29 novembre 1993, relatif aux missions de maîtrise d'œuvre confiées par des maîtres d'ouvrage publics à des prestataires de droit privé, la référence au décret 73-207 du 28 février 1973 sur l'ingénierie et l'architecture était facultative pour les communes ; mais si, pour des raisons de sécurité et d'objectivité, une commune avait choisi cette référence pour la détermination de la rémunération et des responsabilités du maître d'œuvre, les clauses du texte de référence, librement choisies, deviennent obligatoires pour les parties.

Les chambres régionales des comptes signalent de fréquentes entorses à cette règle (CRC « Provence-Alpes-Côte-d'Azur », *Commune du Castellet,* observations du 20 juill. 1993, par exemple).

(Depuis le décret 86-453 du 14 mars 1986 (*JO* du 16 mars 1986), les marchés de désignation du maître d'œuvre obéissaient à des procédures différentes selon que les honoraires sont inférieurs à 450 000 F, sont compris entre 450 000 F et 900 000 F ou sont supérieurs à 900 000 F.)

Mais toutes ces dispositions sont aujourd'hui remplacées, pour l'avenir, par le décret n° 93-1268 du 29 novembre 1993 (pris en application de la loi MOP) relatif aux missions de maîtrise d'œuvre confiées par des maîtres d'ouvrages publics à des prestataires de droit privé.

Le contrat précise désormais le contenu de la mission dont les prestations sont définies, notamment par référence aux normes homologuées ou à d'autres normes applicables en France en vertu d'accords internationaux dans les conditions prévues au décret 84-74 du 26 janvier 1984 modifié fixant le statut de la normalisation.

Le contrat indique aussi les modalités selon lesquelles la rémunération du maître d'œuvre est fixée. Il précise, au plus tard avant le commencement des études de projet, le mode de dévolution des travaux retenus : entrepreneurs séparés, entreprises groupées, entreprise générale, ainsi que son incidence sur le contrat.

Marchés d'études, marchés de définition. Les marchés d'études ont pour objet de permettre la réalisation de prestations intellectuelles que la collectivité ne s'estime pas capable d'effectuer elle-même. Ces marchés, comme tous les autres, doivent faire l'objet d'une mise en compétition.

Sont essentiellement concernés les marchés d'études socio-économiques, socioculturelles, d'informatique, de recherches ou définition, ainsi que les marchés de maîtrise d'œuvre ; l'obligation de passer un concours de maîtrise d'œuvre lorsque le marché ne comporte aucune mission de conception.

Les marchés de maîtrise d'œuvre sont ceux qu'on désignait antérieurement comme des marchés d'ingénierie et d'architecture. (Cette nouvelle appellation résulte de la loi n° 85-704 du 12 juill. 1985, dite loi MOP.)

Quel que soit le mode de passation du marché, il convient de rappeler les *idées directrices* suivantes :

– la collectivité ne doit pas engager une entreprise dans un processus de réalisation de travaux d'une conception originale, si la prestation n'a pas été totalement définie et sa traduction en termes techniques précisée. À cet effet, on distingue l'étude du projet à réaliser de la construction proprement dite.

Cette distinction, par ses prolongements sur le plan de la mise en concurrence des entreprises et du financement des études, contribue à clarifier les rapports collectivité/entreprises et préciser les responsabilités de chacun. La conclusion de marchés d'études évite aux collectivités les conséquences fâcheuses souvent dénoncées par les juridictions financières d'absence d'études préalables ;

– émulation entre les entreprises : la sélection des entreprises n'est pas opérée selon le seul critère du prix, comme en matière d'adjudication, mais selon d'autres critères définis, en toute connaissance de cause, par la collectivité ;

– les obligations respectives des cocontractants sont plus faciles à préciser.

Marchés d'études (art. 313 *bis*) :

> *« Les marchés d'études sont dits de " maîtrise d'œuvre " lorsqu'ils ont pour objet, conformément aux dispositions de l'article 7 de la loi n° 85-704 du 12 juillet 1985 relative à la maîtrise d'ouvrage publique et à ses rapports avec la maîtrise d'œuvre privée, d'apporter une réponse architecturale, technique et économique au programme défini par le maître de l'ouvrage. »*

Marchés de définition (art. 314) :

> *« Les marchés d'études sont dits de définition lorsqu'ils ont pour objet d'explorer les possibilités et les conditions d'établissement d'un marché ultérieur ; ces marchés doivent permettre de préciser les buts et performances à atteindre, les techniques de base à utiliser, les moyens en personnel et en matériel à mettre en œuvre. Ils doivent également permettre d'estimer le niveau de prix des prestations, les modalités de sa détermination et de prévoir les différentes phases de l'exécution des prestations.*
>
> *Les prestations faisant suite à plusieurs marchés de définition ayant le même objet et effectuées simultanément peuvent être attribuées, sans nouvelle mise en compétition, à l'auteur de la solution retenue. »*

MARCHÉS NÉGOCIÉS (voir art. 62 et 63 du décret n° 92-1310 du 15 déc. 1992 modifiant les art. 103 et 104 du code des marchés publics). Les marchés négociés sont ceux où l'autorité compétente engage, sans formalité, les discussions qui lui paraissent utiles et attribue ensuite librement le marché au candidat retenu, (art. 308 modifié par l'art. 10 du décret n° 93-733 du 27 mars 1993).

> *« Art. 10 : Le premier alinéa de l'article 308 est remplacé par les deux alinéas suivants :*
>
> *" L'article 103 et l'article 104, à l'exception du 6° de son I, sont applicables (aux collectivités locales) [...]. "*
>
> *" Sauf dans le cas prévu au 10 du I de l'article 104, les discussions préalables à la passation d'un marché négocié ne peuvent être engagées qu'après avis favorable et motivé de la commission prévue à l'article 279. Cet avis est joint au rapport mentionné à l'article 312 ter. "*
>
> *Art. 103 : " La procédure est dite ' négociée ' lorsque la personne responsable du marché engage librement les discussions qui lui paraissent utiles avec les candidats de son choix et attribue le marché au candidat qu'elle a retenu.*
>
> *Il ne peut être passé de marchés négociés que dans les cas limitativement énumérés à l'article 104. "*

Art. 104 : " Les marchés négociés sont passés avec ou sans mise en concurrence... " »

1. Les marchés sont passés après une mise en concurrence préalable dans les (dix) cas limitativement énumérés.

Condition de publicité minima.

2. Il peut être passé des marchés négociés sans mise en concurrence préalable lorsque l'exécution ne peut être réalisée que par un entrepreneur ou un fournisseur déterminé (énumération des cas).

Ces marchés sont dispensés de l'avis d'appel public à la concurrence.

Cette procédure constitue une procédure d'exception qui obéit, en ce qui concerne les collectivités locales et leurs établissements publics, à des conditions assez proches de celles prévues par les articles 103 et 104 pour les marchés de l'État dont les textes leur sont désormais applicables.

Ces conditions sont très restrictives. L'arrêté du 17 décembre 1993 fixant le *seuil* prévu par le code des marchés publics en a porté le montant de 700 000 à 900 000 F. Néanmoins, les collectivités locales font un *usage abusif de cette procédure* dans des conditions d'illégalité flagrante ; un des principaux arguments avancés étant *« l'appel d'offres infructueux »*, ce qui a conduit le législateur à abroger les anciens articles 309, 312 et 312 *bis* et à durcir la nouvelle réglementation.

À la décharge des élus, cependant, il faut reconnaître que l'article 312 *bis,* en particulier, était d'une application subtile car il n'est pas toujours aisé d'établir qu'un seul entrepreneur ou fournisseur pouvait réaliser la prestation demandée. S'agissant d'aménagement, par exemple, où l'appréciation du résultat fait appel à des considérations « artistiques », subjectives donc, la jurisprudence administrative en vient à renverser la charge de la preuve, en demandant à la collectivité de démontrer que le résultat recherché ne pouvait être obtenu que par le recours à un architecte déterminé ou à une entreprise déterminée.

C'est ce qui s'est passé, par exemple avec le marché d'aménagement de l'Avenue des Champs-Élysées, où le tribunal administratif de Paris a annulé le marché d'études passé par la ville, au motif que celle-ci n'apportait pas la preuve, par aucun élément susceptible d'établir que les besoins relatifs à l'établissement de l'avant projet ne pouvaient être satisfaits que par une prestation qui, à cause de nécessités techniques, d'investissements préalables importants, d'installations spéciales ou de savoir faire, ne pouvait être confiée qu'à l'architecte et au bureau d'études techniques choisis (TA Paris, 24 nov. 1992).

Observations des juridictions financières

- CRC « Centre », 2 déc. 1993, *Office public d'aménagement et de construction du Loiret ;* extraits :

> « Remarques générales sur les modalités de passation des marchés. [...] les travaux relatifs à dix-sept opérations (sur 21 recensées) ont été dévolus par voie de marchés négociés après déclaration d'appel d'offres infructueux [...]. Au total, le montant des marchés attribués dans le cadre d'une procédure de marchés négociés s'est donc élevée à 133 907 287 F, soit 93 % de l'échantillon.
>
> Le principal motif relevé dans les procès-verbaux de la commission d'appel d'offres déclarant les appels d'offres infructueux est le montant trop élevé des propositions moins-disantes par rapport aux prix maxima dès lors fixés par l'OPAC. Lorsque le taux d'appel d'offres infructueux atteint 93 %, il est légitime de s'interroger sur la validité des méthodes de calcul aboutissant aux estimations de l'office. Il est en effet assez fréquent que le prix de revient prévisionnel initial de l'office soit de l'ordre de 80 à 85 % des prix de référence fixés par les textes réglementaires.

Les marchés définitivement conclus après négociation conduisent le plus souvent à un relèvement significatif de ces évaluations qui se rapprochent alors des prix de référence précités. Ainsi, le fait même d'établir des prévisions inférieures aux prix de référence alors que les marchés se traitent à des niveaux fréquemment proches de ces derniers amène l'OPAC à déclarer quasi systématiquement ses appels d'offres infructueux.
Cette situation ne saurait être regardée comme satisfaisante du point de vue de la gestion et de la mise en concurrence. En effet, pour les marchés examinés, après avoir déclaré l'appel d'offres infructueux, la commission donne immédiatement mission au directeur de l'OPAC de procéder à une dévolution des marchés par voie élargie de marchés négociés. Les projets initiaux sont ainsi modifiés dans leur consistance et leurs spécifications dans le but de réaliser des économies permettant de lancer l'opération. Dans ces conditions, le principe général de mise en concurrence perd l'essentiel de sa portée dans la mesure même où des modifications substantielles des projets interviennent entre le résultat de l'appel d'offres et l'attribution définitive des marchés [...]. Le maître d'œuvre de l'office, agissant sur mandat de la commission d'appel d'offres, procède en définitive à une négociation directe avec les entreprises de son choix sans mettre en œuvre les procédures permettant d'assurer l'égalité des candidats devant la commande publique [...]. »

- CRC « Languedoc-Roussillon », 16 avr. 1993, *Commune de Bédarieux* :

« Il arrive que la motivation invoquée par la collectivité lorsqu'elle a recours à l'application de l'article 312 *bis,* alinéa 2, du code des marchés, soit démentie par les faits [...]. Enfin et surtout, des opérations ont pu être engagées, sans appel d'offres, alors que le seuil réglementaire en vigueur était largement dépassé [...]. Dans un cas, la mise en concurrence informelle menée par l'architecte sur les directives de la commune s'est limitée à des entreprises locales. »

- CRC « Limousin », 21 oct. 1993, *Association syndicale autorisée d'assainissement et de drainage de la Haute-Vienne ;* extraits :

« La chambre a relevé que, par délibérations en date du 19 janvier et 22 juillet 1988, le conseil syndical avait décidé de passer deux marchés de drainage... sans appel à la concurrence en application de l'article 312 alinéa 4 du code des marchés qui stipule que “ ... des marchés négociés peuvent être passés... dans les cas d'urgence impérieuse motivée par des circonstances imprévisibles ne permettant pas de respecter les délais... ”. En l'espèce, l'urgence ne saurait être invoquée dans la mesure où la délibération précitée indique que “ compte tenu des reliquats apparaissant dans les dernières tranches, les crédits déjà alloués permettent de réaliser une deuxième partie de travaux dans la 26e tranche ” ; en outre, si *la notion d'urgence* peut être invoquée dans certains cas, la répétition de cet argument apparaît difficilement compréhensible (délibérations du 22 nov. 1988, du 26 avr. 1989). Il convient de rappeler que la notion d'urgence ne suffit pas seule à justifier la procédure du marché négocié mais doit être imprévue et motivée par des circonstances imprévisibles, ce qui en tout état de cause paraît difficilement admissible pour des travaux de drainage réalisé en plusieurs tranches, sur plusieurs années. »

Jurisprudence :

- CE, 8 janv. 1992, *Préfet des Yvelines ;* résumé :

Le préfet du département des Yvelines avait demandé au tribunal administratif de Versailles, l'annulation de la délibération par laquelle la ville de Trappes avait passé un marché négocié avec la société Bouygues, pour l'aménagement d'une « maison des familles » dans le même périmètre que celui dans lequel cette société s'était vu confier un marché de travaux pour la réhabilitation de plusieurs immeubles. Saisi en appel, le Conseil d'État a précisé sa jurisprudence sur l'application des dispositions de l'article 312 du code des marchés. Le Conseil d'État a en effet écarté les arguments de l'entrepreneur tirés de l'article 312 en observant qu'il n'y avait, en l'espèce, ni urgence ni circonstances imprévisibles justifiant cette procédure, s'agissant de locaux à usage de réunion des administrés. De même, il a écarté les arguments tirés de l'article 312 *bis* selon lesquels l'entreprise aurait été la seule à pouvoir exécuter ces travaux. Le Conseil d'État a aussi écarté cette justification au motif que la circonstance invoquée par la société Bouygues, tirée de ce que ce marché était complémentaire de l'opération de réhabilitation d'immeubles dont il avait été précédemment chargé et qui rendait souhaitable d'assurer l'homogénéité de l'ensemble de ces travaux, ne suffisait pas à établir qu'elle était la seule société à laquelle la commune de Trappes pouvait confier la réalisation des travaux en cause. Le Conseil d'État a ainsi annulé le marché en cause.

• CE, 23 févr. 1990, *Préfet de la Guadeloupe c/ Commune de Morne-à-l'Eau ;* résumé de l'arrêt :

Les faits :

Par délibération du 12 octobre 1984, le conseil municipal de la commune de Morne-à-l'eau a décidé de réaliser des travaux de renforcement d'un transformateur pour la distribution d'électricité dans le quartier « Le Vieux Bourg » et de régler ces travaux sur présentation de simples factures. Cette délibération a été reçue en sous préfecture le 26 octobre 1984. Le préfet a saisi le tribunal administratif de Basse-Terre lequel a annulé la délibération. La commune a donc fait appel le 15 avril 1985.

Le problème juridique posé :

Le marché de travaux de renforcement d'un transformateur électrique pouvait-il en l'espèce être légalement passé sous la forme d'un marché négocié, soit sur le fondement du 4° alinéa de l'article 312 du code des marchés, soit sur le fondement de l'article 312 *bis,* 2° alinéa ?

La solution donnée par le juge :

Rejet.

Les dispositions de l'article 312-4 du code des marchés permettent la passation de marchés négociés sans limitation de montant « pour l'exécution de travaux, fournitures ou services, dans les cas d'urgence impérieuse motivée par des circonstances imprévisibles ne permettant pas de respecter les délais prévus aux sections I et III du présent chapitre ».

En l'espèce, le Conseil d'État a estimé que les travaux de renforcement d'un transformateur électrique dont la commune soutient qu'ils étaient rendus nécessaires par de fréquentes coupures de courant dans le quartier, ne peuvent être regardés comme revêtant un caractère d'urgence impérieuse motivée par des circonstances imprévisibles.

Quant au fondement tiré de l'article 312 *bis* 2° du code des marchés, le Conseil a considéré que la commune n'établissait pas en l'espèce que les travaux en cause remplissaient l'une des conditions posées par ses dispositions.

Cet arrêt illustre une fois de plus que le juge reste très vigilant pour apprécier les cas où l'article 312-4 ou 312 *bis* du code des marchés peuvent être invoqués.

Marchés de reconduction (art. 312 *bis*-4 du code des marchés). La procédure de la reconduction peut être utilisée « pour la répétition d'ouvrages identiques » lorsqu'il n'est pas possible de passer un marché à tranches conditionnelles. Elle ne doit pas être utilisée abusivement comme prétexte à des marchés négociés sans mise en concurrence préalable. C'est cependant une situation fréquemment dénoncée par les juridictions financières.

La *Commission centrale des marchés*, interrogée sur les modalités d'application de l'article 312 *bis*-4, a apporté d'utiles précisions en ce qui concerne les travaux d'adduction d'eau.

« La notion de projet technique de base implique que des choix techniques particuliers aient été faits, une étude générale de principe ne suffisant pas. Ces choix techniques doivent être appelés à être répétés d'un site à l'autre, une étude d'implantation ne pouvant à ce titre être appelée projet technique de base. Les études visant à déterminer le diamètre des canalisations en fonction de la population à desservir sont par définition exclues de la notion de projet technique de base. La Commission centrale des marchés conclut qu'en matière d'adduction d'eau, la condition d'existence d'un projet technique de base est rarement satisfaite. »

L'abrogation des articles 309, 312 et 312 *bis* du code des marchés, par l'article 135 du décret 92-1310 du 15 décembre 1992 portant simplification du code des marchés publics, mérite d'être rappelée.

Observations des juridictions financières

- CRC « Limousin », *Syndicat intercommunal d'adduction d'eau de la vallée de la Creuse,* observations du 25 juin 1993 :

> « La juridiction considère comme abusive, l'emploi de la procédure du marché de reconduction prévue par l'article 321 *bis,* alinéa 4, l'existence d'un projet technique de base étant une condition *sine qua non* de l'exacte application de cet article. Par décision du 19 juillet 1991 (Préfet, Corep de Loire-Atlantique), le Conseil d'État a annulé un marché de reconduction en matière d'alimentation en eau potable puisque ce marché ne comportait pas de projet technique de base et alors que le marché initial n'en comportait pas non plus et que le cahier des clauses techniques particulières ne pouvait suppléer l'absence d'un tel projet. »

- CRC « Pays de Loire », 2 août 1993, *Commune de Saint-Jean-de-Monts ;* extraits :

> « Un marché de reconduction a été passé en 1986 en vue d'effectuer des travaux d'assainissement, pour un montant de 980 153 F HT. Cette procédure particulière qui conduit à attribuer un marché, sans mise en concurrence préalable, à une entreprise qui a déjà travaillé pour la commune, a été ici appliquée à tort. L'article 312 *bis* du code des marchés est inapplicable aux opérations de l'espèce ainsi que l'ont confirmé à maintes reprises la jurisprudence, les commentaires de la commission centrale des marchés et le rapport public de la Cour des comptes pour l'année 1993. Il s'agissait de pose de canalisations pour lesquelles plusieurs entreprises pouvaient proposer des services équivalents et concurrentiels et non, comme visée à l'article 312 *bis* du CMP, d'une opération pour laquelle une entreprise déterminée aurait déjà effectué une étude particulière, transposable sur le nouveau chantier et permettant de faire une économie substantielle. »

Nombreuses autres observations dans le même sens : CRC « Pays de Loire », 3 août 1993, *Commune des Sables d'Olonne ;* CRC « Limousin », 21 oct. 1993, *ASA d'assainissement et de drainage de la Haute-Vienne.*

MOTIVATION DES SANCTIONS À L'ÉGARD DES COCONTRACTANTS DE L'ADMINISTRATION. (Voir aussi : *Motivation des actes administratifs.*)

Circulaire du 2 juin 1992, (rubrique B). Motivations des décisions défavorables.

La loi impose la motivation des décisions individuelles défavorables ; ainsi en est-il des décisions prises à l'encontre des cocontractants d'une administration territoriale dans le cadre des marchés publics : décision de résiliation du marché suivie d'une mise en régie ou d'une nouvelle adjudication (art. 252) ; résiliation du marché (art. 28 du cahier des clauses administratives générales applicable aux marchés publics de fournitures et de services) ; résiliation du marché (art. 35 du CCAG applicable aux marchés de prestations intellectuelles) ; résiliation du marché (art. 46 du CCAG applicable aux marchés de travaux).

Notification des marchés. La notification du marché est une phase importante de la procédure. Tout marché doit être notifié à son titulaire par l'ordonnateur, après que celui-ci soit devenu exécutoire (voir plus haut « Contrôle de légalité des marchés »).

La notification doit être faite par lettre recommandée avec accusé de réception ou récépissé de dépôt. La date de la notification doit être portée sur les exemplaires du marché, notamment sur l'exemplaire destiné au comptable (art. 254 du CMP).

La date de notification permet de fixer le point de départ des effets juridiques du marché et permet notamment le lancement des ordres de service ou des commandes. Cette date permet aussi au comptable de s'assurer de la régularité des paiements qu'il est appelé à effectuer.

Par ailleurs, le décret n° 88-591 du 6 mai 1988 a institué l'obligation de publier, dans un délai de trente jours suivant sa notification, un avis d'attribution des marchés, portant à la connaissance du public le nom de l'attributaire et le montant TTC du marché. Cette publication a lieu dans un journal local, sauf s'il y a eu un appel d'offres européen qui oblige, en outre, à une publication dans le *JO* des Communautés Européennes.

Paiement des marchés

Délais de paiement :

L'obligation d'effectuer le règlement des sommes dues aux fournisseurs et entrepreneurs répond aujourd'hui à des délais stricts (quarante-cinq jours) qui exposent la collectivité au paiement d'*intérêts moratoires* en cas de dépassement.

À la question d'un parlementaire qui lui faisait part des difficultés de trésorerie des petites entreprises effectuant des travaux pour les collectivités locales à raison des retards de paiements, le ministre délégué à l'Aménagement du territoire et aux Collectivités locales, a répondu (*JO* Débats AN, 6 juin 1994) :

> « Il est rappelé que le paiement des dépenses des collectivités locales se répartit en deux phases : le mandatement, effectué par l'ordonnateur, et le paiement effectué par le comptable, auquel il convient d'ajouter le délai bancaire qui court de la mise en paiement jusqu'à la réception du virement sur le compte du bénéficiaire.
> La première phase, qui incombe aux collectivités locales, fait déjà l'objet d'une réglementation lorsque le paiement s'effectue dans le cadre d'un marché public. Dans cette hypothèse, l'article 352 du code des marchés publics dispose que la collectivité est tenue de procéder au mandatement des acomptes et du solde dans un délai qui ne peut dépasser quarante-cinq jours. Le défaut de mandatement dans ce délai fait courir de plein droit, et sans formalité, des *intérêts moratoires* au bénéfice du titulaire ou du sous-traitant. Le même dispositif existe pour les travaux sur mémoire et achats sur facture, à l'article 357 du code des marchés. Le délai court à compter du terme fixé par le marché ou, à défaut, à compter de la réception de la personne responsable du marché, en principe la collectivité, de la demande du titulaire, envoyée par lettre recommandée avec accusé de réception postal ou remise au responsable contre accusé de réception.
> Le comptable, averti par le titulaire de la date de dépôt de sa demande de paiement, est tenu de faire mandater d'office par le préfet, conformément à l'article 12-1 de la loi n° 82-213 du 2 mars 1982, les intérêts moratoires qui ne sont pas mandatés

en même temps que le principal dès que le délai précité se trouve dépassé, lorsque le principal excède 30 000 F et cela sans autre intervention du titulaire du marché. Ce dernier conserve, par ailleurs, la faculté, quel que soit le montant de sa créance, d'en solliciter le mandatement d'office dans les conditions fixées par l'article 12 de la loi du 2 mars 1982 précitée. (Selon une enquête effectuée par les services du ministère du Budget, les délais de mandatement du secteur public local en 1992 restaient toujours inférieurs à la limite de quarante-cinq jours, sauf pour quelques catégories de collectivités en cas d'intervention d'un maître d'œuvre.)
Une amélioration pourrait consister à réduire de cinq à dix jours les délais fixés par le code des marchés. Il convient toutefois de prendre en compte les délais nécessaires aux collectivités locales pour effectuer les opérations relatives à l'engagement et la liquidation des mandats, et toutes vérifications nécessaires, même si le décret n° 92-1123 du 2 octobre, en simplifiant les règles de production des pièces justificatives se rapportant aux acomptes jusqu'à 70 % du montant initial du marché, permet d'obtenir un règlement plus rapide des titulaires de commandes publiques.
Le recours systématique aux procédures existantes, notamment le respect des formalités de dépôt de la demande de paiement des marchés fixées par l'article 180 du code des marchés, permettrait vraisemblablement de réduire les délais de mandatement. En ce qui concerne les délais de paiement des comptables, il convient de signaler la possibilité offerte actuellement à titre expérimental, pour les ordonnateurs et les comptables, de conclure entre eux des conventions, en vue de fixer un délai de règlement conventionnel sur lequel la collectivité s'engage vis-à-vis de ses fournisseurs, délai bancaire exclu.
Quant aux délais bancaires, ils ne dépendent pas de l'administration mais sont fonction de conditions locales et de l'organisation des circuits interbancaires. »

Pénalités de retard :

Minoration des sommes à verser au titulaire d'un marché en cas de retard dans l'exécution du marché par rapport aux délais fixés. Même si les documents contractuels d'un marché n'y font pas expressément référence, le cahier des clauses administratives générales applicables aux marchés de travaux publics approuvé par décret 76-625 du 5 juillet 1976 (Chap. III, art. 19) mentionne une pénalité journalière de 1/3 000ᵉ sur le montant de l'ensemble du marché en cas de retard dans l'exécution des travaux.

La lecture des observations définitives des chambres régionales des comptes révèle que les collectivités omettent souvent de faire jouer les pénalités ou en dispensent expressément le titulaire du marché.

Observations des juridictions financières

- CRC « Midi-Pyrénées », 5 nov. 1993, *Commune de Revel ;* extraits :

  « Les délais d'exécution des marchés ont été à plusieurs reprises dépassés sans que les pénalités de retard prévues aux contrats aient été appliquées aux entreprises [...]. La chambre pense utile de rappeler que, pour parer à ce type d'aléas, l'article 19-2 du CCAG prévoit la possibilité d'accorder une prolongation du délai d'exécution des travaux.
  L'importance de la prolongation ou du report est débattue par le maître d'œuvre avec l'entrepreneur puis elle est soumise à l'approbation de la personne responsable du marché et la décision prise par celle-ci est notifiée à l'entrepreneur par ordre de service. »

- CRC « Bretagne », 20 juill. 1993, *Sivom de Saint-Aubin ;* extraits :

  « Le bon suivi de l'exécution de ce marché aurait de plus permis de constater qu'il y avait lieu à obtention de la part du groupement d'entreprises des pénalités de retard prévues dans le CCAP. Celles-ci correspondant à cent quatre jours de retard, atteignaient 244 606 francs. »

Personne responsable du marché. Désigne la personne physique habilitée à signer l'acte d'engagement au nom de la collectivité qui passe la commande de prestations objet du marché.

Prix. (Circulaire NOR/ECOM/8710070/C du 5 oct. 1987 relative à la détermination des prix initiaux et des prix de règlement dans les marchés publics). Les prix des biens, produits et services sont librement déterminés par le jeu de la concurrence, sous réserve des mesures exceptionnelles qui peuvent temporairement être prises par voie législative ou réglementaire, si les circonstances l'exigent. Le contrôle des prix par le comptable intervenant à l'occasion de la vérification de l'exactitude des calculs de liquidation, ne saurait, par là même, concerner les conditions de son établissement. Il porte sur sa conformité avec les dispositions réglementaires et sur l'application des stipulations contractuelles.

Dispositions relatives aux prix (pour les marchés des collectivités locales) : articles 255-5°, 275, 277 et 278 du CMP ; le prix initial ou prix de base est celui qui est réputé établi aux conditions économiques en vigueur à la date de l'offre. Le prix de règlement est celui qui découle, après application des règles contractuelles prévues au marché, des conditions économiques propres à la prestation à la date de sa livraison ou réception. Voir la circulaire du 5 octobre 1987, relative à la détermination des prix initiaux et des prix de règlement dans les marchés publics ; *JO* du 24 octobre 1987.

Prix initial. Prix réputé établi aux conditions économiques de base définies par le marché.

Prix ferme. Un prix est réputé « ferme » lorsqu'il ne peut être modifié à raison des variations des conditions économiques, pendant la durée d'exécution des prestations (art. 79 du code des marchés).

Prix de règlement (actualisation ; révision ; ajustement) (décret n° 79-992 du 23 nov. 1979, *JO* du 25 nov. 1979, pris en application de l'art. 79 du code des marchés publics).

L'*actualisation* est la transposition du prix ferme initial en un nouveau prix ferme, lorsque le délai écoulé entre l'offre et l'acceptation de l'offre est supérieur à trois mois. Un marché, par contre, est dit à prix révisable lorsque le prix initial doit varier par application d'une formule conventionnelle ; la formule doit inclure un terme fixe dont la valeur ne peut être inférieure à 12,5 % (art. 348 du code des marchés ; circulaire finances du 12 juin 1987). Le contrat doit préciser la date et le mois d'établissement du prix initial et les modalités de la révision ; enfin, lorsque l'objet du marché porte sur un produit ou un service courant et que le marché n'est pas passé à prix ferme, il doit être traité à prix ajustable, si une référence d'ajustement représentative de l'évolution du prix de la prestation peut être choisie (circulaire du 5 oct. 1987, Finances, *JO* du 24 oct. 1987).

La *révision* est la modification du prix initial par l'application d'une formule paramétrique représentant conventionnellement la structure des coûts d'une prestation.

Les communes ont le pouvoir discrétionnaire de conclure des marchés à prix révisables ou actualisables. L'actualisation est plus favorable à la collectivité, elle est en outre recommandée dans la circulaire du ministère de l'Économie du 12 janvier 1987 relative aux conséquences sur les prix des marchés publics de l'abrogation de l'ordonnance n° 45-1483 du 30 juin 1945. Le mois Mo est alors celui du mois d'attribution du marché et si le début des travaux intervient dans un délai de trois mois à compter de la date d'attribution du marché, le marché « sera payé à prix ferme ».

L'*ajustement* du prix d'un marché est une méthode de calcul d'un prix de règlement à partir d'une référence définie par le marché et qui doit être représentative du prix de la prestation elle-même (indice, tarif...).

Observations des juridictions financières

- CRC « Ile-de-France », 8 juin 1993, *Département des Yvelines ;* extraits :

« Outre les travaux proprement dits, les paiements effectués au profit du groupement d'entreprises portaient notamment sur l'*actualisation* et la révision du prix. L'actualisation du prix a été acquittée à l'occasion de certains acomptes et du décompte général de 1991. Elle a été approuvée par une délibération du bureau du conseil général, en date du 18 janvier 1991, pour un total de 1 664 366,23 F. Cette actualisation était prévue par l'article 10-4 du CCAG " Travaux ", auquel renvoyait expressément l'article 2 du CCAP du marché. Toutefois, aucun document de nature contractuelle ne prévoyait les modalités de calcul de cette clause d'actualisation qui devenait donc, juridiquement, inapplicable. Les paiements intervenus, à ce titre, n'étaient donc pas fondés.
Une clause de *révision* était, par contre, prévue au marché avec, pour date de référence, les valeurs du 1er janvier 1988 (art. 3-4 du CCAP), en fonction de l'évolution de l'index TP 01, après neutralisation de 15 %. Cette stipulation, expresse et complète, était donc la seule modalité d'ajustement du prix présentant une valeur contractuelle. Elle n'a pas été mise en œuvre pour la période allant du 1er janvier au 30 septembre 1988, puisque pour la même période, sous le nom " d'actualisation ", a été appliquée la même formule sans neutralisation. »

Jurisprudence des juridictions financières

- CRC « Provence-Alpes-Cote-d'azur », 13 août 1990, *Commune de Draguignan ;* résumé du jugement :

Les faits :

Une lettre de commande confiait à un concepteur une mission d'ingénierie pour un montant forfaitaire de 80 000 F non révisable, sans préciser si ce montant était hors taxe ou TTC. Par mandat du 13 novembre 1984, le comptable a payé un acompte de 50 % du montant de la rémunération, soit 40 000 F, plus 7 440 F de TVA. La chambre a considéré qu'à défaut de précisions dans la lettre de commande, le montant de la rémunération forfaitaire devait s'entendre TTC et a demandé au comptable de procéder au reversement de la somme de 7 440 francs.

Problème juridique posé :

À défaut de stipulation expresse faisant apparaître que les parties sont convenues d'ajouter au prix stipulé un supplément de prix égal à la TVA applicable à l'opération, le prix stipulé sans mention de taxe applicable à l'opération doit-il être réputé inclure la taxe qui sera due par le prestataire de service ?

Solution donnée par la juridiction :

Considérant que la TVA dont elle est redevable au prestataire de service, est un élément qui grève le prix convenu avec le client et non un accessoire du prix, qu'il était constant que le concepteur en question était, à raison de ses activités, assujetti à la TVA, qu'aucune des stipulations de la lettre de commande ne précisait que la rémunération ainsi prévue était calculée hors taxe, la chambre a estimé que la commande ne pouvait être interprétée que comme incluant, dans la rémunération fixe, la TVA dont la société pourrait être redevable à raison de la perception de ces honoraires et a en conséquence déclaré le comptable débiteur de la somme de 7 440 F indûment payée en sus du prix annoncé. (Cette solution est conforme à la jurisprudence du Conseil d'État, 27 mars 1981, SA BREA, n° 12-889.)

Observations des juridictions financières

- CRC « Ile-de-France », 8 juin 1993, *Département des Yvelines ;* extraits :

  « Indemnisation du candidat écarté. Par délibération du 27 juillet 1988, le jury a décidé de retenir l'offre du groupement F.-G. Corrélativement, la même délibération accordait une indemnité de 50 000 F au groupement d'entreprises B.-C. dont l'offre était écartée. Cette indemnité avait, pour le même montant, déjà été fixée par délibération en date du 20 novembre 1987. L'indemnité a été payée le 28 février 1989 pour un total de 59 300 F. La TVA a donc été ajoutée à ce prix de 50 000 F considéré comme hors taxe. Or, dès lors que le conseil général n'avait pas indiqué que l'indemnité qu'il décidait était un prix hors taxe, il y avait lieu de considérer qu'elle était fixée TTC, conformément à une jurisprudence constante de la Cour de Cassation et du Conseil d'État. Il ne pouvait donc pas être payé plus de 50 000 F TTC aux entreprises. »

Retenue de garantie. Partie des sommes dues à l'entrepreneur qui lui est retenue pendant un délai de vérification de la bonne exécution des prestations. Cette retenue, égale à 5 % du montant du marché, peut toujours être remplacée par une caution bancaire (art. 322 et 325 du code des marchés).

Sanction du non-respect des procédures (dommages et intérêts). L'annulation d'un marché, avec la reprise à zéro de la procédure, peut avoir de fâcheuses conséquences pour la collectivité, non seulement en termes d'image mais en termes financiers si la décision comporte le dédommagement de la personne lésée. Toutes raisons qui ne peuvent qu'inciter au respect scrupuleux des procédures.

Titulaire du marché et sous-traitance

(CMP) « Le titulaire d'un marché ayant le caractère de contrat d'entreprise peut sous traiter l'exécution de certaines prestations de son marché à condition d'avoir obtenu de la collectivité ou de l'établissement public contractant l'acceptation de chaque sous-traitant et l'agrément des conditions de paiement de chaque contrat de sous-traitance. Le titulaire demeure responsable de l'exécution de toutes les obligations résultant du marché... » (art. 2).

« Lorsque le montant du contrat de sous-traitance est supérieur ou égal à 4 000 F, le sous-traitant, qui a été accepté et dont les conditions de paiement ont été agrées par la collectivité ou l'établissement public contractant, est payé directement pour la partie du marché dont il assure l'exécution... » (art. 359 *bis*). (CRC « Picardie », 24 nov. 1991, Jugement des comptes de la Région Picardie).

La loi du 31 décembre 1975 prévoit le paiement direct du sous-traitant et on ne peut y déroger. Le titulaire du marché demeure seul et intégralement responsable de la bonne exécution du marché. Toutes les demandes de paiement du sous-traitant doivent donc être visées par le titulaire du marché.

De nombreuses observations des CRC adressées aux ordonnateurs, laissent à penser que, fréquemment, les contrats de sous-traitance dissimulent des ententes entre les entreprises.

Observations des juridictions financières

• CRC « Midi-Pyrénées », 27 déc. 1993, *Commune de Castelginest, Haute-Garonne ;* extraits :

> « Marché de travaux d'extension de l'école maternelle. Par appel d'offres du 30 décembre 1987, la commune a confié les travaux d'extension de l'école maternelle à la société " Top Ingénierie " pour un montant de 847 211,92 F HT (1 004 793,34 F TTC).
> La chambre a relevé, en premier lieu, que les règles de publicité avaient été mal respectées puisque l'avis d'appel d'offres a été uniquement effectué dans Le Moniteur et un journal local et non au BOAMP. En outre, dès lors qu'un marché unique était spécifié dans l'avis, les propositions des entreprises individuelles (corps d'état) n'auraient pas dû être retenues. Enfin, l'entreprise choisie n'avait pas les qualités pour exécuter les travaux et a été contrainte de *sous-traiter la totalité* du marché, en méconnaissance de l'article 2 du CMP et de l'article 241 du CCAG " Travaux ".
> À la suite de l'intervention du représentant de l'État, la collectivité a pris une délibération le 11 mai 1988 afin de résilier le marché conclu avec cette entreprise et a conclu, en évoquant la procédure d'urgence, des marchés de gré à gré avec les sous-traitants, les travaux ayant déjà été engagés. »

TRANSPARENCE ET RÉGULARITÉ DES PROCÉDURES (loi n° 91-3 du 3 janv. 1991, décret n° 91-1232 du 6 déc. 1991 et circulaire du 29 juill. 1992, *JO* du 30 juill.). La loi précitée vise à réformer les moyens de contrôle sur les conditions de préparation, de passation et d'exécution des marchés de l'État, des établissements publics administratifs, des collectivités territoriales et de leurs établissements publics ainsi que des sociétés d'économie mixte locales.

Par ailleurs, il est institué un nouveau *délit de « favoritisme »*... À cet effet, il a été créé une *« mission interministérielle d'enquête »* sur les marchés et les conventions de délégation de services publics, chargée de procéder à des enquêtes portant sur les conditions de régularité et d'impartialité dans lesquelles sont préparés, passés ou exécutés les marchés et les conventions de délégation des services publics... des collectivités territoriales et de leurs établissements publics et des sociétés d'économie mixte locales.

La part des commandes publiques dans l'économie nationale (12 % du PIB) et la part que représentent ces commandes dans certains secteurs (BTP par exemple) rend assurément indispensable un meilleur contrôle des procédures des marchés afin de sauvegarder la bonne utilisation des deniers publics et de garantir l'égalité des droits des candidats aux marchés.

> *« En cas de manquement aux obligations de publicité et de mise en concurrence auxquelles est soumise la passation des contrats... toute personne, ayant intérêt à conclure le contrat et susceptible d'être lésée par ce manquement, peut demander au juge de prendre, avant la conclusion du contrat, des mesures provisoires tendant à ce qu'il soit ordonné à la personne morale responsable du manquement, de se conformer à ses obligations et, le cas échéant, à ce que soit suspendue la procédure de passation du contrat ou l'exécution de toute décision qui s'y rapporte. Elle peut également demander que soient annulées de telles décisions et que soient supprimées les clauses ou prescriptions destinées à figurer dans le contrat et qui méconnaissaient lesdites obligations »* (art. 11-1 de la loi 91-3 du 3 janv. 1991).

Ces dispositions ont été intégrées sous le nouvel article L 22 du code des tribunaux administratifs et des cours administratives d'appel. Il est à noter que l'article L 22 ne peut être invoqué que dans les circonstances ci-dessus ; il ne peut être invoqué, par exemple, après la conclusion du contrat pour obtenir communication des motifs du rejet d'une offre ou pour en contester les raisons.

Une mise au point du marché peut-elle avoir lieu avec le candidat retenu, sans violer les conditions annoncées par le règlement de la consultation ?

Pour ne pas transformer l'appel d'offres en marché négocié, il ne peut être effectué qu'une mise au point limitée. Toute modification des conditions substantielles de la consultation pouvant constituer un bouleversement de l'économie générale du marché serait illégale et sanctionnable par le juge administratif (TA Rennes, 19 janv. 1994, *Préfet du Morbihan c/ Commune de Vannes*).

Observations des juridictions financières

- CRC « Aquitaine », 22 oct. 1993, *Commune de Villenave d'Ornon ;* extraits :

  « Marchés relatifs aux cuisines centrales. Les éléments historiques contenus dans votre réponse confirment pleinement que le passage par la SEM ARLIS, à l'origine, en vertu d'une étude aussi erronée que chèrement payée, a contraint la commune à prendre en charge un marché d'ingénierie de 1 132 990,50 F TTC et un marché de travaux de 5 941 860 F TTC, passés sans aucun appel à la concurrence puisque la SEM n'avait pas jugé utile de recourir à cette procédure. C'est bien la commune et la commune seule qui a payé l'ensemble de ces premiers marchés.
  La chambre confirme, qu'aujourd'hui, de semblables pratiques seraient de nature à motiver une saisine de la Commission interministérielle d'enquête sur les conditions d'accès aux marchés publics créée par la loi du 3 janvier 1991.
  En outre, alors que le marché initial prévoyait l'aménagement des satellites, ce sont deux nouveaux marchés qui sont passés, l'un le 12 juin 1990 pour un montant de 3 125 987 F et l'autre pour 1 446 991 F auxquels s'est ajouté un marché d'ingénierie de 461 150 F.
  La chambre précise qu'à ce stade, cette observation n'a d'autre objet que de confirmer l'absence totale de sérieux dans la planification et la mise en œuvre de cet investissement pourtant important et lourd pour les finances communales, puisqu'au lieu d'une opération unique bien planifiée et qui aurait pu faire l'objet d'un seul marché d'ingénierie et d'un seul marché de travaux passés dans des conditions régulières, cet investissement a donné lieu à deux marchés d'ingénierie et trois de travaux, passés dans des conditions anormales. »

- CRC « Ile-de-France », 8 juin 1993, *Département des Yvelines ;* extraits :

  « Procédure du concours. Conformément au vœu du Conseil général exprimé le 23 octobre 1987, une procédure d'appel d'offres restreint avec concours a été mise en œuvre pour la désignation du groupement d'entreprises chargé de la construction d'un parc de stationnement, en application d'une part, des articles 302 à 307 du code des marchés publics et d'autre part, de l'article 18-I de la loi n° 85-704 du 12 juillet 1985 relative à la maîtrise d'ouvrage public.
  Conformément à l'article 302 du CMP, " l'autorité chargée de la passation des marchés ne peut user de cette procédure qu'après adoption des motifs qui la justifient, par l'assemblée délibérante de la collectivité [...] ". Les motifs du choix de cette procédure n'ont pas été délibérés par le conseil général, ils ne figurent notamment pas dans la délibération du 23 octobre 1987.
  En ce qui concerne la publicité du concours : une annonce, relative au concours, a été publiée au *BOAMP* mais aucune information n'a été publiée dans le journal officiel des communautés européennes. En application du décret n° 79-98 du 18 janvier 1979 relatif à la mise en concurrence dans certains marchés publics de travaux et de fournitures dans le cadre de la CEE et de l'arrêté du 4 février 1987

pris pour son application, la publicité du marché au *JO* des communautés européennes était obligatoire. »

- CRC « Rhône-Alpes », 20 août 1993, *Commune d'Ugine ;* extraits :

  « Procédures de passation des marchés. La chambre a relevé plusieurs anomalies :
  – l'urgence est souvent invoquée abusivement dans le but de raccourcir les délais de l'offre ou pour passer des marchés négociés. L'urgence se justifie lorsque des circonstances indépendantes de la volonté de la collectivité l'amènent à recourir à un appel d'offres avec délai d'urgence ou lorsque des circonstances imprévisibles et impérieuses nécessitent de passer un marché négocié. Ce n'était pas à l'évidence le cas pour le projet d'aménagement place du Val-d'Arly et pour le projet de réfection des trottoirs avenue Paul-Giraud. Pour l'atelier relai n° 3, où un appel d'offres par voie d'urgence aurait été mieux adapté que la procédure du marché négocié, décidée par délibération du 8 mars 1985, la chambre a, de plus, constaté que les travaux avaient débuté avant la décision du conseil municipal ;
  – la composition des commissions d'appel d'offres n'est pas toujours conforme aux dispositions des articles 282 et 299 du CMP qui stipulent que la commission est composée du maire et de deux membres du conseil municipal désignés à l'avance par le conseil municipal ou à défaut de cette désignation appelés dans l'ordre du tableau ;
  – enfin, la collectivité a passé à plusieurs reprises des avenants avec les entreprises après la réception des travaux, à titre de régularisation. Il est rappelé qu'un avenant ne peut être conclu que dans la mesure où les parties sont encore liées par le contrat, c'est à dire avant que le marché ne soit soldé, ce qui n'a pas été le cas, par exemple, pour l'atelier relai n° 4 et les ateliers municipaux, deuxième tranche. »

Travaux supplémentaires

« Lorsque le montant des prestations exécutées atteint le montant fixé par le marché, la poursuite de l'exécution des prestations est subordonnée : soit à la conclusion d'un *avenant* ; soit, si le marché le prévoit, à une *décision de poursuivre* prise par la collectivité ou l'établissement contractant » (art. 255 *bis* du code des marchés).

Observations des juridictions financières

- CRC « Champagne-Ardenne », 1er juin 1993, *Région ;* extraits :

  « Aménagement de l'Hôtel de région : Une grande partie des travaux – de l'ordre de 13 000 000 F – a été réalisée au “ coup par coup ”, en sus des travaux ayant fait l'objet de l'appel d'offres initial. Ainsi, 233 avenants rédigés succinctement – dont 54 en régularisation établis après la réception des travaux – ont été passés avec les titulaires retenus après l'appel d'offres initial. Beaucoup de travaux ont également été réalisés sur simple facture, ou encore par marchés négociés en collaboration directe avec les architectes, en dehors des règles de concurrence imposées pour les marchés publics [...]. »

- CRC « Ile-de-France », 8 juin 1993, *Département des Yvelines ;* extraits :

  « La chambre constate que des modifications substantielles ont été apportées, par trois avenants, au marché initial, dont le montant, hors actualisation ou révision, est passé de 32 000 000 F à 44 014 085 F [...]. L'importance et la nature des changements apportés au marché initial, conduisent la chambre à s'interroger sur la qualité des prévisions exprimées pour le lancement de l'appel d'offres sur concours. Elle ne peut que constater que les modifications apportées constituent un véritable bouleversement des conditions économiques du contrat, remettant en cause la valeur de l'appel à la concurrence auquel il avait été initialement procédé. »

MODES DE GESTION DES SERVICES PUBLICS. Voir *Services publics industriels ou commerciaux.*

MOTIVATION (des actes administratifs)

La loi 79-587 du 11 juillet 1979, complétée par la loi 86-76 du 17 janvier 1986, donne aux personnes physiques et morales le droit d'être informées des motifs des décisions administratives individuelles défavorables qui les concernent. La portée de l'obligation de motiver et la liste indicative des décisions administratives à motiver a été précisée par circulaire du 28 septembre 1987 (*JO* du 20 oct.). Par circulaire du 2 juin 1992 (*JO* du 22 juill. 1992) le ministre de l'Intérieur a étendu aux collectivités locales les dispositions de la loi du 11 juillet 1979.

À cet effet, une note d'information, jointe à cette circulaire, publiée au recueil des actes administratifs de chaque collectivité, a porté à la connaissance des maires, des présidents de conseils généraux et régionaux, la liste des actes émanant de chacune de ces autorités, ainsi que la liste des actes relatifs à la fonction publique territoriale (agents titulaires ou non titulaires) qui sont à motiver. Ces listes n'ont pas un caractère exhaustif ; il s'agit d'un recensement minimum des décisions à motiver.

La loi du 11 juillet 1979 est ainsi applicable aux décisions prises par les collectivités territoriales dans leurs relations avec les administrés ; elle a considérablement élargi le champ de la motivation obligatoire ; elle participe d'une politique générale d'amélioration des relations entre l'administration et les administrés, à laquelle les collectivités locales doivent largement contribuer.

L'importance de cette note, pour la prévention des risques d'annulation des actes administratifs des collectivités locales, justifie d'en commenter ou citer de larges extraits ; car une décision mal motivée ou non motivée, alors qu'elle aurait dû l'être en vertu de la loi, risque, en cas de contentieux d'être annulée pour vice de forme. Elle appelle l'attention des responsables des collectivités territoriales sur la nature des décisions à motiver, sur les exceptions à l'obligation de motiver et sur le contenu qu'il est souhaitable de donner à la motivation.

1. Nature des décisions à motiver

Il s'agit d'abord, des seules décisions administratives prises par les collectivités territoriales dans le cadre de leurs prérogatives publiques, à l'exception des décisions de caractère privé que les collectivités peuvent prendre à l'égard des particuliers. Il s'agit ensuite, de décisions individuelles qui font application aux personnes physiques ou morales d'une réglementation préexistante. Il s'agit, enfin, des décisions défavorables ou qui comportent des dérogations. La liste des décisions à motiver comporte, en ce qui concerne les communes, huit rubriques :

Rubrique A : Décisions restreignant l'exercice des libertés publiques ou constituant une mesure de police. Par décisions restreignant l'exercice des libertés publiques, on entend celles qui touchent à la liberté d'expression, au droit à l'information, à la liberté religieuse, à la liberté de donner et de recevoir un enseignement ou une formation, au refus de prendre un acte légalement nécessaire pour l'exercice par une personne d'une activité, à but lucratif ou non, ou pour l'ouverture, la modification ou le fonctionnement d'un établissement se consacrant à une telle activité. Par décisions constituant une mesure de police, il faut entendre celles se rattachant à l'affichage et la publicité, à l'agriculture, à la santé publique, à l'urbanisme et la construction.

Rubrique B : Décisions qui infligent une sanction. Par décisions qui infligent une sanction, on retiendra : celles qui visent les sapeurs-pompiers non professionnels, celles qui visent les cocontractants de l'administration dans les marchés publics (décision de résiliation du marché suivie d'une mise en régie ou d'une nouvelle adjudication, selon l'art. 252 du code des marchés ; ou résiliation du marché selon l'art. 28 du cahier des clauses administratives générales applicables aux marchés publics de fournitures et de services ; ou résiliation du marché selon l'art. 35 du CCAG applicables aux marchés de prestation intellectuelles ; ou résiliation du marché selon l'art. 46 du CCAG applicable aux marchés de travaux) et celles qui visent des personnes exerçant une activité professionnelle réglementée (retrait d'une autorisation d'exploiter un taxi, par exemple).

Rubrique C : Décisions qui subordonnent l'octroi d'une autorisation à des conditions restrictives ou qui imposent des sujétions. Par décisions qui imposent des sujétions on retiendra celles qui concernent l'agriculture, ou l'urbanisme et la construction (droit de préemption, lotissement, permis de construire, permis de démolir, déclarations de travaux, etc.).

Rubrique D : Décisions qui retirent ou abrogent une décision créatrice de droits (décision de retrait rétroactif d'un acte créateur de droit, dans le cas où ce retrait est légalement possible, par exemple).

Rubrique E : Décisions qui opposent des prescriptions, des forclusions, des déchéances.

Rubrique F : Décisions qui refusent un avantage dont l'attribution constitue un droit pour les personnes qui remplissent les conditions légales.

Rubrique G : Décisions qui dérogent aux règles générales fixées par la loi ou le règlement.

Rubrique H : Décisions qui refusent une autorisation.

2. Les exceptions à l'obligation de motiver

Au nombre de trois, elles tiennent à l'« urgence absolue » ou aux « faits couverts par le secret », enfin les « décisions implicites ». Le juge se réservant le droit de contrôler la nature ou la réalité de l'exception invoquée.

3. Le contenu et la forme de la motivation

La motivation doit être écrite et comporter l'énoncé des considérations de droit et de fait qui constituent le fondement de la décision. La motivation par référence doit être exclue : ainsi, en cas de refus de permis de construire, il serait insuffisant de dire « qu'il résulte des dispositions du code de l'urbanisme » que le permis ne peut être accordé. La motivation doit être concise, claire, complète ; elle doit être adaptée aux circonstances de l'affaire.

La motivation, sous forme d'imprimé, n'est admissible que dans deux cas :

– quand l'auteur de la décision se borne à constater la réalisation d'une condition objective, sans porter aucune appréciation ;

– quand l'énoncé détaillé des considérations de fait, sur lesquelles est fondée la décision, pourrait porter préjudice à la personne concernée.

En ce qui concerne les actes des Départements et des Régions, et les actes relatifs à la Fonction publique territoriale, une consultation détaillée de la circulaire du 2 juin 1992 est vivement conseillée.

O

OBLIGATOIRES (dépenses). Voir *Chambres régionales des comptes,* Contrôle budgétaire.

OBSERVATIONS SUR LA GESTION. Voir *Chambres régionales des comptes,* Contrôle de la gestion.

ORDONNATEURS. Voir *Comptabilité publique.*

ORDURES MÉNAGÈRES (et élimination des déchets)

Texte de référence : loi n° 75-633 du 15 juillet 1975 relative à l'élimination des déchets et à la récupération des matériaux.

La collecte et le traitement des déchets ménagers est obligatoire pour les communes depuis la loi n° 75-633 du 15 juillet 1975. Dès qu'une agglomération compte plus de 500 habitants, il doit être assuré au moins une collecte par semaine en porte à porte. Dans les autres zones, cette collecte peut être assurée à l'aide de « container » repartis en plusieurs lieux de réception. La commune doit également éliminer les déchets « encombrants », soit lors d'une collecte périodique, en porte à porte et à date fixe ou sur rendez-vous, soit mettre des bennes, à poste fixe, à la disposition des habitants. Les déchets d'origine artisanale, industrielle ou commerciale doivent pouvoir être déposés dans une installation de traitement ou dans une déchetterie.

En milieu urbain, il va de soi qu'une fréquence accrue, voire quotidienne, peut être nécessaire pour sauvegarder la propreté des rues et pour des raisons évidentes d'hygiène public. Les conditions du ramassage des déchets doivent aussi tenir compte des difficultés de la circulation automobile dans les villes et devront prévoir des horaires appropriés (tôt le matin ou tard le soir) ce qui conduira à réglementer les conditions de sortie des poubelles et pour des raisons esthétiques à en normaliser les modèles. Enfin, dans un souci accru de protection de l'environnement, on pourra instituer une collecte sélective des déchets de façon à en favoriser le traitement. Les principaux modes de traitement des déchets sont l'incinération, le compostage ou la décharge contrôlée. Mais il existe des procédés modernes de tri des déchets avec récupération des métaux, du verre, des papiers et cartons, et production de chaleur. Il s'agit d'installations lourdes, hors de portée des petites communes, car cela suppose des quantités très importantes pour assurer la rentabilité de telles installations.

Le mode de gestion le plus approprié semble être la régie, avec marché d'assistance technique passé avec une entreprise privée ; la concession ou l'affermage sont rares. Cette activité donne lieu à de très nombreux groupements de communes.

Le service peut être financé soit par le budget général de la commune, soit par une « taxe » d'enlèvement des ordures ménagères instituée sur le fondement des articles 1520 à 1526 du code général des impôts, soit par une « redevance » instituée sur le fondement de l'article L 233-78 du code des communes (ces différents modes de financement n'étant pas cumulables entre eux), enfin par une redevance spéciale au titre des déchets artisanaux, industriels ou commerciaux, sur le fondement de l'article L 373-3 du code des communes qui peut exceptionnellement se cumuler avec la seule taxe d'enlèvement des ordures ménagères.

Un modèle de contrat pour la collecte et le traitement des ordures ménagères par les soins d'un exploitant privé est proposé par la DGCL en annexe à la circulaire 81-79 du 21 octobre 1981 (*JO* NC du 7 janv. 1982). Comme tous ces contrats types, ils sont facultatifs mais les élus tireront toujours parti de s'en inspirer.

S'agissant des déchets d'origine industrielle, les maires sont invités à la plus grande vigilance lorsqu'ils ont une activité de cette nature sur le territoire de leur commune car ils sont *pénalement responsables de la pollution* qui pourrait en résulter ; les déchets industriels doivent impérativement être réceptionnés par l'exploitant du site pour en permettre le contrôle et celui-ci peut refuser la décharge de déchets bruts susceptibles de perturber le fonctionnement de l'exploitation ou de générer une pollution.

La loi du 15 juillet 1975 précitée précise, en son article 3, que « si des déchets sont abandonnés, déposés ou traités contrairement aux prescriptions de la présente loi et des règlements pris pour son application, l'autorité titulaire du pouvoir de police peut, après mise en demeure, assurer d'office l'élimination desdits déchets aux frais du responsable ». Il incombe donc au maire de prendre les mesures appropriées à l'élimination de dépôts sauvages de déchets. En cas de carence du maire, l'article L 131-13 du code des communes précise que les pouvoirs qui lui appartiennent en vertu des articles L 131-2 et L 131-2-1 « ne font pas obstacle au droit du représentant de l'État dans le département de prendre [...] dans tous les cas où il n'y aurait pas été pourvu par les autorités municipales, toutes mesures relatives au maintien de la salubrité publique [...] ».

Toutefois, ces dispositions ne sont pas applicables dans les trois départements d'Alsace-Moselle où les pouvoirs de police municipale demeurent régis par le droit local. Le pouvoir de substitution du préfet n'y a pas été introduit. Le préfet ne peut donc, en cas de carence du maire, y faire application que des dispositions de la loi n° 76-663 du 19 juillet 1976 relative aux installations classées pour la protection de l'environnement. En cas de refus de faire procéder à l'élimination d'un dépôt de déchets, le maire défaillant est considéré comme l'exploitant d'une installation classée sans autorisation requise et il est passible, à ce titre, des sanctions prévues par les articles 22 et 23 de cette loi.

Il appartient donc au préfet de mettre le maire en demeure de faire procéder à l'élimination du dépôt de déchets non autorisé et, en cas de refus, de faire procéder à l'enlèvement d'office aux frais de la commune.

ÉLIMINATION DES DÉCHETS

La loi du 1er juillet 1992 prévoit la suppression des décharges traditionnelles. Les installations d'élimination des déchets par stockage ne seront, à compter du 1er juillet 2002, autorisées à recevoir que des résidus de traitement des déchets. Cela implique la fermeture de plusieurs milliers de décharges et la création d'installations de traitement. Chaque département doit, en application du décret du 3 février 1993 relatif aux plans d'élimination des déchets ménagers et assimilés, pris en application de la loi du 13 juillet 1992, être couvert, dans un délai de trois ans, par un plan départemental ou interdépartemental. Le préfet dresse l'inventaire des types, des quantités et des origines des déchets à éliminer et des installations de traitement existantes. Il énonce les priorités à retenir en vue de la création de nouvelles installations. Le projet ainsi élaboré, avec l'aide d'une commission, est soumis à enquête publique. Cet inventaire est complété par l'inventaire des décharges existantes, autorisées ou non, et le plan de résorption, en fonction des créations d'installations envisagées.

(Voir aussi *Services publics à caractère industriel et commercial.)*

P

PAIEMENT (suspension et réquisition)

La loi 82-213 du 2 mars 1982 (art. 15), relative aux droits et libertés des communes, des départements et des régions, complétée par l'article 8-IV, V et VI de la loi n° 94-504 du 22 juin 1994 portant diverses dispositions budgétaires et comptables relatives aux collectivités locales, a introduit une innovation importante en matière de comptabilité publique, en reconnaissant à l'ensemble des ordonnateurs des collectivités locales et de leurs établissements publics, le droit de réquisitionner les comptables de ces collectivités et organismes comme le prévoyait déjà, en faveur des ordonnateurs de l'État, le décret du 29 décembre 1962, portant règlement général sur la comptabilité publique.

L'exercice de ce droit est cependant assorti de certaines conditions quant à sa mise en œuvre par l'ordonnateur et quant à l'obligation faite au comptable de déférer à la réquisition ou, dans certains cas, de le refuser (référence : Instruction n° 84-40-MO du 8 mars 1984, Direction de la Comptabilité publique) :

- Art. 15 : « *Le comptable ne peut subordonner ses actes de paiement à une appréciation de l'opportunité des décisions prises par l'ordonnateur. Il ne peut soumettre les mêmes actes qu'au contrôle de légalité qu'impose l'exercice de sa responsabilité personnelle et pécuniaire. Il est tenu de motiver la suspension du paiement. Lorsque le comptable de la commune notifie sa décision de suspendre le paiement d'une dépense, le maire peut lui adresser un ordre de réquisition. Il s'y conforme aussitôt, sauf en cas d'insuffisance de fonds disponibles, de dépense ordonnancée sur des crédits irrégulièrement ouverts ou insuffisants ou sur des crédits autres que ceux sur lesquels elle devrait être imputée, d'absence totale de justification du service fait et de défaut de caractère libératoire du règlement ainsi qu'en cas d'absence de caractère exécutoire des actes pris par les autorités communales.*
  L'ordre de réquisition est notifié à la chambre régionale des comptes. En cas de réquisition, l'ordonnateur engage sa responsabilité propre... » (dispositions similaires pour les départements et les régions aux art. 55 et 82)

Le droit de réquisition ne peut être exercé par l'ordonnateur qu'après la suspension d'un paiement par le comptable.

Les cas de suspension d'un paiement par le comptable résultent de la découverte, à l'occasion des contrôles auxquels il est tenu en vertu des articles 12 et 13 du décret du 29 décembre 1962, d'irrégularités ou de fausses certifications.

Il n'est pas possible de dresser une liste exhaustive des irrégularités pouvant constituer un cas de suspension de paiement ; on peut néanmoins rappeler les plus fréquentes, tenant à :

– la qualité de l'ordonnateur de la dépense (signature par une personne non habilitée) ;

– la disponibilité des crédits ou l'imputation de la dépense ;

– le caractère non libératoire du règlement ;

– la validité de la créance (absence de service fait ; fausse certification) ;

– l'absence ou l'insuffisance des pièces justificatives prévues au décret 83-16 du 13 janvier 1983 ;

– l'erreur de liquidation ; la prescription de la créance ou la déchéance quadriennale.

Le comptable ne peut subordonner ses actes de paiement à une appréciation de l'opportunité de la dépense. Il doit seulement soumettre les décisions de l'ordonnateur aux contrôles que lui impose l'exercice de sa responsabilité personnelle et pécuniaire, en application de l'article 60 de la loi 63-156 du 23 février 1963 qui dispose qu'il « est personnellement et pécuniairement responsable des contrôles qu'il est tenu d'assurer dans les conditions prévues par le règlement général sur la comptabilité publique ».

Le comptable n'a donc pas à apprécier l'intérêt communal de la dépense dès lors qu'il est en présence d'une décision exécutoire mais, en revanche, la loi lui impose de refuser de déférer à un ordre de réquisition en cas d'absence de caractère exécutoire d'un acte.

La procédure de suspension doit être justifiée et fondée, de façon à permettre à l'ordonnateur de rectifier son erreur ou de compléter les pièces justificatives du paiement.

La suspension est toujours notifiée par écrit à l'ordonnateur et motivée ; les motifs doivent être exposés de façon claire et complète pour permettre à l'ordonnateur de régulariser, ou à défaut de réquisitionner en toute connaissance de cause, ce qui permettra au juge des comptes d'apprécier les responsabilités.

Si l'ordonnateur ne procède pas à la régularisation nécessaire mais maintient sa demande de paiement, il lui appartient de réquisitionner le comptable. L'exercice de ce pouvoir s'effectue selon une procédure précise, à laquelle le comptable n'est pas toujours tenu de déférer (voir plus loin).

L'ordonnateur engage sa responsabilité propre en cas de réquisition ; mais la responsabilité du comptable n'est pas toujours dégagée s'il a répondu à une réquisition irrégulière.

Pour être régulière, l'ordre de réquisition doit être écrit et incontestable ; le comptable ne saurait donc obtempérer à un ordre verbal de l'ordonnateur.

L'ordre de réquisition ne saurait être permanent : si la dépense a un caractère répétitif, l'ordre de réquisition doit être répété.

Lorsqu'il a reçu un ordre de réquisition de l'ordonnateur, le comptable doit s'y conformer, sauf dans quatre cas :

– insuffisance des fonds disponibles ;

– dépense ordonnancée sur des crédits insuffisants ou irrégulièrement ouverts ou sur des crédits autres que ceux sur lesquels la dépense devrait être imputée ;

– absence totale de justification du service fait, ou fausses certifications manifestes ;

– défaut de caractère libératoire du paiement.

Ainsi, sauf à engager sa responsabilité personnelle, face à un des cas énumérés ci-dessus, le comptable doit refuser de déférer à l'ordre de réquisition.

Tous les ordres de réquisition, y compris ceux auxquels le comptable a refusé de déférer, doivent être notifiés à la chambre régionale des comptes.

Rappelons que la loi 93-122 du 29 janvier 1993, article 78, soumet désormais les élus à la Cour de discipline budgétaire et financière, lorsqu'ils ont engagé leur responsabilité propre à l'occasion de la réquisition du comptable de la collectivité.

La réquisition est donc une arme à manier avec précaution (voir *Cour de discipline budgétaire*).

Observations des juridictions financières

● CRC « Franche-Comté », 8 août 1991, *Commune de Vesoul ;* lettre au maire à la suite d'une « Réquisition de paiement » :

Les faits :

Le 14 juin 1990, le maire de Vesoul prend un arrêté nommant M. T., administrateur territorial hors classe, en qualité de secrétaire général de la ville de Vesoul. Le préfet de la Haute-Saône a déféré l'arrêté du maire au tribunal administratif qui, le 6 décembre 1990, l'a annulé au motif que M. T. avait un grade supérieur à celui prévu par la réglementation pour le poste de secrétaire général d'une ville dont la population est inférieure à 20 000 habitants.

Ayant pris connaissance du jugement du tribunal administratif de Besançon, le trésorier principal de la ville de Vesoul a suspendu le paiement du mandat relatif au salaire de M. T., pour le mois de décembre 1990. Le maire a réquisitionné le comptable le 21 décembre 1990, lequel a déféré à l'ordre de réquisition et payé ledit mandat.

Conformément à l'article 15 de la loi du 2 mars 1982, la chambre a examiné le 23 janvier 1991 le dossier de réquisition transmis par le trésorier payeur général de la Haute-Saône.

Problème juridique posé :

Le maire a décidé de passer outre une décision de justice.

1. Le comptable devait-il déférer à l'ordre de réquisition alors que l'annulation de l'acte générateur de droit, devenu inexistant, supprime de fait la réalité de la créance de M. T., conformément à l'article 1235 du code civil qui dispose que « tout paiement suppose une dette » ?

2. L'annulation de l'arrêté de nomination de M. T. a privé de toute base juridique le règlement des salaires de l'intéressé depuis sa prise de fonction.

3. L'ordre de réquisition a pour effet, en définitive, de faire échec à l'exécution d'une décision de justice passée en force de chose jugée.

Solution de la Chambre régionale des comptes :

La CRC a estimé que c'est à bon droit que le comptable avait suspendu le paiement du mandat en cause, conformément aux dispositions des articles 12 B, 13 et 37 du décret du 29 décembre 1962.

Première question : le comptable ne pouvait s'appuyer sur l'une des quatre conditions énumérées à l'article 15 de la loi n° 82-213 du 2 mars 1982 pour résister à l'ordre de réquisition. Son attitude est conforme en cela, aux instructions du directeur de la comptabilité publique, contenues dans une note du 26 janvier 1988 adressée aux trésoriers payeurs généraux où il est notamment précisé : « Ainsi, même lorsque des actes ont perdu leur caractère exécutoire, à la suite d'une annulation ou d'un sursis à exécution, les comptables ne sont pas autorisés à refuser de déférer à un ordre de réquisition de l'ordonnateur. »

Par ailleurs, l'ordre de réquisition fondé sur un acte irrégulier, puisqu'inexistant, peut faire l'objet d'un recours pour excès de pouvoir devant le juge administratif. Mais seul le représentant de l'État, dans la mesure où il a connaissance de l'ordre de réquisition, peut déférer la décision litigieuse au juge administratif.

Deuxième question : la chambre s'est interrogée sur la suite que pourrait réserver le juge des comptes, à un paiement effectué au vu de décisions déclarées illégales par le juge administratif.

Ainsi la Cour des comptes, statuant en appel, dans un arrêt du 10 mai 1990, *Commune d'Hyères*, a qualifié de paiements indus les règlements effectués par le comptable au vu d'un acte annulé par le juge administratif et, ajoute la Cour, puisque le paiement était dépourvu de fondement juridique, « il appartient à la chambre régionale des comptes, d'enjoindre au comptable le reversement des sommes payées à tort après la date à laquelle le comptable a eu connaissance du jugement du tribunal administratif ».

Pour sa part, le Conseil d'État, dans un arrêt du 28 décembre 1949 – sieur Hugon – a jugé qu'un agent qui n'occupe pas régulièrement un emploi, n'a pas droit au traitement correspondant, même s'il a exercé cet emploi.

En effet, selon une jurisprudence constante, l'acte annulé est censé n'avoir jamais existé. Dès lors, il convient d'en tirer une première conséquence : les sommes indûment versées devront donner lieu, de la part de l'ordonnateur, à l'émission d'un titre de recettes. Ce qui n'exclut nullement le droit légitime de l'intéressé d'obtenir une indemnisation de la part de la collectivité qui l'a employé à tort.

Troisième question : en réquisitionnant le comptable, le maire de Vesoul faisait-il échec à une décision de justice ? Oui mais la régularisation de la situation s'est effectuée par le biais d'une nouvelle délibération du conseil municipal créant un emploi de contractuel en faveur de M. T.

PARTICIPATION AU CAPITAL. Voir *Interventions économiques.*

PÉNALITÉS DE RETARD. Voir *Marchés publics.*

PÉRIODE COMPLÉMENTAIRE. Voir *Comptabilité communale.*

PERMIS DE CONSTRUIRE. Voir *Urbanisme.*

PERSONNEL. Voir *Fonction publique territoriale.*

PERSONNES ÂGÉES (aides aux). Voir *Aide sociale,* CCAS.

PIÈCES JUSTIFICATIVES. Voir *Dépenses.*

PLAN COMPTABLE GÉNÉRAL. Voir *Comptabilité communale.*

PLAN D'AMÉNAGEMENT DE ZONE. Voir *Urbanisme.*

PLAN D'OCCUPATION DES SOLS (POS). Voir *Urbanisme.*

POLICE MUNICIPALE

« Le maire est chargé, sous le contrôle administratif du représentant de l'État dans le département, de la police municipale, de la police rurale et de l'exécution des actes de l'État qui y sont relatifs. » (art. L 131-1 du code des communes)
« La police municipale a pour objet d'assurer le bon ordre, la sûreté, la sécurité et la salubrité publiques... » (art. L 131-2, 1er al.)

Mais les pouvoirs du maire en la matière varient suivant qu'il s'agit d'une commune où la police est étatisée ou n'est pas étatisée (situation liée notamment à la taille de la collectivité, art. 83-8 de la loi du 7 janv. 1983).

En gros, dans les communes à police étatisée, le maire partage ses pouvoirs avec le préfet dans les conditions suivantes :

– au représentant de l'État, tout ce qui touche à la sécurité publique et au maintien de l'ordre dans les manifestations sur la voie publique ;

– au maire, tout ce qui se rattache au bon ordre des lieux publics, cérémonies publiques, foires et marchés.

Les pouvoirs qui appartiennent au maire ne font pas obstacle à l'exercice de ceux que conserve le représentant de l'État dans les cas prévus par l'article L 131-13 du code des communes.

En l'absence de statut, la place et le rôle des polices municipales a fait l'objet de nombreuses controverses depuis une dizaine d'années où la décentralisation a favorisé leur développement dans des conditions souvent irrégulières. En l'état des textes et en l'absence de publication du décret d'application de la loi du 7 janvier 1983, elles étaient contestées, notamment, eu égard à l'inflation de leurs effectifs, à leur équipement motorisé, à leur armement et leur habillement qui prêtent souvent à confusion avec la police d'État, en contravention avec l'article 433-15 du nouveau code pénal – ancien article 260 du code pénal (voir rapport au Premier ministre de M. Patrick Balkany, parlementaire en mission, d'oct. 1993).

La publication, au *Journal officiel* du 27 août 1994, de plusieurs décrets nº 94-731, 732 et 733 du 24 août 1994 portant statut des gardes champêtres et policiers municipaux devrait provisoirement clore le débat. Car actuellement (oct. 1994), un projet de loi « d'orientation et de programmation relatif à la sécurité » est en cours d'élaboration qui devrait bientôt venir devant le parlement ; une de ses dispositions concerne la détermination du statut et des moyens des polices municipales, ainsi que les modalités de leur association aux missions de sécurité publique dans les communes. En publiant les cadres d'emploi de ces personnels, le gouvernement a choisi de parer au plus pressé.

La filière est composé d'agents de catégorie C encadrés en tant que de besoin par des fonctionnaires de l'État détachés ou retraités.

POLLUTION (industrielle). Voir *Urbanisme,* Protection de l'environnement.

PRATIQUES ANTICONCURRENTIELLES. Voir *Marchés publics.*

PRÉEMPTION (droit de). Voir *Urbanisme.*

PRESCRIPTION

Moyen d'acquérir ou de se libérer par un certain laps de temps et sous les conditions déterminées par la loi. Les créances publiques se prescrivent soit dans les conditions prévues par les règles particulières qui les gouvernent (créances fiscales ; créances du domaine, par exemple), soit dans les conditions prévues par le code civil. Il en va différemment des dettes des collectivités publiques, qui comme pour l'État, obéissent à un régime de prescription particulier, conçu non, en fonction de la nature de la dette, mais en fonction de la personne du débiteur : c'est la « prescription quadriennale », issue de l'ancienne « déchéance quadriennale » de la loi de 1831, conçue comme une règle de bonne gestion, destinée à limiter dans le temps, le règlement des dettes afférentes à un exercice budgétaire.

PRESCRIPTION QUADRIENNALE

Textes de référence : loi 68-1850 du 31 décembre 1968, *JO* du 3 janvier 1969 ; décret 81-174 du 23 février 1981, modifié par le décret 90-848 du 25 septembre 1990, *JO* du 26 septembre 1990 ; circulaire du Premier ministre en date du 25 septembre 1990, *JO* du 26 septembre.

Aux termes de l'article 1er de la loi du 31 décembre 1968, sont prescrites au profit de l'État, des collectivités territoriales et de leurs établissements publics, toutes créances qui n'ont pas été payées dans un délai de quatre ans à partir du premier jour de l'année suivant celle au cours de laquelle les droits ont été acquis par un créancier.

Mais la prescription peut être interrompue dans des conditions très favorables au créancier, dans la mesure où l'interruption n'est pas soumise à la mise en œuvre de poursuites (art. 2244 du code civil) au demeurant inapplicables à l'encontre d'une collectivité publique, ou à l'assignation en justice (art. 2245 du code civil) ou à la reconnaissance de dette (art. 2248 du code civil).

Aux termes de l'article 2 de la loi du 31 décembre 1968, la prescription des créances sur l'État ou une collectivité publique est interrompue par :

– toute demande de paiement ou toute réclamation écrite adressée par un créancier à l'autorité administrative, dès lors que la demande ou la réclamation a trait au fait générateur, à l'existence, au montant ou au paiement de la créance, alors même que l'administration saisie n'est pas celle qui aura finalement la charge du règlement ;

– tout recours devant une juridiction, relatif au fait générateur, à l'existence, au montant ou au paiement de la créance, quel que soit l'auteur du recours et même si la juridiction saisie est incompétente pour en connaître et si l'administration qui aura finalement la charge du règlement n'est pas partie à l'instance ;

– toute communication écrite d'une administration intéressée, même si cette communication n'a pas été faite directement au créancier qui s'en prévaut, dès lors que cette communication a trait au fait générateur, à l'existence, au montant ou au paiement de la créance ;

– toute émission de moyen de règlement, même si ce règlement ne couvre qu'une partie de la créance ou si le créancier n'a pas été désigné exactement.

L'interruption de la prescription fait courir un nouveau délai de quatre ans, à compter du premier jour de l'année suivant celle au cours de laquelle l'acte interruptif est intervenu.

Cependant, la prescription ne court pas si le créancier a été empêché d'agir, ou si les sommes dues proviennent d'un dépôt ou d'une consignation.

Enfin, la prescription ne peut empêcher l'exécution d'une décision de justice passée en force de chose jugée.

En ce qui concerne les établissements publics, la prescription n'est opposable que s'ils sont dotés d'un comptable public, au sens du décret du 29 décembre 1962 sur la comptabilité publique.

« Prescription de l'action en recouvrement », voir *Comptable public, prescription trentenaire.*

Jurisprudence

- CE, 12 oct. 1992, *Ministre de l'Éducation nationale c/ Gernez ;* extraits :

  « Considérant qu'aux termes de l'article 1er du décret du 23 février 1981 relatif à l'application de la loi du 31 décembre 1968 sur la prescription des créances sur l'État, les départements, les communes et les établissements publics, toute décision opposant la prescription établie par la loi 68-250 du 31 décembre 1968 à une personne détenant une créance sur l'État étrangère à l'impôt et au domaine, est prise par le ministre compétent après consultation du comité du contentieux placé auprès de l'agent judiciaire du Trésor mentionné à l'article 90 du décret du 29 décembre 1962 portant règlement général sur la comptabilité publique ; que l'article 3 du même décret dispose que, dans le cas où l'administration entend recourir à la procédure ainsi prévue au cours d'une instance juridictionnelle, " le ministre, qui entend invoquer la prescription quadriennale à propos d'une créance litigieuse étrangère à l'impôt et au domaine, sollicite de la juridiction saisie, s'il représente lui-même l'État, le délai nécessaire pour recueillir l'avis prévu à l'article 1er " ;

  « Considérant qu'à la suite de la communication qui lui a été faite par le tribunal administratif de la demande de M. Gernez, le ministre de l'Éducation nationale qui envisageait d'opposer à cette demande la prescription quadriennale a, le 3 mai 1985, puis le 4 septembre 1985, demandé au tribunal de surseoir à statuer afin qu'il puisse saisir le comité du contentieux près l'agent judiciaire du Trésor ; qu'après qu'une ordonnance du président du tribunal en date du 26 mars 1987 ait fixé la clôture de l'instruction au 21 avril 1987, le tribunal a statué sur la demande de M. Gernez et y a fait droit par le jugement attaqué en date du 12 mai 1987 ;

  « Considérant que le ministre de l'Éducation nationale qui, dans le délai de deux ans dont il a disposé à cette fin, n'a pas recueilli l'avis du comité du contentieux près l'agent judiciaire du Trésor, n'est pas fondé à soutenir qu'en statuant sur la demande dont il était saisi, le tribunal administratif l'a irrégulièrement privé de la possibilité d'opposer la prescription quadriennale à la créance dont se prévalait M. Gernez et à demander, pour ce motif, l'annulation du jugement attaqué. »

PRÊT À USAGE. Voir *Interventions économiques.*

PREUVE (dans le procès pénal)

La preuve est toujours difficile dans le procès pénal. À la différence du procès civil où le tribunal se contente des éléments apportés contradictoirement par les parties, qui déterminent ainsi le champ du litige, en matière pénale, on se trouve dans un système inquisitoire où la recherche de la preuve est libre et est confiée principalement à un juge d'instruction qui possède de larges pouvoirs d'investigation. Le juge a donc le devoir, comme l'affirme régulièrement la chambre criminelle, de suppléer à l'insuffisance de preuves produites devant lui sans se contenter des limitations que les personnes en cause chercheraient à imposer à la recherche de la vérité. Mais que faut-il prouver ?

La preuve doit d'abord être rapportée des faits eux-mêmes. Mais il faut aussi rapporter la preuve de la volonté de celui qui les a commis. Enfin, il faut, bien entendu, prouver que ces faits répondent à la qualification d'une incrimination prévue par la loi pour constituer une faute.

La preuve de l'élément matériel peut être parfois difficile à établir (dans les cas supposés de corruption, par exemple). Mais, dans le contexte des risques de gestion des collectivités territoriales, tout aussi difficile à apporter peut être la preuve de l'intention criminelle (en matière d'ingérence, par exemple). Cette intention se manifeste d'abord par la volonté consciente d'un comportement ; mais il y faut parfois un deuxième élément pour que la responsabilité soit établie, celui du résultat c'est-à-dire l'intérêt personnel.

PRISE ILLÉGALE D'INTÉRÊT. Voir *Responsabilité pénale personnelle, ingérence.*

PRIX. Voir *Marchés publics.*

R

RATIOS. Voir *Analyse financière* et aussi *Finances communales.*

RELATIONS PUBLIQUES. Voir *Communication.*

RÉGIE (de recettes ou de dépenses)

Les comptables publics ont seuls qualité pour recouvrer les recettes et payer les dépenses d'une collectivité locale ou d'un établissement public, conformément aux dispositions de l'article 11 du décret du 29 décembre 1962 portant règlement général sur la comptabilité publique.

Toutefois, pour faciliter le fonctionnement du service, « des régisseurs peuvent être chargés pour le compte des comptables publics d'opérations d'encaissement et (ou) de paiement » (art. 13).

Les conditions d'organisation, de fonctionnement et de contrôle des régies de dépenses, des régies de recettes et des régies de recettes et de dépenses sont réglementées par le décret n° 64-486 du 28 mai 1964 modifié relatif aux régies de recettes et aux régies d'avances des organismes publics.

La création d'une régie résulte d'une décision de l'ordonnateur de la collectivité ou de l'établissement public, après avis conforme du comptable. L'acte constitutif est soumis à diverses formalités ; il doit, notamment, obligatoirement indiquer le service auprès duquel la régie est autorisée et préciser la nature et le montant des recettes ou des dépenses effectuées. La nomination du régisseur est effectuée par l'ordonnateur, après agrément du comptable assignataire.

L'encaissement des recettes s'effectue généralement en numéraires ; mais les régisseurs peuvent accepter les règlements par chèque postal ou bancaire. Lorsqu'il ne remet pas de ticket, le régisseur doit délivrer une quittance extraite d'un carnet à souches numérotées, remis par le comptable. Le régisseur de recettes tient une comptabilité simplifiée et rend compte régulièrement de ses opérations au comptable.

Le paiement des dépenses est effectué le plus souvent en numéraire, à l'aide de l'avance reçue à cet effet et régulièrement reconstituée sur présentation des justifications correspondantes.

La responsabilité personnelle et pécuniaire du régisseur est notamment engagée « dès lors qu'un déficit en deniers ou valeurs a été constaté, qu'une dépense a été irrégulièrement payée ou que par la faute du régisseur, une recette n'a pas été encaissée » (art. 4 du décret n° 66-850 du 15 nov. 1966).

Toute autre personne que le régisseur régulièrement constitué, s'ingérant sans titre dans le recouvrement des deniers publics ou maniant irrégulièrement des fonds ou valeurs appartenant à une collectivité publique, peut être déclarée comptable de fait et la rend passible des amendes prévues par la loi n° 54-1306 du 31 décembre 1954 (voir la rubrique *Gestion de fait*).

Cette situation est beaucoup plus fréquente qu'il y paraît, notamment à l'occasion de l'encaissement des sommes dues par les particuliers pour délivrance de photocopies de documents administratifs communicables, par exemple.

Observations des juridictions financières

- CRC « Bretagne », 1er août 1993, *Commune du Tranchet ;* extraits :

  « L'absence de régie municipale : certains produits communaux tels les produits de la photocopieuse, de la vente de cartes postales ou de livres sur Le Tronchet, et pendant un temps, les produits de la cantine scolaire, sont encaissés par des personnes qui n'ont pas la qualité de régisseur. Cette situation n'est pas conforme aux principes comptables publics et pourrait être assimilée à une gestion de fait. La chambre prend acte des arrêtés de création des régies et de nomination des régisseurs intervenus récemment en soulignant que la nomination du maire comme régisseur suppléant est irrégulière au regard des règles de la comptabilité publique qui ne permettent pas qu'un ordonnateur soit également comptable de la collectivité qu'il administre. »

RÉGIE DIRECTE. Voir *Services publics, modes de gestion.*

RÉGIE (travaux en régie). Voir cette rubrique.

RÉQUISITION (du comptable). Voir *Paiement.*

RESPONSABILITÉ (de la collectivité ou des personnes physiques)

Dès lors qu'il peut être établi qu'un préjudice résulte d'une décision ou d'une action d'un service public, la question se pose de savoir qui va en être responsable et qui va le réparer :

– la collectivité, si ce préjudice résulte du mauvais fonctionnement du service, ou de la faute de l'un de ses agents ?

– l'élu, si on peut lui attribuer une négligence ou un comportement fautif ?

Il s'ensuit une série d'hypothèses où l'on va voir que la juridiction compétente sera tantôt la juridiction financière, tantôt la juridiction administrative, tantôt la juridiction civile ou pénale. D'où la distinction retenue, pour les besoins de l'exposé entre :

– la responsabilité administrative,
– la responsabilité civile,
– la responsabilité pénale.

Ces deux dernières formes de responsabilité pouvant viser aussi bien la collectivité que l'élu.

RESPONSABILITÉ ADMINISTRATIVE DES ÉLUS LOCAUX

(Voir *Gestion de fait* et aussi *Cour de discipline budgétaire et financière (CDBF).*)

Responsabilité civile de la collectivité

Les conditions de fonctionnement du service public peuvent être à l'origine de certains dommages subis par les tiers, susceptibles d'entraîner la responsabilité de la collectivité.

Différentes hypothèses sont envisageables, qui vont du simple retard de paiement, justifiant le versement d'intérêts moratoires jusqu'aux dommages les plus graves justifiant le versement de dommages et intérêts.

Ces dommages sont, par ailleurs, également susceptibles d'entraîner la responsabilité financière de la collectivité sur la base de l'action en comblement de passif, et la responsabilité pénale de la collectivité, sur la base des dispositions de l'article 121-2, alinéa 2, du nouveau code pénal (voir plus loin).

1. Les intérêts moratoires

En cas de dépassement du délai réglementaire de mandatement de leurs dettes (fixé à quarante-cinq jours), les organismes publics locaux doivent payer à leurs créanciers des intérêts moratoires. Cette mesure est d'ordre public. Le préfet peut donc, si c'est nécessaire, mettre en demeure l'ordonnateur de la collectivité de mandater les intérêts dus. À défaut, il procède d'office à ce mandatement.

Dans son rapport public de 1991, la Cour des comptes observe que la procédure prévue par l'article 12-1 de la loi du 2 mars 1982 modifiée, est très inégalement appliquée, les 300 mises en demeure effectuées en moyenne chaque année, ne rendant pas compte de l'ampleur des retards réels de paiement. Tout le monde a sa part de responsabilité dans cette situation : les fournisseurs et entrepreneurs, qui ne prennent pas soin de donner date certaine à leurs décomptes et hésitent à réclamer des intérêts moratoires, de peur d'être écartés de nouveaux marchés ; les ordonnateurs locaux, qui omettent d'apposer le cachet d'arrivée à réception des décomptes et d'en porter la date à la connaissance des titulaires de marchés.

Une instruction ministérielle du 18 janvier 1988, adressée aux préfets, précise que les procédures « doivent impérativement être mises en œuvre lorsque sont réunies les conditions légales de leur application » ; mais la Cour note que cette invitation est rarement suivie d'effets, les préfets acceptant facilement la justification fournie par la collectivité, de la « renonciation » du créancier aux intérêts moratoires qui lui sont dus (situation évidemment plus pénalisante pour les petites entreprises que pour les grandes).

Voir aussi la rubrique *Intérêts moratoires.*

2. Les dommages et intérêts

La sanction par le tribunal administratif d'un acte illégal ou d'une carence du service peut être à l'origine d'une mise en cause de la responsabilité civile de la collectivité.

En matière d'urbanisme, par exemple, la délivrance d'un permis de construire n'est pas neutre car c'est un acte générateur de droits ; l'annulation tardive de cet acte, ou la suspension des travaux, peuvent faire grief. La responsabilité de la collectivité peut donc être recherchée par le bénéficiaire de bonne foi de l'acte incriminé et des dommages et intérêts alloués, à raison des irrégularités commises lors de la délivrance de l'acte.

En matière d'accidents : la responsabilité repose sur la notion de faute présumée de la collectivité pour manquement à son obligation d'entretien ou de signalisation. Ainsi, par exemple, le tribunal administratif de Rennes a-t-il condamné le 1er août 1994 la commune de Crozon, en raison du défaut de signalisation d'une zone dangereuse, à verser plus d'un million de francs à la famille d'un touriste qui s'était noyé sur la plage après avoir été pris dans des sables mouvants non signalés. Ou bien c'est le Conseil d'État (29 déc. 1993, *M. Soldaini c/ Ville de Marseille*) qui condamne une collectivité pour défaut de signalisation routière qui avait provoqué l'accident d'un motocycliste. Ou encore c'est la cour administrative d'appel de Paris qui, le 12 décembre 1991 (commune de Salazie), a reconnue la responsabilité de la collectivité à raison d'une faute lourde dans l'organisation et le fonctionnement du service d'incendie. En l'espèce, la cour a estimé que la circonstance qu'aucune permanence n'existait au centre de secours et que le seul camion incendie dont disposait la commune comportait une pompe défectueuse, était constitutive d'une faute lourde dans l'organisation et le fonctionnement du service d'incendie. En conséquence les trois quart du coût du sinistre ont été mis à la charge de la commune.

3. L'action en comblement de passif

> « *Lorsque le redressement judiciaire ou la liquidation judiciaire d'une personne morale fait apparaître une insuffisance d'actif, le tribunal peut, en cas de faute de gestion ayant contribué à cette insuffisance d'actif, décider que les dettes de la personne morale seront supportées, en tout ou en partie, avec ou sans solidarité, par tous les dirigeants de droit ou de fait, rémunérés ou non, ou par certains d'entre eux [...]* » (art. 180 de la loi n° 85-98 du 25 janv. 1985 relative au redressement et à la liquidation judiciaire des entreprises).

En tant que personnes morales de droit public et en l'état actuel de notre droit, les collectivités territoriales ne peuvent pas faire l'objet d'une procédure de redressement judiciaire. Mais une décision récente de la Cour de cassation (chambre commerciale, 18 févr. 1993, *Commune de Montargis*), rejetant le pourvoi formé contre l'arrêt rendu par la cour d'appel d'Orléans, le 27 juin 1990, démontre toutefois que si une collectivité locale ne peut pas être mise en faillite, elle peut néanmoins être condamnée sur la base de l'action en comblement de passif, prévue par l'article 180 de la loi du 25 janvier 1985 (modifiée par la loi du 10 juin 1994) dans le cadre du redressement judiciaire décidé à l'encontre d'un débiteur privé (SEM, association) dépendant de la collectivité et considérée comme *dirigeant de fait,* à raison de sa responsabilité résultant d'une *faute de gestion* ayant contribuée à cette insuffisance d'actif.

Administrateur d'une association en faillite, une commune a ainsi été condamnée à régler une partie des dettes sociales de l'organisme.

Autre exemple : le tribunal de grande instance de Lille, première chambre civile, a condamné le 29 septembre 1994 l'ancien président de l'Office régional pour la culture et l'éducation (ORCEP), président du conseil régional jusqu'en 1992, et son successeur à la tête de l'ORCEP, à rembourser sur leurs deniers personnels, respectivement 40 % et 35 % du passif de l'organisme (évalué à 40 millions de francs) et qui avait été mis en liquidation judiciaire en décembre 1992. Onze autres personnes devant aussi y contribuer « en raison de leur *consentement tacite* » aux irrégularités, à hauteur de 50 000 francs chacune.

Voir aussi la rubrique *Fautes de gestion et responsabilité des dirigeants.*

Responsabilité civile personnelle du maire

Un maire peut fréquemment, au cours de son mandat, se trouver en situation de voir sa responsabilité civile personnelle engagée devant les juridictions de l'ordre judiciaire, selon les critères classiques du droit civil : le critère de la *faute,* le critère du *dommage* et le *lien de cause à effet* entre la faute commise et le dommage subi.

Plusieurs hypothèses sont à considérer :

– celle de la responsabilité personnelle pour faute, détachable du service et totalement étrangère au service ;

– celle de la responsabilité personnelle pour faute, détachable du service mais non dépourvue de lien avec le service ;

– enfin, la responsabilité sans faute, du seul fait du « risque » du service, qui peut engager en premier lieu la responsabilité civile de la collectivité mais peut aussi engager celle de l'élu, à raison de son manque de diligence ou de son imprudence.

C'est au juge qu'il appartiendra d'apprécier la responsabilité personnelle éventuelle du maire et de décider si la responsabilité de la collectivité se trouve ou non seule engagée.

Depuis l'arrêt *Lemonnier* du 26 juillet 1918, la jurisprudence du Conseil d'État n'a pas varié. La faute commise dans le service engage la responsabilité de la commune. Par contre, en cas de faute personnelle étrangère au service, l'agent fautif est seul responsable financièrement des conséquences dommageables de son acte.

Mais ça n'est plus la seule hypothèse. En effet, aux termes de l'article 8 de la loi du 7 juillet 1983 relative aux sociétés d'économie mixte :

> *« Les élus locaux, agissant en tant que mandataires des collectivités territoriales ou de leurs groupements au sein du conseil d'administration ou du conseil de surveillance d'une société d'économie mixte locale, ne sont pas considérés comme entrepreneurs de services municipaux, départementaux ou régionaux... »*

Cela signifie que la responsabilité civile découlant de l'exercice de ce mandat incombe normalement à la collectivité. Mais il est admis que ce texte n'exclut pas la mise en jeu de la responsabilité de la personne de l'élu au cas où sa négligence ou son imprudence constituent un comportement fautif.

La mise en cause de la responsabilité personnelle du maire engage son patrimoine personnel ; c'est là où l'assurance du risque « responsabilité civile personnelle » prend tout son sens, car la commune ne peut offrir de se substituer au maire (voir la rubrique *Assurances*).

Responsabilité pénale des collectivités locales

Instaurée par l'article 121-2 du nouveau code pénal, la responsabilité pénale des personnes morales est une grande innovation dont il est encore impossible aujourd'hui de mesurer la portée, tant il est vrai que cela dépend de l'importance de la jurisprudence à venir. Mais d'ores et déjà, on peut craindre que ce texte n'ait, pour l'avenir, de grandes conséquences pour les collectivités locales et certaines répercussions sur le « métier » d'élu :

> *« Les personnes morales, à l'exclusion de l'État, sont responsables pénalement, selon les distinctions des articles 121-4 à 121-7 et dans les cas prévus par la loi ou le règlement, des infractions commises, pour leur compte, par leurs organes ou représentants.*
> *« Toutefois, les collectivités territoriales et leurs groupements, ne sont responsables pénalement que des infractions commises dans l'exercice d'activités susceptibles de faire l'objet de conventions de délégation de service public.*
> *« La responsabilité pénale des personnes morales n'exclut pas celle des personnes physiques auteurs ou complices des mêmes faits. »*

Les dispositions de l'alinéa 2 procèdent de la volonté du législateur de faire disparaître l'inégalité existant jusque-là entre les divers modes de gestion des services publics : les collectivités territoriales et leurs régies étant, avant la réforme, irresponsables, alors que les entrepreneurs privés, gérant par délégation les mêmes services, étaient eux pénalement responsables des infractions commises et des dommages pouvant en résulter. Mais les dispositions de l'alinéa 2 sont assez restrictives : il faut qu'il s'agisse d'*activités susceptibles de faire l'objet d'une convention de délégation de service public.*

Pour déterminer le champ d'application de cette responsabilité, il faut pouvoir établir la liste des activités concernées ; ces activités doivent se rapporter à l'exécution du service public et pouvoir être déléguées à une entreprise privée ; ce qui laisse un champ assez vaste, compte tenu du principe de libre administration des collectivités qui a permis une forte croissance des activités des collectivités territoriales depuis dix ans. En définitive, seules les activités accomplies au nom de l'État (état civil, élections) ou relevant d'une prérogative de puissance publique (le pouvoir de police, le droit de préemption ou d'expropriation) sont exclues du champ d'application de l'article 121-2 du code pénal.

L'établissement d'une liste exhaustive et précise est difficile. Néanmoins, on peut retenir :

• *Les infractions énoncées par le droit pénal général,* d'une part :

– infractions relatives à l'intégrité et aux droits de la personne : mort ou blessures involontaires causées à autrui – par imprudence, négligence ou manquement à l'obligation de sécurité ; discrimination entre les personnes à raison de la race, de la religion ou des opinions, de l'état de santé ou du handicap ou du sexe ;

– infractions portant atteinte à la vie privée et aux droits de la personne (au moyen de fichiers informatiques) ;

– infractions portant atteinte à la confiance publique (par exemple en délivrant des documents de complaisance) ;

– enfin, les infractions relatives aux biens, abus de biens sociaux, recel, détournements, corruption, trafic d'influence.

• *Les infractions énoncées par le droit pénal spécial,* d'autre part :

– atteintes aux droits d'auteur, (protection des logiciels, par exemple) ;

– atteintes à l'environnement, infractions en matière de pollution ou d'élimination des déchets ;

– infractions dans le domaine des pompes funèbres (violation de sépulture ou exhumation illégale) ;

– infractions aux règles de la concurrence dans les marchés publics (délit de favoritisme) ;

– obstacle à l'exercice de sa mission par un magistrat.

Cette énumération (qui n'est pas exhaustive) laisse déjà entrevoir un champ de responsabilités assez vaste qui ne peut qu'inciter les exécutifs locaux à une extrême prudence. D'autant que la jurisprudence admet que cette responsabilité peut exister, du seul fait des négligences ou des carences, même en l'absence de faute.

Les sanctions de la responsabilité pénale des personnes morales sont prévues par les articles 131-37 et suivants du nouveau code pénal ; elles sont nombreuses et variées.

L'application de cette responsabilité aux personnes morales de droit public soulève, certes, un certain nombre de difficultés, notamment pour sa mise en œuvre et l'application des sanctions. S'agissant des collectivités territoriales, leur application ne peut être que partielle. Ainsi, une commune exploitant en régie directe un service de transport, de cantine scolaire ou de ramassage des ordures ménagères, par exemple, pourra désormais voir sa responsabilité pénale mise en cause pour les infractions commises dans l'exercice de cette activité, exactement comme pourrait l'être l'entrepreneur privé concessionnaire de ces services. Mais ces dispositions n'étant applicables que depuis le 1er mars 1994, il faut attendre qu'une pratique se développe pour en juger et évaluer leurs effets.

Répondant à une question d'un parlementaire, le 22 novembre 1993, le Ministre d'État, Garde des Sceaux, ministre de la Justice, a précisé que, par « organes ou représentants » de la personne morale, il fallait entendre « les organes ou représentants légaux ou statutaires, tels que, pour une commune, le conseil municipal ou le maire, ou pour une société, l'assemblée générale, le conseil d'administration, le président directeur général ou le gérant ».

Une personne morale ne sera donc pas pénalement responsable des infractions commises, même à son profit, par un simple employé sans qualité pour la représenter.

En revanche, les « dirigeants de fait » d'une personne morale pourront également être considérés, sous réserve de l'appréciation souveraine des juridictions, comme des représentants au sens de l'article 121-2 du nouveau code pénal. Toute autre interprétation de la loi créerait une immunité injustifiée au profit des personnes morales dont les dirigeants de droit ne seraient que des prête-noms » (*JO,* Débats AN, 22 nov. 1993).

« La responsabilité pénale des personnes morales n'exclut pas celle des personnes physiques auteurs ou complices des mêmes faits » (art. 121-2, al. 3).

Cela signifie que cette énumération d'infractions, évoquées plus haut, peut aussi servir de fondement à la mise en cause de la responsabilité pénale personnelle des personnes physiques, par qui les faits incriminés se sont produits.

(Problème de la preuve en droit pénal, voir la rubrique *Preuve.*)

Jurisprudence

Le tribunal correctionnel de Rennes a condamné le 9 février 1994 deux maires d'Ille-et-Vilaine, tenus pour personnellement responsables du mauvais fonctionnement d'une station d'épuration.

Le 2 août 1994, c'est le maire d'Arles qui est mis en examen après l'incendie d'une maison de retraite, qui avait coûté la vie à trois personnes.

C'est un adjoint au maire du Blanc, département de l'Indre, qui est mis en examen pour blessures involontaires suite aux blessures causées à une trentaine de personnes par l'explosion d'une fusée de feu d'artifice sur le public.

C'est le maire de Cambon-d'Albi (Tarn), qui est mis en examen pour blessures par imprudence, après la chute d'une cage de but de football en métal qui avait grièvement blessé un jeune joueur, aujourd'hui âgé de onze ans et paralysé depuis l'accident.

Responsabilité pénale personnelle des élus

Outre la nouvelle responsabilité pénale personnelle résultant de l'article 121-2, alinéa 3 du nouveau code pénal, évoquée à la rubrique précédente (« La responsabilité pénale des personnes morales n'exclut pas celle des personnes physiques auteurs ou complices des mêmes faits »), la responsabilité pénale personnelle de l'élu peut toujours être engagée sur la base des incriminations traditionnelles, déjà sanctionnées par l'ancien code pénal, à raison de leurs fautes personnelles commises dans l'exercice de leur mandat et détachables du service.

Seront donc rappelés sous la présente rubrique les manquements les plus courants au devoir de probité commis par une personne dépositaire de l'autorité publique ou chargée d'une mission de service public ou investie d'un mandat électif public (voir *in fine* l'art. 10 de la loi n° 95-65 du 19 janv. 1995).

1. L'abus de biens sociaux (et le recel d'abus de biens sociaux)

Dérivé de l'abus de confiance, l'abus de biens sociaux (et le recel d'abus de biens sociaux) est défini par les articles 437 et 463 de la loi n° 66-537 du 24 juillet 1966 sur les sociétés commerciales.

Ce délit s'applique aux dirigeants de sociétés ; mais il trouve une application très fréquente dans les associations para-administratives et dans les SEM à l'encontre des élus (en ce qui concerne les élus, c'est le plus souvent au titre du recel que cette incrimination peut être retenue).

L'abus se caractérise par le prélèvement irrégulier de fonds dans la caisse d'une entreprise (ou l'acceptation de fonds prélevés irrégulièrement) à des fins étrangères à l'objet social de l'entreprise ou à des fins d'enrichissement personnel.

Avant la loi du 11 mars 1988 sur le financement des partis politiques (voir la rubrique « Élus locaux »), le financement des partis politiques n'était pas réglementé : élus et partis étaient censés vivre du mécénat et des contributions militantes. En fait beaucoup avaient mis en place un système de « contribution » des entreprises qui, du point de vue de leur objet social ne pouvait trouver un lien qu'au travers des « contre-parties » attendues des collectivités, sous forme de marchés publics. Les juges ont considéré, dans des cas de plus en plus nombreux, que ces « dons » constituaient un « abus de biens sociaux » et ont appliqué à ceux qui les recevaient la sanction du « recel ».

2. L'abus de confiance

> *« L'abus de confiance est le fait par une personne de détourner, au préjudice d'autrui, des fonds, des valeurs ou un bien quelconque qui lui ont été remis et qu'elle a accepté à charge de les rendre, de les représenter ou d'en faire un usage déterminé. »*

L'abus de confiance est sanctionné par l'article 314-1 du nouveau code pénal (art. 408 de l'ancien code pénal) ; il s'applique notamment aux associations para-administratives.

3. Les atteintes à la confiance publique

Les atteintes à la confiance publique peuvent prendre diverses formes mais visent, principalement, le faux ou usage de faux en écritures publiques ou privées destiné à procurer frauduleusement un droit ou une qualité à son bénéficiaire.

Ces faits sont punis de peines maxima d'emprisonnement de dix ans et d'amendes de 1 000 000 de francs (art. 441-1 et s.).

4. La concussion

La concussion sanctionne principalement la perception illicite d'une somme d'argent que l'intéressé sait ne pas être due. Le fait, par exemple, par un élu d'exiger d'un entrepreneur l'exécution gratuite de travaux dans sa propriété est assimilé par la jurisprudence à la perception d'argent.

Ces faits sont punis d'une peine d'emprisonnement maxima de cinq ans et d'une amende maxima de 500 000 francs (art. 432-10).

5. La corruption active et (ou) passive et le trafic d'influence

*1. **La corruption*** active et (ou) passive et le trafic d'influence (anciens art. 177 à 179 du code pénal) ont été regroupés au sein d'un même article du nouveau code pénal (432-11) car ils ont des éléments constitutifs communs.

Il sanctionne le fait de solliciter ou recevoir, pour une personne dépositaire de l'autorité publique, chargée d'une mission de service public ou investie d'un mandat électif, de solliciter ou agréer, sans droit, directement ou indirectement, des offres, des promesses, des dons, des présents ou des avantages quelconques soit pour accomplir ou s'abstenir d'accomplir un acte de sa fonction ou facilité par sa fonction, soit pour abuser de son influence réelle ou supposée en vue de faire obtenir d'une autorité ou d'une administration des distinctions, des emplois, des marchés ou toute autre décision favorable.

Ces faits sont punis de dix ans d'emprisonnement et 1 000 000 de francs d'amende non compris les peines complémentaires, notamment interdiction des droits civils, civiques et de famille et interdiction d'exercer une fonction publique.

Éléments constitutifs de la corruption

En ce qui concerne la corruption passive : la qualité du corrompu s'apprécie par rapport à la personne dépositaire de l'autorité publique, ou élue, ou chargée d'une mission de service public (personne A) qui sollicite un particulier (personne B), qui refuse.

La corruption active vise le cas où le particulier (B) prend l'initiative de la proposition que l'interlocuteur (A) refuse.

Tandis que la corruption active et passive vise les cas où A et B proposent et acceptent ou réciproquement un avantage.

Moyens utilisés pour la corruption :

– du côté du corrompu : solliciter ou agréer, directement ou indirectement des offres, des promesses, des dons, des présents ou des avantages quelconques ;

– du côté du corrupteur : proposer, directement ou indirectement, des offres, des promesses, des dons, des présents ou avantages quelconques, ou accepter les sollicitations de la personne cherchant à se laisser corrompre.

L'initiative peut appartenir à l'un ou à l'autre, étant précisé que l'acceptation envisagée de son partenaire peut faire défaut, auquel cas n'existe que le corruption passive ou active seule.

L'expression « avantages quelconques » est assez vaste pour permettre d'englober n'importe quelle chose ou avantage (par exemple, acquittement d'une dette pour autrui, octroi d'un prêt, promesse de relations sexuelles).

Finalité des manœuvres de corruption

À la lumière de la jurisprudence intervenue sous l'emprise des textes antérieurs, on constate que la conception « d'acte de la fonction » est très largement interprétée, non seulement comme ce qui est réglementé par la loi mais aussi par la déontologie. Il peut s'agir d'un acte de préparation d'une décision ou de participation aux délibérations d'une instance collégiale. Le plus souvent, la corruption tend à obtenir l'abstention d'un acte mais il peut s'agir d'obtenir l'exécution d'un acte dont la personne a le devoir de s'abstenir. Il n'y a pas corruption si l'acte en cause n'entre pas dans les attributions de la personne qui le commet. Mais le législateur a néanmoins voulu que soit puni l'acte qui, bien que n'entrant pas dans le champ de compétences de celui qui le fait, implique des agissements favorisés par la fonction exercée (par exemple, acceptation d'argent pour faire retarder une expertise décidée par l'administration).

Dans tous les cas, il est nécessaire qu'il y ait antériorité de l'offre par rapport à l'acte sollicité ou à l'abstention. Une « gratification » postérieure peut n'être qu'un acte de reconnaissance, sans portée pénale, sauf à établir l'existence d'un *pacte.*

2. Le trafic d'influence. Proche de la corruption (ce qui explique son regroupement au sein du même art. 432-11 du nouveau code pénal), le trafic d'influence s'en distingue par le fait que son auteur, abusant de sa qualité, se propose d'intervenir en tant qu'intermédiaire. La différence a trait à la finalité des offres ou promesses (le texte énumère les distinctions, les emplois, les marchés, ou toute autre décision favorable), ce qui laisse le champ libre à l'interprétation la plus large (par exemple, intervention pour obtenir la délivrance d'un document administratif ou une exemption de service militaire).

6. Le favoritisme

Le délit de favoritisme réprime les atteintes à la liberté d'accès et à l'égalité des candidats dans les marchés publics. Ce délit trouve son origine dans l'article 7 (aujourd'hui abrogé par l'art. 339 de la loi d'adaptation du 16 déc. 1992) de la loi 91-3 du 3 janvier 1991, relative à la transparence et à la régularité des procédures dans les marchés publics. Le nouveau code pénal a transposé ce délit sous son article 432-14 :

> *« Est puni de deux ans d'emprisonnement et de 200 000 F d'amende le fait, par une personne dépositaire de l'autorité publique ou chargée d'une mission de service public ou investie d'un mandat électif ou exerçant les fonctions de représentant, administrateur ou agent de l'État, d'une collectivité territoriale ou d'un de ses établissements publics ou d'une société d'économie mixte, ou par toute personne agissant pour le compte de l'une de celles susvisées, de procurer ou de tenter de procurer à autrui un avantage injustifié par un acte contraire aux dispositions législatives ou réglementaires ayant pour objet de garantir la liberté d'accès et l'égalité des candidats dans les marchés passés par l'État et les collectivités ou organismes mentionnés plus haut. »*

Les faits visés sont notamment : la remise anticipée d'informations à un candidat ; le non-respect des règles de publicité ; le fractionnement artificiel des prestations et le recours abusif aux marchés négociés ; les marchés de reconduction, etc. (voir l'analyse des caractéristiques de ce délit sous la rubrique *Marchés publics, Favoritisme*).

Un élu vient récemment (nov. 1994) d'être mis en examen pour délit de favoritisme : président de l'office départemental des HLM du Var, il lui est reproché d'avoir, sur une période de quatre ans, accordé sept marchés « négociés » à des entreprises régionales, sans véritable appel à la concurrence et après avoir déclaré l'appel d'offres « infructueux ». En outre, l'architecte désigné, un proche, était toujours le même pour toutes les opérations ; ce qui avait suscité une plainte du syndicat des architectes.

Sur la notion d'avantage injustifié, se reporter à la rubrique *Cour de discipline budgétaire et financière.*

En l'état actuel de sa rédaction, l'article 432-14 du code pénal ne s'applique qu'à la gestion directe des communes, de leurs établissements publics à caractère administratif et des SEML ; y échappent donc les établissements publics industriels et commerciaux et les services publics délégués.

C'est une distinction qui ne devrait pas subsister car elle est susceptible de favoriser certaines irrégularités.

De fait, au moment où s'achève la rédaction de cet ouvrage, le Conseil Constitutionnel vient de valider la loi du 23 décembre 1994 dont l'article 10 modifie la rédaction de l'article 432-14 du code pénal précité en étendant la sanction du délit de favoritisme aux délégations de service public.

7. L'ingérence ou « prise illégale d'intérêt »

> *« (Il est interdit à) tout fonctionnaire, tout officier public, tout agent du gouvernement (de prendre ou de recevoir), soit ouvertement, soit par actes simulés, soit par interposition de personnes, quelque intérêt que ce soit dans les actes, adjudications, entreprises ou régies dont il a ou avait, au moment de l'acte, en tout ou partie, l'administration ou la surveillance. »*
> *(Outre les peines d'emprisonnement et d'amende), « il sera de plus déclaré à jamais incapable d'exercer aucune fonction publique »* (art. 175 de l'ancien code pénal).

Le délit d'ingérence désormais dénommé « prise illégale d'intérêt » (art. 432-12 du nouveau code pénal) vient de connaître une évolution. L'article 175 de l'ancien code pénal tendait à réprimer tous ceux qui, dotés d'un pouvoir politique, au sens large, en abusaient pour s'immiscer dans le monde des affaires et en tirer quelque avantage. Tout en conservant les éléments constitutifs traditionnels du délit d'ingérence, le nouveau code pénal a apporté un certain nombre de modifications à la rédaction de l'article 175, destinées à concilier l'exigence de moralisation de la vie publique et le respect des préoccupations légitimes des élus.

L'incrimination est modifiée sur deux points : tout d'abord, afin de faire échec aux tentatives de dissimulation (par interposition de personne notamment, ou bien par le biais de la conservation directe ou indirecte d'un intérêt) qui permettent d'éviter les poursuites en bénéficiant de la prescription, *l'ingérence devient un délit continu.* Ce qui permet de la réprimer même au-delà du délai, relativement court, de trois ans. Cela signifie, en clair, que la prescription de trois ans, applicable aux délits, ne joue plus dans le nouveau délit de prise d'intérêt.

Ensuite, des dérogations plus étendues sont introduites en faveur des maires et autres élus des petites communes, dont le seuil de population est porté de 1 500 à 3 500 habitants.

Mais à l'assouplissement de l'incrimination correspond en contrepartie une certaine aggravation de la répression : la peine maximale d'emprisonnement est portée de deux à cinq ans et l'amende maximale, qui était proportionnelle aux restitutions ou indemnités, est désormais fixée à 500 000 francs.

En revanche, l'incapacité « à vie » d'exercer une fonction publique ne peut désormais excéder cinq ans et perd son caractère obligatoire.

De nouvelles peines complémentaires sont désormais encourues, telles que l'interdiction des droits civiques et civils (art. 432-17) :

> Art. 432-12 du nouveau code pénal : *« Le fait, par une personne dépositaire de l'autorité publique ou chargée d'une mission de service public ou par une personne investie d'un mandat électif public, de prendre, recevoir ou conserver, directement ou indirectement, un intérêt quelconque dans une entreprise ou dans une opération dont elle a, au moment de l'acte, en tout ou partie, la charge d'assurer la surveillance, l'administration, la liquidation ou le paiement, est puni de cinq ans d'emprisonnement et de 500 000 francs d'amende. Toutefois dans les communes comptant 3 500 habitants au plus [...]. »* ... suit une liste des dérogations et leurs conditions.

Ce nouvel article pose le problème des rapports entre le pouvoir et l'argent. Le débat n'a rien de neuf mais il a pris un relief particulier dès lors que la décentralisation s'est faite l'accompagnatrice d'une économie qu'on a bien raison de qualifier de « mixte », non sans multiplier à tous égards les occasions d'infractions. L'exégèse des textes complétée par l'examen d'une jurisprudence abondante permet de mieux cerner les risques en la matière. Il y a donc lieu d'examiner successivement : la qualité de la personne à même de commettre l'infraction, son comportement illicite et la situation incriminée.

Par-delà l'énumération de personnes contenue dans le texte, la qualité de la personne n'est pas la condition essentielle. C'est le pouvoir qu'elle retire de sa fonction au regard de l'opération dans laquelle elle reçoit ou conserve un intérêt qui compte le plus. Ainsi, tous ceux qui exercent une fonction publique, qui sont chargés d'une mission de service public ou qui sont investis d'un mandat public, et ont à ce titre le pouvoir de surveiller, administrer, liquider et mandater, peuvent se trouver en situation d'ingérence s'ils favorisent leur intérêt particulier au détriment de l'intérêt public.

Les dispositions de l'article 432-12 s'appliquent, bien entendu, d'abord au maire, au président du conseil général et au président du conseil régional, seuls responsables de l'administration de la collectivité (art. 122-11, du code des communes), mais aussi à leurs adjoints s'ils ont reçu délégation de pouvoirs ou agissent en remplacement du chef de l'exécutif local ou si les fonctions qu'ils occupent leur donnent un rôle d'administration ou de surveillance de l'affaire. Elle s'applique aussi à toute personne, qui sans participer à la hiérarchie exerçait, au moment de l'acte, un pouvoir de délibérer, d'administrer, liquider, surveiller une opération au nom de la puissance publique, tel le président d'une chambre de commerce et d'industrie chargée de l'aménagement d'une zone portuaire sur le domaine public (C. cass., 20 nov. 1980), ou le directeur d'une SAFER (C. cass., 21 nov. 1985).

Dans le même ordre d'idées, tombent sous le coup de la loi, les personnes qui sont simplement chargées de préparer une décision ou de présenter un avis à l'autorité compétente : ce fut, par exemple, le cas d'un conseiller municipal, architecte de son état, qui avait soumis au conseil municipal un projet préparé par son cabinet et dont il devait assurer la réalisation en cas d'adoption ; ce fut encore le cas d'un conseiller municipal, notaire de son état, qui avait rapporté devant le conseil municipal un projet susceptible de favoriser les opérations immobilières d'un promoteur qui passait les actes dans son étude.

« Il est interdit de prendre, recevoir ou conserver [...] un intérêt quelconque... »

Le législateur a voulu viser tout comportement illicite, le juge s'attachant à distinguer la prise d'intérêts elle-même et l'objet de l'ingérence.

« La prise d'intérêt », au sens large, s'entend de l'immixtion dans les affaires dont la personne est chargé d'assurer l'administration ou la surveillance, ou dont il doit assurer la liquidation ou le paiement. La prise d'intérêt ne peut se définir par référence à un type d'actes, tout à fait impossibles à recenser, tant les situations peuvent être nombreuses et variées, mais par rapport à son résultat. L'ingérence est réalisée dès que son responsable a eu un comportement inconciliable avec l'exercice objectif de sa mission. Cela peut aller de la simple décision de complaisance, sans profit direct, par esprit partisan (ou par esprit de famille), à la prise réelle d'intérêt, par vénalité.

Peu importe la façon dont l'intérêt est perçu « directement ou indirectement » : la jurisprudence envisage toutes les possibilités, y compris les opérations clandestines, par actes simulés ou interposition de personnes, hypothèses bien sûr les plus fréquentes. Mais le fait d'agir au grand jour n'est pas considéré comme une preuve absolutoire de bonne foi ou d'action par imprudence.

Dans l'hypothèse des différentes dérogations prévues par l'article 432-12 (al. 2, 3, 4), en faveur des petites communes de moins de 3 500 habitants, il est prévu de garantir l'objectivité de la décision en interdisant à l'intéressé de participer à la délibération (art. L 122-12 du code des communes) relative à l'opération envisagée. En outre, par dérogation au deuxième alinéa de l'article L 121-15 du code des communes, le conseil municipal ne peut décider de se réunir à huis clos.

Ainsi, il n'y a pas d'infraction si la prise d'intérêt est « légale » :

« N'est pas pénalement responsable la personne qui accomplit un acte prescrit ou autorisé par des dispositions législatives ou réglementaires.
N'est pas pénalement responsable la personne qui accomplit un acte commandé par l'autorité légitime, sauf si cet acte est manifestement illégal » (art. 122-4 du code pénal).

Exemple : une dotation versée à un président de SEM à l'occasion de son départ en retraite (sous forme de capital-retraite) n'avait pas fait l'objet d'une délibération exigée par l'article 42, alinéa 2, de la loi du 6 février 1992 ; d'où condamnation pour ingérence :

« Les élus locaux agissant en tant que mandataires des collectivités ou de leurs groupements au sein du conseil d'administration ou du conseil de surveillance d'une société d'économie mixte locale ne sont pas considérés comme entrepreneurs de services municipaux, départementaux ou régionaux au sens des articles L 207, L 231 et L 343 du code électoral.
Lorsque ces représentants souhaitent exercer des fonctions entraînant la perception de rémunérations ou d'avantages particuliers, ils doivent y être autorisés par une délibération expresse de l'assemblée qui les a désignés ; cette délibération fixe le montant maximum des rémunérations ou avantages susceptibles d'être perçus ainsi que la nature des fonctions qui les justifient. »

« L'objet de l'ingérence ». Le coupable doit avoir « pris, reçu ou conservé » un intérêt quelconque dans une entreprise ou dans une opération « dont il avait, au moment de l'acte, en tout ou partie l'administration ou la surveillance ».

Ces termes sont très vagues et laissent au juge une large possibilité d'interprétation, ce qui va dans le sens de la volonté moralisatrice de la loi. Volonté confirmée par la *suppression de la prescription de trois ans,* jugée trop courte, car il suffisait au coupable de dissimuler son acte pendant trois ans (par interposition de personne, par exemple, il pouvait y parvenir) pour retarder la découverte de l'ingérence et échapper à la sanction en invoquant la prescription.

Enfin, selon les dispositions implicites du texte qui parle de prise d'intérêt « directe ou indirecte », l'infraction doit être intentionnelle. Il n'y a donc pas ingérence si l'acte a été commis par imprudence ou négligence, voire incompétence (sous réserve de l'appréciation du juge).

Une circulaire du 20 juin 1986 du ministre de l'Intérieur aux préfets rappelle que le délit d'ingérence n'est pas constitué dans tous les cas où les élus ont des rapports d'intérêt avec la collectivité territoriale qu'ils administrent. Outre le cas des élus des petites communes, bénéficiaires des dérogations prévues aux alinéas 2, 3 et 4 de l article 432-12, il y a celui des élus n'agissant pas par délégation ou n'ayant pas, de par leurs fonctions, un rôle d'administration ou de surveillance.

Mais s'il n'y a pas ingérence, il y aurait néanmoins, d'une manière générale, un cas d'illégalité de la délibération (en application de l'article L 121-35 du code des communes) s'ils participaient à la décision relative à une affaire (bail ou marché) dans l'exécution de laquelle ils ont un intérêt.

L'étude de la jurisprudence illustre les difficultés rencontrées par le juge devant une situation présumée d'ingérence pour qualifier l'acte, tant le poids des apparences est lourd à l'encontre d'un élu.

Observations des juridictions financières

- CRC « Ile-de-France », 30 déc. 1993, *Commune de Champcueil, Essonne ;* extraits :

  « Les marchés passés avec l'atelier ACRA (Atelier de conception et de réalisation d'architecture) : en janvier 1988, la commune a passé avec l'atelier ACRA par entente directe, trois marchés d'un montant total de 309 063 F pour l'exercice du rôle de maîtrise d'œuvre pour la construction ou l'aménagement (de divers projets d'investissement) [...]. Par délibération du 29 septembre 1989, le conseil municipal a décidé de résilier l'un de ces marchés parce que " la société ACRA ne présentait pas toutes les garanties juridiques nécessaires... ". Les deux autres marchés étant résiliés *de facto.*

  Dans une lettre adressée à la chambre au cours de l'instruction, le maire (actuel) indique, qu'au début du mois de mars 1989, un conseiller municipal l'avait avisé, alors qu'il était maire-adjoint, du lien existant entre l'atelier ACRA et le maire de la commune (l'ancien), M. C.

  En effet, la société ACRA était représentée par Mme Ch., fonctionnaire de l'hôpital de Champcueil, et concubine de M. C. Les missions censées être réalisées par ACRA, société sans existence juridique, ni effective, l'étaient en fait par M. C. en tant que professionnel du bâtiment ou en sa qualité de maire (de fait, note la chambre, l'intervention d'ACRA n'apparaît nullement dans les dossiers de travaux des trois programmes en cause, pour lesquels sa mission comprenait notamment l'assistance aux marchés de travaux, le contrôle général, la réception et le décompte des travaux, l'attestation d'exécution des travaux, etc.). M. C. a été inculpé du *délit d'ingérence* pour avoir, par actes simulés et interposition de personnes, pris ou reçu quelque intérêt que ce soit dans les actes dont il avait, en ce temps, l'administration en qualité de maire.

  (Par jugement du 5 janvier 1993, M. C. et sa complice Mme Ch. ont été condamnés par le tribunal correctionnel de Paris.). »

8. La soustraction et le détournement de biens

La soustraction et le détournement de biens vise aussi bien le détournement de fonds que le détournement de documents.

Ces faits sont punis d'une peine maxima de dix ans d'emprisonnement et de 1 000 000 de francs d'amende (art. 432-15).

Commentaire sur la responsabilité pénale personnelle des élus

La multiplication récente des mises en cause personnelle d'élus, parfois justifiée, ne peut masquer le risque objectif encouru par les élus, et principalement par les maires, notamment, sur le fondement de l'article 121-2, alinéa 3, et dont témoigne déjà la condamnation de plusieurs d'entre eux dans des affaires d'accident ou de pollution, c'est-à-dire pour des faits étrangers à la probité.

À cet égard, la tentative du président de l'association des maires de France, d'obtenir par voie d'amendement, lors de l'examen en décembre 1994 de la loi relative au financement de la vie politique, une atténuation de certaines dispositions du code pénal n'est pas sans intérêt, même si, pour des raisons de procédure, le gouvernement a émis un avis défavorable à ces propositions. L'initiative de M. Delevoye a le mérite de poser le problème afin de prendre date.

Article 10 de la loi n° 95-65 du 19 janvier 1995 relative au financement de la vie politique

Il est rétabli, dans le code électoral, un article L 7 ainsi rédigé :

« Ne doivent pas être inscrits sur la liste électorale, pendant un délai de cinq ans à compter de la date à laquelle la condamnation est devenue définitive, les

personnes condamnées pour l'une des infractions prévues par les articles 432-10 à 432-16, 433-1, 433-2, 433-3 et 433-4 du code pénal ou pour le délit de recel de l'une de ces infractions défini par les articles 321-1 et 321-2 du code pénal. »

RISQUES DE GESTION (typologie des différents risques)

La règle est nécessairement contraignante. Aussi est-elle souvent pervertie par la pratique ; parfois par méconnaissance de la règle ou de la procédure ; parfois de façon moins innocente ; le plus souvent par imprudence et par seul souci d'efficacité. Car gérer, c'est prendre des risques. La jurisprudence des juridictions administratives et financières, à travers de nombreux exemples, nous aide à en faire l'inventaire ; mais un tri s'impose pour parvenir, dans un but pédagogique, à dresser une typologie de ces risques, préalable à toute mesure de prévention.

Les risques considérés sont les risques encourus par la collectivité territoriale en tant que personne morale, sujet de droit, mais aussi en tant que collectivité des contribuables. Ce sont aussi les risques encourus par les représentants, élus eux-mêmes de la collectivité à raison des fautes commises.

Se trouvent donc exclus de l'épure, d'une part les risques assumés par le comptable imprudent d'une collectivité, souvent exposé à endosser des responsabilités du fait de comportements anarchiques de son ordonnateur ; d'autre part, les risques assumés par des tiers, partenaires de la collectivité dans ses groupements, ou par les banquiers de la collectivité, en cas de soutien abusif.

Les différents regards portés sur la gestion des collectivités territoriales laissent entrevoir une ébauche de liste hétérogène de risques liés :

– à la méconnaissance des règles de procédure ou de fond dans la passation des actes ou la prise de décision ;
– au choix des modes de gestion des services publics locaux ;
– à la délégation de services publics et aux relations avec le cocontractant ;
– au mode de financement des investissements de la collectivité et à son endettement ;
– à la politique de démembrement de la collectivité et aux relations avec ses groupements ;
– à la politique de subventionnement et de garantie des emprunts des satellites ;
– à la politique tarifaire et fiscale ;
– à la personnalité de l'élu et au style de sa gestion.

Une première tentative de classement pourrait conduire à ranger ces risques en deux grandes catégories, selon la sanction qui leur est attachée :

– les risques juridiques en fonction de la sanction prononcée par une juridiction administrative ou financière, voire pénale ;
– les risques économiques et financiers en fonction des conséquences supportées par le contribuable mais dont la sanction n'appartiendrait qu'à l'électeur.

On ne peut, bien entendu, se satisfaire d'une telle dissociation dont le danger serait de réhabiliter le vieux débat de la « légitimité » opposée à la « légalité ». C'est pourquoi il semble préférable d'opter pour une classification par nature, prenant en compte le contexte et les circonstances de la décision et ses conséquence.

Nous sommes ainsi amenés à distinguer plusieurs sources de risques dont l'étude peut se combiner :

– *les risques techniques* liés à la complexité de la réglementation et à la technicité des actions à mener et pour la maîtrise desquels les services administratifs ou techniques des petites et moyennes collectivités peuvent ne pas avoir toute la compétence nécessaire ;
– *les risques « subjectifs »* liés à la personnalité de l'élu ou au « style » de sa gestion ainsi qu'au cumul des mandats ;
– *les risques économiques* liés aux choix de gestion, au mode de financement des investissements, à la fiscalité ;
– *les risques financiers* à raison de la participations à des opérations d'investissements aventureuses ou des garanties d'emprunts accordées à des partenaires défaillants ou encore aux réparations dues par la collectivité dont la responsabilité a été engagée ;
– *les risques juridiques* résultant des conséquences dommageables des décisions prises par la collectivité, pouvant engager sa responsabilité civile et pénale ;
– *les risques judiciaires* résultant de la mise en cause de la collectivité et (ou) de ses responsables à raison des irrégularités commises au cours de la gestion voire de délits, ou de la mise en cause personnelle des élus, parfois sur la base de simples soupçons (tant les apparences sont dévastatrices en politique) mais souvent à raison de divers manquements au devoir de probité.

Ce sont ces différents types de risques qu'il convient d'examiner plus en détail.

1. Les risques techniques

La complexité de la réglementation, la technicité de la gestion, constituent la première source de risques importants auxquels sont confrontés les responsables des collectivités territoriales. La première question qui se pose à elles est donc de savoir si les services municipaux auront la compétence juridique et technique nécessaire à la solution de leurs problèmes et à la conduite des opérations, tant en ce qui concerne la gestion courante des services que l'étude et la réalisation de nouveaux équipements. La taille de la collectivité est déjà en elle même facteur de risques. Les petites communes étant par nature les plus vulnérables, c'est avec elles que la coopération intercommunale prend tout son sens. Mais confrontées aux difficultés de solution de certains besoins, de nombreuses communes, quelle que soit leur taille, vont se tourner vers des concours extérieurs, à caractère privés ; c'est, dans ce contexte, que les risques prendront toute leur ampleur, face à des partenaires, parfois peu scrupuleux ou tout puissants, qui soumettront peu ou prou la collectivité à leurs conditions.

Le résultat, attesté par une importante jurisprudence, est souvent désastreux : procédures des marchés publics mal maîtrisées ; délégations de service public soumises à des conditions léonines de durée et de prix ; gestion mal maîtrisée de projets d'informatisation, qui, faute de suivi, se révèlent un échec ; recours à des consultants ou intermédiaires médiocres ou douteux ; absence ou insuffisance d'études de marché pour la réalisation de certains équipements ; délégations de maîtrise d'ouvrage mal contrôlées, dispersion des responsabilités ; études de faisabilité et montages financiers insuffisants. En l'état actuel de la réglementation et du fonctionnement des contrôles et compte tenu du principe de libre administration des collectivités territoriales, il n'existe, en amont, aucun niveau d'observation et d'alerte à même de permettre la détection d'éventuelles dérives et de les prévenir ; il n'y a aucune capacité de mise en garde, aucun moyen efficace d'avertir à temps les élus locaux des risques induits par leurs comportements ainsi que des conséquences financières prévisibles de leurs décisions.

2. Les risques « subjectifs » liés au style de la gestion

Les risques liés à la personnalité de l'élu, au clientélisme, au cumul des mandats, au foisonnement des intérêts croisés, forment un ensemble flou, aux contours incertains mais constituent le « paysage » local qu'aucune démarche d'audit ne saurait ignorer.

Il y a toujours eu une approche « clientéliste » de la politique : c'est elle qui sous-tend nombre de choix budgétaires discutables. C'est ainsi que la tentation peut naître de mener une politique de « clan », avec le risque de discrimination que cela comporte.

D'autre part, la personnalité de l'élu peut être parfois à l'origine de graves déboires pour la collectivité. C'est au « style » de leur gestion qu'il faut imputer les résultats désastreux qu'ont connus, par exemple, la ville d'Angoulème et la ville de Nice. Et on aurait bien tort de croire que pour ne connaître qu'eux, ces exemples sont uniques ou ne peuvent plus se reproduire. Enfin, le cumul des mandats mérite aussi, à ce titre, d'être évoqué car il comporte une face cachée. Au-delà des mandats électifs, dont le nombre est désormais limité par la loi, se situent en effet les mandats de ce qu'il est convenu d'appeler « l'environnement » de la collectivité. À partir de ce tissu interstitiel, prolifèrent de nombreux groupements, publics ou privés (établissements publics locaux, SEM, associations) dont la présidence est assurée par l'élu de la collectivité principale. Là peuvent se nouer des liens occultes entre personnes publiques et personnes privées, qui sont souvent à l'origine de la confusion des centres de décisions et de la collusion des intérêts. À cet égard, la loi sur la limitation du cumul des mandats n'est certainement pas allée assez loin, en ignorant les possibilités de concentration des pouvoirs locaux entre les mains d'un seul homme, notamment lorsqu'il s'agit du maire et du président du conseil général.

3. Les risques économiques et financiers

Le rapport particulier de la Cour des comptes de novembre 1991, fondé sur une étude concrète de la situation financière et du comportement d'un échantillon significatif de collectivités territoriales, nous fournit l'essentiel de l'argumentation. En gros, la Cour constate que le cadre juridique et comptable dans lequel s'insère la gestion financière des collectivités territoriales n'est plus adapté au principe de libre administration, ni à l'élargissement du champ de leurs activités.

Estimant que, pour l'essentiel, les situations de sinistre révélées par les contrôles tiennent à deux causes :

– des projets trop ambitieux et mal étudiés ;
– une gestion sans rigueur, voire anarchique et parfois malhonnête.

La Cour concluait à la nécessité d'une amélioration de l'information, tant dans l'intérêt de l'État et des tiers, que des collectivités elles-mêmes, à la possibilité réelle des assemblées délibérantes de se prononcer, en toute connaissance de cause, sur la situation financière de leur collectivité, à la nécessité d'une plus grande sincérité des comptes, capable de refléter une image fidèle des engagements réels de la collectivité, à la nécessité de disposer d'indicateurs d'alerte plus fiables, permettant aux pouvoirs publics d'intervenir en temps utile.

La loi d'orientation du 6 février 1992 a, pour partie, répondu à ces préoccupations. La réforme en cours de la comptabilité communale apportera d'autres améliorations indispensables mais il n'est pas sûr qu'on soit allé assez loin pour qu'à l'avenir on puisse dire que les comptes traduisent pleinement la situation financière réelle de la collectivité et remplissent leur rôle d'aide à la décision.

L'expérience prouve que les collectivités territoriales ne peuvent, pour l'essentiel, financer leurs investissements que par l'emprunt. D'abord parce que leurs ressources sont, pour l'essentiel, fournies par la fiscalité, directement par le canal des impôts locaux, ou indirectement à travers les aides de l'État, et que celles-ci ont nécessairement une limite, sans commune mesure avec les besoins de financement exprimés localement. Ensuite, parce que les équipements réalisés ont généralement une durée de vie assez longue et qu'il ne serait pas normal d'en faire supporter la charge à une seule génération.

Dans ces conditions, ne devrait-on pas s'attendre à trouver, dans le dispositif juridique et comptable applicable aux collectivités territoriales, des indicateurs d'endettement fiables permettant d'instaurer un dispositif d'alerte garantissant la mise en œuvre rapide de solutions appropriées ? À cet égard, si la procédure d'inscription des dépenses obligatoires, prévue par l'article 11 de la loi du 2 mars 1982 modifiée, est satisfaisante pour les prêteurs (sous réserve de la constatation, par la chambre régionale des comptes, du caractère obligatoire de la dépense), la procédure budgétaire prévue par l'article 8 pour garantir la sincérité de l'équilibre l'est beaucoup moins, en raison de l'opacité provoquée par les démembrements de la collectivité, que, trop souvent, on utilise pour masquer la réalité et l'ampleur des engagements de la collectivité.

La valeur des indicateurs actuellement utilisés est assez discutable :

– le niveau de l'endettement est actuellement évalué par rapport à la population : ratio que l'on compare, en première analyse, à une moyenne nationale (7 à 8 000 francs par habitant) peu significative car obtenue avec des collectivités de taille trop différentes et qui doit être corrigée par la moyenne de la strate. Mais cette méthode n'est pas non plus très satisfaisante, dans la mesure où elle ne prend pas en compte la capacité contributive de cette population (potentiel fiscal, pression fiscale) c'est-à-dire le niveau des ressources mobilisables face au montant de l'emprunt à rembourser ;

– le second indicateur utilisé est le ratio « annuité/recettes de fonctionnement » qui met en évidence la part des recettes consacrée au remboursement de la dette en capital et intérêts. Or ce ratio n' est pas non plus fiable, puisqu'il est sujet à manipulation, pour autant qu'on peut jouer sur la durée et les différés, à l'occasion d'une renégociation.

En outre, la fiabilité de ces deux indicateurs est gravement altérée par les démembrements de la collectivité, qui permettent des transferts de charges sur des satellites subventionnés. L'absence de consolidation sera ainsi mise à profit pour masquer la dégradation de la situation financière de la collectivité. Par ailleurs, la garantie apportée aux emprunts souscrits par les groupements se révélera fort dangereuse, en cas de défaillance de l'un d'eux, sans qu'il ait été permis de prendre ce risque en compte dans les prévisions budgétaires de la collectivité principale.

La transparence impose que soit connu l'ensemble des charges et des moyens afin d'en apprécier les risques. Il est donc souhaitable que soient utilisés de nouveaux indicateurs qui permettent à la fois de cerner le périmètre réel de l'activité et des engagements de la collectivité ainsi que la marge de manœuvre financière dont elle dispose. L'autofinancement étant la seule manière saine de rembourser des emprunts, l'objectif doit être d'apprécier, en amont de toute décision, si les conditions de l'équilibre financier sont réunies.

Le recours à des méthodes d'analyse nouvelles paraît indispensable. Reste à savoir comment engager ce processus. Quoiqu'il en soit, les conséquences des risques évoqués se mesurent d'abord au niveau de la fiscalité, qui dans de nombreuses collectivités (communes et départements) atteint presque l'intolérable. Cela ne suffit pas toujours à éviter le désastre : certes la faillite, au sens commercial du terme, n'est pas applicable à une collectivité territoriale qui, si elle se trouve en situation financière désespérée, n'est justiciable que d'un plan de redressement en application de l'article 9 de la loi du 2 mars (ce qui équivaut, pour elle, à une perte temporaire de souveraineté). Mais l'avenir de la collectivité peut se trouver obéré pour longtemps.

(On lira sous la rubrique *Chambres régionales des comptes, in fine,* les observations de la chambre régionale des comptes « PACA » sur la gestion de la ville de Briançon qui a fait l'objet d'un plan de redressement en 1992.)

4. Les risques juridiques et judiciaires

Il y a lieu de distinguer deux grandes catégories de risques : ceux qu'assume la collectivité à raison des conditions de fonctionnement du service public ; et ceux qu'assume personnellement l'auteur de l'acte à raison des irrégularités commises dans sa gestion ou à l'occasion de ses fonctions.

La question qui se pose, en effet, est de savoir, quand l'élu commet une faute, qui doit réparer : la collectivité ? ou l'élu sur son patrimoine personnel ?

Par leur étendue et leur complexité, ces risques méritent un examen particulier. On se reportera à cet effet à la rubrique générale *Responsabilité (de la collectivité ou des élus).*

Bibliographie : *Les risques de gestion des collectivités territoriales,* par J. Vieilleville et M. Breyton, collection Dalloz-Service, août 1994.

S

Satellites

Nom donné aux associations para municipales, sociétés d'économie mixte et autres « démembrements » du service public dont ils ne constituent souvent qu'une simple façade. Les juridictions financières ont souvent dénoncé la perversion des pratiques locales qui font que les satellites sont souvent créés et utilisés pour soustraire une partie de l'activité de la collectivité locale au contrôle de légalité et aux différents contrôles financiers.

La Cour des comptes, dans son Rapport public de 1994, cite l'exemple de la commune de Limeil-Brévannes (Val-de-Marne) qui apporte une nouvelle confirmation des risques liés au *démembrement de la gestion* des collectivités territoriales recourant abusivement à des organismes satellites.

Tous présidés par le maire, les quatre organismes étudiés – une association qui publie le magazine municipal, une association pour le développement économique du canton, une société d'économie mixte d'aménagement et une société d'économie mixte gérant les services municipaux de restauration collective – se confondent avec l'administration de la ville. Ils ont permis aux responsables municipaux de cette collectivité de 16 000 habitants, rapporte la Cour, d'effectuer sans contrôle des opérations irrégulières : versement injustifié de compléments de traitement à des fonctionnaires municipaux, frais de représentation et de déplacements d'élus, prise à bail d'un local pour la permanence du conseiller général, frais de la campagne pour les élections municipales de 1989, non-facturation de 30 000 repas.

La chambre régionale des comptes d'Ile-de-France a ouvert une procédure de *gestion de fait* des deniers communaux pour le maniement de fonds sous le couvert de l'une des associations. Elle a transmis les éléments dont elle dispose sur une des sociétés d'économie mixte au Parquet près le tribunal de grande instance, déjà saisi par le commissaire aux comptes et par le maire lui-même.

Service fait

Il n'y a service fait que lorsque la prestation due est matériellement exécutée ; aucun paiement, sauf exceptions (*acomptes et avances,* voir *Marchés publics*) ne peut intervenir avant la constatation du service fait. La certification du service fait engage la responsabilité de l'ordonnateur.

Services publics locaux

Distinction entre services publics administratifs et services publics industriels et commerciaux

« Considérant qu'il ressort des pièces du dossier que le " Centre portuaire d'accueil routier " (CPAR), sur le parc de stationnement duquel avait été garée la remorque dont le vol est à l'origine du litige porté devant le tribunal de commerce de Marseille, puis devant la Cour d'appel d'Aix-en-Provence, a été réalisé par le syndicat mixte d'équipement de Marseille créé par la ville et la chambre de commerce de Marseille ; que le financement tant du syndicat mixte d'équipement de Marseille que du centre portuaire d'accueil routier, qui ne constitue pas un organisme autonome et dont les dépenses et recettes sont intégralement reprises dans le budget du syndicat, est assuré, pour une part prépondérante, par des subventions de la ville et de la chambre de commerce de Marseille ; que, compte tenu des conditions de fonctionnement et des modalités de financement du centre portuaire d'accueil routier, le litige ne peut être regardé comme mettant en cause les relations d'un établissements public industriel et commercial avec ses usagers ; que, dès lors, il n'appartient pas à la juridiction judiciaire d'en connaître ; qu'ainsi, c'est à bon droit que le conflit a été élevé. »

Cet arrêt du Tribunal des conflits montre la primauté donnée par le juge au mode de financement public et à l'origine des recettes du service public en cause, pour lui dénier la qualité d'établissement public à caractère industriel et commercial et le considérer comme service public à caractère administratif relevant de la juridiction administrative.

Égalité d'accès aux services publics facultatifs

Les collectivités locales, et tout spécialement les communes, ont la charge des services publics essentiels à la vie quotidienne de leurs habitants. La décentralisation a donné aux élus locaux la plus grande liberté pour la création et la gestion de ces services. Mais, à côté des services publics obligatoires (comme la distribution de l'eau et le ramassage des ordures ménagères), il existe de larges possibilités de création de services publics facultatifs dont la seule condition est d'assurer la liberté et l'égalité d'accès des usagers. La jurisprudence des juridictions administratives sanctionne la limitation de l'accès des habitants à un service public facultatif.

Jurisprudence

- CE, Section, 13 mai 1994, *Commune de Dreux ;* extraits :

Requête présentée par la commune de Dreux demandant l'annulation du jugement du 13 février 1990 par lequel le tribunal administratif d'Orléans a annulé la délibération du conseil municipal de Dreux du 18 décembre 1984 décidant de ne plus accueillir à l'école de musique et de danse, à compter du 1er janvier 1985, que les seuls élèves résidant dans cette commune :

« Considérant que, par une délibération du 18 décembre 1984, le conseil municipal de Dreux a décidé qu'à compter du 1er janvier 1985, l'école de musique ne pourrait accueillir que les enfants dont les parents ont leur domicile effectif à Dreux ainsi que les adultes de cette ville, et que seuls pourraient bénéficier de dérogations les élèves non domiciliés à Dreux pour lesquels des financements extérieurs complémentaires seraient assurés ;

Considérant que, s'agissant d'un service public non obligatoire créé par une commune, dont l'objet n'exclut pas que son accès puisse être réservé à certaines catégories d'usagers, le principe d'égalité des usagers du service public ne fait pas obstacle à ce que le conseil municipal limite l'accès à ce service en le réservant à des élèves ayant un lien particulier avec la commune et se trouvant de ce fait dans une situation différente de l'ensemble des autres usagers potentiels du service ; que, toutefois, le conseil municipal de Dreux n'a pu légalement limiter, comme il l'a fait, l'accès de l'école de musique aux personnes domiciliées ou habitant à Dreux, en refusant d'accueillir des élèves qui, parce qu'ils ont à Dreux le lieu de leur travail ou parce qu'ils sont scolarisés dans la commune, ont avec celle-ci un lien suffisant ;

Considérant qu'il résulte de ce qui précède que la commune de Dreux n'est pas fondée à soutenir que c'est à tort que, par le jugement attaqué, le tribunal administratif d'Orléans a annulé la délibération du conseil municipal de Dreux [...]. La requête de la commune de Dreux est rejetée. »

Problème juridique posé :

L'autorité municipale peut-elle limiter, par principe, l'accès à un service public facultatif aux seuls habitants de la commune ?

Commentaire tiré des conclusions du commissaire du gouvernement :

Désireux de mettre fin à la progression des dépenses du service et constatant que les communes voisines, dont une partie importante des élèves était originaire, se refusaient à toute participation financière, le conseil municipal a pris la décision de modifier les conditions d'accès au service.

Le tribunal administratif a estimé que « l'édiction de conditions d'accès discriminatoires au service public implique qu'il existe entre les usagers des différences de situation appréciables ou qu'une telle mesure soit justifiée par une nécessité d'intérêt général en rapport avec les conditions d'exploitation du service ». Puis, faisant application de ces principes, il a considéré que l'exclusion des élèves non domiciliés à Dreux, pour des raisons financières, ne pouvait être regardée comme correspondant à une nécessité d'intérêt général en rapport avec l'objet du service, dès lors du moins qu'elle ne constituait pas la seule mesure possible.

Le tribunal a ajouté que le critère de résidence ne correspondait à aucune différence de situation appréciable au regard du service en cause, cependant que la qualité de contribuable n'aurait pu justifier que des conditions d'accès plus favorables pour les résidents, mais non une mesure générale d'exclusion des non-résidents.

Comme l'a rappelé le commissaire du gouvernement, la seule vraie difficulté de cette affaire tient à ce que la question posée est relative non pas à la tarification de l'accès au service, mais à son exclusion ; dès lors, en effet, que les élèves non domiciliés à Dreux ne sont admis que sur dérogation, on doit considérer que le service ne leur est pas ouvert...

En se référant au domicile effectif ou à l'habitation, le conseil municipal a visé en fait le critère de la résidence permanente mais en ciblant le contribuable local, il n'atteint en réalité que les assujettis à la taxe d'habitation ; ce qui n'épuise pas la catégorie des contribuables locaux. Ainsi se profilerait une conception du service public communal assez nouvelle : non pas celle de la prestation fournie, mais celle du lien avec la commune.

En l'état actuel de la jurisprudence l'accès au service suppose d'abord que le service ait été créé, mais dès lors que tel est le cas la principe d'égal accès s'impose. La création du service peut être obligatoire (c'est le cas notamment des écoles primaires). En revanche, lorsque le service est facultatif, le conseil d'État a toujours affirmé l'absence de droit à sa création. Mais le service une fois créé, le principe d'égal accès s'impose, que le service soit ou non facultatif. L'institution de différences de traitement n'est possible, lorsqu'elle n'est pas la conséquence nécessaire d'une loi, que s'il existe entre les usagers potentiels des différences de situation de nature à les justifier ou si des nécessités d'intérêt général, en rapport avec l'objet du service, commandent la discrimination...

Actuellement, le Conseil d'État applique les principes suivants : pour un même service rendu, la fixation de tarifs différents, s'il n'est la conséquence d'une loi, implique soit des différences de situation appréciables entre usagers, soit une nécessité d'intérêt général en rapport avec les conditions d'exploitation du service. D'autre part, afin notamment d'éviter les exclusions déguisées, le Conseil d'État exige que le prix le plus élevé n'excède pas le prix de revient du service.

Est-il acceptable d'étendre le critère du contribuable aux règles d'accès à un service public et ainsi d'ouvrir la voie à la création de services publics locaux, fussent-ils facultatifs, dont la spécialité serait le service exclusif des habitants de la commune ?

Ce raisonnement nous conduirait à faire un tri entre les services qui sont justiciables de ce critère et ceux qui ne le sont pas. *A priori* on peut penser que l'objet d'une piscine ou d'un musée les rend par principe accessibles à tous ; inversement un service d'aide ménagère à domicile ne se conçoit guère que réservé aux habitants de la commune.

Entre ces extrêmes, on est renvoyé à une appréciation service par service ; il n'est pas de réponse unique, tout dépend de l'objet du service.

S'agissant du conservatoire de musique de Dreux, trois types de solution sont envisageables selon le commissaire du gouvernement :

– en premier lieu, transposer le critère retenu pour la tarification des écoles de musique (le domicile) ;

– en second lieu, et à l'opposé, écarter toute exclusion d'accès sur un critère fondé sur le lien avec la commune ;

– en troisième lieu, dégager une voie médiane ouvrant à la commune la faculté d'écarter de l'accès à l'école de musique ceux qui finalement n'ont pour l'essentiel d'autre lien avec la commune que la proximité géographique, cet ensemble ne coïncidant pas avec celui des personnes n'ayant pas leur domicile effectif à Dreux.

La solution intermédiaire semble préférable en tant qu'elle permet de concilier les exigences du principe de légalité avec le souci de laisser une marge d'autonomie aux collectivités locales. Fondée sur l'existence d'un lien suffisant avec la commune, apprécié compte tenu de la nature du service en cause, elle est fidèle au principe selon lequel c'est l'objet de ce dernier qui détermine les différences de situation. Mais, s'il est possible d'exiger, dans l'exemple de l'école de musique de Dreux, un lien suffisant avec la commune, le critère de la résidence constitue, en revanche, une discrimination illégale.

SERVICES PUBLICS À CARACTÈRE ADMINISTRATIF

La question s'est posée de savoir s'il était possible pour une collectivité locale de déléguer à une entreprise privée la gestion d'un service public administratif ? Le Conseil d'État, dans un avis du 7 octobre 1986, a précisé le champ d'application de la gestion déléguée (voir la circulaire NOR/INT/B/87/00232/C du 7 août 1987) :

« Le caractère administratif d'un service public n'interdit pas à la collectivité territoriale compétente d'en confier l'exécution à des personnes privées, sous réserve toutefois que le service ne soit pas au nombre de ceux qui, par leur nature ou par la volonté du législateur, ne peuvent être assurés que par la collectivité territoriale elle-même. »

En ce qui concerne le service des cantines scolaires, sur lequel l'attention du Conseil a été plus spécialement appelée, celui-ci a précisé que « les communes ne peuvent confier à des personnes privées que la fourniture ou la préparation des repas, à l'exclusion des missions qui relèvent du service de l'enseignement public et notamment, de la surveillance des élèves ».

En vertu de cet avis (et sous les réserves d'usage car il ne s'agit pas d'un jugement), « le caractère administratif d'un service public n'interdit pas à la collectivité territoriale compétente, d'en confier l'exécution à des personnes privées ».

Confirmé par un autre avis en date du 7 avril 1987, les collectivités locales ont donc une assez grande *liberté* quant aux modalités pouvant être retenues pour procéder à la gestion déléguée de services publics administratifs : concession, affermage, gérance, régie intéressée ou, le cas échéant, autre formule.

La Haute Assemblée a cependant mis *deux limites* à la faculté ainsi offerte aux collectivités territoriales :

- *une limite générale :*

Certains services publics administratifs, de par leur nature ou de par la volonté du législateur, ne peuvent être assurés que par la collectivité territoriale elle-même.

Si le Conseil d'État n'a pas donné de liste de ces services, il ressort de l'avis que les collectivités locales ne sauraient, en tout état de cause, se décharger sur des personnes privées :

– d'une part, de l'exécution des tâches qu'elles accomplissent au nom de l'État (par exemple, l'état civil, les élections, les obligations militaires) ;

– d'autre part, de l'exécution des missions qui relèvent de l'exercice même d'une prérogative de puissance publique : notamment l'exercice du pouvoir de police, l'édiction de mesures réglementaires, l'édiction de prérogatives telles que le droit de préemption, etc.

De même, lorsqu'un texte législatif ou réglementaire a interdit la délégation en tel ou tel domaine ou fixé des règles précises de délégation, ce sont évidemment ces règles qui doivent être respectées (ainsi, par exemple, de l'article R 490-2 du code de l'urbanisme).

- *une limite particulière* concernant les cantines scolaires :

S'agissant des cantines scolaires organisées par les communes, le Conseil d'État a précisé que la délégation ne peut porter sur les missions qui relèvent « du service de l'enseignement public et notamment de la surveillance des élèves » (un modèle de contrat type, pour la concession ou l'affermage d'un service de restauration scolaire, ayant valeur de référence, a été diffusé par la DGCL et a fait l'objet de commentaires dans la circulaire NOR/MCL/B/88/00146/C du 13 avr. 1988).

Les collectivités locales, et en particulier les communes, peuvent ainsi recourir à la gestion déléguée non seulement pour leurs services publics industriels et commerciaux (comme on le verra ci-dessous), mais également pour certains services publics administratifs.

SERVICES PUBLICS INDUSTRIELS ET COMMERCIAUX (SPIC)

Ils sont organisés par une ou plusieurs collectivités locales pour assurer des services à la population, soit en vertu d'une obligation de la loi (les pompes funèbres : loi du

28 déc. 1904 ; l'élimination des ordures ménagères : loi du 15 juill. 1975), soit, de façon facultative, en vertu du principe de libre administration des collectivités territoriales, soit enfin, ponctuellement et à titre exceptionnel, dans des secteurs normalement réservés à l'initiative privée lorsque celle-ci est défaillante et que l'activité présente un intérêt local manifeste.

Les services publics locaux sont tenus d'assurer la continuité du service et de veiller à l'égalité des usagers devant le service public (égalité dans l'accès, égalité devant les tarifs). La loi impose que le budget de ces établissements soit équilibré par les seules recettes de fonctionnement (art. L 322-5 du code des communes) ; cette règle s'applique quel que soit le mode de gestion choisi (mais il y a des dérogations, dans trois cas précisés par l'art. L 322-5, al. 3).

Les prestations fournies donnent lieu au paiement soit d'un prix, soit d'une redevance destiné à équilibrer le coût du service.

S'agissant de la redevance de l'article L 233-78 du code des communes, la Cour de cassation (chambre économique et financière, 4 juin 1991), a jugé que la redevance n'est pas due par les personnes qui n'utilisent pas le service. Saisi de ce problème, le Conseil d'État (8 janv. 1991) s'était déjà prononcé dans le même sens, relevant que le montant de la redevance ne pouvait être fixé qu'en fonction de l'importance du service rendu. Il en avait déduit qu'une évaluation « en fonction des impôts locaux » était illégale.

On peut ranger les services publics locaux à caractère industriel et commercial en quatre catégories :

1. *Les services d'hygiène et d'environnement :* eau, assainissement, pompes funèbres, ordures ménagères.
2. *Les services de production et de distribution d'énergie :* gaz, électricité, chauffage urbain, géothermie.
3. *Les services de transports :* transports en commun, parcs de stationnement.
4. *Les services économiques :* abattoirs, foires et marchés, réseaux câblés, activités thermales, etc.

En général, la collectivité est libre de créer ou non un service, sauf si la loi en fait une obligation (comme pour l'enlèvement des ordures ménagères, par exemple) ; mais si elle le décide, cette création peut être progressive, c'est-à-dire étalée dans le temps et dans l'espace.

Avant de prendre une telle décision, il est indispensable de faire procéder très sérieusement à une étude des besoins, prenant en compte non seulement les besoins actuels mais aussi les besoins prévisibles, à court et moyen terme, compte tenu des données économiques et démographiques.

La collectivité est libre du choix du *mode de gestion, régie directe ou gestion déléguée.*

Dans le premier cas, la collectivité conserve la maîtrise totale du service public et en assume toute la responsabilité, notamment financière. Dans le second, la collectivité délègue à un tiers (personne publique ou privée) tout ou partie de cette responsabilité, notamment celle de la réalisation des investissements.

Une fois l'étude de marché réalisée, il faudra faire une évaluation, sans complaisance, des moyens financiers de la collectivité (trésorerie, capacité d'emprunt). Il faudra aussi, pour des raisons budgétaires évidentes, savoir établir une priorité entre les besoins recensés. Il sera, enfin, parfois nécessaire d'envisager de se grouper avec d'autres collectivités pour atteindre l'objectif recherché.

Ces conditions sont essentielles pour le choix du mode de gestion directe. Dans le cas contraire, la délégation du service s'impose.

Modes de gestion des services publics industriels et commerciaux

1. La gestion directe

La gestion directe est susceptible de prendre trois formes différentes ; la régie directe, la régie autonome ou la régie personnalisée :

La régie directe se présente comme un service communal ordinaire qui ne se distingue pas des autres ; le maire prend toutes les décisions ; la commune encaisse les recettes et paye toutes les dépenses.

La régie autonome (art. L 323-10 du code des communes) est une régie qui bénéficie de l'autonomie financière mais pas de la personnalité morale. C'est une formule qui permet de donner une autonomie de gestion au service, tout en conservant au conseil municipal son pouvoir de contrôle périodique.

La régie personnalisée (art. L 323-9 du code des communes) est un établissement public doté de l'autonomie financière et de la personnalité morale, ayant son propre conseil d'administration et son président. C'est une formule particulièrement adaptée aux services « lourds ».

Très souvent, les régies confient tout ou partie de l'exploitation d'un service à une entreprise privée dans le cadre d'un marché de prestations techniques. Ce recours à une assistance technique extérieure constitue en quelque sorte un mode intermédiaire de gestion entre la gestion directe et la gestion déléguée. Cette solution se rencontre le plus souvent pour le ramassage des ordures ménagères. Elle n'exclut pas l'obligation d'un appel à la concurrence.

2. La gestion déléguée

Le mode de rémunération de l'exploitant privé, sa part de responsabilité dans les risques et charges caractérisent les différentes sortes de *délégations de service public*. La loi n'en donne pas de définition précise ; la différenciation des modes de gestion déléguée procède plutôt d'une construction jurisprudentielle. C'est la nature du contrat qui, sauf exception, commande la qualification du contrat : concession, affermage, gérance, régie intéressée.

La concession est le contrat par lequel une personne publique confie à un tiers, la responsabilité de l'exploitation d'un service public et des investissements (frais de premier établissement et de renouvellement du réseau ou du parc). L'exploitation a lieu « aux risques et périls » du concessionnaire. La rémunération du concessionnaire consiste à percevoir sur les usagers, une redevance, fixée par un tarif, pendant toute la durée de la concession. La durée de la concession est la plus longue de tous les types de contrat en raison de l'obligation d'étaler sur une longue période (quinze ans minimum) l'amortissement des investissements. L'article L 324-2 du code des communes dispose par ailleurs : « Dans les contrats portant concession de service public, les communes ainsi que les établissements publics communaux ne peuvent insérer de clauses par lesquelles le concessionnaire prend à sa charge l'exécution de travaux étrangers à l'objet de la concession ». Cette disposition a pour objet de garantir la « vérité » des prix.

L'affermage ressemble beaucoup à la concession en ce que ces deux contrats prévoient le même mode de rémunération de l'exploitant mais il s'en distingue en ce que les dépenses de 1er établissement sont toujours à la charge de la collectivité concédante.

La gérance se distingue des deux autres en ce que, en matière d'investissements, seuls les travaux d'entretien sont à la charge du régisseur.

La régie intéressée enfin, comme la gérance, ne met à la charge de l'exploitant que les travaux d'entretien mais elle se distingue de la précédente en ce que la rémunération du régisseur est assurée par la collectivité concédante en fonction, partiellement, du résultat d'exploitation, tandis que la rémunération du gérant est entièrement forfaitaire.

La circulaire du 7 août 1987 (Intérieur, *JO* du 20 déc. 1987) relative à la gestion des services publics locaux, au champ d'application et aux conditions d'exercice de la gestion déléguée de ces services, fournit d'intéressantes précisions qu'il est utile de rappeler.

Relations entre les collectivités locales et les entreprises cocontractantes

Depuis la loi du 2 mars 1982, les contrats de concession et d'affermage ne sont plus tenus de respecter des cahiers des charges types. Ceux-ci sont devenus de simples modèles de référence. Les collectivités locales peuvent ainsi négocier librement leurs contrats. Ce faisant, il leur est vivement conseillé de se faire assister dans leur négociation avec le futur entrepreneur.

S'agissant des contrats qui délèguent à une entreprise privée l'exécution d'un service public, il est utile d'appeler l'attention des élus sur trois points essentiels :

- les conditions de passation des contrats ;
- la durée des contrats ;
- les modalités de contrôle des conditions d'exécution d'exploitation du service.

(Les recommandations qui suivent sont faites, sous réserve des dispositions particulières pouvant exister dans certains domaines, comme les transports publics, par exemple.)

1. Les conditions de passation des contrats

La collectivité a le choix entre différentes formules de gestion déléguée. Conformément à une jurisprudence constante, les contrats de concession ou d'affermage sont conclus *intuitu personnae*, c'est-à-dire en considération de la personne même du cocontractant qui sera chargé de faire fonctionner le service public.

Il résulte de l'avis du Conseil d'État du 7 octobre 1986 (voir la rubrique « service public administratif ») que le contrat, nommé ou innommé, par lequel un entrepreneur est chargé de l'exécution même du service public n'est pas un marché et, par suite, n'est pas soumis au code des marchés publics.

La collectivité n'a ainsi aucune obligation de procéder à un appel préalable à la concurrence. Néanmoins, il est recommandé, toutes les fois où c'est possible, de le faire, ne serait-ce que pour pouvoir comparer de manière objective les propositions faites par les entreprises, notamment en matière de coût et de qualité du service. Par ailleurs, l'évolution rapide des techniques dans certains domaines justifie de pouvoir étudier des options différentes en terme de conception de l'exécution du service.

2. La durée des contrats

La détermination de la durée du contrat doit concilier des exigences souvent contradictoires :

D'une part, la collectivité doit pouvoir s'engager pour une durée qui ne fige pas pour une période trop longue les modalités de l'exploitation du service.

D'autre part, l'entreprise concessionnaire ou fermière doit être en mesure d'assurer le fonctionnement du service dans de bonnes conditions, ce qui implique le plus souvent la conclusion d'un contrat pour une durée assez longue. Cette préoccupation se justifie, en particulier, par la nécessité de recruter du personnel ou de procéder à des investissements importants pour une bonne exécution du contrat. La durée des contrats doit ainsi prendre en compte plusieurs paramètres :

– la nature du contrat ;

– la nature et l'importance du service en cause ;

– le fait qu'une durée trop courte n'incite pas l'exploitant à entreprendre de gros investissements ;

– la nécessité pour la collectivité locale de pouvoir réexaminer périodiquement les conditions de fonctionnement du service.

3. Les modalités de contrôle des conditions d'exploitation du service par les entreprises concessionnaires ou fermières

Bien qu'ayant délégué à une entreprise privée la gestion d'un service public, la collectivité ne peut se désintéresser du fonctionnement de celui-ci, car elle demeure garante de sa bonne exécution à l'égard des usagers. C'est pourquoi elle doit exercer un contrôle minimum sur les conditions d'exploitation du service. Cette information est aussi nécessaire pour permettre, le moment venu, de renégocier un nouveau contrat. Une transmission annuelle des comptes rendus techniques et financiers est un minimum.

On exigera que ces documents soient rédigés de façon claire et détaillée pour permettre une information satisfaisante des élus. En outre, on se réservera toujours la possibilité d'un contrôle sur pièces et sur place par des agents accrédités de la collectivité.

COMMENT CHOISIR LE MODE DE GESTION ?

La première réponse peut d'abord venir d'un choix « politique » de privatisation systématique des services, au nom d'un libéralisme affiché mais on ne peut véritablement pas parler alors d'un choix réfléchi répondant à une analyse objective des besoins et des données de la collectivité. Dans cette hypothèse, le choix de la délégation de service public est directement liée au degré de maîtrise que souhaite conserver la collectivité sur le service.

Mais si les données financières de la collectivité sont défavorables et les moyens techniques et humains dont elle dispose insuffisants, la délégation du service s'impose.

À l'origine, la principale raison de déléguer un service public à un concessionnaire se trouvait dans la volonté de la collectivité de lui transférer la charge des investissements nécessaires à la création ou l'extension du service ainsi que les aléas de son exploitation. Ces raisons sont certes louables et toujours valables mais elles ne sont plus les seules et pas toutes avouables.

Le rapport préparatoire à la loi 93-122 du 29 janvier 1993, relative à la prévention de la corruption et à la transparence de la vie économique et des procédures publiques a vigoureusement dénoncé les pratiques révélées par la Cour ou les chambres régionales des comptes dans le cadre des délégations de service public et tenté de faire limiter et sanctionner les abus auxquels elles ont trop souvent, dans un passé récent, donné lieu.

Deux grandes sociétés, la « Lyonnaise des eaux » et la « Générale des eaux » rejointes plus récemment par une troisième, la « SAUR » (groupe Bouygues) se partagent l'essentiel des marchés des collectivités locales. Elles n'ont jamais caché qu'elles souhaitaient l'abrogation de certains articles de la « loi Sapin » aux effets jugés paralysants, pour les petites communes notamment.

Il semble qu'elles aient fini par être entendues, au moins sur deux de ses dispositions : celles relatives à la durée des contrats et celles relatives à la transparence, lorsqu'il s'agit de contrats de faibles montant. En effet, des dispositions destinées à assouplir l'article 40 et 41 de la loi de 1993, ont été introduites par l'article 70 de la loi n° 94-679 du 8 août 1994 (*JO* du 10 août) portant diverses dispositions d'ordre économique et financier (DDOEF).

La première disposition permet de prolonger la délégation lorsque le délégataire doit réaliser des investissements « matériels ou immatériels » (et non plus seulement des travaux) de nature à modifier l'économie du contrat et qui ne pourraient être amortis pendant la durée initialement prévue.

La deuxième disposition permet de simplifier les modalités de choix du délégataire prévues par la loi n° 93-122 du 29 janvier 1993, dans le cas des conventions donnant lieu, pendant leur durée, au paiement d'une somme totale inférieure à 1 350 000 F. Le maire, le président du conseil général (ou le président d'un syndicat) peuvent donc négocier seuls le contrat, sans avoir à saisir leur assemblée délibérante en début et en fin de procédure et à constituer une commission pour l'examen des offres (les modalités de publicité de cette solution sont fixées par décret en Conseil d'État).

L'ADMINISTRATION A-T-ELLE LE LIBRE CHOIX DU CONCESSIONNAIRE OU DU FERMIER ?

Jusqu'à un passé récent, c'était en effet le cas sauf si l'administration avait choisi, par souci de transparence, d'organiser une mise en concurrence (Conseil d'État, arrêt « Générale des eaux », 23 juill. 1993). Cependant, les délégations de service public intervenues depuis le 31 mars 1993 sont désormais soumises, avant leur conclusion, en vertu des lois « Joxe » du 6 février 1992 et « anti-corruption » du 29 janvier 1993, au respect des procédures de publicité destinées à garantir la transparence des activités économiques.

L'article 38 de la loi du 29 janvier 1993 dispose en effet :

> *« Les délégations de service public des personnes morales de droit public sont soumises par l'autorité délégante à une procédure de publicité permettant la présentation de plusieurs offres concurrentes, dans des conditions prévues par un décret en Conseil d'État.*
> *La collectivité publique dresse la liste des candidats admis à présenter une offre après examen de leurs garanties professionnelles et financières et de leur aptitude à assurer la continuité du service public et l'égalité des usagers devant le service public.*
> *La collectivité adresse à chacun des candidats un document définissant les caractéristiques quantitatives et qualitatives des prestations ainsi que, s'il y a lieu, les conditions de tarification du service rendu à l'usager.*
> *Les offres ainsi présentées sont librement négociées par l'autorité responsable de la personne publique délégante qui, au terme de ces négociations, choisit le délégataire. »*

Le décret d'application de ce texte, en date du 24 mars 1993, prévoit une double insertion des avis dans une publication habilitée à recevoir des annonces et dans une publication spécialisée du secteur économique concerné.

Si le législateur n'a pas remis en cause le principe du libre choix, *intuitu personae*, du délégataire de service public, il a veillé à réglementer la procédure contractuelle afin d'en assurer la transparence.

Article 42 de la loi du 29 janvier 1993

« Les assemblées délibérantes des collectivités territoriales, de leurs groupements et de leurs établissements publics se prononcent sur le principe de toute délégation de service public local. Elles statuent au vu d'un rapport présentant le document contenant les caractéristiques des prestations que doit assurer le délégataire.

« Après décision sur le principe de la délégation, il est procédé à une publicité et un recueil des offres...

« Les plis sont ouverts par une commission... »

Article 43

« Au vu de l'avis de la commission, l'autorité habilité à signer la convention engage librement toute discussion utile avec une ou des entreprises ayant présenté une offre. Elle saisit l'assemblée délibérante du choix de l'entreprise auquel elle a procédé. Elle lui transmet le rapport de la commission présentant notamment la liste des entreprises admises à présenter une offre et l'analyse des propositions de celles-ci, ainsi que les motifs du choix de la candidate et l'économie générale du contrat. »

Article 44

« Deux mois au moins après la saisine de la commission mentionnée à l'article 43, l'assemblée délibérante se prononce sur le choix du délégataire et le contrat de délégation. »

Par ailleurs, la loi « Sapin » (art. 49-I), modifiant l'article 1er de la loi nº 91-3 du 3 janvier 1991, a élargi aux délégations de service public la compétence de la Mission interministérielle d'enquête sur les marchés publics :

> *« Il est créé une mission interministérielle d'enquête sur les marchés et conventions de délégation de service public, chargée de procéder à des enquêtes portant sur les conditions de régularité et d'impartialité dans lesquelles sont préparés, passés ou exécutés les marchés et les conventions de délégation de service public [...] des sociétés d'économie mixte locales. »*

Tandis que l'article 50 de la loi de 1993 précitée, modifiant l'article L 22 du code des tribunaux administratifs et cours administratives d'appel, permet, « en cas de manquement aux obligations de publicité et de mise en concurrence [...] aux personnes qui ont intérêt à conclure le contrat et qui sont susceptibles d'être lésées par ce manquement, ainsi que le représentant de l'État dans le département » de saisir, en référé, le président du tribunal administratif qui peut empêcher sa conclusion.

RÈGLE DE L'ÉQUILIBRE DES SERVICES PUBLICS INDUSTRIELS ET COMMERCIAUX

La notion même de service public à caractère industriel et commercial implique un financement par l'usager, bénéficiaire du service. L'article L 322-5 du code des communes traduit juridiquement cette obligation, réaffirmée par un arrêt du Conseil d'État (4 juin 1975, *Sieur Bocholier*).

Ce principe d'équilibre doit conduire à rechercher une politique de vérité des prix dans la gestion de ces services, en particulier quand il s'agit du service de l'eau et de l'assainissement (voir plus loin).

Tel est également le sens des recommandations formulées par la Cour des comptes, dans son Rapport public de 1989.

L'article L 322-5 précité prohibe, en conséquence, toute prise en charge par le budget principal de la collectivité locale de dépenses afférentes à ces services.

L'article 14 de la loi n° 88-13 du 5 janvier 1988 n'a pas abrogé cette règle mais, en permettant d'y déroger dans des hypothèses bien déterminées et selon des règles précises, a permis, bien au contraire, d'en rendre l'application effective plus aisée.

En réponse à une question parlementaire, le ministre d'État, ministre de l'Intérieur et de l'Aménagement du territoire a précisé (*JO* Débats AN, 15 août 1994) :

> « L'article L 322-5 du code des communes, dans sa rédaction issue de l'article 14 de la loi 88-13 du 5 janvier 1988 a apporté au principe de l'équilibre des services publics industriels ou commerciaux, trois cas de dérogation pour lesquels le recours à une subvention provenant du budget général de la commune peut être autorisé.
> Ces trois cas, sont les suivants :
> – les contraintes particulières de fonctionnement imposées par la collectivité ;
> – la nécessité de la réalisation d'investissements ne pouvant, en raison de leur importance et eu égard au nombre d'usagers, être financés sans une augmentation excessive des tarifs ;
> – la sortie d'une période de blocage des prix.
> Le second cas – la nécessité de procéder à des investissements lourds – peut se trouver rempli, par exemple, dans les services d'eau et d'assainissement qui doivent financer des équipements importants comme des stations d'épuration ou de nouvelles tranches de réseaux. L'application de cette disposition aux services d'eau et d'assainissement (voir cette rubrique) a été précisée par deux instructions interministérielles en date du 10 novembre 1992 et du 15 mars 1994. »

La durée de la délégation de service public

L'article 40 de la loi du 29 janvier 1993 se borne à dire :

> *« Les conventions de délégation de service public doivent être limitées dans leur durée. Celle-ci est déterminée par la collectivité en fonction des prestations demandées au délégataire. Lorsque les installations sont à la charge du délégataire, la convention de délégation tient compte, pour la détermination de sa durée, de la nature et du montant de l'investissement à réaliser et ne peut, dans ce cas, dépasser la durée normale d'amortissement des installations mises en œuvre [...]. »*

Des *cahiers des charges* types des différents contrats de délégation de service public industriel ou commercial ont été établis par la Direction générale des collectivités locales du ministère de l'Intérieur. On en trouvera ci-après quelques extraits relatifs à l'un de leurs principaux aspects, *la durée des contrats.*

Si la durée mentionnée n'est fournie qu'à titre « indicatif », les dispositions de l'article 40 de la loi du 29 janvier 1993 montrent que la liberté de choix de la durée des contrats de concession ou d'affermage des services publics locaux peut comporter une limite que la *jurisprudence* d'ailleurs se réserve de sanctionner en recherchant « l'erreur manifeste d'appréciation » de l'importance des investissements :

> *« Considérant que les circulaires du ministère de l'Intérieur fixant, à titre indicatif, la durée d'un contrat de concession ou d'affermage ne peuvent légalement limiter les prérogatives des conseils municipaux ; qu'en l'espèce, en fixant à vingt ans la durée du nouveau traité d'affermage du service de distribution d'eau potable, le conseil municipal de Saint-Denis-de-la-Réunion n'a pas commis d'erreur manifeste d'appréciation. »* (CE, arrêt *Compagnie générale des eaux* du 23 juill. 1993)

Contrats types de délégation de services publics industriels et commerciaux

Les modèles de cahiers des charges proposés par la DGCL (pour les ordures ménagères, le chauffage urbain, les pompes funèbres, l'assainissement, l'eau potable, le stationnement payant) constituent, pour les collectivités locales, de précieux documents pour l'organisation de leurs services industriels et commerciaux.

Les droits et obligations de la collectivité et de l'entreprise doivent être définis avec soin, tout comme il peut être utile de préciser les relations entre l'exploitant et les usagers. À cet égard, un règlement du service, annexé au contrat, les y aidera.

Facultatifs, en raison du principe de libre administration des collectivités locales réaffirmé par la loi du 2 mars 1982, ces contrats n'en constituent pas moins des documents de référence (tous ces modèles figurent dans le recueil publié par le ministère de l'Intérieur et distribué par La Documentation française).

Plus récemment, un nouveau contrat type pour *l'affermage ou la concession du service de restauration scolaire dans les établissements du 1er degré* est paru (courant 1988) qui appelle les commentaires suivants : la restauration scolaire (les cantines) n'a pas le caractère de service industriel et commercial mais de *service administratif*, facultatif. Il ne saurait constituer une « dépense obligatoire » pour une commune à qui incombe la charge du fonctionnement du service public de l'enseignement (CE, 5 oct. 1984, COREP de l'Ariège).

La question s'est donc posée de savoir, non seulement si ce service pouvait être exploité en régie directe plutôt que par la caisse des écoles, mais pouvait être délégué par concession ou affermage.

Dans un avis du 7 octobre 1986, le Conseil d'État a répondu :

> « Le caractère administratif d'un service public n'interdit pas à la collectivité territoriale compétente d'en confier l'exécution à des personnes privées, sous réserve toutefois que le service ne soit pas au nombre de ceux qui, par leur nature ou par la volonté du législateur, ne peuvent être assurés que par la collectivité territoriale elle-même. »

En ce qui concerne le service des cantines scolaires, le Conseil d'État a précisé que « les communes ne peuvent confier à des personnes privées que la fourniture ou la préparation des repas, à l'exclusion des missions qui relèvent du service de l'enseignement public et, notamment, de la surveillance des élèves ».

La gestion d'une cantine peut donc être déléguée par concession ou par affermage à une entreprise privée (Circulaire du 7 août 1987 relative à la gestion par les collectivités locales de leurs services publics locaux ; *JO* du 20 déc. 1987).

Le Conseil d'État a, en outre, précisé dans le même avis :

> « Des dispositions législatives particulières aux communes interdisent à ces collectivités de subventionner leurs services industriels et commerciaux, quel que soit le mode d'exploitation du service, et font obstacle, par suite, aussi bien à l'octroi d'une garantie de recettes qu'à toute autre forme de subvention. Il va de soi que les mêmes règles ne sont pas applicables aux services publics administratifs dont la charge, suivant les cas, est supportée par la commune seule ou répartie entre la commune et l'usager. »

Dans une lettre aux préfets en date du 13 avril 1988, la DGCL a souligné les principales dispositions de ces contrats types qui, outre les dispositions habituelles relatives à la nature et l'étendue du contrat (concession ou affermage), doivent porter sur la surveillance et l'animation des élèves (qui ne peuvent être assurés que par des personnels communaux ou des instituteurs publics), sur les prescriptions alimentaires et diététiques, sur les clauses financières élaborées avec le double souci :

– d'une part, d'assurer un fonctionnement du service aux risques et périls de l'entreprise afin de respecter la nature du contrat – concession ou affermage – tout en permettant la pratique de tarifs sociaux par la collectivité (sont donc distingués le prix unitaire du repas, calculé d'après les charges réelles du service et dont dépend la rémunération du cocontractant, et le tarif applicable aux usagers fixé par la collectivité en fonction de sa politique tarifaire, impliquant qu'elle supporte la différence entre le prix de revient unitaire du repas et le tarif usagers) ;

– d'autre part, d'assurer la prise en compte dans le calcul du prix unitaire de l'évolution – souvent imprévisible – du nombre de repas effectivement servis, ce qui implique l'introduction d'un mécanisme de régulation du prix unitaire en fonction des variations des effectifs.

Enfin, ces contrats devront être particulièrement précis sur les problèmes de responsabilités et d'assurances, en raison des risque encourus (CRC « Provence-Alpes-Côte-d'Azur », 23 déc. 1993, avis art. 47-III, *sur les contrats de délégation de la restauration scolaire des établissements du 1er degré de la ville de Marseille*).

Durée des contrats recommandée dans les modèles types existants en matière de délégations de services publics locaux, établis par le ministère de l'Intérieur en application de l'article 321-1 du Code des communes

Ordures ménagères :

Collecte et évacuation des ordures ménagères : durée recommandée cinq ans, sans pouvoir excéder dix ans selon le montant des investissements réalisés (texte de référence : circulaire n° 81-79 du 21 oct. 1981).

Exploitation d'installations de traitement par incinération des résidus urbains avec ou sans récupération de chaleur : durée recommandée de cinq à quinze ans selon le cas, l'allongement de la durée étant toujours lié aux investissements (texte de référence : circulaire n° 86-142 du 19 mars 1986).

Chauffage urbain :

Distribution d'énergie par concession : durée recommandée vingt-quatre ans (texte de référence : circulaire n° 82-183 du 23 nov. 1982).

Distribution d'énergie par affermage : durée recommandée douze ans maximum (seize ans exceptionnellement s'il y a des ouvrages à réaliser) (texte de référence : circulaire n° 82-183 du 23 nov. 1983.

Pompes funèbres :

Durée recommandée six ans (circulaire n° 85-43 du 18 févr. 1985).

Assainissement :

Exploitation par affermage : durée recommandée douze ans au maximum (textes : décret du 18 oct. 1981, *JO* du 23 oct. et circulaire n° 86-140 du 19 mars 1986).

Eau potable :

Exploitation par affermage : durée recommandée douze ans (texte : décret du 17 mars 1980, *JO* du 20 mars).

Stationnement payant :

S'il s'agit d'une concession :

– exploitation du stationnement payant sur voirie (circulaire n° 82-111 du 15 juill. 1982) : durée six ans au maximum ;

– exploitation d'un parc de stationnement (circulaire n° 82-111 du 15 juill. 1982) : durée six ans pour un parc de surface isolé ; il s'agit d'une durée maximum ; vingt-quatre ans pour un parc en ouvrage (et exceptionnellement trente ans en cas de compétition entre plusieurs candidats).

S'il s'agit d'un affermage : durée six ans pour un parc de surface et douze ans pour un parc en ouvrage (exceptionnellement quinze ans lors de la première mise en service, si les conditions de l'exploitation sont incertaines).

S'il s'agit d'une gérance : la durée est de six ans au maximum.

1. Prolongation d'une délégation de service public

Une délégation de service ne peut-être prolongée (sous le contrôle du juge) que :

– pour des motifs d'intérêt général. La durée de la prolongation ne peut alors excéder un an ;

– lorsque le délégataire est contraint, pour la bonne exécution du service public ou l'extension de son champ géographique et à la demande du délégant, de réaliser des travaux non prévus au contrat initial, de nature à modifier l'économie générale de la délégation et qui ne pourraient être amortis pendant la durée de la convention restant à courir que par une augmentation de prix manifestement excessive (art. 40 de la loi du 29 janv. 1993 précitée).

La tentative de permettre la prolongation de la durée des délégations de service d'un tiers de la durée initiale, avancée par le ministre de l'Économie et des Finances, lors du débat du projet de loi à l'assemblée nationale le 17 décembre 1992, a été jugée non conforme à la Constitution par le Conseil constitutionnel, qui a estimé, dans sa décision n° 92-316 DC du 20 janvier 1993 :

« Qu'en imposant par surcroît et en toutes circonstances que ces prolongations ne puissent augmenter de plus d'un tiers la durée initialement prévue, sans égard à la diversité et à la complexité des situations susceptibles d'être affectées, le législateur a imposé, sans justification appropriée, une contrainte excessive qui est de nature à porter atteinte à la libre administration des collectivités locales. »

S'agissant des délégations de service public consenties par une collectivité territoriale, la prolongation ne peut intervenir qu'après un vote de l'assemblée délibérante.

2. Quels sont les éléments d'appréciation du juge pour sanctionner une « durée manifestement excessive » ?

Bien que n'ayant jamais eu qu'une « valeur indicative », la durée recommandée pour chaque type de contrat et type d'activités, par la circulaire du 7 août 1987 relative à la gestion déléguée des services publics locaux, fournit néanmoins quelques éléments de référence, ainsi que la décision du Conseil constitutionnel n° 92-316 du 20 janvier 1993, sanctionnant certaines dispositions de l'article 40.

Le juge est désormais conduit à rechercher les indicateurs matériels tels que la consistance des investissements, les emprunts réalisés, l'amortissement nécessaire, tous éléments à partir desquels il appréciera si la durée est justifiée ou manifestement excessive, ce qui constituerait une « erreur manifeste », au sens de l'arrêt du Conseil d'État précité (CGE, 23 juill. 1993).

Jurisprudence

• CE, 6 mai 1991, *Syndicat intercommunal du Bocage :*

Les faits :

Le syndicat intercommunal du Bocage avait confié à la Générale des Eaux l'exploitation de son réseau d'assainissement par un contrat d'affermage. Par avenant, le fermier s'était engagé à financer, à hauteur d'un certain montant, des canalisations nouvelles qu'il exploiterait comme le reste du réseau. Un nouvel avenant précisait notamment que les ouvrages ainsi exécutés seraient remis gratuitement au syndicat en fin de contrat.

Sur déféré du préfet, le tribunal administratif de Toulouse a annulé de dernier avenant et la délibération du conseil syndical qui l'approuvait. Le syndicat a interjeté appel de ce jugement.

Le problème juridique posé :

Dans quelles conditions, une collectivité peut-elle confier à son fermier l'exécution de travaux autres que de simple entretien sur les ouvrages exploités en affermage ?

La solution donnée par le juge :

Annulation du jugement du TA :

« Considérant qu'aucune disposition de nature législative ou réglementaire ne s'opposait à ce que le syndicat requérant concède ainsi à son fermier la réalisation et l'exploitation d'une partie de son réseau d'assainissement des eaux ; que l'article 25 de l'avenant n° 2 qui prévoit que les travaux de renforcement et d'extension du réseau sont à la charge du maître de l'ouvrage, ne faisait pas davantage obstacle à ce que l'article 5, §c du même contrat, modifié dans les conditions ci-dessus rappelées, concède la réalisation et l'exploitation d'ouvrages précisément définis à la compagnie cocontractante ; qu'il suit de là que l'avenant litigieux ne constituant pas un marché de travaux publics mais la concession à un fermier de la réalisation d'une extension du réseau à lui confié, c'est à tort que les premiers juges l'ont annulé au motif que les dispositions du code des marchés publics fixant les seuils au delà desquels l'appel à la concurrence est obligatoire, n'avaient pas été respectées lors de sa conclusion ; qu'il résulte de ce qui précède que le syndicat requérant est fondé à demander l'annulation du jugement attaqué. »

Aucune disposition de nature législative et réglementaire ne s'oppose donc à ce qu'une personne publique confie au fermier chargé de l'exploitation d'un réseau d'assainissement des eaux, la réalisation et l'exploitation d'une nouvelle partie de ce réseau. La convention passée à cet effet revêt le caractère d'une concession de travaux et de services publics lorsqu'elle prévoit la rémunération du fermier par la perception d'une redevance sur les usagers et échappe, à ce titre, aux dispositions du code des marchés publics.

Tout en confirmant la liberté contractuelle des personnes publiques, cet arrêt illustre à nouveau le pragmatisme du juge dans la qualification des contrats ; ce sont les stipulations qui déterminent et la qualification du contrat et le régime qui en découle.

• TA Amiens, 19 janv. 1993, *Société des eaux de Picardie c/ Syndicat intercommunal d'alimentation en eau potable de Huppy ;* résumé du jugement :

La convention dénommée « Traité pour la gérance du service des eaux » signée entre un syndicat intercommunal d'alimentation en eau potable et une société, présentait le caractère non d'une concession de service public ou d'un affermage mais d'un *marché d'entreprise de travaux publics* (METP), en raison du mode de rémunération retenu : la société devant être rémunérée par une redevance annuelle calculée notamment en fonction du volume d'eau extrait et distribuée et susceptible d'être révisé sur la base de formules de révision figurant au contrat.

La résiliation de la convention a été décidée par le syndicat en raison de l'existence de clauses très désavantageuses relatives d'une part à la durée (trente ans), d'autre part à l'évolution de la redevance due à l'exploitant qui augmentait, par le jeu de la clause de révision plus que le volume de l'eau distribuée et les recettes d'exploitation dont les tarifs soumis aux prescriptions de l'ordonnance du 30 juin 1945 relative aux prix, ne permettaient plus d'assurer l'équilibre des charges.

Le tribunal a considéré qu'en raison des difficultés financières croissantes de l'établissement public et du refus de la société exploitante de renégocier un nouveau contrat, le syndicat était en droit, pour des motifs tirés de l'intérêt du service et de la continuité du service et nonobstant l'absence de toute stipulation contractuelle applicable en l'espèce, de dénoncer discrétionnairement le traité avant son terme. Toutefois, et alors même que cette résiliation n'a été ni irrégulière ni abusive, la société, à la charge de laquelle aucune faute caractérisée n'est établie, est en droit d'obtenir du syndicat la réparation du préjudice que lui a causé la résiliation unilatérale de son contrat.

Observations des juridictions financières

• CRC « Rhône-Alpes », 15 déc. 1993, *Commune d'Aix-les-Bains,* extraits :

> « La chambre a examiné les conditions dans lesquelles les services de l'eau et de l'assainissement ont été affermés à la SAUR en 1988. Elle a noté que l'apport de 46,5 MF effectué par le nouveau fermier au profit du budget de la commune a opportunément permis d'accélérer sans effort financier immédiat la politique d'investissement de la ville. Mais la justification d'un tel apport financier n'apparaît clairement ni dans la convention passée avec le fermier ni dans la mise en concurrence des candidats à l'affermage, notamment quant à la relation entre cet apport et l'intérêt à long terme du service délégué. À cet égard, la loi du 29 janvier 1993 dispose clairement, en son article 40, que désormais le montant et le mode de calcul des droits d'entrée versés par le délégataire à la collectivité doivent être justifiés dans les conventions, qui ne sauraient contenir de clauses portant sur des services ou paiements étrangers à l'objet de la délégation.
>
> Cette remarque doit être rapprochée de la durée de trente ans du contrat d'affermage que l'on doit juger excessive au regard de la recommandation de douze ans du contrat type (décret du 16 oct. 1981 rappelé par la circulaire du ministre de l'Intérieur du 7 août 1987) qui constituait pour la ville une référence pertinente bien qu'indicative. L'article 40 de la loi précitée prévoit aujourd'hui que cette durée doit être limitée et proportionnée aux prestations demandées aux délégataires.
>
> La chambre constate enfin que la prise en charge des annuités d'emprunts antérieurs par le fermier, à la fin du trimestre, alors que la ville les paie à la date prévue dans le contrat initial, pénalise financièrement la collectivité. »

- CRC « Rhône-Alpes », 4 oct. 1993, *Commune de Chasse-sur-Rhône ;* extraits :

« Renégociation des contrats d'affermage des services d'eau et d'assainissement. Des négociations ont été engagées en 1989 avec la SDEI exploitant les réseaux de distribution d'eau et d'évacuation des eaux usées de la commune, en vue d'une révision des traités d'affermage de 1982. Les discussions conduites avec l'assistance d'un cabinet d'audit ont débouché sur la passation (d'un avenant) : l'octroi par la SDEI, en juin 1990, d'un prêt de 3,3 MF à la commune est révélateur du manque de transparence qui a entouré la renégociation des traités d'affermage. Compte tenu de ses caractéristiques (taux de 9 % sur quinze ans ; absence de commission) plus favorables que celles d'autres emprunts souscrits à la même époque par la commune, ce prêt apparaît en effet comme un *avantage annexe* consenti par la SDEI en échange d'un renouvellement des traités, l'article 5 du contrat de prêt faisant, dans le cas contraire, obligation à la commune de rembourser par anticipation la somme empruntée. »

- CRC « Franche-Comté », 22 oct. 1993, *Syndicat intercommunal des eaux de la Haute-Loue ;* extraits :

Ces observations portent sur les relations existant entre le syndicat et la société exploitante, en ce qui concerne d'une part la gestion du service, d'autre part, la conduite des travaux :

Les relations contractuelles avec la société de distribution gaz et eau (SDGE) appellent des observations au regard de la durée de la délégation du service, des tarifs pratiqués, des comptes rendus d'activité.

1. Un affermage particulièrement long : les liens du syndicat avec la SDGE sont très anciens, la gestion du service a été confiée à cette société, pour la première fois, par un contrat de concession du 30 avril 1953. Une convention d'affermage a par ailleurs été conclue le 15 juillet 1970 pour trente ans. Ces conventions ont été remplacées par une convention unique du 28 février 1983, conclue pour la durée restant à courir sur l'ancien contrat, soit dix-huit ans. Il apparaît donc que, de renouvellement de contrat en tacite reconduction, la SDGE assurera pendant au moins quarante-huit ans la distribution de l'eau du syndicat.

La chambre constate que la durée des contrats est sans commune mesure avec celle recommandée en matière d'affermage, soit douze ans. Cette durée particulièrement longue constitue un avantage indéniable pour la société fermière. Cet élément devrait être pris en compte lors du prochain renouvellement de la convention. D'ailleurs, les dispositions de la loi du 11 décembre 1992 relative à la passation de certains contrats dans les secteurs de l'eau, de l'énergie, des transports et des télécommunications, et de son décret et arrêté d'application du 3 août 1993, rendent désormais obligatoires des mesures de publication ainsi qu'une mise en concurrence avant la passation de telles conventions.

2. La rémunération du fermier : les recettes de la société fermière ont crû, sur la période 1987-1991, de 31 %, passant de 8,28 millions à 10,90 millions (cf. compte rendu du fermier). Cette augmentation est due, d'une part à la progression des volumes d'eau vendus (+ 15 %), celle-ci est en effet passée de 2 758 043 m^3 en 1987 à 3 190 043 m^3, d'autre part à l'augmentation du tarif du fermier (+ 17 %). Ce tarif est révisé chaque année en fonction de la formule de révision prévue par la convention, mais l'augmentation de tarif fermier s'avère supérieure à la simple application de cette formule. En effet, certains avenants à la convention d'affermage viennent modifier le tarif de base en raison notamment des modifications du périmètre d'affermage. Ainsi, trois avenants ont été passés les 21 décembre 1987, 31 mai 1989 et 15 février 1991 afin d'admettre de nouvelles communes relevant précédemment du régime de la

concession. Ils ont permis de relever le tarif fermier et de modifier la formule de révision [...].

3. Des comptes rendus d'activité du fermier incomplets (notamment en ce qui concerne le poste « renouvellement » et le poste « dépenses d'entretien » qui ne permettent pas au syndicat d'être informé) [...].

Enfin la chambre formule des observations sur le mode de passation des marchés qui révèle un quasi-monopole de l'exploitant et des procédures irrégulières de marchés négociés et de marchés de reconduction (voir, sur ce dernier point, la rubrique *Marchés publics*).

- CRC « Midi-Pyrénées », 2 sept. 1993, *Commune de Saint-Gaudens,* extraits :

  « S'agissant du stationnement urbain [...], la chambre a tout d'abord constaté que le changement de gestionnaire du stationnement en surface et la création d'un parc de stationnement souterrain au centre ville avaient une influence négative sur les finances de la commune. Ainsi, l'on observe sur les premiers exercices de fonctionnement de la convention passée avec la société MIDEP (Midi-Équipement-Public), filiale du groupe SPIE-Batignolles, non seulement que la commune ne retire aucun avantage de la gestion d'un nombre croissant de places de parking mais encore qu'elle a participé au tiers des investissements par le versement d'une subvention d'équipement de 930 000 F, alors que l'article premier de la *convention de concession,* signée le 29 février 1988, dispose que la société " construira le parc de stationnement souterrain et exploitera à ses risques et périls l'ouvrage et les équipements de stationnement " et que la caractéristique essentielle d'un contrat de concession est la prise en charge, par le concessionnaire, de l'investissement initial.

  De plus, il apparaît préjudiciable aux finances locales d'avoir lié, par une même convention, les deux modes de stationnement et d'avoir accepté, dans le contrat d'exploitation du stationnement payant sur voirie, outre une durée qui l'assimile à une concession (trente ans) une disposition qui précise : " la ville reversera à l'exploitant la totalité des recettes après chaque collecte ".

  Ainsi, la juridiction s'interroge sur la réalité du risque pris par le concessionnaire et regrette qu'une opération de cette ampleur n'ait pas fait, au préalable, l'objet d'une étude de marché.

  Enfin, force est de constater une désaffection des automobilistes pour le parc souterrain qui s'explique peut-être par la possibilité de stationner, au centre ville ou dans les environs immédiats, sur des emplacements de surface totalement gratuits.

  La chambre relève par ailleurs, que la commune n'a pas respecté la totalité de ses engagements en n'autorisant pas la création de 34 emplacements supplémentaires en surface. Elle note également que l'exploitant n'a pas remis les comptes rendus techniques, économiques et financiers annuels prévus dans chaque contrat et qu'il remboursait, avec quelque retard, à la commune, les salaires et charges des préposés affectés au service. »

MARCHÉS D'ENTREPRISE DE TRAVAUX PUBLICS (METP). Voir *Travaux publics.*

SERVICE PUBLIC DE L'EAU ET DE L'ASSAINISSEMENT

Bien qu'aucun texte ne le leur reconnaisse expressément, les communes détiennent un monopole de fait en matière de distribution d'eau et d'assainissement, car elles sont seules à pouvoir délivrer les autorisations d'occupation du domaine public nécessaires à l'installation des réseaux.

Ce service fait l'objet d'un *Budget annexe* (voir les rubriques *Comptabilité communale* et *Finances locales*). L'arrêté interministériel du 12 août 1991 (*JO* du 5 oct. 1991) et la circulaire interministérielle n° NOR/INT/B/92/00303/C du 10 novembre 1992 annexée à l'instruction 92-144/M/49 (ministère du Budget) précisent d'une part les conditions d'entrée en vigueur de *l'Instruction M 49* applicable aux services d'Eau et d'Assainissement, d'autre part, les conditions juridiques et comptables de fonctionnement de ces services.

La circulaire du 12 novembre 1992, par ailleurs, rappelle le principe général d'équilibre des services industriels et commerciaux ainsi que les exceptions autorisées par l'article L 322-5 du Code des Communes.

Certaines difficultés d'application révélées par les ordonnateurs ou par les comptables ont été prises en compte et donné lieu à une seconde circulaire interministérielle n° NOR/INT/B/94/00101/C du 18 mars 1994, publiée en annexe à l'Instruction n° 94-051/M 49 du 15 avril 1994. L'instruction M 49 vise à doter ces services d'outils comparables à ceux des entreprises privées du même secteur d'activité (notamment en vue d'une meilleure connaissance du coût de revient selon le principe posé par l'art. L 322-5 du code des communes de financement par l'usager du service).

Les petites communes de moins de 3 000 habitants peuvent établir un budget simplifié non soumis à la TVA et celles de moins de 2 000 habitants ont un délai supplémentaire jusqu'au 1er janvier 1995 pour la mise en place de l'instruction M 49. Cependant, pour prévenir des difficultés persistantes dans les très petites communes (moins de 1 000 habitants), la circulaire précise les conditions de mise en œuvre de l'équilibre de ces services qui ont pour objet d'en répercuter la charge sur l'usager et exclut, en conséquence, toute prise en charge du coût du service et tout subventionnement par le budget de la commune de rattachement.

Les dérogations, prévues par l'article L 322-5 du code des communes, permettent cependant une possibilité de prise en charge qui s'applique aux investissements importants eu égard au nombre d'usagers (investissements initiaux et extensions) ; exemple, une station d'épuration, ou encore l'extension importante du réseau.

Cette possibilité de prise en charge n'est pas liée à la mise en œuvre de la M 49 et n'est soumise à aucune condition de seuil de population ou de délai, à condition d'être fortement justifiée et d'être temporaire (cf. Circulaire NOR/MCL/B/88/00162/C du 27 avr. 1988). Elle exclut toute compensation d'un déficit d'exploitation. Elle nécessite une délibération explicite, très motivée, de l'assemblée délibérante, visant l'article 322-5, 2e, quel que soit le mode de gestion du service ; la délibération sera accompagnée de tous les éléments d'appréciation des motifs invoqués, par le contrôle de légalité (budgets, simulations de résultats) car, en pareille situation, l'usager n'est pas seul concerné mais tous les contribuables de la collectivité.

La circulaire du 10 novembre 1992 précise que pour accompagner la mise en œuvre de l'instruction comptable M 49, les charges d'amortissements et annuités des emprunts liés aux gros investissements (initiaux ou d'extension) pourraient être prises en compte dans le champ d'application de l'article L 322-5, 2e du code des communes, notamment pour les communes qui ne disposaient pas jusqu'alors de budget annexe.

En réponse aux inquiétudes exprimées par de nombreux maires des petites communes sur les conditions d'application de la nouvelle réglementation, le ministre délégué à l'Aménagement du territoire et aux Collectivités locales (*JO*, Débats AN, 21 mars 1994), a tenu à préciser :

« Le gouvernement est tout à fait sensible aux difficultés qu'entraîne, particulièrement pour les petites communes rurales, la mise en application de l'instruction comptable M 49 selon les modalités et l'échéancier prévus. En effet, la circulaire interministérielle du 10 novembre 1992 prévoit l'obligation, pour toutes les communes d'appliquer la M 49 au 1er janvier 1995, les communes de moins de 1 000 habitants pouvant solliciter une dérogation pour la seule année 1994. Il a donc été décidé de modifier l'échéancier prévu afin de permettre aux communes rurales qui le souhaitent de bénéficier d'un délai supplémentaire pour appliquer l'instruction M 49 et mettre en place les budgets annexes.

Ainsi, c'est à la date du 1er janvier 1997 que tous les services d'eau et d'assainissement devront appliquer l'instruction M 49. Les communes de moins de 2 000 habitants qui justifieraient de difficultés particulières pour la mise en place de budgets annexes pourront bénéficier de dérogations pour l'exercice 1994. Les communes de moins de 1 000 habitants pourront bénéficier de dérogations pour l'exercice 1995 et celles de moins de 500 habitants pour l'exercice 1996.

Par ailleurs, l'article L 322-5 du code des communes, qui pose le principe de l'équilibre des services publics industriels ou commerciaux sans recours à une subvention du budget général de la commune, autorise néanmoins le recours à une telle aide, notamment lorsque des investissements ne peuvent être financés sans une augmentation excessive des tarifs.

Cette prise en charge par le budget général de la commune, qui peut s'appliquer à des services d'eau et d'assainissement tout en étant indépendante de la mise en place de l'instruction M 49, n'est soumise à aucune condition de seuil démographique ni de délai. Elle doit être justifiée par l'importance des dépenses d'investissement comme par l'importance des charges afférentes à ces investissements (notamment les amortissements et intérêts des emprunts). Elle doit faire l'objet d'une délibération du conseil municipal fixant les règles de calcul et les modalités de versement des dépenses prises en charge.

Les nouveaux délais d'application de la M 49 ainsi que le rappel des possibilités offertes par l'article L 322-5 du code des communes font l'objet d'une instruction conjointe des ministres chargés du Budget et des Collectivités locales, aux préfets et aux services extérieurs du Trésor. » (Instruction du 15 mars 1994)

LA TARIFICATION DE L'EAU
(Loi 92-3 du 3 janv. 1992 sur l'eau, art. 13-II)

*« Dans le délai de deux ans à compter de la publication (*JO *du 4 janv. 1992) de la présente loi, toute facture d'eau comprendra un montant calculé en fonction du volume réellement consommé par l'abonné à un service de distribution d'eau et pourra, en outre, comprendre un montant calculé indépendamment de ce volume, compte tenu des charges fixes du service et des caractéristiques du branchement. Toutefois, à titre exceptionnel, le préfet pourra, dans des conditions prévues par décret en Conseil d'État, à la demande du maire, si la ressource d'eau est naturellement abondante et si le nombre d'usagers raccordés au réseau est suffisamment faible, ou si la commune connaît habituellement de fortes variations de sa population, autoriser la mise en œuvre d'une tarification ne comportant pas de terme directement proportionnel au volume total consommé. »*

Le décret d'application n° 93-1347 du 28 décembre 1993, a fourni les précisions suivantes :

« *Dans les communes dont la ressource en eau est naturellement abondante, l'autorisation ne peut être accordée par le préfet que si le nombre d'habitants de la commune est inférieur à mille ; dans les autres cas, l'autorisation ne peut être accordée que si le volume d'eau produit pour les usages domestiques pendant trente jours consécutifs est au moins égal au triple du volume produit en moyenne mensuelle pendant l'ensemble de l'année de référence.* » (art. 1er)

« *Lorsque l'autorisation a été accordée, la tarification mise en œuvre dans la commune peut, notamment, être forfaitaire et identique pour tous les usagers ou comporter des forfaits variables selon les besoins de l'abonné ; elle peut aussi comporter une partie forfaitaire et une partie qui tient compte du volume d'eau consommé. Le forfait minimal ne doit pas être supérieur au forfait correspondant à la consommation moyenne annuelle domestique des abonnés de la commune.* » (art. 2)

À la question d'un parlementaire qui lui faisait part, sur la base de simulations effectuées par de nombreuses communes touristiques, des difficultés d'application de ce décret (paru au *Journal officiel* le 30 déc. 1993, soit cinq jours avant la date butoir fixée par la loi du 3 janv. 1992 précitée pour l'application du régime général), notamment pour la mise en œuvre des dérogations prévues par la loi en faveur des communes touristiques à forte variation de population saisonnière, le ministre de l'Économie a répondu, après avoir rappelé le principe général de tarification posé par la loi de 1992 et la possibilité de dérogation, précisée par le décret du 30 décembre 1993, sur la base de deux critères :

« – les communes où la ressource en eau est naturellement abondante et le nombre d'habitants raccordés au réseau suffisamment faible ;
– les communes qui connaissent habituellement de fortes variations de population.

Ce deuxième cas de dérogation a pour objet d'éviter que, lorsque la population d'une commune varie fortement et de manière habituelle, les usagers permanents soient contraints de supporter la charge financière résultant des investissements supplémentaires rendus nécessaires du fait d'un afflux important d'usagers. La variation dans l'année du volume d'eau produit constitue un critère objectif de mesure de la variation de la population d'une commune. Le triplement du volume d'eau produit sur une période de trente jours consécutifs traduit une pointe importante de production correspondant à une augmentation de la population.

Cette possibilité de dérogation doit revêtir, conformément à la loi, un caractère exceptionnel. Elle ne peut concerner que les communes où la charge des investissements supplémentaires occasionnés par une forte pointe de population ne peut être répartie sur l'ensemble des usagers permanents et occasionnels de la commune par le terme fixe de la facture.

Cette dérogation ne peut s'appliquer aux communes qui, connaissant un afflux touristique sur plusieurs mois, peuvent amortir ces investissements sur tous les usagers du service sans avoir recours à la tarification forfaitaire qui ne répond ni au principe d'équité et d'égalité de traitement des usagers, ni à la volonté des pouvoirs publics de préserver la ressource en eau en responsabilisant davantage le consommateur.

Compte tenu de la publication relativement récente des conditions précises de mise en œuvre des critères de dérogation énoncés par la loi, il est aujourd'hui prématuré d'avancer un bilan d'application de ce texte. Celui-ci sera effectué dès que possible. » (*JO*, Débats AN, 13 juin 1994)

Dépenses étrangères au service

Interdiction de la fixation du prix de l'eau en fonction de la couverture de dépenses étrangères au service. L'article 40 de la loi 93-122 du 29 janvier 1993 énonce, par ailleurs, clairement que les conventions de délégations de service public ne peuvent contenir de clauses par lesquelles le délégataire prend à sa charge l'exécution de services ou de paiements étrangers à l'objet de la délégation. Les montants et les modes de calcul des droits d'entrée et des redevances versées par le délégataire à la collectivité doivent être justifiés dans ces conventions.

Loi n° 95-127 du 8 février 1995 relative aux marchés publics et délégations de service public. Ce texte, qui rétablit notamment les dispositions de la loi Sapin du 29 janvier 1993 supprimées par la loi Bosson du 8 août 1994 (voir la rubrique *Corruption*), étend les sanctions du délit de favoritisme (voir cette rubrique) aux délégations de service public et soumet les comptes du concessionnaire au contrôle de la Cour des comptes.

Par ailleurs, la *loi n° 95-101 du 2 février 1995* relative au renforcement de la protection de l'environnement (*JO* du 3 févr.) comporte diverses dispositions relatives aux concessions du service public de l'eau. Aux termes de cette loi :

– les concessionnaires du service de l'eau ou leurs filiales chargés du traitement des déchets ne pourront plus verser de « droits d'entrée » aux municipalités ;

– la durée des concessions au-delà de vingt ans est soumise à l'avis du trésorier-payeur-général ;

– dans les communes où le service est concédé, le maire devra, tous les ans, produire un rapport sur l'évolution du prix de l'eau et sur la qualité du service rendu.

Jurisprudence

- TA Lyon, 14 déc. 1993, *Ville de Saint-Étienne ;* extraits :

  « Considérant que par délibération du 29 octobre 1990 [...] réformée le 4 novembre 1991, le conseil municipal de Saint-Étienne a fixé le prix du m^3 d'eau potable ; que, par une délibération du 9 juillet 1992, le conseil municipal a approuvé le principe de la délégation de gestion par concession de son service de distribution d'eau potable, puis, par délibération du 7 septembre 1992 a approuvé le contrat de concession de ce service à un groupement constitué par la Générale des eaux et la Lyonnaise des eaux [...] ;

  Considérant que, lors de sa fixation, le prix d'une prestation ou d'un bien fourni par un service public à caractère industriel ou commercial ne peut exclusivement trouver sa contrepartie que dans le montant total des dépenses d'investissement et de fonctionnement relatives à la fourniture de ce service ou de ce bien, y compris, éventuellement, les dépenses de renouvellement et de modernisation du service, ainsi que la rémunération du concessionnaire lorsque le service est concédé ;

  Considérant qu'il ressort des pièces du dossier et notamment du procès verbal du 29 octobre 1990 que le maire de Saint-Étienne a demandé l'augmentation du prix de l'eau distribuée par la régie municipale en faisant valoir qu'elle permettrait d'obtenir des ressources supplémentaires pour le budget général et de faire participer les consommateurs étrangers à la commune au financement de certains équipements, notamment culturels et sportifs, de la ville de Saint-Étienne ; que

cette proposition a été adoptée sans qu'il ressorte du procès verbal que d'autres motifs auraient été retenus par le conseil municipal ; qu'il suit de là que, même si, en application des dispositions de l'article R 323-111 du code des communes, l'excédent comptable de la section d'exploitation du budget d'un service public à caractère industriel et commercial doté de la seule autonomie financière, constaté au terme d'un exercice peut, sous certaines conditions, être reversé à la collectivité locale de rattachement, le prix de l'eau a été arrêté, dès la date de sa fixation, pour couvrir des dépenses étrangères au service de distribution de l'eau potable ; qu'ainsi, les requérants sont fondés à soutenir que le conseil municipal a entaché sa délibération de détournement de pouvoir et qu'il y a lieu de faire droit à leurs conclusions à fin d'annulation ;
Considérant que la règle précédemment énoncée, selon laquelle, lors de sa fixation, le prix de l'eau distribuée par un service public à caractère industriel et commercial ne peut exclusivement trouver sa contrepartie que dans le montant total des dépenses d'investissement et de fonctionnement relatives à la fourniture de l'eau, trouve à s'appliquer quel que soit le mode de gestion du service ; que, notamment, la collectivité locale de rattachement ne peut, en dehors de toute préoccupation soit de prise en charge de l'endettement du service, soit de renouvellement ou de modernisation des installations mises à la disposition du concessionnaire, rechercher la rémunération du capital correspondant aux dites installations ;
Considérant qu'il ressort [...] que la société concessionnaire s'est engagée, d'une part, à prendre en charge l'endettement du service de l'eau en remboursant les annuités, en intérêts et principal, des emprunts contractés par la ville pour le service de l'eau jusqu'en 1992, d'autre part, à verser à la ville des redevances ayant pour contrepartie l'occupation du domaine public, le droit d'exploiter le service de l'eau et l'usage des installations mises à sa disposition ; que ces redevances sont constituées, d'une part, de 350 000 000 F versés en trois tranches de 1992 à 1994, d'autre part, d'une redevance annuelle de 19 000 000 F dont l'indexation est d'ailleurs prévue ; qu'il ressort tant des stipulations du contrat que du mémoire en intervention de la société concessionnaire et du montant des redevances que celles ci sont la contrepartie, pour leur plus grande part, du droit d'usage des installations mises à sa disposition ; que, dès lors, le prix de l'eau tel qu'il a été approuvé a incorporé non seulement le coût de la modernisation ou de l'extension du réseau ainsi que les charges financières relatives aux emprunts déjà réalisés, mais également la rémunération, au profit de la ville, du capital correspondant à ces installations ; qu'à supposer que le conseil municipal n'ait pas eu ainsi l'intention de continuer à mettre à la charge des consommateurs le financement des investissements de la ville, notamment culturels et sportifs, comme au cours des précédentes années, il a, par suite, entaché sa délibération d'une erreur de droit ; que, dès lors, sans qu'il soit besoin d'examiner les autres moyens (les requérants sont fondés) à demander l'annulation de la délibération attaquée... »

Le 22 décembre 1994, le tribunal administratif de Lyon vient d'annuler à nouveau deux délibérations du conseil municipal de Saint-Étienne, en date du 31 mai 1994 et du 5 septembre 1994, qui avaient fixé le prix de l'eau successivement à 8,02 F et 7,41 F le m^3. Suivant les conclusions du commissaire du gouvernement, le tribunal a estimé « qu'en négligeant de prendre en compte les dépenses réelles du service concédé, dont il n'est ni établi ni même allégué qu'elles seraient comparables à celles du service exploité en régie, le conseil municipal a entaché ses délibérations d'une erreur de droit ».

Par ailleurs, les juges ont considéré que le montant et le mode de calcul de la redevance versée par le concessionnaire du service de l'eau (la société Stéphanoise des eaux – filiale commune de la Lyonnaise des eaux et de la Générale des eaux), n'étaient pas justifiés. La chambre régionale des comptes, dans un avis du 8 novembre 1994, avait d'ailleurs critiqué les relations entre la ville et la société concessionnaire, et noté « la redevance ne correspond nullement à son objet allégué et paraît constituer, du point de vue du budget communal, une compensation entre charges et produits, prohibée par la réglementation ».

Textes signalés

Décret n° 92-1042 portant application de l'article 5 de la loi n° 92-3 sur l'eau et relatif aux schémas d'aménagement et de gestion des eaux.

Décret n° 94-289 du 6 avril 1994, relatif aux communautés locales de l'eau, pris pour l'application de l'article 7 de la loi n° 92-3 du 3 janvier 1992 sur l'eau.

« Les dispositions de la présente loi ont pour objet une gestion équilibrée de la ressource en eau » (préservation des écosystèmes aquatiques, protection contre toute pollution, développement et protection de la ressource en eau, valorisation de l'eau comme ressource économique et répartition de cette ressource).

En ce qui concerne l'assainissement

> « Les communes prennent obligatoirement en charge les dépenses relatives aux systèmes d'assainissement collectif, notamment aux stations d'épuration des eaux usées et à l'élimination des boues qu'elles produisent et les dépenses de contrôle des systèmes d'assainissement non collectif. Elles peuvent prendre en charge les dépenses d'entretien des systèmes d'assainissement non collectif.
> L'étendue des prestations afférentes aux services d'assainissement municipaux et les délais dans lesquels ces prestations doivent être effectivement assurées, sont fixés par décret en Conseil d'État, en fonction des caractéristiques des communes et notamment de l'importance des populations agglomérées et saisonnières » (art. 372-1-1 inséré au code des communes par l'art. 35 de la loi du 3 janv. 1992 sur l'eau).
> « L'ensemble des prestations prévues à l'article 372-1-1 du code des communes doit, en tout état de cause, être assuré sur la totalité du territoire au plus tard le 31 décembre 2005. »

Le code de la Santé publique impose une obligation de raccordement des immeubles aux égouts disposés sous la voie publique, dans un délai de deux ans à compter de la mise en service de l'égout ; ce raccordement, pour la partie située entre la voie publique et l'immeuble, est aux frais du propriétaire. Une redevance d'assainissement ayant pour assiette la consommation d'eau de l'usager, dont le taux est calculé de façon à ce que son montant équilibre les charges du service, est perçue généralement sur la facture d'eau.

En réponse à une question écrite sur le caractère quelque peu anachronique des textes en vigueur (loi 64-1245 du 16 déc. 1964, relative au régime et à la répartition des eaux et à la lutte contre la pollution, décret d'application 67-495 du 24 oct. 1967, *JO* du 26 oct. 1967, circulaire du 20 janv. 1970, *JO* du 20 janv. 1970, et décret 75-996 du 28 oct. 1975), le ministre délégué à l'Aménagement du territoire et aux Collectivités locales répond le 9 mai 1994 (*JO* des débats AN) :

> « L'article R 372-6 du code des communes dispose que tout service public d'assainissement, quel que soit son mode d'exploitation, donne lieu à la perception de redevances d'assainissement, instituées par le conseil municipal ou l'assemblée délibérante de la collectivité publique qui l'exploite ou le délègue. Ces redevances sont applicables à tous les usagers suivant les modalités définies aux articles R 372-6 à R 372-18 du code des communes, qui codifient les dispositions du décret 67-945 du 24 octobre 1967 relatif à l'institution, au recouvrement et à l'affectation

des redevances dues par les usagers des réseaux d'assainissement et des stations d'épuration, dont les modalités ont été décrites par la circulaire du 12 décembre 1978 relative à l'application du décret susvisé.
Compte tenu de la nature industrielle et commerciale de ce service, telle qu'elle résulte de l'article L 372-6 du code des communes, la redevance d'assainissement est la source principale de financement de ce service qui peut bénéficier, par ailleurs, d'autres ressources (participation des agences de l'eau, aide du Fonds national de développement des adductions d'eau, aide du département ou de la région, participation exceptionnelle du budget général de la commune dans le cadre prévu par l'article L 322-5 du code des communes).
La directive 91-271 CEE du 21 mai 1991, relative aux eaux urbaines résiduaires, et la loi 92-3 du 3 janvier 1992 sur l'eau visent à la mise en place d'une politique nationale d'assainissement et des eaux usées et renforcent sensiblement les obligations des communes dans ce domaine (prise en charge financière des dépenses d'assainissement collectif et des dépenses d'entretien de l'assainissement non collectif, zonage des modes d'assainissement) en les intégrant dans une perspective plus large de protection globale du milieu aquatique. Un décret relatif à la collecte et au traitement des eaux urbaines résiduaires est en cours d'élaboration et permettra à la fois de transcrire en droit interne la directive ci-dessus et d'appliquer les dispositions de la loi sur l'eau précitée concernant l'assainissement [...].
Le problème de l'adaptation, dans ce cadre là, de la réglementation relative à la redevance d'assainissement fait l'objet d'une réflexion approfondie afin d'assurer sa cohérence avec l'ensemble de la réforme législative et réglementaire en cours et les possibilités de financement des communes. »

Observations des juridictions financières

- CRC « Lorraine », 7 avr. 1993, *Commune de Guenange ;* extraits :

  « Le service de l'assainissement fait l'objet d'un budget annexe et reçoit régulièrement des subventions provenant du budget général [...]. Cette pratique est contraire aux dispositions de l'article L 322-5 du code des communes, modifié par la loi du 5 janvier 1988 dite " d'amélioration de la décentralisation " qui, d'une part, mentionne l'obligation de l'équilibre en recettes et en dépenses des budgets des services publics à caractère industriel et commercial exploités en régie et, d'autre part, interdit aux communes de prendre en charge dans leur budget propre des dépenses au titre de ces services publics. »

- CRC « Rhône-Alpes », 19 mai 1993, avis 47-I, *Commune de Modane,* extraits :

  « Les accords avec la Lyonnaise des eaux. Le 4 septembre 1991, la commune a passé un accord de partenariat avec la société " Lyonnaise des eaux-Dumez " se traduisant par l'affermage à celle-ci des services de l'eau et de l'assainissement pour une durée de trente ans et par l'arrivée de la société Transmontagne chargée de l'exploitation des remontées mécaniques de la station de Val-Fréjus. Modane bénéficiant en contrepartie du versement d'une somme de 1,5 MF pendant six ans par la Lyonnaise (1 MF pour l'eau et 0,5 MF pour l'assainissement).
  Cet apport doit être considéré comme un élément du contrat d'ensemble passé avec cette société aussi bien pour l'eau et l'assainissement que pour la station de Val-Fréjus. Sans revenir sur la durée trop importante du contrat d'affermage ni sur la qualification de l'apport financier de la société, la commune se doit de reconsidérer sa situation au regard de la réglementation nouvellement en vigueur. L'arrêté du 12 août 1991 (*JO* du 5 oct. 1991) a diffusé en effet le nouveau plan comptable et budgétaire applicable aux services d'eau et d'assainissement, appelé

M 49. Cette instruction rappelle que, dans l'affermage, les ouvrages nécessaires à leur exploitation restent à la charge de la collectivité propriétaire et que les opérations relatives aux investissements doivent en conséquence figurer dans un budget annexe. En 1993, fin de la période de dérogation pour les communes de plus de 2 000 habitants, Modane aura à appliquer l'instruction M 49, ce qui devrait normalement l'obliger à retirer du budget principal cette somme de 1,5 MF pour l'affecter aux budgets de l'eau et de l'assainissement. »

- CRC « Franche-Comté », 17 août 1993, *Commune de Saint-Vit ;* extraits :

  « Le budget annexe du service des eaux et de l'assainissement fait apparaître des déficits croissants de 1989 à 1991 (1,9 MF cette dernière année, pour tomber à 1,16 en 1992).
  La marge d'autofinancement courant est négative depuis 1990. En conséquence, la charge de l'annuité de la dette est assurée par des recettes à caractère exceptionnel (FCTVA, subventions, nouveaux emprunts) et non par les recettes courantes du service. Il est donc important que le service dégage un volume de recettes suffisant pour parvenir à une marge d'autofinancement positive. L'augmentation du produit des redevances d'eau et d'assainissement effectuée en 1993 va dans ce sens, elle s'inscrit d'ailleurs dans le cadre du protocole d'accord qui prévoit notamment :
  – une augmentation du produit de l'eau et de l'assainissement de 40 % ;
  – un versement du budget principal au budget de l'eau d'une subvention de 600 000 F.
  Ces mesures tendraient à améliorer les résultats de 1993 qui demeureraient encore déficitaires à hauteur de 100 000 francs seulement.
  La chambre constate qu'en fait, la commune a choisi de doubler le produit de l'eau et de l'assainissement et d'accorder une subvention moins importante du budget principal. Cette solution est, en effet, préférable dans la mesure où d'une part, la marge de manœuvre de la commune était encore importante en matière de tarif, et que d'autre part, l'octroi d'une subvention d'équilibre est contraire à l'article L 322-5 du code des communes. De telles subventions ne sont autorisées qu'en cas de circonstances exceptionnelles [...], ce qui n'est pas le cas de la commune de Saint-Vit. »

SOCIÉTÉS DE DÉVELOPPEMENT RÉGIONAL (SDR). Voir *Interventions économiques.*

SOCIÉTÉS D'ÉCONOMIE MIXTE (SEM)

Textes de référence : loi 83-597 du 7 juillet 1983 (*JO* du 8 juill.), et circulaire n° 85-175 du 16 juillet 1985. L'alignement du régime juridique des sociétés d'économie mixte sur les règles du droit des sociétés a été réalisé par la loi du 7 juillet 1983 relative aux SEM locales :

> *« Les communes, les départements, les régions et leurs groupements peuvent, dans le cadre des compétences qui leur sont reconnues par la loi, créer des sociétés d'économie mixte locales qui les associent à une ou plusieurs personnes privées et, éventuellement, à d'autres personnes publiques pour exploiter des services publics à caractère industriel et commercial ou pour toute autre activité d'intérêt général ; lorsque l'objet de sociétés d'économie mixte locale inclut plusieurs activités, celles-ci doivent être complémentaires [...].*
> *Les prises de participation sont subordonnées aux conditions suivantes :*
> *1. La société revêt la forme de société anonyme régie par la loi 66-537 du 24 juillet 1966 modifiée sur les sociétés commerciales, sous réserve des dispositions de la présente loi ;*

> 2. *Les communes, les départements, les régions et leurs groupements détiennent, séparément ou à plusieurs, plus de la moitié du capital de ces sociétés et des voix dans les organes délibérants.* » (art. 1 de la loi précitée)

Déjà nombreuses avant la décentralisation (environ 600), les sociétés d'économie mixte se sont multipliées depuis (1 264 au 31 décembre 1993). Leurs activités peuvent s'étendre à tous les domaines mais trois secteurs regroupent l'essentiel de leurs activités : gestion des équipements publics (41 %), immobilier (30 %) et aménagement (30 %) et emploient 50 000 salariés.

L'importance des sommes engagées et les risques induits pour les collectivités publiques, à raison de leurs apports et des garanties d'emprunts qu'elles ont pu consentir en cas de difficultés financières de la société, ont amené le législateur à prévoir des *procédures d'alerte ;* tel est le sens de *l'article 6* de la loi du 7 juillet 1983 qui crée un véritable cas de contrôle budgétaire, comparable à ceux prévus par la loi du 2 mars 1982 (voir sous-rubrique *Chambres régionales des comptes, Contrôle budgétaire*) :

> « *Si le représentant de l'État estime qu'une délibération est de nature à augmenter gravement la charge financière d'une ou plusieurs collectivités territoriales ou de leurs groupements actionnaires ou le risque encouru par la ou les collectivités territoriales ou leur groupement qui ont apporté leur garantie à un emprunt contracté par la société, il saisit... la chambre régionale des comptes...* »

La loi ne fixe pas de critères pour apprécier le risque financier entraîné par une délibération du conseil d'administration ou de surveillance ou de l'assemblée générale des sociétés d'économie mixte locales et le préfet devra apprécier l'incidence des délibérations en fonction de l'ensemble des actes des sociétés dont il est rendu destinataire. Les comptes annuels, notamment, présentent un état ponctuel de la situation financière des sociétés qui permet d'apprécier les possibilités d'intervention de la société concernée. La difficulté, c'est qu'une décision du conseil d'administration d'une SEM peut ne se révéler néfaste que longtemps après et qu'à défaut d'informations régulières et complètes des autorités délibérantes, permettant un suivi efficace de la gestion de la société, il est bien difficile de savoir si et quand une décision va être de nature à augmenter gravement les engagements d'une collectivité.

Les chambres régionales dénoncent fréquemment des situations caractérisées par le manque d'information des autorités délibérantes et le manque de suivi de l'activité des SEM qui sont à l'origine de graves déficits.

L'article 6 de la loi de 1983 a donc été complété par l'article 76-I de la loi du 29 janvier 1993 de façon à renforcer l'information des collectivités locales et du préfet, en imposant aux SEM un rapport spécial lorsqu'elles exercent des prérogatives de puissance publique.

En outre l'article 76-II dispose :

> « *Toute prise de participation d'une SEM locale dans le capital d'une société commerciale fait l'objet préalablement d'un accord exprès de la ou des collectivités territoriales et de leurs groupements actionnaires disposant d'un siège au conseil d'administration.* »

Cette disposition cherche à freiner une dérive croissante tendant à la multiplication des participations des SEM dans des sociétés privées. Quant à l'article 82 de la loi de 1993, il soumet ces mêmes SEM au contrôle de légalité de leurs décisions.

L'article 7 de la loi de 1983 prévoit par ailleurs que « les dispositions de l'article L 235-5 (subventions exceptionnelles susceptibles d'être accordées aux communes en difficultés) du code des communes ne sont pas applicables en cas de difficultés financières nées, pour une commune, de sa participation au capital d'une société d'économie mixte locale ou de la garantie qu'elle a accordée aux emprunts contractés par une telle société ». Cela constitue une incitation supplémentaire à la prudence.

Plusieurs dispositions de la loi n° 93-122 du 29 janvier 1993 relative à la prévention de la corruption et à la transparence de la vie économique et des procédures publiques, visent divers aspects de l'activité des SEM :

– les délégations de service public (art. 38 à 47, complétés par les art. 1 et 2 du décret n° 93-471 du 24 mars 1993) sont soumises à une obligation de publicité et de mise en concurrence préalable, le délégataire restant néanmoins choisi *intuitu personae* parmi les candidats (voir *Délégations de service public*) ;

– l'exercice de prérogatives de puissance publique (art. 76-1), est soumis à l'obligation d'un rapport annuel sur les conditions de leur exercice, présenté à l'organe délibérant de la collectivité territoriale ou du groupement, actionnaire, ainsi qu'au préfet ;

– les prises de participation (art. 76-2) : sous réserve des dispositions particulières de la loi du 7 juillet 1983 relatives aux SEM et dans le cadre des dispositions de la loi du 24 juillet 1966 sur les sociétés commerciales, une SEM peut prendre une participation dans le capital d'une autre société commerciale ou créer une filiale, dès lors que cette opération s'inscrit en complémentarité de son activité, par rapport à son objet social... et sous certaines conditions (accord exprès de l'assemblée délibérante des collectivités publiques actionnaires).

Par ailleurs (art. 48), la loi soumet les SEM aux dispositions du code des marchés « pour les contrats de travaux, d'études et de maîtrise d'œuvre conclus pour l'exécution ou les besoins du service public », qui sont désormais soumis à une obligation de publicité et de concurrence dans les conditions fixées par le décret n° 93-584 du 26 mars 1993 (conditions de seuil de l'art. 104-I du code des marchés).

Les communes peuvent, dans les conditions fixées par la loi, créer des sociétés d'économie mixte locales et décider de modifier leur participation au capital de ces sociétés en souscrivant à d'éventuelles augmentations de capital dans la limite des planchers et des plafonds de capitaux publics fixés par la loi du 7 juillet 1983 précitée. Elles ne peuvent, en revanche, accorder d'aides directes ou indirectes à ces sociétés qui sont régies par les dispositions de la loi sur les sociétés commerciales, qu'en respectant les dispositions de la loi n° 82-6 du 7 janvier 1982 et celles de la loi n° 82-213 du 2 mars 1982 modifiée.

Le Conseil d'État (17 janv. 1994, *Préfet des Alpes de Haute-Provence c/ Commune d'Allos*) a censuré le jugement, en date du 21 octobre 1992, du TA de Marseille qui avait rejeté les déférés du préfet contre la délibération du 6 mars 1990 et l'avenant n° 11 à la convention liant la commune d'Allos à la SEM et réaffirmé à cette occasion que les collectivités locales ne peuvent accorder d'aides directes ou indirectes aux SEM en dehors des conditions prévues par la loi n° 82-6 du 7 janvier 1982 et par la loi n° 82-213 du 2 mars 1982 modifiée.

Est ainsi entachée d'erreur manifeste d'appréciation l'opération par laquelle une commune a, pour remédier à la situation financière d'une société d'économie mixte locale chargée de l'exploitation, de l'entretien et de la construction de remontées mécaniques de la station de ski, souscrit à deux augmentations de capital, accepté simultanément la réduction du montant du capital social pour financer les pertes d'exploitation cumulées, et pour ce faire, abandonné à la société une créance qu'elle détenait sur elle.

Extraits de l'arrêt :

« Considérant qu'il résulte (des dispositions combinées de la loi du 2 mars 1982 et de la loi du 7 juill. 1983) que les communes peuvent, dans le but et selon les

modalités fixées par la loi, créer des sociétés d'économie mixte locales et décider de modifier leur participation au capital de ces sociétés en souscrivant à d'éventuelles augmentations de capital dans la limite des planchers et des plafonds de capitaux publics fixés par la loi du 7 juillet 1983 ; qu'elles ne peuvent en revanche accorder légalement d'aides directes ou indirectes à ces sociétés d'économie mixte locales, qui sont régies par les dispositions de la loi sur les sociétés commerciales, qu'en respectant les conditions fixées par la loi du 7 janvier 1982 et par la loi du 2 mars 1982 modifiée ;
« Considérant qu'il ressort des pièces du dossier que la commune d'Allos a créé en 1987 la société d'économie mixte de la Foux d'Allos (SEFA), chargée de l'exploitation, de l'entretien et de la construction de remontées mécaniques de la station de ski de la Foux d'Allos ; qu'elle a décidé, pour tenter de remédier à la situation financière de cette société, de souscrire à deux augmentations de capital portant respectivement sur 1 720 000 francs et 13 494 000 francs ; qu'elle a simultanément accepté la réduction du montant du capital social de la station de 13 494 000 francs pour financer les pertes d'exploitation cumulées ; qu'elle a, pour ce faire, abandonné à la SEFA une créance qu'elle détenait sur cette société à hauteur de la somme de 15 214 000 francs ; que si la commune pouvait, sans méconnaître les dispositions de la loi du 2 mars 1982 modifiée, procéder à une opération portant sur le capital de la SEFA, il ressort cependant des pièces du dossier que l'opération en cause, eu égard à la gravité de la situation financière de la SEFA et aux capacités financières de la commune, est entachée d'erreur manifeste d'appréciation. »

Cet arrêt a suscité un certain émoi dans les communes et parmi les dirigeants de SEM. Aussi, le ministre de l'Intérieur a-t-il cru bon, par circulaire NOR/INT/B/9400087/C du 7 mars 1994, de tirer les conséquences de cette jurisprudence dont la portée est double dans la mesure où cet arrêt consacre la pérennité du régime juridique des interventions économiques et confirme la doctrine administrative sur les *relations financières entre les collectivités territoriales et les SEML.* En voici quelques extraits.

PÉRENNITÉ DU CADRE JURIDIQUE DES INTERVENTIONS ÉCONOMIQUES

« Les règles applicables aux interventions économiques des collectivités locales résultent de la combinaison de deux textes essentiels : la loi n° 82-213 du 2 mars 1982 modifiée (art. 5, 48 et 66) et la loi n° 82-6 du 7 janvier 1982, approuvant le plan intérimaire 1982-1983, dont ne subsiste que l'article 4.
L'ensemble de ces dispositions conduit à distinguer deux formes d'intervention : celles dont l'objet est de favoriser le développement économique et celles qui tendent à la protection des intérêts économiques et sociaux de la population.
Au titre de la première catégorie, figure le régime des aides directes et indirectes aux entreprises que les collectivités territoriales peuvent accorder dans les conditions prévues par la loi approuvant le plan. La seconde regroupe les aides aux entreprises en difficulté et celles destinées à assurer le maintien des services nécessaires à la satisfaction des besoins de la population en milieu rural.
L'article 4 de la loi du 7 janvier 1982, approuvant le plan intérimaire 1982-1983, énumère limitativement les aides directes autorisées. Il s'agit de la prime régionale à la création d'entreprise définie par le décret n° 82-806 du 22 septembre 1982 modifié, de la prime régionale à l'emploi régie par le décret n° 82-807 du 22 septembre modifié, des avances et bonifications d'intérêts soumises au décret n° 82-808 du 22 septembre 1982.

Ces aides sont allouées prioritairement par les régions ; les départements et les communes ne peuvent que compléter ces aides dans la limite des plafonds fixés par les décrets précités. Elles revêtent, en outre, un caractère limitatif et sont exclusives de toute autre forme d'aide directe, comme le rappelle une jurisprudence constante (CE, 6 juin 1986, *Département de la Côte-d'Or* ou CE, 15 févr. 1993, *Région Nord-Pas-de-Calais*).
Il s'avère néanmoins que les dispositions de la loi du 7 janvier 1982 ont été expressément reconduites par la loi 83-1180 du 24 décembre 1983, pour la durée du IXe plan (1984-1988), et qu'aucune reconduction n'est intervenue depuis, en particulier pour le Xe plan.
En l'absence de reconduction expresse, certains juristes estiment que le régime des aides directes et indirectes défini par la loi du 7 janvier 1982 est *ipso facto* devenu caduc. C'est également la lecture retenue par le tribunal administratif de Marseille dans le jugement du 21 octobre 1992 qui a été censuré par le Conseil d'État [...]. »

En censurant le jugement du tribunal administratif de Marseille, le Conseil d'État, aux termes de sa décision du 17 janvier 1994, a ainsi réaffirmé que la loi de planification visée à l'article 5 de la loi du 2 mars 1982 modifiée est bien la loi n° 82-6 du 7 janvier 1982, approuvant le plan intérimaire 1982-1983.

La Haute Juridiction a donc définitivement validé le régime des aides directes et indirectes aux entreprises qui en est issu.

NATURE DES RELATIONS FINANCIÈRES ENTRE LES COLLECTIVITÉS TERRITORIALES ET LES SEML

Aux termes de l'article 1er de la loi 83-597 du 7 juillet 1983, les sociétés d'économie mixte locales revêtent la forme d'une société anonyme, régie par la loi n° 66-537 du 24 juillet 1966 modifiée, sur les sociétés commerciales. Pour le ministère de l'Intérieur, les SEML sont juridiquement des entreprises et les aides que les collectivités locales, actionnaires ou non, sont susceptibles de leur apporter, doivent en conséquence être appréciées au regard du régime des interventions économiques rappelées ci-dessus.

De ce point de vue, une aide directe à une SEML, qui ne revêt pas l'une des formes limitativement énumérées par la loi ou qui ne se rattache ni au soutien aux entreprises en difficulté, ni au maintien des services en milieu rural, serait contraire à ces dispositions. C'est ce qu'ont jugé déjà plusieurs tribunaux administratifs.

Pour ce motif, ont ainsi été annulées des avances en compte courant d'associé (TA Clermont-Ferrand, 12 avr. 1991, *SEML des grands hôtels de Vichy*) ou des avances de trésorerie (TA Nice, 27 nov. 1990, *Préfet des Alpes-Maritimes*).

Pour les mêmes raisons, un tribunal administratif a estimé que la qualité d'actionnaire n'autorisait pas une collectivité locale à garantir les pertes d'une SEML (TA Bordeaux, 3 déc. 1992, *Pujol c/ Villenave-d'Ornon*).

Dans l'affaire qui a donné lieu à la décision du 17 janvier 1994, le Conseil d'État a eu, à son tour et pour la première fois, à se prononcer sur la nature des relations financières entre les collectivités territoriales et les SEML. Il confirme que si les collectivités locales peuvent participer librement au capital des SEML et souscrire à d'éventuelles augmentations de capital, dans la limite des planchers et des plafonds de capitaux publics fixés par la loi du 7 juillet 1983, elles ne peuvent en revanche accorder légalement d'aides directes ou indirectes à ces sociétés, qui sont régies par les dispositions de la loi sur les sociétés commerciales, qu'en respectant les conditions prévues par la loi du 7 janvier 1982 et la loi du 2 mars 1982 modifiée.

Une fois ce principe posé, le Conseil d'État, dans le cadre du litige qui lui a été soumis, a dû déterminer la qualification juridique de l'abandon de créance consenti par la commune d'Allos à la SEFA. Cet abandon résulterait d'une augmentation de capital souscrite par la commune immédiatement suivie de l'annulation des actions correspondantes, afin de résorber les pertes d'exploitation de la SEML.

Pour la Haute assemblée, une telle opération revêt bien le caractère d'une aide directe au sens des dispositions qui précèdent. Selon le commissaire du Gouvernement, doit en effet être considéré comme une aide directe, toute forme d'aide en nature ou en numéraire engageant le patrimoine ou grevant le budget de la collectivité et qui s'inscrit directement dans le compte de résultats de l'entreprise.

Or l'aide versée à la SEFA ne peut être regardée ni comme une aide directe légalement autorisée, ni comme un soutien à une entreprise en difficulté, ni comme une aide destinée à maintenir des services nécessaires à la population en milieu rural. La décision de la commune d'Allos est donc, de ce fait, entachée d'une erreur manifeste d'appréciation.

La décision du Conseil d'État du 17 janvier 1994 confirme, en conséquence, que les aides des collectivités territoriales aux SEML doivent obligatoirement se conformer au régime des aides publiques aux entreprises défini par les dispositions combinées de l'article 4 de la loi n° 82-6 du 7 janvier 1982, approuvant le plan intérimaire 1982-1983 et des articles 5, 48 et 66 de la loi n° 82-213 du 2 mars 1982 modifiée.

Cela signifie concrètement que ne sont autorisées ni les subventions, ni les prises en charge de pertes d'exploitation, ni les avances d'associés, ni les avances de trésorerie, sauf celles accordées dans le cadre d'un contrat de concession ou de mandat conclu soit en application de l'article 5 de la loi du 7 juillet 1983, relative aux sociétés d'économie mixte locales, soit en vertu de l'article 5-b de la loi n° 85-754 du 12 juillet 1985, relative à la maîtrise d'ouvrage publique et à ses rapports avec la maîtrise d'œuvre privée.

Sur les relations financières entre les SEM et les collectivités territoriales, voir l'instruction n° 94-107 MO du 8 novembre 1994 (publiée au BOCP) qui, outre la circulaire du 7 mars 1994 et l'arrêt du Conseil d'État en date du 17 janvier 1994 précités publie le texte de plusieurs autres références jurisprudentielles citées par la circulaire :

– CE, 6 juin 1986, *Département de la Côte-d'Or ;*
– CE, 15 févr. 1993, *Région Nord-Pas-de-Calais ;*
– TA Clermont-Ferrand, 12 avr. 1991, *SEML des grands hôtels de Vichy ;*
– TA Nice, 27 nov. 1990, *Préfet des Alpes-Maritimes ;*
– TA Bordeaux, 3 déc. 1992, *Pugol c/ Commune de Villenave-d'Ornon.*

L'instruction de la direction de la comptabilité publique précitée publie, par ailleurs, la circulaire du 25 février 1994 (INT/B/94/00075/C relative au régime juridique applicable aux cessions d'actions détenues par les collectivités locales dans les SEML).

Observations des juridictions financières

• CRC « Provence-Alpes-Côte-d'Azur », 19 oct. 1993, *Commune de Tarascon ;* extraits :

> Les relations avec une SEM :
> « La commune a conclu le 7 juillet 1989 une convention de mandat avec une SEM pour la réalisation d'un bâtiment industriel destiné à abriter une usine de panification. Alors que cette convention prévoyait des comptes rendu annuels, ceux ci n'ont jamais été fournis à la commune [...]. La chambre a également relevé une irrégularité au niveau du montage fiscal de l'opération. La commune a en effet déposé auprès du fonds de compensation de la TVA, une demande de récupération de la TVA payée pour la construction du bâtiment.

Or, l'acte de crédit-bail signé entre l'occupant et la commune précise que la collectivité opte pour le paiement de la TVA sur les loyers, ce qui lui permettrait de déduire à nouveau la TVA ayant grevé le coût de la construction...

Construction de l'hôtel des impôts : la municipalité de Tarascon, soucieuse de conserver dans sa ville les principaux services publics, décida, en 1989, de construire un nouvel hôtel des impôts pour le louer et, à terme, le vendre à l'État. Par une délibération du 30 mars 1989, le conseil municipal décida du choix des architectes qui s'engagèrent sur un coût d'objectif de 14,5 MF HT, le bilan général de l'opération s'élevant, après intégration de divers coûts non rattachables à des travaux, à 19,8 MF TTC. Le 12 décembre 1989, un bail fut signé avec l'État pour la location des locaux. L'appel de candidatures pour la réalisation des travaux fut lancé le 16 octobre 1990. Le 19 novembre 1990, et alors même que le travail des architectes était bien avancé puisqu'ils avaient perçu 1,7 MF d'honoraires, le conseil municipal décidait de changer totalement d'optique en confiant à la même SEM une concession d'aménagement portant sur un secteur incluant le site du futur hôtel des impôts.
Le cahier des charges de la concession (art. 2) confiait à la SEM la maîtrise d'ouvrage de la construction du bâtiment destiné à la direction générale des impôts et prévoyait une avance de trésorerie de 15 MF de la commune au concessionnaire pour la construction du bâtiment.
En réalité, si la commune a bien contracté et perçu un emprunt de 15 MF pour financer cette avance, elle n'a versé au concessionnaire que 8 MF. La commune a donc utilisé 7 MF d'emprunt pour couvrir un besoin autre que celui en vue duquel il avait été souscrit. »

- CRC « Pays de Loire », 3 août 1993, *Commune des Sables-d'Olonne ;* extraits :

« La structure juridique de l'ensemble portuaire des Sables-d'Olonne est complexe. La commune opère parfois directement et parfois par l'intermédiaire de la SAEM-SO en matière d'investissement. Le fonctionnement du port de plaisance a été confié en totalité à la SAEM-SO, aux termes de conventions qui distinguent l'ancien port du nouveau et prévoient notamment la prise en charge par la commune du déficit d'exploitation des nouvelles installations. Cette dernière stipulation est contraire à l'article L 322-5 du code des communes lequel interdit à celles-ci, sauf délibération spécifique à motiver, soumise au contrôle de légalité, de prendre en charge dans leurs budgets propres des dépenses au titre de ces services publics à caractère industriel et commercial, qu'ils soient exploités en régie, affermés ou concédés. Elle n'est pas incitative d'une gestion économe dès lors qu'elle garantit l'intervention de la commune en couverture du déficit. »

- CRC « Aquitaine », 8 janv. 1993, *SEM de la piscine d'Andernos ;* extraits :

En 1987, le conseil municipal de la commune d'Andernos a approuvé le projet ambitieux de création d'un complexe hôtelier et de remise en forme à réaliser sur un terrain communal en bordure du bassin d'Arcachon, déjà occupé par des courts de tennis et une piscine d'eau de mer vétuste qui serait reconstruite à cette occasion. Le programme prévisionnel prévoyait les équipements suivants : un hôtel de 50 chambres de 2 personnes, une résidence hôtelière de 50 studios de 4 personnes, un centre de remise en forme, un bar-restaurant de 150 couverts, une salle de séminaire. Une SEM associant la commune et divers partenaires privés a été constituée pour la construction et la gestion de l'ensemble hôtelier alors que la reconstruction de la piscine municipale était réalisée directement par la commune.

L'examen détaillé tant de la programmation que de la réalisation de cet investissement a permis à la chambre de mettre en évidence un certain nombre de pratiques irrégulières, imprudentes et finalement dangereuses pour les finances publiques locales. Leur accumulation révèle une absence de maîtrise tant de la décision d'investir que de la conduite de l'opération :

> « Il apparaît en tout état de cause que ce projet, quel que soit son initiateur, n'a pas été réellement porté par les acteurs économiques locaux (qui, par ailleurs, se reconnaissent incompétents en la matière), mais qu'ils ont fait entièrement confiance à la société P. qui se présentait comme particulièrement qualifiée pour mener à bien ce projet [...].
>
> La chambre dénonce cependant " l'absence de réelle étude de marché et le caractère irréaliste des prévisions de chiffres d'affaires annuels et de fréquentation ". Elle estime, en outre, que " les références présentées par la société P. ne justifiaient ni la confiance ni les avantages qui lui ont été accordés sans mesure " [...].
>
> Le montage retenu par elle (la société P.) associant communes touristiques et établissements prêteurs dans diverses SEM, permettait à P. de se constituer un réseau hôtelier à bon compte, sous le nom commercial de..., tout en transférant l'essentiel du risque d'exploitation sur les collectivités partenaires en capital et garanties des emprunts.
>
> Ainsi, en obtenant sa désignation comme maître d'ouvrage contre une rémunération confortable de 900 000 F HT, ainsi que l'attribution à son profit d'un mandat de gestion sur dix ans comportant une rémunération fixe assurée sans aucune obligation de résultat (la société) P. limitait sa participation au risque au seul montant de son engagement en capital dans la SEM, 450 000 F soit à peine 5 % du capital.
>
> L'absence d'infrastructure administrative et technique de la SEM réduite à une simple structure juridique, l'a conduite à s'en remettre en tous points – du montage initial à la gestion en passant par la construction et la commercialisation, à un intermédiaire qui ne présentait pas toutes les garanties d'expérience et de fiabilité souhaitables (malgré la présence au capital de la société P. d'un actionnaire sérieux, la société de développement régional Centre-Est) [...].
>
> Les pertes comptables cumulées au 31 décembre 1991 approchent les 11,5 MF et ont entièrement consommé le capital social. La SEM n'a pu poursuivre son activité jusqu'ici, après déclenchement de la procédure d'alerte par le commissaire aux comptes, que grâce au soutien massif apporté par les collectivités publiques, et en particulier la commune d'Andernos, à l'occasion d'une convention de restructuration financière adoptée en septembre 1990 [...]. »

Et la chambre d'expliquer que le montage et les conditions de financement de l'opération étaient mauvaises : importance de l'endettement (22,3 MF) par rapport aux fonds propres (8,76 MF) ; « détournement » d'une partie des ressources initiales d'emprunt au profit du fonds de garantie de l'un des actionnaires, la SDR, société de développement régional Centre-Est (1,115 MF), absence d'appel à la concurrence pour l'attribution des travaux de construction de l'ensemble hôtelier, rémunération excessive du maître d'ouvrage délégué, mauvaise gestion d'un concessionnaire incompétent ; au point de s'interroger sur la pertinence de la poursuite « à tout prix » de l'activité (en cinq ans et malgré les différents modes de gestion expérimentés, gérance ou bail à loyer, la cessation de paiement n'a pu être évitée que par des cessions d'actif et l'injection massive de fonds publics dans le trésorerie de la SEM, cela dans des conditions discutables par rapport à la loi bancaire (art. 10).

Enfin, la chambre rappelle les nombreuses irrégularités affectant la création de la SEM par rapport aux compétences communales et au critère de l'intérêt général énoncé à l'article 1er de la loi du 7 juillet 1983, s'agissant d'activités (l'hôtellerie) où l'initiative privée n'est pas vraiment absente ou défaillante.

La chambre dénonce également la précipitation qui a conduit, avant même la constitution de la SEM, à l'accomplissement de plusieurs actes, tels que la passation avec l'un des « associés » (la société P.), de deux conventions de maîtrise d'ouvrage déléguée et de concession d'exploitation hôtelière ainsi que la signature des contrats de maîtrise d'œuvre et de travaux. Or, les articles 101 et 103 de la loi du 24 juillet 1966 sur les sociétés commerciales exigent, pour les conventions passées entre une société et un de ses administrateurs, une autorisation préalable du conseil d'administration et un rapport spécial du commissaire aux comptes qui, en l'espèce, font défaut :

> « L'absence de convention entre la commune et la SEM contrevient, par ailleurs, aux dispositions de l'article 5 de la loi du 7 juillet 1983 et aux dispositions de l'article 2 et 19 de la loi 86-2 du 3 janvier 1986, dite loi littorale. En ce qui concerne la loi de 1983 (art. 5), " pour les opérations autres que les prestations de service, les rapports entre la collectivité locale et la SEM soient organisés par une convention comportant certaines clauses obligatoires, notamment la définition de l'objet et des conditions de la mission ". Une telle convention n'a jamais été signée entre la SEM et la commune d'Andernos. De plus, Andernos étant une commune littorale [...] une convention d'aménagement touristique aurait également dû être passée. »
>
> En conclusion la chambre fait observer :
>
> « Si une éventuelle liquidation laissait apparaître un passif net, représentatif de dettes sociales qui n'auraient pu être compensées par la cession des actifs, la commune serait tenue à la couverture des dettes sociales à concurrence de ses apports, la situation étant toutefois compliquée par le fait que les principaux créanciers de la SEM sont aussi ses actionnaires, la commune et les SDR.
> Enfin, ceux des dirigeants sociaux qui, par leurs fautes de gestion, auraient contribué à l'insuffisance de l'actif de liquidation pourraient être condamnés à supporter tout ou partie des dettes sociales résiduelles, y compris au-delà de leurs apports.
> Il est à préciser cependant que, par dérogation au droit des sociétés, l'article 8 de la loi du 7 juillet 1983 sur les SEM dispose que cette action en comblement de passif peut être exercée seulement contre les dirigeants-personnes morales (donc, la collectivité territoriale actionnaire) mais pas contre les personnes physiques représentants permanents de ces personnes morales.
> La commune d'Andernos pourrait alors voir sa responsabilité engagée pour avoir retardé le redressement économique de l'entreprise ou sa liquidation, s'il est établi qu'elle n'était pas économiquement viable, par l'octroi d'une avance en compte courant rémunérée alors que les règles d'une saine gestion auraient commandé soit la dissolution soit la reconstitution des fonds propres. »

- CRC « Centre », 3 juin 1993, *Société d'économie mixte pour l'équipement du Loiret, SEMPEL ;* extraits :

> « 1. Par convention du 12 septembre 1987, le département du Loiret et la ville d'Orléans ont confié à la SEMPEL la maîtrise d'ouvrage de l'aménagement des terrains de la Saussaye et de la Planche en vue, notamment, de réaliser la construction de locaux industriels destinés à une entreprise étrangère. Une convention est ensuite intervenue entre la SEMPEL et le cabinet d'ingénierie, désigné à cet effet par la société dont l'implantation avait été décidée, afin de réaliser l'ensemble de cette opération, en qualité de mandataire de la SEMPEL. Le prix de l'ensemble de la réalisation a été fixé à 63 499 000 F HT, montant incluant notamment la

rémunération du cabinet d'ingénierie. Or, cette rémunération n'apparaît dans aucun document, ni au moment de la passation du contrat, ni dans la situation définitive des travaux en date du 22 avril 1988.
La chambre relève que, même si le cabinet d'ingénierie s'est engagé sur un coût ferme et définitif, son intervention en tant que mandataire de la SEMPEL a eu un coût que celle-ci ignore. L'article 4 de la convention précitée dispose que, " bien que mandataire du maître de l'ouvrage, il est expressément entendu, par dérogation aux dispositions de l'article 1993 du code civil, que le cabinet d'ingénierie ne pourra pas être contraint de justifier auprès de ce dernier, du montant des prestations confiées par lui aux entreprises et prestataires de service de son choix, le prix et la qualité étant garantis par le cabinet d'ingénierie " (!).
Il convient de rappeler que l'article 1993 du code civil précise que " tout mandataire est tenu de rendre compte de sa gestion et de faire raison au mandant de tout ce qu'il a reçu en vertu de sa procuration, quand même ce qu'il aurait reçu n'eût point été dû au mandant ".
La chambre relève dès lors le caractère inhabituel de l'absence de contrôle du maître d'ouvrage sur les éléments de rémunération du maître d'œuvre. La SEMPEL a estimé qu'il ne lui appartenait pas d'exercer d'autre contrôle que celui qui tendait à vérifier la bonne exécution des travaux.
La chambre constate que le dispositif juridique adopté pour réaliser cette opération, qualifiée de contrat d'usine " clés en mains ", a conduit à une absence totale d'information sur la rémunération du maître d'œuvre, contrairement aux dispositions de l'article 1993 du code civil.

2. Par convention d'assistance, en date du 2 décembre 1987, une société s'est vue confier une mission d'assistance dans les négociations et les études nécessaires à l'implantation définitive en France d'une société étrangère (études économiques, montage financier, coordination des intervenants...). La rémunération a été fixée forfaitairement à 2 000 000 F HT payés le 2 décembre 1987 par la SEMPEL sur le fondement d'une facture du 4 novembre 1987. Une lettre du dirigeant de la société ainsi rémunérée, en date du 13 novembre 1987, transmettant le projet de convention à la SEMPEL, mentionne que ladite convention est " passée en remplacement des accords passés avec la ville d'Orléans ".
La chambre souligne que cette convention d'assistance et d'études est intervenue tardivement puisque, à la date de sa passation, les travaux concernant l'opération d'implantation dépassaient déjà un montant de 23 000 000 F HT (situation de travaux du cabinet d'ingénierie du 27 novembre 1987). La convention n'avait donc pour objet que de " régulariser " *a posteriori* des engagements résultant d'un accord informel passé entre la ville d'Orléans et le prestataire de services. La SEMPEL a précisé qu'elle avait fait appel, en accord avec la ville d'Orléans, à la société précitée pour rechercher des industriels susceptibles de s'implanter sur ce secteur et que la rémunération était normalement versée après service fait.
La chambre fait cependant observer :
– que la SEMPEL a estimé, en réponse, que " dans ce genre de prestations, seul le résultat compte " (!) ;
– que les prestations réalisées par le cocontractant ne sont pas justifiées par des éléments matériels et tangibles : la SEMPEL estime en effet que " cette mission comporte certainement de nombreuses démarches, tant en France qu'à l'étranger, et dont il n'est pas facile d'apporter la preuve " (!).
La chambre constate que la SEMPEL a ainsi accepté de régler 2 000 000 F HT d'honoraires à un cabinet sans appréhender dans le détail le contenu des prestations justifiant un tel versement. Aucun intervenant dans ce dossier complexe n'a été, en l'état actuel des informations obtenues par la chambre, en mesure de préciser

le rôle joué par chacun dans l'installation de la société étrangère et d'indiquer en conséquence l'apport spécifique du cabinet rémunéré par la SEMPEL. »

• CRC « Aquitaine », 16 déc. 1993, *Abattoir de la commune de Villeneuve-sur-Lot, SEAV ;* extraits :

« Il y a lieu d'indiquer, en premier lieu, que le service public industriel et commercial que constitue l'abattoir municipal... est exploité par une société d'économie mixte locale dont le seul actionnaire public majoritaire (80 %) est la commune de Villeneuve-sur-Lot [...].

Force est de constater qu'elles (les recettes de fonctionnement) sont insuffisantes (pour équilibrer le budget), ce qui explique le recours à une subvention d'équilibre du budget général, décidée dans des conditions irrégulières puisque non motivée comme l'exige l'article L 322-5 du code des communes. Ce dernier pose le principe de l'équilibre budgétaire des services publics industriels et commerciaux exploités en régie, affermés ou concédés tout en interdisant aux communes de prendre en charge dans leur budget propre, des dépenses au titre de ces services publics, sauf dérogation motivée dans des cas limitativement prévus. Cumulée de 1988 à 1990, cette subvention d'équilibre représente : 4 851 250 F [...].

La convention d'affermage, calquée sur le cahier des charges type pour l'exploitation par affermage d'un abattoir public (décret n° 70-636 du 2 juill. 1970) comporte de nombreuses clauses qui sont restées lettre morte [...], d'une manière générale, les dispositions financières de la section V n'ont pas été appliquées ou l'ont été de manière très imparfaite [...]. Les dispositions de la loi n° 66-537 du 24 juillet 1966 sur les sociétés commerciales n'ont pas été respectées [...].

Là encore, il y a des carences et un manque de rigueur qui sont considérés comme très graves puisque susceptibles de tomber sous le coup des peines prévues par les articles 441 et 459 de la loi précitée : le président et les administrateurs successifs de la SEAV paraissent ne pas en avoir conscience alors qu'ils pourraient être inquiétés pour ces faits. Les comptes de la SEAV font apparaître une perte annuelle chronique (8 026 629 F de pertes brutes cumulées au 31 déc. 1991 ; report à nouveau négatif ramené à 3 722 535 F grâce au reversement par la commune d'une subvention de 4 333 196 F représentant la récupération de la TVA sur les travaux de construction).

Dans ses rapports annuels, le commissaire aux comptes soulignait, dès 1987, la précarité de la situation financière de la SEAV et a attiré l'attention des actionnaires et du conseil d'administration sur la nécessité de procéder à la reconstitution des fonds propres à hauteur de la moitié du capital social, ainsi que l'exige l'article 241 de la loi du 24 juillet 1966, au plus tard le 31 décembre 1990. Cela n'a pas été fait, ce qui autorise tout intéressé à demander la dissolution en justice de la société [...].

Les dettes de la SEAV, exclusivement constituées au préjudice de la commune, représentent au 30 octobre 1992, 3 352 533 F (loyers impayés et taxe d'usage encaissée pour le compte de la commune et non reversée à cette dernière), non compris les intérêts de droit au taux légal que le trésorier municipal chargé du recouvrement de ces créances a le devoir de réclamer à la SEAV par l'intermédiaire d'un titre de recettes.

Le fait pour la commune de ne pas réclamer le versement de ce qui lui est dû constitue un artifice permettant à la SEAV de continuer l'exploitation de l'abattoir. Or il ne faut pas se leurrer ; la SAEV est juridiquement en faillite et il lui est pratiquement impossible de reconstituer ses fonds propres comme l'exige la loi sur les sociétés. »

• CRC « Pays de la Loire », 15 févr. 1993, *Société immobilière d'économie mixte de Saumur, SIEMS ;* extraits :

« La SIEMS a créé deux sociétés civiles immobilières afin de réaliser deux opérations, l'une de réhabilitation d'un immeuble ancien, destiné à être revendu par appartements (SCI des Hauts Moulins) ; l'autre (SCI La Poterne) ayant pour objet d'aménager le centre de Saint-Hilaire-Saint-Florent [...].

La juridiction estime que la société civile immobilière est une forme juridique inopportune pour des réalisations qui se voulaient à vocation sociale ou qui œuvraient dans le domaine de l'aménagement. Sur un plan général, si aucune disposition de la loi du 7 juillet 1983 ne paraît interdire à une SEM de créer une société privée ou d'y participer, de telles décisions impliquent néanmoins des risques majeurs.

En premier lieu, considération prise du quota obligatoire des collectivités locales dans le capital des SEM (50 à 80 %), ces participations peuvent aboutir dans certains cas à tourner l'interdiction faite aux dites collectivités de figurer parmi les associés de sociétés commerciales ou privées. Dans cette optique, la ville de Saumur, qui détient 80 % du capital de la SIEMS, disposait finalement de 76 % du capital de la SCI Hauts Moulins par personne interposée. Il en va de même en ce qui concerne la SCI La Poterne.

En second lieu, aucune des garanties prévues par la loi n° 83-597 du 7 juillet 1983 ne s'impose à ces filiales : présence des élus en leur sein, obligation de rendre compte à la collectivité, surveillance préfectorale par la transmission des bilans et des contrats.

Par ailleurs, les contrôles internes peuvent être cloisonnés (commissaires aux comptes différents, services comptables de la SEM pouvant ne pas avoir accès aux comptes de la filiale), tandis que la sécurité qu'apporte la procédure des marchés publics ne peut jouer que sur la base du volontariat, celle-ci n'étant jamais obligatoire, alors qu'elle l'est pour une SEM, si cette dernière intervient selon la formule du mandat. Par voie de conséquence, la collectivité peut être amenée à s'engager bien au-delà de ses prévisions et le bilan financier des opérations en cause n'apporte pas précisément la preuve contraire [...].

Enfin, les filiales n'entrent pas dans le champ d'application des nouvelles dispositions des articles 13 à 16 de la loi n° 92-125 du 6 février 1992, qui imposent l'annexion, au budget primitif, du dernier bilan des organismes dans lesquels les collectivités locales disposent de participations.

Sur un plan particulier, la chambre régionale des comptes considère comme très regrettable que des réalisations telles qu'une mairie-annexe, un bureau de poste, une halte-garderie ou une placette, destinées à tomber dans le domaine public, aient été confiées à une SCI de construction vente, forme privée par excellence, alors que la SIEMS, au titre de l'article 2 de ses statuts, pouvait mener à bien ces opérations. Cette solution aurait eu l'avantage, par ailleurs, de respecter les dispositions de la loi n° 85-704 du 12 juillet 1985, qui interdisent à un maître d'ouvrage public de déléguer sa maîtrise d'ouvrage. Il ne peut, en effet, dans ce domaine, que consentir des mandats à des bénéficiaires expressément définis par ladite loi. » (Enfin, ces opérations étaient juridiquement mal montées). « La SCI des Hauts Moulins était une société civile " d'attribution ". Ce régime permettait à ses associés de bénéficier de la transparence fiscale : ils étaient réputés être directement propriétaires de leur local au fur et à mesure de son élaboration, et par suite, non soumis aux droits de mutation (enregistrement).

Ce cas de figure n'est cependant vérifié que dans deux hypothèses, si l'associé, présent dès l'origine, participe aux appels de fonds nécessaires à l'avancement de la construction ou s'il acquiert les parts avant l'achèvement des travaux. *A contra-*

rio, si cette acquisition n'intervient qu'après l'achèvement, l'acheteur, du fait de la transparence fiscale, est réputé cette fois avoir appréhendé tout ou partie d'un immeuble et la vente est taxable dans les mêmes conditions que si elle avait été directe. Or, au cas particulier, il s'agissait d'un immeuble ancien, qui, en tout état de cause, ne pouvait être considéré comme ayant été reconstruit. Cette interprétation a d'ailleurs été confirmée ensuite par la Direction générale des impôts.
Corrélativement, la réception des travaux ne pouvait être confondue avec l'achèvement d'un immeuble neuf et les cessions de parts auraient été soumises aux droits de mutation à tout moment. Ainsi, l'avantage donné aux acquéreurs d'appartements au sein d'une construction neuve était-il annulé pour ceux de la SCI des Hauts Moulins. Ce point capital aurait dû faire l'objet d'une recherche de renseignements de la part de la SIEMS avant de lancer l'opération. »

- CRC « Franche-Comté », 19 mai 1993, *Commune d'Héricourt ;* extraits :

« Aucune disposition réglementaire ne limite la possibilité pour les collectivités d'accorder des avances aux sociétés d'économie mixte mandataires [...]. S'agissant du compte 254 où sont comptabilisés les “ prêts, avances à long et moyen terme ”, la juridiction financière a constaté qu'au fil des exercices, le solde de ce compte augmentait de manière substantielle passant de 10,5 MF au 31 décembre 1982 à 42,5 millions au 31 décembre 1987.
Cet accroissement des avances accordées par la ville traduit le fait que les bénéficiaires de celles ci ne rendent pas compte de leur mission et que les services municipaux ne procèdent pas à l'intégration dans le patrimoine communal des opérations effectuées sous mandat.
La chambre estime devoir rappeler que la réglementation en vigueur prévoit le rattachement par le receveur municipal des opérations confiées à des organismes mandataires, une fois par an, même si ces opérations ne sont pas achevées comme le prévoit la circulaire du ministre de l'Intérieur n° 89-340 du 21 novembre 1989.
Outre les conséquences qui peuvent découler de l'absence de contrôle régulier par l'assemblée délibérante des opérations confiées à des mandataires, la ville pourrait très vite être privée des remboursements du FCTVA par une application stricte des dispositions réglementaires.
En effet, les dispositions du décret n° 88-1378 du 26 décembre 1988 prévoient que les dépenses éligibles au fonds de compensation de la TVA sont les dépenses comptabilisées au titre des immobilisations en cours telles qu'elles figurent à la section d'investissements du compte administratif de la pénultième année.
Les attributions du FCTVA sont calculées sur des tranches annuelles des opérations imputées aux comptes 21 et 23 de la collectivité mandante et non sur les sommes versées à l'organisme mandataire et inscrites à des comptes d'avances. Or l'état produit par la ville d'Héricourt en 1990 est établi en deux parties : on y trouve d'abord les dépenses enregistrées aux comptes 21 et 23 du compte administratif de 1988 et les sommes avancées à la société intitulées “ travaux confiés à société ” qui n'ont pas été intégrées au compte du patrimoine communal. Il apparaît à la juridiction que seule la “ bienveillance ” des services de contrôle permet à la ville d'Héricourt de bénéficier du versement du FCTVA sur la base des avances consenties à la société d'économie mixte. »

- CRC « Bretagne », 1er août 1993, *Commune du Tronchet ;* extraits :

« Le coût financier pour la commune résultant de sa participation dans la SEM Saint-Malo-Le Tronchet : le conseil municipal s'est engagé, il y a plusieurs années, à hauteur de 33,67 % dans le capital de la SEM du golf du Tronchet. Cette société

rencontrant de graves problèmes, notamment financiers, a été conduite à déposer son bilan. Les difficultés de la SEM n'ont pas été sans conséquence sur le budget communal. À ce jour, on recense :
– la mise en jeu de la garantie d'emprunt accordée par la commune à la SEM à hauteur de 1 555 000 F (l'action en contregarantie engagée envers le partenaire privé pour en récupérer le quart étant pour l'instant sans résultat) ;
– la perte des titres détenus dans le capital social de la SEM, d'une valeur de 505 000 F (l'espoir d'en récupérer une partie sur le prix de rachat de la société est quasiment inexistant) ;
– la perte de trois ans de loyers impayés par la société pour les bureaux qu'elle avait réservés dans la mairie, soit 15 000 F ;
– les intérêts payés inutilement sur la partie d'un emprunt contracté par la collectivité pour acheter à la SEM trois terrains afin de constituer une réserve foncière demeurée trois ans sans utilisation, soit une charge financière de 276 000 F.
Le coût total de l'opération supporté par les finances communales est de 2 350 000 F et représente un an de recettes du budget de fonctionnement de la commune. »

• CRC « Provence-Alpes-Côte-d'Azur », 10 mai 1994, *Société d'économie mixte de La Ciotat, SEMICA ;* extraits :

« En l'absence de garde-fou interne mais aussi externe, compte tenu de la relative passivité du commissaire aux comptes, la société a, pour le moins, commis des erreurs coûteuses de gestion. Ainsi en est-il des largesses accordées au personnel, des frais exorbitants engagés en matière de représentation et de commercialisation, sans résultats enregistrés à ce jour, de pertes de plusieurs millions de francs lors de l'acquisition de terrains (ancien site des chantiers navals) ou de travaux (hôtel de ville, usine PLM), d'absence systématique de réelle mise en concurrence, d'études onéreuses sans réalisation ultérieures. Reste que la plupart du temps, le mot " erreur " est bien faible pour qualifier des commissions anormalement élevées versées à un intermédiaire financier ou des prestations d'un coût excessif relevées lors de déménagements et d'installation dans des bâtiments administratifs. »

Ce constat a conduit la chambre régionale des comptes à développer ses observations sous trois rubriques au libellé significatif, dont nous avons extraits les remarques suivantes :

« 1. La SEMICA, outil à la disposition du maire de La Ciotat, ne dispose pas d'autonomie véritable. Sa gestion n'est réellement contrôlée, ni par son conseil d'administration, ni par le commissaire aux comptes dans le cadre de sa mission. Depuis 1989, le maire de La Ciotat est le véritable dirigeant de la société alors que sa nomination en tant que vice-président (doté des mêmes pouvoirs que le président) n'a pas donné lieu à la déclaration obligatoire auprès du tribunal de commerce.
L'existence de la société de droit privé ne s'imposait pas, compte tenu de l'absence évidente d'indépendance vis-à-vis de la collectivité. Outre le cumul de pouvoir entre les mains d'un même homme, d'autres éléments démontrent que la SEM ne disposait pas de réelle indépendance à l'égard de la commune. Le capital social est en quasi-totalité détenu par la commune, actionnaire à titre principal à 70 % et détentrice à titre complémentaire par l'intermédiaire d'une autre SEM communale, de 29,92 % des actions de la SEMICA. Un personnel, en grande partie issu de la collectivité, accroît l'imbrication Ville-SEM. Le conseil d'administration de la SEMICA, pas plus que le conseil municipal, n'ont joué leur rôle.

2. Des dépenses importantes engagées sans suite ou retour, des erreurs de gestion, une absence systématique de mise en concurrence réelle sont à déplorer dans un contexte de grandes difficultés financières.

Dès 1990, la SEMICA a lancé des actions de communication et de prospection auprès d'investisseurs français et étrangers. Elle a fait, pour cela, appel à plusieurs cabinets de consultants spécialisés. De 1991 à 1993, ces " ambassadeurs " ont coûté 4,5 millions de francs à la société. En outre, le maire accompagné de consultants et collaborateurs, a effectué plusieurs voyages, parfois dans des conditions exceptionnellement coûteuses, entre décembre 1990 et octobre 1991, augmentant ainsi de plus de 2 millions le coût des prestations consenties aux entreprises chargées de la commercialisation.

L'objectif recherché était d'obtenir l'implantation d'entreprises nouvelles à La Ciotat. Les résultats constatés [...] ne doivent rien aux actions de grande envergure engagées par la société et qui ont coûté 6,5 MF [...].

Des études coûteuses laissées sans suite : ainsi, le 26 octobre 1989, une convention a été signée entre le maire, " président de la SEMICA " et deux concepteurs, ayant pour objet " la définition de l'image conceptuelle de la Ville de La Ciotat et la stratégie générale de développement de la commune ". La rémunération de l'étude a été fixée à 4 151 000 F TTC, frais de déplacements en sus [...]. D'autres contrats d'études d'aménagement des anciens chantiers navals ont été conclus avec d'autres concepteurs, portant la dépense à près de 6 millions de francs, sans qu'aucune suite y ait été donnée à ce jour.

3. Des coûts excessifs pèsent également sur les finances de la SEMICA et restent inexpliqués, en dépit des réponses apportées par ses dirigeants.

Le financement des acquisitions foncières (terrains et bâtiments) des anciens chantiers navals sera assuré par un emprunt de 70 MF au taux révisable de 9,9 % sur quinze ans, contracté auprès de la Caisse régionale de Crédit Agricole. Cette durée paraissait tout à fait adaptée pour permettre le portage d'une opération d'aménagement urbain de cette importance.

Le conseil d'administration de la SEMICA a, dans sa séance du 23 janvier 1990, décidé de verser au cabinet S. une commission de 1 % HT sur cet emprunt. Bien que les montants des commissions ne soient pas réglementés, la chambre estime qu'une commission de 1 % est élevée dès lors qu'il s'agissait de mettre en relation le Crédit agricole local avec une entité relevant directement de la commune. Elle aurait pu éventuellement trouver justification dans des conditions avantageuses du prêt mais ce ne fut pas le cas, comme il sera vu plus loin.

Mais ce qui reste totalement injustifiable est la commission supplémentaire de 2 % retenue par la Caisse de crédit agricole car, en réalité, la commission totale représente 3 % du montant de l'emprunt. Le conseil d'administration a été trompé : la délibération ne fait pas état de la retenue du prêteur et fait croire que la SEMICA recevra 70 MF alors qu'elle ne disposera que de 68,6 MF.

Seul, le contrat de prêt signé du directeur de la SEMICA et du maire, en qualité de caution de la commune, fait état, dans un article 116, d'une commission de crédit sans que le nom de M. S. n'apparaisse.

La chambre, à l'occasion du contradictoire, a pu s'apercevoir que les dirigeants de la SEMICA avaient transmis au Crédit Agricole un passage tronqué de la délibération du conseil d'administration, autorisant l'emprunt, de manière à masquer aux banquiers le versement d'une commission de 1 %. Le Crédit Agricole a pu faire état d'un taux effectif global erroné car ne tenant compte pour son calcul que d'une commission de 2 %.

La chambre s'interroge sur les motivations de la banque dans cette affaire d'autant qu'elle n'a servi que d'intermédiaire : c'est encore M. S. qui se révélera être le bénéficiaire principal de la commission bancaire de 1,4 MF accordée officiellement à la caisse régionale de Crédit Agricole que celle-ci a rétrocédée à FINACOR, laquelle a conservé 350 000 F et versé le restant, soit 1 050 000 F à M. S.

M. S. recevra à plusieurs reprises, directement ou indirectement, d'autres commissions de la SEMICA sans que le conseil d'administration n'en ait été informé. Pour la période considérée, la SEMICA aura versé 2 309 960 F sans préjudice des sommes que la ville de La Ciotat accordait de la même manière à l'intéressé.

Le prêt de substitution, conclu le 27 décembre 1991 avec la société Murabail, d'un montant de 65 MF au TEG de 11,50 % sur quatre ans (révisable sur le PIBOR), sera affecté pour 50 MF au remboursement du capital et pour près de 15 MF au remboursement d'intérêts intercalaires et de retard dus à la caisse régionale de Crédit Agricole.

Ce prêt, signé en 1991, pour une durée de quatre ans, avec remboursement *in fine,* n'était pas du tout adapté au financement des projets du maire. Il pourrait être analysé comme étant une simple opération de refinancement pratiquée par une société incapable de faire face à ses échéances de trésorerie.

En définitive, l'emprunt initial, sans avoir été amorti, a coûté 15 MF et a été remplacé par un emprunt plus cher (au taux de 11,50 %, alors que le taux du crédit agricole était de 10,80 % au 31 décembre 1991) et surtout inadapté quant à sa durée. Ce prêt, remboursable en 1995, est garanti à hauteur de 25 % par la ville, et pour le reste, par une hypothèque de premier rang sur les terrains.

La renégociation de la dette s'est donc révélée totalement injustifiée. La SEMICA a versé des frais de commission exorbitants et a remboursé 15 MF d'intérêts sans avoir amorti un centime du capital emprunté qu'elle a remplacé dans des conditions de durée et de coût moins avantageuses.

La réponse commune des dirigeants de la SEM et du Crédit Agricole et de M S. n'éclaire pas la chambre, bien au contraire. En effet, alors que le directeur de la SEM et le maire se félicitent d'avoir recouru aux services de M. S. en raison de la rapidité avec laquelle il a monté l'opération (en quelques jours), l'intermédiaire financier justifie, lors de son audition à la chambre, sa rémunération très élevée (1 585 328 F) par un travail de plusieurs mois !

Plus grave encore, dans sa réponse, le Crédit Agricole indique " En ce qui concerne le montant des commissions, notre établissement n'a pas d'appréciation à formuler ; pour lui, le règlement des commissions *était le passage obligé* pour réaliser l'opération de prêt ".

Il est apparu lors de la contradiction que le recours à l'intermédiaire avait été imposé par les dirigeants de la SEMICA. »

Commentaire particulier :

Cette dernière lettre d'observation est intéressante à plus d'un titre car elle fait actuellement l'objet d'un recours en annulation, devant le tribunal administratif de Marseille, de la part de la ville de La Ciotat et de la SEMICA « en tous les chefs qui font griefs ».

(Voir sur ce point de procédure d'autres commentaires sous la rubrique *Chambres régionales des comptes, Nature des observations définitives sur la gestion des ordonnateurs.*)

Jurisprudence

• TA Nice, 27 nov. 1990, *Préfet des Alpes-Maritimes c/ Conseil général des AM ;* résumé du jugement :

Les faits :

Par quatre requêtes enregistrées le 22 mars 1990 au TA de Nice, le préfet a demandé l'annulation et le sursis à exécution des deux délibérations du conseil municipal de Nice et du conseil général des Alpes-Maritimes, en date du 13 octobre et du 6 décembre 1989 par lesquelles ces assemblées ont habilité le maire et le président du conseil général (en la personne de M. Jacques Médecin) à signer une convention unique portant avance de trésorerie au bénéfice de la société d'économie mixte d'aménagement et de rénovation de la région niçoise (SEMAREN).

En l'espèce, la ville de Nice avait, par convention en date du 19 décembre 1986, concédé à la SEMAREN la construction et l'exploitation d'un parc floral, dénommé Parc Phœnix.

Le problème juridique posé :

La seule qualité d'actionnaire d'une SEM permet-elle de se prévaloir des règles applicables au régime des avances de trésorerie lorsque celui-ci n'est pas partie à la convention visée à l'article de la loi du 7 juillet 1983 ?

La solution donnée par le juge :

Annulation des délibérations.

Seule la ville de Nice, ayant concédé à la SEMAREN la construction et l'exploitation du Parc floral « Phœnix », par convention en date du 19 décembre 1986, pouvait procéder à des avances de trésorerie, conformément à l'article 5 de la loi du 7 juillet 1983 prévoyant notamment le principe et les limites des avances de trésorerie susceptibles d'être consenties par l'autorité concédante pour faire face aux déficits des premières années d'exploitation. Le conseil général des Alpes-Maritimes ne saurait donc autoriser par délibération son président à signer une convention d'avance de trésorerie.

Ce jugement rappelle que la seule qualité d'actionnaire d'une SEM ne permet pas à une collectivité de lui consentir des avances si la collectivité n'est pas la collectivité concédante.

SOLIDARITÉ INTERCOMMUNALE

Textes de référence : loi 91-429 du 13 mai 1991, instituant une dotation de solidarité urbaine et un fonds de solidarité (*JO* du 14 mai).

La notion de solidarité financière entre collectivités territoriales n'est pas une notion nouvelle. Jusqu'à l'intervention de la loi du 13 mai 1991, la péréquation intégrée aux différentes dotations de l'État en faveur des collectivités locales avait déjà pour but de compenser les disparités de ressources et de charges constatées entre collectivités, l'État intervenant comme régulateur. Mais les dispositions de la loi du 13 mai 1991 vont plus loin, puisqu'elles font de la réforme du régime des dotations de l'État un facteur de la politique gouvernementale du développement social urbain.

Désormais, le financement de la solidarité est assuré à la fois par la dotation globale de fonctionnement (DGF) dans laquelle est intégrée une « Dotation de solidarité urbaine » (DSU) et par un prélèvement sur les ressources fiscales des collectivités les plus riches au profit des plus défavorisées. Le prélèvement s'analyse comme une dépense obligatoire pour les communes contributives. Dans sa décision du 6 mai 1991, le Conseil Constitutionnel a jugé que les dispositions de la loi 91-429 relatives au financement de la solidarité entre les collectivités locales ne méconnaissaient ni le principe de libre administration des collectivités territoriales (en raison du faible degré de l'atteinte) ni le principe d'égalité entre collectivités (à raison des dispositions propres aux communes de la région Ile-de France).

La solidarité en milieu rural fait l'objet des articles 124 à 130 de la loi 92-125 du 6 février 1992 qui créent une dotation de développement rural, liée au fonds de péréquation de la taxe professionnelle abondé à cet effet.

SOUTIEN ABUSIF. Voir *Emprunts* et aussi *Responsabilité.*

STATIONNEMENT PAYANT

L'augmentation du nombre de places de stationnement devient un impératif pour les communes confrontées à l'accroissement du parc automobile et aux besoins de l'économie locale. Le stationnement payant le long des voies de circulation ou sur les places publiques tend ainsi à se généraliser. Il apparaît, aux yeux de nombreux élus, comme une mesure d'accompagnement indispensable des décisions prises par le maire en vertu de ses pouvoirs de police pour améliorer la circulation en ville. Il présente, en outre, l'avantage de procurer des ressources supplémentaires à la collectivité. Le stationnement payant en surface peut être complété par des possibilités de stationnement dans des parcs souterrains souvent réalisés et exploités par des concessionnaires privés.

Le fondement juridique de ces mesures repose sur les articles L 131-1, L 131-4 et L 131-5 du code des communes. Le principe de la tarification en surface repose sur la différenciation des zones afin qu'en fonction de la densité du trafic, la durée du stationnement autorisée soit assez courte pour assurer une libération régulière des places propre à satisfaire les besoins du plus grand nombre d'usagers (le prix du stationnement dans les parcs souterrains doit en outre tenir compte du coût des investissements).

Les parcs de stationnement payant, en surface ou souterrains, peuvent être exploités directement par la collectivité ou concédés à un exploitant privé (qui est en général l'investisseur qui en a assuré la réalisation). Dans ce cas cependant, la police de l'ordre public ne peut être assurée par des policiers municipaux mis à la disposition du concessionnaire qui assure leur encadrement et l'organisation du service de ces agents car les prérogatives de police ne peuvent être déléguées (CE, 1er avr. 1994, *Commune de Menton, Société Scetauparc Exploitation*).

L'exploitation du stationnement payant appelle une grande vigilance de la collectivité en raison des risques de détournement de recettes existant au moment de la collecte des fonds, quel que soit le mode de gestion choisi, l'expérience ayant prouvé qu'il n'existe pas de moyen inviolable.

Jurisprudence

• TA Clermont-Ferrand, 25 sept. 1990, *Préfet de l'Allier c/ Commune de Moulins ;* résumé du jugement :

Les faits :

Par délibération du 24 juillet 1989, le conseil municipal de Moulins a instauré le stationnement payant dans le centre ville et fixé le montant de la redevance de stationnement à 1 franc les vingt minutes et trois francs de l'heure. Il a également adopté un système de tranche horaire supplémentaire ouvrant la possibilité à l'usager qui ne se serait pas acquitté du tarif réglementaire de stationnement de régler la somme forfaitaire de 25 F dans le délai de cinq jours ouvrés à compter du jour de la constatation de l'infraction. Par arrêté du 3 août 1989, le maire de Moulins a rendu applicable l'acquittement des droits de stationnement prévus par la délibération précitée.

Le préfet a déféré la délibération et l'arrêté au tribunal administratif.

Le problème juridique posé :

L'institution d'une procédure transactionnelle se substituant à la réglementation en matière de stationnement payant relève-t-elle de la compétence du conseil municipal ?

La solution donnée par le juge :

Annulation de la délibération et de l'arrêté :

« Il ressort des pièces du dossier que le conseil municipal a entendu instituer une procédure transactionnelle ayant pour effet de permettre au contrevenant d'échapper aux poursuites pénales ; que, pour ce deuxième motif, la délibération du conseil municipal de Moulins du 24 juillet 1989 est entachée d'incompétence et doit par conséquent être annulée dans ses dispositions relatives au tarif de stationnement dit tranche horaire supplémentaire. »

En effet, le juge a estimé que la délibération du conseil municipal de Moulins était entachée d'incompétence et devait être annulée dans ses dispositions relatives au tarif de stationnement payant dit « tranche horaire supplémentaire », pour le motif que le conseil municipal a entendu instituer une procédure transactionnelle ayant pour effet de permettre au contrevenant d'échapper aux poursuites pénales. En agissant ainsi, le conseil municipal a entendu créer une sanction se substituant à la contravention pour stationnement excédant la durée autorisée, prévue à l'article R 233-1 du code de la route.

Dans cette décision, le juge met en garde tous les maires contre toute velléité de substituer une procédure transactionnelle à la réglementation existante en matière de stationnement payant.

D'une façon plus générale, cette décision rappelle qu'une collectivité ne peut, par transaction, renoncer à une créance et qu'en toute hypothèse, il ne peut y avoir de transaction en matière pénale.

- Cass. crim., 16 juin 1993, *Grech ;* extraits :

L'arrêté municipal, instituant une zone de stationnement payant, avec application d'un forfait mensuel pour les résidents de la zone, légalement pris par un maire dans la limite des pouvoirs que lui confère l'article L 131-5 du code des communes, ne créé aucune catégorie privilégiée de citoyens. La chambre criminelle de la Cour de cassation, a jugé légal un arrêté du maire de Grenoble et a, en conséquence, rejeté le pourvoi d'un automobiliste contestant sur ce fondement les peines contraventionnelles auxquelles il avait été condamné par la chambre correctionnelle de la Cour d'Appel de Grenoble :

« Attendu que pour rejeter l'exception d'illégalité de l'arrêté municipal instituant à Grenoble une zone de stationnement payant, avec application d'un forfait mensuel pour les résidents de ladite zone, l'arrêt attaqué énonce qu'il existe une différence de situation entre les résidents du centre ville et les autres usagers, de nature à justifier les modalités particulières de tarification dont ils bénéficient ; que cette distinction a pour objet de faciliter la circulation et d'accélérer la rotation des véhicules dans la mesure où d'une part, le régime du forfait résident ne s'applique que dans les aires de stationnement appelées zones vertes, situées dans les lieux les moins sollicités du centre ville, et où, d'autre part, le stationnement par abonnement comporte une durée maximum de vingt-quatre heures ;

Qu'en prononçant ainsi, les juges d'appel n'ont pas encouru les griefs allégués dès lors qu'ils ont constaté que l'arrêté municipal critiqué, légalement pris par le maire dans la limite des pouvoirs que lui confère l'article L 131-5 du code des communes, ne créait aucune catégorie privilégiée de citoyens, et que les règles

mises en place s'appliquaient dans chacune des zones indistinctement à tous les automobilistes désireux d'utiliser les emplacements réservés, et, par suite, tenus de payer la redevance, régulièrement fixée par l'autorité publique compétente ;
Que le moyen ne saurait donc être accueilli ;
Et attendu que l'arrêt est régulier en la forme. Rejette le pourvoi... »

Cet arrêt surprend quand on sait que le tarif « résident », particulièrement avantageux pour les bénéficiaires, revient à établir une discrimination entre les usagers, avec un tarif réduit pour les résidents et un tarif normal, plus élevé, pour les autres qui n'habitent pas la zone. En fait, un tarif à deux vitesses.

La légalité d'un tel système (adopté par de nombreuses villes, d'ailleurs) n'est pas évidente, sauf à établir qu'il y a, entre ces deux catégories d'automobilistes, des différences réelles de situation (à rapprocher des conclusions du commissaire du gouvernement, citées sous la rubrique « Services publics locaux, égalité d'accès aux services publics »).

Or, *a priori*, on voit mal ce qui pourrait justifier une distinction entre automobilistes résidents au centre des villes et les autres usagers. Dès lors qu'ils ne constituent pas une nouvelle catégorie d'usagers, le principe d'égalité des usagers dans l'occupation du domaine public doit être respecté et cette double tarification s'analyse comme une inégalité des usagers devant les charges du service public.

La jurisprudence du Conseil d'État et celle de la Cour de cassation divergent sensiblement sur l'appréciation des « différences réelles de situation », ce qui rend le principe d'égalité des citoyens très relatif.

La plus grande prudence est donc recommandée dans la rédaction et les motivations de tels arrêtés.

Observations des juridictions financières

- CRC « Ile-de-France », 17 juin 1993, *Commune d'Enghien-les-Bains ;* extraits :

« Gestion déléguée du stationnement payant, en surface et en sous-sol. Cette dernière est régie par une convention conclue le 4 juin 1981 entre la commune et l'entreprise SETEX, filiale de la Compagnie Générale des Eaux. La signature de cette convention fut explicitement motivée par la nécessité de trouver un financement complémentaire en vue de la construction de deux nouveaux parkings. Il n'apparaît pas que cet objectif ait été atteint. De plus, l'examen de ce texte contractuel ainsi que l'analyse de son application conduisent la chambre à formuler un certain nombre d'observations à son encontre.

I. L'économie de la convention du 4 juin 1981 préserve mal les intérêts de la commune. Cette convention réunit en un seul trois contrats distincts :
– un contrat faisant de SETEX le mandataire de la ville pour la gestion du stationnement en surface ;
– un contrat d'affermage des parkings en sous-sol qui définit également les modalités selon lesquelles l'exploitant a exercé une activité de conseil lors de la mise en place de deux nouveaux parkings, dits du Marché et du Casino ;
– un contrat de prestations de service incluant des missions d'assistance, de conseil et de mise en œuvre des modalités financières de gestion du stationnement.
De par sa construction et sa rédaction, cette convention conclue avec SETEX s'avère fort complexe. Elle fait intervenir plusieurs comptes, reliés entre eux à la manière des vases communicants. L'examen de ces comptes conventionnels permet de mieux comprendre pourquoi la commune a cessé de percevoir la moindre recette depuis 1987, l'exploitation du stationnement payant, lui ayant même coûté plus de 600 000 F sur la période 1987/1991.

1. La comptabilisation des opérations relatives à la gestion des parkings en ouvrage est retracée au sein d'un " compte conventionnel d'exploitation " :
– ce compte est débité des charges d'exploitation des parkings, des frais de gestion et de l'intéressement au résultat perçus par SETEX, ainsi que des frais financiers d'avances consenties par cette entreprise à la commune. Enfin, dans l'hypothèse où l'exploitant aurait été conduit à contracter des emprunts en vue de compléter le financement des deux nouveaux parkings du Marché et du Casino, les annuités afférentes devaient être portées au débit du compte (cette hypothèse ne s'est pas réalisée) ;
– au crédit de ce compte, sont portées les recettes hors taxes des parkings en ouvrage ainsi que les éventuelles recettes d'amodiation.
En définitive, ce compte d'exploitation des parkings, une fois que l'exploitant a perçu ses différentes rétributions, présente un solde très faiblement positif, et la plupart du temps négatif. Le déficit ainsi apparu est alors comblé, sous forme d'une subvention d'équilibre, par les recettes tirées du stationnement en surface, lesquelles sont comptabilisées dans un " fonds de réserve ".

2. Le fonds de réserve retrace en effet les opérations relatives au stationnement en surface. Ce comte est débité en priorité de la subvention d'équilibre du compte d'exploitation. Le débit du fonds de réserve est également effectué pour le remboursement à la ville des salaires des employés communaux affectés à la surveillance du stationnement en surface. Pour le paiement des annuités des trois emprunts contractés par la ville en 1981, pour constituer une provision pour remplacement des équipements et pour le remboursement des avances consenties à la commune par l'exploitant, à court terme, et rémunérées au taux des avances de la Banque de France majoré d'un point.
Ainsi, les recettes du stationnement en surface permettent de compléter le financement de la totalité des dépenses du stationnement. Pour le cas où ce système se révélerait insuffisant, la convention prévoit, opportunément pour l'exploitant, que ce dernier, au lieu de financer lui-même le déficit, accordera à la ville des prêts portant intérêt.

3. Financement des parkings du Marché et du Casino : ces deux parkings ont été bâti au début des années 1980. Alors que la raison d'être de la convention du 4 juin 1981 était de trouver des financements complémentaires pour leur construction, ces investissements ont été entièrement supportés par la commune, hormis les équipements de péage qui devaient être mis à la charge de l'exploitant.
Le financement de ces équipements est retracé dans un compte conventionnel dit " compte de travaux neufs ". Ce compte est débité des factures des fournisseurs ainsi que d'une rémunération de 60 000 F perçue par SETEX au titre du suivi des travaux. Au crédit, sont portés les remboursements de TVA sur travaux ainsi que l'éventuel solde positif du fonds de réserve.
En définitive les investissements supposés être pris en charge par l'exploitant furent financés *in fine* par la collectivité soit par rétrocession de recettes (TVA, Fonds de réserve), soit directement. En effet, l'article 12-2 c de la convention prévoit, pour le cas où le solde du compte de travaux neufs serait déficitaire, que le financement complémentaire est assuré soit par une avance rémunérée de l'exploitant, soit par emprunt contracté par ce dernier mais dont les annuités seraient portées en débit du compte d'exploitation.

II. Dans sa conception, comme dans sa mise en œuvre, la convention du 4 juin 1981 appelle un certain nombre de critiques :

1. Il conviendrait, en premier lieu, de mettre un terme au caractère composite de la convention. La juxtaposition de clauses régissant, d'une part, le stationnement en surface, qui dégage généralement de confortables profits après que soient couverts les frais généraux et les dépenses relativement limitées d'investissement et d'entretien (horodateurs et signalisation) et, d'autre part, la gestion des parkings souterrains paraît peu opportune. Pour une plus grande clarté et dans l'intérêt de la commune, ces stipulations devraient faire l'objet de contrats distincts.

2. En second lieu, la durée de la convention ne semble pas justifiée. Les dispositions contractuelles garantissant à l'exploitant privé une rémunération proportionnelle au nombre de places de stationnement ainsi qu'au montant des recettes, alors que ce dernier n'assume ni le risque financier lié à l'exploitation ni le financement de l'investissement initial. En conséquence, la durée de la convention fixée à trente ans paraît trop longue.

3. Les relations de trésorerie entre la commune et l'exploitant, telle que définies par la convention, sont très défavorables à la ville d'Enghien [...].

4. Le contrôle, par la collectivité, de l'exécution de la convention mériterait d'être amélioré : contrairement aux stipulations de la convention, l'exploitant n'a pas fourni ses comptes de 1987, empêchant par là-même le moindre contrôle de la collectivité et du comptable sur les résultats du service délégué [...]. »

SUBVENTIONS

Aide financière versée par une collectivité publique au titre d'activités dont elle n'a ni l'initiative ni la responsabilité et qui ne constitue pas le prix d'acquisition d'un bien ou d'un service.

On distingue deux types de subventions :

– les subventions de fonctionnement, destinées à soutenir l'activité d'un organisme sans but lucratif (une association, en général) ;

– les subventions d'investissement, destinées soit à la réalisation d'un équipement particulier, jugé « d'intérêt local », soit à contribuer au financement d'un ensemble d'investissements non individualisés, réalisés par un organisme exerçant une activité d'intérêt général à l'égard de la collectivité considérée.

La loi n'interdit pas à une collectivité publique de verser une subvention à une personne morale de droit privé mais elle vise à permettre de réaliser les conditions d'un contrôle efficace du « bon emploi » des fonds publics (art. L 221-8 du code des communes) :

« Toute association, œuvre ou entreprise ayant reçu une subvention peut être soumise au contrôle des délégués de la commune qui a accordé cette subvention. Tous groupements, associations, œuvres ou entreprises privés qui ont reçu dans l'année en cours une ou plusieurs subventions sont tenus de fournir à l'autorité qui a mandaté la subvention, une copie certifiée de leurs budgets et de leurs comptes de l'exercice écoulé, ainsi que tous documents faisant connaître les résultats de leur activité. »

En outre, l'article 87 de la loi du 2 mars 1982 modifiée précise :

« La chambre régionale des comptes peut assurer la vérification des comptes des établissements, sociétés, groupements et organismes, quel que soit leur statut juridique, auxquels les collectivités territoriales ou leurs établissements publics, apportent un concours financier supérieur à 10 000 francs [...]. »

SUBVENTIONS AUX GROUPES POLITIQUES DES ASSEMBLÉES TERRITORIALES

« Le conseil municipal règle par ses délibérations les affaires de la commune » (art. L 121-26 du code des communes). Cet article pose implicitement le problème de *l'intérêt communal* (ou départemental ou régional) des décisions de dépenses. Cette notion est, aux affaires de la collectivité publique, ce qu'est « l'objet social » pour une personne morale de droit privé. En ce sens, la censure d'une délibération dont l'objet n'est pas jugé d'intérêt communal, ne fait pas échec au principe de libre administration des collectivités locales.

Ainsi, dans un arrêt du 20 juin 1994, le Conseil d'État a confirmé le jugement du tribunal administratif de Lyon, en date du 16 décembre 1992, jugeant illégale une délibération du conseil municipal de Lyon du 16 décembre 1991, attribuant aux différents groupes politiques représentés au conseil municipal une subvention globale de 3 196 000 francs, ces dépenses ne présentant « aucun caractère d'utilité communale » au regard des dispositions de l'article L 121-26 du code des communes.

Cet arrêt correspond d'ailleurs presque mot pour mot à un précédent arrêt rendu le 6 décembre 1993, à propos d'une délibération de la communauté urbaine de Lyon, en date du 11 septembre 1989, où la même démarche avait été tentée.

Le tribunal administratif d'Orléans (18 nov. 1993), s'est également prononcé dans le même sens :

> *« Est illégale la subvention attribuée à des associations crées par les groupes politiques représentés au conseil municipal, et qui est destinée à permettre " l'expression différenciée de ces derniers, selon les groupes d'idées auxquels ils appartiennent ", un tel objet n'étant pas au nombre de ceux qui ressortent des affaires de la commune, au sens de l'article L 121-26 du code des communes précité. »*

De telles opérations sont en outre constitutives de gestion de fait et exposent leurs auteurs à des poursuites pénales pour abus de confiance. (En revanche, est légale la délibération accordant une subvention à une association qui a pour objet la communication municipale, notamment par l'édition d'un bulletin ou par l'affichage public, ou toute autre manifestation prévue par ses statuts.)

La chambre régionale des comptes « Rhône-Alpes » a ainsi instruit (sept. 1994), une procédure de gestion de fait contre tous les élus bénéficiaires de ces allocations, ce qui dans la perspective des élections municipales de 1995, risquait de poser un sérieux problème d'inéligibilité aux intéressés, en cas de confirmation définitive de la gestion de fait.

Rien d'étonnant, dans ces conditions, à ce que les personnes et groupes politiques concernés aient préféré rembourser intégralement les sommes litigieuses ; ce que la CRC a constaté, le 19 octobre 1994, pour lever l'incrimination, à l'occasion de son jugement définitif.

(Cette décision de classement (prise pour des raisons évidentes d'opportunité politique) crée une jurisprudence fort contestable qui semble indiquer qu'il suffirait de régulariser les opérations incriminées pour excuser les irrégularités et échapper à la déclaration définitive de gestion de fait (voir cette rubrique) et à seule fin de soustraire les personnes en cause aux sanctions qui en découlent.)

Cette jurisprudence vient de recevoir un assouplissement à travers l'article 27 de la loi n° 95-65 du 19 janvier 1995 (*JO* du 21 janv. 1995).

Article 27 : L'article 32 *bis* de la loi n° 92-125 du 6 février 1992 d'orientation relative à l'administration territoriale de la République est ainsi rédigé :

• *Art. 32* bis : *« Dans les assemblées délibérantes des communes de plus de 100 000 habitants, des départements et des régions, le fonctionnement des groupes d'élus peut faire l'objet de délibérations sans que puissent être modifiées, à cette occasion, les décisions relatives au régime indemnitaire des élus. »*

SUBVENTIONS AUX CLUBS SPORTIFS PROFESSIONNELS

Dans une circulaire publiée au *Journal officiel* le 14 février 1994, le ministre de l'Intérieur estime illégales les subventions versées par les départements ou les communes aux clubs sportifs professionnels :

> « Traditionnellement, la jurisprudence considère, qu'en l'absence d'une disposition législative expresse s'y opposant, les collectivités locales peuvent accorder des subventions à des organismes sans but lucratif de tous ordres, et en particulier aux associations de la loi de 1901.
> Or, pour le Conseil d'État (CE, 29 sept. 1982, n° 25078, 8e et 9e sous-sections), une association sportive constituée sous le régime de la loi de 1901, qui organise de façon habituelle des rencontres de football avec des joueurs professionnels qu'elle rétribue, qui perçoit à cet occasion des recettes importantes et qui recourt largement à toute forme de publicité, exerce la fonction d'entrepreneur de spectacles sportifs pour laquelle elle recourt à des méthodes commerciales analogues à celles qui sont utilisées aux mêmes fins par des organismes à but lucratif.
> En conséquence, la Haute assemblée considère que l'activité commerciale d'entrepreneur de spectacles sportifs à laquelle se livre, à titre principal, une association fait obstacle à ce qu'elle puisse être regardée comme une association à but non lucratif au sens de l'article 207-1-5 du code général des impôts.
> Dans ces conditions, lorsque l'organisme bénéficiaire, de par ses statuts ou sa structure, poursuit un but lucratif, les aides financières qui pourraient être attribuées par les collectivités locales seront soumises aux dispositions concernant les entreprises commerciales.
> À ce titre, la loi n° 82-213 du 2 mars 1982, relative aux droits et libertés des communes, des départements et des régions autorise les collectivités locales à accorder des aides directes à des entreprises commerciales ou à des organismes à but lucratif, lorsque leur intervention a pour but de favoriser le développement économique. Toutefois, ces aides directes sont de la compétence propre de la région. Les départements et les communes ont seulement la possibilité de les compléter lorsque l'intervention de la région n'atteint pas le plafond fixé par décret (voir la rubrique *Interventions économiques*). Cela signifie que toute intervention financière d'une collectivité locale qui prendrait une forme différente de la prime régionale à la création d'entreprise, de la prime régionale à l'emploi ou des prêts, avances et bonifications d'intérêt serait illégale. »

Ainsi, toute délibération d'une collectivité locale portant sur le versement d'une subvention à un club de football est donc susceptible d'être déférée au tribunal administratif et encourt l'annulation si elle peut être considérée par le juge comme une entreprise de spectacles sportifs.

La loi n° 84-610 du 16 juillet 1984, article 11, relative à l'organisation et à la promotion des activités physiques et sportives, a consacré la possibilité pour une association de constituer une société anonyme, ce qui ne va pas sans difficultés.

C'est pourquoi la loi n° 94-679 du 8 août 1994 (*JO* du 10 août) portant diverses dispositions d'ordre économique et financier (DDOEF), article 78, modifiant la loi n° 84-610 du 16 juillet 1984 précitée prévoit les mesures transitoires suivantes :

« Les concours financiers que les collectivités territoriales peuvent accorder aux groupements sportifs mentionnés à l'article 11 de la présente loi prennent la forme exclusive de subventions dont le versement est lié à la conclusion de conventions avec les bénéficiaires.
Ces subventions sont accordées conformément aux termes de la convention avec le bénéficiaire selon des modalités et dans la limite de pourcentage des recettes des groupements sportifs fixés par décret en Conseil d'État.
Ces dispositions cessent d'être applicables au 31 décembre 1999. »

(Par groupement sportif, il faut entendre les sociétés anonymes, les SEM locales à objet sportif et les associations dont les comptes annuels certifiés ne présentent pas de pertes pendant deux exercices consécutifs.)

En ce qui concerne les « aides indirectes », voir sous *Garanties d'emprunt* (interdiction).

OBLIGATIONS IMPARTIES AUX ASSOCIATIONS SUBVENTIONNÉES

L'obligation qui résulte de la loi du 29 janvier 1993, enjoignant aux associations subventionnées de nommer un commissaire aux comptes, ne s'applique qu'à celles qui reçoivent des collectivités locales ou de leurs établissements publics, un montant de subventions annuel, supérieur à 1 million de francs, seuil fixé par l'article 7 du décret n° 93-570 du 27 mars 1993 pris en application de ladite loi. Cette mesure complète les dispositions de la loi du 1er mars 1984 qui imposait déjà aux associations subventionnées et sous certaines conditions, l'obligation de produire chaque année à la collectivité, un bilan certifié de leur gestion.

SUSPENSION. Voir *Paiement : suspension et réquisition de.*

SYNDICATS. Voir *Coopération intercommunale.*

T

TAUX (d'intérêts). Voir *Emprunts*.

TAXE À LA VALEUR AJOUTÉE (TVA)

Les collectivités locales sont assujetties ou non à la TVA selon la nature de leurs activités mais si elles ne sont pas assujetties à titre obligatoire, elles peuvent, à raison de certaines activités, l'être par option. Dans ce cas, les collectivités renoncent aux versements du FCTVA.

Jurisprudence des juridictions financières

• CRC « Provence-Alpes-Côte-d'Azur », 13 août 1990, *Jugement des comptes de la commune de Draguignan ;* résumé :

Les faits :

Une lettre de commande confiait à un concepteur une mission d'ingénierie pour un montant forfaitaire de 80 000 F non révisable, sans préciser si ce montant était hors taxe ou TTC. Par mandat du 13 novembre 1984, le comptable a payé un acompte de 50 % du montant de la rémunération, soit 40 000 F, plus 7 440 F de TVA. La chambre a considéré qu'*à défaut de précisions dans la lettre de commande, le montant de la rémunération forfaitaire doit s'entendre TTC* et a demandé au comptable de procéder au reversement de la somme de 7 440 F (voir *Marchés publics,* prix).

Problème juridique posé :

À défaut de stipulation expresse faisant apparaître que les parties sont convenues d'ajouter au prix stipulé un supplément de prix égal à la TVA applicable à l'opération, le prix stipulé sans mention de taxe applicable à l'opération est-il réputé inclure la taxe qui sera due par le prestataire de service ?

Solution donnée par la juridiction :

Considérant que la TVA, dont elle est redevable au prestataire de service, est un élément qui grève le prix convenu avec le client et non un accessoire du prix, qu'il était constant que le concepteur en question était, à raison de ses activités, assujetti à la TVA, qu'aucune des stipulations de la lettre de commande ne précisait que la rémunération ainsi prévue était calculée hors taxe, la chambre a estimé que la commande ne pouvait être interprétée que comme incluant, dans la rémunération fixe, la TVA dont la société pourrait être redevable à raison de la perception de ces honoraires et a en conséquence déclaré le comptable débiteur de la somme de 7 440 F, indûment payée en sus du prix annoncé.

Cette solution est conforme à la jurisprudence du Conseil d'État (27 mars 1981, *SA BREA,* n° 12889).

Fonds de compensation de la TVA (FCTVA)

Il est destiné à restituer aux collectivités locales la TVA acquittée par les collectivités sur leurs dépenses réelles d'investissement.

Critères d'éligibilité des dépenses des collectivités locales au FCTVA

Les dispositions du décret n° 88-1378 du 26 décembre 1988 prévoient que les dépenses éligibles au fonds de compensation de la TVA sont les dépenses comptabilisées au titre des immobilisations définitives et des immobilisations en cours, telles qu'elles figurent à la section d'investissement du compte administratif de la pénultième année. Les attributions du FCTVA sont calculées sur des tranches annuelles des opérations imputées aux comptes 21 et 23 de la collectivité mandante et non sur les avances versées aux organismes mandataires et comptabilisées au compte 254.

Le décret 89-645 du 6 septembre 1989 portant application des dispositions de l'article 42 de la loi 88-1193 du 29 décembre 1988 et la circulaire du 21 novembre 1989 précisent, d'une part que les dépenses d'immobilisation réalisées pour le compte des collectivités locales par un mandataire ouvrent droit aux attributions du FCTVA (sous réserve de reddition des comptes annuels nécessaires à l'imputation définitive des opérations dans les écritures du comptable) et d'autre part que la cession à un tiers non éligible au FCTVA, ou la mise à disposition par bail emphytéotique ou à construction d'un bien ayant donné lieu à attribution du FCTVA, donne lieu à un remboursement du FCTVA. Mais le bénéfice du FCTVA est refusé pour des investissements consistant en la construction de logements locatifs réalisés en mandat par des constructeurs sociaux intervenant au nom et pour le compte de la commune sur un terrain communal, puis confiés en gestion à ces mêmes constructeurs aux termes de conventions de gestion qui n'emportent ni cession, ni mise à disposition du bien par bail emphytéotique ou bail à construction et qui laissent les logements construits dans le patrimoine communal.

Le rejet de ces opérations est conforme aux dispositions de la loi de finances rectificative pour 1988 qui a exclu les biens mis à disposition de tiers du FCTVA. Cette mesure est destinée à limiter les abus, et en particulier, à éviter les doubles récupérations de TVA.

En réponse à la question d'un parlementaire qui s'inquiétait du changement d'interprétation effectué par l'administration fiscale, des règles relatives au remboursement de la TVA par le FCTVA depuis la loi de finances rectificative de 1988, le ministre du Budget a répondu (extraits) :

> « L'assiette des dépenses éligibles au fonds a été fixée par l'article 42 de la loi de finances rectificative pour 1988 et par le décret n° 89-645 du 6 septembre 1989 qui en a précisé certains aspects. Ainsi, aux termes du troisième alinéa de l'article 42 de la loi de finance rectificative pour 1988, les dépenses d'investissement concernant des biens cédés ou mis à disposition au profit de tiers non éligibles ne peuvent bénéficier du FCTVA. Le décret du 6 septembre 1989 a apporté à ce principe général posé par la loi une précision en ce qui concerne le régime particulier des mises à disposition d'immobilisations réalisées sur des biens pris à bail emphytéotique ou à bail à construction.
> En conséquence, la règle posée par la loi conduit à ne retenir au bénéfice du fonds que les investissements dont les collectivités et les établissements éligibles sont les propriétaires et les usagers exclusifs » (*JO,* Débats AN, 15 nov. 1993).

Il résulte que les dépenses effectuées par les communes pour la réalisation de logements sociaux ne sont pas éligibles au fonds de compensation de la TVA, en vertu de l'article 42-III de la loi de finance rectificative de 1988 précitée, qui exclut expressément les dépenses concernant les immobilisations cédées ou mises à disposition de tiers non éligibles au FCTVA. Modifier ces dispositions impliquerait l'introduction d'une distorsion dans les conditions de la concurrence. En effet, la location de locaux nus à usage d'habitation ne constitue pas une activité assujettie à la TVA et n'ouvre pas droit à récupération de la taxe par voie fiscale. L'impossibilité pour les communes exerçant cette activité de bénéficier du FCTVA les place ainsi dans la même situation qu'un bailleur privé ou un organisme d'HLM (autre réponse du ministre du Budget : *JO,* Débats AN, 4 oct. 1993).

(Voir aussi sous « Finances locales » la rubrique *Concours financiers de l'État aux collectivités locales*).

Observations des juridictions financières

- CRC « Alsace », 17 nov. 1993, *District Essor du Rhin ;* extraits :

« Dépenses éligibles au FCTVA : La chambre avait constaté que les états des dépenses réelles d'investissement des exercices 1988 à 1990, établis sur la base des comptes administratifs des années 1986 à 1988, reprenaient des dépenses relatives à la réalisation d'un lotissement à Minchhouse [...]. Aussi, vous rappelait-elle que le décret du 6 septembre 1989 exclut de l'assiette du FCTVA les opérations pour compte de tiers non bénéficiaires du fonds.
Doivent être considérées comme telles les opérations de lotissement qui portent sur des terrains à bâtir cédés à des particuliers.
Dans votre réponse, vous semblez contester en partie l'analyse faite par la chambre (en distinguant les dépenses de viabilité des terrains, des autres dépenses de lotissement, telles la voirie, devant être intégrées au domaine publique). Selon la chambre, votre point de vue ne paraît pas fondé pour des motifs tirés de la législation applicable (a) ainsi que pour des considérations d'ordre fiscal (b).

a. Les attributions du FCTVA reposent sur la notion de dépenses réelles d'investissement qui présentent les caractéristiques suivantes : elles doivent concerner, bien entendu, des investissements. Elles doivent avoir supporté la TVA. Elles doivent avoir été effectivement engagées par les collectivités bénéficiaires du fonds. Enfin, ces collectivités ne doivent pouvoir en obtenir le remboursement par aucune autre façon que celle du fonds, ce qui signifie que ces dépenses restent définitivement à la charge et qu'elles ne relèvent normalement pas du régime de la TVA. C'est pourquoi les dépenses relatives aux travaux pour compte de tiers qui, par hypothèse, ne restent pas à la charge des bénéficiaires du fonds, sont exclues, à juste titre, de l'assiette du fonds.
En l'espèce, une opération de lotissement se caractérisant par la cession de lots contre un prix, la collectivité maître d'ouvrage obtient bien, en tout ou partie, le remboursement des dépenses engagées à ce titre. Celles-ci ne restent pas définitivement à sa charge. De ce point de vue, il importe peu qu'une partie des travaux ait été réalisée sur le domaine public communal.
Dans le cas d'une opération de lotissement, si elle a été convenablement menée, les lots sont vendus à un prix déterminé en fonction du coût total des travaux. Il ne peut, en effet, y avoir de terrains à bâtir sans les viabilités qui s'y attachent. Les opérations de viabilisation des lots sont des éléments essentiels et indivisibles de l'opération de lotissement et sont réalisées à l'intention des acquéreurs. C'est pourquoi dans les opérations de lotissement purement privés, ceux-ci paient un prix comprenant, à tout le moins, le coût des travaux de viabilisation et de voirie. Les réseaux et la voirie sont, d'ailleurs, de nature privée au départ. Ce n'est que sur demande des co-lotis que la collectivité locale concernée peut accepter d'in-

corporer les équipements collectifs dans son domaine public. Lorsqu'une collectivité locale réalise une opération de lotissement se substituant ainsi à l'initiative privée, elle devrait conduire l'opération de la même façon. Cette opération devrait, en principe, s'équilibrer en recettes et en dépenses, les prix de vente des lots étant calculés sur la base du coût des travaux TTC, si l'opération n'a pas été placée sous le régime de la TVA immobilière.
En conséquence, c'est l'acquéreur final qui supporte la charge de la TVA ayant grevé le coût des travaux et non la collectivité. Rien n'interdit, d'ailleurs, à celle-ci de dégager une marge bénéficiaire dans ce type d'opération. Il arrive, cependant, que la collectivité fixe le prix de vente des lots à un montant inférieur au prix de revient, soit pour des considérations de politique municipale, soit en raison de difficultés de commercialisation des lots. Dans ce cas, la collectivité doit en supporter seule la charge. Cette circonstance ne modifie pas la nature de l'opération au regard du fonds de compensation de la TVA.

b. En matière fiscale, les instructions et commentaires relatifs aux lotissements communaux distinguent deux situations :
– Soit la commune a acquis les terrains en vue de les lotir. Dans ce cas, l'opération est, en principe, passible de la TVA et la commune est le redevable légal de la taxe alors même que l'acquisition initiale des terrains n'aurait pas donné lieu au paiement de la taxe en vertu des exonérations prévues par le code général des impôts. L'opération ne serait pas, de ce fait, éligible au FCTVA.
– Soit les terrains n'ont pas été acquis par la commune en vue de réaliser des opérations de construction. Dans ce cette hypothèse, la commune pourrait prendre volontairement la position d'assujetti à la TVA.
Dans ces deux cas, la situation au regard de la TVA des communes qui réalisent un lotissement n'est pas différente de celle des lotisseurs privés [...].
En conclusion, (la chambre) réitère la suggestion d'étudier la possibilité de placer, à l'avenir, en accord avec la commune intéressée et après consultation des services fiscaux, les opérations de lotissement sous le régime de la TVA immobilière. Cette option permettrait au district et à ses membres de réaliser de telles opérations dans des conditions plus favorables. »

- CRC « Lorraine », 10 déc. 1993, *Commune de Thaon-les-Vosges ;* extraits :

« Certains travaux de voirie concernant l'entretien (114 407 F en 1988 et 108 802 F en 1989) ont été imputés au chapitre 23 de la section d'investissement. Or, ces travaux d'entretien de voirie, qui sont des dépenses obligatoires pour les communes – article L 221-2 du code des communes – et dont l'objet est de maintenir le patrimoine en bon état d'utilisation, constituent des dépenses de fonctionnement ne donnant pas lieu à récupération de la TVA. »

« Dans l'opération de construction d'un gymnase scolaire, l'intervention de la Société d'aménagement et d'équipement de la région de Strasbourg (SERS), a fait l'objet d'avances versées par la commune... (au maître d'ouvrage délégué).
La somme de 1 500 000 F imputée à l'article 2548, payée le 12 mai (1987), figure dans les bases de calcul du FCTVA perçu en 1989. Il conviendra donc de veiller à ce que, lorsque le montant des travaux correspondant à cette somme sera imputé définitivement au compte 23, cette somme ne figure pas à nouveau dans l'état des dépenses ouvrant droit à l'attribution du FCTVA, ... Les sommes de 1 500 000 F et 500 000 F payées les 31 mars 1988 et 17 novembre 1989, qui ont été imputées directement au chapitre 23, alors que le comptable n'avait pas en sa possession une quelconque reddition des comptes, ont fait l'objet d'une réserve dans le cadre

du jugement (provisoire) prononcé le 24 mars 1992. Il vous appartenait, en effet, d'obtenir la reddition des comptes conformément aux dispositions de l'article 15 de la convention de mandat rendue exécutoire le 20 février 1987 et de les transmettre au comptable pour lui permettre le rattachement annuel des opérations dans sa comptabilité [...]. La chambre attire, en conséquence votre attention sur la nécessité de respecter les termes de la loi 85-704 du 12 juillet 1985 » ... (loi " Maîtrise d'ouvrage public " (dite loi MOP) qui règle les rapports entre la maîtrise d'ouvrage publique et la maîtrise d'ouvrage déléguée).

• CRC « Nord-Pas-de-Calais », 19 févr. 1993, *Commune de Courcelles-les-Lens ;* extraits :

« La chambre a relevé que de nombreuses erreurs d'imputation portant sur l'achat de terrains nécessaires à l'implantation de projets communaux ou la participation versée à la région pour des travaux d'équipement à la base fluviale ont permis à la commune de percevoir des dotations indues au regard des règles de calcul du fonds de compensation de la TVA. »

• CRC « Ile-de-France », 2 déc. 1993, *Département du Val-d'Oise : Centre polytechnique privé « Saint-Louis » – CPSL ;* extraits :

« Il était en effet convenu que le département versât, en dotation de capital à l'association, les sommes récupérées au titre du FCTVA sur l'investissement réalisé, qui ne viendraient donc pas, pour lui, en déduction du coût de l'opération.
Si le versement du fonds de compensation de la TVA au département au titre de cette opération en mandat ne soulève pas de difficultés particulières depuis la parution de la circulaire du 8 septembre 1988 rendant éligibles au FCTVA l'ensemble des opérations réalisées au nom et pour le compte des organismes bénéficiaires du fonds dans le cadre d'une convention de mandat, la nature des dépenses en cause soulève une question de droit.
En effet, pour être éligible au FCTVA, les dépenses doivent être destinées à être intégrées, à titre définitif, dans le patrimoine de la collectivité, la cession d'immobilisations à des tiers non bénéficiaires du FCTVA entraînant le remboursement du versement diminué d'un abattement de 10 % par année ou fraction d'année d'utilisation écoulée entre la date d'acquisition et la date de vente, s'il s'agit d'un immeuble, soit un non reversement au terme de dix ans. Or, en l'espèce, la chambre a constaté que les biens, s'ils sont intégrés dans le patrimoine de la collectivité, ne le sont sans doute pas à titre définitif. Le département a, en effet, conclu en juin 1991 une promesse de vente... (pour les sites en question, avec les organismes privés utilisateurs) [...]. »

• CRC « Bourgogne », 22 juin 1993, *Commune de Nuits-Saint-Georges ;* extraits :

« Acquisition de l'immeuble Geisweiller. La chambre a constaté que les dépenses d'acquisition de cet immeuble avaient été incluses à tort au titre des bases de calcul du FCTVA. En effet, cet immeuble ayant été achevé depuis plus de cinq ans, la transaction n'a pas été assujettie au versement de la TVA. L'article 2 du décret n° 89-645 du 6 septembre 1989 portant application des dispositions de l'article 42 de la loi n° 88-1193 du 22 décembre 1988, relatif au FCTVA précise en effet : " Ne figurent pas au nombre des dépenses réelles d'investissement ouvrant droit aux attributions du FCTVA : 2° les dépenses exonérées de la TVA ". »

- CRC « Alsace », 19 avr. 1993, *Commune de La Petite Pierre ;* extraits :

  « Construction de la maison de retraite. La commune avait retenu, pour l'édification de la maison de retraite, un montage d'opération qui ne permettait absolument pas à la collectivité de bénéficier d'attribution du FCTVA. Ce mode opératoire peu satisfaisant, imputable à l'existence d'un bail à construction souscrit par la commune, a été corrigé le 25 février 1993 par le rachat, à l'initiative de la collectivité, du terrain en cause. »

- CRC « Bretagne », 26 avr. 1993, *Parc naturel régional d'Armorique ;* extraits :

  « Comptabilisation du FCTVA. Les produits de ce fonds constituent une recette de la section d'investissement. Une exception est prévue, lorsque le montant de la dotation attribuée excède celui des dépenses d'investissement de l'année. Dans ce cas, le montant transféré à la section de fonctionnement porte sur la quote part de l'attribution qui excède le montant total des dépenses d'investissement inscrites au budget. »

TERMINOLOGIE ÉCONOMIQUE ET FINANCIÈRE

Voir l'arrêté du 30 septembre 1991 (*JO* du 11 octobre 1991) relatif à la nouvelle terminologie économique et financière dont les termes doivent obligatoirement être utilisés dans tous les actes administratifs, notamment en ce qui concerne les collectivités territoriales pour la rédaction de leurs arrêtés mais aussi dans les correspondances et autres documents de quelque nature qu'ils soient.

Un dictionnaire des termes officiels est en vente à la Direction des Journaux officiels.

TOURISME
(organismes départementaux et locaux du tourisme)

Le secteur touristique représente un enjeu économique et financier considérable pour les collectivités locales. Mais les lois de décentralisation n'ont pas fait de ces activités un secteur à part en définissant un bloc de compétence au profit d'un niveau de collectivité déterminé. Ainsi, chaque collectivité a vocation à intervenir. Les collectivités se sont donc investies dans ce secteur porteur d'emplois et de revenus (30 milliards de francs d'investissements et subventions en 1990 ; un million d'emplois permanents ; 57 milliards de chiffre d'affaires en 1992), pour promouvoir l'image de leur territoire et tenter de le faire profiter de ces retombées économiques.

Les départements ont, pour la plupart, créé des comités départementaux du tourisme (CDT) tandis que, dans les communes, ce sont traditionnellement les « syndicats d'initiatives » ou les « offices du tourisme » qui assument les missions d'accueil et d'information touristique.

La loi n° 92-1341 du 23 décembre 1992 portant répartition des compétences dans le domaine du tourisme, dispose (art. 1) que « l'État, les régions, les départements et les communes sont compétents dans le domaine du tourisme et exercent ces compétences en coopération et de façon coordonnée » et a ainsi consacré l'existence des CDT.

• CRC « Centre », 29 oct. 1993, Enquête sur les organismes départementaux et locaux du tourisme dans la Région Centre :

> « L'ambiguïté des relations entre les collectivités territoriales et les associations qu'elles subventionnent pour promouvoir le tourisme entraîne des risques pour les responsables de ces organismes ainsi que pour les comptables publics. »

La Cour des comptes n'a pas manqué de le dénoncer dans son rapport public de 1992 dont nous rappellerons ici des extraits :

> « Les relations entre les collectivités locales et les organismes qu'elles subventionnent appellent deux critiques de nature apparemment contradictoires : l'insuffisance du contrôle de la collectivité et l'absence d'autonomie juridique et financière réelle de l'organisme.
>
> Le flou constaté dans les budgets et les comptabilités ne permet pas une information satisfaisante des collectivités locales sur la situation financière des organismes qu'elles ont créés. De leur côté, ces collectivités n'ont pas fait les efforts nécessaires pour s'assurer de l'utilisation des deniers publics par un contrôle plus attentif, exercé conformément aux dispositions du décret loi du 30 octobre 1935 et du code des communes qui précisent que les organismes adressent à la collectivité qui les subventionnent une copie de leur budget et de leurs comptes ainsi qu'un compte rendu de leurs activités.
>
> Les collectivités se sont, au contraire, satisfaites de la souplesse de gestion offerte par la formule juridique de l'association, sans se soucier des inconvénients de ce système et notamment des risques que peut faire encourir à leurs responsables et aux comptables publics, l'ambiguïté de leurs relations avec de tels organismes.
>
> Ces risques sont de trois sortes :
>
> – Tout d'abord, la dépendance organique et financière de l'association conduit souvent à une absence totale d'autonomie et les éléments constitutifs d'une gestion de fait sont réunis. Il en est ainsi lorsque la quasi-totalité des ressources sont des subventions reçues de la collectivité locale et que celle-ci, du fait de sa responsabilité dans les instances dirigeantes de l'association, dispose seule du pouvoir de décision.
>
> Or, de nombreux exemples d'une représentation importante et souvent majoritaire d'élus dans les organes de décision ont été relevés [...]. Aussi, les collectivités locales devraient-elles prendre garde à ce que ces associations, ne disposant d'aucune autonomie de gestion, ne constituent pas un simple démembrement du service public. Cette obligation a été maintes fois rappelée par le Conseil d'État. Elle a été récemment réaffirmée et précisée par le ministre de l'Intérieur en réponse à une question d'un parlementaire. Ces avertissements, et ceux que les chambres régionales des comptes ont adressés aux autorités des collectivités concernées ont abouti, notamment en Aquitaine, à ce que les statuts des associations et le comportement des responsables des collectivités évoluent dans le sens de relations plus authentiquement contractuelles entre ces deux types d'organismes. Cette évolution doit être généralisée.
>
> – D'autre part, la jurisprudence de la Cour de discipline budgétaire et financière conduit à sanctionner les responsables d'organismes non soumis aux règles de la comptabilité publique lorsqu'ils n'appliquent pas leurs propres dispositions statutaires. Cette situation a entraîné, en Aquitaine, le déféré du président et du directeur d'un comité départemental.
>
> – Enfin, l'attribution de subventions à un tiers en vue du paiement par celui-ci à leur véritable destinataire est contraire aux règles de la comptabilité publique. La

responsabilité des comptables qui acceptent de les payer en connaissance de cause peut être engagée. C'est d'ailleurs pour cette raison que le département et le comité départemental du tourisme du Lot-et-Garonne ont renoncé à ces pratiques. »

Rappelons que le décret n° 93-568 du 27 mars 1993, pris pour l'application de l'article 81 de la loi n° 93-122 du 29 janvier 1993, relative à la prévention de la corruption, a fixé à un million de francs le montant des subventions reçues à partir duquel une association est soumise à l'obligation de certification de ses comptes par un commissaire aux comptes.

Observations des juridictions financières

- CRC « Aquitaine », 3 mai 1993, *Commune de Lège-Cap-Ferret ;* extraits :

« " Office du Tourisme ". La chambre a procédé à l'examen de la situation financière et des modes de fonctionnement de l'office du tourisme de la commune. Sans préjuger des résultats d'un éventuel examen des pièces justificatives des recettes et des dépense qui pourrait être réalisé à l'occasion d'un contrôle ultérieur, elle a d'ores et déjà souhaité attirer votre attention sur les points suivants :
– du fait de l'importance des concours de toute nature accordés par la commune à l'office (subventions, mise à disposition permanente de personnel et de locaux municipaux, prise en charge financière du personnel saisonnier de l'office), il serait nécessaire qu'une convention intervienne pour préciser les conditions d'octroi de ces avantages ainsi que les modes de contrôle de leur utilisation, conformément à l'article L 221-8 du code des communes ;
– l'activité de l'OTSI doit désormais s'exercer dans le cadre de la nouvelle loi n° 92-1341 du 23 décembre 1992 portant répartition des compétences dans le domaine du tourisme. Cette dernière loi, en permettant à la commune de déterminer librement la nature juridique de son office du tourisme (art. 10-II) et en disposant que " les organismes de tourisme locaux existants sont réputés exercer leurs activités conformément à la présente loi " (art. 10-IV), permettrait donc à la commune de Lège-Cap-Ferret de préserver le statut associatif qu'elle a choisi pour son OTSI. Ce dernier devra désormais, conformément à l'article 10-VI de la loi, soumettre annuellement son rapport financier au conseil municipal. »

Jurisprudence des juridictions financières

- Cour des comptes, 4e chambre, appel d'un jugement de la CRC « Bourgogne » ; résumé :

Par jugement provisoire du 7 mai 1986, la CRC « Bourgogne » a déclaré conjointement et solidairement *comptables de fait* de la commune de Beaune, Côte-d'Or, le maire, le maire-adjoint, et le directeur de l'*office du Tourisme*, pour avoir, à l'occasion du fonctionnement dudit office, lui-même dépourvu de personnalité juridique, encaissé des recettes et réglé des dépenses communales sans titre. Elle a prononcé différentes injonctions de production de comptes et de pièces, dont la *déclaration d'utilité communale* par le conseil municipal, et a enjoint aux intéressés « de se vider les mains ». La chambre a émis une réserve générale et a précisé qu'il était sursis à statuer sur l'amende. Le 15 janvier 1987, la juridiction a déclaré les intéressés définitivement comptables de fait et les a condamnés, à titre provisoire, à une amende de 4 000 F chacun pour leur ingérence dans les opérations comptables de la commune de Beaune. Par jugement définitif du 3 juin 1987, la CRC « Bourgogne » a confirmé la *condamnation à l'amende*, pour le même montant. Les trois intéressés ont interjeté appel pour contester cette condamnation.

Problème juridique posé :

La Cour des comptes a examiné les motifs communs invoqués par les requérants, a savoir :

– qu'en raison du principe de personnalité qui régit ce type de peine, une décision distincte doit être prise pour chacun des comptables de fait solidaires et que, dans l'espèce, il n'y aurait pas eu de motivation spécifique justifiant le quantum de l'amende infligée à chaque requérant ;

– que le principe même de l'amende présente un caractère vexatoire, la gestion s'étant révélée fidèle et de bonne foi et ayant eu pour objet de servir les intérêts de la ville de Beaune, ainsi que le motif particulier avancé par le maire selon lequel sa responsabilité est recherchée en sa qualité de maire, alors qu'aucun élément du dossier ne permet d'affirmer qu'il a couvert ces opérations de son autorité.

Solution donnée par la Cour :

Elle a confirmé les décisions de la chambre régionale en faisant observer que :

– dans son jugement du 15 janvier 1987, la CRC a clairement motivé sa décision en ce qui concerne la condamnation à l'amende, en soulignant le désordre avec lequel était tenue la comptabilité des opérations irrégulières et en précisant que MM. les comptables de fait ont partagé la responsabilité de cette situation et qu'il serait fait, dès lors, une exacte appréciation des circonstances de l'espèce en les condamnant, chacun à une amende de 4 000 F ;

– dans son jugement du 3 juin 1987, la même juridiction a estimé que, si les trois comptables de fait mis en cause faisaient valoir qu'ils avaient agi en toute bonne foi et pour le bien de la commune de Beaune, ces éléments n'étaient pas de nature à écarter l'application de l'amende pour ingérence dans des opérations publiques et a justement rappelé que ladite amende ne constituait aucunement une appréciation négative du comportement général de ceux qui en sont frappés ; pour ce qui concerne, par ailleurs, le motif allégué par le maire seul, celui-ci n'a pas contesté, par la voie de l'appel, le jugement du 15 janvier 1987 le déclarant comptable de fait et qu'il a, par la même, reconnu sa participation à la gestion de fait.

TRANSFERTS (de compétences). Voir *Décentralisation.*

TRANSPORTS

(Loi n° 82-1153 du 30 déc. 1982 d'orientation des transports intérieurs ; loi n° 90-396 du 11 mai 1990).

La loi définit la notion de service public des transports comme l'ensemble des missions qui incombent aux différentes autorités dans le but de satisfaire les besoins et la demande des usagers. Cette définition requiert, pour sa mise en œuvre, la collaboration de l'État et des collectivités locales.

1. Transports urbains

Le législateur a confié aux communes ou aux établissements publics intercommunaux, l'élaboration d'un périmètre des transports urbains et d'un plan de déplacements urbains. Le périmètre défini est constaté par arrêté préfectoral. Le plan de déplacement approuvé par l'autorité locale compétente, définit les principes de l'organisation du service des transports, de la circulation et du stationnement dans le périmètre de la zone. (En dehors de la zone urbaine, l'organisation du service de transports routiers relève de la compétence du conseil général qui peut concéder aux communes ou à leurs groupements tout ou partie de l'organisation et de la mise en œuvre d'une ligne régulière ; tandis que l'organisation d'un service de transport non urbain des personnes à l'intérieur d'une même région relève du conseil régional, en liaison avec les collectivités concernées.)

2. Transports scolaires

La loi du 83-8 du 7 janvier 1983, complétée par la loi 83-663 du 22 juillet 1983 a transféré aux départements la responsabilité de l'organisation et du fonctionnement des transports scolaires.

Les transports scolaires sont des transports réguliers publics, au sens de l'article 29 de la loi 82-1153 du 30 décembre 1982. Les départements ont donc la responsabilité de l'organisation et du fonctionnement de ces transports.

Les conditions d'application au secteur particulier des transports scolaires des dispositions relatives aux délégations de service public de la loi n° 92-122 du 29 janvier 1993 ont fait l'objet d'assouplissements, en raison de leurs difficultés de mise en œuvre. L'article 70 de la loi n° 94-679 du 8 août 1994 portant diverses mesures d'ordre économique et financier répond à cet objectif en modifiant les articles 40 et 41 de la loi de 1993 précitée :

1. Modification de l'article 40 : cette modification substitue au terme « travaux » (b, 2e al. de cet art.) les termes « investissements matériels ou immatériels ». Ainsi, désormais, la durée d'une convention de transports scolaires peut être prolongée dans deux hypothèses :

– pour des motifs d'intérêt général et pour une durée qui ne peut excéder un an. Cette prolongation introduit la souplesse nécessaire à la garantie de continuité du service en offrant un délai supplémentaire pour la préparation d'un nouveau contrat ;

– le délégataire est contraint, à la demande du délégant, de réaliser des investissements non prévus au départ, de nature à modifier l'économie du contrat et qui entraîneraient une augmentation de prix manifestement excessive s'ils devaient être amortis pendant la durée restant à courir.

Ces deux hypothèses sont les seules dans lesquelles la prolongation d'un contrat est autorisée.

2. Modification de l'article 41 : Cette modification introduit un régime dérogatoire pour les contrats de faible montant, inférieurs à 1 350 000 francs TTC. Ces contrats qui demeurent soumis aux dispositions de l'article 40 quant à leur durée et possibilités de prolongation, ne sont soumis qu'à une publicité préalable dans des conditions fixées par décret.

3. Transports aériens

Les collectivités locales ont la possibilité de créer des aéroports destinés à la circulation aérienne publique, dans le cadre d'une convention passée avec le ministère chargé de l'aviation civile. La collectivité prend à sa charge le coût des installations d'infrastructure et des bâtiments d'exploitation ; l'État prenant à sa charge l'aménagement et l'exploitation des installations de contrôle de la navigation aérienne. (Les chambres de commerce et d'industrie ont notamment vocation à gérer les infrastructures aéroportuaires.)

Observations des juridictions financières

- CRC « Aquitaine », 8 janv. 1993, *Syndicat mixte Air Dordogne (SMAD) ;* extraits :

  « Les relations entre le syndicat et l'exploitant sont régies par des conventions conclues en 1987. Ces documents appellent deux observations sur l'équilibre financier du contrat et sur les compétences respectives du syndicat et de la compagnie " Air Littoral ".

– Les dispositions financières complexes, prévues à l'article 6 de la convention, ne sont pas de nature à sauvegarder, dans les meilleures conditions, les intérêts financiers de la collectivité. En effet, le mécanisme de couverture plafonnée du déficit d'exploitation, par le versement d'une subvention constante (2 769 000 F HT pour la ligne Périgueux-Paris et 2 108 000 F HT pour la ligne Bergerac-Paris), n'exposerait le transporteur à un risque financier que si la convention n'était pas reconduite dans son principe.

Le principe du plafonnement, qui devrait constituer une garantie pour les collectivités, se trouve altéré par une sous-évaluation systématique, en prévision, du nombre de passagers et de vols, et par la faiblesse des pièces justificatives présentées par le transporteur, à l'appui de ses demandes de subvention, qui revêtent dès lors un caractère forfaitaire. La reconduction des dispositions financières pour la période 1993-1997 méritera en conséquence, comme votre lettre en exprime l'intention, d'être accompagnée d'un contrôle attentif des résultats d'exploitation. En effet, la compagnie produit des documents qui ne permettent pas au syndicat d'exercer un contrôle précis des conditions de l'exploitation des lignes, qu'il s'agisse des comptes d'exploitation, non joints aux mandats de paiement et peu précis, ou des statistiques de fréquentation, qui laissent apparaître des différences parfois supérieures à 10 % par rapport aux déclarations aéroportuaires.

– Aux termes du contrat, le transporteur s'engageait à conduire des actions commerciales et de promotion. Le syndicat envisage de développer un effort de publicité. La chambre prend acte du fait que l'idée d'engager des actions promotionnelles n'a pas été mise en œuvre. Si son principe en était adopté, une telle dépense, qui ne relève pas *a priori* de la compétence de l'établissement public, supposerait une modification des statuts. Au demeurant, les attributions respectives des deux parties, telles qu'elles résultent de la convention de 1987, ne sont pas fixées rigoureusement : il est prévu, à l'article VI (qui va, sur ce point, au-delà des compétences fixées par les statuts), que " dans le cadre de sa vocation le SMAD assurera dans son ressort territorial les actions opportunes en vue de promouvoir la ligne au départ de Périgueux ", tandis que la compagnie " s'engage à entreprendre les actions commerciales nécessaires au développement du trafic ". Ces stipulations gagneraient à être précisées et à être mises en concordance avec les statuts.

La juridiction prend, par ailleurs, acte de l'abandon, depuis 1991, de la procédure du versement de subventions provisionnelles, valant avance de trésorerie à l'entreprise, en contravention avec le principe du (paiement après) service fait. »

TRAVAUX EN RÉGIE

Travaux exécutés par la collectivité et pour elle-même. Les prestations qui sont ainsi réalisées, donnent lieu à facturation et sont comptabilisés en classe 2. Jusqu'au 31 décembre 1991, ils ouvraient droit à récupération intégrale de la TVA par le biais du FCTVA. Depuis le 1er janvier 1992, les frais de personnel engagés pour la réalisation de ce type de travaux ne sont plus éligibles au FCTVA, en raison des dispositions du décret 89-645 du 6 septembre 1989, pris en application de la loi de finances rectificative n° 88-1193 du 29 décembre 1988.

Observations des juridictions financières

- CRC « Aquitaine », 17 mars 1993, *Commune de Bazas ;* extraits :

  « Les prestations facturées par le service " Travaux " de la commune, qui représentent en fait les travaux exécutés en régie par la collectivité, sont comptabilisés en investissement dans des comptes de la classe 2 et ouvraient droit jusqu'au 31 décembre 1991 à récupération intégrale de la TVA par le biais du FCTVA. Le décret n° 89-645 du 6 septembre 1989 pris en application de la loi de finance rectificative n° 88-1193 du 29 décembre 1988 écarte du bénéfice du FCTVA, à compter du 1er janvier 1992, les frais de personnel engagés pour la réalisation de ce type de travaux. »

TRAVAUX PUBLICS

Les relations entre maîtres d'ouvrage publics et maîtres d'œuvre privés sont souvent difficiles en raison des conflits d'intérêts que génère le partage des responsabilités entre les différents intervenants. Le décret n° 73-207 du 28 février 1973 et l'arrêté du 29 juin 1973 n'avaient qu'imparfaitement réglé ces difficultés ; d'autres dispositions s'imposaient ; tel fut l'objet de la loi du 12 juillet 1985, dite loi MOP.

Si la notion de travaux publics renseigne bien sur la nature des investissements à réaliser, les modes de réalisation sont multiples et entretiennent une certaine confusion dans l'esprit des opérateurs en raison de la variation des procédures mises en œuvre.

On examinera donc successivement l'hypothèse de la réalisation des ouvrages directement par la collectivité dans le cadre de la loi MOP ; puis l'hypothèse où la réalisation des ouvrages est confiée par la collectivité à une société d'économie mixte ; enfin, l'hypothèse où la collectivité se décharge sur des tiers du soin de financer et réaliser des équipements dont ils peuvent ensuite être chargés de l'exploitation ou de l'entretien (METP).

L'intérêt de cette rubrique est donc de tenter de clarifier, en en simplifiant la présentation, un domaine où une réglementation assez complexe fournit, en permanence, aux juridictions financières l'un des principaux gisements de la critique.

MAÎTRISE D'OUVRAGE PUBLIQUE ET MAÎTRISE D'OEUVRE PRIVÉE

1. De la maîtrise d'ouvrage

Les ouvrages de bâtiment ou d'infrastructure ainsi que les équipements industriels destinés à leur exploitation, réalisés par les collectivités territoriales, leurs établissements publics ou leurs groupements ainsi que les syndicats mixtes visés à l'article L 166-1 du code des communes, sont soumis aux dispositions de la loi n° 85-704 du 12 juillet 1985 modifiée (*JO* du 13 juill. 1985) relative à la maîtrise d'ouvrage publique et à ses rapports avec la maîtrise d'ouvrage privée (à l'exception, toutefois, des ouvrages de bâtiment ou d'infrastructure destinés à une activité industrielle dont la conception est déterminée par le processus d'exploitation et des ouvrages d'infrastructure réalisés dans le cadre d'une zone d'aménagement concerté ou d'un lotissement au sens du titre I du livre III du code de l'urbanisme. Deux autres exceptions ont, par ailleurs, été ajoutées par la loi n° 88-1090 du 1er déc. 1988 et la loi n° 91-662 du 13 juill. 1991 et qui visent d'une part, les contrats d'acquisition, à terme ou en l'état futur d'achèvement, d'immeubles à construire ; d'autre part, les immeubles destinés à s'intégrer à des constructions relevant de régimes juridiques différents).

Le maître de l'ouvrage est la personne morale publique pour laquelle l'ouvrage est réalisé. Principal responsable de l'ouvrage, il remplit dans ce rôle une fonction d'intérêt général dont il ne peut se démettre. Ainsi c'est à tort que l'on parle de « maîtrise d'ouvrage déléguée » ; il vaut mieux parler de « convention de mandat » de maîtrise d'ouvrage.

Il appartient au maître de l'ouvrage, en effet, après s'être assuré de la faisabilité et de l'opportunité de l'opération envisagée, d'en déterminer la localisation, d'en définir le programme, d'en arrêter l'enveloppe financière prévisionnelle, d'en assurer le financement, de choisir le processus selon lequel l'ouvrage sera réalisé et de conclure avec les maîtres d'œuvre et entrepreneurs qu'il choisit, les contrats ayant pour objet les études et l'exécution de travaux.

Il appartient également au maître de l'ouvrage d'arrêter en fonction de la nature de l'opération les modalités de consultation des personnes concernées (usagers, riverains...) lorsqu'une telle procédure n'est pas déjà prévue par d'autres dispositions législatives ou réglementaires (par exemple, le code de l'expropriation pour l'enquête préalable à la déclaration d'utilité publique ou encore la loi du 12 juill. 1983 sur la protection de l'environnement).

Le maître de l'ouvrage doit définir les objectifs de l'opération ; à cet effet, il établit un programme précisant les besoins à satisfaire et fixant notamment les contraintes qualitatives et financières de l'ouvrage. Les études nécessaires à la rédaction de ce programme peuvent être confiées à une personne publique ou privée.

Dans la limite de ce programme et de l'enveloppe financière prévisionnelle, le maître de l'ouvrage peut (art. 3 de la loi du 12 juill. 1985), sous certaines conditions précisées par l'article 4 de ladite loi, confier à un mandataire, dans les conditions fixées par convention, l'exercice, en son nom et pour son compte, de tout ou partie de ses attributions, à savoir :

– définition des conditions administratives et techniques, selon lesquelles l'ouvrage sera étudié et exécuté ;

– préparation du choix du maître d'œuvre, signature du contrat de maîtrise d'œuvre, après approbation du choix du maître d'œuvre par le maître de l'ouvrage et gestion du contrat de maîtrise d'œuvre ;

– approbation des avant-projets et accord sur le projet ;

– préparation du choix de l'entrepreneur, signature du contrat de travaux, après approbation du choix de l'entrepreneur par le maître de l'ouvrage, et gestion du contrat de travaux ;

– versement de la rémunération de la mission de maîtrise d'œuvre et des travaux ;

– réception de l'ouvrage, et accomplissement de tous actes afférents à ces attributions.

Les règles de passation des contrats signés par le mandataire sont les règles applicables au maître de l'ouvrage.

Le mandataire n'est tenu envers le maître de l'ouvrage que de la bonne exécution des attributions dont il a été chargé. Le mandataire représente le maître de l'ouvrage à l'égard des tiers pendant toute la durée de sa mission.

Les rapports entre le maître de l'ouvrage et son mandataire sont définis par une convention qui prévoit, à peine de nullité (art. 5 de la loi du 12 juill. 1985) :

– l'ouvrage qui fait l'objet de la convention, les attributions du mandataire, la durée de sa mission et les conditions de constatation de son achèvement, les modalités de sa rémunération, les pénalités applicables et les conditions de résiliation éventuelle de son mandat ;

– le mode de financement de l'ouvrage ainsi que les conditions des avances ou remboursements consentis au mandataire ;

– les modalités du contrôle (technique, financier) exercé par le maître d'ouvrage au cours de l'opération ;

– les conditions dans lesquelles l'approbation des avant-projets et la réception des travaux sont subordonnées à l'accord préalable du maître de l'ouvrage ;

– les conditions dans lesquelles le mandataire peut agir en justice pour le compte du maître de l'ouvrage.

Le maître de l'ouvrage peut aussi, sous certaines conditions, recourir (art. 6) à un « conducteur d'opération » pour une assistance générale à caractère administratif, technique et financier.

La mission de conducteur d'opération fait l'objet d'un contrat ; elle est exclusive de toute mission de maîtrise d'œuvre portant sur le même ouvrage.

2. De la maîtrise d'œuvre

Le maître de l'ouvrage peut confier, à une personne de droit privé ou un groupement de personnes de droit privé, une mission de maîtrise d'œuvre (art. 7) destinée à lui apporter une réponse architecturale, technique et économique au programme de travaux envisagé.

La mission de maîtrise d'œuvre est distincte de celle de l'entrepreneur. Toutefois, des dérogations sont autorisées, sous certaines conditions (art. 18), lorsque des motifs d'ordre technique rendent nécessaire l'association de l'entrepreneur aux études de l'ouvrage.

Le maître de l'ouvrage peut confier au maître d'œuvre tout ou partie des éléments de conception et d'assistance concourant à la réalisation de l'ouvrage, notamment :

– les études d'esquisse ;

– les études d'avant-projet ;

– les études de projet ;

– l'assistance à la passation des marchés de travaux ;

– le contrôle des études d'exécution faites par l'entrepreneur ;

– la direction de l'exécution du contrat de travaux ;

– la mission de pilotage et coordination du chantier ;

– l'assistance du maître d'ouvrage pour la réception des travaux et pour les recours éventuels pendant la période de garantie.

Pour les ouvrages de bâtiment, toutefois, il doit être passé avec le maître d'œuvre un contrat unique fixant une mission de base permettant, pour chaque catégorie d'ouvrage :

– au maître d'œuvre, de réaliser la synthèse architecturale des objectifs et des contraintes du programme et de s'assurer du respect, lors de l'exécution de l'ouvrage, des études qu'il a effectuées ;

– au maître de l'ouvrage, de s'assurer de la qualité de l'ouvrage et du respect du programme ainsi que de procéder à la consultation des entreprises, notamment par lots séparés, et de désigner le titulaire du contrat de travaux.

Cette mission peut varier en fonction du mode de consultation des entreprises.

La mission de maîtrise d'œuvre (art. 9) donne lieu à une rémunération forfaitaire fixée contractuellement en fonction de l'étendue de la mission, du degré de complexité des travaux et de leur coût prévisionnel.

Des décrets en Conseil d'État (art. 10 et 11) fixent, en distinguant selon qu'il s'agit d'opérations de construction neuve ou d'opération de réutilisation et de réhabilitation et, le cas échéant, selon les catégories d'ouvrages et les maîtres d'ouvrages :

– le contenu détaillé des éléments de mission de maîtrise d'œuvre ainsi que le contenu détaillé des éléments de maîtrise d'œuvre spécifiques, lorsque les méthodes ou techniques de réalisation ou les produits industriels à mettre en œuvre impliquent l'intervention, dès l'établissement des avant-projets, de l'entrepreneur ou du fournisseur de produits industriels ;

– le contenu de la mission de base pour les ouvrages de bâtiment ;

– les conditions selon lesquelles les parties déterminent la rémunération prévue à l'article 9 et précisent les conséquences de la méconnaissance par le maître d'œuvre des engagements souscrits sur un coût prévisionnel d'objectif.

Ces mêmes décrets (art. 11 modifié) fixent également :

– les modalités d'organisation des concours d'architecture et d'ingénierie qui ne sont pas régis par le code des marchés ;

– les conditions d'indemnisation de tout concurrent ayant remis une proposition conforme au règlement d'un concours d'architecture et d'ingénierie.

Règles de passation des contrats :

Les règles de passation des contrats de maîtrise d'œuvre et, notamment, les règles de choix du maître d'œuvre sont les suivantes (art. 17) :

– si le contrat est passé par une société d'économie mixte pour la réalisation de logements aidés par l'État, ce sont les règles prévues pour les sociétés anonymes et les sociétés coopératives d'habitations à loyer modéré qui sont applicables ;

– si le contrat est passé par un établissement public d'aménagement de ville nouvelle n'intervenant pas en qualité de mandataire, ce sont les règles applicables aux collectivités locales et à leurs établissements publics qui sont applicables.

3. La circulaire n° 86-24 du 4 mars 1986

La circulaire n° 86-24 du 4 mars 1986 relative aux conditions d'entrée en vigueur de la loi n° 85-704 du 12 juillet 1985 (publiée au *BO* n° 12 du 23 avr. 1986 du ministère de l'Équipement, du Logement, de l'Aménagement du territoire et des Transports) a fourni d'utiles précisions pour sa compréhension et son application en attendant la parution de l'ensemble des décrets d'application annoncés (les premiers décrets étaient bien parus assez rapidement – n° 86-453, 86-520, 86-664, 86-665, et 86-666 – *JO* du 16 mars et du 20 mars 1986, mais les derniers, parmi les plus importants, ne sont intervenus que le 29 nov. 1993 – *JO* du 1er déc. 1993 en raison, notamment, des blocages constatés entre les différents partenaires pour parvenir aux accords nationaux prévus, dans sa rédaction initiale, par la loi du 12 juill. 1985).

La loi affirme la responsabilité du maître de l'ouvrage dans la définition d'un programme à la fois qualitatif et quantitatif. La possibilité qui lui est offerte de confier à une personne publique ou privée les études nécessaires à l'élaboration du programme, ne doit entraîner en aucun cas un abandon de responsabilité. Ces études peuvent se justifier en particulier pour la programmation d'ouvrages complexes, mais la définition des objectifs n'appartient qu'au seul maître de l'ouvrage.

Le programme doit être défini avant tout commencement des études d'avant-projet. Pendant l'établissement des avant-projets, le maître de l'ouvrage ne pourra plus le modifier sans porter atteinte au principe d'égalité entre les concurrents. Ce qui n'exclut pas la possibilité de « préciser » certains termes du programme avec la collaboration du maître d'œuvre choisi. Cette interprétation est conforme à une jurisprudence constante.

L'enveloppe financière prévisionnelle doit correspondre au programme dont elle est la traduction financière. Elle doit être calculée avec précision et ne pourra faire l'objet que d'ajustements limités, afin de tenir compte, le cas échéant de l'esquisse retenue, sans pouvoir porter atteinte à l'égalité des concurrents.

Les articles 3, 4 et 5 de la loi du 12 juillet 1985 forment un ensemble cohérent destiné à combattre les pratiques antérieures dites de « délégation de maîtrise d'ouvrage » où l'on voyait la responsabilité des maîtres d'ouvrage se diluer à travers la responsabilité de leurs délégataires qui devenaient ainsi les véritables maîtres de l'ouvrage. Désormais, les maîtres d'ouvrage qui ne disposent pas de l'expérience et des moyens techniques nécessaires, peuvent faire appel à des intermédiaires agissant en leur nom et pour leur compte, dans le cadre d'une procédure limitée de représentation allant néanmoins au-delà de la simple assistance que constitue la conduite d'opération.

Le mandataire agit au nom et pour le compte du maître de l'ouvrage et le représente à l'égard des tiers pendant toute la durée de sa mission. Ce mandat, qui se réfère aux principes généraux du mandat définis par l'article 1993 du code civil, n'est pas un mandat général mais un mandat spécial qui peut se combiner avec d'autres types de contrats, tels qu'un contrat de concession d'aménagement ou de concession de travaux publics ou de prestation de service.

L'interprétation des termes du contrat est restrictive : le maître de l'ouvrage peut confier « tout ou partie de certaines de ses attributions » à son mandataire et il ne peut le faire que dans la limite d'un programme et d'une enveloppe financière qu'il a lui-même arrêtés.

Les attributions susceptibles d'être confiées à un mandataire sont :

– la définition des conditions administratives et techniques selon lesquelles l'ouvrage sera étudié et exécuté ;

– la préparation du choix d'un maître d'œuvre ; signature du contrat de maîtrise d'œuvre par le maître de l'ouvrage et gestion du contrat de maîtrise d'œuvre ;

– l'approbation des avant-projets et accord sur le projet retenu ;

– la préparation du choix de l'entrepreneur, signature du contrat de travaux après approbation du choix de l'entrepreneur par le maître de l'ouvrage et gestion du contrat de travaux ;

– le versement de la rémunération du maître d'œuvre et paiement des travaux ;

– la réception de l'ouvrage.

Les autres attributions du maître de l'ouvrage ne peuvent être confiées à un mandataire, notamment la responsabilité de la définition du programme des travaux, la fourniture des précisions indispensables à leur exécution et la passation du contrat éventuellement nécessaire à l'élaboration de ce programme. Il en est de même de la détermination de l'enveloppe financière prévisionnelle, du choix du maître d'œuvre, du choix de l'entrepreneur et de la détermination des modalités de consultation des personnes intéressées quand celles-ci ne sont pas déjà déterminées par la loi.

Les règles de passation des contrats ou marchés sont celles applicables au maître de l'ouvrage (art. 4 dernier al. de la loi du 12 juill. 1985) ; les règles de passation applicables aux contrats du mandant doivent être strictement appliquées par le mandataire et la convention de mandat prévue à l'article 5 pour définir les rapports entre maître de l'ouvrage public et mandataire devra en préciser les conditions d'application.

Cas particulier de la concession :

Il n'y a pas incompatibilité entre concession et mandat. Un concessionnaire de travaux publics, agissant pour le compte d'un maître d'ouvrage, qui assure le financement des travaux et auquel l'ouvrage est remis aussitôt après son achèvement, est soumis aux dispositions de la loi. Dans ce cas, le contrat de concession se combine avec la convention de mandat et le concessionnaire-mandataire ne peut être qu'une des personnes énumérées à l'article 4 de la loi.

En revanche, un concessionnaire qui réalise l'ouvrage, le finance et en conserve l'exploitation moyennant une redevance des usagers, dans le cadre d'un service public concédé, n'est pas le mandataire du concédant mais le véritable maître de l'ouvrage : il n'est donc pas soumis à la loi du 12 juillet 1985, sauf si c'est une personne visée à l'article 1er de ladite loi.

Le conducteur d'opération assure une mission d'assistance générale « à caractère administratif, technique et financier » auprès du maître de l'ouvrage. Cette mission qui s'analyse comme une mission de prestation de service est de nature différente de celle du mandat qui est une mission plus vaste et comporte l'exercice de droits propres au maître de l'ouvrage. Cette assistance, exclusive de toute mission de maîtrise d'œuvre, doit permettre de suppléer l'absence de service spécialisé dans une collectivité, comme c'est souvent le cas dans les petites et moyennes communes qui n'en auraient pas un usage permanent.

Un tel contrat peut intervenir dès le début des études préalables et se poursuivre tout au long du processus de réalisation de l'ouvrage. Le conducteur d'opération peut donc, à la différence du mandataire, participer à l'élaboration du programme et à la détermination de l'enveloppe financière prévisionnelle. L'article 6 de la loi du 12 juillet 1985 énumère les personnes morales susceptibles d'exercer la conduite d'une opération ; on voit que celles-ci ne sont pas limitées aux seuls « services, organismes ou agents publics » visés par l'article 1er de l'arrêté du 29 juin 1973.

Le maître d'œuvre est, aux termes de l'article 7 de la loi du 12 juillet 1985, la personne physique ou morale, ou un groupement pluridisciplinaire, qui a vocation, pour le compte du maître de l'ouvrage, à concevoir l'ouvrage en respectant les objectifs et les contraintes du programme qui lui a été notifié, à coordonner l'exécution des marchés de travaux et à proposer leur réception.

Outre les missions qui peuvent être confiées à un maître d'œuvre, l'article 7 définit par objectifs une mission dite de base spécifique aux ouvrages de bâtiment, qui doit conduire à un niveau d'élaboration suffisant du projet pour obtenir une architecture de qualité ainsi qu'une technique de réalisation et des coûts maîtrisés. Son contenu doit permettre au maître de l'ouvrage de s'assurer du respect du programme tout au long de la réalisation de l'ouvrage et de procéder à la consultation des entreprises et à la désignation du titulaire du marché de travaux.

La mission de base peut varier pour prendre en compte le mode de consultation des entreprises : marchés séparés, groupement ou entreprise générale. Cette dernière disposition permet, à la fois au stade des négociations et au moment du choix par le maître de l'ouvrage seul responsable en la matière, d'assurer la cohérence indispensable entre le mode de dévolution des travaux et l'ampleur de la mission à confier à l'équipe de maîtrise d'œuvre.

Les textes de 1973 qui réglaient jusqu'alors la matière, ont perdu leur caractère obligatoire depuis le 1er mars 1984 en ce qui concerne les collectivités territoriales et celles-ci, sauf le cas où elles avaient opté de s'y conformer, n'étaient plus soumises pendant la période transitoire ouverte jusqu'à l'entrée en vigueur de la totalité des dispositions de la loi nouvelle, qu'aux dispositions du code des marchés en ce qui concerne leur activité d'ingénierie et d'architecture.

La parution des derniers décrets d'application de la loi du 12 juillet 1985, intervenue le 29 novembre 1993 (*JO* du 1er déc.), fixant au 1er juin 1994 la date d'entrée en vigueur de ses dispositions, clôture cette période.

4. Les décrets du 29 novembre 1993

Trois décrets en date du 29 novembre 1993 (*JO* du 1er déc. 1993) définissent les missions et responsabilités du maître d'œuvre ; ils précisent aussi les modalités d'organisation des concours et les modalités de passation des contrats et marchés de conception-réalisation.

Ces décrets sont utilement complétés par l'arrêté du 21 décembre 1993 (*JO* du 13 janv. 1994) qui détermine, à travers plusieurs annexes, les modalités techniques d'exécution des éléments de mission de maîtrise d'œuvre confiés par des maîtres d'ouvrage publics à des prestataires de droit privé. Une nouvelle circulaire d'application est annoncée mais n'a toujours pas été communiquée.

– Le *décret nº 93-1268 du 29 novembre 1993* relatif aux missions de maîtrise d'œuvre confiées par des maîtres d'ouvrage publics à des prestataires de droit privé.

Ce décret tend à clarifier les rôles et responsabilités respectifs afin de parvenir au meilleur rapport qualité/prix des opérations. À cet effet le texte précise (chapitre I) mieux encore que n'avait pu le faire la circulaire précitée, en attendant l'ouverture de négociations entre partenaires concernés, le contenu des huit missions principales définies par l'article 7 de la loi du 12 juillet 1985, et qui varient selon qu'il s'agisse de travaux de bâtiment (section 1) ou d'infrastructure (section 2). Il introduit aussi quelques changements qui constituent un progrès sur la réglementation de 1973 en créant, par exemple, (art. 3) une mission d'études d'esquisse (pour les bâtiments neufs) ou (art. 12), une mission d'études de diagnostic (pour les opérations de réutilisation ou de réhabilitation de bâtiments). Au chapitre II, le texte apporte d'utiles précisions sur le contenu du contrat de maîtrise d'œuvre (art. 28), dont les missions sont désormais définies par rapport à des normes, ainsi que sur les modalités d'évaluation de la rémunération forfaitaire du maître d'œuvre (art. 29 et 30).

Le texte, enfin, qui prend effet du 1er juin 1994, abroge plusieurs dispositions antérieures notamment celles du décret nº 73-207 du 28 février 1973.

– Le *décret nº 93-269 du 29 novembre 1993* relatif aux concours d'architecture et d'ingénierie organisés par les maîtres d'ouvrage public, pris en application de l'article 11 modifié de la loi MOP, a pour principal objectif de préciser les dispositions applicables aux maîtres d'ouvrage non soumis au code des marchés (organismes privés d'HLM, par exemple) et de fixer les conditions d'indemnisation des concurrents.

– Le *décret 93-270 du 29 novembre 1993* portant application du I de l'article 18 de la loi nº 85-704 du 12 juillet 1985 modifiée relative à la maîtrise d'ouvrage publique et à ses rapports avec la maîtrise d'œuvre privée, précise les conditions dans lesquelles le maître de l'ouvrage peut confier par contrat à un groupement de personnes de droit privé ou, pour les seuls ouvrages d'infrastructure, à une personne de droit privé, une mission portant à la fois sur l'établissement des études et l'exécution des travaux, lorsque des motifs d'ordre technique rendent nécessaire l'association de l'entrepreneur aux études de l'ouvrage. Il s'agit de dispositions dérogatoires aux règles de passation des contrats de maîtrise d'œuvre définies par le titre II de la loi du 12 juillet 1985. Cette mission est qualifiée de « mission de conception-réalisation ». Il va de soi que le recours à cette procédure doit être sérieusement motivé.

– L'*arrêté du 21 décembre 1993* comporte quatre annexes d'une grande importance car elles précisent, pour chaque catégorie d'opérations, les modalités techniques d'exécution des éléments de maîtrise d'œuvre définis par le décret nº 93-1268 du 29 novembre 1993 précité. De telles dispositions renforcent l'indépendance de la maîtrise d'œuvre face au lobby des organismes de logements sociaux et des « majors » du BTP, solidaires comme l'écrit le président du Conseil national de l'ordre des architectes (Le Monde, du 15 févr. 1995), de la contestation de la transparence des marchés publics. Ces dispositions devraient, en outre, jouer dans le sens d'une amélioration du rapport qualité/prix des ouvrages en rendant plus difficiles les ententes entre entreprises générales et sous-traitants qui favorisaient la surfacturation des travaux au détriment de la qualité des ouvrages et des intérêts de la collectivité.

5. Les contrats de maîtrise d'œuvre des sociétés d'économie mixte locales

Les contrats de maîtrise d'œuvre des sociétés d'économie mixte, sociétés anonymes régies par les dispositions de la loi du 24 juillet 1966 sur les sociétés commerciales et de ce seul fait non justiciables des juridictions administratives, sont principalement des contrats de droit privé. Mais paradoxalement, les SEML sont assujetties dans deux cas au respect des dispositions de la loi MOP (art. 1-4° et art. 4). C'est que les sociétés d'économie mixte locales sont fréquemment crées par les collectivités locales pour être « leur bras séculier » et interviennent, en fait, soit en raison de leur objet social, comme un véritable maître d'ouvrage public soit comme mandataire de la collectivité publique.

La loi du 12 juillet 1985 est donc, d'abord, applicable aux SEML constituées pour la construction de « logements à usage locatif aidés par l'État ». Ainsi, en ce qui concerne la passation de leurs contrats ayant pour objet l'exécution d'une mission de maîtrise d'œuvre et, notamment, les modalités de choix du maître d'œuvre (art. 17), les règles applicables sont celles que les maîtres d'ouvrage publics sont tenus de respecter pour la passation des mêmes marchés.

La loi s'applique ensuite aux SEML intervenant comme mandataire des maîtres d'ouvrage publics. Or, la loi du 12 juillet 1985 (art. 4) précise que les règles de passation des contrats signés par le mandataire sont les règles applicables au maître de l'ouvrage.

Les marchés d'entreprise de travaux publics (METP)

Les incessantes modifications du code des marchés, sous la pression des circonstances (protection de la concurrence, besoin d'une plus grande transparence) ou sous la pression des engagements communautaires, ont conduits les opérateurs locaux, forts de leur nouveau pouvoir de libre administration, à des initiatives qui génèrent de nouvelles formes de contrats, un peu hybrides, qui empruntent à d'autres formes de contrats certaines de leurs caractéristiques : ainsi en est-il des METP.

Qu'est-ce qu'un METP ? Il s'agit d'un contrat (d'un genre relativement nouveau) entre un maître d'ouvrage et un entrepreneur en vue de la construction d'un équipement dont il se verra confier l'entretien et l'exploitation pendant une certaine durée (dix ans, en général). L'entreprise assure le financement des travaux et reçoit, en contrepartie, une rémunération qui couvre également ses frais d'exploitation et d'entretien.

De construction jurisprudentielle, le METP ne trouve aujourd'hui sa meilleure définition qu'à travers l'affirmation de ce qu'il n'est pas (voir, à cet effet, le Rapport public du Conseil d'État pour 1993, p. 69 et suivantes).

Une définition a cependant été tentée par le Secrétaire d'État aux collectivités locales (*JO* Sénat, 10 sept. 1992, n° 22052) :

> « Le marché d'entreprise de travaux publics représente une variété de marché public, de construction jurisprudentielle ; elle peut être sommairement définie comme un contrat global de longue durée, comprenant à la fois la construction d'un ouvrage public et son exploitation et généralement un investissement important au départ. »

Cette définition a été complétée par le ministre de l'Intérieur à la suite d'une question écrite (*JO* AN, 6 sept. 1993, n° 1670) :

« Si le METP associe nécessairement l'entreprise cocontractante à l'exploitation du service public dont l'ouvrage public, objet du contrat, est le support, on ne peut pour autant considérer le METP comme ayant pour objet même une délégation de service public. Au demeurant, le mode de rémunération du METP, consistant en des versements opérés par la collectivité publique, le fait de toute façon ranger dans la catégorie des marchés publics. »

Mais l'incertitude demeure. Le METP n'est pas véritablement une concession, puisque l'entrepreneur ne perçoit pas de redevances sur l'usager mais une rémunération de la collectivité. Le METP s'analyserait plutôt comme une délégation de service public *sui généris* et par là même ne serait pas soumis aux règles du code des marchés (sauf à s'exposer à une requalification du contrat par le juge administratif). Ce qui, en tout état de cause, conduirait à penser qu'un METP ne peut faire l'économie d'une procédure de publicité et de mise en concurrence, même si la collectivité garde le libre choix de l'entrepreneur.

De nombreuses collectivités ont recours à ce type de contrat pour financer des équipements lourds, tels une usine d'incinération des déchets, ou leurs travaux de voirie. Cette solution constitue un endettement déguisé, puisqu'il n'y a pas lieu à budgétisation d'un investissement, réalisé dans des conditions nécessairement moins bonnes que celles qui sont habituellement consenties aux collectivités locales, quand, en l'espèce, une collectivité déterminée a épuisé son crédit auprès des banques.

Dans un avis au ministre de l'Économie, des Finances et du Budget, en date du 18 juin 1991, le Conseil d'État a répondu :

– qu'un contrat ayant pour objet la réalisation ou la réhabilitation ainsi que le gros entretien ultérieur d'un bâtiment public affecté à un service public et prévoyant le versement, au profit du titulaire du contrat, d'une rémunération forfaitaire périodique par la collectivité publique contractante, maître de l'ouvrage, ne saurait être regardé comme une concession de service public dès lors qu'il ne prévoit pas que le titulaire puisse percevoir sur les usagers du service, avec lesquels, d'ailleurs, il ne noue aucune relation contractuelle, des redevances pour service rendu. Un contrat de ce type, dans lequel on ne retrouve pas l'ensemble des critères retenus par la jurisprudence pour caractériser un « marché d'entreprise de travaux publics », doit être regardé comme un « marché de travaux publics » ;

– que dès lors un marché de travaux publics entre dans le champ d'application des directives européennes relatives aux procédures de passation des marchés publics ;

– un contrat de ce type constituant un marché doit, conformément aux dispositions des articles 255 et 318 du code des marchés, comporter au nombre de ses pièces constitutives, un cahier des charges et notamment un CCAG ;

– que dans un tel contrat le sous-traitant qui a accepté et dont les conditions de paiement ont été agrées par le maître de l'ouvrage, peut être payé directement par celui-ci conformément aux dispositions de l'article 6 de la loi du 31 décembre 1975 sur la sous-traitance. Ces dispositions étant d'ordre public, serait entachée d'illégalité une clause aux termes de laquelle les prestations fournies par les sous-traitants ne seront pas payées par le maître de l'ouvrage mais par le titulaire du marché ;

– en ce qui concerne l'éligibilité des dépenses au FCTVA : sont éligibles au fonds de compensation de la TVA, en vertu des dispositions du décret du 6 septembre 1989 portant application de l'article 42 de la loi de finances rectificative pour 1988, les dépenses réelles d'investissement comptabilisées à la section d'investissement du compte administratif. Ces dépenses au sens de la réglementation doivent avoir pour résultat l'entrée d'un nouvel élément d'actif dans le patrimoine de la collectivité, ou, s'agissant d'éléments existants, en augmenter la durée d'utilisation. Elles doivent être réalisées par ou pour le compte de la collectivité et destinées à être intégrées, à titre définitif, dans le patrimoine de la collectivité. Dès lors que l'éligibilité des dépenses au FCTVA n'est pas subordonnée aux modalités de paiement du marché mais à la seule question de savoir quelle est la nature réelle de ces dépenses et à leur réalisation effective, ainsi qu'à l'intégration des ouvrages dans le patrimoine de la collectivité, les redevances versées par la collectivité au titulaire du marché peuvent être prises en compte dans la mesure où elle couvrent des dépenses engagées tant en vue de la construction ou de la réhabilitation de bâtiments affectés au service public de l'enseignement que du gros entretien de ces derniers ;

– aux termes de l'article 3 de la loi n° 85-704 du 12 juillet 1985 sur la maîtrise d'ouvrage publique et ses rapports avec la maîtrise d'œuvre privée, le maître de l'ouvrage a le droit de donner à un mandataire un mandat limité au versement de la rémunération de la maîtrise d'œuvre et des travaux, sans qu'y fasse obstacle le fait que les sommes versées par le mandataire ne lui seraient remboursées par la collectivité que de façon progressive et au terme d'une durée de plusieurs années.

Le tribunal administratif de Clermont-Ferrand a récemment requalifié en « marché de travaux publics » un contrat passé par cette collectivité avec une entreprise de travaux publics de voirie, auquel avait été abusivement donné la qualification de METP *(Préfet de l'Allier, Commune de Vichy,* 30 mars 1993*)*.

« Considérant... que le conseil municipal de Vichy a autorisé son maire à signer avec l'entreprise Jean Lefebvre une convention d'une durée de quinze ans aux termes de laquelle dans des limites géographiques déterminées la commune confiait à cette entreprise la conception et l'exécution des travaux de rénovation de la voirie, les travaux de réalisation de rues et places piétonnes, et ceux d'extension du réseau d'évacuation d'eaux pluviales ; que le titulaire du contrat était en outre chargé d'assurer pendant toute la durée du contrat l'entretien et la maintenance de l'ensemble de la voirie comprise dans l'assiette géographique définie par le contrat ; que la rémunération du titulaire était assurée par une redevance forfaitaire annuelle payable trimestriellement ;

Considérant que les travaux de construction et d'entretien d'ouvrages publics ont la nature de travaux publics ; qu'il en est de même des prestations de surveillance desdits ouvrages destinées à en assurer l'entretien approprié alors même qu'elles n'aboutiraient à l'exécution d'aucun immeuble ; que, s'agissant de voies publiques, l'entrepreneur chargé de l'exécution de telles prestations de surveillance et de tels travaux d'entretien ne peut être regardé comme assurant l'exploitation des voies publiques ni non plus, et par voie de conséquence, comme exécutant des prestations de service en vue de cette exploitation ; que, de ce seul fait, le contrat litigieux ne peut se voir reconnaître la nature de marché d'entreprise de travaux publics mais doit, en conséquence, être qualifié de marché de travaux publics, soumis, en particulier, aux règles impératives du code des marchés publics [...]. »

Ce jugement apporte ainsi une contribution à la définition des METP insuffisamment précisée par le Conseil d'État. En l'état actuel du droit positif et de la jurisprudence (assez rare il est vrai), le METP se définit par trois éléments indissociables :

– son objet qui implique la construction d'un ouvrage et son exploitation ultérieure par le constructeur ;

– sa durée qui ne saurait être inférieure à dix ou quinze ans, temps nécessaire à l'amortissement des emprunts souscrits par l'entreprise ;

– le mode de rémunération de l'entrepreneur-exploitant qui reçoit une redevance périodique du propriétaire et non des usagers, pendant toute la durée du contrat (ce qui contribue à différencier le METP du contrat de concession de service public).

En l'espèce, le contrat de la ville de Vichy était privé d'un élément essentiel, l'exploitation d'un service public.

En résumé, d'après le rapport précité du Conseil d'État, les avantages de la formule ne sont pas inexistants :

– c'est d'abord la possibilité pour la collectivité de pouvoir réaliser de nouveaux investissements immédiatement alors qu'elle aurait dû y renoncer dans le cadre de sa programmation budgétaire, soit pour des raisons d'enveloppe et de priorité budgétaire soit pour des raisons tenant aux difficultés de la collectivité à obtenir de nouveaux prêts bancaires ; la charge de la négociation est ainsi reportée sur l'entrepreneur ;

– ce faisant c'est aussi une façon de ne pas aggraver son endettement : effet d'annonce non négligeable ;

– certains avancent que le procédé pourrait générer quelques économies tenant à la conduite, par un même opérateur, de l'ensemble des opérations de construction ou réhabilitation et de maintenance de l'ouvrage ; c'est vraisemblable, mais est-il sûr que ces économies profiteront à la collectivité plutôt qu'à l'entrepreneur ?

– enfin la redevance annuelle versée à l'entrepreneur peut se révéler plus onéreuse qu'un emprunt mais budgétairement plus douce par son imputation en section de fonctionnement.

Les inconvénients, par contre, sont bien réels :

– débudgétisation des investissements, d'où endettement déguisé et contournement des normes d'endettement des collectivités locales ;

– ce qui peut constituer un certain encouragement à réaliser des investissements non indispensables voire somptuaires ;

– et risque d'insuffisance de mise en concurrence des candidats, ce qui peut défavoriser les PME face aux grandes entreprises de BTP ;

– enfin, l'incertitude qui pèse sur la véritable nature de ces contrats peut constituer un encouragement à s'exonérer du respect des dispositions du code des marchés et, en cas de recours, créer le désagrément de voir le contrat requalifié par le juge, exposant ainsi la collectivité à la constatation d'un délit de *favoritisme.*

TRÉSORERIE (gestion de la trésorerie et de la dette)

(Voir aussi *Emprunts.*)

« Sauf dérogation admise par le ministre des Finances, les collectivités territoriales de la République et les établissements publics sont tenus de déposer au Trésor toutes leurs disponibilités » (art. 15, dernier al., de l'ord. 59-2 du 2 janv. 1959).

Cette règle peut paraître sévère au regard du principe de libre administration des collectivités locales, mais elle se justifie par les relations financières étroites existant entre les collectivités locales et l'État, notamment par l'avance du produit des impôts locaux. Cette règle est parfois tournée par les collectivités qui cherchent à effectuer des placements rémunérés de leur trésorerie, par le relais de SEM ou d'associations para municipales à qui sont consenties des *avances* ou des *subventions fictives.* Les observations adressées par les chambres régionales des comptes aux ordonnateurs en citent de nombreux exemples, d'ailleurs repris par la Cour dans son Rapport public de 1993.

Observations des juridictions financières

- CRC « Nord-Pas-de-Calais », 21 sept. 1993, *Commune d'Outreau ;* extraits :

« Au cours des exercices 1984 à 1990, votre commune a procédé à plusieurs opérations de prêts à la caisse de Crédit municipal de Boulogne. L'encours a atteint 4 millions de francs en 1988. Il s'agit, pour la commune, d'un véritable placement financier, contraire à l'obligation de dépôt des fonds libres au Trésor prévue par l'article 15 de l'ordonnance n° 59-2 du 2 janvier 1959 et par conséquent illégal. »

Dans un autre cas (CRC « Poitou-Charentes », 30 avr. 1993, *Sivom de La Rochelle*), la chambre observe :

« Au cours des exercices (1985-1990), le Sivom a versé au Comité d'action sociale et de loisirs des fonctionnaires territoriaux et des établissements publics de la région de La Rochelle des subventions placées en valeurs mobilières auprès d'organismes bancaires. Ces subventions ont le caractère de fonds publics et ne peuvent dès lors être placées qu'au Trésor. »

- CRC « Bretagne », 5 nov. 1993, *Commune de Quiberon ;* extraits :

« Gestion de la trésorerie communale : La commune a conservé sur son compte 565 (Crédit local de France) un solde constant de 2 635 000 F au cours des quatre exercices examinés. Elle a, en outre, disposé pendant cette même période, d'un solde très important sur son compte au Trésor public, situé en permanence dans une fourchette comprise entre 5,2 et 15,4 millions de francs et supérieur à 10 millions de francs pendant vingt-sept mois. Le maintien d'une trésorerie abondante au compte 565 a coûté, en quatre ans, quelque 950 000 F à la ville, compte tenu du différentiel existant entre la rémunération du dépôt par le CLF et le coût des 7,3 millions de francs d'emprunts contractés au cours de ces exercices. La thésaurisation constatée sur le compte au Trésor s'est avérée encore plus coûteuse. Si la ville n'y avait conservé en permanence que la trésorerie nécessaire à un mois de dépenses, elle aurait économisé 2,6 millions de francs de 1987 à 1990 (produit de l'excédent de caisse multiplié par le taux moyen des emprunts de cette période). Les sommes conservées étaient sans rapport avec les besoins de la ville à cette époque, même si l'on tient compte de ses projets d'investissement. En définitive, l'absence de gestion de la trésorerie aura coûté, en quatre ans, plus de 3,5 millions de francs à la commune de Quiberon. »

- CRC « Pays de Loire », 2 août 1993, *Commune de Saint-Jean-de-Monts ;* extraits :

« Pendant la période examinée, la commune a vu ses liquidités déposées au Trésor dépasser le plus souvent 15 millions de francs. Le compte ouvert à la CAECL comportait ainsi pour 2,7 MF non utilisés de 1986 à 1989, rémunéré à seulement 1 % d'intérêts. En même temps, la commune a financé certaines opérations par emprunt et a mobilisé les sommes prématurément, au regard des besoins de la trésorerie. Ainsi, les quatre emprunts souscrits pendant la période considérée, pour un total de 7,6 millions, auraient pu être différés, ce qui aurait allégé la charge de paiement d'intérêts de la commune. Un report des emprunts à une date où ces fonds sont devenus nécessaires se serait traduit par une économie annuelle d'intérêts d'environ 200 000 F en 1987 et 1988. »

- CRC « Ile-de-France », 2 déc. 1993, *Département du Val-d'Oise : Centre polytechnique d'enseignement privé Saint-Louis ;* extraits :

« Le 21 septembre 1987, le conseil général a demandé le concours de la direction départementale de l'équipement du Val-d'Oise comme conducteur d'opération du projet, selon les dispositions de la loi n° 48-1530 du 29 septembre 1948. Ce concours a été autorisé le 27 janvier 1988 par le préfet du Val-d'Oise. Un an après, le choix du conducteur d'opération, le 30 septembre 1988, une convention

de mandat a été établie en application des dispositions des articles 5-I-3 et 5-II de la loi n° 85-704 du 12 juillet 1985 relative à la maîtrise d'ouvrage publique et à ses rapports avec la maîtrise d'œuvre privée ; elle a été conclue entre la SEMAVO (Société d'économie mixte du Val-d'Oise) et le département, en vertu d'une délibération du conseil général du 9 septembre 1988 [...].
La chambre a noté le caractère avantageux, pour la SEM, du mécanisme de financement retenu. Il était prévu de recourir pour la SEMAVO au système de l'avance, par le maître d'ouvrage, des fonds nécessaires au paiement des dépenses, le mécanisme de remboursement, envisagé également en cas de préfinancement par la SEM, n'ayant jamais eu à jouer. En l'espèce, l'avance devait correspondre à six mois de dépenses prévisionnelles alors qu'en général trois mois semblent une bonne mesure pour les opérations de bâtiment. Cette avance était reconstituée tous les deux mois du montant des dépenses réalisées et son solde non consommé devait être remboursé à chaque fin d'exercice. Au surplus, une autre précaution était retenue : en cas d'échéance imprévue excédant 50 % de l'avance de l'exercice, un mécanisme de réabondement plus rapide était organisé. Le financement par le maître d'ouvrage de l'opération ayant été réalisé par le seul système de l'avance, en théorie et selon les dispositions contractuelles, cette avance, versée en début d'année, aurait dû correspondre à six mois de dépenses prévisionnelles, celles-ci étant arrêtées à partir du bilan prévisionnel établi chaque année conjointement par la SEM et la DDE.
Or, l'avance versée a toujours largement excédé les dépenses du semestre puisqu'en 1989, elle a été supérieure aux dépenses de l'année (13,4 mois de dépenses), en 1990, elle a représenté 87,7 % des dépenses de l'exercice (soit dix mois et demi), en 1991, 63 % des dépenses de l'année (soit sept mois et demi), en 1992, enfin, les dépenses réalisées n'avaient consommé que 30,6 % de l'avance versée fin avril. Si le calcul des dépenses prévisionnelles semble s'être affiné au fil des années, l'avance versée, elle aussi progressivement mieux ajustée, n'a jamais représenté moins de huit à dix mois de dépenses ; la reconstitution de l'avance, au vu des règlements effectués par la SEM, étant par ailleurs faite à bonne date.
Par ailleurs, l'importance des sommes reversées par la SEMAVO au département en fin d'exercice attestait du solde très positif de trésorerie dont bénéficiaient en permanence l'opération et la SEM. Contrairement à l'obligation de dépôt des fonds des collectivités publiques auprès du comptable, les avances ainsi versées ont donné lieu, dans un premier temps, à des produits financiers pour le département. Il semble donc évident que, ni celui-ci qui a autofinancé seul cette opération jusqu'en 1991, ni la SEM qui y a trouvé une rémunération supplémentaire, n'ont eu intérêt à une gestion parcimonieuse de l'avance. Cette avance, reconstituée tous les deux mois, laissait donc en permanence un fonds de trésorerie disponible pour des placements [...]. La SEM a optimisé la gestion de la trésorerie de l'opération en utilisant les techniques usuelles d'emploi de la trésorerie excédentaire (offertes par la Caisse des dépôts) [...]. L'obligation de dépôt des fonds au Trésor a été transgressée. »

- Rapport public 1993 de la Cour des comptes ; extraits :

  « La gestion financière des opérations (d'investissement) est souvent défectueuse : le montant des avances au mandataire, lorsque celles-ci sont prévues au contrat, excède les besoins de l'opération en trésorerie ; la complexité des mécanismes de financement, aggravée par la centralisation opérée par les organismes financiers, retarde la liquidation des opérations et peut entraîner des erreurs notables ; des charges ou des recettes afférentes à une opération sont affectées à une autre. Pour assurer la survie de l'exploitant, ou lui procurer des produits financiers, en par-

ticulier s'il s'agit d'une société d'économie mixte dont elles ont le contrôle, les collectivités peuvent être tentées de lui verser des sommes importantes sur fonds publics, en contravention à l'obligation de dépôt des fonds au Trésor.
D'une manière générale, les formules de délégation encouragent la tendance à lancer et à réaliser des opérations d'investissement sans que les assemblées locales soient pleinement averties des risques qu'elles prennent. Les modalités d'information ne sont pas définies avec une précision suffisante dans les conventions de délégation. Bien souvent, le minimum d'information, consistant dans l'approbation de la convention et l'habilitation donnée par l'assemblée délibérante à l'ordonnateur de signer les documents s'y rapportant, n'est pas respecté. La confusion entretenue entre l'exécutif de la collectivité et la direction de la société permet à celle-ci de se voir confier des missions exercées pour le compte de la première, mais parfois à l'insu de son assemblée délibérante. Ce défaut d'information revêt une gravité particulière lorsque la personne publique est ultérieurement amenée à assumer des engagements, sous forme notamment de garanties d'emprunt, pour des opérations propres à une SEM... »

TUTELLE (suppression de la tutelle administrative). Voir *Légalité : suppression de la tutelle financière*. Voir aussi *Chambres régionales des comptes (CRC)*.

U

Urbanisme

La loi n° 83-8 du 7 janvier 1983 relative à la répartition des compétences entre les communes, les départements, les régions et l'État (complétée par la loi n° 83-663 du 22 juill. 1983) a transféré au maire (dans les conditions prévues par l'art. L 421-2-1 du code de l'urbanisme) la compétence en matière d'urbanisme.

Ce transfert de compétence au maire est, aux termes du dernier alinéa de l'article L 421-2-1 précité, définitif, même si le préfet avait signé le permis initial (hypothèse de la demande d'un permis modificatif ; ou encore hypothèse du retrait d'un permis de construire présumé illégalement accordé).

L'urbanisme est un domaine où l'intervention des tribunaux administratifs se révèle très importante, en raison des intérêts en cause ainsi que du nombre et de la diversité des actes que les maires sont appelés à délivrer chaque année en la matière. D'autre part, force est de constater que la complexité de la réglementation et la diversité des situations met souvent à rude épreuve les services préfectoraux qui ont à en connaître.

On peut toutefois dresser, à partir de la jurisprudence, une liste d'actes susceptibles d'être sanctionnés, que ceux-ci soient soumis à l'obligation de transmission (actes relatifs à la procédure d'élaboration, de révision ou de modification des schémas directeurs et de secteurs, à l'élaboration, à la révision, à la modification ou à la mise à jour du plan d'occupation des sols), ou qu'il s'agisse de certificats d'urbanisme, ou de permis de construire, etc.

Notons qu'outre les déférés préfectoraux liés au non-respect des procédures ou des règles du droit de l'urbanisme, tous les actes concernant ce domaine sont souvent attaqués par des tiers lésés ou des associations de défense de l'environnement.

Plan d'occupation des sols

Les dispositions du plan d'occupation des sols (POS) doivent être compatibles avec les énonciations des *schémas directeurs.*

Ce principe est posé successivement par les articles L 122-1, L 123-1 et R 122-27 du code de l'urbanisme modifié par la loi du 7 janvier 1983. La notion d'incompatibilité est définie par la jurisprudence comme la remise en cause des options fondamentales du schéma directeur ou la destination des sols qu'il prévoit (CE, 13 oct. 1982, *Commune de Roumare ;* dans le même sens : TA Poitiers, 9 et 23 mai 1984, *Société de protection des paysages de l'île d'Oléron c/ Commune de Saint-Pierre*).

Les manipulations du POS sont, hélas, fréquentes, non seulement à la faveur des révisions périodiques réglementaires, mais encore par le jeu des « anticipations », des dérogations et modifications ponctuelles.

Élaboration d'un POS

Un plan d'occupation des sols peut être établi pour tout ou partie d'une commune ou pour tout ou partie d'un ensemble de communes (art. R 123-1 du code de l'urbanisme).

L'annulation d'un POS est fréquente. Les principales causes d'annulation des POS résultent de violations ou méconnaissance des règles de procédure. Quels sont donc les pièges les plus courants à éviter ?

– tout d'abord, veiller à la transmission au représentant de l'État et à la notification à toutes les autorités concernées, énumérées à l'article R 123-6 du code de l'urbanisme et susceptibles de demander à être consultées sur le projet dès qu'il aura été arrêté ;

– le respect des règles de publicité ;

– la consultation, obligatoire ou facultative, des organismes concernés dans les conditions prévues aux articles R 123-3 et R 123-8 du code de l'urbanisme ;

– la régularité de l'enquête publique et de la désignation du commissaire enquêteur ;

– s'abstenir de toute modification postérieurement à l'enquête publique.

Permis de construire

En matière de *permis de construire,* le Conseil d'État a considéré (15 avr. 1988, *Commune de Vitry c/ Préfet du Val-de-Marne*) que le contrôle administratif incombant au préfet s'étendait à l'ensemble des décisions individuelles prises par le maire et susceptibles de faire grief, parmi lesquelles figurent, au même titre que les autorisations de construire, les arrêtés refusant le permis de construire (jurisprudence confirmée, CE, 22 févr. 1991, *Préfet du Val-de-Marne c/ Commune de Bry-sur-Marne*).

1. Instruction des dossiers

Pour remplir leur mission, les maires peuvent obtenir le *concours des services de l'État,* dans les conditions prévues par l'article R 490-2 du code de l'urbanisme.

La question s'est donc, assez rapidement, posée de savoir si la convention passée à cet effet entre la commune et la DDE avait une portée générale ou pouvait être limitée à l'instruction des seuls dossiers dont la commune lui confiait l'étude, le maire se réservant la faculté d'assurer lui même l'instruction de certains dossiers de son choix ?

Dans un premier temps, le Conseil d'État (16 oct. 1985, *COREP du Puy-de-Dôme c/ Commune de Puy-Guillaume*) a fourni une réponse qui a eu le mérite de préciser l'étendue des pouvoirs des maires en matière d'instruction des autorisations d'utilisation des sols, et notamment des permis de construire, depuis l'entrée en vigueur de la loi du 7 janvier 1983 modifiée.

Le décret 83-1261 du 30 décembre 1983 pris en application de l'article L 421-2 du code de l'urbanisme, précise (art. R 490-2) les conditions dans lesquelles une commune peut faire appel, par convention, aux services de l'État pour l'instruction des autorisations et actes d'occupation des sols. Le système mis en place semblait, dans sa rédaction première, donner à la commune le choix :

– ou bien d'assurer elle-même avec ses propres services techniques l'instruction des demandes d'autorisation d'occupation du sol ;

– ou bien de confier cette instruction à un service relevant d'une autre collectivité (en l'occurrence aux services de la DDE), mais, dans ce cas, elle devait confier à ce service, sans exception possible, l'instruction de tous les actes concernés.

Le Conseil d'État, a fait, à cette occasion, observer que la passation d'une convention ne privait en rien le maire du pouvoir final de décision. Malgré la convention, il garde la direction générale de l'instruction qui lui incombe en vertu de article L 421-2-6 du code de l'urbanisme, car *il n'est pas tenu par l'avis qui lui est donné par le service instructeur.*

Mais, pour intéressante qu'elle fut, l'interprétation des textes donnée par le Conseil d'État ne correspondait pas à l'esprit de la loi de 1983, telle que le législateur l'avait voulu ; le législateur a donc été amené à modifier comme suit, la rédaction de l'article L 421-2-6 du code de l'urbanisme :

> *« Le maire ou le président de l'établissement public compétent peut disposer gratuitement, et* en tant que de besoin, *des services extérieurs de l'État pour effectuer l'étude technique de* celles des demandes *de permis de construire sur lesquelles il a compétence pour l'instruction et la décision et qui lui paraissent justifier l'assistance de ces services »* (art. 2 de la loi n° 86-972 du 19 août 1986 portant diverses dispositions relatives aux collectivités locales, *JO* du 22 août 1986).

Le législateur a donc marqué clairement, dans la *nouvelle rédaction de l'article L 421-2-6* du code de l'urbanisme issue de la loi de 1986, que le recours aux services de l'État pour l'instruction des demandes de permis de construire, ne concernait pas tous les dossiers mais seulement ceux que le maire voulait bien leur confier.

L'interprétation de l'article L 421-2-6, donnée par le Conseil d'État en 1985, n'est donc plus valable. Mais aucune jurisprudence n'est encore venue infirmer la position antérieure de la Haute assemblée.

2. Délais d'instruction des demandes

L'instruction d'une demande de permis de construire s'inscrit dans des délais.

Ainsi, faute pour l'administration d'avoir respecté le délai d'instruction d'une demande, le demandeur devient titulaire d'une autorisation tacite. (Cette disposition ne joue pas en zone classée mais elle ne dispense pas la commune de statuer sur un dossier, sauf à engager la responsabilité de la commune.)

Le maire peut-il retirer une autorisation tacite de permis de construire ?

La jurisprudence considère que le retrait d'une autorisation tacite de construire n'est légal que si l'autorisation elle même était illégale (pour un motif d'urbanisme, par exemple), à charge pour le maire d'en produire les motifs.

Jurisprudence

• TA Montpellier, 13 mai 1986, *COREP des Pyrénées-Orientales c/ Commune d'Argelès-sur-Mer :*

Ce jugement illustre la règle constamment énoncée par le Conseil d'État selon laquelle l'acte administratif individuel régulier ne peut pas être retiré lorsqu'il a créé des droits au profit de son bénéficiaire. Par contre, le retrait d'un acte irrégulier ayant créé des droits est possible si ce retrait est prononcé par son auteur, avant l'expiration du délai de recours contentieux. Cependant, la responsabilité de l'administration peut bien entendu être mise en cause si la méconnaissance de ses droits acquis a causé un préjudice au bénéficiaire de l'autorisation de construire. Ce risque de responsabilité n'est pas un des moindres éléments de la complexité du contentieux de la légalité en matière d'urbanisme.

L'article R 421-2 du code de l'urbanisme énumère, de façon limitative, les documents qui doivent être joints à une demande de permis de construire. Dès lors, il n'appartient pas au service instructeur d'imposer des formalités autres que celles prévues par le code. Par ailleurs, les dispositions législatives et réglementaires à prendre en considération sont celles qui étaient applicables à la date de délivrance du permis initial (CE, 16 mars 1983), même si l'autorisation est accordée après le début ou l'achèvement des travaux (CE, 12 oct. 1956).

3. Responsabilité en cas d'annulation d'un permis de construire

Aux termes de l'article L 421-2-6 du code de l'urbanisme, le maire peut disposer gratuitement, et en tant que de besoin, des services extérieurs de l'État pour effectuer l'étude technique de celles des demandes de permis de construire sur lesquelles il a compétence pour l'instruction et la décision. Cette possibilité intéresse tout naturellement les petites communes qui n'ont pas les moyens de créer leur propre service technique d'urbanisme.

La question se pose donc de savoir qui sera responsable du préjudice pouvant résulter de l'annulation d'un permis de construire illégal : la commune ? ou l'État en tant que cette annulation peut résulter d'une faute de ses services ?

La première solution n'est pas satisfaisante dans la mesure où on ne peut *a priori* déclarer les services de l'État intervenant pour compte de la collectivité locale, irresponsables de leurs fautes. La seconde n'est pas davantage satisfaisante en tant qu'elle revient à encourager la commune qui n'a pu (ou pas voulu) se doter d'un service d'urbanisme, à se décharger totalement sur l'État.

La solution semble être du coté d'une répartition des responsabilités, au cas par cas, en fonction des circonstances. En d'autres termes, il ne peut y avoir responsabilité du service instructeur de l'État que si une faute, même simple, peut être alléguée à leur encontre (CAA Bordeaux, 8 avr. 1993, affaires n° 91/BX/00268 et n° 91/BX/00312).

Observations des juridictions financières

- CRC « Ile-de-France », 2 déc. 1993, *Département du Val-d'Oise c/ Construction du Centre polytechnique d'enseignement supérieur privé Saint-Louis ;* extraits :

  « Le respect préalable des règles du droit de l'urbanisme et du droit immobilier dans la conduite des opérations d'investissement aurait permis d'assurer la sécurité des parties. »

- CRC « Ile-de-France », 30 déc. 1993, *Commune de Champcueil, Essonne ;* extraits :

  « Le centre médical : la commune a construit un bâtiment à usage de centre médical qui a ensuite fait l'objet d'une convention de *location-vente* passée avec une société civile immobilière composée de deux médecins. La construction du centre médical : les travaux ont débuté en 1988 et le gros œuvre était terminé en mars 1989, comme l'attestent (le maire et diverses factures). Le permis de construire a été demandé le 5 juillet 1989, soit la veille de la demande d'ouverture de chantier et de la déclaration concomitante d'achèvement des travaux. L'édification du centre médical a donc été entreprise *sans l'obtention préalable du permis de construire* imposée par l'article L 421-1 du code de l'urbanisme.

  La méconnaissance de cette obligation constitue un délit en application de l'article L 480-4 du même code. Le terrain sur lequel a été essentiellement construit le bâtiment appartenait aux copropriétaires de l'ensemble immobilier réalisé par la société anonyme d'HLM " La propriété familiale de l'Ile-de-France – La maison pour tous ". Le syndicat des copropriétaires, réuni le 19 avril 1988 en assemblée générale a voté le principe de la vente de ce terrain au prix symbolique de un franc. Le transfert de propriété a été réalisé par acte notarié en date du 22 janvier 1992. Ainsi, la commune a construit le centre médical sur un terrain dont elle n'est devenue propriétaire que plus d'un an après l'achèvement des travaux [...]. »

Bail à construction

(Voir cette rubrique.)

Préemption (droit de) et réserves foncières

(Loi 85-729 du 18 juill. 1985 ; art. L 210-1 et s. du code de l'urbanisme.)

Toute décision de préemption doit mentionner l'objet pour lequel ce droit est exercé. Il ne peut s'agir que d'actions ou d'opérations d'intérêt général, telles que définies à l'article L 300-1 du code de l'urbanisme ou pour constituer des réserves foncières en vue de permettre la réalisation ultérieures de ces opérations :

> « Les actions ou opérations d'aménagement ont pour objet de mettre en œuvre une politique locale de l'habitat, d'organiser le maintien, l'extension ou l'accueil des activités économiques, de favoriser le développement des loisirs et du tourisme, de réaliser des équipements collectifs, de lutter contre l'insalubrité, de sauvegarder ou de mettre en valeur le patrimoine bâti ou non bâti et les espaces naturels. »

L'attention des maires est spécialement attirée sur la motivation des décisions de préemption de manière à assurer la sécurité des décisions. À cet égard, les chambres relèvent de fréquentes maladresses ou des changements de motivation qui exposent leurs décisions à des recours toujours préjudiciables.

Limites du droit de préemption

La doctrine administrative considère que le droit de préemption n'a à s'exercer ni lorsque les sociétés transmettent leur patrimoine par voie de fusion ou de scission, à une ou plusieurs sociétés existantes (en application des dispositions de l'article 371 et suivants de la loi 66-537 du 24 juillet 1966 sur les sociétés commerciales), ni lorsqu'en cas de redressement judiciaire, un plan de cession d'actifs a été établi par un tribunal.

Un arrêt de la Cour de cassation (*AFTRP c/ Poliet et Chausson,* 3 mai 1979) confirme partiellement cette position. En effet, une opération de fusion ou de scission ne constitue pas une aliénation au sens de l'article L 213-2 ou L 142-4 du code de l'urbanisme.

Programme d'aménagement d'ensemble (PAE)

(Art. L 332-1 et R 332-1 et s. du code de l'urbanisme).

La loi autorise une commune à définir, sur son territoire, des périmètres à l'intérieur desquels le financement des équipements publics peut être mis à la charge des constructeurs, non seulement en fonction des seuls équipements nécessaires à leur opération, mais en fonction d'équipements complémentaires à usage public élargi.

Jurisprudence

- CE, 29 juin 1992, *Ville de Grand-Quevilly ;* extraits :

« Considérant qu'aux termes de l'article L 210-1 du code de l'urbanisme : " Les *droits de préemption* institués par le présent titre sont exercés en vue de la réalisation, dans l'intérêt général, des actions ou opérations répondant aux objets définis à l'article L 300-1, à l'exception de ceux visant à sauvegarder ou à mettre en valeur les espaces naturels, ou pour constituer des réserves foncières en vue de permettre la réalisation desdites opérations. Toute décision de préemption doit mentionner l'objet pour lequel ce droit est exercé " ; qu'aux termes de l'article 300-1 du même code : " Les actions ou opérations d'aménagement ont pour objet de mettre en œuvre une politique locale de l'habitat, d'organiser le maintien, l'extension ou l'accueil des activités économiques, de favoriser le développement des loisirs et du tourisme, de réaliser des équipements collectifs, de lutter contre l'insalubrité, de sauvegarder ou de mettre en valeur le patrimoine bâti et les espaces naturels " ;
Considérant que la décision par laquelle le maire de la ville de Grand-Quevilly a, le 12 janvier 1988, décidé de préempter un ensemble de 100 logements situé rue Albert-Thomas, mentionne seulement que cette décision était prise " en vue de permettre la rénovation du quartier " ; qu'une telle mention, qui n'est assortie d'aucune référence à l'opération en vue de laquelle le droit de préemption était exercé, ne répond pas aux exigences de l'article L 210-1 ; que la ville de Grand-Quevilly n'est, par suite, pas fondée à soutenir que c'est à tort que le tribunal administratif de Rouen a annulé la décision sus analysée du 12 janvier 1988. »

Observations des juridictions financières

- CRC « Ile-de-France », 30 nov. 1993, *Commune de Verrières-le-Buisson ;* extraits :

« Les programmes d'aménagement d'ensemble (PAE) : la commune a instauré deux programmes d'aménagement d'ensemble sur son territoire depuis 1986 :
– un PAE sur le secteur " Amblainvilliers ", approuvé par le conseil municipal le 20 octobre 1986. Le programme des équipements publics était évalué à 14 millions de francs, dont 8 étaient mis à la charge des aménageurs et répartis en fonction des constructions envisagées (90 000 F par pavillon, 75 000 F par maison de ville, 30 000 F par appartement collectif) ;
– un PAE " centre ville ", approuvé par délibération du conseil municipal le 8 décembre 1986. Le programme des équipements publics était évalué à 16 millions de francs, dont 8 mis à la charge des aménageurs et répartis en fonction des constructions envisagées (100 000 F par pavillon, 80 000 F par maison de ville, 30 000 F par appartement collectif).
Des arrêtés de permis de construire, complétés en général par une convention, ont précisé les modalités de règlement des participations dues par les aménageurs à la commune. Deux dossiers ont particulièrement retenu l'attention de la chambre. Le premier concerne la société " Ile-de-France Construction ". Cette société s'était engagée, par convention passée le 25 mai 1987 avec la commune, à se libérer, en faveur de celle-ci, d'une participation financière totale de 1,83 MF en deux versements de 915 000 F à intervenir dans un délai de six mois à compter de la date de délivrance du permis de construire pour le premier versement (soit le 25 nov. 1987), et de quinze mois pour le deuxième versement (soit le 25 août 1988). La commune a beaucoup tardé avant d'engager des démarches en vue de récupérer ces créances que constituaient les participations des aménageurs [...] soit trente-

trois mois de retard pour le premier versement et vingt-quatre mois de retard pour le second.
Le second dossier concerne la société SEERI qui s'était engagée par convention du 22 février 1987, à se libérer en faveur de la commune d'une participation financière totale de 1,4 MF en trois versements égaux de 466 666,66 F à intervenir respectivement dans des délais de seize, vingt-deux et vingt-six mois à compter de la date de délivrance du permis de construire, soit le 12 juin 1988, le 12 décembre 1988 et le 12 avril 1989. Comme dans le cas précédent, la ville a tardé avant d'engager des démarches en vue de l'encaissement des participations [...]. La ville en a obtenu le paiement avec trente-trois mois de retard pour le premier versement, vingt-sept mois pour le second et vingt-trois mois pour le troisième.
Ces retards ont eu des conséquences non négligeables sur la situation financière de la commune et sur son niveau d' endettement. Pendant la même période en effet, la commune s'est endettée [...]. Mais cette progression aurait pu être limitée si les participations d'aménagement avaient été encaissées aux bons termes. Sans prendre en compte les intérêts de retard auxquels la ville pouvait prétendre, les frais financiers indus supportés par la ville peuvent être évalués à 700 000 F.
Les participations dues par les aménageurs auraient pu être encaissées plus rapidement si, comme le prévoyaient les conventions, les cautions bancaires ayant pour objet de garantir leur paiement avaient été dûment constituées. Or, la commune n'a pas veillé à la réalisation de cette importante formalité [...].
Le receveur municipal, chargé du recouvrement des créances, n'a pas été en mesure d'effectuer les rappels nécessaires, le maire ne lui ayant pas transmis en temps utile copie des délibérations et des conventions relatives à ces opérations, en méconnaissance des dispositions de l'article L 241-4 du code des communes. »

Enquêtes publiques

Textes de référence : décret 76-432 du 14 mai 1976 ; loi 76-629 du 10 juillet 1976 (art. 2) et décret 77-1141 du 12 octobre 1977 ; loi 82-1153 du 30 décembre 1982 et décret 84-617 du 17 juillet 1984 ; loi 83-630 du 12 juillet 1983 et décret 85-453 du 23 avril 1985 ; loi 85-729 du 18 juillet 1985 et décret 86-521 du 15 mars 1986.

L'enquête publique s'inscrit dans une double préoccupation : la participation des citoyens à l'étude d'impact des projets d'aménagement et la défense de l'environnement. L'omission de cette procédure expose la décision à son annulation par le juge administratif. D'un point de vue pratique et dans les conditions prévues par la loi, le public est appelé à exprimer son point de vue, sur un projet donné, pendant une période déterminée (de quinze jours à deux mois), de façon à permettre sa meilleure insertion dans le cadre de vie locale. L'enquête publique favorise ainsi l'analyse des conséquences éventuelles d'un nouveau projet d'aménagement sur l'environnement.

En donnant aux élus locaux des responsabilités importantes en matière d'urbanisme et d'environnement, le législateur (loi n° 83-630 du 12 juill. 1983) a voulu les obliger à consulter davantage leurs administrés.

Un projet de loi, débattu au Parlement en décembre 1994, sur la proposition de Michel Barnier, ministre de l'Environnement, tend à améliorer l'efficacité des enquêtes publiques de façon à renforcer la protection de l'environnement (cette loi n° 95-101 du 2 février 1995 a été publiée au *Journal officiel* le 3 février).

ENVIRONNEMENT

Texte de référence : loi 83-8 du 7 janvier 1983, Titre II section II.

Il est inséré, avant le chapitre 1er du Titre I du livre 1er du code de l'urbanisme, un article L 110 ainsi rédigé :

« Le territoire français est le patrimoine commun de la nation. Chaque collectivité publique en est le gestionnaire et le garant dans le cadre de ses compétences. Afin d'aménager le cadre de vie, de gérer le sol de façon économe, d'assurer la protection des milieux naturels et des paysages, d'assurer la protection des milieux naturels et des paysages et de promouvoir l'équilibre entre les populations résidant dans les zones urbaines et rurales, les collectivités publiques harmonisent, dans le respect réciproque de leur autonomie, leurs prévisions et leurs décisions d'utilisation de l'espace. »

Aux termes des dispositions combinées de l'article 4 de la loi 93-24 du 8 janvier 1993 et de l'article L 421-2 du code de l'urbanisme relatif au permis de construire, le projet architectural doit préciser, par des documents graphiques ou photographiques, l'insertion dans l'environnement et l'impact visuel des bâtiments ainsi que le traitement de leur accès et des abords. Justifiée dans son principe, la mise en œuvre de ces dispositions est difficile et donne lieu à une interprétation au cas par cas, ce qui peut conduire à une violation du principe d'égalité entre les citoyens, si le service instructeur ne se voit pas imposer une limitation au nombre et à la nature des documents demandés.

Étude de cas

Les faits :

Le 6 novembre 1991, la SA V. notifie à la préfecture du département de..., le rachat d'une ancienne porcherie dont l'activité avait été interrompue le 26 décembre 1988. Or, aux termes des dispositions de l'article 24 du décret n° 77-1133 du 21 septembre 1977, pris pour l'application de la loi n° 76-663 du 19 juillet 1976 relative aux installations classées pour la protection de l'environnement, et du titre Ier de la loi n° 64-1245 du 16 décembre 1964 relative au régime des eaux et à la lutte contre la pollution :

> *« L'arrêté d'autorisation cesse de produire effet lorsque l'installation... n'a pas été exploitée pendant deux années consécutives [...]. »*

Cette condition était d'ailleurs rappelée par l'article 5 de l'arrêté préfectoral du 26 mars 1982 par lequel M. L. était autorisé à exploiter sa porcherie.

La SA V. ne pouvait donc ignorer au moment de cette acquisition (et encore moins les services de l'État), que l'autorisation d'exploiter accordée à M. L. était périmée et qu'elle se trouvait, de ce seul fait, dans la situation d'un entrepreneur qui, se proposant de mettre en service une installation classée, est tenu de déposer une demande d'autorisation auprès de la préfecture, dans les conditions fixées par la loi.

C'est donc en toute illégalité que, le 24 octobre 1991, la société anonyme V. réintroduisait des porcs dans cette installation et il y a eu « faute » de la part des services de l'État, de ne pas faire application des sanctions prévues par l'article 23 de la loi du 19 juillet 1976. Car c'est à ce moment-là qu'il était possible d'envisager une décision de refus d'autorisation.

C'est, en effet, seulement à l'occasion d'un contrôle sanitaire, décidé sans doute après réception de la déclaration en préfecture de rachat de l'exploitation L., que des mesures de « régularisation » furent, anormalement, prescrites par les services concernés qui ont ainsi engagé la SA V. dans une procédure de « régularisation », alors qu'il s'agissait d'une nouvelle procédure d'autorisation, soumise à *enquête publique*.

Au demeurant, et même si l'interruption d'activité de M. L. avait été inférieure à deux ans, les conditions d'exploitation de cette installation ayant, semble-t-il, changé par rapport à celles qui emportaient autorisation pour le vendeur, le nouvel exploitant (art. 20 du décret du 21 sept. 1977) devait être invité par le préfet à déposer une nouvelle demande d'autorisation et pouvait se voir imposer des prescriptions complémentaires. Dans ce cas, la demande est soumise aux mêmes formalités que la demande primitive, c'est-à-dire à *enquête publique*.

Mais, en l'espèce, on ne pouvait, en aucune manière, parler de « régularisation », car une autorisation primitive peut toujours être refusée, tandis que s'agissant d'une régularisation (art. 16 de la loi du 19 juill. 1976), il ne peut être demandé à l'exploitant que de mettre son installation en conformité, ce qui est toujours possible, quelles que soient les nouvelles normes exigibles.

Or, la remise en service de cette activité d'élevage de porcs, située entre une route départementale à vocation touristique et à moins de 30 mètres d'un cours d'eau, ne va pas sans poser de sérieux problèmes, en raison des risques de pollution atmosphérique (odeurs nauséabondes) et de pollution de la nappe phréatique.

Problème juridique posé :

L'obtention de l'autorisation d'exploiter une installation classée est, incontestablement, subordonnée à l'ouverture d'une procédure d'enquête publique (art. 5 de la loi de 1976 précitée), à l'avis du conseil municipal de la commune concernée et à la satisfaction à l'ensemble des obligations prévues par la loi précitée et les textes postérieurs, pour ce genre d'activité et au cas d'espèce considéré.

Mais au cas d'espèce, le refus d'autorisation d'exploiter est-il envisageable, s'agissant de la remise en service d'une ancienne exploitation ?

Les services techniques de l'État ont, en effet, commis une *erreur manifeste d'appréciation* de la nature de ce dossier, instruit comme un dossier de régularisation, subordonnée à une simple adaptation aux normes et non comme celui d'une demande nouvelle d'autorisation d'exploiter, soumise à nouvelle enquête publique.

La solution proposée :

La question est donc posée de savoir si cette demande peut encore se voir opposer une interdiction alors qu'à aucun moment de la procédure, il ne semble avoir été opposé au nouvel exploitant d'autres contraintes que celles auxquelles il a, d'ailleurs, satisfait à grands frais, ni aucune autre considération (notamment d'ordre touristique ou culturel), pouvant justifier aujourd'hui un éventuel rejet de sa demande ?

En effet, en cas de refus d'autorisation, la SA V. serait certainement fondée à rechercher la responsabilité de l'État, à raison des dépenses qu'elle a engagées, sur recommandation de ses services, pour satisfaire aux prescriptions imposées par la loi.

L'État quant à lui aura bien du mal à s'exonérer totalement de toute responsabilité à raison de la faute commise par ses services qui ont, non seulement, omis de sanctionner une reprise clandestine d'activité de cette entreprise, mais l'ont, en outre, engagé dans une procédure erronée de régularisation.

À moins que des éléments nouveaux ne puissent être apportés établissant que les services de l'État ont été induits en erreur par l'attitude ambiguë du maire de la commune concernée, par exemple.

Quelles que soient les responsabilités finales lorsque l'affaire sera jugée, la position de ceux qui souhaitent, aujourd'hui, s'opposer à ce projet, est désormais d'autant plus incertaine que l'ancienne exploitation de M. L. ayant elle-même été initialement soumise à enquête publique avant délivrance de l'autorisation d'exploiter accordée par le préfet en 1982, on voit mal sur quelle motivation nouvelle et tardive, obtenir un renversement de situation, sauf au préfet à reconnaître l'erreur de ses services et à en assumer le risque au cas où la conjonction d'un vote défavorable du conseil municipal et d'une opposition largement exprimée de l'opinion publique locale conduirait le commissaire enquêteur à émettre un avis défavorable à ce dossier, ne permettant plus au préfet de délivrer l'autorisation de reprise d'activité de cette exploitation.

Expropriation
(pour cause d'utilité publique)

L'expropriation pour cause d'utilité publique est une procédure permettant l'appropriation forcée des terrains ou immeubles appartenant à un propriétaire privé et nécessaires à la satisfaction d'un besoin d'intérêt général autrement impossible à satisfaire. Le caractère « d'utilité publique » doit être constaté dans le cadre d'une enquête publique.

La loi n° 94-112 du 9 février 1994 portant diverses dispositions en matière d'urbanisme et de construction (dite loi « Bosson ») a surtout pour objet de clarifier le recours contentieux et ses conséquences mais son *article 16* mérite une attention particulière :

> *« L'article 51 de la loi 93-123 du 29 janvier 1993, relative à la prévention et à la transparence de la vie économique et des procédures publiques est abrogé. Les ventes de terrains constructibles et de droits à construire entre la date de publication de la loi 93-122 du 29 janvier 1993 précitée et la date d'entrée en vigueur de la présente loi sont validées en tant qu'elles n'ont pas satisfait aux formalités de publicité prévues à l'article 51 de ladite loi. »*

Ainsi donc fut, sans tarder, supprimée une des dispositions importantes de la loi « Sapin » qui n'avait d'autre but que de moraliser les opérations immobilières des collectivités territoriales, en les entourant d'une publicité minima. Saisi par l'opposition, le Conseil constitutionnel, dans un avis du 21 janvier 1994 (*JO* du 26 janv. 1994) n'a pas jugé les dispositions de l'article 16 contraires à la Constitution.

Il n'en reste pas moins que cette position est en contradiction avec les efforts que le pouvoir entend déployer pour lutter contre la corruption. C'est pourquoi (selon le journal *Les Échos* du 27 oct. 1994) le Gouvernement s'efforcerait de rattraper l'« erreur » en incluant, par voie d'amendement, au projet de loi sur l'aménagement du territoire actuellement en discussion devant le Parlement (oct. 1994), certaines modifications du code de l'urbanisme qui, si elles ne visent pas à rétablir, dans les mêmes termes, les dispositions de l'article 51 de la loi Sapin précitées, auraient pour but d'éviter toute collusion entre une commune et un promoteur à l'occasion de la vente de terrains communaux.

Cet amendement ne rétablit pas l'obligation de publicité mais créé quatre obligations à la charge des collectivités :

– quand une commune souhaite céder un bien immobilier, elle doit préalablement demander une estimation des domaines afin d'informer le conseil municipal ;

– le projet de cession devra être motivé par écrit ;

– toute commune de plus de 3 500 habitants devra établir, une fois par an, un tableau récapitulatif de son activité foncière ;

– les SEM locales, servant de relais à ces opérations devront incorporer un volet foncier dans leur rapport annuel à la collectivité dont elles dépendent.

METP (Marchés d'entreprises de travaux publics). Voir *Marchés publics* et aussi *Travaux publics*.

MOP (MAÎTRISE D'OUVRAGE PUBLIC ; loi du 12 juill. 1985). Voir *Marchés publics.*

UGAP. Voir *Marchés publics, Achats réalisés par l'intermédiaire de l'UGAP.*

UNITÉ ET UNIVERSALITÉ (principes de). Voir *Finances locales : budgets et comptes.*

USINES-RELAIS. Voir *Interventions économiques.*

UTILITÉ PUBLIQUE DE LA DÉPENSE. Voir *Intérêt communal.*

V

VENTE EN L'ÉTAT FUTUR D'ACHÈVEMENT

Une collectivité peut-elle acquérir un immeuble en usant de la procédure de la « vente en l'état futur d'achèvement », prévue par l'article 1601-3 du code civil ?

Aucune disposition législative ou réglementaire ne s'y oppose formellement. Mais le Conseil d'État *(Région Midi-Pyrénées c/ Syndicat des architectes de Haute-Garonne,* 8 févr. 1991) a estimé que cette solution ne pouvait être retenue par une collectivité publique, pour la construction « pour le compte de la collectivité d'un immeuble entièrement destiné à devenir sa propriété et conçu en fonction de ses besoins propres ».

L'arrêt justifie sa position par le fait que, dans ce type de contrat, la collectivité n'exerce pas les responsabilités de maître de l'ouvrage et peut ainsi se soustraire aux règles de mise en concurrence prévues par le code des marchés.

Dans ces conditions, le recours à ce procédé apparaît comme un véritable détournement de procédure.

> *« Considérant qu'il ressort des pièces du dossier que l'opération qui devait faire l'objet du contrat entre la région Midi-Pyrénées et la société M. a été engagée à l'initiative de la région et qu'elle tendait à faire réaliser, selon les caractéristiques définies par celle-ci, un immeuble destiné à devenir entièrement sa propriété et conçu pour satisfaire les besoins propres auxquels devait répondre l'édification de cet ouvrage ;*
> *Considérant que si aucune disposition législative n'interdit aux collectivités publiques de procéder à l'acquisition de biens immobiliers en utilisant le contrat de vente en l'état futur d'achèvement prévu à l'article 1601-3 du code civil, elles ne sauraient légalement avoir recours à ce contrat de vente de droit privé, dans lequel l'acheteur n'exerce aucune des responsabilités du maître de l'ouvrage et qui échappe tant aux règles de passation, notamment aux règles de concurrence, prévues par le code des marchés, qu'au régime d'exécution des marchés de travaux publics, lorsque comme en l'espèce, l'objet de l'opération est la construction même pour le compte de la collectivité d'un immeuble entièrement destiné à devenir sa propriété et conçu en fonction de ses besoins propres ; que, par suite, la délibération par laquelle le bureau du conseil général de Midi-Pyrénées a donné mandat à son président pour passer, dans les conditions ci-dessus rappelées, un contrat de vente en l'état futur d'achèvement avec la société M. est entachée d'excès de pouvoir. »*

L'arrêt défini ainsi le cadre dans lequel les personnes publiques peuvent user de la vente en état futur d'achèvement pour la construction ou l'acquisition de leurs immeubles.

Ce procédé juridique ne leur est ouvert que dans le cas où il ne constituerait pas en fait un moyen déguisé de se soustraire tant aux règles de passation que d'exécution des marchés publics qu'aux pouvoirs et responsabilités du maître d'ouvrage. Ces règles ne sauraient être écartés quand l'opération stipulée n'a d'autre objet que l'édification pour la collectivité acheteuse et elle seule, et selon ses spécifications, de l'immeuble à construire.

Observations des juridictions financières

- CRC « Rhône-Alpes », 22 juill. 1993, *Commune de Meximieux, Ain ;* extraits :

  « Aménagement de la place Giraud : s'il était encore trop tôt, à l'époque du contrôle, pour examiner un projet non encore totalement établi, il est cependant apparu que le mode de construction du bureau de poste, de la perception et du parking souterrain, pose un problème juridique. En effet, il est prévu que conformément aux dispositions de l'article 1601-3 du code civil, les ventes à la ville de Méximieux, se feront sous la forme de contrat de vente en état futur d'achèvement. Dans son arrêt *Région Midi-Pyrénées* du 8 février 1991, le Conseil d'État a jugé que les collectivités locales ne sauraient avoir recours à ce contrat, dans lequel l'acheteur n'exerce aucune des responsabilités du maître d'ouvrage et qui échappe aux règles de passation des marchés publics, lorsque l'objet de l'opération est la construction même pour le compte de la collectivité d'un immeuble entièrement destiné à devenir sa propriété et conçu en fonction de ses besoins propres. »

VOIE DE FAIT

La notion de voie de fait est une notion subtile du droit administratif. La voie de fait se définit par rapport à la gravité d'un acte administratif ou d'une opération administrative qui, portant atteinte à une liberté publique ou au droit de propriété, sont manifestement insusceptibles de se rattacher à l'application d'un texte administratif ou à l'exercice du pouvoir que l'administration tire de la Constitution.

On dit alors qu'il y a « voie de fait », l'acte ou la situation ne pouvant s'analyser que comme un pur fait.

C'est le juge civil qui est le juge de la voie de fait, puisque l'acte ou l'opération qui sont à l'origine du trouble sont insusceptibles de se rattacher à l'exercice normal du pouvoir de l'administration.

La voie de fait est généralement associée à une situation d'urgence ; ainsi l'article 809 du nouveau code de procédure civile permet-il aux particuliers de saisir le juge civil des référés afin d'obtenir que cesse le trouble manifestement illicite créé par l'administration.

Ainsi, un permis de construire comportant, comme c'est très fréquent, une prescription de cession gratuite de terrain en vue d'assurer l'élargissement d'une voie publique, peut en cas d'annulation ou de retrait, révéler une voie de fait si l'emprise de la voie publique a été étendue au terrain « cédé ». En effet, l'absence de permis de construire résultant de cette annulation ou de ce retrait, prive de base légale l'utilisation qui a pu être faite du terrain privé pour élargir une voie publique dont l'emprise se trouve dès lors s'étendre sur une propriété privée. Certes, la décision qui a fait « tomber » le permis de construire n'a qu'un effet implicite sur les prescriptions de ce permis et n'a pas pour effet d'annuler l'acte notarié ou administratif par lequel le terrain privé a été cédé à la collectivité : mais cet acte est devenu un acte annulable en tant qu'il est devenu un acte sans cause dont la volonté d'une des parties fait défaut.

Dans un tel cas, une action pour voie de fait est justifiée. Sa solution ne peut être trouvée qu'à travers une procédure d'expropriation pour cause d'utilité publique, avec, en contrepartie, paiement du prix du terrain.

Z

ZONE D'ACTIVITÉS. Voir *Interventions économiques,* Usines-relais.

ZONE D'AMÉNAGEMENT CONCERTÉ (ZAC)

Textes de référence : loi 85-729 du 18 juillet 1985, article 1er et article L 300-1 du code de l'urbanisme et articles R 311-1 et suivants du code de l'urbanisme.

Les zones d'aménagement concerté ont pour objet l'aménagement et l'équipement de terrains bâtis ou non bâtis, notamment en vue de la réalisation de constructions à usage d'habitations, de commerce, d'industrie ou de services et d'installations et d'équipements collectifs publics ou privés. La décision de création d'une ZAC n'a pas à être précédée d'une enquête publique. La création d'une ZAC s'accompagne d'un dossier de présentation indiquant notamment l'objet et la justification de l'opération et comportant une description du site et de l'environnement avec une étude d'impact.

L'aménagement est une activité de service public mais l'article L 300-4 du code de l'urbanisme, issu de l'article 1er de la loi du 18 juillet 1985, rappelle le principe de la liberté contractuelle en matière d'aménagement :

> *« L'État, les collectivités locales ou leurs établissements publics peuvent confier l'étude et la réalisation des opérations d'aménagement [...] à toute personne publique ou privée y ayant vocation. »*

L'aménagement et l'équipement de la zone sont ainsi :

– soit conduits directement par la personne morale qui a pris l'initiative de sa création ;

– soit réalisés par un établissement public ou concédés à un établissement public ou à une société d'économie mixte, à la demande de cette personne morale (décret 86-517 du 14 mars 1986) ;

– soit confiés par cette personne morale, selon les stipulations d'une convention, à une personne privée ou publique à la demande de cette personne morale (décret 86-517 du 14 mars 1986).

Un cahier des charges type de concession de ZAC est annexé au décret 77-204 du 18 février 1977 (*JO* du 6 mars). Une convention-type de ZAC est annexée au décret 70-513 du 5 juin 1970 (*JO* du 19 juin). Ces documents types ne sont plus visés par le code de l'urbanisme depuis la loi du 2 mars 1982 mais subsistent comme simples modèles dont les collectivités tireront toujours profit à s'inspirer.

Plusieurs situations sont alors envisageables :

1. la convention de concession classique dans laquelle le concessionnaire agissant à ses risques et périls, tire sa rémunération du produit des cessions d'immeubles ou de droits à construire, comme dans le modèle annexé au décret de 1970 ;

2. la convention de concession inspirée du cahier des charges de 1977, où le risque financier, en cas de déficit, est pris en charge par la collectivité concédante ;

3. le mandat général, par lequel l'aménageur réalise l'ensemble des opérations au nom et pour le compte de la collectivité ;

4. le mandat partiel, portant seulement sur certaines opérations d'aménagement.

Dans ces deux dernières hypothèses, mandant et mandataire peuvent être liés par un contrat de délégation de *maîtrise d'ouvrage publique déléguée,* selon la loi du 12 juillet 1985, dite loi MOP (voir cette rubrique, sous *Marchés publics*).

Observations des juridictions financières

- CRC « Franche-Comté », 20 janv. 1993, *Commune de Saint-Claude ;* extraits :

« La ville de Saint-Claude a passé avec la société d'économie mixte SODEVIC, une convention de concession pour l'aménagement de la zone d'habitation des Avignonnets, le 12 mai 1967. Cette convention et ses avenants successifs ont par ailleurs servi de support juridique aux interventions de la SODEVIC lors de la réalisation du réseau d'assainissement de la ville. Par délibération du 11 janvier 1983 et convention du 15 janvier, la ville et la SODEVIC sont convenues de modifier leurs relations juridiques et de substituer une convention de mandat à l'ancienne concession. La chambre régionale des comptes s'interroge sur l'avantage que la ville a pu tirer de la modification de ses relations avec la société d'économie mixte. En revanche, elle mesure les avantages que la SODEVIC a pu tirer de cette novation. Elle a bénéficié à la fois du transfert des risques de l'opération sur la ville et simultanément d'une augmentation de sa rémunération qui est passée de 3,5 % TTC du montant des travaux, à 3,5 HT de la même base. Le passage d'un traité de concession à une convention de mandat est également intervenu lors de la réalisation des travaux d'extension de la zone industrielle d'Arcier. La chambre s'est également interrogée sur l'intérêt qui a pu être obtenu par la ville lors de cette transformation. »

- CRC « Franche-Comté », 17 août 1993, *Commune de Saint-Vit ;* extraits :

« Aménagement de la zone industrielle : la création de cette zone a entraîné pour la collectivité, l'installation de 55 entreprises en une dizaine d'années, qui ont elles mêmes créé un millier d'emplois. Cet apport, très positif pour la commune, ne s'est toutefois pas toujours fait aux meilleures conditions. Notamment, les transactions les plus récentes démontrent une maîtrise insuffisante des problèmes fiscaux liés à la TVA et parfois des engagements un peu hasardeux pour la collectivité.

1. La TVA :

– Aménagement des terrains viabilisés : la commune a placé les travaux d'aménagement de la zone industrielle dans le champ du FCTVA. Or, les opérations de lotissement sont expressément soumises à la TVA par le code général des impôts (art. 257-7). À ce titre, les dépenses correspondantes ne peuvent, en principe, être retenues dans l'assiette du FCTVA. De ce fait, la commune devrait se placer dans la situation d'assujettie, soumettre les cessions à la TVA et déduire la taxe afférente aux travaux. Par ailleurs, la circonstance selon laquelle une partie des travaux concerne de la voirie restant la propriété de la commune, ne modifie pas la situation de la collectivité au regard de la TVA. En effet, ces travaux entrent dans l'opération de lotissement prise dans son ensemble, opération qui doit relever de la TVA dans son intégralité (il a cependant été admis que, par mesure de simplification, lorsque des travaux se rapportent à des terrains non vendus (ce qui est le cas de la voirie), ils puissent bénéficier du FCTVA). En tout état de cause, la chambre constate que le choix du régime du FCTVA a entraîné, pour la commune, une avance de trésorerie importante, qui aurait été de beaucoup plus courte durée, si l'opération avait été placée dans son ensemble, sous le régime de la TVA. Dans ce dernier cas, en effet, la taxe afférente aux travaux pouvait être récupérée au fur et à mesure de leur avancement, et non avec le décalage de deux ans nécessaire à la récupération du FCTVA.

– Vente de bâtiments industriels : ces ventes ont été assujetties à la TVA conformément à l'article 257-7 du code général des impôts. La taxe afférente à la construction de l'immeuble a été déduite de la TVA collectée. Pour ces opérations, la commune a choisi de se placer sous le régime des " assujettis occasionnels " (prévu par l'art. 250 de l'annexe II du code général des impôts, c'est-à-dire qu'elle a établi une déclaration de TVA à l'occasion de chacune des ventes, celle-ci récapitulant d'une part, la TVA collectée, d'autre part, la TVA déductible sur la construction.

La commune aurait plutôt eu intérêt à déclarer ses opérations sur déclaration mensuelle ou trimestrielle CA 3 (réservée aux assujettis permanents), cela lui aurait permis :

– de globaliser ses ventes taxables (terrains, lotissements), et de verser la taxe au fur et à mesure de l'encaissement des prix de cession (qui est souvent échelonné dans le temps) ;

– surtout de globaliser les droits à déduction en les faisant valoir au fur et à mesure de l'avancement des travaux. L'excédent de TVA déductible pouvait être remboursé par l'État, même en cas de retard dans les ventes. Dans le régime des " redevables occasionnels " (où s'est placé la commune), les droits à déduction sont exercés seulement lors de la revente du bâtiment y afférent. De plus, il n'est pas possible, dans ce régime, de se faire rembourser par l'État les éventuels excédents de taxe déductible (sur la TVA collectée), apparaissant dans une opération. Or, pour cinq des opérations réalisées [...], la TVA collectée, et la perte pour la commune, sous forme de taxe non récupérable, peut être estimée à 83 000 F. De même, le non encaissement d'une partie de la transaction Vuattoux, aurait entraîné, sur déclaration CA 3, le non paiement de la TVA (76 600 F) afférente à la partie du prix non payé et déclarée à tort.

2. Examen de quelques opérations :

– Vente à la SCI Vuattoux : par acte notarié du 29 décembre 1989, la ville a vendu à cette société un bâtiment industriel moyennant le prix de 2 788 787 F, payable à raison de 2,3 millions à la signature de l'acte et le solde au plus tard le 28 février 1990, le non-paiement du prix à l'échéance entraînant le paiement d'un *intérêt de retard* au taux de 12 % l'an. La commune a accepté d'abandonner son hypothèque de 1er rang sur l'immeuble, au profit du Crédit Lyonnais qui avait consenti un prêt à l'acquéreur. En contrepartie, cette banque s'est portée caution du paiement du solde du prix. Cette caution n'était toutefois valable que jusqu'au 28 février 1990 [...]. Le solde du prix n'a pas été payé au 28 février 1990 (pas plus que les intérêts de retard), la caution n'a pu être mise en cause, car devenue caduque à cette date. Il y a donc lieu de penser que la commune ne récupérera pas sa créance, l'hypothèque de la banque venant désormais avant la sienne.

La chambre s'étonne de l'absence de réactions, tant des services municipaux que du notaire, face à la défaillance prévisible du débiteur. Une plus grande vigilance aurait en effet permis la mise en œuvre de la caution pendant qu'il en était encore temps et d'éviter la perte pour la commune d'une somme de 488 737 F, plus les intérêts.

– Vente à la SCI Topase : cette opération fait apparaître une perte pour la collectivité, due à un montant particulièrement élevé de frais financiers (814 489 F). Cette usine avait été construite pour un industriel (TPSE), à sa demande en 1988, celui-ci occupant déjà les locaux avant la signature de l'acte d'achat. La cession n'a pas eu lieu en raison de la mise en liquidation judiciaire de l'entreprise avant que l'acte ne soit signé. Le temps nécessaire à la conclusion de la vente avec un second acquéreur, le 19 septembre 1990, a entraîné l'augmentation des frais financiers. La vente à la SCI Topase s'est conclue moyennant le prix de 3,536 MF, dégageant une perte pour la commune de 771 801 F. »

Annexe

Répertoire des extraits des observations des chambres régionales des comptes et de la jurisprudence des juridictions administratives et financières cités à l'appui des différentes rubriques de l'ouvrage

AIDE SOCIALE (action sanitaire et sociale)

CRC Haute-Normandie, 26 mars 1993, *Département de l'Eure.*
CRC Pays de la Loire, 3 août 1993, *Département de la Mayenne.*
CRC Aquitaine, 20 sept. 1993, *Commune de Saint-Émilion.*
CRC Aquitaine, 13 mai 1993, *CCAS de Pau.*
CRC Alsace, 15 avr. 1993, *Commune de Mulhouse.*
CRC Provence-Alpes-Côte-d'Azur, 30 août 1994, *CCAS de Dignes, Alpes-de-Haute-Provence.*

ANALYSE FINANCIÈRE

CRC Provence-Alpes-Côte-d'Azur, 28 oct. 1993, *Département du Vaucluse.*
CRC Aquitaine, 22 oct. 1993, *Commune de Villenave-d'Ornon, Gironde.*

ASSOCIATIONS (loi de 1901)

CRC Franche-Comté, 12 janv. 1993, *Association « Franche-Comté Échanges internationaux ».*
CRC Languedoc-Roussillon, 18 janv. 1993, *Association « Comité des œuvres sociales de Perpignan ».*
CRC Ile-de-France, 29 avr. 1993, *Commune de Stains, Seine-Saint-Denis.*
CRC Franche-Comté, 4 nov. 1993, *Association régionale pour l'emploi, ARE.*
CRC Rhône-Alpes, 21 sept. 1993, *Commune d'Échirolles.*
CRC Provence-Alpes-Côte-d'Azur, 2 mars et 6 avr. 1993, *Jugement des comptes de l'Association « Nice-Communication ».*
CRC Nord-Pas-de-Calais, 15 nov. 1993, *Association « Union des communes de l'agglomération Roubaix-Tourcoing ».*
CRC Rhône-Alpes, 15 déc. 1993, *Département de l'Ardèche.*

ASSURANCES

CRC Franche-Comté, 5 juill. 1993, *Commune de Saint-Lupicin.*
CRC Picardie, 31 août 1993, *Commune de Saleux, Somme.*

CHAMBRES RÉGIONALES DES COMPTES (CRC)

CRC Corse, 6 nov. 1991, avis, art. 7, *Sivom Commune de Nebbio, Haute-Corse.*
CRC Languedoc-Roussillon, 6 mai 1992, art. 7, *Commune de Saint-Gilles, Gard.*
CRC Bretagne, 13 janv. 1993, art. 11, *Commune de Trédarzec, Côtes-d'Armor.*
CRC Midi-Pyrénées, 23 mars 1992, art. 11, *Commune de Verneque, Haute-Garonne.*
CRC Midi-Pyrénées, 22 janv. 1993, art. 6 (loi du 7 juill. 1983), *SEM d'équipement Toulouse-Midi-Pyrénées.*
CRC Ile-de-France, 26 mai 1993, art. 11, *Commune de Franconville.*
CRC Champagne-Ardenne, 16 sept. 1993, art. 11, *Commune de Sedan.*
CRC Bourgogne, 1er juill. 1993, art. 11, *Commune de Neuvy-Grandchamp.*
CRC Bretagne, 23 juill. 1993, art. 11, *Commune de Paimpol.*
CRC Picardie, 19 févr. 1991, art. 11, *Commune de Longeau.*
CRC Provence-Alpes-Côte-d'Azur, 23 nov. 1993, obs., *Commune de Briançon.*

COMMUNICATION ET RELATIONS PUBLIQUES

CE, 28 janv. 1994, *M. Bartolone, élection cantonale de Seine-Saint-Denis.*
CRC Franche-Comté, 17 août 1993, *Commune de Vesoul.*
CRC Provence-Alpes-Côte-d'Azur, 21 janv. 1993, *Commune de La Ciotat.*
CRC Bretagne, 12 févr. 1993, *Commune de Brest.*
CRC Centre, 11 juin 1993, *Association « Demain Vierzon ».*
CRC Franche-Comté, 2 juill. 1991, *Région Franche-Comté.*
CRC Bretagne, 3 déc. 1993, *Commune d'Hennebont.*
CAA Paris, 11 oct. 1994, *SARL Editor Tennog/Commune de Houilles.*

COMPÉTENCE

CE, 17 oct. 1990, *Préfet de la Guadeloupe/Conseil général de la Guadeloupe.*
TA Nice, 15 oct. 1991, *Préfet des Alpes-Maritimes.*
CE, 21 oct. 1991, *Communauté urbaine de Strasbourg.*
CE, 23 sept. 1991, *M. Lemonne.*
TA Clermont-Ferrand, 19 sept. 1991, *Préfet de l'Allier et Union des transporteurs routiers/Commune de Chamblet.*
CE, 18 oct. 1991, *Rouquette.*

COMPTABILITÉ PUBLIQUE

CRC Centre, 9 déc. 1993, *Commune de Blois.*

COOPÉRATION INTERCOMMUNALE

CRC Alsace, 17 nov. 1993, *District urbain « Essor du Rhin ».*

COUR DE DISCIPLINE BUDGÉTAIRE ET FINANCIÈRE (CDBF)

CDBF, 22 janv. 1992, *MM. X et Y, Centre de formation des personnels communaux.*
CDBF, 23 févr. 1994, *SEM A.*

Crédit-bail

CRC Franche-Comté, 27 avr. 1993, *Commune d'Audincourt.*
CRC Provence-Alpes-Côte-d'Azur, 28 oct. 1993, *Département du Vaucluse.*
CRC Franche-Comté, 3 juin 1993, *Commune de Besançon.*

Décisions de justice

CE, 7 oct. 1994, *Époux Lopez.*

Documents administratifs

Décision de la CADA, 26 avr. 1990, *SAN de Marne-la-Vallée.*
CE, 29 juin 1990, *Commune de Guitrancourt.*

Domaine (public et privé)

CE, 25 févr. 1994, SA *SOFAP Marignan Immobilier.*
CE, 4 avr. 1990, *Association Pétanque Ermitage.*
CE, 11 févr. 1994, *Compagnie d'assurance Préservatrice Foncière.*
CRC Aquitaine, 8 janv. 1993, *SEM de la piscine de la commune d'Andernos.*

Domaines (service des Domaines)

CRC Bretagne, 17 août 1992, *Commune de Plouhinec.*

Élus locaux

TA Nancy, 13 sept. 1990, *Préfet de la Meuse/Commune de Foucaucourt-sur-Thabas.*
CRC Pays-de-Loire, 3 août 1993, *Département de la Mayenne.*
CRC Bretagne, 12 févr. 1993, *Commune de Brest.*
CRC Haute-Normandie, 26 mars 1993, *Département de l'Eure.*

Emprunts

CRC Centre, 25 mai 1993, *Commune de Checy.*
CRC Aquitaine, 5 août 1993, *Commune de Nérac, Lot-et-Garonne.*
CRC Centre, 23 juin 1993, *Commune de Chartres.*
CRC Lorraine, 16 juill. 1993, *Département des Vosges.*
CRC Midi-Pyrénées, 1er avr. 1993, *Commune d'Auch.*
CRC Provence-Alpes-Côte-d'Azur, 21 janv. 1993, *Commune de La Ciotat.*
CRC Rhône-Alpes, 21 oct. 1993, *Commune de Bellegarde.*
CRC Franche-Comté, 3 juin 1993, *Commune de Besançon.*
CRC Midi-Pyrénées, 21 déc. 1993, *Commune de Rodez.*
CRC Centre, 11 juin 1993, *Commune d'Amboise.*

Enseignement privé (aide aux établissements)

CE, 18 nov. 1992, *Comité de liaison d'Antibes de la Fédération des conseils de parents d'élèves/Commune d'Antibes.*
CRC Ile-de-France, 2 déc. 1993, *Département du Val-d'Oise, Centre polytechnique privé Saint-Louis.*

Enseignement public (obligation des collectivités locales)

TA Clermont-Ferrand, 19 oct. 1990, *Préfet de la région Auvergne/Commune d'Augerolles.*
CRC Centre, 29 avr. 1993, *Commune de Saint-Jean-de-Braye.*
CRC Aquitaine, 3 mai 1993, *Commune de Lège-Cap-Ferret.*

Exécutoire

CE, 4 févr. 1991, *Ville de Caen.*

Fautes (de gestion) et Responsabilité des dirigeants

TGI Lille, 29 sept. 1994, *ORCEP ; Joseph et autres.*

Finances locales

CRC Aquitaine, 3 mai 1993, *Commune de Lège-Cap-Ferret.*
CRC Aquitaine, 1er mars 1993, *Commune de Pauillac.*
CRC Lorraine, 7 avr. 1993, *Commune de Guenange.*

Fiscalité locale

CRC Pays-de-Loire, 2 août 1993, *Commune de Saint-Jean-de-Monts.*
CRC Nord-Pas-de-Calais, 19 févr. 1993, *Commune de Courcelles-les-Lens.*
CRC Languedoc-Roussillon, 16 avr. 1993, *Commune de Bédarieux.*

Fonction publique territoriale

CE, 6 mai 1985, *Corep du Puy-de-Dôme/Commune d'Issoire.*
TA Lyon, 18 oct. 1983, *Corep du Rhône/Commune de Tournay.*
TA Toulouse, 27 janv. 1984, *Corep de la Haute-Garonne/Commune de Toulouse.*
TA Paris, 28 mars 1984, *Corep des Hauts-de-Seine/Commune de Vanves.*
CE, 20 janv. 1984, *Commune de Cholet.*
TA Versailles, 12 janv. 1984, *Corep du Val-d'Oise/Commune de Gonesse.*
TA Rennes, 2 oct. 1986, *Corep d'Ille-et-Vilaine/Commune de Saint-Jouan-les-Guérets.*
CE, 12 avr. 1991, *Préfet du Val-d'Oise/Commune de Louvres.*
CE, 11 juill. 1988, *Commune de Fréjus.*
CRC Midi-Pyrénées, 2 sept. 1993, *Commune de Saint-Gaudens.*
CRC Auvergne, 14 déc. 1993, *Commune de Thiers.*
CRC Lorraine, 16 juin 1993, *Commune de Behren.*
CRC Franche-Comté, 17 août 1993, *Commune de Vesoul.*
CRC Bretagne, 12 févr. 1993, *Commune de Brest.*
CRC Nord-Pas-de-Calais, 19 févr. 1993, *Commune de Courcelles-les-Lens.*
CRC Alsace, 15 avr. 1994, *Commune de Mulhouse.*
CRC Franche-Comté, 3 juin 1993, *Commune de Besançon.*
CRC Centre, 11 juin 1993, *Commune d'Amboise.*
CRC Limousin, 18 mai 1993, *Service départemental d'incendie et de secours de la Creuse.*
CRC Rhône-Alpes, 20 août 1993, *Commune d'Ugine.*
CRC Centre, 25 mai 1993, *Commune de Gien.*

Frais de mission et de représentation

Cour des comptes, 5 nov. 1992, *Appel des comptables de la commune de Nice.*
CRC Haute-Normandie, 26 mars 1993, *Département de l'Eure.*

Garanties d'emprunts

CRC Languedoc-Roussillon, 15 avr. 1994, *Commune de Marguerittes.*
CRC Alsace, 10 mai 1993, *Commune de Mundolsheim.*
CRC Rhône-Alpes, 2 juin 1993, *Commune de Saint-Étienne.*
CRC Bretagne, 3 déc. 1993, *Commune de Hennebont.*
TA Montpellier, 13 août 1991, *Préfet du Gard/Commune de Nîmes.*

Gestion de fait

CC, 23 mai 1985, *Commune de Val-d'Isère.*
CC, 20 juin 1985, *Commune de Mâcon.*
CC, 24 oct. 1985, *Commune de Saint-James, Manche.*
CC, 3 déc. 1985, *Association de Noisy-le-Grand.*
CC, 21 mai 1986, *Commune de Tignes.*
CC, 25 sept. 1985, *Commune de Monsaguel.*
CC, 1er mars 1990, *Commune de Caromb, Vaucluse.*
CC, 26 mars 1992, *Commune de Salon-de-Provence.*
CRC Provence-Alpes-Côte-d'Azur, 14 déc. 1993 et 3 févr. 1994, *Association Nice-Communication.*
CE, 16 déc. 1994, *Gouazé, Association Nice-Communication.*
CE, 16 déc. 1994, *Falicon, Association Nice-Communication.*
CE, 16 déc. 1994, *Oltra, Association Nice-Communication.*
CRC Bretagne, 5 nov. 1993, *Commune de Quiberon.*
CRC Alsace, 22 nov. 1993, *Association départementale du tourisme de Haute-Alsace.*
CRC Nord-Pas-de-Calais, 23 déc. 1993, *Commune de Lompret.*
CRC Rhône-Alpes, 15 déc. 1993, *Département de l'Ardèche.*
CRC Bourgogne, 17 févr. 1993, *Département de l'Yonne.*
CC, 26 mars 1992, *Association « Bureau économique salonnais », Commune de Salon-de-Provence.*
CRC Corse, 29 juill. 1993, *Commune de Figari.*
CRC Corse, 24 mars 1993, *Commune d'Asco, Haute-Corse.*
CC, 24 juin et 10 sept. 1991, *Commune de Nice.*
CC, *Commune de Draguignan, Association Draguignan Promotion.*
CRC Champagne-Ardenne, 3 déc. 1991, *Association « La Schapska ».*
CRC La Réunion, 15 mars 1990, *Collectivité territoriale de Mayotte.*
CC, 15 janv. 1987, *Commune de Beaune et Office du Tourisme de Beaune.*
CRC Aquitaine, 12 juill. 1990, *Association « Comité d'organisation du festival international de musique et d'art dramatique de Bordeaux ».*
CRC Aquitaine, 25 août 1988, *Commune de Haut-Maugo, Landes.*
CRC Nord-Pas-de-Calais, 12 sept. 1989, *Commune de Condette.*
CRC Haute-Normandie, 11 janv. 1989, *Commune de Fresnoy.*

Intérêt communal

CRC Nord-Pas-de-Calais, 21 sept. 1993, *Commune d'Outreau.*
CE, 12 oct. 1990, *CCAS de Villeneuve-le-Roi.*
CE, 12 oct. 1990, *Département du Val-de-Marne.*
CE, 12 oct. 1990, *CCAS d'Ivry-sur-Seine.*

Intérêts moratoires

CRC Midi-Pyrénées, 5 août 1993, *Département de la Haute-Garonne.*

Interventions économiques

CRC Provence-Alpes-Côte-d'Azur, 19 oct. 1993, *Commune de Tarascon.*
CRC Ile-de-France, 30 déc. 1993, *Commune de Champcueil.*
CRC Pays-de-Loire, 2 août 1993, *Commune de Saint-Jean-de-Monts.*
CRC Ile-de-France, 2 déc. 1993, *Département du Val-d'Oise ; Construction du centre d'enseignement supérieur privé, Saint-Louis.*
CRC Alsace, 27 mai 1993, *Commune de Marmoutier.*
CE, 11 juill. 1991, *Préfet de la Haute-Saône.*
CE, 18 nov. 1991, *Département des Alpes-Maritimes/Association Agriculture 06.*

Juridictions administratives

CE, 12 févr. 1993, *FR3-Mme Gaillard.*

Légalité

CRC Haute-Normandie, 26 mars 1993, *Département de l'Eure.*
TA Rennes, 2 oct. 1986, *Corep d'Ille-et-Vilaine/Commune de Saint-Jouan-les-Guérets.*
CE, 9 déc. 1988, *Préfet du Tarn-et-Garonne/Département.*
TA Nantes, 20 déc. 1990, *Préfet de Loire-Atlantique/OPHLM de Nantes.*
TA Clermont-Ferrand, 23 mars 1990, *Préfet de l'Allier/Commune de Saint-Victor-la-Rivière.*

Marchés publics

CRC Centre, 3 juin 1993, *SEM pour l'équipement du Loiret, SEMPEL.*
CRC Picardie, 15 juill. 1993, *Commune de Mesnil-en-Thelle.*
CRC Midi-Pyrénées, 1er déc. 1989, *Commune de Toulouse.*
CA Paris, 13 mars 1991, *SA Demoy et SA Guerra Tarcy.*
CE, 13 oct. 1993, *Commune des Mées/Sté Someco.*
CRC Bourgogne, 9 juin 1993, *Commune d'Auxerre.*
CRC Bretagne, 5 oct. 1993, *SITOM de Vannes et de sa région.*
CRC Picardie, 15 févr. 1993, *Commune de Crouy.*
CRC Poitou-Charente, 30 avr. 1993, *Sivom de La Rochelle.*
CRC Midi-Pyrénées, 9 sept. 1993, *Commune de Villefranche-de-Rouergue.*
CRC Champagne-Ardenne, 1er juin 1993, *Conseil régional Champagne-Ardenne.*
CRC Rhône-Alpes, 17 juin 1993, *Commune de Publier.*
TA Montpellier, 18 déc. 1985, *Corep/Département des Pyrénées-Orientales.*
CRC Franche-Comté, 23 sept. 1993, *Département du Jura.*

CRC Franche-Comté, 29 avr. 1993, *SEM SODEVIC à Vesoul.*
CRC Provence-Alpes-Côte-d'Azur, 20 juill. 1993, *Commune du Castellet.*
CRC Centre, 2 déc. 1993, *Office public d'aménagement et de construction du Loiret.*
CRC Languedoc-Roussillon, 16 avr. 1993, *Commune de Bédarieux.*
CRC Limousin, 21 oct. 1993, *ASA d'assainissement et de drainage de la Haute-Vienne.*
CE, 8 janv. 1992, *Préfet des Yvelines/Ville de Trappes.*
CE, 23 févr.1990, *Préfet de la Guadeloupe/Commune de Morne-à-l'Eau.*
CRC Limousin, 25 juin 1993, *Syndicat intercommunal d'adduction d'eau de la vallée de la Creuse.*
CRC Pays-de-Loire, 2 août 1993, *Commune de Saint-Jean-de-Monts.*
CRC Pays-de-Loire, 3 août 1993, *Commune des Sables-d'Olonne.*
CRC Midi-Pyrénées, 5 nov. 1993, *Commune de Revel.*
CRC Bretagne, 20 juill. 1993, *Sivom de Saint-Aubin.*
CRC Ile-de-France, 8 juin 1993, *Département des Yvelines.*
CRC Provence-Alpes-Côte-d'Azur, 13 août 1990, *Commune de Draguignan.*
CRC Midi-Pyrénées, 27 déc. 1993, *Commune de Castelginest.*
CRC Aquitaine, 22 oct. 1993, *Commune de Villenave-d'Ornon.*
CRC Rhône-Alpes, 20 août 1993, *Commune d'Ugine.*

PAIEMENT (suspension et réquisition)

CRC Franche-Comté, 8 août 1991, *Commune de Vesoul.*

PRESCRIPTION QUADRIENNALE

CE, 12 oct. 1992, *Ministre de l'Éducation nationale/Gernez.*

RÉGIE (de recettes ou de dépenses)

CRC Bretagne, 1er août 1993, *Commune de Le Tranchet.*

RESPONSABILITÉ (de la collectivité ou des personnes physiques)

CE, 29 déc. 1993, *Soldaini/Ville de Marseille.*
C. cass., ch. commerciale, 18 févr. 1993, *Commune de Montargis.*
CRC Ile-de-France, 30 déc. 1993, *Commune de Champcueil.*

SERVICES PUBLICS LOCAUX

CE, 13 mai 1993, *Commune de Dreux.*

SERVICES PUBLICS INDUSTRIELS ET COMMERCIAUX

C. cass., ch. économique et financière, 4 juin 1991, *Redevance.*
CE, 6 mai 1991, *Syndicat intercommunal du Bocage.*
TA Amiens, 19 janv. 1993, *Société des eaux de Picardie/Syndicat intercommunal d'alimentation en eau potable de Huppy.*
CRC Rhône-Alpes, 15 déc. 1993, *Commune d'Aix-les-Bains.*
CRC Rhône-Alpes, 4 oct. 1993, *Commune de Chasse-sur-Rhône.*

CRC Franche-Comté, 22 oct. 1993, *Syndicat intercommunal des eaux de la Haute-Loue.*
CRC Midi-Pyrénées, 2 sept. 1993, *Commune de Saint-Gaudens.*

Service public de l'eau et de l'assainissement

TA Lyon, 14 déc. 1993 et 22 déc. 1994, *Ville de Saint-Etienne.*
CRC Lorraine, 7 avr. 1993, *Commune de Guenange.*
CRC Rhône-Alpes, 19 mai 1993, *Commune de Modane.*
CRC Franche-Comté, 17 août 1993, *Commune de Saint-Vit.*

Sociétés d'économie mixte (SEM)

CE, 17 janv. 1994, *Préfet des Alpes-Maritimes/Commune d'Allos.*
CE, 6 juin 1986, *Département de la Côte-d'Or.*
CE, 15 févr. 1993, *Région Nord-Pas-de-Calais.*
TA Clermont-Ferrand, 12 avr. 1991, *SEML des grands hôtels de Vichy.*
TA Nice, 27 nov. 1990, *Préfet des Alpes-Maritimes.*
TA Bordeaux, 3 déc. 1992, *Pugol/Commune de Villenave-d'Ornon.*
CRC Provence-Alpes-Côte-d'Azur, 19 oct. 1993, *Commune de Tarascon.*
CRC Pays-de-Loire, 3 août 1993, *Commune des Sables-d'Olonne.*
CRC Aquitaine, 8 janv. 1993, *SEM de la piscine d'Andernos.*
CRC Centre, 3 juin 1993, *SEM pour l'équipement du Loiret.*
CRC Aquitaine, 16 déc. 1993, *Abattoir de la commune de Villeneuve-sur-Lot.*
CRC Pays-de-Loire, 15 févr. 1993, *Société immobilière d'économie mixte de Saumur.*
CRC Franche-Comté, 19 mai 1993, *Commune de Héricourt.*
CRC Bretagne, 1er août 1993, *Commune de Le Tronchet.*
CRC Provence-Alpes-Côte-d'Azur, 10 mai 1994, *SEM de La Ciotat, SEMICA.*
TA Nice, 27 nov. 1990, *Préfet des Alpes-Maritimes/Conseil général ; SEMAREN, Parc Phénix.*

Stationnement payant

TA Clermont-Ferrand, 25 sept. 1990, *Préfet de l'Allier/Commune de Moulins.*
C. cass., 16 juin 1993, *Grech.*
CRC Ile-de-France, 17 juin 1993, *Commune d'Enghien.*

Subventions

CE, 20 juin 1994, *Ville de Lyon* (subventions aux groupes politiques).
TA Orléans, 18 nov. 1993 (même motif).
CE, 29 sept. 1982 (subventions aux associations sportives).

Taxe à la valeur ajoutée (TVA) ; Fonds de compensation

CRC Provence-Alpes-Côte-d'Azur, 13 août 1990, *Commune de Draguignan.*
CRC Alsace, 17 nov. 1993, *District Essor du Rhin.*
CRC Lorraine, 10 déc. 1993, *Commune de Thaon-les-Vosges.*
CRC Nord-Pas-de-Calais, 19 févr. 1993, *Commune de Courcelles-les-Lens.*
CRC Ile-de-France, 2 déc. 1993, *Département du Val-d'Oise, Centre polytechnique Saint-Louis.*

CRC Bourgogne, 22 juin 1993, *Commune de Nuits-Saint-Georges.*
CRC Alsace, 19 avr. 1993, *Commune de La Petite Pierre.*
CRC Bretagne, 26 avr. 1993, *Parc naturel régional d'Armorique.*

TOURISME

CRC Aquitaine, 3 mai 1993, *Commune de Lège-Cap-Ferret.*
CC, 15 janv. 1987, *Appel commune de Beaune.*

TRANSPORTS

CRC Aquitaine, 8 janv. 1993, *Syndicat mixte Air Dordogne.*

TRAVAUX EN RÉGIE

CRC Aquitaine, 17 mars 1993, *Commune de Bazas.*

TRAVAUX PUBLICS

TA Clermont-Ferrand, 30 mars 1993, *Préfet de l'Allier/Ville de Vichy.*

TRÉSORERIE

CRC Nord-Pas-de-Calais, 21 sept. 1993, *Commune d'Outreau.*
CRC Poitou-Charentes, 30 avr. 1993, *Sivom de La Rochelle.*
CRC Bretagne, 5 nov. 1993, *Commune de Quiberon.*
CRC Pays-de-Loire, 2 août, 1993, *Commune de Saint-Jean-de-Monts.*
CRC Ile-de-France, 2 déc. 1993, *Département du Val-d'Oise ; Centre polytechnique privé Saint-Louis.*
Rapport public 1993 de la Cour des comptes (extraits).

URBANISME

TA Montpellier, 13 mai 1986, *Corep des Pyrénées-Orientales/Commune d'Argelès-sur-Mer.*
CRC Ile-de-France, 30 déc. 1993, *Commune de Champcueil.*
CE, 29 juin 1992, *Ville de Grand-Quevilly.*
CRC Ile-de-France, 30 nov. 1993, *Commune de Verrières-le-Buisson.*

VENTE EN L'ÉTAT FUTUR D'ACHÈVEMENT

CRC Rhône-Alpes, 22 juill. 1993, *Commune de Meximieu.*
CE, 8 févr. 1991, *Région Midi-Pyrénées/Syndicat de l'architecture de la Haute-Garonne.*

ZONE D'AMÉNAGEMENT CONCERTÉ (ZAC)

CRC Franche-Comté, 20 janv. 1993, *Commune de Saint-Claude.*
CRC Franche-Comté, 17 août 1993, *Commune de Saint-Vitz.*

Index alphabétique

A

B

C

D

E

I

J

L

M

O

P

R

S

T

U

V

Z

ACHEVÉ D'IMPRIMER
SUR LES PRESSES DE
L'IMPRIMERIE CHIRAT
42540 ST-JUST-LA-PENDUE
EN JUIN 1995
DÉPÔT LÉGAL 1995 N° 9971

IMPRIMÉ EN FRANCE